Enfoques

Curso intermedio de lengua española

SECOND EDITION

José A. Blanco

María Colbert
Colby College

VISTA
HIGHER LEARNING

Boston, Massachusetts

Publisher: José A. Blanco

Managing Editor: Sarah Kenney

Project Managers: María Eugenia Corbo, Pamela Mishkin, Sarah Link

Editors: Gisela M. Aragón-LaCarrubba, Kristen Odlum Chapron, Paola Ríos Schaaf

Director of Art & Design: Linda Jurras

Director of Production and Manufacturing: Lisa Perrier

Design Manager: Polo Barrera

Photo Researcher and Art Buyer: Rachel Distler

Production and Manufacturing Team: Oscar Díez, Mauricio Henao, María Eugenia Castaño, Jeff Perron

President: Janet L. Dracksdorf

Sr. Vice President of Operations: Tom Delano

Vice President of Sales and Marketing: Scott Burns

Executive Marketing Manager: Benjamin Rivera

Instructor's Annotated Edition: ISBN-13: 978-1-60007-200-0
ISBN-10: 1-60007-200-3
Student Edition: ISBN-13: 978-1-60007-184-3
ISBN-10: 1-60007-184-8

Library of Congress Control Number: 2006939485
4 5 6 7 8 9 RJ 12 11 10 09

Introduction

Bienvenido a ENFOQUES, Second Edition, an intermediate Spanish program designed to provide you with an active and rewarding learning experience as you continue to strengthen your language skills and develop your cultural competency.

Here are some of the features you will encounter in **ENFOQUES, Second Edition.**

- An emphasis on authentic language and practical vocabulary for you to use in communicating in real-life situations

- Clear, comprehensive grammar explanations that graphically highlight important concepts

- Abundant guided and communicative activities that will help you develop confidence in your ability to communicate in Spanish

- Two video-based sections—one directly connected to the **ENFOQUES Sitcom** and one related to the **ENFOQUES Film Collection**

- Literary and cultural readings in each lesson that recognize and celebrate the diversity of the Spanish-speaking world and its people

- Ongoing development of your reading, speaking, writing, and listening skills

- Consistent integration of important cultural concepts and insights into the daily lives of native Spanish speakers

- A complete set of print and technology ancillaries to make learning Spanish easier for you

New to the Second Edition

ENFOQUES, Second Edition, offers many new features to students and instructors that make this edition even better than the first.

- **Reconfigured!** The **Contextos** grammar presentation has been redesigned into image-based, thematically grouped word lists; the expanded **Práctica** section now includes listening practice.

- **Expanded!** The **ENFOQUES** cultural section has grown from two pages to four and includes many new readings and new elements, including a musical feature and the **NEW! Flash cultura** video episode.

- **Revised!** The **Estructura** grammar presentation offers a reduced grammar sequence of three grammar points per lesson. Extra practice for the active grammar points, as well as additional passive grammar points, are available in the **NEW! Manual de gramática** in the appendix of the book.

- **Expanded!** The incredibly successful film section, now called **Cinemateca**, offers an authentic, dynamic short film for each lesson of the text.

- **Revised! Lecturas** readings have been revised and refreshed to offer new authors, genres, topics, and takes on the lesson themes.

ENFOQUES has twelve lessons organized in exactly the same way. To familiarize yourself with the textbook's organization, turn to page x and take the **ENFOQUES**-at-a-glance tour.

Table of Contents

	CONTEXTOS	**FOTONOVELA**	**ENFOQUES**

LECCIÓN 1
Las relaciones personales

CONTEXTOS
La personalidad 2
Los estados emocionales 2
Los sentimientos 2
Las relaciones personales 3

FOTONOVELA
Comedia: *¡Bienvenida, Mariela!* 6
Apuntes culturales 9

ENFOQUES
Enfoque: Los Estados Unidos 10
En detalle: Parejas sin fronteras 10
Perfil: Isabel y Willie 11
Ritmos: Bacilos 13

LECCIÓN 2
Las diversiones

CONTEXTOS
La música y el teatro 42
Los lugares de recreo 42
Los deportes 42
Las diversiones 43

FOTONOVELA
Comedia: *¡Tengo los boletos!* 46
Apuntes culturales 49

ENFOQUES
Enfoque: México 50
En detalle: El nuevo cine mexicano 50
Perfil: Gael García Bernal 51
Ritmos: Lila Downs 53

LECCIÓN 3
La vida diaria

CONTEXTOS
En casa 82
De compras 82
Expresiones 82
La vida diaria 83

FOTONOVELA
Comedia: *¿Alguien desea ayudar?* 86
Apuntes culturales 89

ENFOQUES
Enfoque: España 90
En detalle: La Familia Real 90
Perfil: Letizia Ortiz 91
Ritmos: Amparanoia 93

LECCIÓN 4
La salud y el bienestar

CONTEXTOS
Los síntomas y las enfermedades 122
La salud y el bienestar 122
Los médicos y el hospital 122
Las medicinas y los tratamientos 123

FOTONOVELA
Comedia: *¿Dulces? No, gracias* 126
Apuntes culturales 129

ENFOQUES
Enfoque: Colombia 130
En detalle: De abuelos y chamanes 130
Perfil: Comunidad de Chocó . . 131
Ritmos: Marta Gómez 133

ESTRUCTURA | CINEMATECA | LECTURAS

1.1 The present tense 14
1.2 Ser and estar 18
1.3 Progressive forms 22

Momentos de estación 26

Literatura: *Poema 20* de
Pablo Neruda 31
Cultura: *Carlos Mencía:
políticamente incorrecto* 35

2.1 Object pronouns 54
2.2 Gustar and similar
verbs 58
2.3 Reflexive verbs 62

Espíritu deportivo 66

Literatura: *Idilio* de Mario
Benedetti 71
Cultura: *El toreo: ¿cultura o
tortura?* 75

3.1 The preterite 94
3.2 The imperfect 98
3.3 The preterite vs. the
imperfect 102

Adiós mamá 106

Literatura: *Pedro Salvadores*
de Jorge Luis Borges 111
Cultura: *El arte de la
vida diaria* 115

4.1 The subjunctive in noun
clauses 134
4.2 Commands 140
4.3 Por and para 144

Éramos pocos 148

Literatura: *Mujeres de ojos
grandes* (Último cuento) de
Ángeles Mastretta 153
Cultura: *La ciencia: la nueva
arma en una guerra
antigua* 157

Table of Contents

	CONTEXTOS	**FOTONOVELA**	**ENFOQUES**

LECCIÓN 5
Los viajes

CONTEXTOS
De viaje 164
El alojamiento. 164
La seguridad y los
   accidentes 164
Las excursiones 165

FOTONOVELA
Comedia: *¡Buen viaje!* 168
Apuntes culturales 171

ENFOQUES
Enfoque: Centroamérica. 172
En detalle: La Ruta del Café . 172
Perfil: El canal de Panamá . . . 173
Ritmos: Rubén Blades 175

LECCIÓN 6
La naturaleza

CONTEXTOS
La naturaleza 204
Los animales 204
Los fenómenos naturales . . . 204
El medio ambiente 205

FOTONOVELA
Comedia: *Cuidando a
   Bambi*. 208
Apuntes culturales 211

ENFOQUES
Enfoque: El Caribe 212
En detalle: Los bosques
   del mar 212
Perfil: Parque Nacional
   Submarino La Caleta. 213
Ritmos: Gilberto Santa
   Rosa 215

LECCIÓN 7
La tecnología y la ciencia

CONTEXTOS
La tecnología 244
La astronomía y el
   universo 244
Las profesiones de
   la ciencia 244
La ciencia y los inventos 245

FOTONOVELA
Comedia: *El poder de la
   tecnología*. 248
Apuntes culturales 251

ENFOQUES
Enfoque: Argentina 252
En detalle: Pioneros. 252
Perfil: Juan Pablo
   Zaramella 253
Ritmos: Bersuit
   Vergarabat 255

LECCIÓN 8
La economía y el trabajo

CONTEXTOS
El trabajo 282
Las finanzas 282
La economía 282
La gente en el trabajo 283

FOTONOVELA
Comedia: *Necesito un
   aumento.* 286
Apuntes culturales 289

ENFOQUES
Enfoque: Venezuela 290
En detalle: El oro negro 290
Perfil: La huelga general de
   2002–2003. 291
Ritmos: Desorden
   Público 293

ESTRUCTURA	CINEMATECA	LECTURAS

5.1 Comparatives and superlatives.........176
5.2 The subjunctive in adjective clauses......180
5.3 Negative and positive expressions.........184

El anillo 188

Literatura: *La luz es como el agua* de Gabriel García Márquez..............192
Cultura: *La ruta maya* 197

6.1 The future 216
6.2 The subjunctive in adverbial clauses......220
6.3 Prepositions: **a, hacia,** and **con**............224

El día menos pensado 228

Literatura: *El eclipse* de Augusto Monterroso 233
Cultura: *La conservación de Vieques*................237

7.1 The present perfect.............256
7.2 The past perfect 260
7.3 Diminutives and augmentatives.......262

Happy Cool..............266

Literatura: *Ese bobo del móvil* de Arturo Pérez-Reverte ...271
Cultura: *Hernán Casciari: arte en la blogosfera* 275

8.1 The conditional 294
8.2 The past subjunctive ...298
8.3 **Si** clauses with simple tenses 302

Clown 306

Literatura: *La abeja haragana* de Horacio Quiroga.......311
Cultura: *Carolina Herrera: una señora en su punto*......317

Table of Contents

	CONTEXTOS	FOTONOVELA	ENFOQUES

LECCIÓN 9
La cultura popular y los medios de comunicación

CONTEXTOS
La televisión, la radio
y el cine 324
La cultura popular 324
Los medios de
comunicación 324
La prensa 325

FOTONOVELA
Comedia: ¡O estás con ella o
estás conmigo! 328
Apuntes culturales 331

ENFOQUES
Enfoque: Uruguay y
Paraguay. 332
En detalle: El mate 332
Perfil: Las murgas y
el candombe 333
Ritmos: Natalia Oreiro 335

LECCIÓN 10
La literatura y el arte

CONTEXTOS
La literatura 362
Los géneros literarios. 362
Los artistas 362
El arte 363
Las corrientes artísticas 363

FOTONOVELA
Comedia: Unas pinturas...
radicales. 366
Apuntes culturales 369

ENFOQUES
Enfoque: Chile 370
En detalle: Las casas de
Neruda 370
Perfil: Neruda en la pintura . .371
Ritmos: Violeta Parra 373

LECCIÓN 11
La política y la religión

CONTEXTOS
La religión 396
Las creencias religiosas 396
Los cargos políticos 396
La política 397

FOTONOVELA
Comedia: La rueda de
prensa 400
Apuntes culturales 403

ENFOQUES
Enfoque: Bolivia. 404
En detalle: El Carnaval de
Oruro 404
Perfil: Evo Morales. 405
Ritmos: Los Kjarkas 407

LECCIÓN 12
La historia y la civilización

CONTEXTOS
La historia y la civilización . . .438
Los conceptos 438
Las características 438
Los gobernantes 438
La conquista y
la independencia 439

FOTONOVELA
Comedia: Esta noche
o nunca 442
Apuntes culturales 445

ENFOQUES
Enfoque: Perú y
Ecuador. 446
En detalle: La herencia
de los incas. 446
Perfil: Machu Picchu 447
Ritmos: Perú Negro 449

ESTRUCTURA	CINEMATECA	LECTURAS

9.1 The present perfect subjunctive 336
9.2 Relative pronouns 338
9.3 The neuter **lo** 342

Sintonía 344

Literatura: *Sueños digitales (fragmento)* de Edmundo Paz Soldán 349
Cultura: *Guaraní: la lengua vencedora* 355

10.1 The future perfect 374
10.2 The conditional perfect 376
10.3 The past perfect subjunctive 378

Las viandas 380

Literatura: *Continuidad de los parques* de Julio Cortázar 385
Cultura: *De Macondo a McOndo* 389

11.1 The passive voice 408
11.2 Uses of **se** 410
11.3 Prepositions: **de, desde, en, entre, hasta, sin** . . . 414

El rincón de Venezuela 418

Literatura: *El alba del Viernes Santo* de Emilia Pardo Bazán 423
Cultura: *Cómo Bolivia perdió su mar* 431

12.1 Uses of the infinitive . . . 450
12.2 Summary of the indicative 454
12.3 Summary of the subjunctive 458

Un pedazo de tierra 464

Literatura: *Mis recuerdos de Tibacuí* de Josefa Acevedo de Gómez 469
Cultura: *El Inca Garcilaso: un puente entre dos imperios* 477

CONTEXTOS
introduces the lesson theme and vocabulary
and practices it in diverse formats and engaging contexts.

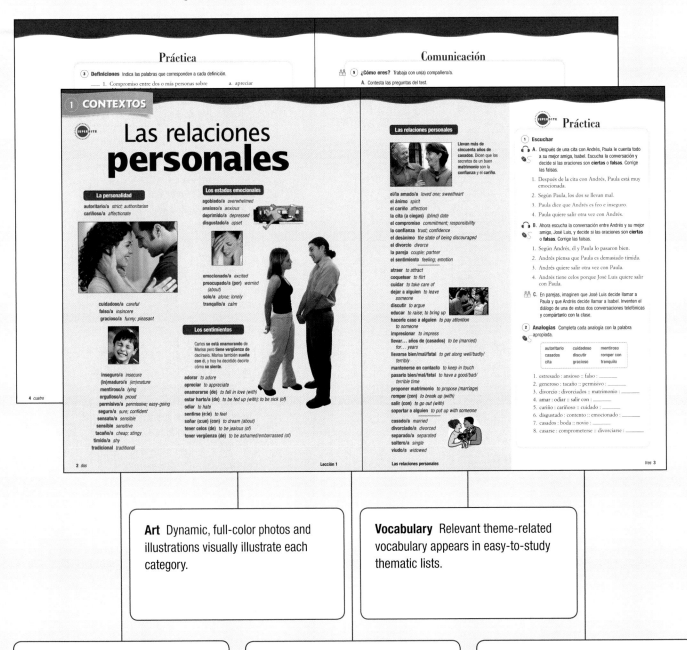

Art Dynamic, full-color photos and illustrations visually illustrate each category.

Vocabulary Relevant theme-related vocabulary appears in easy-to-study thematic lists.

Práctica This set of guided exercises uses a variety of formats to reinforce the new vocabulary.

Comunicación These open-ended activities have you use the words and expressions creatively in interesting and entertaining ways as you interact with a partner, a small group, or the entire class.

New! 🎧 Contextualized listening activities practice the new vocabulary in meaningful contexts.

FOTONOVELA
is a fun-filled situational comedy based on the everyday lives and adventures of a magazine staff.

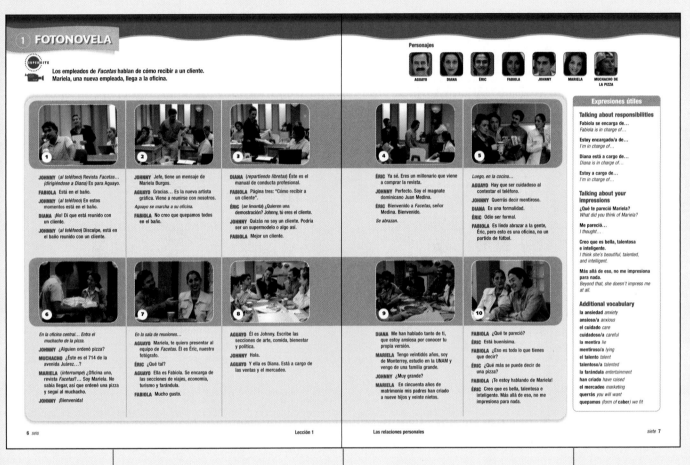

Personajes The photo-based conversations take place among a cast of recurring characters—six people who work for a magazine called *Facetas* in Mexico City.

Sitcom Video The **Fotonovela** episodes appear in the textbook's video program. To learn more about the video, turn to page xxii.

Conversations The engaging conversations incorporate vocabulary from the **Contextos** section and preview grammar structures you will study in the **Estructura** section, all within a comprehensible context.

Expresiones útiles New, active words and expressions are organized by language or grammatical function, so you can concentrate on using them for real-life, practical purposes.

Comprensión & Ampliación
reinforce and expand upon the Fotonovela.

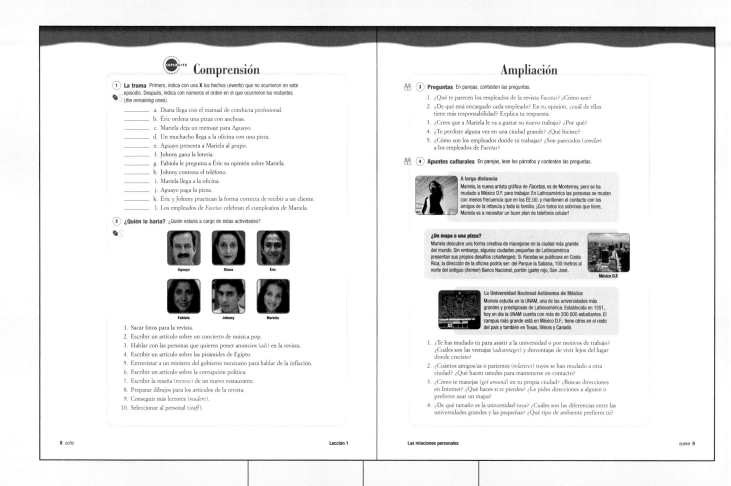

Comprensión These exercises check your basic understanding of the **Fotonovela** conversations.

Ampliación Communicative activities take a step further, asking you to apply or react to the content in a personalized way.

New! Apuntes culturales Cultural notes illustrated with photographs provide additional reading practice and important cultural information related to **Fotonovela**. Follow-up questions check comprehension and expand on the topics.

ENFOQUES
explores cultural topics related to the lesson theme, focused by region.

En detalle & Perfil Feature articles expand on topics related to the lesson theme, supported by photos, maps, and graphical features.

New! Flash cultura This specially-shot video in the form of a news broadcast expands on the themes and topics of the feature articles.

New! El mundo hispanohablante & Así lo decimos Lexical and comparative features highlight traditions, customs, and trends throughout the Spanish-speaking world.

Activities Comprehension, open-ended, and project-based activities in **¿Qué aprendiste?** check your understanding of the material and lead to further exploration.

New! An icon indicates that additional content is available on the **ENFOQUES** Supersite (**enfoques.vhlcentral.com**).

New! Ritmos This feature presents a Spanish-speaking musician or group from the region of focus.

ESTRUCTURA
uses graphic design to facilitate learning Spanish grammar.

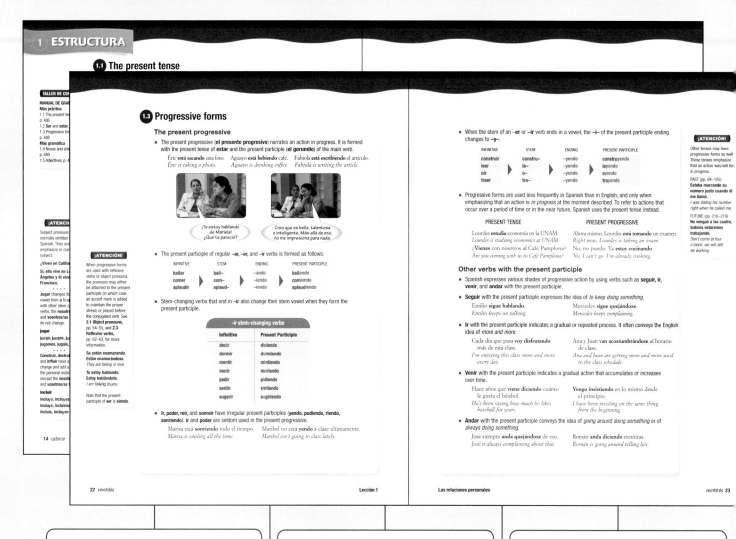

Charts and Diagrams Colorful, easy-to-understand charts and diagrams highlight key grammatical structures and forms, as well as important related vocabulary.

Graphics-intensive Design Photos from the Sitcom Video link the lesson's video episode and **Fotonovela** section with the grammar explanations.

Grammar Explanations Explanations are written in clear, comprehensible language for ready understanding and easy reference.

Scope and sequence Revised and reduced grammar scope and sequence presents three grammar points per lesson.

New! Manual de gramática References to pages in the appendix lead you to **Más gramática.** Here, passive grammar points provide you with more practice for review and/or expansion purposes.

ESTRUCTURA
provides activities for controlled practice and communication.

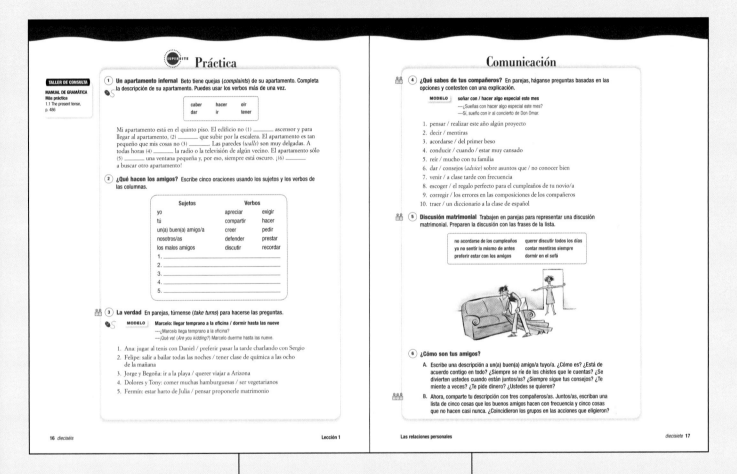

Práctica The first set of activities provides a wide range of directed exercises in contexts that combine current and previously learned vocabulary with the grammar point you are studying.

Comunicación The second set of activities prompts creative expression using the lesson's grammar and vocabulary. These activities take place with a partner, in small groups, or with the entire class.

New! Supersite Icons let you know when material from the book or more material is available on the Supersite (enfoques.vhlcentral.com).

New! Manual de gramática References to pages in the appendix lead you to **Más práctica,** additional directed and open-ended practice for every grammar point in the book.

ENFOQUES-at-a-glance

CINEMATECA
appears in every lesson, integrating pre-, while-, and post-viewing activities for an authentic short film.

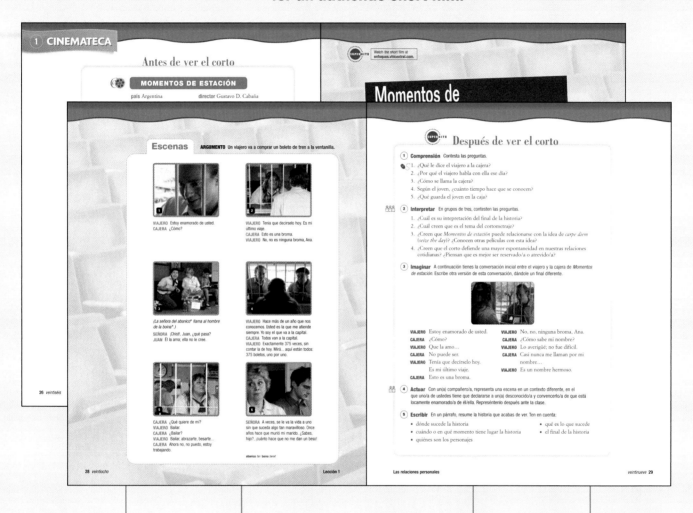

Escenas Video stills with excerpts of the dialogue help you to focus on key events and ideas as you watch the film.

Cortometrajes Twelve dramatic short films from the Spanish-speaking world provide authentic language input with four pages of support. You can watch the films in class or on the Supersite.

Antes de ver... Pre-viewing activities prepare you to view the film. Active vocabulary key to understanding the film is called out in the **Vocabulario** section.

Después de ver... Post-viewing activities check your comprehension and guide you in interpreting the film and reacting to it.

LECTURAS opens
in a visually dramatic way.

① LECTURAS

Los enamorados, 1923.
Pablo Picasso, España.

"La única fuerza y la única verdad que
hay en esta vida es el amor."

— José Martí

Fine Art A fine art piece by a Spanish-speaking artist illustrates an aspect of the lesson's theme and exposes you to a broad spectrum of works created by male and female artists from different areas of the Spanish-speaking world.

Quotation Quotations by Spanish speakers from around the world and across the ages provide thought-provoking insights into the lesson's theme.

The first reading in LECTURAS
is a literary selection that expands on the lesson's theme while using its vocabulary and grammatical structures.

Sobre el autor Biographical information focuses your attention on important information about the authors and their works.

Diverse Texts Theme-related texts from high-profile male and female authors from all over the Spanish-speaking world expose you to a variety of genres, such as poetry, short stories, and novels.

Open Design The type size, open space, numbered lines, and marginal glosses were specially designed to make the readings inviting and highly accessible to you.

Análisis literario Explanations and practice of literary techniques central to the reading give you the support you need to analyze literature in Spanish.

Conexión personal Personalized questions prompt you to think about the theme of the reading as it relates to your own life and experiences.

The second reading in **LECTURAS** presents an article on contemporary or traditional cultural topics related to the lesson theme.

Carlos Mencía
Políticamente incorrecto

1 El comediante **Carlos Mencía** tiene tanto éxito con su programa en *Comedy Central* que mantiene un *blog* para sus *fans*. Allí, se define a sí mismo como una persona que dice lo que piensa. Explica que no le importa "herir los sentimientos" de nadie; "lo que hiere aún más es 5 quedarse callado y dejar que la gente estúpida siga siendo estúpida". También dice en su *blog* que "algunos pueden hacer chistes sobre otras personas, pero no pueden aceptar que se hagan chistes sobre ellos… bueno… si tú eres así… ¡entonces hazme el favor y CÁLLATE!"

Carlos Mencía integra una nueva 10 generación de humoristas latinos que llegó para quedarse. Esta gran familia de comediantes también incluye nombres como Pablo Francisco, Liz Torres, Freddy Soto, Mike Robles, Joey Medina, 15 Ernie G y Shayla Rivera, entre otros. Además, hay que destacar al ya clásico John Leguizamo. Antes de saltar a la fama con su programa *Mind of Mencía* en *Comedy Central*, Carlos ya tenía una 20 larga trayectoria artística.

Nació en Honduras en 1967 y es el penúltimo° de dieciocho híjos. Se crió en Los Ángeles en casa de sus tíos. Estudiaba ingeniería hasta que ganó 25 una competencia° de comedia en el *Laugh Factory*. Le faltaba sólo un crédito para graduarse pero decidió dejar la universidad y dedicarse a la comedia. Aunque al principio su familia no estaba 30 de acuerdo con el cambio, gracias a su perseverancia y al apoyo° de su hermano Joseph, Carlos logró convertirse° en un comediante profesional. Fue en *The Comedy Store* —un renombrado° club de 35 comedia de Los Ángeles— donde adoptó el nombre artístico de Carlos Mencía. Durante la década de los noventa, Carlos participó como comediante y como anfitrión° en varios programas de 40 televisión. En 2001, realizó una popular gira° titulada *The Three Amigos* con Freddy Soto y Pablo Francisco. Antes

second-to-last
competition

support
managed to become
renowned

host

tour

de su llegada a *Comedy Central*, también hizo dos especiales para HBO.

El humor de Carlos Mencía no 45 perdona a nadie —ni siquiera a su propia familia— y, como consecuencia, Carlos tiene tanto admiradores como detractores. Hace chistes acerca de blancos, negros, minorías y sobre todo 50 latinos. En su lenguaje abundan° las malas palabras. Algunos de sus temas preferidos son las cuestiones raciales, la política, la religión y los temas sociales. Muchos consideran que su estilo excede 55 los límites de lo que es "políticamente correcto".

are plentiful

Cuando observamos las opiniones y reacciones que provoca, las aguas están divididas°. Para algunos, los 60 chistes de Carlos Mencía son demasiado provocativos y perpetúan° estereotipos; para otros, sus chistes son un ejemplo de libre expresión°, un ejemplo de que los latinos ya no son una minoría que es 65 víctima de los chistes de otras personas, sino una comunidad que se siente establecida y que es capaz de reírse de sí misma… y de los demás. ∎

there is disagreement

perpetuate

freedom of speech

El humor de Carlos Mencía

" El racismo significa exclusión. Por eso, yo me río de todos. "

" Al igual que mi padre, yo también nací en América Central… Nebraska. "

" En Texas, si te llamas Carlos, eres mexicano. En Florida, eres cubano. En Nueva York, eres puertorriqueño. Y luego vengo aquí (Canadá) y me entero de que soy esquimal. "

36 treinta y seis   Lección 1   Las relaciones personales   treinta y siete 37

Appealing Topics The **Cultura** readings present a unique range of topics that expose you to the people, traditions, and accomplishments particular to the different cultures of the Spanish-speaking world.

Open Design The same open interior design used in the first selection, including numbered lines and marginal glosses, helps make the **Cultura** readings accessible to you.

Vocabulario A vocabulary box lists words and expressions key to the reading.

Contexto cultural The selection is introduced by culturally relevant background information about the theme of the reading.

Post-reading Activities These exercises check your understanding of key ideas and guide you in analyzing, interpreting, and reacting to the content.

Atando cabos
develops your oral communication skills and writing skills.

Atando cabos

¡A conversar!

Citas rápidas Usa la técnica de las "citas rápidas" (*speed dating*) para conocer a tus compañeros/as de clase, hacer nuevos amigos y buscar compañeros para proyectos. Comparte los resultados con la clase.

Cómo funcionan las "citas rápidas"

- Reúnete con un(a) compañero/a durante cinco minutos. Hablen sobre quiénes son, cómo son, qué buscan, etc.
- Toma notas acerca del encuentro.
- Repite la actividad con otros compañeros.

	Nombre	Nombre
¿De dónde eres?		
¿Cómo eres?		
¿Qué cualidades buscas en un(a) amigo/a?		
¿Qué tipo de proyectos te gusta hacer?		

¡A escribir!

Consejero/a sentimental Lee la carta que envió Alonso a la sección de consejos sentimentales de *Facetas* y usa las frases del recuadro para responder a la carta de Alonso.

Expresar tu opinión

Estas frases pueden ayudarte a presentar tu opinión:

- En mi opinión,…
- Creo que…
- Me parece que…

Me llamo Alonso. Tengo 23 años y soy de Colombia. Vine a Boston para estudiar en la universidad. Allí conocí a mi novia Kristen, quien tomaba clases de español. Todo iba muy bien mientras estábamos en la universidad: teníamos amigos estadounidenses y latinoamericanos, a mí me interesaba mucho aprender sobre su país y a ella sobre el mío.

El problema comenzó después de la universidad. Cuando salimos con los compañeros de trabajo de Kristen, siento que a nadie le interesa charlar conmigo, y a mí tampoco me interesa hablar con ellos de béisbol y esas cosas. Cuando vamos a visitar a la familia de Kristen en Chicago y decido cocinar, siempre miran con desconfianza los platos tradicionales que preparo. Además, Kristen está muy ocupada con su trabajo para seguir estudiando español. Cuando quiere practicar comete unos errores horribles y entonces yo prefiero hablar inglés con ella. Discutimos mucho por todas estas cosas. A veces pienso que sería más fácil estar con alguien de mi cultura… pero quiero mucho a Kristen. ¿Qué puedo hacer para que mi relación funcione?

Las relaciones personales

treinta y nueve **39**

¡A conversar! Step-by-step tasks and problem-solving situations engage you in discussion in pairs, small groups, or with the entire class.

Thematic Readings and Realia These texts serve as springboards for discussion and writing while providing frameworks to help you use language creatively.

¡A escribir! This section provides an engaging, real-life writing task—letters, e-mails, anecdotes, etc.—spun off from the themes and ideas of the lesson.

VOCABULARIO
summarizes the active vocabulary in each lesson.

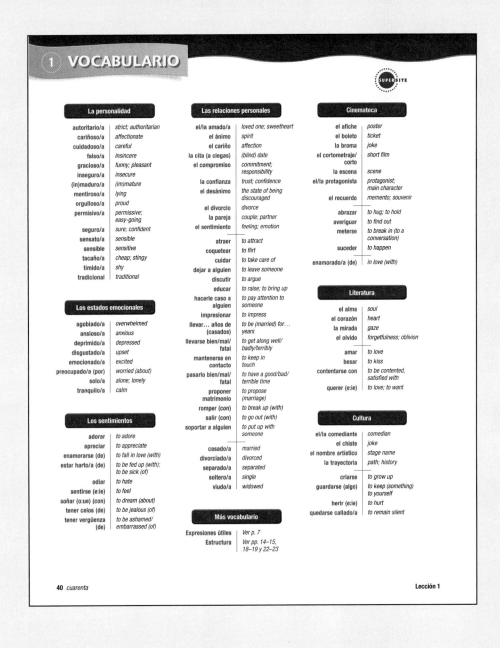

1 VOCABULARIO

La personalidad

autoritario/a	strict; authoritarian
cariñoso/a	affectionate
cuidadoso/a	careful
falso/a	insincere
gracioso/a	funny; pleasant
inseguro/a	insecure
(in)maduro/a	(im)mature
mentiroso/a	lying
orgulloso/a	proud
permisivo/a	permissive; easy-going
seguro/a	sure; confident
sensato/a	sensible
sensible	sensitive
tacaño/a	cheap; stingy
tímido/a	shy
tradicional	traditional

Los estados emocionales

agobiado/a	overwhelmed
ansioso/a	anxious
deprimido/a	depressed
disgustado/a	upset
emocionado/a	excited
preocupado/a (por)	worried (about)
solo/a	alone; lonely
tranquilo/a	calm

Los sentimientos

adorar	to adore
apreciar	to appreciate
enamorarse (de)	to fall in love (with)
estar harto/a (de)	to be fed up (with); to be sick (of)
odiar	to hate
sentirse (e:ie)	to feel
soñar (o:ue) (con)	to dream (about)
tener celos (de)	to be jealous (of)
tener vergüenza (de)	to be ashamed/ embarrassed (of)

Las relaciones personales

el/la amado/a	loved one; sweetheart
el ánimo	spirit
el cariño	affection
la cita (a ciegas)	(blind) date
el compromiso	commitment; responsibility
la confianza	trust; confidence
el desánimo	the state of being discouraged
el divorcio	divorce
la pareja	couple; partner
el sentimiento	feeling; emotion
atraer	to attract
coquetear	to flirt
cuidar	to take care of
dejar a alguien	to leave someone
discutir	to argue
educar	to raise; to bring up
hacerle caso a alguien	to pay attention to someone
impresionar	to impress
llevar… años de (casados)	to be (married) for… years
llevarse bien/mal/ fatal	to get along well/ badly/terribly
mantenerse en contacto	to keep in touch
pasarlo bien/mal/ fatal	to have a good/bad/ terrible time
proponer matrimonio	to propose (marriage)
romper (con)	to break up (with)
salir (con)	to go out (with)
soportar a alguien	to put up with someone
casado/a	married
divorciado/a	divorced
separado/a	separated
soltero/a	single
viudo/a	widowed

Más vocabulario

Expresiones útiles	Ver p. 7
Estructura	Ver pp. 14–15, 18–19 y 22–23

Cinemateca

el afiche	poster
el boleto	ticket
la broma	joke
el cortometraje/ corto	short film
la escena	scene
el/la protagonista	protagonist; main character
el recuerdo	memento; souvenir
abrazar	to hug; to hold
averiguar	to find out
meterse	to break in (to a conversation)
suceder	to happen
enamorado/a (de)	in love (with)

Literatura

el alma	soul
el corazón	heart
la mirada	gaze
el olvido	forgetfulness; oblivion
amar	to love
besar	to kiss
contentarse con	to be contented, satisfied with
querer (e:ie)	to love; to want

Cultura

el/la comediante	comedian
el chiste	joke
el nombre artístico	stage name
la trayectoria	path; history
criarse	to grow up
guardarse (algo)	to keep (something) to yourself
herir (e:ie)	to hurt
quedarse callado/a	to remain silent

ENFOQUES, Second Edition, Video Programs

Sitcom Video

An episode in the format of a situational comedy accompanies each lesson in **ENFOQUES**. These episodes portray the everyday lives and adventures of the owner and five employees of the lifestyle magazine *Revista Facetas,* based in Mexico City.

The **Fotonovela** section in each textbook lesson is actually an abbreviated version of the dramatic episode featured in the video. Therefore, each **Fotonovela** section can be done before you see the corresponding video episode, after it, or as a stand-alone section.

Besides providing entertainment, the video serves as a useful learning tool. As you watch the episodes, you will observe the characters interacting in various situations and using real-world language that reflects the vocabulary and grammar you are studying. In addition, because language learning is an ongoing, cumulative process, you will find that the dramatic segments carefully combine new vocabulary and grammar with previously taught language as the video progresses.

Flash cultura

The new dynamic **Flash cultura** video provides an entertaining and humorous complement to the **Enfoques** section of each lesson. Correspondents from various Spanish-speaking countries report on aspects of life in their countries. The similarities and differences among Spanish-speaking countries that come up through their exchanges will challenge you to think about your own cultural practices and values.

The Cast

Here are the main characters you will meet when you watch the **ENFOQUES** video:

Mariela Burgos

José Raúl Aguayo

Diana González

Éric Vargas

Juan (Johnny) Medina

Fabiola Ledesma

Film Collection

The **ENFOQUES** Film Collection contains the short films by Hispanic filmmakers that are the basis for the **Cinemateca** section of every lesson. These award-winning films offer entertaining and thought-provoking opportunities to build your listening comprehension skills and your cultural knowledge of the Spanish-speaking world.

Film Synopses

Lección 1 *Momentos de estación* (Argentina) A commuter purchases his train ticket every day, never once telling the ticket window employee about his feelings for her. He suddenly takes advantage of the moment and tells her... causing a spiraling effect for those around them.

NEW! Lección 2 *Espíritu deportivo* (México) At the funeral of a deceased soccer star, his teammates argue the lineup of their famous match against Brazil.

Lección 3 *Adiós mamá* (México) A man is grocery shopping alone on an ordinary day when a chance meeting makes him the focus of an elderly woman's existential conflict, with a surprising result.

NEW! Lección 4 *Éramos pocos* (España) **Oscar nominated!** After being abandoned by his wife, a father and son enlist the help of her mother to keep house.

NEW! Lección 5 *El anillo* (Puerto Rico) Every object has its own story to tell.

NEW! Lección 6 *El día menos pensado* (México) A city ends up without potable water; people must decide whether to flee or stand and guard what little water they have left.

NEW! Lección 7 *Happy Cool* (Argentina) A man decides to wait out a recession by having himself cryogenically frozen until better economic times.

NEW! Lección 8 *Clown* (España) Companies will go to any length to collect what is due to them... and to make sure they have hired the right person for the job.

NEW! Lección 9 *Sintonía* (España) Stuck in traffic, the only way a man can get the attention of a woman is to figure out which radio station she's listening to and call in.

NEW! Lección 10 *Las viandas* (España) In a restaurant where food is art, a customer learns whether it is possible to have too much of a good thing.

NEW! Lección 11 *El rincón de Venezuela* (Venezuela/Estados Unidos) It's enough of a struggle for one immigrant family to keep their restaurant afloat without having to mediate the political preferences of their patrons.

NEW! Lección 12 *Un pedazo de tierra* (México/Estados Unidos; producción argentina) In honoring their great-great-grandfather's dying wish, two brothers learn about themselves and the people that came before them.

Icons

Icons consistently classify activities by type: listening, video, pair, or group. They also signal when there is additional material on the Supersite (**enfoques.vhlcentral.com**).

Familiarize yourself with these icons that appear throughout **ENFOQUES.**

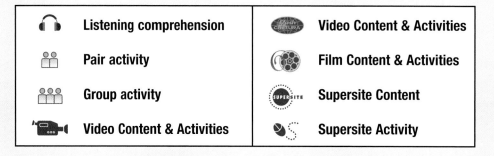

🎧	Listening comprehension		Video Content & Activities
👥	Pair activity		Film Content & Activities
👥👥	Group activity		Supersite Content
📹	Video Content & Activities		Supersite Activity

Student Ancillaries

NEW! Textbook Audio Program 🎧
The Textbook Audio Program comprises all of the audio recordings that correspond to the audio icons and activities in your text. These MP3 files are available on the **ENFOQUES** Supersite.

Student Activities Manual
The Student Activities Manual consists of the Workbook, the Lab Manual, and the Video Manual. The Workbook activities provide additional practice of the vocabulary and grammar for each textbook lesson. The Lab Manual activities for each textbook lesson focus on building your listening comprehension skills in Spanish. The Video Manual includes pre-, while-, and post-viewing activities for the **ENFOQUES** Sitcom Video.

Lab Audio Program
The Lab Audio Program, available as MP3 files on the **ENFOQUES** Supersite, contains the recordings to be used with the activities of the Lab Manual.

NEW! ENFOQUES Sitcom Video DVD 📹
Free-of-charge with each new copy of **ENFOQUES, Second Edition,** this DVD includes the complete **Fotonovela** Sitcom Video in twelve dramatic episodes done in the style of a situational comedy.

NEW! Supersite (enfoques.vhlcentral.com)
Free with each purchase of a new student text, the **ENFOQUES, Second Edition,** Supersite Access Code delivers a wide range of online resources to you. Audio, video, and auto-graded practice directly correlate to your textbook and go beyond it. See p. xxvi for more information.

Instructor Ancillaries

In addition to the student ancillaries, all of which are available to the instructor, these supplements are also available.

Instructor's Annotated Edition
The Instructor's Annotated Edition (IAE) provides a wealth of information designed to support classroom teaching. The IAE contains answers to exercises overprinted on the page, cultural information, suggestions for implementing and extending student activities, supplemental activities, and cross-references to student and instructor ancillaries.

NEW! Flash cultura DVD
This new cultural video, shot on-location in eight Spanish-speaking countries, leads you through many traditions, tendencies, and treasures in the Spanish-speaking world.

NEW! Instructor's Resource CD-ROM

- **Instructor's Resource Manual**
  The Instructor's Resource Manual contains teaching suggestions, textbook and lab audioscripts, the **Fotonovela** videoscript, the filmscripts for the Film Collection, English translations of the **Fotonovela** and Film Collection scripts, plus textbook and SAM answer keys.

- **Testing Program with Audio**
  The Testing Program contains four quizzes for each of the textbook's twelve lessons and exams for Lessons 1–3, 4–6, 7–9, and 10–12, as well as two exams for Lessons 1–6 and 7–12. All assessments include sections on listening comprehension, vocabulary, grammar, and communication. Optional reading sections are also provided. Listening scripts, answer keys, and audio files are also included. The Testing Program is available in three formats: ready-to-print PDFs, editable word-processing files, and in a powerful Test Generator.

- **Overheads**
  Overhead materials include selected illustrations and **Estructura** charts from the textbook, as well as maps of all Spanish-speaking countries.

- **Student Activities Manual Answer Key**

NEW! ENFOQUES Video Program DVDs
This set of DVDs includes the complete **Fotonovela** Sitcom Video, as well as all twelve films from the **ENFOQUES** Film Collection.

NEW! Supersite (enfoques.vhlcentral.com)
The **ENFOQUES, Second Edition,** Supersite, powered by **Maestro™**, provides a wealth of instructional resources, including a powerful gradebook and course management system, lesson plans, the complete contents of the Instructor's Resource CD-ROM, and much more.

Supersite

Powered by **MAESTRO**

Vista Higher Learning is proud to introduce the **ENFOQUES, Second Edition,** Supersite to accompany your intermediate Spanish Textbook. Powered by **Maestro™,** a brand-new language learning system, the **ENFOQUES Supersite** offers a wealth of resources that correlate to your textbook and go beyond it.

For Students

Student resources, available through your access code, are provided free-of-charge with the purchase of a new student text:

- Selected activities from the student text, available with auto-grading
- Additional activities for each strand of the book
- Additional cultural information and research activities
- Downloadable MP3s of the entire Textbook Audio Program and Lab Audio Program
- The entire Video Program, including the new **Flash cultura** cultural video, the **Fotonovela** sitcom, and the **ENFOQUES, Second Edition,** Film Collection
- Multiple resources, such as a Spanish-English Dictionary and a Verb Wheel
- And much, much more…

For Instructors

Instructors have access to the entire student site, as well as these key resources:

- The entire Instructor Ancillary package, including the Instructor's Resource Manual, Testing Program, and Lesson Plans, in downloadable and printable formats
- A robust course management system, powered by **Maestro™**
- The Instructor Exchange forum, where instructors may connect with colleagues for tips and suggestions
- Downloadable MP3s of the entire Textbook Audio Program and Lab Audio Program
- And much, much more…

Reviewers

Vista Higher Learning expresses its sincere appreciation to the college professors nationwide who, through their review of the first edition, helped us and our authors consolidate the concept and contents of **ENFOQUES**. Their insights, ideas, and comments were invaluable to the final product.

Raquel Aguilú de Murphy
Marquette University, WI

Elizabeth Allen
Harpeth Hall School, TN

Philip D. Ambard
United States Air Force Academy, CO

Engracia Angrill Schuster
Onondaga Community College, NY

Anselmo Arguelles
Portland Community College, OR

Lawrence Banducci
Cabrillo College, CA

Rosalba Bellen
Archmere Academy, DE

Ernesto Benítez Rodríguez
University of Calgary, AB

Pam Benítez
Niles North High School, IL

Juan Antonio Bernabeu
Laramie County Community College, WY

Suzanne Chávez
Rogue Community College, OR

María Córdoba
University of North Carolina, Greensboro, NC

Christine Cotton
Elon University, NC

Dale S. Crandall
Gainesville College, GA

Jodi Cusick-Acosta
Vernon Hills High School, IL

Nancy G. Díaz
Rutgers University, NJ

Consuelo España
Cabrillo College, CA

Ruston Ford
Indian Hills Community College, IA

María Antonieta Galván
Palo Alto College, TX

José Ignacio González Cruz
Clayton State University, GA

Luz Harshbarger
Wright State University, Lake Campus, OH

Hiltrud A. Heller
El Camino College & West L.A. College, CA

David Howard
Oak Grove School, CA

Harriet Hutchinson
Bunker Hill Community College, MA

Maureen Ihrie
Elon University, NC

Teresa M. Klocker
New Trier Township High School, IL

Carmen F. Klohe
St. John's University, NJ

Ernest J. Lunsford
Elon University, NC

Shannon Maddox
George Walton Academy, GA

Sonia Maruenda
University of Wisconsin, Green Bay, WI

Jane Mathias
Nardin Academy, NY

Libardo Mitchell
Portland Community College, OR

Maureen Murov
Centenary College, LA

Nela Navarro
Rutgers University, NJ

Perry Nigh
Milwaukee Area Technical College, WI

Bernice Nuhfer-Halten
SPSU, GA

Kevin J. O'Connor
Colorado College, CO

César Paredes
Milwaukee Technical College, PA

Teresa Pérez-Gamboa
University of Georgia, Athens, GA

Amalia Petrusha
Marquette University, WI

Cindy J. Phelps
Newberg High School, OR

Maribel Piñas-Espigule
Portland Community College, OR

April Post
Elon University, NC

Claire Reetz
Florida Community College, Jacksonville, FL

Katie Salgado
St. Mary's School, OR

Rosa Salinas Samelson
Palo Alto College, TX

Denise Saldivar
Diablo Valley College, CA

Susana Sandmann
University of St. Thomas, MN

Belinda A. Sauret
Gainesville College, GA

Timothy Scott
Onondaga Community College, NY

Gabriela Segal
Arcadia University, PA

Patricia Suppes
Elon University, NC

Sonia Torna
Bellarmine College Preparatory, CA

Sixto E. Torres
Gainesville College, GA

Teresa Vargas
Peace College, NC

Barry L. Velleman
Marquette University, WI

Miguel Verano
United States Air Force Academy, CO

Doug West
Sage Hill School, CA

Jennifer Wood
Scripps College, CA

Sheila Young
Butler University, IN

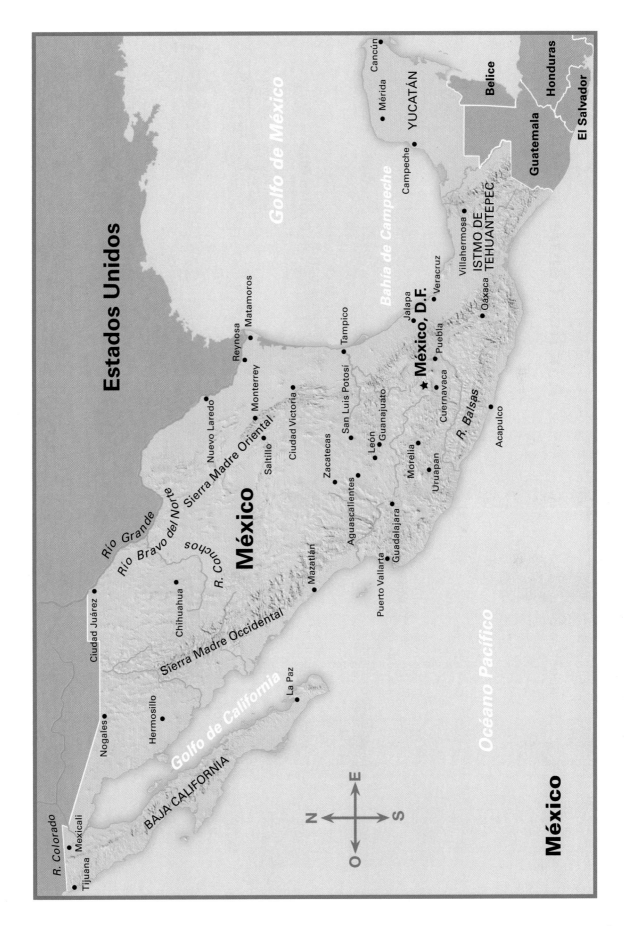

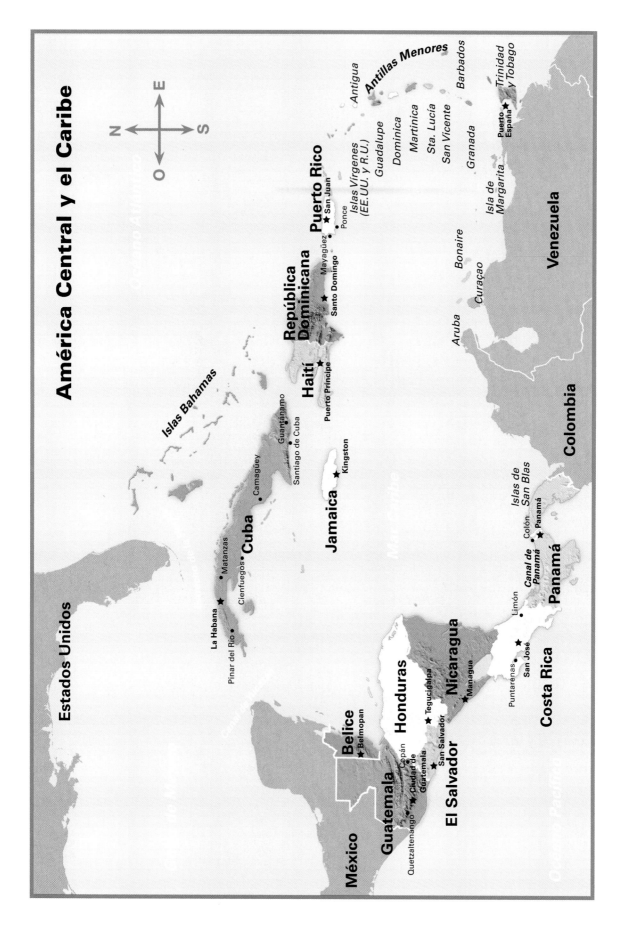

América Central y el Caribe

Estados Unidos

México

Guatemala
Quetzaltenango
Ciudad de Guatemala
Copán

Belice
Belmopan

Honduras
Tegucigalpa

El Salvador
San Salvador

Nicaragua
Managua

Costa Rica
San José
Puntarenas
Limón

Panamá
Colón
Panamá
Canal de Panamá
Islas de San Blas

Cuba
La Habana
Pinar del Río
Matanzas
Cienfuegos
Camagüey
Guantánamo
Santiago de Cuba

Islas Bahamas

Jamaica
Kingston

Haití
Puerto Príncipe

República Dominicana
Santo Domingo
Mayagüez

Puerto Rico
San Juan
Ponce

Islas Vírgenes (EE.UU. y R.U.)

Antillas Menores
Antigua
Guadalupe
Dominica
Martinica
Sta. Lucía
San Vicente
Granada
Barbados
Trinidad y Tobago
Puerto España

Isla de Margarita
Bonaire
Curaçao
Aruba

Venezuela

Colombia

Mar Caribe

Océano Atlántico

N
O   E
S

Mar Caribe

Barranquilla
Maracaibo
Caracas
Puerto España
Trinidad y Tobago
Venezuela

Medellín
Colombia
Bogotá
Cali
Pasto

R. Orinoco

Georgetown
Guyana
Paramaribo
Surinam
Cayena
Guayana Francesa

Islas Galápagos

Océano Pacífico

Isla Pinta
Isla Marchena
Isla Genovesa
Isla Isabela
Línea Ecuatorial

Volcán Darwin
Isla Santiago (San Salvador)

Isla Fernandina

Puerto Ayora
Isla Santa Cruz
Isla San Cristóbal

Santo Tomás
Puerto Barquerizo Moreno

Isla Santa María
Isla Española

ECUADOR

★**Quito**
Ecuador
Guayaquil

R. Negro
R. Amazonas
• Belém

Iquitos
Manaus
Perú

R. Madeira

Recife

Cordillera de los Andes

Lima★
Cuzco
Lago Titicaca

Brasil
★ **Brasilia**

Salvador

Arequipa
La Paz
Bolivia
Arica
Sucre

Iquique

Océano Pacífico

Antofagasta

R. Paraguay
R. Paraná

Belo Horizonte

São Paulo
Río de Janeiro
Santos

• Salta

Paraguay
Asunción★

R. Paraná
R. Uruguay

Chile

Córdoba
R. Paraná

Porto Alegre

Valparaíso
Mendoza
★**Santiago**
Rosario

Uruguay
Buenos Aires★ ★
Montevideo

Concepción
Argentina

Océano Atlántico

• Bahía Blanca

Cordillera de los Andes

Puerto Montt

N

O ←→ E

S

Estrecho de Magallanes
Islas Malvinas

Punta Arenas

Tierra del Fuego

América del Sur

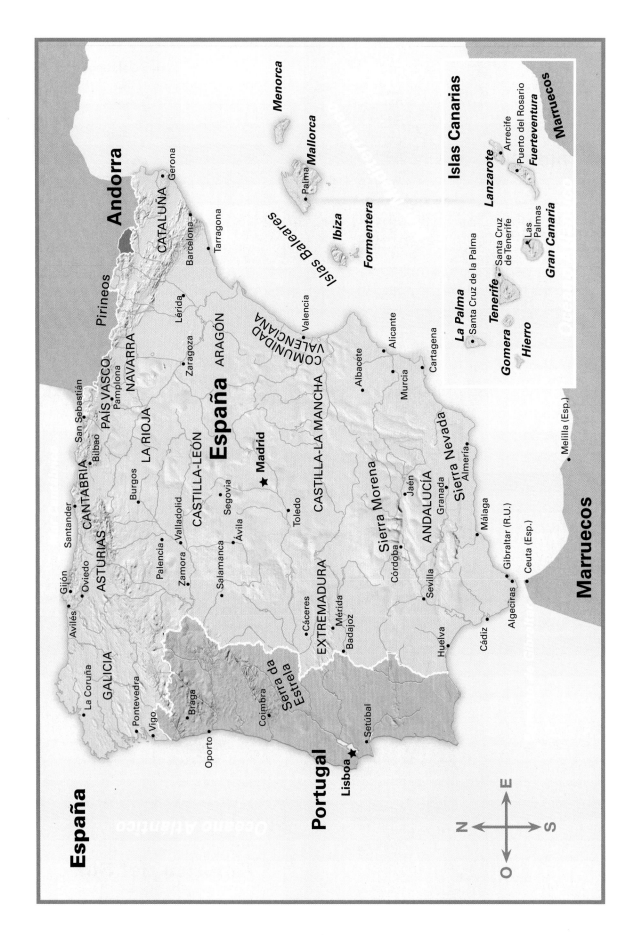

España

Las relaciones personales

1

Contextos

páginas 2–5

- La personalidad
- Los estados emocionales
- Los sentimientos
- Las relaciones personales

Fotonovela

páginas 6–9

- *¡Bienvenida, Mariela!*

Enfoques

Los Estados Unidos

páginas 10–13

- **En detalle:** Parejas sin fronteras
- **Perfil:** Isabel y Willie
- **Ritmos:** Bacilos

Estructura

páginas 14–25

- The present tense
- **Ser** and **estar**
- Progressive forms

Manual de gramática

páginas 486–492

- Más práctica
- Más gramática

Cinemateca

páginas 26–29

- **Cortometraje:** *Momentos de estación*

Lecturas

páginas 30–38

- **Literatura:** *Poema 20* de Pablo Neruda
- **Cultura:** *Carlos Mencía: políticamente incorrecto*

Atando cabos

página 39

- ¡A conversar!
- ¡A escribir!

Communicative Goals

You will expand your ability to...

- describe in the present
- narrate in the present
- express personal relationships

Las relaciones **personales**

La personalidad

autoritario/a *strict; authoritarian*
cariñoso/a *affectionate*

cuidadoso/a *careful*
falso/a *insincere*
gracioso/a *funny; pleasant*

inseguro/a *insecure*
(in)maduro/a *(im)mature*
mentiroso/a *lying*
orgulloso/a *proud*
permisivo/a *permissive; easy-going*
seguro/a *sure; confident*
sensato/a *sensible*
sensible *sensitive*
tacaño/a *cheap; stingy*
tímido/a *shy*
tradicional *traditional*

Los estados emocionales

agobiado/a *overwhelmed*
ansioso/a *anxious*
deprimido/a *depressed*
disgustado/a *upset*

emocionado/a *excited*
preocupado/a (por) *worried (about)*
solo/a *alone; lonely*
tranquilo/a *calm*

Los sentimientos

Carlos **se está enamorando** de Marisa pero **tiene vergüenza de** decírselo. Marisa también **sueña con** él, y hoy ha decidido decirle cómo **se siente**.

adorar *to adore*
apreciar *to appreciate*
enamorarse (de) *to fall in love (with)*
estar harto/a (de) *to be fed up (with); to be sick (of)*
odiar *to hate*
sentirse (e:ie) *to feel*
soñar (o:ue) (con) *to dream (about)*
tener celos (de) *to be jealous (of)*
tener vergüenza (de) *to be ashamed/embarrassed (of)*

Las relaciones personales

Llevan más de cincuenta años de casados. Dicen que los secretos de un buen **matrimonio** son la **confianza** y el **cariño**.

el/la amado/a *loved one; sweetheart*
el ánimo *spirit*
el cariño *affection*
la cita (a ciegas) *(blind) date*
el compromiso *commitment; responsibility*
la confianza *trust; confidence*
el desánimo *the state of being discouraged*
el divorcio *divorce*
la pareja *couple; partner*
el sentimiento *feeling; emotion*

atraer *to attract*
coquetear *to flirt*
cuidar *to take care of*
dejar a alguien *to leave someone*
discutir *to argue*
educar *to raise; to bring up*
hacerle caso a alguien *to pay attention to someone*
impresionar *to impress*
llevar... años de (casados) *to be (married) for... years*
llevarse bien/mal/fatal *to get along well/badly/terribly*
mantenerse en contacto *to keep in touch*
pasarlo bien/mal/fatal *to have a good/bad/terrible time*
proponer matrimonio *to propose (marriage)*
romper (con) *to break up (with)*
salir (con) *to go out (with)*
soportar a alguien *to put up with someone*

casado/a *married*
divorciado/a *divorced*
separado/a *separated*
soltero/a *single*
viudo/a *widowed*

  # Práctica

1 Escuchar

A. Después de una cita con Andrés, Paula le cuenta todo a su mejor amiga, Isabel. Escucha la conversación y decide si las oraciones son **ciertas** o **falsas**. Corrige las falsas.

1. Después de la cita con Andrés, Paula está muy emocionada.
2. Según Paula, los dos se llevan mal.
3. Paula dice que Andrés es feo e inseguro.
4. Paula quiere salir otra vez con Andrés.

B. Ahora escucha la conversación entre Andrés y su mejor amigo, José Luis, y decide si las oraciones son **ciertas** o **falsas**. Corrige las falsas.

1. Según Andrés, él y Paula lo pasaron bien.
2. Andrés piensa que Paula es demasiado tímida.
3. Andrés quiere salir otra vez con Paula.
4. Andrés tiene celos porque José Luis quiere salir con Paula.

C. En parejas, imaginen que José Luis decide llamar a Paula y que Andrés decide llamar a Isabel. Inventen el diálogo de una de estas dos conversaciones telefónicas y compártanlo con la clase.

2 Analogías
Completa cada analogía con la palabra apropiada.

autoritario	cuidadoso	mentiroso
casados	discutir	romper con
cita	gracioso	tranquilo

1. estresado : ansioso :: falso : _____
2. generoso : tacaño :: permisivo : _____
3. divorcio : divorciados :: matrimonio : _____
4. amar : odiar :: salir con : _____
5. cariño : cariñoso :: cuidado : _____
6. disgustado : contento :: emocionado : _____
7. casados : boda :: novio : _____
8. casarse : comprometerse :: divorciarse : _____

Práctica

3 **Definiciones** Indica las palabras que corresponden a cada definición.

_____ 1. Compromiso entre dos o más personas sobre el lugar, la fecha y la hora para encontrarse.

_____ 2. Que sufre de depresión, tristeza o desánimo.

_____ 3. Enseñar a una persona o a un animal a comportarse según ciertas normas.

_____ 4. Prestarle atención a alguien.

_____ 5. Conjunto formado por dos personas o cosas que se complementan o son semejantes como, por ejemplo, hombre y mujer.

_____ 6. Estimar o reconocer el valor de algo o de alguien.

a. apreciar
b. cita
c. cuidar
d. deprimido/a
e. discutir
f. educar
g. hacerle caso
h. pareja
i. viudo/a

4 **Contrarios** Don Paco y doña Paquita son gemelos (*twins*), pero tienen personalidades muy distintas. Completa las descripciones con el adjetivo correspondiente a doña Paquita.

MODELO **Don Paco siempre es muy seguro, pero doña Paquita es…** insegura.

1. Don Paco es un hombre sincero, pero doña Paquita es…

2. Don Paco es muy generoso con su dinero, pero doña Paquita es…

3. No sabes lo sociable que es don Paco, pero doña Paquita es muy…

4. Don Paco es permisivo con sus hijos, pero doña Paquita es…

5. A don Paco le gusta estar con gente, pero doña Paquita prefiere estar…

6. Todos piensan que don Paco es moderno, pero que doña Paquita es…

7. Don Paco se porta (*behaves*) como adulto, pero doña Paquita es tan…

8. Don Paco es muy modesto, pero doña Paquita es muy…

Comunicación

5 **¿Cómo eres?** Trabaja con un(a) compañero/a.

A. Contesta las preguntas del test.

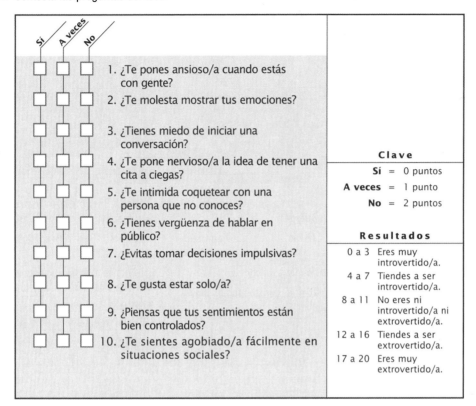

Sí	A veces	No		

1. ¿Te pones ansioso/a cuando estás con gente?
2. ¿Te molesta mostrar tus emociones?
3. ¿Tienes miedo de iniciar una conversación?
4. ¿Te pone nervioso/a la idea de tener una cita a ciegas?
5. ¿Te intimida coquetear con una persona que no conoces?
6. ¿Tienes vergüenza de hablar en público?
7. ¿Evitas tomar decisiones impulsivas?
8. ¿Te gusta estar solo/a?
9. ¿Piensas que tus sentimientos están bien controlados?
10. ¿Te sientes agobiado/a fácilmente en situaciones sociales?

C l a v e

Sí = 0 puntos
A veces = 1 punto
No = 2 puntos

R e s u l t a d o s

0 a 3   Eres muy introvertido/a.
4 a 7   Tiendes a ser introvertido/a.
8 a 11   No eres ni introvertido/a ni extrovertido/a.
12 a 16   Tiendes a ser extrovertido/a.
17 a 20   Eres muy extrovertido/a.

B. Ahora suma (*add up*) los puntos. ¿Cuál es el resultado del test? ¿Estás de acuerdo? Comenta tu resultado y tu opinión con tu compañero/a.

6 **Problemas y consejos**

A. En grupos de cuatro, elijan una de estas situaciones. Inventen más detalles para describir la situación. ¿Quiénes son los personajes? ¿Cuál es su relación? ¿Dónde se encuentran? ¿Cuánto tiempo llevan juntos? ¿Cuándo se originó el problema?

1. Intercambian miradas (*glances*). Él se pregunta si ella está coqueteando con él.

2. Quiere mucho a su esposo/a, pero él/ella tiene celos de todo el mundo. Él/Ella no soporta los celos de su pareja.

3. Hacen una buena pareja, pero él nunca le va a proponer matrimonio.

4. Se conocieron en una cita a ciegas y se llevaron fatal.

5. Se quieren, pero siempre están discutiendo por cualquier cosa.

B. Ahora, escriban un breve correo electrónico en que uno/a de los/las personajes describe su problema y le pide consejos a un(a) amigo/a. Lean la carta a la clase para que sus compañeros ofrezcan sus consejos.

SUPERSITE

Los empleados de *Facetas* hablan de cómo recibir a un cliente.
Mariela, una nueva empleada, llega a la oficina.

1

JOHNNY (*al teléfono*) Revista *Facetas…* (*dirigiéndose a Diana*) Es para Aguayo.

FABIOLA Está en el baño.

JOHNNY (*al teléfono*) En estos momentos está en el baño.

DIANA ¡No! Di que está reunido con un cliente.

JOHNNY (*al teléfono*) Disculpe, está en el baño reunido con un cliente.

2

JOHNNY Jefe, tiene un mensaje de Mariela Burgos.

AGUAYO Gracias… Es la nueva artista gráfica. Viene a reunirse con nosotros.

Aguayo se marcha a su oficina.

FABIOLA No creo que quepamos todos en el baño.

3

DIANA (*repartiendo libretas*) Éste es el manual de conducta profesional.

FABIOLA Página tres: "Cómo recibir a un cliente".

ÉRIC (*se levanta*) ¿Quieren una demostración? Johnny, tú eres el cliente.

JOHNNY Quizás no soy un cliente. Podría ser un supermodelo o algo así.

FABIOLA Mejor un cliente.

6

En la oficina central… Entra el muchacho de la pizza.

JOHNNY ¿Alguien ordenó pizza?

MUCHACHO ¿Éste es el 714 de la avenida Juárez…?

MARIELA (*interrumpe*) ¿Oficina uno, revista *Facetas*?… Soy Mariela. No sabía llegar, así que ordené una pizza y seguí al muchacho.

JOHNNY ¡Bienvenida!

7

En la sala de reuniones…

AGUAYO Mariela, te quiero presentar al equipo de *Facetas*. Él es Éric, nuestro fotógrafo.

ÉRIC ¿Qué tal?

AGUAYO Ella es Fabiola. Se encarga de las secciones de viajes, economía, turismo y farándula.

FABIOLA Mucho gusto.

8

AGUAYO Él es Johnny. Escribe las secciones de arte, comida, bienestar y política.

JOHNNY Hola.

AGUAYO Y ella es Diana. Está a cargo de las ventas y el mercadeo.

Personajes

AGUAYO

DIANA

ÉRIC

FABIOLA

JOHNNY

MARIELA

MUCHACHO DE LA PIZZA

ÉRIC Ya sé. Eres un millonario que viene a comprar la revista.

JOHNNY Perfecto. Soy el magnate Juan Medina.

ÉRIC Bienvenido a *Facetas*, señor Medina. Bienvenido.

Se abrazan.

Luego, en la cocina...

AGUAYO Hay que ser cuidadoso al contestar el teléfono.

JOHNNY Querrás decir mentiroso.

DIANA Es una formalidad.

ÉRIC Odio ser formal.

FABIOLA Es lindo abrazar a la gente, Éric, pero esto es una oficina, no un partido de fútbol.

DIANA Me han hablado tanto de ti, que estoy ansiosa por conocer tu propia versión.

MARIELA Tengo veintidós años, soy de Monterrey, estudio en la UNAM y vengo de una familia grande.

JOHNNY ¿Muy grande?

MARIELA En cincuenta años de matrimonio mis padres han criado a nueve hijos y veinte nietos.

FABIOLA ¿Qué te pareció?

ÉRIC Está buenísima.

FABIOLA ¿Eso es todo lo que tienes que decir?

ÉRIC ¿Qué más se puede decir de una pizza?

FABIOLA ¡Te estoy hablando de Mariela!

ÉRIC Creo que es bella, talentosa e inteligente. Más allá de eso, no me impresiona para nada.

Expresiones útiles

Talking about responsibilities

Fabiola se encarga de...
Fabiola is in charge of...

Estoy encargado/a de...
I'm in charge of...

Diana está a cargo de...
Diana is in charge of...

Estoy a cargo de...
I'm in charge of...

Talking about your impressions

¿Qué te pareció Mariela?
What did you think of Mariela?

Me pareció...
I thought...

Creo que es bella, talentosa e inteligente.
I think she's beautiful, talented, and intelligent.

Más allá de eso, no me impresiona para nada.
Beyond that, she doesn't impress me at all.

Additional vocabulary

la ansiedad *anxiety*
ansioso/a *anxious*
el cuidado *care*
cuidadoso/a *careful*
la mentira *lie*
mentiroso/a *lying*
el talento *talent*
talentoso/a *talented*
la farándula *entertainment*
han criado *have raised*
el mercadeo *marketing*
querrás *you will want*
quepamos *(form of* **caber***) we fit*

Comprensión

1 **La trama** Primero, indica con una **X** los hechos (*events*) que no ocurrieron en este
episodio. Después, indica con números el orden en el que ocurrieron los restantes
(*the remaining ones*).

_____ a. Diana llega con el manual de conducta profesional.

_____ b. Éric ordena una pizza con anchoas.

_____ c. Mariela deja un mensaje para Aguayo.

_____ d. Un muchacho llega a la oficina con una pizza.

_____ e. Aguayo presenta a Mariela al grupo.

_____ f. Johnny gana la lotería.

_____ g. Fabiola le pregunta a Éric su opinión sobre Mariela.

_____ h. Johnny contesta el teléfono.

_____ i. Mariela llega a la oficina.

_____ j. Aguayo paga la pizza.

_____ k. Éric y Johnny practican la forma correcta de recibir a un cliente.

_____ l. Los empleados de *Facetas* celebran el cumpleaños de Mariela.

2 **¿Quién lo haría?** ¿Quién estaría a cargo de estas actividades?

Aguayo   **Diana**   **Éric**

Fabiola   **Johnny**   **Mariela**

1. Sacar fotos para la revista.
2. Escribir un artículo sobre un concierto de música pop.
3. Hablar con las personas que quieren poner anuncios (*ads*) en la revista.
4. Escribir un artículo sobre las pirámides de Egipto.
5. Entrevistar a un ministro del gobierno mexicano para hablar de la inflación.
6. Escribir un artículo sobre la corrupción política.
7. Escribir la reseña (*review*) de un nuevo restaurante.
8. Preparar dibujos para los artículos de la revista.
9. Conseguir más lectores (*readers*).
10. Seleccionar al personal (*staff*).

Ampliación

 (3) Preguntas En parejas, contesten las preguntas.

1. ¿Qué te parecen los empleados de la revista *Facetas*? ¿Cómo son?

2. ¿De qué está encargado cada empleado? En tu opinión, ¿cuál de ellos tiene más responsabilidad? Explica tu respuesta.

3. ¿Crees que a Mariela le va a gustar su nuevo trabajo? ¿Por qué?

4. ¿Te perdiste alguna vez en una ciudad grande? ¿Qué hiciste?

5. ¿Cómo son los empleados donde tú trabajas? ¿Son parecidos (*similar*) a los empleados de *Facetas*?

 (4) Apuntes culturales En parejas, lean los párrafos y contesten las preguntas.

A larga distancia

Mariela, la nueva artista gráfica de *Facetas*, es de Monterrey, pero se ha mudado a México D.F. para trabajar. En Latinoamérica las personas se mudan con menos frecuencia que en los EE.UU. y mantienen el contacto con los amigos de la infancia y toda la familia. ¡Con todos los sobrinos que tiene, Mariela va a necesitar un buen plan de telefonía celular!

¿Un mapa o una pizza?

Mariela descubre una forma creativa de manejarse en la ciudad más grande del mundo. Sin embargo, algunas ciudades pequeñas de Latinoamérica presentan sus propios desafíos (*challenges*). Si *Facetas* se publicara en Costa Rica, la dirección de la oficina podría ser: del Parque la Sabana, 100 metros al norte del antiguo (*former*) Banco Nacional, portón (*gate*) rojo, San José.

México D.F.

La Universidad Nacional Autónoma de México

Mariela estudia en la UNAM, una de las universidades más grandes y prestigiosas de Latinoamérica. Establecida en 1551, hoy en día la UNAM cuenta con más de 200.000 estudiantes. El campus más grande está en México D.F.; tiene otros en el resto del país y también en Texas, Illinois y Canadá.

1. ¿Te has mudado tú para asistir a la universidad o por motivos de trabajo? ¿Cuáles son las ventajas (*advantages*) y desventajas de vivir lejos del lugar donde creciste?

2. ¿Cuántos amigos/as o parientes (*relatives*) tuyos se han mudado a otra ciudad? ¿Qué hacen ustedes para mantenerse en contacto?

3. ¿Cómo te manejas (*get around*) en tu propia ciudad? ¿Buscas direcciones en Internet? ¿Qué haces si te pierdes? ¿Le pides direcciones a alguien o prefieres usar un mapa?

4. ¿De qué tamaño es la universidad tuya? ¿Cuáles son las diferencias entre las universidades grandes y las pequeñas? ¿Qué tipo de ambiente prefieres tú?

En detalle

ESTADOS UNIDOS

PAREJAS SIN FRONTERAS

Es el año 2000. Ana Villegas está frente a su computadora en México jugando *online* un juego de cartas. Del otro lado está Frank Petersen, de Fairhaven, MA, también aficionado al mismo juego. Este simple juego los lleva a una amistad que luego se convierte en amor. A pesar de los temores y del escepticismo familiar, dos años después, Ana deja México y se muda a los Estados Unidos, donde hoy vive junto a su esposo Frank.

La historia de Ana no es un caso aislado°. El número de parejas interculturales está en marcado aumento°. Entre las causas más importantes están la globalización, la asimilación de los hijos de inmigrantes a la cultura estadounidense y el aumento en la edad promedio° de las parejas al casarse. En 1960, en los Estados Unidos, el promedio de edad al casarse era veintitrés para los hombres y veinte para las mujeres. Actualmente es veintisiete y veinticinco. ¿Qué tiene que ver° este cambio con el aumento de las parejas interculturales? Antes los jóvenes solían° casarse con personas de su comunidad. Ahora, muchos tienen la oportunidad de viajar, vivir solos o irse a vivir a otro país. Esta nueva independencia los expone° a otras culturas. Por lo tanto, es más común que formen parejas con personas de culturas diferentes.

Las parejas interculturales enfrentan° muchos desafíos° —problemas de comunicación, diferencias en valores y formas de pensar, falta de aceptación de algunos familiares— pero también tienen una oportunidad única de crecimiento° personal; además, la exposición a otras maneras de pensar nos ayuda a echar una mirada° crítica a nuestra propia cultura. ∎

Consejos de Ana

- Esfuérzate° por conocer la cultura de tu pareja.
- Evita perpetuar los estereotipos.
- Pon énfasis en lo que los une y no en lo que los separa.
- Educa a tu familia y a tus amigos acerca de la cultura de tu pareja.
- Aprende a no dejarte llevar° por los comentarios y las miradas de las personas que no están a favor de las relaciones interculturales.

Matrimonios interculturales

De acuerdo con la Oficina del Censo, el número de parejas interraciales se cuadruplicó entre 1970 y 1995.

18% de las mujeres latinas casadas tienen un esposo no latino.

15% de los hombres latinos casados tienen una esposa no latina.

Fuente: Censo estadounidense – Año 2000

---

aislado *isolated* **marcado aumento** *marked increase* **promedio** *average* **Qué tiene que ver** *What does (it) have to do* **solían** *used to* **expone** *exposes* **enfrentan** *face* **desafíos** *challenges* **crecimiento** *growth* **echar una mirada** *take a look* **Esfuérzate** *Make an effort* **dejarte llevar** *allow yourself to be influenced*

ASÍ LO DECIMOS

Las relaciones

chavo/a (Méx.)   *boyfriend/girlfriend*

enamorado/a (Pe.)   *boyfriend/girlfriend*

engañar   *to cheat; to betray*

estar de novio   *to be dating someone*

estar en pareja con (Esp.)   *to be dating someone*

ponerse de novio/a (con)   *to start dating someone*

estar bueno/a (Arg.)   *to be attractive*

estar padre (Méx.)   *to be attractive*

EL MUNDO HISPANOHABLANTE

Las relaciones

Tendencias

- Aunque en la mayoría de los países hispanos ya no hay reglas fijas, es costumbre que el hombre invite en los primeros encuentros.

- En los Estados Unidos, cada vez más latinos participan en citas rápidas° para encontrar pareja.

Costumbres

- En España, los catalanes celebran por San Jorge el día de los enamorados. En este día el hombre regala una rosa a su persona querida, y ésta le regala un libro.

- En algunos pueblos de México, como Zacatecas, es costumbre que las mujeres y los hombres solteros vayan a caminar solos o en grupos alrededor de la plaza los domingos. Las mujeres y los hombres caminan en dirección contraria para poder observarse mutuamente.

PERFIL

ISABEL Y WILLIE

La escritora chilena Isabel Allende y el abogado estadounidense Willie Gordon comparten el amor por el arte y la compañía de buenos amigos. Allende conoció a su esposo durante la presentación de su novela *De amor y de sombra* en California en 1988. Gordon admiraba la obra y el talento de esta escritora latinoamericana, y Allende, por su parte, no tardó° en enamorarse de él. Una vez, Gordon hizo un chiste° sobre el matrimonio en una cena con un grupo de personas. Dijo que nunca se volvería a casar a menos que no le quedara otro remedio. Allende se enojó y le dijo que ella había dejado todo por él —su cultura y su gente—, y que éste no le ofrecía ningún compromiso. Así, al día siguiente, Gordon le respondió: "Vale°, me caso." Isabel Allende y Willie Gordon se casaron ese mismo año y, desde entonces, viven en un tranquilo suburbio californiano.

" Echo de menos la familia y el idioma, el sentido del humor, porque nadie me tiene que explicar un chiste en Chile, mientras que acá no los entiendo. " (Isabel Allende)

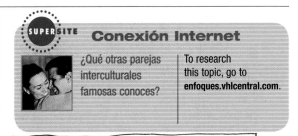

SUPERSITE   **Conexión Internet**

¿Qué otras parejas interculturales famosas conoces?

To research this topic, go to **enfoques.vhlcentral.com**.

no tardó *didn't take long* **chiste** *joke* **Vale** *OK* **citas rápidas** *speed dating*

¿Qué aprendiste?

1 **¿Cierto o falso?** Indica si estas afirmaciones son **ciertas** o **falsas**. Corrige las falsas.

1. Al principio, las familias de Ana y Frank no confiaban en el éxito de la relación.

2. El número de parejas interculturales está aumentando poco a poco.

3. Actualmente, la edad promedio al casarse es veinticinco para los hombres y veintisiete para las mujeres.

4. En el pasado, era común entre los jóvenes casarse con gente de otras culturas.

5. Oportunidades como viajar, vivir solos, estudiar o vivir lejos de casa permiten que los jóvenes expandan su círculo y conozcan a gente de otras culturas.

6. La exposición a otras culturas puede afectar nuestra forma de pensar sobre nuestra propia cultura.

7. El número de parejas interraciales se triplicó entre 1970 y 1995.

8. Ana aconseja prestar mucha atención a las diferencias en la pareja.

9. Según Ana, es importante que tu familia y tus amigos aprendan acerca de la cultura de tu pareja.

10. Ana recomienda no dejarse llevar por las opiniones de las personas prejuiciosas (*prejudiced*).

2 **Completar** Completa las oraciones.

1. Willie Gordon sentía _____ por las obras de Isabel Allende.
   a. cariño   b. indiferencia   c. fascinación

2. Allende _____ por una broma que Gordon hizo sobre el casamiento.
   a. se sintió feliz   b. se enojó
   c. se rió

3. Una relación puede terminar si una persona _____ a la otra.
   a. impresiona   b. aprecia   c. engaña

4. Actualmente, es popular para los latinos en los EE.UU. participar en _____ .
   a. citas rápidas   b. citas a ciegas
   c. citas en Internet

3 **Preguntas** Contesta las preguntas.

1. ¿Crees que el Día de San Valentín es importante para celebrar la amistad y el amor o es una excusa para gastar dinero?

2. ¿Es fácil conocer gente *online*? ¿Por qué?

3. ¿Cuáles son otros de los desafíos que enfrentan las parejas interculturales?

4. ¿Cuál es el más importante de los consejos que da Ana? ¿Por qué?

4 **Opiniones** En parejas, escriban cuatro beneficios y cuatro desafíos (*challenges*) de las relaciones interculturales. Traten de no repetir los del artículo.

PROYECTO

Buscar pareja en Internet

Imagina que decides buscar pareja por Internet. Siempre te interesó salir con alguien de otra cultura. Escribe tu perfil para un sitio de citas por Internet. En tus descripciones, usa el vocabulario de la sección **Contextos** y el vocabulario aprendido en esta sección. Tu perfil debe incluir como mínimo:

1. Una descripción de cómo eres.

2. Una descripción de lo que buscas.

3. Una explicación de por qué te interesa conocer a alguien de otra cultura.

4. Cualquier otra información que consideres importante.

BACILOS

El grupo **Bacilos** nace de la amistad de tres estudiantes universitarios latinoamericanos —**José Javier Freire** (puertorriqueño), **Jorge Villamizar** (colombiano) y **André Lopes** (brasileño)— que se conocieron cuando estudiaban en Miami. Motivados por la pasión y el entusiasmo por la música, decidieron formar una banda a principios de los noventa. Bacilos, que significa *bacterias*, originalmente se llamó Bacilos Búlgaros por un remedio casero de la abuela de Jorge. Las canciones de Bacilos fusionan rock y pop con reggae, rap y ritmos de toda Latinoamérica. Sus letras hablan de amor, inmigración, racismo, política y sociedad. La banda saltó a la fama con el álbum *Caraluna* y, en 2003, fue ganadora de un premio Grammy y dos Grammys Latinos por ese álbum y por la canción *Mi primer millón*.

Discografía

2004 Sinvergüenza   **2003** Caraluna   **2000** Bacilos

Canción

Éste es un fragmento de una canción de Bacilos.

Mi primer millón
por Jorge Villamizar y Sergio George

Yo solo quiero pegar° en la radio,

Para ganar mi primer millón,

Para comprarte una casa grande,

En donde quepa° tu corazón.

Éstas son otras bandas y solistas latinos que, al igual que Bacilos, iniciaron sus carreras artísticas en los Estados Unidos:

- Tito Puente (estadounidense) – salsa
- Carlos Santana (mexicano) – rock
- Selena (estadounidense) – música tejana
- **Julissa** (estadounidense) – pop latino
- Ozomatli (líder mexicano) – rock alternativo

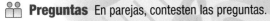

Preguntas En parejas, contesten las preguntas.

1. ¿Dónde se conocieron los integrantes de Bacilos? ¿De qué países provienen?
2. ¿Sobre qué temas tratan sus canciones?
3. ¿Cuál es el deseo de la persona que canta la canción *Mi primer millón*?
4. ¿Qué otros músicos latinos conoces? ¿Te gusta su música?

pegar *to have a hit* **quepa** *fit*

1.1 The present tense

Regular –ar, –er, and –ir verbs

TALLER DE CONSULTA

MANUAL DE GRAMÁTICA
Más práctica
1.1 The present tense,
p. 486
1.2 **Ser** and **estar**, p. 487
1.3 Progressive forms,
p. 488
Más gramática
1.4 Nouns and articles,
p. 489
1.5 Adjectives, p. 491

- The present tense (**el presente**) of regular verbs is formed by dropping the infinitive ending (**–ar**, **–er**, or **–ir**) and adding personal endings.

The present tense of regular verbs			
	hablar *to speak*	**beber** *to drink*	**vivir** *to live*
yo	hablo	bebo	vivo
tú	hablas	bebes	vives
Ud./él/ella	habla	bebe	vive
nosotros/as	hablamos	bebemos	vivimos
vosotros/as	habláis	bebéis	vivís
Uds./ellos/ellas	hablan	beben	viven

- The present tense is used to express actions or situations that are going on at the present time and to express general truths.

¿Por qué **rompes** conmigo?
Why are you breaking up with me?

Porque no te **amo**.
Because I don't love you.

- The present tense is also used to express habitual actions or actions that will take place in the near future.

Mis padres me **escriben** con frecuencia.
My parents write to me often.

Mañana les **mando** una carta larga.
Tomorrow I'm sending them a long letter.

Stem-changing verbs

- Some verbs have stem changes in the present tense. In many **–ar** and **–er** verbs, **e** changes to **ie** and **o** changes to **ue**. In some **–ir** verbs, **e** changes to **i**. The **nosotros/as** and **vosotros/as** forms never have a stem change in the present tense.

¡ATENCIÓN!

Subject pronouns are normally omitted in Spanish. They are used to emphasize or clarify the subject.

¿Viven en California?

Sí, ella vive en Los Ángeles y él vive en San Francisco.
• • • •
Jugar changes its stem vowel from **u** to **ue**. As with other stem-changing verbs, the **nosotros/as** and **vosotros/as** forms do not change.

jugar

juego, juegas, juega, jugamos, jugáis, juegan
• • • •
Construir, destruir, incluir, and **influir** have a spelling change and add a **y** before the personal endings (except the **nosotros/as** and **vosotros/as** forms).

incluir

incluyo, incluyes, incluye, incluimos, incluís, incluyen

Stem-changing verbs		
e:ie	**o:ue**	**e:i**
pensar *to think*	**poder** *to be able to; can*	**pedir** *to ask for*
pienso	puedo	pido
piensas	puedes	pides
piensa	puede	pide
pensamos	podemos	pedimos
pensáis	podéis	pedís
piensan	pueden	piden

Irregular *yo* forms

- Many **–er** and **–ir** verbs have irregular **yo** forms in the present tense. Verbs ending in **–cer** or **–cir** change to **–zco** in the **yo** form; those ending in **–ger** or **–gir** change to **–jo**. Several verbs have irregular **–go** endings, and a few have individual irregularities.

Ending in -go

caer *to fall*	yo **caigo**
distinguir *to distinguish*	yo **distingo**
hacer *to do; to make*	yo **hago**
poner *to put; to place*	yo **pongo**
salir *to leave; to go out*	yo **salgo**
traer *to bring*	yo **traigo**
valer *to be worth*	yo **valgo**

Ending in -zco

conducir *to drive*	yo **conduzco**
conocer *to know*	yo **conozco**
crecer *to grow*	yo **crezco**
obedecer *to obey*	yo **obedezco**
parecer *to seem*	yo **parezco**
producir *to produce*	yo **produzco**
traducir *to translate*	yo **traduzco**

Ending in -jo

dirigir *to direct; to manage*	yo **dirijo**
escoger *to choose*	yo **escojo**
exigir *to demand*	yo **exijo**
proteger *to protect*	yo **protejo**

Other verbs

caber *to fit*	yo **quepo**
saber *to know*	yo **sé**
ver *to see*	yo **veo**

- Verbs with prefixes follow these same patterns.

reconocer *to recognize*	yo **reconozco**	**oponer** *to oppose*	yo **opongo**
deshacer *to undo*	yo **deshago**	**proponer** *to propose*	yo **propongo**
rehacer *to re-make; to re-do*	yo **rehago**	**suponer** *to suppose*	yo **supongo**
aparecer *to appear*	yo **aparezco**	**atraer** *to attract*	yo **atraigo**
desaparecer *to disappear*	yo **desaparezco**	**contraer** *to contract*	yo **contraigo**
componer *to make up*	yo **compongo**	**distraer** *to distract*	yo **distraigo**

Irregular verbs

- Other commonly used verbs in Spanish are irregular in the present tense or combine a stem change with an irregular **yo** form or other spelling change.

dar *to give*	**decir** *to say*	**estar** *to be*	**ir** *to go*	**oír** *to hear*	**ser** *to be*	**tener** *to have*	**venir** *to come*
doy	digo	estoy	voy	oigo	soy	tengo	vengo
das	dices	estás	vas	oyes	eres	tienes	vienes
da	dice	está	va	oye	es	tiene	viene
damos	decimos	estamos	vamos	oímos	somos	tenemos	venimos
dais	decís	estáis	vais	oís	sois	tenéis	venís
dan	dicen	están	van	oyen	son	tienen	vienen

 **Práctica**

TALLER DE CONSULTA

MANUAL DE GRAMÁTICA
Más práctica
1.1 The present tense, p. 486

1 **Un apartamento infernal** Beto tiene quejas (*complaints*) de su apartamento. Completa la descripción de su apartamento. Puedes usar los verbos más de una vez.

caber	hacer	oír
dar	ir	tener

Mi apartamento está en el quinto piso. El edificio no (1) _____ ascensor y para llegar al apartamento, (2) _____ que subir por la escalera. El apartamento es tan pequeño que mis cosas no (3) _____. Las paredes (*walls*) son muy delgadas. A todas horas (4) _____ la radio o la televisión de algún vecino. El apartamento sólo (5) _____ una ventana pequeña y, por eso, siempre está oscuro. ¡(6) _____ a buscar otro apartamento!

2 **¿Qué hacen los amigos?** Escribe cinco oraciones usando los sujetos y los verbos de las columnas.

Sujetos	Verbos	
yo	apreciar	exigir
tú	compartir	hacer
un(a) buen(a) amigo/a	creer	pedir
nosotros/as	defender	prestar
los malos amigos	discutir	recordar

1. _____
2. _____
3. _____
4. _____
5. _____

  3 **La verdad** En parejas, túrnense (*take turns*) para hacerse las preguntas.

MODELO **Marcelo: llegar temprano a la oficina / dormir hasta las nueve**
—¿Marcelo llega temprano a la oficina?
—¡Qué va! (*Are you kidding?*) Marcelo duerme hasta las nueve.

1. Ana: jugar al tenis con Daniel / preferir pasar la tarde charlando con Sergio
2. Felipe: salir a bailar todas las noches / tener clase de química a las ocho de la mañana
3. Jorge y Begoña: ir a la playa / querer viajar a Arizona
4. Dolores y Tony: comer muchas hamburguesas / ser vegetarianos
5. Fermín: estar harto de Julia / pensar proponerle matrimonio

Comunicación

4 **¿Qué sabes de tus compañeros?** En parejas, háganse preguntas basadas en las opciones y contesten con una explicación.

MODELO **soñar con / hacer algo especial este mes**

—¿Sueñas con hacer algo especial este mes?

—Sí, sueño con ir al concierto de Don Omar.

1. pensar / realizar este año algún proyecto
2. decir / mentiras
3. acordarse / del primer beso
4. conducir / cuando / estar muy cansado
5. reír / mucho con tu familia
6. dar / consejos (*advice*) sobre asuntos que / no conocer bien
7. venir / a clase tarde con frecuencia
8. escoger / el regalo perfecto para el cumpleaños de tu novio/a
9. corregir / los errores en las composiciones de los compañeros
10. traer / un diccionario a la clase de español

5 **Discusión matrimonial** Trabajen en parejas para representar una discusión matrimonial. Preparen la discusión con las frases de la lista.

no acordarse de los cumpleaños	querer discutir todos los días
ya no sentir lo mismo de antes	contar mentiras siempre
preferir estar con los amigos	dormir en el sofá

6 **¿Cómo son tus amigos?**

A. Escribe una descripción de un(a) buen(a) amigo/a tuyo/a. ¿Cómo es? ¿Está de acuerdo contigo en todo? ¿Siempre se ríe de los chistes que le cuentas? ¿Se divierten ustedes cuando están juntos/as? ¿Siempre sigue tus consejos? ¿Te miente a veces? ¿Te pide dinero? ¿Ustedes se quieren?

B. Ahora, comparte tu descripción con tres compañeros/as. Juntos/as, escriban una lista de cinco cosas que los buenos amigos hacen con frecuencia y cinco cosas que no hacen casi nunca. ¿Coincidieron los grupos en las acciones que eligieron?

1.2 *Ser* and *estar*

Revista Facetas... Es para Aguayo.

En estos momentos está en el baño.

Uses of *ser*

Nationality and place of origin	Mis padres **son** argentinos, pero yo **soy** de Florida.
Profession or occupation	El señor López **es** periodista.
Characteristics of people, animals, and things	El clima de Miami **es** caluroso.
Generalizations	Las relaciones personales **son** complejas.
Possession	La guitarra **es** del tío Guillermo.
Material of composition	El suéter **es** de pura lana.
Time, date, or season	**Son** las doce de la mañana.
Where or when an event takes place	La fiesta **es** en el apartamento de Carlos; **es** el sábado a las nueve de la noche.

Uses of *estar*

Location or spatial relationships	La clínica **está** en la próxima calle.
Health	Hoy **estoy** enfermo. ¿Cómo **estás** tú?
Physical states and conditions	Todas las ventanas **están** limpias.
Emotional states	¿Marisa **está** contenta con Javier?
Certain weather expressions	¿**Está** nublado o **está** despejado hoy en Toronto?
Ongoing actions (progressive tenses)	Paula **está** escribiendo invitaciones para su boda.
Results of actions (past participles)	La tienda **está** cerrada.

Ser and *estar* with adjectives

- **Ser** is used with adjectives to describe inherent, expected qualities. **Estar** is used to describe temporary or variable qualities, or a change in appearance or condition.

¿Cómo **son** tus padres?
What are your parents like?

La casa **es** muy pequeña.
The house is very small.

¿Cómo **estás**, Miguel?
How are you, Miguel?

¡**Están** tan enojados!
They're so angry!

- With most descriptive adjectives, either **ser** or **estar** can be used, but the meaning of each statement is different.

Julio **es alto**.
Julio is tall. (that is, a tall person)

Dolores **es alegre**.
Dolores is cheerful. (that is, a cheerful person)

Juan Carlos **es** un hombre **guapo**.
Juan Carlos is a handsome man.

¡Ay, qué **alta estás**, Adriana!
How tall you're getting, Adriana!

¡Uf! El jefe **está alegre** hoy. ¿Qué le pasa?
Wow! The boss is cheerful today. What's up?

¡Manuel, **estás** tan **guapo**!
Manuel, you look so handsome!

- Some adjectives have two different meanings depending on whether they are used with **ser** or **estar**.

ser + *[adjective]*	estar + *[adjective]*
La clase de contabilidad **es aburrida**. *The accounting class is **boring**.*	Estoy **aburrida** con la clase. *I am **bored** with the class.*
Ese chico **es listo**. *That boy is **smart**.*	Estoy **listo** para todo. *I'm **ready** for anything.*
No **soy rico**, pero vivo bien. *I'm not **rich**, but I live well.*	¡El pan **está** tan **rico**! *The bread is **delicious**!*
La actriz **es mala**. *The actress is **bad**.*	La actriz **está mala**. *The actress is **ill**.*
El coche **es seguro**. *The car is **safe**.*	Juan no **está seguro** de la noticia. *Juan isn't **sure** of the news.*
Los aguacates **son verdes**. *Avocados are **green**.*	Esta banana **está verde**. *This banana is **not ripe**.*
Javier **es** muy **vivo**. *Javier is very **sharp**.*	¿Todavía **está vivo** el autor? *Is the author still **living**?*
Pedro **es** un hombre **libre**. *Pedro is a **free** man.*	Esta noche no **estoy libre**. ¡Lo siento! *Tonight I am not **available**. Sorry!*

TALLER DE CONSULTA

Remember that adjectives must agree in gender and number with the person(s) or thing(s) that they modify. See the **Manual de gramática**, **1.4**, p. 489, and **1.5**, p. 491.

¡ATENCIÓN!

Estar, not **ser**, is used with **muerto/a**.

Bécquer, el autor de las *Rimas*, **está muerto**.

Bécquer, the author of Rimas, *is dead.*

TALLER DE CONSULTA

MANUAL DE GRAMÁTICA
Más práctica
1.2 **Ser** and **estar**, p. 487

1 **La boda de Emilio y Jimena** Completa cada oración de la primera columna con la terminación más lógica de la segunda columna.

f 1. La boda es
c 2. La iglesia está
h 3. El cielo está
e 4. La madre de Emilio está
b 5. El padre de Jimena está
d 6. Todos los invitados están
a 7. El mariachi que toca en la boda es
g 8. En mi opinión, las bodas son

a. de San Antonio, Texas.
b. deprimido por los gastos.
c. en la calle Zarzamora.
d. esperando a que entren la novia (*bride*) y su padre.
e. contenta con la novia.
f. a las tres de la tarde.
g. muy divertidas.
h. totalmente despejado.

2 **La luna de miel** Completa el párrafo en el que se describe la luna de miel (*honeymoon*) que van a pasar Jimena y Emilio. Usa formas de **ser** y **estar**.

Emilio y Jimena van a pasar su luna de miel en Miami, Florida. Miami (1) _es_ una ciudad preciosa. (2) _está_ en la costa este de Florida y tiene playas muy bonitas. El clima (3) _es_ tropical. Jimena y Emilio (4) _están_ interesados en visitar la Pequeña Habana. Jimena (5) _es_ fanática de la música cubana. Y Emilio (6) _está_ muy entusiasmado por conocer el parque Máximo Gómez donde las personas van a jugar dominó. Los dos (7) _son_ aficionados a la comida caribeña. Quieren ir a todos los restaurantes que (8) _están_ en la Calle Ocho. Cada día van a probar un plato diferente. Algunos de los platos que piensan probar (9) _son_ el congrí, los tostones y el bistec palomilla. Después de pasar una semana en Miami, la pareja va a (10) _estar_ cansada pero muy contenta.

Comunicación

(3) Ellos y ellas

A. En parejas, miren las fotos de cuatro personalidades latinas y lean las descripciones.

La actriz **Salma Hayek** nació en Coatzacoalcos, México, y actualmente vive en Los Ángeles. Sus abuelos paternos son libaneses y su mamá es mexicana. Sus más recientes películas incluyen *Al caer la noche* (*After the Sunset*), *Bandidas* y *Pregúntale al polvo* (*Ask the Dust*).

Enrique Iglesias nació en Madrid pero se crió en Miami. Aunque quería ser cantante desde los 16 años, nunca le confió su ambición a su padre, el cantante Julio Iglesias. Su primer disco tuvo un gran éxito, y ha ganado varios premios por sus siete álbumes, en los cuales canta tanto en inglés como en español.

El beisbolista dominicano **Manny Ramírez** debutó en las Grandes Ligas de Béisbol en 1993 con los Indians de Cleveland, y desde 2001 juega para los Red Sox en Boston. Fue nombrado el "Jugador Más Valioso" de la Serie Mundial al conseguir el título ante los Cardinals de St. Louis.

Jennifer López es una actriz y cantante de origen puertorriqueño. Desempeñó el papel principal en la película musical *Selena* (1997), y con *Monster-in-law* (2004) se convirtió en la actriz latina mejor pagada. Además de ser talentosa, tiene fama de ser ambiciosa y competitiva.

B. Ahora, preparen una entrevista con una de estas personalidades. Escriban diez preguntas usando los verbos **ser** y **estar** al menos cinco veces. Para la entrevista, pueden usar información que no está en las descripciones. Después de contestar las preguntas, presenten la entrevista a la clase, haciendo uno/a el papel de la personalidad y el/la otro/a el del/de la entrevistador(a).

1.3 Progressive forms

The present progressive

- The present progressive (**el presente progresivo**) narrates an action in progress. It is formed with the present tense of **estar** and the present participle (**el gerundio**) of the main verb.

Éric **está sacando** una foto.
Éric is taking a photo.

Aguayo **está bebiendo** café.
Aguayo is drinking coffee.

Fabiola **está escribiendo** el artículo.
Fabiola is writing the article.

¡Te estoy hablando
de Mariela!
¿Qué te pareció?

Creo que es bella, talentosa
e inteligente. Más allá de eso,
no me impresiona para nada.

¡ATENCIÓN!

When progressive forms are used with reflexive verbs or object pronouns, the pronouns may either be attached to the present participle (in which case an accent mark is added to maintain the proper stress) or placed before the conjugated verb. See **2.1 Object pronouns**, pp. 54–55, and **2.3 Reflexive verbs**, pp. 62–63, for more information.

Se están enamorando.
Están enamorándose.
They are falling in love.

Te estoy hablando.
Estoy hablándote.
I am talking to you.

Note that the present participle of **ser** is **siendo**.

- The present participle of regular **–ar, –er,** and **–ir** verbs is formed as follows:

INFINITIVE	STEM	ENDING	PRESENT PARTICIPLE
bailar	bail–	–ando	bailando
comer	com–	–iendo	comiendo
aplaudir	aplaud–	–iendo	aplaudiendo

- Stem-changing verbs that end in **–ir** also change their stem vowel when they form the present participle.

-ir stem-changing verbs	
Infinitive	**Present Participle**
decir	diciendo
dormir	durmiendo
mentir	mintiendo
morir	muriendo
pedir	pidiendo
sentir	sintiendo
sugerir	sugiriendo

- **Ir, poder, reír,** and **sonreír** have irregular present participles (**yendo, pudiendo, riendo, sonriendo**). **Ir** and **poder** are seldom used in the present progressive.

Marisa está **sonriendo** todo el tiempo.
Marisa is smiling all the time.

Maribel no está **yendo** a clase últimamente.
Maribel isn't going to class lately.

changes to **–y–**.

INFINITIVE		STEM		ENDING		PRESENT PARTICIPLE
construir	▶	constru–	▶	–yendo	▶	construyendo
leer		le–		–yendo		leyendo
oír		o–		–yendo		oyendo
traer		tra–		–yendo		trayendo

- Progressive forms are used less frequently in Spanish than in English, and only when emphasizing that an action is *in progress* at the moment described. To refer to actions that occur over a period of time or in the near future, Spanish uses the present tense instead.

PRESENT TENSE	PRESENT PROGRESSIVE
Lourdes **estudia** economía en la UNAM.	Ahora mismo, Lourdes **está tomando** un examen.
Lourdes is studying economics at UNAM.	*Right now, Lourdes is taking an exam.*
¿**Vienes** con nosotros al Café Pamplona?	No, no puedo. Ya **estoy cocinando**.
Are you coming with us to Café Pamplona?	*No, I can't go. I'm already cooking.*

Other verbs with the present participle

- Spanish expresses various shades of progressive action by using verbs such as **seguir, ir, venir**, and **andar** with the present participle.

- **Seguir** with the present participle expresses the idea of *to keep doing something*.

Emilio **sigue hablando**.	Mercedes **sigue quejándose**.
Emilio keeps on talking.	*Mercedes keeps complaining.*

- **Ir** with the present participle indicates a gradual or repeated process. It often conveys the English idea of *more and more*.

Cada día que pasa **voy disfrutando** más de esta clase.	Ana y Juan **van acostumbrándose** al horario de clase.
I'm enjoying this class more and more every day.	*Ana and Juan are getting more and more used to the class schedule.*

- **Venir** with the present participle indicates a gradual action that accumulates or increases over time.

Hace años que **viene diciendo** cuánto le gusta el béisbol.	**Vengo insistiendo** en lo mismo desde el principio.
He's been saying how much he likes baseball for years.	*I have been insisting on the same thing from the beginning.*

- **Andar** with the present participle conveys the idea of *going around doing something* or of *always doing something*.

José siempre **anda quejándose** de eso.	Román **anda diciendo** mentiras.
José is always complaining about that.	*Román is going around telling lies.*

¡ATENCIÓN!

Other tenses may have progressive forms as well. These tenses emphasize that an action was/will be in progress.

PAST (pp. 94–105)
Estaba marcando su número justo cuando él me llamó.
I was dialing his number right when he called me.

FUTURE (pp. 216–219)
No vengas a las cuatro, todavía estaremos trabajando.
Don't come at four o'clock; we will still be working.

1 **Una conversación telefónica** Daniel es nuevo en la ciudad y no sabe cómo llegar al estadio de fútbol. Decide llamar a su ex novia Alicia para que le explique cómo encontrarlo. Completa la conversación con la forma correcta del gerundio (*present participle*).

ALICIA ¿Aló?

DANIEL Hola Alicia, soy Daniel; estoy buscando el estadio de fútbol y necesito que me ayudes… Llevo (1) _Caminando_ (caminar) más de media hora por el centro y sigo perdido.

ALICIA ¿Dónde estás?

DANIEL No estoy muy seguro, no encuentro el nombre de la calle. Pero estoy (2) _Viendo_ (ver) un centro comercial a mi izquierda y más allá parece que están (3) _Construyendo_ (construir) un estadio de fútbol. (4) _Hablando_ (hablar) de fútbol, ¿dónde tengo mis boletos? ¡He perdido mis entradas!

ALICIA Madre mía, ¡sigues (5) _Siendo_ (ser) un desastre! Algún día te va a pasar algo serio.

DANIEL ¡Siempre andas (6) _pensando_ (pensar) lo peor!

ALICIA ¡Y tú siempre estás (7) _olvidándote_ (olvidarse) de todo!

DANIEL ¡Ya estamos (8) _discutiendo_ (discutir) otra vez!

2 **Organizar un festival** El señor Ramírez es un director de espectáculos muy despistado (*absent-minded*). Ahora quiere organizar un festival, y todos los artistas que quiere contratar están ocupados. Su asistente le cuenta lo que están haciendo. En parejas, dramaticen la situación utilizando el presente progresivo.

MODELO **Elga Navarro / descansar**
—¿Qué está haciendo Elga Navarro?
—Elga Navarro está descansando en una clínica.

1. Juliana Paredes / bailar

2. Emilio Soto / casarse

3. Aurora Gris / recoger un premio

4. Héctor Rojas / jugar a las cartas

Comunicación

 3 **Una cita** En parejas, representen una conversación en la que Alexa y Guille intentan buscar una hora del día para reunirse.

> **MODELO**
> **ALEXA** ¿Nos vemos a las diez de la mañana para estudiar?
> **GUILLE** No puedo, voy a estar durmiendo. ¿Qué te parece a las 12?

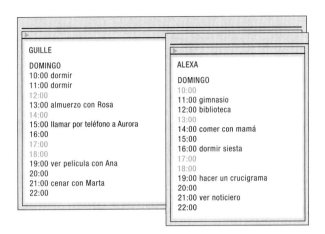

GUILLE

DOMINGO
10:00 dormir
11:00 dormir
12:00
13:00 almuerzo con Rosa
14:00
15:00 llamar por teléfono a Aurora
16:00
17:00
18:00
19:00 ver película con Ana
20:00
21:00 cenar con Marta
22:00

ALEXA

DOMINGO
10:00
11:00 gimnasio
12:00 biblioteca
13:00
14:00 comer con mamá
15:00
16:00 dormir siesta
17:00
18:00
19:00 hacer un crucigrama
20:00
21:00 ver noticiero
22:00

4 **Síntesis** Tu psicólogo utiliza la hipnosis para hacerte recordar los momentos más importantes de tu pasado. En parejas, dramaticen la conversación entre el doctor Felipe y su paciente, utilizando verbos en el presente y el presente progresivo. Elijan una situación de la lista o inventen otro tema. Sean creativos.

> **MODELO**
> **DR. FELIPE** Estás volviendo al momento de conocer a tu primer amor. ¿Qué están haciendo?
> **PACIENTE** Estoy caminando por la calle… una mujer preciosa me está saludando…
> **DR. FELIPE** Muy bien, muy bien. ¿Y qué estás pensando? ¿Cómo te sientes?
> **PACIENTE** Estoy pensando que esto es el amor a primera vista. Me siento… ¡Ay, no! Me estoy cayendo en medio de la calle, ¡enfrente de ella!

tu primer amor	el nacimiento de un(a) hermano/a
un viaje importante	el mejor/peor momento de tu vida

SUPERSITE

For additional cumulative practice of all the grammar points in this lesson, go to **enfoques.vhlcentral.com**.

Antes de ver el corto

MOMENTOS DE ESTACIÓN

país Argentina
duración 7:15 minutos

director Gustavo D. Cabaña
protagonistas viajero, cajera

Vocabulario

abrazar *to hug; to hold*
el afiche *poster*
averiguar *to find out*
el boleto *ticket*
la broma *joke*
el cortometraje/corto *short film*

enamorado/a (de) *in love (with)*
la escena *scene*
meterse *to break in (to a conversation)*
el/la protagonista *protagonist; main character*
el recuerdo *memento; souvenir*
suceder *to happen*

1) Vocabulario Completa este párrafo con las opciones correctas.

Estaba comprando (1) _____ (un recuerdo/un boleto) en la estación, cuando de repente (2) _____ (sucedió/se metió) algo. Mientras hablaba con el empleado, un hombre se acercó y (3) _____ (se metió/averiguó) en la conversación e hizo (4) _____ (una broma/un boleto). Esto me trajo a la mente (5) _____ (el recuerdo/la broma) de dos niños bromeando en una estación de trenes. ¡El hombre era mi primo Alberto, a quien no veía desde 1996!

2) Comentar Con un(a) compañero/a, intercambia opiniones sobre *Momentos de estación*.

1. La palabra **estación** tiene varios significados. ¿Los recuerdas? ¿Cuáles son las estaciones que conoces?

2. ¿Qué te sugiere el título de este cortometraje?

3. Observa el segundo fotograma e inventa tres rasgos diferentes para la personalidad de cada personaje.

4. ¿Crees que las personas del segundo fotograma se conocen?

5. Observa el afiche del cortometraje en la página opuesta. ¿Qué tipo de relación hay entre los dos personajes de la foto?

6. El afiche dice "Nada que perder". ¿Qué te sugiere esa frase sobre la historia que vas a ver?

Momentos de
estación

1er Premio
BA en Primer
Plano y Festival
Interuniversitario
Cortos UdeSA,
Argentina

Nada que perder

Una producción del CENTRO DE INVESTIGACIÓN CINEMATOGRÁFICA Guión y Dirección GUSTAVO D. CABAÑA

Jefe de Producción GUSTAVO SAMMARTINO Dirección de Fotografía GUSTAVO GÓMEZ OLIVERA

Cámara LUCAS CABALLERO Montaje FEDERICO CALDERÓN/GUSTAVO CABAÑA Edición MARTÍN BLASSI

Dirección de Arte NATALIA OBATTA Sonido FEDERICO CALDERÓN

Actores SANDRA VILLANI/CLAUDIO TOLCACHIR/CARLOS DONIGIAN/ELENA CÁNEPA/LUCAS SANTA ANA/

CAROLINA PAINCEIRA/LUCRECIA OVIEDO/RODOLFO ROCA

Escenas

plot/main theme

ARGUMENTO Un viajero va a comprar un boleto de tren a la ventanilla.

VIAJERO Estoy enamorado de usted.
CAJERA ¿Cómo?

VIAJERO Tenía que decírselo hoy. Es mi último viaje.
CAJERA Esto es una broma.
VIAJERO No, no es ninguna broma, Ana.

(La señora del abanico° llama al hombre de la boina°.)

SEÑORA ¡Chist!, Juan, ¿qué pasa?
JUAN Él la ama; ella no le cree.

VIAJERO Hace más de un año que nos conocemos. Usted es la que me atiende siempre. Yo soy el que va a la capital.
CAJERA Todos van a la capital.
VIAJERO Exactamente 375 veces, sin contar la de hoy. Mirá... aquí están todos: 375 boletos, uno por uno.

CAJERA ¿Qué quiere de mí?
VIAJERO Bailar.
CAJERA ¿Bailar?
VIAJERO Bailar, abrazarte, besarte...
CAJERA Ahora no, no puedo, estoy trabajando.

SEÑORA A veces, se le va la vida a uno sin que suceda algo tan maravilloso. Once años hace que murió mi marido. ¿Sabes, hijo?, ¡cuánto hace que no me dan un beso!

abanico *fan* **boina** *beret*

1 Comprensión Contesta las preguntas.

1. ¿Qué le dice el viajero a la cajera?
2. ¿Por qué el viajero habla con ella ese día?
3. ¿Cómo se llama la cajera?
4. Según el joven, ¿cuánto tiempo hace que se conocen?
5. ¿Qué guarda el joven en la caja?

2 Interpretar En grupos de tres, contesten las preguntas.

1. ¿Cuál es su interpretación del final de la historia?
2. ¿Cuál creen que es el tema del cortometraje?
3. ¿Creen que *Momentos de estación* puede relacionarse con la idea de *carpe diem* (*seize the day*)? ¿Conocen otras películas con esta idea?
4. ¿Creen que el corto defiende una mayor espontaneidad en nuestras relaciones cotidianas? ¿Piensan que es mejor ser reservado/a o atrevido/a?

3 Imaginar A continuación tienes la conversación inicial entre el viajero y la cajera de *Momentos de estación*. Escribe otra versión de esta conversación, dándole un final diferente.

VIAJERO Estoy enamorado de usted.
CAJERA ¿Cómo?
VIAJERO Que la amo…
CAJERA No puede ser.
VIAJERO Tenía que decírselo hoy. Es mi último viaje.
CAJERA Esto es una broma.

VIAJERO No, no, ninguna broma, Ana.
CAJERA ¿Cómo sabe mi nombre?
VIAJERO Lo averigüé; no fue difícil.
CAJERA Casi nunca me llaman por mi nombre…
VIAJERO Es un nombre hermoso.

4 Actuar Con un(a) compañero/a, representa una escena en un contexto diferente, en el que uno/a de ustedes tiene que declararse a un(a) desconocido/a y convencerlo/a de que está locamente enamorado/a de él/ella. Represéntenlo después ante la clase.

5 Escribir En un párrafo, resume la historia que acabas de ver. Ten en cuenta:

- dónde sucede la historia
- cuándo o en qué momento tiene lugar la historia
- quiénes son los personajes
- qué es lo que sucede
- el final de la historia

Los enamorados, 1923.
Pablo Picasso, España.

"La única fuerza y la única verdad que
hay en esta vida es el amor."

— José Martí

Antes de leer

Poema 20

Sobre el autor

Ya de muy joven, el chileno Ricardo Eliecer Neftalí Reyes Basoalto —tal fue el nombre que sus padres dieron a **Pablo Neruda** (1904–1973) al nacer— mostraba inclinación por la poesía. En 1924, con tan sólo veinte años, publicó el libro que lo lanzó (*launched*) a la fama: *Veinte poemas de amor y una canción desesperada*. Además de poeta, fue diplomático y político. El amor fue sólo uno de los temas de su extensa obra: también escribió poesía surrealista y poesía con fuerte contenido histórico y político. Su *Canto general* lleva a los lectores en un viaje por la historia de América Latina desde los tiempos precolombinos hasta el siglo veinte. En 1971, recibió el Premio Nobel de Literatura.

Vocabulario

el alma *soul*
amar *to love*
besar *to kiss*
contentarse con *to be contented, satisfied with*

el corazón *heart*
la mirada *gaze*
el olvido *forgetfulness; oblivion*
querer (e:ie) *to love; to want*

Poema Completa este poema con las opciones correctas.

Quiero (1) _____ (besarte/amarte) porque te (2) _____ (quiero/olvido), pero tú te alejas y desde lejos me miras.

Mi (3) _____ (corazón/olvido) no (4) _____ (quiere/se contenta) con una (5) _____ (alma/mirada) triste.

Entonces me voy y sólo espero el (6) _____ (corazón/olvido).

Conexión personal

¿Has estado enamorado/a alguna vez? ¿Te gusta leer poesía? ¿Has escrito alguna vez una carta o un poema de amor?

Análisis literario: la personificación

La personificación es una figura retórica (*figure of speech*) que consiste en atribuir cualidades humanas a seres inanimados (*inanimate objects*), ya sean animales, cosas o conceptos abstractos. Observa estos ejemplos de personificación: *me despertó el llanto* (crying) *del violín; tu silencio habla de dolores pasados*. En *Poema 20*, Pablo Neruda utiliza este recurso en varias ocasiones. Mientras lees el poema, prepara una lista de las personificaciones. ¿Qué cualidad humana atribuye el poeta al objeto?

POEMA 20

Pablo Neruda

1 Puedo escribir los versos más tristes esta noche.
  Escribir, por ejemplo: "La noche está estrellada°,   *starry*
blink; tremble y tiritan°, azules, los astros°, a lo lejos°".   *stars/in the distance*
  El viento de la noche gira° en el cielo y canta.   *turns*

5 Puedo escribir los versos más tristes esta noche.
  Yo la quise, y a veces ella también me quiso.

  En las noches como ésta la tuve entre mis brazos.
  La besé tantas veces bajo el cielo infinito.

  Ella me quiso, a veces yo también la quería.
10 Cómo no haber amado sus grandes ojos fijos°.   *fixed*

  Puedo escribir los versos más tristes esta noche.
  Pensar que no la tengo. Sentir que la he perdido.

  Oír la noche inmensa, más inmensa sin ella.
  Y el verso cae al alma como al pasto el rocío°.   *like the dew on*
  the grass
15 Qué importa que mi amor no pudiera guardarla°.   *keep; protect*
  La noche está estrellada y ella no está conmigo.

  Eso es todo. A lo lejos alguien canta. A lo lejos.
  Mi alma no se contenta con haberla perdido.

to bring closer Como para acercarla° mi mirada la busca.
20 Mi corazón la busca, y ella no está conmigo.

  La misma noche que hace blanquear° los mismos árboles.   *to whiten*
  Nosotros, los de entonces, ya no somos los mismos.

  Ya no la quiero, es cierto, pero cuánto la quise.
voice Mi voz° buscaba el viento para tocar su oído.

25 De otro. Será de otro. Como antes de mis besos.
  Su voz, su cuerpo claro. Sus ojos infinitos.

  Ya no la quiero, es cierto, pero tal vez la quiero.
28 Es tan corto el amor, y es tan largo el olvido.

  Porque en noches como ésta la tuve entre mis brazos,
30 mi alma no se contenta con haberla perdido.

  Aunque éste sea el último dolor que ella me causa,
  y éstos sean los últimos versos que yo le escribo. ∎

Después de leer

Poema 20
Pablo Neruda

1 **Comprensión** Contesta las preguntas con oraciones completas.

1. ¿Quién habla en este poema?
2. ¿De quién habla el poeta?
3. ¿Cuál es el tema del poema?
4. ¿Qué momento del día es?
5. ¿Sigue el poeta enamorado? Da un ejemplo del poema.

2 **Analizar** Lee el poema otra vez para contestar las preguntas con oraciones completas.

1. ¿Qué personificaciones hay en el poema y qué efecto transmiten? Explica tu respuesta.
2. ¿Tienen importancia las repeticiones en el poema? Explica por qué.
3. La voz poética habla sobre su amada pero no le habla directamente a ella. ¿A quién crees que le habla la voz poética en este caso?
4. ¿Qué sentimientos provoca el poema en los lectores?

3 **Interpretar** Contesta las preguntas con oraciones completas.

1. ¿Cómo se siente el poeta? Da algún ejemplo del poema.
2. ¿Es importante que sea de noche? Razona tu respuesta.
3. Explica con tus propias palabras este verso: "Es tan corto el amor, y es tan largo el olvido".
4. En un momento dado el poeta afirma: "Yo la quise, y a veces ella también me quiso" y, un poco más adelante, escribe: "Ella me quiso, a veces yo también la quería". Explica el significado de estos versos y su importancia en el poema.

4 **Ampliar** Trabajen en parejas para imaginar cómo es la mujer del poema. Hablen sobre:

- su apariencia física
- su personalidad
- sus aficiones

5 **Imaginar** En parejas, imaginen la historia de amor entre el poeta y su amada. Preparen una conversación en la que se despiden para siempre. Deben inspirarse en algunos de los versos del poema.

6 **Personificar** Elige un objeto y escribe un párrafo breve en el que atribuyes (*attribute*) cualidades humanas al objeto.

MODELO Tengo en mi cuarto una estrella de mar. Me cuenta historias de piratas…

Antes de leer

Vocabulario

el/la comediante *comedian*	**herir (e:ie)** *to hurt*
el chiste *joke*	**el nombre artístico** *stage name*
criarse *to grow up*	**quedarse callado/a** *to remain*
guardarse (algo) *to keep*	*silent*
(something) to yourself	**la trayectoria** *path; history*

Oraciones incompletas Completa las oraciones con el vocabulario de la tabla.

1. John Leguizamo es mi _____ favorito. Hace _____ muy divertidos.
2. Cuando no quiero _____ los sentimientos de otra persona, me _____ lo que quiero decir.
3. El _____ de Paul David Hewson es Bono.
4. Nací en Nueva York pero _____ en Chicago.

Conexión personal ¿Tienes algún comediante favorito? ¿Sobre qué temas hace chistes tu comediante favorito? ¿Te sientes ofendido/a al escuchar los chistes de algunos comediantes?

Contexto cultural

Carlos Mencía causó controversia cuando, al lanzarse (*get started*) como comediante, se cambió el nombre. Su nombre original es Ned Holness, ya que su padre, Roberto Holness, es de origen alemán. Su madre, Magdalena Mencía, es de origen mexicano. Desde hace ya mucho tiempo usa el apellido Mencía, pero adoptó el nombre Carlos cuando se dedicó a la comedia. Algunas personas lo acusan de cambiarse el nombre para "sonar más latino". Otros lo acusan de ser un hondureño que se hace pasar por mexicano para triunfar en California. Carlos Mencía nació en Honduras pero se crió en Los Ángeles con sus tíos maternos y no con sus padres. ¿Qué piensas? ¿Tienen razón quienes lo critican? ¿O Carlos Mencía tiene derecho a usar el apellido de su madre y destacar (*highlight*) su origen mexicano?

> **Please complete the form below and mail with your payment.**
>
> Juan Guillermo Pérez Echegoyen
> FIRST NAME   M.I.   LAST NAME
>
> STREET ADDRESS   CITY   STATE   ZIP CODE

Carlos Mencía
Políticamente incorrecto

1 El comediante **Carlos Mencía** tiene tanto éxito con su programa en *Comedy Central* que mantiene un *blog* para sus *fans*. Allí, se define a sí mismo como una persona que dice lo que piensa. Explica que no le importa "herir los sentimientos" de nadie; "lo que hiere aún más es
5 quedarse callado y dejar que la gente estúpida siga siendo estúpida". También dice en su *blog* que "algunos pueden hacer chistes sobre otras personas, pero no pueden aceptar que se hagan chistes sobre ellos… bueno… si tú eres así… ¡entonces hazme el favor y CÁLLATE!"

Carlos Mencía integra una nueva
10 generación de humoristas latinos que
llegó para quedarse. Esta gran familia de
comediantes también incluye nombres
como Pablo Francisco, Liz Torres,
Freddy Soto, Mike Robles, Joey Medina,
15 Ernie G y Shayla Rivera, entre otros.
Además, hay que destacar al ya clásico
John Leguizamo. Antes de saltar a la
fama con su programa *Mind of Mencía*
en *Comedy Central*, Carlos ya tenía una
20 larga trayectoria artística.

Nació en Honduras en 1967 y es
second-to-last el penúltimo° de dieciocho hijos. Se
crió en Los Ángeles en casa de sus
tíos. Estudiaba ingeniería hasta que ganó
competition 25 una competencia° de comedia en el
Laugh Factory. Le faltaba sólo un crédito
para graduarse pero decidió dejar la
universidad y dedicarse a la comedia.
Aunque al principio su familia no estaba
30 de acuerdo con el cambio, gracias a su
support perseverancia y al apoyo° de su hermano
managed to Joseph, Carlos logró convertirse° en un
become comediante profesional. Fue en *The*
renowned *Comedy Store* —un renombrado° club de
35 comedia de Los Ángeles— donde adoptó
el nombre artístico de Carlos Mencía.
Durante la década de los noventa,
Carlos participó como comediante y
host como anfitrión° en varios programas de
40 televisión. En 2001, realizó una popular
tour gira° titulada *The Three Amigos* con
Freddy Soto y Pablo Francisco. Antes

de su llegada a *Comedy Central*, también
hizo dos especiales para HBO.

El humor de Carlos Mencía no 45
perdona a nadie —ni siquiera a su
propia familia— y, como consecuencia,
Carlos tiene tanto admiradores como
detractores. Hace chistes acerca de
blancos, negros, minorías y sobre todo 50
latinos. En su lenguaje abundan° las *are plentiful*
malas palabras. Algunos de sus temas
preferidos son las cuestiones raciales, la
política, la religión y los temas sociales.
Muchos consideran que su estilo excede 55
los límites de lo que es "políticamente
correcto".

Cuando observamos las opiniones
y reacciones que provoca, las aguas
están divididas°. Para algunos, los 60 *there is*
chistes de Carlos Mencía son demasiado *disagreement*
provocativos y perpetúan° estereotipos; *perpetuate*
para otros, sus chistes son un ejemplo
de libre expresión°, un ejemplo de que *freedom of speech*
los latinos ya no son una minoría que es 65
víctima de los chistes de otras personas,
sino una comunidad que se siente
establecida y que es capaz de reírse de sí
misma... y de los demás. ∎

El humor de Carlos Mencía

❝El racismo significa exclusión. Por eso, yo me río de todos.❞

❝Al igual que mi padre, yo también nací en América Central… Nebraska.❞

❝En Texas, si te llamas Carlos, eres mexicano. En Florida, eres cubano. En
Nueva York, eres puertorriqueño. Y luego vengo aquí (Canadá) y me entero
de que soy esquimal.❞

Después de leer

Carlos Mencía: políticamente incorrecto

(1) Comprensión Responde a las preguntas con oraciones completas.

1. ¿Cómo se define a sí mismo Carlos Mencía en su *blog*?
2. ¿Qué sucedió cuando a Carlos le faltaba poco para terminar la universidad?
3. ¿Qué grupos son víctimas de los chistes de Carlos Mencía?
4. Para quienes lo critican, ¿cuál es el problema con el tipo de humor de Carlos Mencía?
5. Para quienes lo apoyan, ¿por qué es importante el trabajo de comediantes como Carlos Mencía?

(2) Organizar Ordena en forma cronológica la información sobre Carlos Mencía.

_____ a. Adoptó el nombre artístico de Carlos Mencía.

_____ b. Vivió con sus tíos maternos.

_____ c. Realizó la gira The Three Amigos junto a Freddy Soto y Pablo Francisco.

_____ d. Ganó una competencia de comedia.

_____ e. Saltó a la fama en Comedy Central.

_____ f. Se mudó a los Estados Unidos.

_____ g. Decidió convertirse en comediante profesional.

_____ h. Fue a la universidad.

(3) Comunicación En parejas, respondan a las preguntas.

1. ¿Creen que está bien hacer chistes sobre temas raciales y sociales o creen que los humoristas deberían evitar ciertos temas? ¿Por qué?
2. ¿Qué opinan del uso de malas palabras en los espectáculos de comedia?
3. El artículo dice que para muchas personas el humor de Carlos Mencía es un ejemplo de que la comunidad latina pasó de ser víctima de chistes a ser una comunidad establecida que es capaz de reírse de sí misma. ¿Pueden dar otros ejemplos que demuestren que la comunidad latina se siente establecida?

(4) Adivinen quién soy En parejas, preparen una entrevista con un comediante famoso. Incluyan información que permita adivinar quién es el comediante, sin mencionar su nombre. Luego actúen la entrevista delante de la clase. Sus compañeros deben adivinar quién es el personaje.

> **MODELO**
>
> **PERIODISTA** ¿Qué sentiste al enterarte de que eras candidato para un premio Oscar?
> **COMEDIANTE** No lo podía creer. Cuando trabajaba en *In Living Color* nunca me imaginé que iba a ser candidato a un Oscar.

(5) Opinión Imagina que el artículo que leíste se publicó en *Facetas*. Escribe una carta de lectores expresando tu opinión sobre el tipo de chistes de comediantes como Carlos Mencía. Si te parece que este tipo de humor es aceptable, explica por qué. Si crees que excede los límites de lo aceptable, explica por qué.

Atando cabos

¡A conversar!

Citas rápidas Usa la técnica de las "citas rápidas" (*speed dating*) para conocer a tus compañeros/as de clase, hacer nuevos amigos y buscar compañeros para proyectos. Comparte los resultados con la clase.

Cómo funcionan las "citas rápidas"

- Reúnete con un(a) compañero/a durante cinco minutos. Hablen sobre quiénes son, cómo son, qué buscan, etc.
- Toma notas acerca del encuentro.
- Repite la actividad con otros compañeros.

	Nombre	Nombre
¿De dónde eres?		
¿Cómo eres?		
¿Qué cualidades buscas en un(a) amigo/a?		
¿Qué tipo de proyectos te gusta hacer?		

¡A escribir!

Consejero/a sentimental Lee la carta que envió Alonso a la sección de consejos sentimentales de *Facetas* y usa las frases del recuadro para responder a la carta de Alonso.

Expresar tu opinión

Estas frases pueden ayudarte a presentar tu opinión:

- En mi opinión,…
- Creo que…
- Me parece que…

Me llamo Alonso. Tengo 23 años y soy de Colombia. Vine a Boston para estudiar en la universidad. Allí conocí a mi novia Kristen, quien tomaba clases de español. Todo iba muy bien mientras estábamos en la universidad: teníamos amigos estadounidenses y latinoamericanos, a mí me interesaba mucho aprender sobre su país y a ella sobre el mío.

El problema comenzó después de la universidad. Cuando salimos con los compañeros de trabajo de Kristen, siento que a nadie le interesa charlar conmigo, y a mí tampoco me interesa hablar con ellos de béisbol y esas cosas. Cuando vamos a visitar a la familia de Kristen en Chicago y decido cocinar, siempre miran con desconfianza los platos tradicionales que preparo. Además, Kristen está muy ocupada con su trabajo para seguir estudiando español. Cuando quiere practicar comete unos errores horribles y entonces yo prefiero hablar inglés con ella. Discutimos mucho por todas estas cosas. A veces pienso que sería más fácil estar con alguien de mi cultura… pero quiero mucho a Kristen. ¿Qué puedo hacer para que mi relación funcione?

La personalidad

autoritario/a	strict; authoritarian
cariñoso/a	affectionate
cuidadoso/a	careful
falso/a	insincere
gracioso/a	funny; pleasant
inseguro/a	insecure
(in)maduro/a	(im)mature
mentiroso/a	lying
orgulloso/a	proud
permisivo/a	permissive; easy-going
seguro/a	sure; confident
sensato/a	sensible
sensible	sensitive
tacaño/a	cheap; stingy
tímido/a	shy
tradicional	traditional

Los estados emocionales

agobiado/a	overwhelmed
ansioso/a	anxious
deprimido/a	depressed
disgustado/a	upset
emocionado/a	excited
preocupado/a (por)	worried (about)
solo/a	alone; lonely
tranquilo/a	calm

Los sentimientos

adorar	to adore
apreciar	to appreciate
enamorarse (de)	to fall in love (with)
estar harto/a (de)	to be fed up (with); to be sick (of)
odiar	to hate
sentirse (e:ie)	to feel
soñar (o:ue) (con)	to dream (about)
tener celos (de)	to be jealous (of)
tener vergüenza (de)	to be ashamed/ embarrassed (of)

Las relaciones personales

el/la amado/a	loved one; sweetheart
el ánimo	spirit
el cariño	affection
la cita (a ciegas)	(blind) date
el compromiso	commitment; responsibility
la confianza	trust; confidence
el desánimo	the state of being discouraged
el divorcio	divorce
la pareja	couple; partner
el sentimiento	feeling; emotion
atraer	to attract
coquetear	to flirt
cuidar	to take care of
dejar a alguien	to leave someone
discutir	to argue
educar	to raise; to bring up
hacerle caso a alguien	to pay attention to someone
impresionar	to impress
llevar... años de (casados)	to be (married) for... years
llevarse bien/mal/ fatal	to get along well/ badly/terribly
mantenerse en contacto	to keep in touch
pasarlo bien/mal/ fatal	to have a good/bad/ terrible time
proponer matrimonio	to propose (marriage)
romper (con)	to break up (with)
salir (con)	to go out (with)
soportar a alguien	to put up with someone
casado/a	married
divorciado/a	divorced
separado/a	separated
soltero/a	single
viudo/a	widowed

Más vocabulario

Expresiones útiles	Ver p. 7
Estructura	Ver pp. 14–15, 18–19 y 22–23

Cinemateca

el afiche	poster
el boleto	ticket
la broma	joke
el cortometraje/ corto	short film
la escena	scene
el/la protagonista	protagonist; main character
el recuerdo	memento; souvenir
abrazar	to hug; to hold
averiguar	to find out
meterse	to break in (to a conversation)
suceder	to happen
enamorado/a (de)	in love (with)

Literatura

el alma	soul
el corazón	heart
la mirada	gaze
el olvido	forgetfulness; oblivion
amar	to love
besar	to kiss
contentarse con	to be contented, satisfied with
querer (e:ie)	to love; to want

Cultura

el/la comediante	comedian
el chiste	joke
el nombre artístico	stage name
la trayectoria	path; history
criarse	to grow up
guardarse (algo)	to keep (something) to yourself
herir (e:ie)	to hurt
quedarse callado/a	to remain silent

Las diversiones

Contextos

páginas 42–45

- La música y el teatro
- Los lugares de recreo
- Los deportes
- Las diversiones

Fotonovela

páginas 46–49

- *¡Tengo los boletos!*

Enfoques

México

páginas 50–53

- **En detalle:** El nuevo cine mexicano
- **Perfil:** Gael García Bernal
- **Ritmos:** Lila Downs

Estructura

páginas 54–65

- Object pronouns
- **Gustar** and similar verbs
- Reflexive verbs

Manual de gramática

páginas 493–499

- Más práctica
- Más gramática

Cinemateca

páginas 66–69

- **Cortometraje:** *Espíritu deportivo*

Lecturas

páginas 70–78

- **Literatura:** *Idilio* de Mario Benedetti
- **Cultura:** *El toreo: ¿cultura o tortura?*

Atando cabos

página 79

- ¡A conversar!
- ¡A escribir!

Communicative Goals

You will expand your ability to...

- avoid redundancy
- express personal likes and dislikes
- describe your daily routine and activities

Las diversiones

La música y el teatro

Hoy Ligia dio su primer **concierto** como **cantante** solista. Después de la **función**, sus amigos la **aplaudieron** y le regalaron flores.

el álbum *album*
el asiento *seat*
el/la cantante *singer*
el concierto *concert*
el conjunto/grupo musical
   musical group; band
el escenario *scenery; stage*
el espectáculo *show*
el estreno *premiere; debut*
la función *performance*
   (theater; movie)
el/la músico/a *musician*
la obra de teatro *play*
la taquilla *box office*
———————
aplaudir *to applaud*
conseguir (e:i) boletos/entradas
   to get tickets
hacer cola *to*
   wait in line
poner un disco
compacto *to play*
   a CD

Los lugares de recreo

el cine *movie theater; cinema*
el circo *circus*
la discoteca *discotheque; dance club*

la feria *fair*
el festival *festival*
el parque de atracciones *amusement park*
el zoológico *zoo*

Los deportes

el/la árbitro/a *referee*
el campeón/la campeona *champion*
el campeonato *championship*
el club deportivo *sports club*
el/la deportista *athlete*
el empate *tie (game)*
el/la entrenador(a) *coach; trainer*
el equipo *team*
el/la espectador(a) *spectator*
el torneo *tournament*
———————
anotar/marcar (un gol/un punto)
   to score (a goal/a point)
desafiar *to challenge*
empatar *to tie (games)*
ganar/perder (e:ie) un partido
   to win/lose a game
vencer *to defeat*

Ricardo y sus amigos **se reúnen** todos los sábados. Les **gustan el billar** y **el boliche**, y son verdaderos **aficionados** a **las cartas**.

el ajedrez *chess*
el billar *billiards*
el boliche *bowling*
las cartas/los naipes *(playing) cards*
los dardos *darts*
el juego de mesa *board game*
el pasatiempo *pastime*
la televisión *television*
**el tiempo libre/los ratos
    libres** *free time*
el videojuego *video game*

aburrirse *to get bored*
alquilar una película *to rent
    a movie*
brindar *to make a toast*
celebrar/festejar *to celebrate*
dar un paseo *to take a stroll/walk*
disfrutar (de) *to enjoy*
divertirse (e:ie) *to have fun*

entretener(se) (e:ie) *to entertain, amuse
    (oneself)*
gustar *to like*
reunirse (con) *to get together (with)*
salir (a comer) *to go out (to eat)*

aficionado/a (a) *fond of; a fan (of)*
animado/a *lively*
divertido/a *fun*
entretenido/a *entertaining*

 Práctica

1 **Escuchar**

 A. Mauricio y Joaquín están haciendo planes para el fin de semana. Quieren ir al cine pero no logran ponerse de acuerdo. Escucha la conversación y contesta las preguntas con oraciones completas.

1. ¿Cuándo planean ir al cine Mauricio y Joaquín?
2. ¿Qué película quiere ver Joaquín?
3. ¿Por qué Mauricio no quiere verla?
4. ¿Qué alternativa sugiere Mauricio?
5. ¿Qué le pasa a Joaquín cuando mira documentales?

 B. Ahora escucha el anuncio radial de *Los invasores de la galaxia* y decide si las oraciones son **ciertas** o **falsas**. Corrige las falsas.

1. *Los invasores de la galaxia* ya se estrenó en otros lugares.
2. La película tuvo poco éxito en Europa.
3. Si compras cuatro boletos, te regalan la banda sonora (*soundtrack*).
4. Si te vistes de extraterrestre, te regalan un boleto para una fiesta exclusiva.
5. El estreno de la película es a las nueve de la mañana.

C. En parejas, imaginen que, después de escuchar el anuncio radial, Joaquín trata de convencer a Mauricio para ir a ver *Los invasores de la galaxia*. Inventen la conversación entre Mauricio y Joaquín y compártanla con la clase.

2 **Relaciones** Escoge la palabra que no está relacionada.

1. película (estrenar / dirigir / empatar)
2. obra de teatro (boleto / campeonato / taquilla)
3. concierto (vencer / aplaudir / hacer cola)
4. juego de mesa (ajedrez / naipes / videojuego)
5. celebrar (divertirse / aburrirse / disfrutar)

Práctica

3 **¿Dónde están?** Indica en qué lugar están estas personas.

___ 1. Llegamos muy temprano, pero hay una cola enorme. No voy a comprar los boletos si los asientos están muy lejos del escenario.

___ 2. Hoy es el cumpleaños de mi hermana menor. En lugar de celebrarlo en casa, quiere pasar el día acá, con los tigres y los elefantes.

___ 3. Una red (*net*), una pelota amarilla y dos deportistas. ¿Cuál será la campeona?

___ 4. Hay máquinas que suben, bajan, dan vueltas hacia la derecha y hacia la izquierda. La más espectacular dibuja un laberinto de líneas en el aire.

___ 5. ¿Cómo puede ser que cuatro personas hagan tanto ruido en un campo de fútbol lleno de gente? Mi novia se está divirtiendo mucho pero, ¡yo no entiendo nada de lo que cantan!

___ 6. Aquí casi toda la gente suda (*sweat*) y suda, menos yo. ¡Cómo me gusta nadar!

a. un club deportivo
b. un parque de atracciones
c. un cine
d. un torneo de tenis
e. una taquilla
f. una discoteca
g. un zoológico
h. un concierto de rock

4 **Goles y fiestas** Completa la conversación.

aburrirte	celebrar	equipo
~~animadas~~	disfruten	espectadores
árbitro	divertidos	ganar
campeonato	empate	~~televisión~~

PEDRO Mario, ¿todavía estás mirando (1) _televisión_? ¿No ves que vamos a llegar tarde?

MARIO Lo siento, pero no puedo ir a la fiesta de tu novia. Pasan un partido de fútbol.

PEDRO Pero las fiestas de mi novia son más (2) _animadas_ y más entretenidas que cualquier partido de fútbol. Todos los partidos son iguales… Veintidós tontos corriendo detrás de una pelota, los (3) _espectadores_ gritando (*shouting*) como locos y el (4) _árbitro_ pitando (*whistling*) sin parar.

MARIO Hoy no me puedes convencer. Es la final del (5) _campeonato_ y estoy seguro de que mi (6) _equipo_ favorito va a (7) _ganar_.

PEDRO ¿Y no vas a (8) _aburrirte_, aquí solito, mientras todos tus amigos bailan?

MARIO ¡Jamás! ¡Todos vienen a ver el partido conmigo! Y después vamos a (9) ~~disfruten~~ la victoria. _celebrar_

PEDRO Que (10) _disfruten_ del partido. Ya me voy… Espera, mi novia me está llamando al celular… ¿Qué me dices, amor? ¿Que la fiesta es aquí en mi casa? ¿Que tú también quieres ver el partido? ¡Ay, que yo me rindo (*give up*)!

Comunicación

(5) Diversiones

A. Sin consultar con tu compañero/a, prepara una lista de cinco actividades que crees que le gustan a él/ella. Escoge del recuadro y añade tus propias ideas.

jugar al ajedrez	ir a la feria
practicar deportes en un club	jugar videojuegos
ir al estreno de una película	bailar en una discoteca
ver televisión	jugar al boliche
escuchar música clásica	salir a cenar con amigos

B. Ahora habla con tu compañero/a para confirmar tus predicciones. Sigue el modelo.

MODELO —Creo que te gusta jugar al ajedrez.
—Es verdad, juego siempre que puedo. / —Te equivocas, me aburre. ¿Y a ti?

(6) Lo mejor En grupos de cuatro, imaginen que son editores/as de un periódico local y quieren publicar la lista anual de *Lo mejor de la ciudad*.

A. Primero, escojan las categorías que quieren premiar (*to award*).

Lo mejor de la ciudad

Mejor club deportivo _____

Mejor discoteca _____

Mejor espectáculo sobre hielo _____

Mejor lugar para jugar a los dardos _____

Mejor equipo deportivo _____

Mejor parque para pasear _____

Mejor festival de arte _____

Mejor restaurante para
celebrar un cumpleaños _____

Mejor grupo musical en vivo (*live*) _____

B. Luego preparen una encuesta (*survey*) y entrevisten a sus compañeros/as de clase. Anoten las respuestas.

C. Ahora compartan los resultados con la clase y decidan qué lugares y eventos recibirán el premio *Lo mejor*.

(7) Un fin de semana extraordinario Dos amigos/as con personalidades muy diferentes tienen que pasar un fin de semana juntos/as en una ciudad que nunca han visitado. Hacen muchas sugerencias interesantes, pero todo lo que una persona propone, la otra lo rechaza con alguna explicación absurda, y viceversa. En parejas, improvisen una conversación utilizando las palabras del vocabulario.

MODELO —¿Vamos al circo? Todos dicen que es el espectáculo del año.
—No, me mareo (*get dizzy*) viendo a los acróbatas...

Los empleados de *Facetas* hablan de las diversiones. Johnny trata de ayudar a Éric. Mariela habla de sus planes.

1

JOHNNY ¿Y a ti? ¿Qué te pasa?

ÉRIC Estoy deprimido.

JOHNNY Anímate, es fin de semana.

ÉRIC A veces me siento solo e inútil.

JOHNNY ¿Solo? No, hombre, yo estoy aquí; pero inútil…

2

JOHNNY Necesitas divertirte.

ÉRIC Lo que necesito es una chica. No tienes idea de lo que es vivir solo.

JOHNNY No, pero me lo estoy imaginando. El problema de vivir solo es que siempre te toca lavar los platos.

ÉRIC Las chicas piensan que soy aburrido.

3

JOHNNY No seas pesimista.

ÉRIC Soy un optimista con experiencia. Lo he intentado todo: el cine, la discoteca, el teatro… Nada funciona.

JOHNNY Tienes que contarles chistes. Si las haces reír, ¡*boom*! Se enamoran.

ÉRIC ¿De veras?

JOHNNY Seguro.

6

Mariela viene a hablar con ellos.

MARIELA ¡Los conseguí! ¡Los conseguí!

FABIOLA ¿Conseguiste qué?

MARIELA Los últimos boletos para el concierto de rock de esta noche.

FABIOLA ¿Cómo se llama el grupo?

MARIELA Distorsión. Aquí tengo el disco compacto. ¿Lo quieren oír?

FABIOLA (*mirando el reloj*) Uy, ¡qué tarde es!

7

Luego, en el escritorio de Diana…

ÉRIC Diana, ¿te puedo contar un chiste?

DIANA Estoy algo ocupada.

ÉRIC Es que se lo tengo que contar a una mujer.

DIANA Hay dos mujeres más en la oficina.

ÉRIC Temo que se rían cuando se lo cuente.

8

DIANA ¡Es un chiste!

ÉRIC Temo que se rían de mí y no del chiste.

DIANA ¿Qué te hace pensar que yo me voy a reír del chiste y no de ti?

ÉRIC No sé. Tú eres una persona seria.

DIANA ¿Y por qué se lo tienes que contar a una mujer?

ÉRIC Es un truco para conquistarlas.

Diana se ríe muchísimo.

Personajes

AGUAYO

DIANA

ÉRIC

FABIOLA

JOHNNY

MARIELA

Johnny dibuja muchos puntos en la pizarra.

JOHNNY ¿Te sabes el chiste de la fiesta de puntos? Es un clásico… Hay una fiesta de puntos… Todos están divirtiéndose y pasándola bien. Y entonces entra un asterisco… y todos lo miran asombrados. Y el asterisco les dice: —¿Qué? ¿Nunca han visto un punto despeinado?

Mariela entra con dos boletos en la mano y comienza a besarlos.

MARIELA Sí, sí. Me encanta, me encanta…

FABIOLA Te lo dije.

AGUAYO ¿Me dijiste qué?

FABIOLA Que ella no parecía muy normal.

MARIELA Deséenme suerte.

AGUAYO ¿Suerte? ¿En qué?

MARIELA Esta noche le voy a quitar la camisa al guitarrista de Distorsión.

JOHNNY No, no lo harás.

MARIELA Voy a intentarlo.

ÉRIC Si crees que es tan fácil quitarle la camisa a un tipo, ¿por qué no practicas conmigo?

Mariela intenta quitarle la camisa a Éric.

Al final del día, en la cocina…

AGUAYO ¿Alguien quiere café?

JOHNNY ¿Lo hiciste tú o sólo lo estás sirviendo?

AGUAYO Sólo lo estoy sirviendo.

JOHNNY Yo quiero una taza.

ÉRIC Yo quiero una taza.

Expresiones útiles

Talking about whose turn it is

Siempre te toca lavar los platos.
It's always your turn to wash the dishes.

A Johnny le toca hacer el café.
It's Johnny's turn to make coffee.

¿A quién le toca pagar la cuenta?
Whose turn is it to pay the bill?

¿Todavía no me toca?
Is it my turn yet?

Encouraging other people

¡Anímate! *Cheer up! (sing.)*
¡Anímense! *Cheer up! (pl.)*

No seas pesimista.
Don't be pessimistic. (sing.)

No sean pesimistas.
Don't be pessimistic. (pl.)

Wishing someone well

¡Buen fin de semana!
Have a nice weekend!

¡Pásalo bien!
Have a good time! (sing.)

¡Pásenlo bien!
Have a good time! (pl.)

¡Que te diviertas!
Have fun! (sing.)

¡Que se diviertan!
Have fun! (pl.)

Additional vocabulary

contar *to tell*
inútil *useless*
el punto *period*
el tipo *guy*
el truco *trick*

1 **¿Cierto o falso?** Decide si estas oraciones son **ciertas** o **falsas**. Corrige las falsas.

Cierto	Falso	
☑	☐	1. Éric está deprimido.
☐	☑	2. A Éric le gusta vivir solo.
☐	☑	3. Según Johnny, hay que ser serio para enamorar a las mujeres.
☑	☑	4. Diana se ríe del chiste de Éric.
☑	☑	5. Fabiola quiere escuchar la música de Distorsión.
☑	☐	6. Mariela quiere quitarle la camisa al guitarrista de Distorsión.
☑	☑	7. Aguayo preparó el café.
☑	☑	8. Johnny quiere beber café porque no lo preparó Aguayo.

2 **Seleccionar** Selecciona la respuesta que especifica de qué hablan Johnny y Éric.

1. ¿Qué <u>te</u> pasa? ➔ ¿Qué te pasa _____?
   a. a Johnny b. al fin de semana c. a ti

2. Tienes que contar<u>les</u> chistes. ➔ Les tienes que contar chistes _____.
   a. a los amigos b. a todas las chicas c. a Mariela y a Diana

3. Tengo que contárse<u>lo</u> a una mujer. ➔ Tengo que contarle a una mujer _____.
   a. el chiste b. el concierto de rock c. el cuento

4. Temo que <u>se</u> rían cuando <u>se</u> lo cuente. ➔ Temo que _____ se rían cuando se lo cuente.
   a. Mariela y Aguayo b. las mujeres c. Diana, Fabiola y Mariela

5. No, pero me <u>lo</u> estoy imaginando. ➔ No, pero me estoy imaginando _____.
   a. el fin de semana b. lo que es vivir solo c. lavar los platos

6. ¿<u>Lo</u> hiciste tú o lo hizo Aguayo? ➔ ¿Hiciste tú _____ o lo hizo Aguayo?
   a. el boleto b. la taza c. el café

3 **Buscar** Busca en la Fotonovela las oraciones que expresan lo opuesto (*opposite*) a estas oraciones e indica con cuáles estás de acuerdo. Compara tus respuestas con las de un(a) compañero/a.

1. Si haces reír a las chicas, ellas creen que no eres serio.
2. Las chicas piensan que soy divertido.
3. El problema de vivir solo es que nunca te toca lavar los platos.
4. Tú sí que sabes lo que es vivir solo.
5. No tengo nada que hacer.
6. Soy un pesimista con experiencia.

Ampliación

(4) Consejos

A. Un amigo le da consejos a Éric para salir con una chica, pero él no acepta ninguno. Lee los consejos y emparéjalos (*match them*) con las respuestas de Éric.

Consejos del amigo

_____ 1. ¡Ve con ella al concierto de rock!

_____ 2. Pregúntale si quiere ver el partido.

_____ 3. Llévala al cine.

_____ 4. Invítala al parque de atracciones.

_____ 5. Puedes invitarla a bailar.

Respuestas de Éric

a. Siempre me duermo viendo películas.

b. No conozco ninguna discoteca.

c. No me gustan los deportes.

d. Va a mirar al guitarrista y no a mí.

e. Las alturas (*heights*) me dan miedo.

B. En parejas, preparen cinco recomendaciones más para Éric y dramaticen la situación: uno/a de ustedes es Éric y la otra persona es su amigo/a. Luego intercambien los papeles.

(5) Apuntes culturales En parejas, lean los párrafos y contesten las preguntas.

Piropos para enamorar

Johnny le asegura a Éric que para enamorar a las chicas hay que hacerlas reír. En el mundo hispano, los hombres suelen decirles a las mujeres 'piropos' (*compliments*) graciosos. ¿Piensas que Éric tendrá éxito con este piropo?

*"Si la belleza fuera pecado (*sin*), tú ya estarías en el infierno."*

La mejor taza de café

A Éric y a Johnny no les gusta el café que prepara Aguayo. Ellos lo prefieren más intenso… ¡a lo cubano! En Cuba, el café se toma fuerte, con mucha azúcar y se sirve en pequeñas tacitas (*little cups*). No puede faltar en el desayuno, ni después de las comidas. No le vendría nada mal al jefe una receta de **café cubano**, ¿verdad?

El rock mexicano

Mariela está contenta porque consiguió boletos para un concierto de rock. El rock mexicano se caracteriza por la riqueza de estilos, producida por la fusión con otros ritmos como boleros, corridos, rancheras, reggae y jazz. **Maldita Vecindad**, **Café Tacuba** y **Maná** son algunas de las bandas más populares en la actualidad.

Café Tacuba

1. ¿Existen expresiones similares a los piropos en tu cultura? Da ejemplos.

2. En tu país, ¿cómo se toma el café? ¿Cuándo se toma? ¿Cómo te gusta a ti?

3. ¿Conoces a otros músicos mexicanos y del mundo hispano? ¿A qué género pertenece su música?

4. ¿Fuiste alguna vez a un concierto de rock? ¿A qué banda o cantante viste?

MÉXICO

En detalle

El nuevo CINE MEXICANO

México vivió la época dorada de su cine en los años cuarenta. Pasada esa etapa°, la industria cinematográfica mexicana perdió fuerza. Ha tardado casi medio siglo en volver a brillar, pero ahora ha vuelto al panorama internacional con gran vigor°. Este resurgir°, en parte, se debe al apoyo que las instituciones gubernamentales han dado al mundo del cine. En gran medida, también se debe al trabajo de una nueva generación de creadores que ha logrado triunfar en las pantallas de todo el mundo.

En 1992, *Como agua para chocolate* de Alfonso Arau batió° récords de taquilla. Esta película, que puso en imágenes el realismo mágico que tanto éxito tenía en la literatura, despertó el interés por el cine mexicano. Las películas empezaron a disfrutar de una mayor distribución y muchos directores y actores se convirtieron en estrellas internacionales.

Salma Hayek

El éxito también se vio reflejado en el dinero recaudado° y en las nominaciones y los premios° recibidos. Hoy día, los rostros° de Salma Hayek, Gael García Bernal y Diego Luna, entre otros, pueden verse no sólo en el cine, sino también en revistas y programas de televisión de todo el mundo. Muchos artistas alternan su trabajo entre Estados Unidos y México. En el año 2000, el enorme éxito de *Amores perros* impulsó la carrera de su director, Alejandro González Iñárritu, que poco tiempo después dirigió *21 Grams* en tierras estadounidenses.

Alejandro González Iñárritu

Otros directores que trabajan en los dos países son Guillermo del Toro (*Blade II, El laberinto del fauno*) y Alfonso Cuarón. Después del éxito alcanzado° con *Y tu mamá también*, Cuarón dirigió la tercera película de *Harry Potter*. La nueva generación de artistas mexicanos está demostrando que está preparada para reclamar su puesto en el cine mundial. ■

Algunas películas premiadas

Como agua para chocolate Premio Ariel	**La ley de Herodes** Sundance – Premio al Cine Latinoamericano		**Y tu mamá también** Venecia–Mejor Guión	
1992	1996	2000	2001	2007
	El callejón de los milagros Premio Goya	**Amores perros** Chicago – Hugo de Oro a la Mejor Película		**El laberinto del fauno** Tres premios Oscar

etapa *era* **vigor** *energy* **resurgir** *revival* **batió** *broke* **recaudado** *collected* **premios** *awards* **rostros** *faces* **alcanzado** *reached*

Las diversiones

chido/a (Méx.) *cool*
copado/a (Arg.)
está que mola (Esp.)
bacanal (Nic.)

salir de parranda *to go out and have fun*
rumbear (Ven.)
farandulear (Col.)

la rola (Nic. y Méx.) *song*
el tema (Arg.)

Los premios de cine

Cada año, distintos países hispanoamericanos premian las mejores películas nacionales y extranjeras.

En México, el premio **Ariel** es la máxima distinción otorgada° a los mejores trabajos cinematográficos mexicanos. La estatuilla° representa el triunfo del espíritu y el deseo de ascensión.

En España, el premio más prestigioso es el **Goya**. La Academia de Artes y Ciencias Cinematográficas de España entrega estos premios a producciones nacionales en un festival en Madrid. La estatuilla recibe ese nombre por el pintor Francisco de Goya.

Susana Zabaleta recibe el premio Ariel.

En Argentina, el Festival de Cine Internacional de Mar del Plata premia películas nacionales e internacionales. El galardón° se llama **Astor** en homenaje al compositor de tango Astor Piazzolla, quien nació en la ciudad de Mar del Plata.

En Cuba, el Festival Internacional de La Habana entrega los premios **Coral**. Aunque predomina el cine latinoamericano, el festival también convoca a producciones de todas partes del mundo.

GAEL GARCÍA BERNAL

Gael García Bernal es una de las figuras más representativas del cine mexicano contemporáneo. Empieza a actuar en el teatro con tan sólo cinco años, de la mano de sus padres, también actores. Pasa pronto a trabajar en telenovelas°. Siendo adolescente, Gael entra en el mundo del cine. Su intuición y su talento lo llevan a renunciar a la fama fácil y, a los diecisiete años, se va a Londres para estudiar arte dramático. Tres años después, regresa a México lleno de confianza y no se asusta° a la hora de representar ningún papel, por controvertido o difícil que sea. A partir de ese momento, participa en algunas de las películas más emblemáticas del cine en español de los últimos años: *Amores perros*, *Y tu mamá también* y *Diarios de motocicleta*. Actualmente, Gael trabaja también del otro lado de las cámaras como director y productor, y participa activamente en la promoción del cine mexicano.

❝ **Es muy importante que el cine latino se mantenga muy específico, pero que al mismo tiempo sus temas sean universales.** ❞ (Alfonso Cuarón)

SUPERSITE **Conexión Internet**

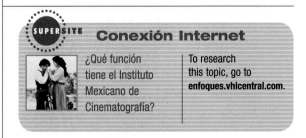

¿Qué función tiene el Instituto Mexicano de Cinematografía?

To research this topic, go to **enfoques.vhlcentral.com.**

telenovelas *soap operas* no se asusta *doesn't get scared*
otorgada *given* estatuilla *statuette* galardón *award*

¿Qué aprendiste?

1 **¿Cierto o falso?** Indica si estas afirmaciones son **ciertas** o **falsas**. Corrige las falsas.

1. La época dorada del cine mexicano fue en los años cincuenta.

2. El gobierno mexicano ha apoyado los nuevos proyectos de cine.

3. El director de *Como agua para chocolate* es Diego Luna.

4. El éxito de *Como agua para chocolate* despertó el interés por el cine mexicano.

5. Los artistas mexicanos van a Estados Unidos y no vuelven a trabajar en su país.

6. La película *Amores perros* es del año 2002.

7. Alfonso Cuarón dirigió *21 Grams*.

8. *Amores perros* y *El crimen del Padre Amaro* ganaron premios internacionales en el año 2000.

2 **Completar** Completa las oraciones.

1. Los premios del Festival Internacional de La Habana se llaman _____.

2. Los premios Astor se entregan en _____.

3. El premio más prestigioso de España es el _____.

4. A los jóvenes venezolanos les gusta salir a _____.

3 **Preguntas** Contesta las preguntas con oraciones completas.

1. ¿A qué se dedican los padres de Gael García Bernal?

2. ¿A qué edad comenzó a trabajar como actor Gael García Bernal?

3. ¿Qué hizo en Londres Gael García Bernal?

4. ¿Gael García Bernal evita los papeles controvertidos?

5. ¿Qué otras actividades relacionadas con el cine realiza Gael García Bernal además de actuar?

6. Según Alfonso Cuarón, ¿cómo deben ser los temas del cine latino?

7. ¿Crees que es positivo que directores y actores de habla hispana se muden (*move*) a Hollywood? ¿Por qué?

8. Cuando decides ver una película, ¿qué factores tienes en cuenta (protagonistas, premios recibidos, director, idioma, etc.)? ¿Por qué?

4 **Opiniones** En parejas, escriban en qué se diferencian y en qué se parecen el cine de Hollywood y el cine internacional.

Diferente	Igual

PROYECTO

María Félix

La época de oro

Durante la época de oro del cine mexicano, actores como María Félix o Pedro Infante y directores como Emilio Fernández e Ismael Rodríguez llevaron el acento mexicano más allá de sus fronteras.

Investiga uno de estos artistas y escribe una biografía de tres párrafos.

Debes incluir:

• datos biográficos

• trabajos principales del/ de la artista

• contribución al cine mexicano

Siguiendo el estilo usado en el perfil de Gael García Bernal, escribe tu texto usando el tiempo presente.

Lila Downs

La popularidad en América Latina, Estados Unidos y Europa llevó a **Lila Downs** a la gran pantalla°. *Burn it blue*, de la banda de sonido de *Frida*, fue nominada para un Oscar como mejor canción en 2003. Downs nació en Oaxaca, un estado al sur de México, pero ha pasado su vida entre su país natal y los Estados Unidos. Downs, hija de una cantante indígena mixteca° y un profesor estadounidense de arte y cine, se mantiene fiel a sus raíces biculturales fusionando ritmos de sus dos mundos. De niña, cantaba canciones rancheras° sólo para su madre pero, más tarde, se dio cuenta de que necesitaba expresarse con el canto. Downs compone sus propias canciones aunque también son muy famosas sus interpretaciones de canciones tradicionales de la región mesoamericana: "Me siento comprometida con estas canciones porque son el alma de mi tierra".

Discografía

2006 La cantina   **2004** Una Sangre - One Blood   **2001** Border (La Línea)

Canción

Éste es un fragmento de una canción de Lila Downs.

La Bamba
Tradicional/Paul Cohen/Lila Downs

Para bailar la bamba se necesita,
Una poca de gracia y otra cosita,
Ay arriba, arriba y arriba iré,
Yo no soy marinero ni lo seré.
Se lo pido a mi amigo de compasión,
Que se acabe la bamba,
Y venga otro son°.

La Bamba es el 'son jarocho' más popular de Veracruz y es el resultado del profundo mestizaje de esta región mexicana. Se dice que los primeros versos se escribieron a finales del siglo XVII. Una versión dice que la palabra *bamba* evoca una antigua región africana del Congo, de donde provenían muchos esclavos.

 Preguntas En parejas, contesten las preguntas.

1. ¿Por qué Downs es considerada una artista bicultural? ¿Qué tipo de canciones canta?
2. ¿Qué se necesita para bailar la bamba?
3. ¿Por qué la canción de *La Bamba* es tan popular? ¿De dónde proviene?
4. ¿Conocen otras canciones que sean tan populares como *La Bamba*? ¿Quiénes las interpretan?

pantalla *screen* **mixteca** *Mixtec* **rancheras** *popular music from Mexico* **son** *a type of song*

2.1 Object pronouns

- Pronouns are words that take the place of nouns. Direct object pronouns directly receive the action of the verb. Indirect object pronouns identify *to whom* or *for whom* an action is done.

Esta noche le voy a quitar la camisa al guitarrista.

No, no lo harás.

TALLER DE CONSULTA

MANUAL DE GRAMÁTICA
Más práctica

2.1 Object pronouns, p. 493
2.2 **Gustar** and similar verbs, p. 494
2.3 Refexive verbs, p. 495

Más gramática

2.4 Demonstrative adjectives and pronouns, p. 496
2.5 Possessive adjectives and pronouns, p. 498

Indirect object pronouns		Direct object pronouns	
me	nos	me	nos
te	os	te	os
le	les	lo/la	los/las

Position of object pronouns

- Direct and indirect object pronouns (**los pronombres de complemento directo e indirecto**) precede the conjugated verb.

¡ATENCIÓN!

Lo can be used to refer to an abstract thing or idea that has no gender.

Lo voy a pensar.
I'll think about it.

INDIRECT OBJECT	DIRECT OBJECT
Carla siempre **me** da entradas para el teatro.	Ella **las** consigue gratis.
Carla always gives me tickets to the theater.	*She gets them for free.*
No **le** compro más juegos de mesa.	Nunca **los** juega.
I'm not buying him any more board games.	*He never plays them.*

- When the verb is an infinitive construction, object pronouns may either be attached to the infinitive or placed before the conjugated verb.

¡ATENCIÓN!

Esta noche **le** voy a quitar la camisa **al guitarrista**.

Notice that in this example the indirect object is repeated. This is common usage in Spanish.

INDIRECT OBJECT	DIRECT OBJECT
Necesitamos pedir**le** un favor.	Voy a hacer**lo** enseguida.
Le necesitamos pedir un favor.	**Lo** voy a hacer enseguida.
Tienes que hablar**nos** de la película.	Van a ver**la** mañana.
Nos tienes que hablar de la película.	**La** van a ver mañana.

- When the verb is a progressive form, object pronouns may either be attached to the present participle or placed before the conjugated verb.

INDIRECT OBJECT	DIRECT OBJECT
Pedro está cantándo**me** una canción.	Está cantándo**la** muy mal.
Pedro **me** está cantando una canción.	**La** está cantando muy mal.

Double object pronouns

- The indirect object pronoun precedes the direct object pronoun when they are used together in a sentence.

  Me mandaron **los boletos** por correo. ▶ **Me los** mandaron por correo.
  Te exijo **una respuesta** ahora mismo. ▶ **Te la** exijo ahora mismo.

- **Le** and **les** change to **se** when they are used with **lo, la, los,** or **las**.

  Le da **los libros** a Ricardo. ▶ **Se los** da.
  Le enseña **las invitaciones** a Elena. ▶ **Se las** enseña.

Prepositional pronouns

Prepositional pronouns			
mí *me; myself*	**él** *him; it*	**nosotros/as** *us; ourselves*	**ellos** *them*
ti *you; yourself*	**ella** *her; it*	**vosotros/as** *you; yourselves*	**ellas** *them*
Ud. *you; yourself*	**sí** *himself; herself; itself*	**Uds.** *you; yourselves*	**sí** *themselves*

- Prepositional pronouns function as the objects of prepositions. Except for **mí, ti,** and **sí,** these pronouns are the same as the subject pronouns.

  ¿Qué piensas de **ella**? ¿Lo compraron para **mí** o para Javier?
  Ay, mi amor, sólo pienso en **ti**. Lo compramos para **él**.

- The indirect object can be repeated with the construction **a** + *[prepositional pronoun]* to provide clarity or emphasis.

  ¿Te gusta aquel cantante? ¡**A mí** me fascina!
  ¿A quién se lo dieron? Se lo dieron **a ella**.

- When a third person subject refers to himself, herself, or itself, the pronoun **sí** is used. In this case, the adjective **mismo(s)/a(s)** is usually added to clarify the object.

  José se lo regaló a **él**. José se lo regaló a **sí mismo**.
  José gave it to him (someone else). *José gave it to himself.*

- When **mí, ti,** and **sí** are used with **con,** they become **conmigo, contigo,** and **consigo**.

  ¿Quieres ir **conmigo** al parque de atracciones?
  Do you want to go to the amusement park with me?

  Laura siempre lleva su computadora portátil **consigo**.
  Laura always brings her laptop with her.

- These prepositions are used with **tú** and **yo** instead of **mí** and **ti: entre, excepto, incluso, menos, salvo, según**.

  Todos están de acuerdo **menos tú** y **yo**. **Entre tú** y **yo**, Juan me cae mal.
  Everyone is in agreement except you and me. *Between you and me, I can't stand Juan.*

TALLER DE CONSULTA

MANUAL DE GRAMÁTICA
Más práctica

2.1 Object pronouns, p. 493

1 **Dos buenas amigas** Dos amigas, Rosa y Marina, están en un café hablando de unos conocidos. Selecciona las personas de la lista que corresponden a los pronombres subrayados (*underlined*).

a Antoñito	a mí
a Antoñito y a Maite	a nosotras
a Maite	a ti
a ustedes	

ROSA Siempre <u>lo</u> veo bailando en la discoteca Club 49.
₁

MARINA ¿<u>Te</u> saluda?
₂

ROSA Nunca. Yo creo que no <u>me</u> saluda porque tiene miedo de que se lo diga a su novia.
₃

MARINA ¿Su novia? Hace siglos que no sé nada de ella. Un día de éstos <u>la</u> tengo que llamar.
₄

ROSA ¿Quieres que <u>los</u> invitemos a ir con nosotras a la fiesta del viernes?
₅

MARINA Sí. Es una buena idea. A ver qué <u>nos</u> dice Antoñito de su afición a las discotecas.
₆

1. _A Antoñito_
2. _a ti_
3. _a mí_
4. _a Maite_
5. _a Antoñito y a Maite_
6. _a nosotras_

2 **Una pareja menos** Completa las oraciones con una de estas expresiones: **conmigo, contigo, consigo.**

ANTOÑITO Ya estamos otra vez. (1) _Contigo_ siempre tengo problemas.

MAITE ¿Qué te crees tú? ¿Que yo siempre me divierto (2) _contigo_ ?

ANTOÑITO Tú eres la que siempre quiere ir (3) _conmigo_ a la discoteca.

MAITE Eso no es verdad. A mí no me gusta salir (4) _contigo_ . ¡Ni loca!

ANTOÑITO No te preocupes. Muchas chicas quieren estar (5) _conmigo_ . Siempre veo a Rosa en el Club 49. A ella seguro que le gusta.

MAITE ¿A Rosa? A ella no le gusta ni estar (6) _consigo_ misma. ¡Es una falsa!

3 **Una fiesta muy ruidosa** Martín y Luisa han organizado una fiesta muy ruidosa (*noisy*) en su casa y un vecino ha llamado a la policía. El policía les aconseja lo que deben hacer para evitar más problemas. Reescribe los consejos cambiando las palabras subrayadas por los pronombres de complemento directo e indirecto correctos.

1. Traten amablemente <u>a la policía</u>.
2. Tienen que pedirle <u>perdón a sus vecinos</u>.
3. No pueden contratar <u>a un grupo musical</u> sin permiso.
4. Tienen que poner <u>la música</u> muy baja.
5. No deben servirles <u>bebidas alcohólicas a los menores de edad</u>.
6. No pueden organizar <u>fiestas</u> nunca más.

Comunicación

 4 **¿En qué piensas?** Piensa en algunos de los objetos típicos que ves en la clase o en tu casa (un cuadro, una maleta, un mapa, etc.). Tu compañero/a debe adivinar el objeto que tienes en mente haciéndote preguntas con pronombres.

> **MODELO** | **Tú piensas en: un libro**
>
> —Estoy pensando en algo que uso para estudiar.
> —¿Lo usas mucho?
> —Sí, lo uso para aprender español.
> —¿Lo compraste?
> —Sí, lo compré en una librería.

5 **La fiesta** En parejas, túrnense para contestar las preguntas usando pronombres de complemento directo o indirecto según sea necesario.

1. ¿Te gusta organizar fiestas? ¿Cuándo fue la última vez que organizaste una? ¿Por qué la organizaste?
2. ¿Invitaste a muchas personas? ¿A quiénes invitaste?
3. ¿Qué tipo de música escucharon? ¿Bailaron también?
4. ¿Qué les ofreciste de comer a los invitados en tu fiesta?
5. ¿Trajeron algo? ¿Qué trajeron? ¿Para quién?

6 **Fama** María Estela Pérez es una actriz de cine que debe encontrarse con sus *fans* pero, como no sabe dónde dejó su agenda, no recuerda a qué hora es el encuentro. En grupos de cuatro, miren la ilustración e inventen una historia inspirándose en ella. Utilicen por lo menos cinco pronombres de complemento directo y/o indirecto.

7 **Una persona famosa** En parejas, escriban una entrevista con una persona famosa. Utilicen estas cinco preguntas y escriban cinco más. Incluyan pronombres en las respuestas. Después, representen la entrevista delante de la clase.

> **MODELO** | **—¿Quién prepara la comida en tu casa?**
>
> —Mi cocinero la prepara.

1. ¿Visitas frecuentemente a tus amigos/as?
2. ¿Ves mucho la televisión?
3. ¿Quién conduce tu auto?
4. ¿Preparas tus maletas cuando viajas?
5. ¿Evitas a los fotógrafos?

2.2 *Gustar* and similar verbs

Me encanta el
grupo Distorsión.

No me gusta
nada la música
rock.

Using the verb *gustar*

- Though **gustar** is translated as *to like* in English, its literal meaning is *to please*. **Gustar** is preceded by an indirect object pronoun indicating *the person who is pleased*. It is followed by a noun indicating *the thing that pleases*.

INDIRECT OBJECT PRONOUN		SUBJECT
Me	**gusta**	**la película.**
I	*like*	*the movie.* (literally: The movie pleases me.)
¿Te	**gustan**	**los conciertos de rock?**
Do you	*like*	*rock concerts?* (literally: Do rock concerts please you?)

- Because *the thing that pleases* is the subject, **gustar** agrees in person and number with it. Most commonly the subject is third person singular or plural.

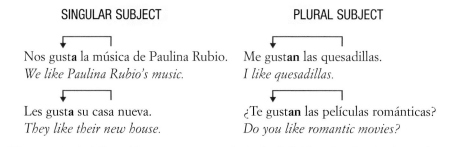

SINGULAR SUBJECT

Nos gust**a** la música de Paulina Rubio.
We like Paulina Rubio's music.

Les gust**a** su casa nueva.
They like their new house.

PLURAL SUBJECT

Me gust**an** las quesadillas.
I like quesadillas.

¿Te gust**an** las películas románticas?
Do you like romantic movies?

- When **gustar** is followed by one or more verbs in the infinitive, the singular form of **gustar** is always used.

No nos **gusta** llegar tarde.
We don't like to arrive late.

Les **gusta** cantar y bailar.
They like to sing and dance.

- **Gustar** is often used in the conditional (**me gustaría**, etc.) to soften a request.

Me **gustaría** un refresco con hielo, por favor.
I would like a soda with ice, please.

¿Te **gustaría** salir a cenar esta noche conmigo?
Would you like to go out to dinner with me tonight?

Verbs like *gustar*

- Many verbs follow the same pattern as **gustar**.

aburrir *to bore*	**hacer falta** *to miss*
caer bien/mal *to get along well/badly with*	**importar** *to be important to; to matter*
disgustar *to upset*	**interesar** *to be interesting to; to interest*
doler *to hurt; to ache*	**molestar** *to bother; to annoy*
encantar *to like very much*	**preocupar** *to worry*
faltar *to lack; to need*	**quedar** *to be left over; to fit (clothing)*
fascinar *to fascinate; to like very much*	**sorprender** *to surprise*

¡**Me fascina** el álbum!
I love the album!

A Sandra **le disgusta** esa situación.
That situation upsets Sandra.

¿**Te molesta** si voy contigo?
Will it bother you if I come along?

Le duelen las rodillas.
Her knees hurt.

- The indirect object can be repeated using the construction **a** + [*prepositional pronoun*] or **a** + [*noun*]. This construction allows the speaker to emphasize or clarify who is pleased, bothered, etc.

A ella no le gusta bailar, pero **a él** sí.
She doesn't like to dance, but he does.

A Felipe le molesta ir de compras.
Shopping bothers Felipe.

- **Faltar** expresses what someone lacks and **quedar** what someone has left. **Quedar** is also used to talk about how clothing fits or looks on someone.

Le falta dinero.
He's short of money.

Nos quedan cinco libros.
We have five books left.

Me faltan dos pesos.
I need two pesos.

Esa falda **te queda** bien.
That skirt fits you well.

¿Qué te hace falta en la vida?

Discoteca Paladio

Práctica

TALLER DE CONSULTA

MANUAL DE GRAMÁTICA
Más práctica

2.2 **Gustar** and similar verbs,
p. 494

1 **Completar** Miguel y César son compañeros de cuarto y tienen algunos problemas. Hoy se han reunido para discutirlos. Completa su conversación con la forma correcta de los verbos entre paréntesis.

MIGUEL Mira, César, a mí (1) _____ (encantar) vivir contigo, pero la verdad es que (2) _____ (preocupar) algunas cosas.

CÉSAR De acuerdo. A mí también (3) _____ (disgustar) algunas cosas de ti.

MIGUEL Bueno, para empezar no (4) _____ (gustar) que pongas la música tan alta cuando vienen tus amigos. Tus amigos (5) _____ (caer) muy bien pero, a veces, hacen mucho ruido y no me dejan dormir.

CÉSAR Sí, claro, lo entiendo. Pues mira, Miguel, a mí (6) _____ (molestar) que no laves los platos después de comer. Además, tampoco sacas la basura.

MIGUEL Es verdad. Pues... vamos a intentar cambiar estas cosas. ¿Te parece?

CÉSAR ¡(7) _____ (fascinar) la idea! Yo bajo la música cuando vengan mis amigos y tú lavas los platos y sacas la basura más a menudo. ¿De acuerdo?

2 **Preguntar** Túrnense para hacerse preguntas sobre estos temas siguiendo el modelo.

MODELO **a tu padre / fascinar**
—¿Qué crees que le fascina a tu padre?
—Pues, no sé. Creo que le fascina dormir.

1. al presidente / preocupar
2. a tu hermano/a / encantar
3. a ti / gustar
4. a tus padres / gustar
5. a tu profesor(a) de español / disgustar
6. a tu mejor amigo/a / importar
7. a tu novio/a / molestar
8. a tu compañero/a de clase / disgustar

3 **Conversar** En parejas, pregúntense si les gustaría hacer las actividades relacionadas con las fotos. Utilicen los verbos **aburrir, disgustar, encantar, fascinar, interesar** y **molestar**. Sigan el modelo.

MODELO —¿Te molestaría ir al parque de atracciones?
—No, me encantaría.

1. 2. 3.

4. 5. 6.

Comunicación

4 **Extrañas aficiones** Trabajen en grupos de cuatro. Miren las ilustraciones e imaginen qué les gusta, interesa o molesta a estas personas.

1.

2.

3.

4.

5 **¿Qué te gusta?** En parejas, pregúntense si les gustan o no las personas y actividades de la lista. Utilicen verbos similares a **gustar** y contesten las preguntas.

Cameron Diaz	dormir los fines de semana
salir con tus amigos	hacer bromas
las películas de misterio	los discos de Christina Aguilera
practicar algún deporte	ir a discotecas
Antonio Banderas	las películas extranjeras

6 **¿A quién le gusta?** Trabajen en grupos de cuatro.

A. Preparen una lista de cinco pasatiempos y cinco lugares de recreo. Luego circulen por la clase para ver a quiénes les gustan los lugares y las actividades de la lista.

B. Ahora escriban un párrafo breve para describir los gustos de sus compañeros. Utilicen **gustar** y otros verbos similares. Compartan su párrafo con la clase.

MODELO   A Luisa y a Simón les fascina el restaurante Acapulco, pero a Tonya no le gusta.
A todos nos gusta ir al cine, menos a Carlos, porque…

2.3 Reflexive verbs

- In a reflexive construction, the subject of the verb both performs and receives the action. Reflexive verbs (**verbos reflexivos**) always use reflexive pronouns (**me, te, se, nos, os, se**).

Reflexive verbs

Elena **se lava** la cara.

Non-reflexive verb

Elena **lava** los platos.

Reflexive verbs	
lavarse *to wash (oneself)*	
yo	me lavo
tú	te lavas
Ud./él/ella	se lava
nosotros/as	nos lavamos
vosotros/as	os laváis
Uds./ellos/ellas	se lavan

- Many of the verbs used to describe daily routines and personal care are reflexive.

acostarse (o:ue) *to go to bed*	**dormirse (o:ue)** *to fall asleep*	**peinarse** *to comb (one's hair)*
afeitarse *to shave*	**ducharse** *to take a shower*	**ponerse** *to put on (clothing)*
bañarse *to take a bath*	**lavarse** *to wash (oneself)*	**secarse** *to dry off*
cepillarse *to brush (hair/teeth)*	**levantarse** *to get up*	**quitarse** *to take off (clothing)*
despertarse (e:ie) *to wake up*	**maquillarse** *to put on makeup*	**vestirse (e:i)** *to get dressed*

- In Spanish, most transitive verbs can also be used as reflexive verbs to indicate that the subject performs the action to or for himself or herself.

Félix **divirtió** a los invitados con sus chistes.
Félix amused the guests with his jokes.

Félix **se divirtió** en la fiesta.
Félix had fun at the party.

Ana **acostó** a los gemelos antes de las nueve.
Ana put the twins to bed before nine.

Ana **se acostó** muy tarde.
Ana went to bed very late.

- Many verbs change meaning when they are used with a reflexive pronoun.

aburrir *to bore*	**aburrirse** *to get bored*
acordar (o:ue) *to agree*	**acordarse (de) (o:ue)** *to remember*
comer *to eat*	**comerse** *to eat up*
dormir (o:ue) *to sleep*	**dormirse (o:ue)** *to fall asleep*
ir *to go*	**irse (de)** *to go away (from)*
llevar *to carry*	**llevarse** *to carry away*
mudar *to change*	**mudarse** *to move (change residence)*
parecer *to seem*	**parecerse (a)** *to resemble; to look like*
poner *to put*	**ponerse** *to put on (clothing)*
quitar *to take away*	**quitarse** *to take off (clothing)*

- Some Spanish verbs and expressions are used in the reflexive even though their English equivalents may not be. Many of these are followed by the prepositions **a, de**, and **en**.

acercarse (a) *to approach*	**fijarse (en)** *to take notice (of)*
arrepentirse (de) (e:ie) *to regret*	**morirse (de) (o:ue)** *to die (of)*
atreverse (a) *to dare (to)*	**olvidarse (de)** *to forget (about)*
convertirse (en) (e:ie) *to become*	**preocuparse (por)** *to worry (about)*
darse cuenta (de) *to realize*	**quejarse (de)** *to complain (about)*
enterarse (de) *to find out (about)*	**sorprenderse (de)** *to be surprised (about)*

- *To get* or *to become* is frequently expressed in Spanish by the reflexive verb **ponerse** + [*adjective*].

  Pilar **se pone** muy nerviosa antes del torneo.
  Pilar gets very nervous before the tournament.

  Si no duermo bien, **me pongo insoportable**.
  If I don't sleep well, I become unbearable.

- In the plural, reflexive verbs can express reciprocal actions done *to one another*.

  Los dos equipos **se saludan** antes de comenzar el partido.
  The two teams greet each other at the start of the game.

  ¡Los entrenadores **se están peleando** otra vez!
  The coaches are fighting again!

- The reflexive pronoun precedes the direct object pronoun when they are used together in a sentence.

  ¿**Te** comiste el pastel?   Sí, **me lo** comí.
  Did you eat the whole cake?   *Yes, I ate it all up.*

Práctica

TALLER DE CONSULTA

MANUAL DE GRAMÁTICA
Más práctica

2.3 Reflexive verbs, p. 495

1 **Los lunes por la mañana** Completa el párrafo sobre lo que hacen Carlos y su esposa Elena los lunes por la mañana. Utiliza la forma correcta de los verbos reflexivos correspondientes.

acostarse	irse	ponerse
afeitarse	lavarse	quitarse
cepillarse	levantarse	secarse
ducharse	maquillarse	vestirse

Los domingos por la noche, Carlos y Elena (1) _____ tarde y por la mañana tardan mucho en despertarse. Carlos es el que (2) _____ primero, (3) _____ el pijama y (4) _____ con agua fría. Después de unos minutos, entra en el cuarto de baño Elena, y Carlos (5) _____ la barba. Mientras Elena termina de ducharse, de (6) _____ el pelo y de (7) _____, Carlos prepara el desayuno. Cuando Elena está lista, ella y Carlos desayunan, luego (8) _____ los dientes y (9) _____ las manos. Después los dos van a la habitación, (10) _____ con ropa elegante y (11) _____ al trabajo. Carlos (12) _____ la corbata en el carro; Elena maneja.

2 **Todos los sábados**

A. En parejas, describan la rutina que sigue Silvia todos los sábados, según los dibujos.

1.

2.

3.

4.

B. ¿Qué hacen los sábados por la mañana cuatro amigos y/o familiares de Silvia? Imaginen sus rutinas. Utilicen verbos reflexivos y sean creativos.

Comunicación

3 **¿Y tú?** En parejas, túrnense para hacerse las preguntas. Contesten con oraciones completas y expliquen sus respuestas.

1. ¿A qué hora te despiertas normalmente los sábados por la mañana? ¿Por qué?
2. ¿Te duermes en las clases?
3. ¿A qué hora te acuestas normalmente los fines de semana?
4. ¿A qué hora te duchas durante la semana?
5. ¿Te levantas siempre a la misma hora que te despiertas? ¿Por qué?

6. ¿Qué te pones para salir los fines de semana? ¿Y tus amigos/as?
7. ¿Cuándo te vistes elegantemente?
8. ¿Te diviertes cuando vas a una fiesta? ¿Y cuando vas a una reunión familiar?
9. ¿Te fijas en la ropa que lleva la gente?
10. ¿Te preocupas por tu imagen?

11. ¿De qué se quejan tus amigos/as normalmente? ¿Y tus padres u otros miembros de la familia?
12. ¿Conoces a alguien que se preocupe constantemente por todo?
13. ¿Te arrepientes a menudo de las cosas que haces?
14. ¿Te peleas con tus amigos/as? ¿Y con tu novio/a?
15. ¿Te sorprendes de alguna costumbre o algún hábito de tus amigos/as?

4 **Síntesis** Imagina que estás en un café y que ves a tu antiguo/a novio/a coqueteando con alguien. ¿Qué haces? Trabajen en grupos para representar la escena. Utilicen por lo menos cinco verbos de la lista y cinco pronombres de complemento directo e indirecto.

acercarse	darse cuenta	interesar	olvidarse
arrepentirse	gustar	irse	preocuparse
caer bien/mal	hacer falta	molestar	sorprender

SUPERSITE

For additional cumulative practice of all the grammar points in this lesson, go to **enfoques.vhlcentral.com**.

Antes de ver el corto

ESPÍRITU DEPORTIVO

país México

duración 11 minutos

director Javier Bourges

protagonistas futbolista muerto, esposa, amigos, grupo de jóvenes

Vocabulario

el ataúd *casket*	**mujeriego** *womanizer*
el balón *ball*	**el Mundial** *World Cup*
la cancha *field*	**patear** *to kick*
deber (dinero) *to owe (money)*	**la prueba** *proof*
enterrado/a *buried*	**la señal** *sign*
la misa *mass*	

1 **Comentaristas deportivos** Completa la conversación entre los comentaristas deportivos.

COMENTARISTA 1 Emocionante comienzo del (1) _____ de fútbol. La (2) _____ está llena. El capitán patea el (3) _____, el arquero (*goalie*) no logra frenarlo (*stop it*) y… ¡gooooool!

COMENTARISTA 2 ¡Muy emocionante el debut de Sánchez como capitán! Debemos contar al público que sólo hace siete días murió el abuelo de Sánchez. El jugador casi no llega a tiempo para el primer partido porque no quiso dejar de ir a una (4) _____ en el cementerio donde ahora está (5) _____ su abuelo.

2 **Comentar** En parejas, túrnense para hacerse las preguntas.

1. ¿Qué papel tiene el deporte en tu vida?
2. ¿Qué deporte practicabas cuando eras niño/a?
3. ¿Quién es tu deportista favorito/a? ¿Por qué?
4. Observa los fotogramas. ¿Qué está sucediendo en cada uno?
5. Piensa en el título del cortometraje. ¿Qué es para ti el "espíritu deportivo"?
6. Observa el afiche del cortometraje. ¿Crees que la historia será una comedia o un drama?

GANADOR DEL 3ER. CONCURSO NACIONAL DE PROYECTOS DE CORTOMETRAJE, MÉXICO 2004

espíritu deportivo

Una Producción de CONACULTA/INSTITUTO MEXICANO DE CINEMATOGRAFÍA Guión y Dirección JAVIER BOURGES
Fotografía SERGEI SALDÍVAR TANAKA Edición JAVIER BOURGES Diseño Sonoro AURORA OJEDA
Música EDUARDO GAMBOA Dirección de Arte ÁLVARO CHÁVEZ
Actores MAX KERLOW/MA. ELENA OLIVARES/PEPE URCELAY/FAMESIO DE BERNAL/JOSÉ L. AVENDAÑO/
RAFAEL G. MIYAGUI/VÍCTOR H. ARANA/JOSÉ L. HUERTA/BALTIMORE BELTRÁN/LUIS ÁVILA/RENÉ CAMPERO/
GEORGINA GONZÁLEZ/MA. FERNANDA GARCÍA

Escenas

ARGUMENTO El futbolista Efrén "El Corsario" Moreno ha muerto de un ataque al corazón. Su familia y amigos lo están velando°.

REPORTERA Sin duda, extrañaremos al autor de aquel gran gol de chilena° con el que eliminamos a Brasil del Mundial de Honduras de 1957.

REPORTERA Don Tacho, ¿es cierto que usted dio el pase para aquel famoso gol?
TACHO Claro que sí, yo le mandé como veinte pases al área penal, pero él nada más anotó esa sola vez.

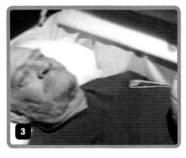

JUANITA Quiso ser enterrado con el balón de fútbol con las firmas de todos los que jugaron con él en aquel partido con Uru... con... con Brasil. Se irá a la tumba° con sus trofeos° y con su uniforme, como un gran héroe.

MARACA Tacho, eres un hablador. Estás mal. Tú ni siquiera fuiste a ese Mundial. Es más, cien pesos a que te lo compruebo.
TACHO Y cien pesos más que estuve en el juego.

MARACA A ver, ¿dónde está tu firma?
TACHO Aquí debe estar... ¡Ya la borraron!
(Molesto porque no encuentra su firma y patea el balón.)

(El balón cae sobre la guitarra de un grupo de jóvenes y la rompe.)
HUGO Si no le pagan la guitarra aquí a mi carnal°, no les regresamos° su balón. ¿Cómo ven?

velando *holding a wake* **chilena** *scissor kick* **tumba** *grave* **trofeos** *trophies* **carnal** *buddy* **regresamos** *give back*

Después de ver el corto

1 **Comprensión** Contesta las preguntas con oraciones completas.

1. ¿Quién es Efrén "El Corsario" Moreno?
2. ¿Cuándo y de qué murió "El Corsario" Moreno?
3. ¿Cómo ganó México su partido contra Brasil en el Mundial de 1957?
4. Según "El Tacho" Taboada, ¿cómo anotó "El Corsario" el gol de la victoria?
5. ¿Qué hay en el balón de "El Corsario"?
6. ¿Cuánto apuestan los amigos sobre la firma de "El Tacho"?
7. ¿Cuánto le cuesta la misa a Juanita? ¿Por qué?
8. ¿Qué pasa cuando "El Tacho" patea el balón?
9. ¿Qué posición jugaba "El Tacho" en la selección nacional?
10. ¿Quién les ayuda a ganar a "El Tacho" y sus amigos?

2 **Interpretar** En parejas, contesten las preguntas.

1. ¿Crees que "El Tacho" jugó en el partido contra Brasil?
2. ¿Piensas que el sacerdote admira a "El Corsario" Moreno? ¿Cómo lo sabes?
3. ¿Piensas que "El Corsario" era mujeriego?
4. ¿Quién se queda con el balón al final?
5. ¿Por qué crees que "El Corsario" regresa voluntariamente al ataúd?
6. ¿Crees que el cortometraje tiene un final feliz?

3 **Analizar** En grupos de tres, analicen las citas. Después, compartan sus opiniones con el resto de la clase.

> "La muerte es una vida vivida. La vida es una muerte que viene." *Jorge Luis Borges*

> "La muerte es algo que no debemos temer porque, mientras somos, la muerte no es y cuando la muerte es, nosotros no somos." *Antonio Machado*

4 **Actuar** En parejas, imaginen que el fantasma de "El Corsario" regresa para hablar con un joven del grupo que se queda con el balón. "El Corsario" quiere pedirle al joven que repare el balón y lo use con sus amigos. ¿Por qué es esto importante para "El Corsario"? Ensayen la escena y represéntenla ante la clase. Pueden usar el vocabulario del corto y las palabras del recuadro.

homenaje *tribute*	**regalo** *gift*
recuerdo *memory; keepsake*	**tradición** *tradition*

Calesita en la plaza, 1999.
Aldo Severi, Argentina.

"No está la felicidad en vivir, sino en saber vivir."

— Diego de Saavedra Fajardo

Antes de leer

Idilio

Sobre el autor

Mario Benedetti nació en Tacuarembó, Uruguay, en 1920. Su volumen de cuentos publicado en 1959, *Montevideanos*, lo consagró como escritor, y dos años más tarde alcanzó fama internacional con su segunda novela, *La tregua*, con fuerte contenido sociopolítico. Tras diez años de exilio en Argentina, Perú, Cuba y España, regresó a Uruguay en 1983. El exilio que lo alejó de su patria y de su familia dejó una profunda huella *(mark)* tanto en su vida personal como en su obra literaria. Benedetti ha incursionado en todos los géneros *(genres)*: poesía, cuento, novela y ensayo. El amor, lo cotidiano, la ausencia, el retorno y el recuerdo son temas constantes en la obra de este prolífico escritor. En 1999, ganó el Premio Reina Sofía de Poesía Iberoamericana.

Vocabulario

colocar *to place (an object)*
hondo/a *deep*
la imagen *image; picture*
la pantalla *(television) screen*

por primera/última vez *for the first/last time*
redondo/a *round*
señalar *to point to; to signal*
el televisor *television set*

Practicar Completa las oraciones con palabras o frases del vocabulario.

1. Voy a _____ el televisor sobre la mesa.
2. Julio me _____ la calle que debo tomar, pero no quiso ir conmigo.
3. En lo más _____ de mi corazón, guardo el recuerdo de mi primera novela.
4. Ayer salí _____ en la televisión y me invitaron a participar en otro programa la semana que viene.

Conexión personal

¿Cómo te entretenías cuando eras niño/a? ¿A qué jugabas? ¿Mirabas mucha televisión? ¿Tus padres establecían límites y horarios? ¿Qué harás tú cuando tengas hijos?

Análisis literario: las formas verbales

Las formas verbales son un factor muy importante a tener en cuenta al analizar obras literarias. La elección de formas verbales es una decisión deliberada del autor y afecta el tono del texto. El uso de registro formal o informal puede hacer el texto más o menos cercano al lector. La elección de tiempos verbales también puede tener efectos como involucrar o distanciar al lector, dar o quitar formalidad, hacer que la narración parezca más oral, etc. A medida que lees *Idilio*, presta atención a los tiempos verbales que usa Benedetti. ¿Qué tono dan a la historia estas elecciones deliberadas del autor?

IDILIO

Mario Benedetti

¹ La noche en que colocan a Osvaldo (tres años recién
cumplidos) por primera vez frente a un televisor (se
exhibe un drama británico de hondas resonancias), queda
half-opened hipnotizado, la boca entreabierta°, los ojos redondos de estupor.

surrendered to the magic 5 La madre lo ve tan entregado al sortilegio° de las imágenes que
washes pots and pans se va tranquilamente a la cocina. Allí, mientras friega ollas y sartenes°,
se olvida del niño. Horas más tarde se acuerda, pero piensa: "Se
habrá dormido". Se seca las manos y va a buscarlo al living.

empty; blank La pantalla está vacía°, pero Osvaldo se mantiene en la misma
10 postura y con igual mirada extática.

orders —Vamos. A dormir —conmina° la madre.

—No —dice Osvaldo con determinación.

—¿Ah, no? ¿Se puede saber por qué?

—Estoy esperando.

15 —¿A quién?

—A ella.

Y señaló el televisor.

—Ah. ¿Quién es ella?

—Ella.

20 Y Osvaldo vuelve a señalar la pantalla. Luego sonríe,
innocent; naïve candoroso°, esperanzado, exultante.

—Me dijo: "querido". ∎

Después de leer

Idilio
Mario Benedetti

1 Comprensión Contesta las preguntas con oraciones completas.

1. ¿Cómo se llama el protagonista de esta historia?
2. ¿Cómo se queda el niño cuando está por primera vez delante del televisor?
3. ¿Qué hace la madre mientras Osvaldo mira la televisión?
4. Cuando la madre va a buscarlo horas más tarde, ¿cómo está la pantalla?
5. ¿Qué piensa Osvaldo que le dice la televisión?

2 Interpretar Contesta las preguntas.

1. Según Osvaldo, ¿quién le dijo "querido"? ¿Qué explicación lógica le puedes dar a esta situación?
2. En el cuento, la madre se olvida del hijo por varias horas. ¿Crees que este hecho es importante en la historia? ¿Crees que el final sería distinto si se tratara sólo de unos minutos frente al televisor?
3. ¿Crees que la televisión puede ser adictiva para los niños? ¿Y para los adultos? ¿Qué consecuencias crees que tiene la adicción a la televisión?

3 Imaginar En grupos, imaginen que un grupo de padres de familia solicita una audiencia con el/la director(a) de programación infantil de una popular cadena de televisión. Los padres quieren sugerir cambios en la programación del canal. Miren la programación y decidan: ¿Qué programas quieren pedir que cambien y por qué? ¿Qué programas deben seguir en la programación? ¿Qué otros tipos de programas se pueden incluir? ¿Harían cambios en los horarios?

CANAL 7

6:00	6:30	7:00	8:00	9:15	10:00
Trucos para la escuela Cómo causar una buena impresión con poco esfuerzo.	**Naturaleza viva** Documentales.	**Mi familia latina** Divertida comedia sobre un joven estadounidense que va a México como estudiante de intercambio.	**Historias policiales** Ladrones, crímenes, accidentes.	**Buenas y curiosas** Noticiero alternativo que presenta noticias buenas y divertidas de todo el mundo.	**Dibujos animados clásicos** Conoce los dibujos animados que miraban tus padres.

4 Escribir Piensa en alguna anécdota divertida de cuando eras niño/a. Cuenta la anécdota en un párrafo usando el tiempo presente.

MODELO Un día estoy con mi hermano en el patio de mi casa jugando a la pelota. De repente, …

CULTURA

Antes de leer

Vocabulario

la corrida *bullfight*	**el ruedo** *bullring*
lidiar *to fight bulls*	**torear** *to fight bulls in the bullring*
el/la matador(a) *bullfighter who kills the bull*	**el toreo** *bullfighting*
	el/la torero/a *bullfighter*
la plaza de toros *bullfighting stadium*	**el traje de luces** *bullfighter's outfit (lit. costume of lights)*

El toreo Completa las oraciones con palabras y frases del vocabulario.

1. Ernest Hemingway era un aficionado al _____. Asistió a muchas _____ y las describió en detalle en sus obras.

2. El _____ es la persona que mata al toro al final. Siempre lleva un _____ de colores brillantes.

3. Manolete fue un _____ español muy famoso que fue herido por un toro y que murió al poco tiempo.

4. No se permite que el público baje al _____ porque los toros pueden ser muy peligrosos.

Conexión personal ¿Conoces alguna costumbre local o una tradición estadounidense que cause mucha controversia? ¿Hay deportes que son muy problemáticos o controvertidos para alguna gente? ¿Por qué? ¿Cuál es tu opinión al respecto?

Contexto cultural

En Fresnillo, México, en 1940 una mujer tomó una espada y se puso un traje de luces —una blusa y falda bordadas de adornos brillantes— para promover la causa de la igualdad en un terreno casi completamente dominado por los hombres: el toreo. **Juanita Cruz** había nacido en Madrid en 1917, cuando aún no se permitía a las mujeres torear a pie en el ruedo. En batalla constante contra obstáculos legales, Cruz consiguió lidiar en múltiples novilladas (*bullfights with young bulls*) en su país. Pero cuando terminó la guerra civil, al ver que Franco imponía estrictamente las leyes de prohibición del toreo a las mujeres, Cruz dejó España con rumbo a (*headed for*) México y se convirtió en torera oficial. Fue todo un fenómeno, la primera gran matadora de la historia, y en el proceso abrió camino para otras mujeres, como la española Cristina Sánchez, que han cruzado fronteras para llegar al ruedo. Hoy día la presencia de toreras añade sólo un nivel más a la controversia constante y a veces apasionada que marca el toreo. ¿Cuál es tu impresión? ¿Cambia la imagen del toreo con toreras lidiando junto a toreros?

El toreo:
¿cultura o tortura?

¹ Hay pocas cosas tan emblemáticas en el mundo hispano, y a la vez tan polémicas, como el toreo. Los días de corrida, hasta cuarenta mil aficionados se sientan en la Plaza Monumental de México, la plaza de toros más grande de la Tierra. Sin embargo, la opinión ⁵ pública está profundamente dividida: algunos defienden con orgullo esta tradición que sobrevive desde tiempos antiguos y otros se levantan en protesta antes del final.

origins

Las raíces° del toreo son diversas. Los celtibéricos han dejado en España restos de templos circulares, precursores de las plazas actuales, donde sacrificaban animales. Los griegos y romanos practicaban la matanza° ritual de toros en ceremonias públicas sagradas. Sin embargo, fue en la España del siglo XVIII donde se desarrolló° la corrida que conocemos y se introdujeron la muleta, una capa muy fácil de manejar, y el estoque, la espada del matador.

slaughter

developed 15

El aficionado de hoy considera que el toreo es más un rito° que un espectáculo, ciertamente no un deporte. Es una lucha desigual, a muerte, entre una persona —armada con sólo la capa la mayor parte del tiempo— y el toro, bestia que pesa° hasta más de media tonelada. El torero se prepara para el duelo como para una ceremonia: se viste con el traje de luces tradicional y actúa dirigido por la música. Se enfrenta contra el animal con su arte y su inteligencia y generalmente gana, aunque no siempre. El riesgo° de una cornada° grave forma parte de la realidad del torero, que en su baile peligroso muestra su talento y su belleza. Para el defensor de las corridas, no matar al toro al final es como jugar con él,

rite, ceremony

weighs

risk/goring

> **"El toreo es cabeza y plasticidad, porque a fuerza siempre gana el toro."**

una falta de respeto al animal, al público y a la tradición.

Quienes se oponen a las corridas dicen que es una lucha injusta° y cruel. Hay gente que piensa que el toreo es una barbarie° similar a la de los juegos de los romanos, una costumbre primitiva que no tiene sentido en una sociedad moderna y civilizada. Protestan contra la crueldad de una muerte lenta y prolongada, dedicada al entretenimiento. En respuesta a las protestas, en algunos países ha aparecido una alternativa, la "corrida sin sangre°", donde no se permite hacer daño físico° al toro. Pero otros sostienen que esta corrida tortura igualmente a la bestia y, por tanto, han prohibido el toreo por completo. En abril de 2004, el ayuntamiento de Barcelona dio el primer paso° hacia la prohibición al declarar a la ciudad oficialmente "antitaurina°".

40

unjust
savagery

45

50 bloodless bullfight
to hurt

55

step

anti-bullfighting

Por último, a algunas personas les indigna la idea machista de que sólo un hombre tiene la fuerza y el coraje para lidiar. Las toreras pioneras como Juanita Cruz tuvieron que coserse° su propio traje de luces, con falda en vez de pantalón, y cruzar océanos para poder ejercer su profesión. Incluso en tiempos recientes, algunos toreros célebres como el español Jesulín de Ubrique se han negado° a lidiar junto a una mujer.

60

to sew

65

have refused

La torera más famosa de nuestra época, Cristina Sánchez, sostiene que no es necesario ser hombre para lidiar con éxito: "El toreo es cabeza y plasticidad°, porque a fuerza siempre gana el toro". En su opinión, el derecho de torear es incuestionable, una parte de la cultura hispana. No obstante, su profesión provoca tanta división que a veces el duelo entre la bestia y la persona es empequeñecido° por la batalla entre las personas. ■

70

suppleness

75

dwarfed

80

¿Dónde hay corridas?

Toreo legalizado: España, México, Colombia, Ecuador, Perú, Venezuela

Corridas sin sangre: Bolivia, Nicaragua, Estados Unidos

Toreo ilegalizado: Argentina, Chile, Cuba, Uruguay

¡Olé! ¡Olé!

El público también tiene su papel en las corridas: evalúa el talento del torero. La interjección "¡olé!" se oye frecuentemente para celebrar una acción particularmente brillante y expresar admiración. De origen árabe, contiene la palabra "alá" (Dios) y significa literalmente "¡por Dios!".

Después de leer

El toreo: ¿cultura o tortura?

(1) Comprensión Responde a las preguntas con oraciones completas.

1. ¿En qué país se encuentra la plaza de toros más grande del mundo?
2. ¿Qué hacían los celtibéricos en sus templos circulares?
3. ¿Qué es el toreo según un aficionado?
4. ¿Cómo se prepara el torero para la corrida?
5. Para quienes se oponen al toreo, ¿cuáles son algunos de los problemas?
6. ¿Qué es una "corrida sin sangre"?
7. ¿Qué sucedió en Barcelona en abril de 2004?
8. Según Cristina Sánchez, ¿sólo los hombres pueden lidiar bien?

(2) Opinión Responde a las preguntas con oraciones completas.

1. ¿Te gustaría asistir a una corrida? ¿Por qué sí o por qué no?
2. ¿Qué opinas del duelo entre toro y torero/a? ¿Hay un aspecto especialmente problemático para ti?
3. ¿Qué piensas de las alternativas al toreo tradicional como la "corrida sin sangre"? ¿Es una solución adecuada para proteger a los animales?
4. En tu opinión, ¿es más cruel la vida de un toro destinado al toreo o la de una vaca destinada a una carnicería?

(3) ¿Qué piensan? Trabajen en parejas para contestar las preguntas. Luego compartan sus respuestas con la clase.

1. Un eslogan conocido en las protestas antitaurinas es: "Tortura no es arte ni cultura". ¿Qué significa esta frase?
2. ¿Hay acciones cuestionables que se justifiquen porque son parte de una costumbre o tradición? ¿Cuál es la postura de ustedes en el debate? ¿Por qué?
3. ¿Es apropiado tener una opinión sobre las tradiciones de culturas diferentes a la tuya o es necesario aceptar sin criticar?
4. ¿Creen que el gobierno tiene derecho a reglamentar (*regulate*) o prohibir tradiciones o costumbres? Den ejemplos.

(4) Entrevista Trabajen en parejas para preparar una entrevista con un(a) torero/a. Una persona será el/la torero/a y la otra el/la periodista. Cuando terminen, presenten la entrevista a la clase.

(5) Postales Imagina que viajaste a algún país donde son legales las corridas de toros y tus amigos te invitaron a una corrida. Escribe una postal a tu familia para contarles qué sucedió. Usa estas preguntas como guía: ¿Aceptaste la invitación o no? ¿Por qué? Si fuiste a la corrida, ¿qué te pareció? ¿Te sentiste obligado/a a asistir por respeto a la cultura local?

> **MODELO**
> Querida familia:
> Les escribo desde Guadalajara, una ciudad al noroeste de México. No saben dónde me llevaron mis amigos este fin de semana...

Atando cabos

¡A conversar!

La música y el deporte Trabajen en grupos de cuatro o cinco para preparar una presentación sobre un(a) cantante o deportista latino/a famoso/a.

Presentaciones

Tema: Pueden preparar una presentación sobre Lila Downs o pueden elegir un(a) cantante o deportista famoso/a que les guste.

Investigación: Busquen información en Internet o en la biblioteca. Una vez reunida la información necesaria, elijan los puntos más importantes y seleccionen material audiovisual. Informen a su profesor(a) acerca de estos materiales para contar con los medios necesarios el día de la presentación.

Organización: Hagan un esquema (*outline*) que los ayude a planear la presentación.

Presentación: Traten de promover la participación a través de preguntas y alternen la charla con los materiales audiovisuales. Recuerden tener a mano los materiales de la investigación para responder preguntas adicionales de sus compañeros.

¡A escribir!

Correo electrónico Imagina que tus padres vienen a visitarte por un fin de semana. Llevas varios días haciendo planes para que el fin de semana sea perfecto y tienes miedo de que tu novio/a se olvide de los planes y meta la pata (*put one's foot in one's mouth*). Mándale un mensaje por correo electrónico para recordarle los planes y lo que debe hacer.

Plan de redacción

Un saludo informal: Comienza tu mensaje con un saludo informal, como: **Hola, Qué tal, Qué onda**, etc.

Contenido: Organiza tus ideas para no olvidarte de nada.

1. Escribe una breve introducción para recordarle a tu novio/a qué cosas les gustan a tus padres y qué cosas no. Puedes usar estas expresiones: **(no) les gusta, les fascina, les encanta, les aburre, (no) les interesa, (no) les molesta**.

2. Recuérdale que tus padres son formales y elegantes y explícale que tiene que arreglarse un poco para la ocasión. Usa expresiones como: **quitarse el arete, afeitarse, vestirse mejor, peinarse**, etc.

3. Recuérdale dónde van a encontrarse.

Despedida: Termina el mensaje con un saludo informal de despedida.

Las diversiones

el ajedrez	chess
el billar	billiards
el boliche	bowling
las cartas/los naipes	(playing) cards
los dardos	darts
el juego de mesa	board game
el pasatiempo	pastime
la televisión	television
el tiempo libre/los ratos libres	free time
el videojuego	video game
aburrirse	to get bored
alquilar una película	to rent a movie
brindar	to make a toast
celebrar/festejar	to celebrate
dar un paseo	to take a stroll/walk
disfrutar (de)	to enjoy
divertirse (e:ie)	to have fun
entretener(se) (e:ie)	to entertain, amuse (oneself)
gustar	to like
reunirse (con)	to get together (with)
salir (a comer)	to go out (to eat)
aficionado/a (a)	fond of; a fan (of)
animado/a	lively
divertido/a	fun
entretenido/a	entertaining

Los lugares de recreo

el cine	movie theater; cinema
el circo	circus
la discoteca	discotheque; dance club
la feria	fair
el festival	festival
el parque de atracciones	amusement park
el zoológico	zoo

Los deportes

el/la árbitro/a	referee
el campeón/la campeona	champion
el campeonato	championship
el club deportivo	sports club
el/la deportista	athlete
el empate	tie (game)
el/la entrenador(a)	coach; trainer
el equipo	team
el/la espectador(a)	spectator
el torneo	tournament
anotar/marcar (un gol/un punto)	to score (a goal/ a point)
desafiar	to challenge
empatar	to tie (games)
ganar/perder (e:ie) un partido	to win/lose a game
vencer	to defeat

La música y el teatro

el álbum	album
el asiento	seat
el/la cantante	singer
el concierto	concert
el conjunto/grupo musical	musical group; band
el escenario	scenery; stage
el espectáculo	show
el estreno	premiere; debut
la función	performance (theater; movie)
el/la músico/a	musician
la obra de teatro	play
la taquilla	box office
aplaudir	to applaud
conseguir (e:i) boletos/entradas	to get tickets
hacer cola	to wait in line
poner un disco compacto	to play a CD

Más vocabulario

Expresiones útiles	Ver p. 47
Estructura	Ver pp. 54–55, 58–59 y 62–63

Cinemateca

el ataúd	casket
el balón	ball
la cancha	field
la misa	mass
el Mundial	World Cup
la prueba	proof
la señal	sign
deber (dinero)	to owe (money)
patear	to kick
enterrado/a	buried
mujeriego	womanizer

Literatura

la imagen	image; picture
la pantalla	(television) screen
el televisor	television set
colocar	to place (an object)
señalar	to point to; to signal
hondo/a	deep
redondo/a	round
por primera/ última vez	for the first/last time

Cultura

la corrida	bullfight
el/la matador(a)	bullfighter who kills the bull
la plaza de toros	bullfighting stadium
el ruedo	bullring
el toreo	bullfighting
el/la torero/a	bullfighter
el traje de luces	bullfighter's outfit (lit. costume of lights)
lidiar	to fight bulls
torear	to fight bulls in the bullring

La vida diaria

Contextos

páginas 82–85

- En casa
- De compras
- Expresiones
- La vida diaria

Fotonovela

páginas 86–89

- *¿Alguien desea ayudar?*

Enfoques

España

páginas 90–93

- **En detalle:** La Familia Real
- **Perfil:** Letizia Ortiz
- **Ritmos:** Amparanoia

Estructura

páginas 94–105

- The preterite
- The imperfect
- The preterite vs. the imperfect

Manual de gramática

páginas 500–504

- Más práctica
- Más gramática

Cinemateca

páginas 106–109

- **Cortometraje:** *Adiós mamá*

Lecturas

páginas 110–118

- **Literatura:** *Pedro Salvadores* de Jorge Luis Borges
- **Cultura:** *El arte de la vida diaria*

Atando cabos

página 119

- ¡A conversar!
- ¡A escribir!

Communicative Goals

You will expand your ability to…

- narrate in the past
- express completed past actions
- express habitual or ongoing past events and conditions

La vida
diaria

En casa

el balcón *balcony*

la escalera *staircase*
el hogar *home; fireplace*
la limpieza *cleaning*
los muebles *furniture*
los quehaceres *chores*

apagar *to turn off*
barrer *to sweep*
calentar (e:ie) *to warm up*
cocinar *to cook*
encender (e:ie) *to turn on*
freír (e:i) *to fry*
hervir (e:ie) *to boil*
lavar *to wash*
limpiar *to clean*
pasar la aspiradora
  to vacuum
quitar el polvo *to dust*
tocar el timbre
  to ring the doorbell

De compras

el centro comercial *mall*
el dinero en efectivo *cash*
la ganga *bargain*
el probador *dressing room*
el reembolso *refund*
el supermercado *supermarket*
la tarjeta de crédito/débito
  credit/debit card

devolver (o:ue) *to return (items)*
hacer mandados *to run errands*
ir de compras *to go shopping*
probarse (o:ue) *to try on*
seleccionar *to select; to pick out*

auténtico/a *real; genuine*
barato/a *cheap; inexpensive*
caro/a *expensive*

Camila **fue de compras** al **supermercado**, decidida a gastar lo menos posible. **Seleccionó** los productos más **baratos** y pagó con **dinero en efectivo**.

Expresiones

a menudo *frequently; often*
a propósito *on purpose*
a tiempo *on time*
a veces *sometimes*
apenas *hardly; scarcely*
así *like this; so*
bastante *quite; enough*
casi *almost*
casi nunca *rarely*
de repente *suddenly*
de vez en cuando *now and then;*
  once in a while
en aquel entonces *at that time*
en el acto *immediately; on the spot*
enseguida *right away*
por casualidad *by chance*

Desde que comenzó a trabajar en un restaurante, Emilia ha tenido que **acostumbrarse** al **horario** de un chef. ¡La nueva **rutina** no es tan fácil! **Suele** volver a la casa después de la medianoche.

la agenda *datebook*
la costumbre *custom; habit*
el horario *schedule*
la rutina *routine*
la soledad *solitude; loneliness*

acostumbrarse (a) *to get used to; to grow accustomed (to)*
arreglarse *to get ready*
averiguar *to find out; to check*
probar (o:ue) (a) *to try*
soler (o:ue) *to be in the habit of; to be used to*

atrasado/a *late*
cotidiano/a *everyday*
diario/a *daily*
inesperado/a *unexpected*

 **Práctica**

1 **Escuchar**

A. Escucha lo que dice Julián y luego decide si las oraciones son **ciertas** o **falsas**. Corrige las falsas.

1. Julián está en un supermercado.
2. Julián tiene que limpiar la casa.
3. Él siempre sabe dónde está todo.
4. Él encuentra su tarjeta de crédito debajo de la escalera.
5. Julián recibe una visita inesperada.

B. Escucha la conversación entre Julián y la visita inesperada y después contesta las preguntas con oraciones completas.

1. ¿Quién está tocando el timbre?
2. ¿Qué tiene que hacer ella?
3. ¿Qué quiere devolver?
4. ¿Eran caros los pantalones?
5. ¿Qué hace Julián antes de ir al centro comercial con ella?

2 **Sopa de letras** Busca ocho palabras y expresiones del vocabulario de **Contextos**. Después, escribe un párrafo usando al menos cuatro de las palabras que encontraste.

K	J	A	N	T	I	C	P	S	A
C	A	L	E	N	T	A	R	U	U
Í	O	S	A	S	V	R	E	C	T
A	G	S	I	Ó	E	S	H	N	É
B	E	R	T	C	A	S	I	M	N
A	S	U	B	U	V	E	B	D	T
L	A	T	I	E	M	P	O	A	I
C	A	I	O	L	Z	B	L	R	C
Ó	L	N	N	Í	N	U	R	P	Q
N	B	A	Q	U	S	O	L	E	R

Práctica

(3) Julián y María Completa el párrafo con las palabras o expresiones lógicas de la lista.

a diario	cotidiano	horario	soledad
a tiempo	en aquel entonces	por casualidad	soler

Julián y María se conocieron un día (1) _____ en el supermercado. Julián estaba muy contento por haber conocido a María porque, (2) _____, él era nuevo en el barrio y no conocía a nadie. A él no le gusta la (3) _____. Desde aquel día, se ven casi (4) _____. Durante la semana, ellos (5) _____ quedar para tomar un café después del trabajo, pues los dos tienen (6) _____ similares.

(4) Una agenda muy llena Milena tiene mucho que hacer antes de su cita con Willy esta noche. Ha apuntado todo en su agenda, pero está muy atrasada.

A. En parejas, comparen el horario de Milena con la hora en que realmente logra hacer (*accomplishes*) cada actividad.

VIERNES, 15 DE OCTUBRE

1:00 ¡Hacer mandados!	5:00 Hacer la limpieza
2:00 Banco: nueva tarjeta de débito	6:00 Cocinar, poner (*set*) la mesa
3:00 Centro comercial: comprar vestido	7:00 Arreglarme
4:00 Supermercado: pollo, arroz, verduras	8:00 Cita con Willy ♡

MODELO

—¿A qué hora recoge (*picks up*) la nueva tarjeta de débito?
—Milena quiere recogerla a las dos, pero no logra hacerlo hasta las dos y media.

2:30

1.
4:00

2.
5:30

3.
6:45

4.
7:30

5.
7:45

6.
8:00

B. Ahora improvisen una conversación entre Willy y Milena. ¿Creen que los dos lo pasan bien? ¿Creen que van a tener otra cita?

Comunicación

5 **Los quehaceres**

A. En grupos de cuatro, túrnense para preguntar con qué frecuencia sus compañeros hacen los quehaceres de la lista. Combinen palabras de cada columna en sus respuestas y añadan sus propias ideas.

barrer	almuerzo	todos los días
cocinar	aspiradora	a menudo
lavar	balcón	a veces
limpiar	cuarto	de vez en cuando
pasar	polvo	casi nunca
quitar	ropa	nunca

MODELO —¿Con qué frecuencia barres el balcón?
—Lo barro de vez en cuando, especialmente si vienen invitados.

B. Ahora compartan la información con la clase y decidan quién es la persona más ordenada y la más desordenada.

6 **Agendas personales**

A. Primero, escribe tu horario para esta semana. Incluye algunas costumbres de tu rutina diaria y también actividades inesperadas de esta semana.

lunes
martes
miércoles
jueves
viernes
sábado
domingo

B. En parejas, pregúntense sobre sus horarios. Comparen sus rutinas diarias y los sucesos (*events*) de esta semana. ¿Tienen costumbres parecidas? ¿Tienen algunas actividades en común?

C. Utiliza la información para escribir un párrafo breve sobre la vida cotidiana de tu compañero/a. ¿Le gusta la rutina? ¿Disfruta de lo inesperado? ¿Llena su agenda con actividades sociales o prefiere estar en casa? Comparte tu párrafo con la clase.

Diana y Fabiola conversan sobre la vida diaria. Aguayo pide ayuda con la limpieza, pero casi todos tienen excusas.

FABIOLA Odio los lunes.

DIANA Cuando tengas tres hijos, un marido y una suegra, odiarás los fines de semana.

FABIOLA ¿Discutes a menudo con tu familia?

DIANA Siempre tenemos discusiones. La mitad las ganan mis hijos y mi esposo. Mi suegra gana la otra mitad.

FABIOLA ¿Te ayudan en las tareas del hogar?

DIANA Ayudan, pero casi no hay tiempo para nada. Hoy tengo que ir de compras con la mayor de mis hijas.

FABIOLA ¿Y por qué no va ella sola?

DIANA Hay tres grupos que gastan el dinero ajeno, Fabiola: los políticos, los ladrones y los hijos… Los tres necesitan supervisión.

FABIOLA Tengan cuidado en las tiendas. Hace dos meses andaba de compras y me robaron la tarjeta de crédito.

DIANA ¿Y fuiste a la policía?

FABIOLA No.

DIANA ¿Lo dices así, tranquilamente? Te van a arruinar.

FABIOLA No creas. El que me la robó la usa menos que yo.

Más tarde en la cocina…

AGUAYO El señor de la limpieza dejó un recado diciendo que estaba enfermo. Voy a pasar la aspiradora a la hora del almuerzo. Si alguien desea ayudar…

FABIOLA Tengo una agenda muy llena para el almuerzo.

DIANA Yo tengo una reunión con un cliente.

ÉRIC Tengo que… Tengo que ir al banco. Sí. Voy a pedir un préstamo.

JOHNNY Yo tengo que ir al dentista. No voy desde la última vez… Necesito una limpieza.

Aguayo y Mariela se quedan solos.

Diana regresa del almuerzo con unos dulces.

DIANA Les traje unos dulces para premiar su esfuerzo.

AGUAYO Gracias. Los probaría todos, pero estoy a dieta.

DIANA ¡Qué bien! Yo también estoy a dieta.

MARIELA ¡Pero si estás comiendo!

DIANA Sí, pero sin ganas.

Personajes

 AGUAYO
 DIANA
 ÉRIC
 FABIOLA
 JOHNNY
 MARIELA

4

En la oficina de Aguayo…

MARIELA ¿Necesita ayuda?

AGUAYO No logro hacer que funcione.

MARIELA Creo que Diana tiene una pequeña caja de herramientas.

AGUAYO ¡Cierto!

Aguayo sale de la oficina. Mariela le da una patada a la aspiradora.

5

AGUAYO ¡Aceite lubricante y cinta adhesiva! ¿Son todas las herramientas que tienes?

DIANA ¡Claro! Es todo lo que necesito. La cinta para lo que se mueva y el aceite para lo que no se mueva.

Se escucha el ruido de la aspiradora encendida.

AGUAYO Oye… ¿Cómo lo lograste?

MARIELA Fácil… Me acordé de mi ex.

9

Fabiola y Johnny llegan a la oficina. Mariela está terminando de limpiar.

JOHNNY ¡Qué pena que no llegué a tiempo para ayudarte!

FABIOLA Lo mismo digo yo. Y eso que almorcé tan de prisa que no comí postre.

MARIELA Si gustan, quedan dos dulces en la cocina. Están riquísimos… *(habla sola mirando el aerosol)* Y no hubiera sido mala idea echarles un poco de esto.

10

Johnny y Fabiola vuelven de la cocina.

JOHNNY Qué descortés eres, Fabiola. Si yo hubiera llegado primero, te habría dejado el dulce grande a ti.

FABIOLA ¿De qué te quejas, entonces? Tienes lo que querías y yo también. Por cierto, ¿no estuviste en el dentista?

JOHNNY Los dulces son la mejor anestesia.

Comprensión

1 **¿Quién lo dijo?** Decide quién dice estas oraciones.

Aguayo **Diana** **Éric**

Fabiola **Johnny** **Mariela**

_____ 1. ¿Necesita ayuda?

_____ 2. Si alguien desea ayudar…

_____ 3. Tengo una agenda muy llena.

_____ 4. Tengo una reunión con un cliente.

_____ 5. Tengo que ir al banco.

_____ 6. Tengo que ir al dentista.

2 **Relacionar** Escribe oraciones que conecten las frases de las dos columnas usando **porque**.

____ 1. Diana odia los fines de semana…
    a. está a dieta.

____ 2. Diana quiere ir de compras con su hija…
    b. el ladrón usa la tarjeta de crédito menos que ella.

____ 3. Fabiola dice que tengan cuidado en las tiendas…
    c. hace dos meses le robaron la tarjeta de crédito.

____ 4. Fabiola no fue a la policía…
    d. el señor que limpia está enfermo.

____ 5. Aguayo pasará la aspiradora…
    e. no quiere que gaste mucho dinero.

____ 6. Aguayo no prueba los dulces…
    f. discute mucho con su familia.

3 **Seleccionar** Selecciona la opción que expresa la misma idea.

1. Odio los lunes.
   a. No soporto los lunes.   b. No detesto los lunes.   c. Me gustan los lunes.

2. Tengo una agenda muy llena para el almuerzo.
   a. Tengo planeado un almuerzo.   b. Tengo muchas tareas a la hora del almuerzo.   c. No tengo mi agenda aquí.

3. Tienes lo que quieres.
   a. Tu deseo se cumplió.   b. Tienes razón.   c. Te quiero.

4. Lo mismo digo yo.
   a. ¡Ni modo!   b. No creas.   c. Estoy de acuerdo.

Ampliación

4 **Excusas falsas** Aguayo pide ayuda para limpiar la oficina, pero sus compañeros le dan excusas. ¿Qué preguntas puede hacerles Aguayo para descubrir sus mentiras? Escribe las preguntas. Después, en grupos de cinco, dramaticen la situación: uno/a de ustedes es Aguayo y los/las demás son los/las compañeros/as. Sean creativos.

5 **Opiniones** En grupos de tres, contesten las preguntas. Si es posible, den ejemplos de la vida cotidiana.

1. ¿Es necesario a veces dar excusas falsas? ¿Por qué?
2. Describe una situación reciente en la que usaste una excusa falsa. ¿Por qué lo hiciste? ¿Se enteraron los demás?
3. ¿Es mejor decir la verdad siempre? ¿Por qué?

6 **Apuntes culturales** En parejas, lean los párrafos y contesten las preguntas.

La agenda diaria

¡Diana se queja de que no hay tiempo para nada! En muchos países hispanos, las horas del día se expresan utilizando números del 0 al 23. Muchas agendas en español usan este horario modelo, es decir que **10 p.m.** se indica **22:00** ó **22h**. ¡Pobre Diana! ¡Con tanto trabajo, necesita que el día tenga más horas!

La hora del almuerzo

Fabiola tiene una agenda muy ocupada para el almuerzo. En España y pueblos de Latinoamérica este descanso suele ser de 13:00 a 16:00. Los que trabajan cerca vuelven a sus casas pero, en las grandes ciudades españolas, algunas personas lo aprovechan además para hacer mandados, compras o ir al gimnasio. ¿Qué tendrá que hacer Fabiola que sea más importante que limpiar la oficina?

¿Servicios bancarios en el supermercado?

Éric tiene que ir al banco a pedir un préstamo. En Hispanoamérica, la mayoría de los préstamos y los pagos de servicios se realizan en el banco. No obstante, en países como Argentina, Costa Rica y Perú, las cuentas de gas, electricidad y teléfono también se pueden pagar en el supermercado.

1. ¿Cómo se puede expresar *8 a.m.* y *12 a.m.* en español?
2. En tu país, ¿cuántas horas se toman normalmente los empleados para almorzar? ¿Qué hacen durante ese descanso?
3. ¿Cuáles son los horarios comerciales de la ciudad en donde vives? ¿Te parecen suficientes?
4. ¿A qué hora sueles almorzar? ¿Dónde?
5. ¿Cómo pagas los servicios como electricidad y teléfono? ¿Te resulta conveniente tu método de pago? ¿Te gustaría poder pagarlos en el supermercado?

ESPAÑA

En detalle

LA FAMILIA REAL

El Rey Juan Carlos I y la Reina Sofía vuelven de visitar a su nieta recién nacida.

En 1948, el General Francisco Franco tomó bajo su tutela° al niño Juan Carlos de Borbón, que entonces tenía sólo diez años. Su plan era formarlo ideológicamente para que fuera su sucesor. En 1975, tras la muerte del dictador y en contra de todas las predicciones, lo primero que hizo Juan Carlos I fue trabajar para implantar° la democracia en España.

La Familia Real española es una de las más queridas de las diez que todavía quedan en Europa. Juan Carlos I es famoso por su simpatía y su facilidad para complacer° a los ciudadanos españoles. Don Juan Carlos y doña Sofía llevan una vida sencilla, sin excesivos protocolos. Su vida diaria está llena de compromisos° sociales y políticos, pero siempre tienen un poco de tiempo para dedicarse a sus pasatiempos. La gran pasión del Rey son los deportes, especialmente el esquí y la vela, y participa en competiciones anuales, donde se destaca° por su destreza°. La Reina, por su parte, colabora en muchos proyectos de ayuda social y cultural.

Rey Juan Carlos I   Reina Sofía

Infanta Elena   Infanta Cristina   Príncipe Felipe

Sus tres hijos, las Infantas° Elena y Cristina y el Príncipe Felipe, están casados y han formado sus propias familias. Mantienen las mismas costumbres sencillas de los Reyes. No es raro verlos de compras en los centros comerciales que están cerca de sus viviendas. Apasionados del deporte, como su padre, han participado en las más importantes competiciones y llevan una vida relativamente discreta. Don Juan Carlos y doña Sofía van de vacaciones todos los veranos a la isla de Mallorca y se los puede ver, como si se tratara de una familia más, comiendo en las terrazas de la isla junto a sus hijos y nietos. En esas ocasiones, los paseantes° no dudan en acercarse y saludarlos. Esta cercanía de los monarcas con los ciudadanos ha conseguido que la Corona° sea una de las instituciones más valoradas por los españoles. ■

Regatas reales

El Rey Juan Carlos da nombre a la regata **Copa del Rey**, que tiene lugar todos los años en Palma de Mallorca. Su esposa da nombre a la **Regata Princesa Sofía**. La realeza no sólo presta su nombre para estas competencias: el Rey Juan Carlos participa de ambas con su yate llamado *Bribón*.

tutela *protection* **implantar** *to establish* **complacer** *to please* **compromisos** *engagements* **se destaca** *he stands out* **destreza** *skill* **Infantas** *Princesses* **paseantes** *passers-by* **Corona** *Crown*

ASÍ LO DECIMOS

La familia

mima (Cu.) *mom*

pipo (Cu.) *dad*

amá (Col.) *mom*

apá (Col.) *dad*

tata (Arg. y Chi.) *grandpa*

carnal (Méx.) *brother; friend*

carnala (Méx.) *sister*

carnalita (Méx.) *little sister*

m'hijo/a (Amér. L.) *exp. to address a son or daughter*

chavalo/a (Amér. C.) *boy/girl*

chaval(a) (Esp.) *boy/girl*

EL MUNDO HISPANOHABLANTE

Las compras diarias

- En España, las grandes tiendas y también muchas tiendas pequeñas cierran los domingos. Así, los españoles realizan todas sus compras durante el resto de la semana. En algunos casos, las grandes tiendas, como El Corte Inglés, abren un domingo al mes.

- En el pueblo salvadoreño de Colonia la Sultana, el señor del pan pasa todos los días a las siete de la mañana con una canasta en la cabeza repleta de pan fresco. Cuando las personas lo escuchan llegar, salen a la calle para comprarle pan. Los que se quedan dormidos, si quieren pan fresco, tienen que ir al pueblo de al lado.

- En Argentina es muy común tomar soda (agua carbonada). El sodero pasa una vez por semana por las casas que solicitan entrega a domicilio. Se lleva los sifones° vacíos y deja sifones llenos.

PERFIL

LETIZIA ORTIZ

Letizia Ortiz nació en Oviedo el 15 de septiembre de 1972 en el seno de una familia trabajadora. Si alguien les hubiera dicho a sus padres que su hija iba a ser princesa, seguramente lo habrían tomado por loco. Esta joven inteligente y emprendedora° estudió periodismo y ejerció su profesión en algunos de los mejores medios españoles: el periódico *ABC*, y los canales CNN plus y TVE. Cuando se formalizó el compromiso° con el Príncipe Felipe, Letizia tuvo que dejar de trabajar y empezó un entrenamiento particular para ser princesa, ya que al casarse se convertiría en Princesa de Asturias. Su relación con el Príncipe se distingue por no haber respondido a la formalidad que se espera en estos casos. Poco antes de la boda, un periodista le preguntó: "¿Y cómo se declara un príncipe?", a lo que Letizia contestó: "Como cualquier hombre que quiere a una mujer".

❝ ... a partir de ahora y de forma progresiva voy a integrarme y a dedicarme a esta nueva vida con las responsabilidades y obligaciones que conlleva. ❞ (Letizia Ortiz)

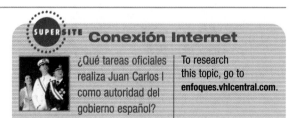

SUPERSITE **Conexión Internet**

¿Qué tareas oficiales realiza Juan Carlos I como autoridad del gobierno español?

To research this topic, go to **enfoques.vhlcentral.com**.

---

emprendedora *enterprising* **compromiso** *engagement* **sifones** *siphons*

¿Qué aprendiste?

1 **¿Cierto o falso?** Indica si las oraciones son ciertas o falsas. Corrige las falsas.

1. El General Francisco Franco quería que Juan Carlos de Borbón fuera su sucesor.

2. El General Franco trabajó mucho para implantar la democracia en España.

3. La vida de los Reyes se caracteriza por la formalidad y el protocolo.

4. El Rey Juan Carlos es muy aficionado a los deportes.

5. La Reina participa en competiciones de esquí.

6. La Infanta Cristina es soltera.

7. La Familia Real pasa las vacaciones de verano en Mallorca.

8. A la mayoría de los españoles les gusta la Familia Real.

2 **Oraciones incompletas** Completa las oraciones.

1. Los padres de Letizia Ortiz son _____.

2. Letizia estudió _____.

3. La Infanta Cristina es la _____ del Príncipe Felipe.

4. Felipe es el Príncipe de _____.

5. En España, las grandes tiendas abren _____.

6. En México, usan la palabra *carnala* para referirse a _____.

3 **Preguntas** Contesta las preguntas.

1. ¿Cuál es una forma cariñosa de referirse al padre en Cuba?

2. ¿Por qué crees que Letizia Ortiz tuvo que dejar de trabajar como periodista al convertirse en Princesa?

3. ¿A qué eventos deportivos dan nombre el Rey Juan Carlos y la Reina Sofía?

4. ¿Crees que es positivo o frívolo que el Rey de España participe en eventos deportivos? ¿Por qué?

5. Vuelve a leer la cita de Letizia Ortiz. ¿A qué responsabilidades y obligaciones crees que se refiere?

6. Muchos supermercados abren las 24 horas. ¿Crees que esto es necesario o crees que la gente está muy "malcriada" (*spoiled*)?

4 **Opiniones** En parejas, preparen dos listas. En una lista, anoten los elementos positivos de ser príncipe o princesa heredero/a y, en la otra, los elementos negativos que creen que puede tener. ¿Vale la pena ser rico y famoso si pierdes la vida privada?

Positivo	Negativo

PROYECTO

A domicilio

Existen muchos servicios a domicilio que facilitan la vida diaria. Además del ejemplo del sodero en Argentina, están los paseadores de perros, los supermercados con entrega a domicilio y las empresas que nos permiten recibir libros o ropa por correo en casa.

Imagina que vas a crear una empresa para ofrecer un servicio a domicilio.

Usa esta guía para preparar un folleto (*brochure*) sobre tu empresa. Describe:

• El servicio que vas a ofrecer y cómo se llama.

• Las principales características de tu servicio.

• Cómo va a facilitar la vida diaria de tus clientes.

AMPARANOIA

Amparo Sánchez es la fuerza motriz° causante del nacimiento, desarrollo y evolución de **Amparanoia**. Esta cantante andaluza inició su carrera musical en **Granada** y después de experimentar con varias formaciones se trasladó a **Madrid**, donde comenzó su viaje por las músicas del mundo. Su primer álbum —mezcla de rumba, ranchera, ska y bolero,— salió a la venta° en 1997. A partir de ese momento, su música la lleva a conocer otros países, otras culturas, otras formas de pensar y, sobre todo, otros músicos con quienes comparte una misma ideología y una atracción por los ritmos de distintas culturas. Su crecimiento personal y su constante observación de lo que pasa en el mundo son la base de otros trabajos musicales en los que expresa su realidad y participa en la lucha por un mundo más justo. Amparanoia se ha convertido° en un punto de referencia para entender la nueva mentalidad de la música española actual.

Discografía

2005 La vida te da   **2004** Rebeldía con alegría   **1997** El poder de Machín

Canción

Éste es un fragmento de una canción de Amparanoia.

La vida te da

Vete tristeza, vienes con pereza
Y no me dejas pensar.
Vete tristeza, tú no me interesas
Está sonando la rumba y me llama,
Me llama a bailar.

El entorno familiar facilitó la curiosidad de Amparanoia por la música desde que ella era una niña. Esta curiosidad se intensificó con el paso de los años. Lo que más le llamó la atención cuando era pequeña fue el poder que la música ejercía (*exerted*) en los adultos. Se dio cuenta que en cuanto ésta empezaba a sonar, la alegría borraba todas las penas.

 Preguntas En parejas, contesten las preguntas con oraciones completas.

1. ¿Qué influencia tiene la música en la vida personal de Amparanoia?
2. ¿Qué elementos constituyen la base de sus trabajos musicales?
3. Sánchez se dio cuenta de que la música ejercía poder sobre los adultos. ¿Qué música escuchaban sus padres cuando ustedes eran pequeños/as?
4. En su álbum *La vida te da*, Amparanoia reflexiona sobre la vida. ¿Qué papel juega la música en sus vidas? ¿Qué hacen cuando están tristes? ¿Qué hacen cuando están alegres?

fuerza motriz *moving force* **a la venta** *on sale* **se ha convertido** *has become*

3.1 The preterite

- Spanish has two simple tenses to indicate actions in the past: the preterite and the imperfect. The preterite is used to describe actions or states that began or were completed at a definite time in the past.

The preterite of regular -ar, -er, and -ir verbs		
comprar	**vender**	**abrir**
compré	vendí	abrí
compraste	vendiste	abriste
compró	vendió	abrió
compramos	vendimos	abrimos
comprasteis	vendisteis	abristeis
compraron	vendieron	abrieron

TALLER DE CONSULTA

MANUAL DE GRAMÁTICA
Más práctica

3.1 The preterite, p. 500
3.2 The imperfect, p. 501
3.3 The preterite vs. the imperfect, p. 502

Más gramática

3.4 Telling time, p. 503

- The preterite tense of regular verbs is formed by dropping the infinitive ending (**-ar**, **-er**, **-ir**) and adding the preterite endings. Note that the endings of regular **-er** and **-ir** verbs are identical in the preterite tense.

- The preterite of all regular and some irregular verbs requires a written accent on the preterite endings in the **yo, usted, él**, and **ella** forms.

Ayer **empecé** un nuevo trabajo.   Mi mamá **preparó** una cena deliciosa.
Yesterday I started a new job.   *My mom prepared a delicious dinner.*

- Verbs that end in **-car, -gar**, and **-zar** have a spelling change in the **yo** form of the preterite. All other forms are regular.

buscar   busc–   –qu–   yo busqué
llegar   lleg–   –gu–   yo llegué
empezar   empez–   –c–   yo empecé

- **Caer, creer, leer**, and **oír** change **-i-** to **-y-** in the **usted, él**, and **ella** forms and in the **ustedes, ellos**, and **ellas** forms (third-person forms) of the preterite. They also require a written accent on the **-i-** in all other forms.

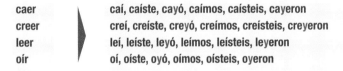

caer   caí, caíste, cayó, caímos, caísteis, cayeron
creer   creí, creíste, creyó, creímos, creísteis, creyeron
leer   leí, leíste, leyó, leímos, leísteis, leyeron
oír   oí, oíste, oyó, oímos, oísteis, oyeron

- Verbs with infinitives ending in **-uir** change **-i-** to **-y-** in the third-person forms of the preterite.

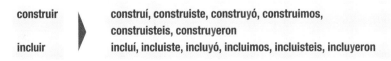

construir   construí, construiste, construyó, construimos,
               construisteis, construyeron
incluir   incluí, incluiste, incluyó, incluimos, incluisteis, incluyeron

- Stem-changing **-ir** verbs also have a stem change in the third-person forms of the preterite. Stem-changing **-ar** and **-er** verbs do not have a stem change in the preterite.

Preterite of *-ir* stem-changing verbs			
pedir		**dormir**	
pedí	pedimos	dormí	dormimos
pediste	pedisteis	dormiste	dormisteis
pidió	pidieron	durmió	durmieron

¡ATENCIÓN!

Other **-ir** stem-changing verbs include:

conseguir	**repetir**
consentir	**seguir**
hervir	**sentir**
morir	**servir**
preferir	

- A number of **-er** and **-ir** verbs have irregular preterite stems. Note that none of these verbs takes a written accent on the preterite endings.

Les traje unos dulces para premiar su esfuerzo.

Por cierto, ¿no estuviste en el dentista?

¡ATENCIÓN!

Ser, ver, ir, and **dar** also have irregular preterites. The preterite forms of **ser** and **ir** are identical.

ser/ir
fui, fuiste, fue, fuimos, fuisteis, fueron

dar
di, diste, dio, dimos, disteis, dieron

ver
vi, viste, vio, vimos, visteis, vieron

The preterite of **hay** is **hubo**.

Hubo dos conciertos el viernes.
There were two concerts on Friday.

Preterite of irregular verbs

Infinitive	u-stem	preterite forms
andar	anduv-	anduve, anduviste, anduvo, anduvimos, anduvisteis, anduvieron
estar	estuv-	estuve, estuviste, estuvo, estuvimos, estuvisteis, estuvieron
poder	pud-	pude, pudiste, pudo, pudimos, pudisteis, pudieron
poner	pus-	puse, pusiste, puso, pusimos, pusisteis, pusieron
saber	sup-	supe, supiste, supo, supimos, supisteis, supieron
tener	tuv-	tuve, tuviste, tuvo, tuvimos, tuvisteis, tuvieron

Infinitive	i-stem	preterite forms
hacer	hic-	hice, hiciste, hizo, hicimos, hicisteis, hicieron
querer	quis-	quise, quisiste, quiso, quisimos, quisisteis, quisieron
venir	vin-	vine, viniste, vino, vinimos, vinisteis, vinieron

Infinitive	j-stem	preterite forms
conducir	conduj-	conduje, condujiste, condujo, condujimos, condujisteis, condujeron
decir	dij-	dije, dijiste, dijo, dijimos, dijisteis, dijeron
traer	traj-	traje, trajiste, trajo, trajimos, trajisteis, trajeron

- Note that the stem of **decir (dij-)** not only ends in **j**, but the stem vowel **e** changes to **i**. Most verbs that end in **-cir** have **j**-stems in the preterite. Notice the other irregularities highlighted.

 **Práctica**

TALLER DE CONSULTA

MANUAL DE GRAMÁTICA
Más práctica

3.1 The preterite, p. 500

1 **Quehaceres** Escribe la forma correcta del pretérito de los verbos indicados.

1. El sábado pasado mis compañeros de apartamento y yo _____ (hacer) la limpieza semanal.
2. Jorge _____ (barrer) el suelo de la cocina.
3. Yo _____ (pasar) la aspiradora por el salón.
4. Martín y Felipe _____ (quitar) los sillones para limpiarlos y después los _____ (volver) a poner en su lugar.
5. Yo _____ (lavar) toda la ropa sucia y la _____ (poner) en el armario.
6. Nosotros _____ (terminar) con todo en menos de una hora.
7. Luego, Martín _____ (abrir) el refrigerador.
8. Él _____ (ver) que no había nada de comer.
9. Felipe _____ (decir) que iría al supermercado. Todos nosotros _____ (decidir) acompañarlo.
10. Yo _____ (apagar) las luces y nos _____ (ir) al mercado.

2 **¿Qué hicieron?** Combina elementos de cada columna para narrar lo que hicieron las personas.

anoche	yo	conversar	¿?
anteayer	mi compañero/a	dar	¿?
ayer	de cuarto	decir	¿?
la semana	mis amigos/as	ir	¿?
pasada	el/la profesor(a)	leer	¿?
una vez	de español	pedir	¿?
dos veces	mi novio/a	tener que	¿?

3 **La última vez** Con oraciones completas, indica cuándo fue la última vez que hiciste cada una de estas actividades. Utiliza detalles en tus respuestas. Después comparte la información con la clase.

MODELO llorar durante una película

La última vez que lloré durante una película fue en 2005. La película fue *Mar adentro...*

1. hacer mandados
2. decir una mentira
3. andar atrasado/a
4. olvidar algo importante
5. devolver un regalo
6. ir de compras
7. oír una buena/mala noticia
8. encontrar una ganga increíble
9. ver tres programas de televisión seguidos
10. comprar algo muy caro

Comunicación

4 La semana pasada Pasea por el salón de clases y averigua lo que hicieron tus compañeros durante la semana pasada. Anota el nombre del primero que conteste que sí a las preguntas.

MODELO **ir al cine**

—¿Fuiste al cine durante la semana pasada?

—Sí, fui al cine y vi la última película de Almodóvar./No, no fui al cine.

Actividades	Nombre
1. asistir a un partido de fútbol	_____
2. cocinar para los amigos	_____
3. conseguir una buena nota en una prueba	_____
4. dar un consejo (*advice*) a un(a) amigo/a	_____
5. dormirse en clase o en el laboratorio	_____
6. estudiar toda la noche para un examen	_____
7. enojarse con un(a) amigo/a	_____
8. hacer una tarea dos veces	_____
9. ir a la oficina de un(a) profesor(a)	_____
10. ir al centro comercial	_____
11. pedir dinero prestado	_____
12. perder algo importante	_____
13. probarse un vestido/un traje elegante	_____

5 Una fiesta En parejas, túrnense para comentar la última fiesta que dieron o a la que asistieron.

- cuál fue la ocasión
- cuándo fue
- quiénes fueron y quiénes no pudieron ir
- qué se sirvió
- quién lo preparó
- qué tipo de música escucharon
- qué hicieron los invitados

6 Los mandados Escribe una lista de diez mandados que hiciste el mes pasado.

A. En parejas, túrnense para preguntarse si hicieron los mismos mandados.

B. Compartan la información con la clase y decidan quién es la persona más trabajadora.

3.2 The imperfect

- The imperfect tense in Spanish is used to narrate past events without focusing on their beginning, end, or completion.

El recado decía que él estaba enfermo.

Siempre tenía problemas con la aspiradora.

- The imperfect tense of regular verbs is formed by dropping the infinitive ending (**-ar, -er, -ir**) and adding personal endings. **-Ar** verbs take the endings **-aba, -abas, -aba, -ábamos, -abais, -aban. -Er** and **-ir** verbs take **-ía, -ías, -ía, -íamos, -íais, -ían**.

The imperfect of regular -ar, -er, and -ir verbs		
caminar	**deber**	**abrir**
caminaba	debía	abría
caminabas	debías	abrías
caminaba	debía	abría
caminábamos	debíamos	abríamos
caminabais	debíais	abríais
caminaban	debían	abrían

- **Ir, ser**, and **ver** are the only verbs that are irregular in the imperfect.

The imperfect of irregular verbs		
ir	**ser**	**ver**
iba	era	veía
ibas	eras	veías
iba	era	veía
íbamos	éramos	veíamos
ibais	erais	veíais
iban	eran	veían

- The imperfect tense narrates what was going on at a certain time in the past. It often indicates what was happening in the background.

Cuando yo **era** joven, **vivía** en una ciudad muy grande. Todas las semanas, mis padres y yo **íbamos** al centro comercial.

When I was young, I lived in a big city. Each week, my parents and I went to the mall.

- The imperfect of **hay** is **había**.

  Había tres cajeros en el supermercado.
  There were three cashiers in the supermarket.

  Sólo **había** un mesero en el café.
  There was only one waiter in the café.

- These words and expressions are often used with the imperfect because they express habitual or repeated actions: **de niño/a** (*as a child*), **todos los días** (*every day*), **mientras** (*while*), **siempre** (*always*).

  De niño vivía en un suburbio de Madrid.
  As a child, I lived in a suburb of Madrid.

  Todos los días iba a la casa de mi abuela.
  Every day I went to my grandmother's house.

  Siempre escuchaba música **mientras corría** en el parque.
  I always listened to music while I ran in the park.

Siempre dormía muy mal.
Nunca podía relajarme.
Estaba desesperado; no sabía qué hacer.
Ahora, mis problemas están resueltos con mi nueva cama.

DORMALUX
LA CAMA DE TUS SUEÑOS

Práctica

TALLER DE CONSULTA

MANUAL DE GRAMÁTICA
Más práctica

3.2 The imperfect, p. 501

1 **Granada** Escribe la forma correcta del imperfecto de los verbos indicados.

Granada, en el sur de España

Cuando yo (1) _tenía_ (tener) veinte años, estuve en España por seis meses. (2) _vivía_ (vivir) en Granada, una ciudad en Andalucía. (3) _era_ (ser) estudiante en un programa de español para extranjeros. Entre semana mis amigos y yo (4) _estudiábamos_ (estudiar) español por las mañanas. Por las tardes, (5) _visitábamos_ (visitar) los lugares más interesantes de la ciudad para conocerla mejor. Los fines de semana, nosotros (6) _íbamos_ (ir) de excursión. (Nosotros) (7) _visitábamos_ (visitar) ciudades y pueblos nuevos. Los paisajes (8) _eran_ (ser) maravillosos. Quiero volver pronto.

2 **Antes** En parejas, túrnense para hacerse preguntas usando estas frases. Sigan el modelo.

> **MODELO** **levantarse tarde los lunes**
>
> —¿Te levantas tarde los lunes?
> —Ahora sí, pero antes nunca me levantaba tarde los lunes./Ahora no, pero antes siempre me levantaba tarde los lunes.

1. hacer los quehaceres del hogar
2. usar una agenda
3. ir de compras al centro comercial
4. pagar con tarjeta de crédito
5. trabajar por las tardes
6. preocuparse por el futuro

3 **La cocina de Juan** La cocina de Juan era siempre un desastre. Escribe un párrafo sobre el estado de la cocina. Describe lo que Juan hacía y lo que nunca hacía.

> **MODELO** Juan siempre freía comida pero nunca lavaba los platos.

Comunicación

4 **De niños**

A. Busca en la clase compañeros/as que hacían estas cosas cuando eran niños/as. Escribe el nombre de la primera persona que conteste afirmativamente cada pregunta.

MODELO **ir mucho al parque**
—¿Ibas mucho al parque?
—Sí, iba mucho al parque.

¿Qué hacían?	Nombre
1. tener miedo de los monstruos	_____
2. llorar todo el tiempo	_____
3. siempre hacer su cama	_____
4. ser muy travieso/a (*mischievous*)	_____
5. romper los juguetes (*toys*)	_____
6. darles muchos regalos a sus padres	_____
7. comer muchos dulces	_____
8. creer en fantasmas	_____

B. Ahora, comparte con la clase los resultados de tu búsqueda.

5 **Antes y ahora** En parejas, comparen cómo ha cambiado la vida de Andrés en los últimos años. ¿Cómo era antes? ¿Cómo es ahora? Preparen una lista de por lo menos seis diferencias.

antes

ahora

6 **En aquel entonces**

A. Utiliza el imperfecto para escribir un párrafo breve sobre la vida diaria de un(a) pariente tuyo/a que creció (*grew up*) en otra época. Puede ser tu padre/madre, un(a) abuelo/a o incluso un(a) antepasado/a (*ancestor*). ¿Cómo era su vida cotidiana? ¿Qué solía hacer para divertirse?

B. Ahora comparte tu párrafo con un(a) compañero/a. Pregúntense sobre los personajes y comparen la vida diaria de aquel entonces con la de hoy. ¿En qué aspectos era mejor la vida diaria hace veinte años? ¿Hace cincuenta años? ¿Hace dos siglos (*centuries*)? ¿En qué aspectos era peor?

3.3 The preterite vs. the imperfect

- Although the preterite and imperfect both express past actions or states, the two tenses have different uses and, therefore, are not interchangeable.

> ¿Cómo lograste encender la aspiradora? Antes no funcionaba.

> Fácil... Me acordé de mi ex.

Uses of the preterite

- To express actions or states viewed by the speaker as completed

Compraste los muebles hace un mes.
You bought the furniture a month ago.

Mis amigas **fueron** al centro comercial ayer.
My friends went to the mall yesterday.

- To express the beginning or end of a past action

La telenovela **empezó** a las ocho.
The soap opera began at eight o'clock.

El café **se acabó** enseguida.
The coffee ran out right away.

- To narrate a series of past actions

Me levanté, **me arreglé** y **fui** a clase.
I got up, got ready, and went to class.

Se sentó, **tomó** el bolígrafo y **escribió.**
He sat down, grabbed the pen, and wrote.

Uses of the imperfect

- To describe an ongoing past action without reference to beginning or end

Se acostaba muy temprano.
He went to bed very early.

Juan **tenía** pesadillas constantemente.
Juan constantly had nightmares.

- To express habitual past actions

Me **gustaba** jugar al fútbol los domingos por la mañana.
I used to like to play soccer on Sunday mornings.

Solían comprar las verduras en el mercado.
They used to shop for vegetables in the market.

- To describe mental, physical, and emotional states or conditions

José Miguel sólo **tenía** quince años en aquel entonces.
José Miguel was only fifteen years old back then.

Estaba tan hambriento que quería comerme un pollo entero.
I was so hungry that I wanted to eat a whole chicken.

TALLER DE CONSULTA

To review telling time, see **Manual de gramática, 3.4,** p. 503.

- To tell time

Eran las ocho y media de la mañana.
It was eight-thirty a.m.

Era la una en punto.
It was exactly one o'clock.

Uses of the preterite and imperfect together

- When narrating in the past, the imperfect describes what *was happening*, while the preterite describes the action that *interrupts* the ongoing activity. The imperfect provides background information, while the preterite indicates specific events that advance the plot.

Mientras **estudiaba**, **sonó** la alarma contra incendios. **Me levanté** de un salto y **miré** el reloj. **Eran** las 11:30. **Salí** corriendo de mi cuarto. En el pasillo **había** más estudiantes. La alarma **seguía** sonando. **Bajamos** las escaleras y, al llegar a la calle, la alarma **dejó** de sonar. No **había** ningún incendio.

*While I **was studying**, the fire alarm **went off**. I **jumped up** and **looked** at the clock. It **was** 11:30. I **ran out** of my room. In the hall **there were** more students. The alarm **continued** to blare. We **rushed** down the stairs and, upon getting to the street, the alarm **stopped**. **There was** no fire.*

Different meanings in the imperfect and preterite

Quise encender la aspiradora, pero no pude.

Supe que el señor que limpia está enfermo.

- The verbs **querer, poder, saber**, and **conocer** have different meanings when they are used in the preterite. Notice also the meanings of **no querer** and **no poder** in the preterite.

INFINITIVE	IMPERFECT	PRETERITE
querer	Quería acompañarte. *I wanted to go with you.*	Quise acompañarte. *I tried to go with you (but failed).*
		No quise acompañarte. *I refused to go with you.*
poder	Ana podía hacerlo. *Ana could do it.*	Ana pudo hacerlo. *Ana succeeded in doing it.*
		Ana no pudo hacerlo. *Ana could not do it.*
saber	Ernesto sabía la verdad. *Ernesto knew the truth.*	Por fin Ernesto supo la verdad. *Ernesto finally discovered the truth.*
conocer	Yo ya conocía a Andrés. *I already knew Andrés.*	Yo conocí a Andrés en la fiesta. *I met Andrés at the party.*

¡ATENCIÓN!

Here are some useful sequencing expressions.

primero *first*
al principio *in the beginning*
antes (de) *before*
después (de) *after*
mientras *while*
entonces *then*
luego *then; next*
siempre *always*
al final *finally*
la última vez *the last time*

Práctica

TALLER DE CONSULTA

MANUAL DE GRAMÁTICA
Más práctica

3.3 The preterite vs. the imperfect, p. 502

1 **Una cena especial** Elena y Francisca tenían invitados a cenar y lo estaban preparando todo. Completa las oraciones con el imperfecto o el pretérito de estos verbos. Puedes usar los verbos más de una vez.

averiguar	haber	ofrecer	salir
decir	levantar	pasar	ser
estar	limpiar	preparar	terminar
freír	llamar	quitar	tocar

1. _____ las ocho cuando Francisca y Elena se _____ para preparar todo.
2. Elena _____ la aspiradora cuando Felipe la _____ para preguntar la hora de la cena. Le _____ que _____ a las diez y media.
3. Francisca _____ las tapas en la cocina. Todavía _____ temprano.
4. Mientras Francisca _____ las papas en aceite, Elena _____ la sala.
5. Elena _____ el polvo de los muebles cuando su madre _____ el timbre. ¡_____ una visita sorpresa!
6. Su madre se _____ a ayudar. Elena _____ que sí.
7. Cuando Francisca _____ de hacer las tapas, _____ si _____ suficientes refrescos. No había. Francisca _____ al supermercado.
8. Cuando por fin _____, ya _____ las nueve. Todo _____ listo.

2 **Interrupciones** Combina palabras y frases de cada columna para contar lo que hicieron estas personas. Usa el pretérito y el imperfecto.

> **MODELO** Ustedes miraban la tele cuando el médico llamó.

yo	dormir	usted	llamar por teléfono
tú	comer	el/la médico/a	salir
Marta y Miguel	escuchar música	la policía	sonar la alarma
nosotros	mirar la tele	el/la profesor(a)	recibir el mensaje
Paco	conducir	los amigos	ver el accidente
ustedes	ir a...	Juan Carlos	

3 **Las fechas importantes**

A. Escribe cuatro fechas importantes en tu vida y explica qué pasó.

> **MODELO**

Fecha	¿Qué pasó?	¿Dónde y con quién estabas?	¿Qué tiempo hacía?
el 6 de agosto de 2006	Conocí a Dave Navarro.	Estaba en el gimnasio con un amigo.	Llovía mucho.

B. Intercambia tu información con tres compañeros/as. Ellos te van a hacer preguntas sobre lo que te pasó.

Comunicación

4 **La mañana de Esperanza**

A. En parejas, observen los dibujos. Escriban lo que le pasó a Esperanza después de abrir la puerta de su casa. ¿Cómo fue su mañana? Utilicen el pretérito y el imperfecto en la narración.

1.

2.

3.

4.

B. Con dos parejas más, túrnense para presentar las historias que han escrito. Después, combinen sus historias para hacer una nueva.

5 **Síntesis** Con la participación de toda la clase, escriban un cuento breve sobre un día extraordinario en el que la rutina diaria se vio interrumpida por una serie de acontecimientos (*events*) inesperados y maravillosos. Un(a) estudiante inventará la primera oración de la historia. Después, por turnos, cada compañero/a debe añadir una oración a la historia. Utilicen el pretérito, el imperfecto y el vocabulario de esta lección. ¡Inventen!

MODELO

—El día empezó como cualquier otro día...
—Me levanté, me arreglé y salí para la clase de las nueve...
—Caminaba por la avenida central como siempre, cuando de repente, en medio de la calle, vi algo horroroso, algo que me hizo temblar de miedo...

SUPERSITE

For additional cumulative practice of all the grammar points in this lesson, go to **enfoques.vhlcentral.com**.

Antes de ver el corto

ADIÓS MAMÁ

país México   **director** Ariel Gordon

duración 7 minutos   **protagonistas** hombre joven, señora

Vocabulario

afligirse *to get upset*   **parecerse** *to look like*

el choque *crash*   **repentino/a** *sudden*

despedirse (e:i) *to say goodbye* **el timbre** *tone of voice*

las facciones *facial features*   **titularse** *to graduate*

---

1 **Practicar** Completa cada una de las rimas usando el vocabulario del corto.

1. Cuando Anabel tiene un problema, _____ pero nunca lo corrige.

2. ¡Qué buen actor! Sus _____ siempre reflejan sus acciones.

3. ¡Pobre don Roque! Compró carro nuevo y a los dos días tuvo un _____.

4. No me gusta el _____ de la voz de ese hombre.

5. ¡Qué estilos tan variados! Las pinturas son trece y ninguna _____.

6. Le faltan muchos cursos. Si no decide apurarse (*hurry up*), nunca va a _____.

2 **Comentar** En parejas, intercambien opiniones sobre las preguntas.

1. ¿Hablan con desconocidos en algunas ocasiones? ¿En qué situaciones?

2. Según su título, ¿de qué creen que va a tratar el corto?

3. ¿En qué lugares es más fácil o frecuente hablar con gente que no conocen? Den dos o tres ejemplos.

4. ¿A veces son ingenuos/as? ¿Se creen historias falsas? Den ejemplos.

5. ¿Alguna vez les sucedió algo interesante o divertido en un supermercado? ¿Qué sucedió?

6. Observen los fotogramas. ¿Qué creen que va a pasar en este cortometraje?

Premio especial
del Jurado,
Semana Internacional
de Cine Experimental
de Valladolid 1997,
España

Adiós Mamá

Una producción de CONACULTA/INSTITUTO MEXICANO DE CINEMATOGRAFÍA Guión y Dirección ARIEL GORDON
Producción JAVIER BOURGES Producción ejecutiva PATRICIA RIGGEN
Fotografía SANTIAGO NAVARRETE Edición CARLOS SALCES Música GERARDO TAMEZ
Sonido SANTIAGO NÚÑEZ/NERIO BARBERIS
Arte FERNANDO MERI/AARÓN NIÑO CÁMARA
Actores DANIEL GIMÉNEZ CACHO/DOLORES BERISTAIN/PATRICIA AGUIRRE/PACO MORAYTA

ARGUMENTO Un hombre está en el supermercado. En la fila para pagar, la señora que está delante de él le habla.

SEÑORA Se parece a mi hijo. Realmente es igual a él.
HOMBRE Ah, pues no, no sé qué decir.

SEÑORA Murió en un choque. El otro conductor iba borracho. Si él viviera, tendría la misma edad que usted.
HOMBRE Por favor, no llore.

SEÑORA ¿Sabe? Usted es su doble. Bendito sea el Señor que me ha permitido ver de nuevo a mi hijo. ¿Le puedo pedir un favor?
HOMBRE Bueno.

SEÑORA Nunca tuve oportunidad de despedirme de él. Su muerte fue tan repentina. ¿Al menos podría llamarme "mamá" y decirme adiós cuando me vaya?

SEÑORA ¡Adiós hijo!
HOMBRE ¡Adiós mamá!
SEÑORA ¡Adiós querido!
HOMBRE ¡Adiós mamá!

CAJERA No sé lo que pasa, la máquina desconoce el artículo. Espere un segundo a que llegue el gerente.
(El gerente llega y ayuda a la cajera.)

Después de ver el corto

1 **Comprensión** Contesta las preguntas con oraciones completas.

1. ¿Dónde están los personajes?
2. ¿Qué relación hay entre el hombre y la señora?
3. ¿A quién se parece físicamente el hombre?
4. ¿Por qué no pudo despedirse la señora de su hijo?
5. ¿Qué favor le pide la señora al hombre?
6. ¿Cuánto dinero tiene que pagar el hombre? ¿Por qué?

2 **Ampliación** En parejas, háganse las preguntas.

1. ¿Les pasó a ustedes o a alguien que conocen algo similar alguna vez?
2. Si alguien se les acerca (*approaches*) en el supermercado y les pide este tipo de favor, ¿qué hacen?
3. ¿Qué creen que sucedió realmente al final? ¿Tuvo que pagar la cuenta completa el hombre? ¿Tuvo que intervenir la policía?
4. Después de lo que sucedió, ¿qué consejos puede darles el hombre a sus amigos?

3 **Imaginar** En parejas, describan la vida de uno los personajes del corto. Escriban por lo menos cinco oraciones usando como base las preguntas.

- ¿Cómo es?
- ¿Dónde vive?
- ¿Con quién vive?
- ¿Qué le gusta? ¿Qué no le gusta?
- ¿Tiene dinero?

4 **Detective** El joven está contándole a un(a) detective lo que pasó en el supermercado. En parejas, uno/a de ustedes es el/la detective y el/la otro/a es el hombre. Preparen el interrogatorio (*interrogation*) y represéntenlo delante de la clase.

5 **Notas** Ahora, imagina que eres el/la detective y escribe un informe (*report*) de lo que pasó. Tiene que ser un informe lo más completo posible. Puedes inventar los datos que tú quieras.

La siesta, 1943.
Antonio Berni, Argentina.

"Tras el vivir y el soñar, está lo que
más importa: el despertar."

— Antonio Machado

Antes de leer

Pedro Salvadores

Sobre el autor

Jorge Luis Borges nació en Buenos Aires en 1899. En el comienzo fue poeta y en 1923 publicó *Fervor de Buenos Aires*, al que seguiría una importante obra de cuentos y ensayos breves; nunca escribió una novela. Alguna vez afirmó: "El hecho central de mi vida ha sido la existencia de las palabras y la posibilidad de entretejer (*interweave*) y transformar las palabras en poesía". Sus obras fundamentales son *Ficciones* (1944) y *El Aleph* (1949).

Sus temas principales son la muerte, el tiempo, el "yo", el mundo como sueño y Buenos Aires, y sus símbolos recurrentes son el laberinto, la biblioteca, los libros, los espejos y el ajedrez. Muchas obras de Borges desafían los límites entre la ficción y la realidad. En 1961 compartió el Premio del Congreso Internacional de Escritores con Samuel Beckett y en 1980 recibió el prestigioso Premio Cervantes. Murió en Ginebra en 1986. Se lo considera uno de los escritores más importantes del siglo XX.

Vocabulario

amenazar *to threaten*	**ocultarse** *to hide*
delatar *to denounce*	**la servidumbre** *servants; servitude*
el hecho *fact*	**el sótano** *basement*
huir *to flee; to run away*	**vedado/a** *forbidden*
la madriguera *burrow; den*	**el zaguán** *entrance hall; vestibule*

Sinónimos Escribe el sinónimo de cada palabra.

1. vestíbulo: _____
2. prohibido: _____
3. esconderse: _____
4. denunciar: _____
5. intimidar: _____
6. escapar: _____
7. cueva: _____
8. evento: _____

Conexión personal

Todo el mundo sueña; a veces podemos recordar qué soñamos y a veces no. Cuando los sueños son espantosos se llaman pesadillas (*nightmares*) y sentimos alivio (*relief*) al despertar. ¿Recuerdas alguna pesadilla que hayas tenido?

Análisis literario: la metáfora

La metáfora consiste en nombrar una cosa con el nombre de otra, con la que tiene semejanza real o ficticia. En la metáfora, una cosa se compara con otra sin usar la palabra *como*: "tus labios son como rubíes" es una comparación, pero "tus labios son rubíes" es una metáfora. Éste es un recurso que Borges usa a menudo. Cuando leas el cuento, presta atención para buscar algún ejemplo.

Pedro Salvadores

Jorge Luis Borges

Litografía de *Usos y costumbres del Río de la Plata,* 1845, Carlos Morel.

1 Quiero dejar escrito, acaso por primera vez, uno de los hechos más raros y más tristes de nuestra historia. Intervenir lo menos posible en su 5 narración, prescindir de adiciones pintorescas y de conjeturas° aventuradas es, me parece, la mejor manera de hacerlo.

conjectures

   Un hombre, una mujer y la vasta sombra de un dictador son los tres personajes. El hombre 10 se llamó Pedro Salvadores; mi abuelo Acevedo lo vio, días o semanas después de la batalla de Caseros. Pedro Salvadores, tal vez, no difería del común de la gente, pero su destino y los años lo hicieron único. Sería un señor como tantos otros de su época. Poseería (nos cabe 15 suponer) un establecimiento de campo y era unitario°. El apellido de su mujer era Planes; los dos vivían en la calle Suipacha, no lejos de la esquina del Temple. La casa en que los hechos ocurrieron sería igual a las otras: la 20

opposer of the regime

puerta de calle, el zaguán, la puerta cancel°, las habitaciones, la hondura° de los patios. Una noche, hacia 1842, oyeron el creciente y sordo° rumor de los cascos° de los caballos en la calle de tierra y los vivas y mueras° de los jinetes°. La mazorca°, esta vez, no pasó de largo. Al griterío sucedieron los repetidos golpes; mientras los hombres derribaban° la puerta, Salvadores pudo correr la mesa del comedor, alzar° la alfombra y ocultarse en el sótano. La mujer puso la mesa en su lugar. La mazorca irrumpió, venían a llevárselo a Salvadores. La mujer declaró que éste había huido a Montevideo. No le creyeron; la azotaron°, rompieron toda la vajilla° celeste, registraron la casa, pero no se les ocurrió levantar la alfombra. A la medianoche se fueron, no sin haber jurado° volver.

Aquí principia verdaderamente la historia de Pedro Salvadores. Vivió nueve años en el sótano. Por más que nos digamos que los años están hechos de días y los días de horas y que nueve años es un término abstracto y una suma imposible, esa historia es atroz. Sospecho que en la sombra que sus ojos aprendieron a descifrar°, no pensaba en nada, ni siquiera en su odio° ni en su peligro. Estaba ahí, en el sótano. Algunos ecos de aquel mundo que le estaba vedado le llegarían desde arriba: los pasos habituales de su mujer, el golpe del brocal° y del balde°, la pesada lluvia en el patio. Cada día, por lo demás, podía ser el último.

La mujer fue despidiendo a la servidumbre, que era capaz de delatarlos. Dijo a todos los suyos que Salvadores estaba en la Banda Oriental°. Ganó el pan de los dos cosiendo° para el ejército. En el decurso° de los años tuvo dos hijos; la familia la repudió°, atribuyéndolos a un amante. Después de la caída del tirano°, le pedirían perdón de rodillas.

storm door · *depth* · *dull, muffled/hooves* · *cries of "long live" and "die"* · *horsemen/supporters of the regime* · *knocked down* · *lift* · *whipped/table service* · *sworn* · *to decipher* · *hatred* · *curbstone of a well/bucket* · *Uruguay* · *sewing/course of time* · *repudiated, rejected* · *tyrant*

CONTEXTO HISTÓRICO

Juan Manuel de Rosas (1793–1877), gobernador de la Provincia de Buenos Aires desde 1829, controló la Confederación Argentina desde 1835 hasta 1852. En ese período la población quedó dividida en dos bandos: **unitarios**, que querían un gobierno centralizado, y **federales**, que apoyaban (*supported*) la federación de estados. El grupo federal, **"la Mazorca"**, que apoyaba a Rosas, aterrorizaba a los unitarios con gritos de "¡Vivan los federales!" y "¡Mueran los salvajes (*wild*) unitarios!"

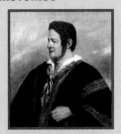

¿Qué fue, quién fue, Pedro Salvadores? ¿Lo encarcelaron el terror, el amor, la invisible presencia de Buenos Aires y, finalmente, la costumbre? Para que no la dejara sola, su mujer le daría inciertas° noticias de conspiraciones y de victorias. Acaso era cobarde° y la mujer lealmente° le ocultó que ella lo sabía. Lo imagino en su sótano, tal vez sin un candil°, sin un libro. La sombra lo hundiría° en el sueño. Soñaría, al principio, con la noche tremenda en que el acero° buscaba la garganta, con las calles abiertas, con la llanura°. Al cabo de los años no podría huir y soñaría con el sótano. Sería, al principio, un acosado°, un amenazado; después no lo sabremos nunca, un animal tranquilo en su madriguera o una suerte de oscura divinidad.

Todo esto hasta aquel día del verano de 1852 en que Rosas huyó. Fue entonces cuando el hombre secreto salió a la luz del día; mi abuelo habló con él. Fofo° y obeso, estaba del color de la cera° y no hablaba en voz alta. Nunca le devolvieron los campos que le habían sido confiscados; creo que murió en la miseria.

Como todas las cosas, el destino de Pedro Salvadores nos parece un símbolo de algo que estamos a punto de comprender. ■

uncertain · *coward* · *loyally* · *oil lamp* · *would sink* · *steel* · *plain* · *harassed* · *Soft, spongy* · *wax*

Pedro Salvadores
Jorge Luis Borges

(1) Comprensión Indica si las oraciones son **ciertas** o **falsas**. Corrige las falsas.

1. El apellido de la esposa de Pedro es Acevedo.
2. De acuerdo con el narrador, Pedro Salvadores es un hombre común.
3. El sótano de la casa está debajo del comedor.
4. Los perseguidores no ven la alfombra.
5. La esposa trabajaba haciendo pan para el ejército.
6. Ella dice que su marido huyó a Montevideo.
7. Pedro Salvadores pasó ocho años en el sótano.
8. El narrador vio a Pedro cuando salió del sótano.

(2) Historia Contesta las preguntas con oraciones completas.

1. ¿En qué siglo se desarrolla la acción?
2. ¿Dónde transcurre el relato?
3. ¿A qué bando pertenecía Pedro Salvadores? ¿Y el narrador?
4. ¿En qué año terminó el gobierno del dictador?

(3) Análisis En parejas, respondan a las preguntas.

1. El narrador imagina a Salvadores en el sótano, y usa dos metáforas: "un animal tranquilo en su madriguera o una suerte de oscura divinidad". ¿Qué características puedes atribuir a uno y a otro?
2. ¿Qué significa la frase "el acero (*steel*) buscaba la garganta (*throat*)"?
3. Borges usa palabras entre paréntesis, comas o guiones para expresar vacilación. También usa expresiones como "tal vez" y "me parece". Busca ejemplos. ¿Qué función tienen?

(4) Interpretación Responde a las preguntas con oraciones completas.

1. ¿Qué importancia tiene la hora del día en este cuento?
2. ¿Por qué piensas que Salvadores permaneció encerrado en el sótano?
3. ¿Cómo era Pedro cuando se escondió? ¿Cómo es ahora? ¿Por qué?
4. El narrador menciona "el destino de Pedro Salvadores". ¿Crees en el destino?

(5) Imaginar En grupos de tres, preparen un *talk show* en el que un(a) presentador(a) entrevista a Pedro y a su esposa sobre cómo eran sus días durante el tiempo de encierro.

(6) Escribir Resume brevemente la historia de Pedro Salvadores en un artículo periodístico, publicado después de su aparición.

Antes de leer

Vocabulario

el cansancio *exhaustion*   pintar *to paint*

el cuadro *painting*   el/la pintor(a) *painter*

fatigado/a *exhausted*   previsto/a *planned*

imprevisto/a *unexpected*   retratar *to portray*

la obra maestra *masterpiece*   el retrato *portrait*

 Pablo Picasso Completa las oraciones con el vocabulario de la tabla.

Guernica, Pablo Picasso

1. De todo el arte del Museo Reina Sofía, yo prefiero los _____ de Pablo Picasso.

2. De muy joven, el _____ español creaba arte realista.

3. Al poco tiempo, este gran artista empezó a experimentar y a _____ obras de otros estilos; incluso inventó el cubismo.

4. Su obra más famosa, *Guernica*, quiere _____ el horror de un día cuando los alemanes bombardearon un pueblo español.

5. Según mucha gente, *Guernica* es su creación más importante, la _____ de Picasso.

Conexión personal ¿Qué haces para no olvidar los eventos y las personas que son importantes para ti? ¿Sacas fotos o mantienes un diario? ¿Cuentas historias? ¿Cuáles son algunos de los recuerdos que quieres atesorar (*treasure*)?

Contexto cultural

Niños comiendo uvas y un melón, Bartolomé Esteban Murillo

Del siglo XVI al siglo XVII, España pasó de ser una enorme potencia política a un imperio en camino de extinción. Donde antes había victorias militares, riqueza (*wealth*) y expansión ahora había derrota (*defeat*), crisis económica y decadencia. Sin embargo, estos problemas formaron un contraste extremo con el arte del momento, que estaba en su época cumbre (*peak*), el Siglo de Oro. A pesar de su éxito, se consideraba a los pintores más artesanos que artistas y, por lo tanto, no eran de alta posición social. Muchos artistas trabajaban por encargo; la realeza (*royalty*) y la nobleza eran sus mecenas (*patrons*). Con sus obras, contribuían a la educación cultural, y frecuentemente religiosa, de la sociedad.

La vieja friendo huevos

El arte de la vida diaria

1 **Diego Velázquez** es importante no sólo por su mérito artístico, sino también por lo que nos cuentan sus cuadros. Conocido sobre todo como pintor de retratos, Velázquez se interesaba también por temas mitológicos y escenas cotidianas.

5 En todo su arte, examinaba y reproducía en minucioso detalle sólo aquello que veía. Su imitación de la naturaleza, de lo inmediatamente observable, era lo que daba vida a su arte y a la vez creaba un arte de la vida diaria.

Antes de mudarse a la Corte del rey°, Velázquez pintó cuadros de temas cotidianos. Un ejemplo célebre es *La vieja friendo huevos* (1618). El cuadro capta un momento sin aparente importancia: una mujer vieja cocina mientras un niño trae aceite° y un melón. Varios objetos de la casa, reproducidos con precisión, llenan el lienzo°, dignos de nuestra atención, por ejemplo: la cuchara, un plato blanco en el que descansa un cuchillo, jarras°, una cesta de paja°. Junto con la comida que prepara —no hay carne ni variedad— la ropa típica de pobre sugiere que la mujer es humilde. Con el cuadro, Velázquez interrumpe un momento que podría ser de cualquier día. No es una naturaleza muerta°, sino un instante de la vida.

Incluso cuando pintaba temas mitológicos, Velázquez tomaba como modelo gente de la calle. Por eso, se pueden percibir escenas diarias en temas distanciados de la época. Un ejemplo es *El triunfo° de Baco* (1628–9). En este cuadro, el dios romano del vino se sienta en un campo abierto no con otros dioses, sino con campesinos°. Sus caras fatigadas reflejan a la vez el cansancio de una vida de trabajo —la vida del plebeyo° español era entonces especialmente dura— y la alegría de poder descansar un rato.

En los cuadros de la Corte, Velázquez nos da una imagen rica y compleja del mundo del

king's court
oil
canvas
jugs
wicker basket
still life
triumph
peasants
common person

El triunfo de Baco

palacio. En vez de retratar exclusivamente a la familia real y los nobles, incluye también toda la tropa de personajes° que los servía y entretenía. En este grupo numeroso entraban enanos° y bufones°, a quienes Velázquez pinta con dignidad. En *Las Meninas* (c. 1656), su cuadro más famoso y misterioso, la princesa Margarita está rodeada° por sus damas, enanos y un perro. A la izquierda, el mismo Velázquez pinta detrás de un lienzo inmenso. En el fondo° se ve una imagen de los reyes.

Sin embargo, el cuadro sugiere más preguntas que respuestas. ¿Dónde están exactamente el rey y la reina? ¿La imagen de ellos que vemos es un reflejo de espejo°? ¿Qué pinta el artista y por qué aparece en el cuadro? ¿Qué significa? Tampoco se sabe por qué se detiene aquí el grupo: puede ser por una razón prevista, como posar para un cuadro; o puede ser algo totalmente imprevisto, un momento efímero° de la vida de una princesa y su grupo. ¿Es un momento importante? *Las Meninas* invita el debate sobre un instante que no se pierde sólo porque un pintor lo capta y lo rescata° del olvido. Paradójicamente es su enfoque en lo momentáneo y en el detalle de la vida común lo que eleva a Velázquez por encima de otros grandes artistas. ∎

characters
little people/ jesters
surrounded
background
mirror
fleeting
rescues

Las Meninas

Biografía breve
1599 Diego Velázquez nace en Sevilla.
1609 Empieza sus estudios formales de arte.
1623 Nombrado pintor oficial del Rey Felipe IV en Madrid.
1660 Muere después de una breve enfermedad.

Después de leer

El arte de la vida diaria

1 **Comprensión** Después de leer el texto, decide si las oraciones son **ciertas** o **falsas**. Corrige las falsas.

1. Velázquez es conocido sobre todo como pintor religioso.
2. Velázquez era un pintor impresionista que transformaba su sujeto en la imaginación.
3. Por lo general, Velázquez tomaba como modelo gente de la calle.
4. En *El triunfo de Baco*, el dios romano del vino se sienta con campesinos españoles.
5. Velázquez retrataba exclusivamente a la familia real y a los nobles.
6. Velázquez se autorretrata en *Las Meninas*.

2 **Interpretación** Contesta las preguntas con oraciones completas.

1. ¿Se puede encontrar evidencia de la crisis económica del siglo XVII en los cuadros de Velázquez? Menciona detalles específicos en tu respuesta.
2. ¿Qué puedes aprender de *La vieja friendo huevos* que posiblemente no puedas leer en un libro de historia?
3. ¿Es *El triunfo de Baco* un cuadro realista? Explica tu respuesta.
4. ¿Te sorprende que Velázquez represente a los sirvientes de la Corte? ¿Por qué?
5. ¿En qué sentido es *Las Meninas* un cuadro misterioso?

3 **Análisis** En parejas, respondan a las preguntas.

1. A través de pequeños detalles, *El triunfo de Baco* revela mucho sobre la posición social de los hombres del cuadro. Estudien, por ejemplo, la ropa y el aspecto físico para describir y analizar su situación económica. ¿Cuál es su conclusión?
2. ¿Qué o quién es el verdadero sujeto de *Las Meninas*? ¿El grupo de la princesa? ¿Los reyes? ¿El mismo Velázquez? ¿El arte? Discutan las múltiples posibilidades y presenten una teoría sobre la historia que cuenta el cuadro.

4 **Reflexión** En grupos de cuatro, conversen sobre la vida de las personas que entretenían a los nobles en la Corte de Felipe IV. Algunos nobles consideraban que los bufones eran sagrados y por eso los protegían y les daban trabajo. ¿Qué piensan de la situación social de los bufones de la Corte? ¿Es ético utilizar a las personas para la diversión? Presenten sus respuestas a la clase.

5 **Recuerdos** Imagina que *La vieja friendo huevos* capta, como una fotografía, un momento de tu propio pasado cuando ayudabas a tu abuela en la cocina. Inspirándote en el cuadro de Velázquez, inventa una historia. ¿Qué hacía tu abuela? ¿Cómo pasaba los días? Y tú, ¿por qué llegaste a la cocina aquel día? ¿Te mandó tu madre o tenías hambre? Utilizando los tiempos del pasado que conoces, describe esta escena de tu infancia.

Atando cabos

¡A conversar!

Un día en la historia Trabajen en grupos pequeños para preparar una presentación sobre un día en la vida de un personaje histórico hispano.

Presentaciones

Tema: Elijan un personaje histórico hispano. Algunos personajes que pueden investigar son: Moctezuma, Sor Juana Inés de la Cruz, Simón Bolívar, José de San Martín, Emiliano Zapata, Catalina de Erauso, Álvar Núñez Cabeza de Vaca, Fray Bartolomé de las Casas. Pueden elegir también un personaje que no esté en la lista.

Investigación y preparación: Busquen información en Internet o en la biblioteca. Recuerden buscar o preparar materiales visuales. Una vez reunida la información necesaria sobre el personaje, imagínense un día en su vida cotidiana, desde que se levantaba hasta que se acostaba. Al imaginar los detalles, tengan en cuenta la época en la que vivió el personaje.

Organización: Hagan un esquema (*outline*) que los ayude a planear la presentación.

Presentación: Utilicen el pretérito y el imperfecto para las descripciones. Traten de promover la participación a través de preguntas y alternen la charla con materiales visuales.

Emiliano Zapata

¡A escribir!

Una anécdota del pasado Sigue el plan de redacción para contar una anécdota que te haya ocurrido en el pasado. Piensa en una historia divertida, dramática o interesante relacionada con uno de estos temas:

- un regalo especial que recibiste
- una situación en la que usaste una excusa falsa y las cosas no te salieron bien
- una situación en la que fuiste muy ingenuo/a

Plan de redacción

Título: Elige un título breve que sugiera el contenido de la historia pero que no dé demasiada información.

Contenido: Explica qué estaba pasando cuando ocurrió el acontecimiento, dónde estabas, con quién estabas, qué pasó, cómo pasó, etc. Usa expresiones como: **al principio, al final, después, entonces, luego, todo empezó/comenzó cuando**, etc. Recuerda que debes usar el pretérito para las acciones y el imperfecto para las descripciones.

Conclusión: Termina la historia explicando cuál fue el resultado del acontecimiento y cómo te sentiste.

En casa

el balcón	balcony
la escalera	staircase
el hogar	home; fireplace
la limpieza	cleaning
los muebles	furniture
los quehaceres	chores
apagar	to turn off
barrer	to sweep
calentar (e:ie)	to warm up
cocinar	to cook
encender (e:ie)	to turn on
freír (e:i)	to fry
hervir (e:ie)	to boil
lavar	to wash
limpiar	to clean
pasar la aspiradora	to vacuum
quitar el polvo	to dust
tocar el timbre	to ring the doorbell

De compras

el centro comercial	mall
el dinero en efectivo	cash
la ganga	bargain
el probador	dressing room
el reembolso	refund
el supermercado	supermarket
la tarjeta de crédito/débito	credit/debit card
devolver (o:ue)	to return (items)
hacer mandados	to run errands
ir de compras	to go shopping
probarse (o:ue)	to try on
seleccionar	to select; to pick out
auténtico/a	real; genuine
barato/a	cheap; inexpensive
caro/a	expensive

La vida diaria

la agenda	datebook
la costumbre	custom; habit
el horario	schedule
la rutina	routine
la soledad	solitude; loneliness
acostumbrarse (a)	to get used to; to grow accustomed (to)
arreglarse	to get ready
averiguar	to find out; to check
probar (o:ue) (a)	to try
soler (o:ue)	to be in the habit of; to be used to
atrasado/a	late
cotidiano/a	everyday
diario/a	daily
inesperado/a	unexpected

Expresiones

a menudo	frequently; often
a propósito	on purpose
a tiempo	on time
a veces	sometimes
apenas	hardly; scarcely
así	like this; so
bastante	quite; enough
casi	almost
casi nunca	rarely
de repente	suddenly
de vez en cuando	now and then; once in a while
en aquel entonces	at that time
en el acto	immediately; on the spot
enseguida	right away
por casualidad	by chance

Más vocabulario

Expresiones útiles	Ver p. 87
Estructura	Ver pp. 94–95, 98–99 y 102–103

Cinemateca

el choque	crash
las facciones	facial features
el timbre	tone of voice
afligirse	to get upset
despedirse (e:i)	to say goodbye
parecerse	to look like
titularse	to graduate
repentino/a	sudden

Literatura

el hecho	fact
la madriguera	burrow; den
la servidumbre	servants; servitude
el sótano	basement
el zaguán	entrance hall; vestibule
amenazar	to threaten
delatar	to denounce
huir	to flee; to run away
ocultarse	to hide
vedado/a	forbidden

Cultura

el cansancio	exhaustion
el cuadro	painting
la obra maestra	masterpiece
el/la pintor(a)	painter
el retrato	portrait
pintar	to paint
retratar	to portray
fatigado/a	exhausted
imprevisto/a	unexpected
previsto/a	planned

La salud y el bienestar 4

Contextos
páginas 122–125

- Los síntomas y las enfermedades
- La salud y el bienestar
- Los médicos y el hospital
- Las medicinas y los tratamientos

Fotonovela
páginas 126–129

- *¿Dulces? No, gracias.*

Enfoques
Colombia
páginas 130–133

- **En detalle:** De abuelos y chamanes
- **Perfil:** Comunidad de Chocó
- **Ritmos:** Marta Gómez

Estructura
páginas 134–147

- The subjunctive in noun clauses
- Commands
- **Por** and **para**

Manual de gramática
páginas 505–509

- Más práctica
- Más gramática

Cinemateca
páginas 148–151

- **Cortometraje:** *Éramos pocos*

Lecturas
páginas 152–160

- **Literatura:** *Mujeres de ojos grandes* de Ángeles Mastretta
- **Cultura:** *La ciencia: la nueva arma en una guerra antigua*

Atando cabos
página 161

- ¡A conversar!
- ¡A escribir!

Communicative Goals

You will expand your ability to…

- express will and emotion
- express doubt and denial
- give orders, advice, and suggestions

SUPERSITE

La salud y el bienestar

Los síntomas y las enfermedades

Inés pensaba que tenía sólo un **resfriado**, pero no paraba de **toser** y estaba **agotada**. El médico le confirmó que era una **gripe** y que debía **permanecer** en cama.

la depresión *depression*
la enfermedad *disease; illness*
la gripe *flu*
la herida *injury*
el malestar *discomfort*
la obesidad *obesity*
el resfriado *cold*
la respiración *breathing*
la tensión (alta/baja) *(high/low) blood pressure*
la tos *cough*
el virus *virus*

contagiarse *to become infected*
desmayarse *to faint*
empeorar *to deteriorate; to get worse*
enfermarse *to get sick*
estar resfriado/a *to have a cold*
lastimarse *to get hurt*
permanecer *to remain; to last*
ponerse bien/mal *to get well/sick*
sufrir (de) *to suffer (from)*
tener buen/mal aspecto *to look healthy/sick*
tener fiebre *to have a fever*
toser *to cough*

agotado/a *exhausted*
inflamado/a *inflamed*
mareado/a *dizzy*

La salud y el bienestar

la alimentación *diet (nutrition)*
la autoestima *self-esteem*
el bienestar *well-being*
el estado de ánimo *mood*
la salud *health*

adelgazar *to lose weight*
dejar de fumar *to quit smoking*

descansar *to rest*
engordar *to gain weight*
estar a dieta *to be on a diet*
mejorar *to improve*
prevenir (e:ie) *to prevent*
relajarse *to relax*
trasnochar *to stay up all night*

sano/a *healthy*

Los médicos y el hospital

la cirugía *surgery*
el/la cirujano/a *surgeon*
la consulta *doctor's appoinment*

el consultorio *doctor's office*
la operación *operation*
los primeros auxilios *first aid*
la sala de emergencias *emergency room*

Las medicinas y los tratamientos

A Ignacio no le gusta tomar medicinas. Nunca toma **pastillas** ni **jarabes**. Sin embargo, para ir a la selva, tuvo que ponerse varias **vacunas**. ¡Qué dolor cuando la enfermera le **puso la inyección**!

la aspirina *aspirin*
el calmante *painkiller; tranquilizer*
el jarabe *syrup*
la pastilla *pill*
la receta *prescription*
el tratamiento *treatment*
la vacuna *vaccine*
la venda *bandage*
el yeso *cast*

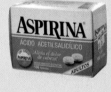

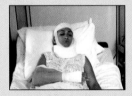

curarse *to heal; to be cured*
poner una inyección *to give a shot*
recuperarse *to recover*
sanar *to heal*
tratar *to treat*
curativo/a *healing*

Práctica

1 Escuchar

A. Escucha la conversación entre Sara y su hermano David. Después completa las oraciones y decide quién dijo cada una.

1. No sé lo que me pasa, la verdad. Estoy siempre muy _____. _____

2. Creo que _____ demasiado. ¿Has ido al _____? _____

3. No he ido porque no tenía _____, sólo era un ligero _____. _____

4. Deja de ser una niña. Tienes que _____. _____

5. Por eso te llamo. No se me va el dolor de estómago ni con _____. _____

6. Ahora mismo llamo al doctor Perales para hacerle una _____. _____

B. A Sara le diagnosticaron apendicitis. Escucha lo que le dice la cirujana a la familia después de la operación y luego contesta las preguntas.

1. ¿Qué tiene que tomar Sara cada ocho horas?
2. ¿Cómo se puede sentir al principio?
3. ¿Va a tomar mucho tiempo su recuperación?
4. ¿Puede comer de todo?

2 A curarse Indica qué tiene que hacer una persona a la que le ocurre lo siguiente.

_____ 1. Se lastimó con un cuchillo.

_____ 2. Tiene fiebre.

_____ 3. Su estado de ánimo es malo.

_____ 4. Quiere prevenir la gripe.

_____ 5. Le falta la respiración.

_____ 6. Está obeso/a.

a. empezar una dieta
b. dejar de fumar
c. hablar con un(a) amigo/a
d. ponerse una venda
e. tomar aspirinas y descansar
f. ponerse una vacuna

Práctica

(3) Acróstico Completa el acróstico. Al terminarlo, se formará una palabra de **Contextos**.

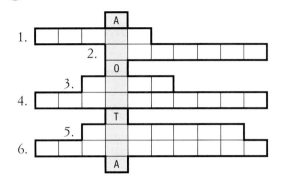

1. Organismo invisible que transmite enfermedades.
2. Si la tienes alta, puedes tener problemas del corazón.
3. Material blanco que se usa para inmovilizar fracturas.
4. No dormir en toda la noche.
5. Es sinónimo de *operación*.
6. Caerse y perder el conocimiento.

(4) Amelia está enferma Completa las oraciones con la opción lógica.

1. Amelia está tosiendo continuamente. No se le cura (la gripe/la depresión).
2. Sus compañeros de trabajo no se enfermaron este año porque se pusieron (la herida/la vacuna).
3. Su madre siempre le había dicho que es mejor (mejorar/prevenir) las enfermedades que curarlas.
4. El médico le dio una receta para (un jarabe/un consultorio).
5. Su jefe le ha dicho que no vaya a trabajar. Ella tiene que volver a la oficina cuando esté (agotada/recuperada).

(5) Malos hábitos Martín tiene hábitos que no son buenos para la salud. Completa la conversación entre Martín y su doctor con las palabras de la lista. Haz los cambios necesarios.

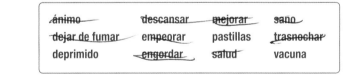

~~ánimo~~	~~descansar~~	~~mejorar~~	~~sano~~
~~dejar de fumar~~	empeorar	pastillas	~~trasnochar~~
deprimido	~~engordar~~	~~salud~~	vacuna

MARTÍN Doctor, a mí me gusta pasar muchas horas comiendo y viendo tele.

DOCTOR Por eso usted está (1) _engordando_ tanto. Debe hacer ejercicio y (2) _mejora_ su alimentación.

MARTÍN También me gusta salir y acostarme tarde.

DOCTOR No es bueno (3) _trasnochar_ todo el tiempo. Es importante (4) _descansa_.

MARTÍN ¡Pero, doctor! ¿Puedo fumar un poco, por lo menos?

DOCTOR No, don Martín. Usted debe (5) _dejar de fumar_ cuanto antes.

MARTÍN ¡No puede ser, doctor! ¿Todo lo que me gusta hacer es malo para la (6) _salud_ ? Si hago lo que me dice usted, voy a estar (7) _sano_ pero deprimido.

DOCTOR No es así. Si usted mejora su forma física, su estado de (8) _ánimo_ va a mejorar también. Recuerde: "Mente sana en cuerpo sano".

Comunicación

6 **Vida sana**

A. En parejas, háganse las preguntas de la encuesta.

	Siempre	A menudo	De vez en cuando	Nunca
1. ¿Trasnochas más de dos veces por semana?	☐	☐	☐	☑
2. ¿Practicas algún deporte?	☐	☑	☐	☐
3. ¿Consumes vitaminas y minerales diariamente?	☐	☐	☑	☐
4. ¿Comes mucha comida frita?	☐	☐	☑	☐
5. ¿Tienes dolores de cabeza?	☐	☐	☑	☐
6. ¿Te enfermas?	☐	☐	☑	☐
7. ¿Desayunas sin prisa?	☐	☐	☐	☐
8. ¿Pasas muchas horas del día sentado/a?	☐	☐	☐	☐
9. ¿Te pones de mal humor?	☐	☑	☐	☐
10. ¿Tienes problemas para dormir?	☐	☑	☐	☐

B. Imagina que eres médico/a. ¿Tiene tu compañero/a una vida sana? ¿Qué debe hacer para mejorar su salud? Utiliza la conversación entre Martín y su médico de la Actividad 5 como modelo.

7 **Citas célebres**

A. En grupos de cuatro, elijan las citas (*quotations*) que les parezcan más interesantes y expliquen por qué las eligieron.

La salud

"La salud no lo es todo pero sin ella, todo lo demás es nada."
A. Schopenhauer

"El ser humano pasa la primera mitad de su vida arruinando la salud y la otra mitad intentando recuperarla."
Joseph Leonard

"Come poco y cena más poco, que la salud de todo el cuerpo se decide en la oficina del estómago."
Miguel de Cervantes

La medicina

"Antes que al médico, llama a tu amigo."
Pitágoras

"Los médicos no están para curar, sino para recetar y cobrar; curarse o no es cuenta del enfermo."
Molière

"La esperanza es el mejor médico que yo conozco."
Alejandro Dumas, hijo.

La enfermedad

"El peor de todos los males es creer que los males no tienen remedio."
Francisco Cabarrus

"La investigación de las enfermedades ha avanzado tanto que cada vez es más difícil encontrar a alguien que esté completamente sano."
Aldous Huxley

"De noventa enfermedades, cincuenta las produce la culpa y cuarenta la ignorancia."
Anónimo

B. Utilicen el vocabulario de **Contextos** para escribir una cita original sobre la salud. Compártanla con la clase. ¿Cuál es la cita más original?

Los empleados de *Facetas* se preocupan por
mantenerse sanos y en forma.

DIANA ¿Johnny? ¿Qué haces aquí tan
temprano?

JOHNNY Madrugué para ir al gimnasio.

DIANA ¿Estás enfermo?

JOHNNY ¿Qué? ¿Nunca haces ejercicio?

DIANA No mucho… A veces me dan
ganas de hacer ejercicio, y entonces
me acuesto y descanso hasta que se
me pasa.

En la cocina…

JOHNNY *(habla con los dulces)* Los
recordaré dondequiera que esté. Sé
que esto es difícil, pero deben ser
fuertes… No pongan esa cara de
"cómeme". Por mucho que insistan,
los tendré que tirar. Ojalá me puedan
olvidar.

FABIOLA ¿Empezaste a ir al gimnasio?
Te felicito. Para ponerse en forma hay
que trabajar duro.

JOHNNY No es fácil.

FABIOLA No es difícil. Yo, por ejemplo,
no hago ejercicio, pero trato de comer
cosas sanas.

JOHNNY Nada de comidas rápidas.

FABIOLA ¡Cómo me gustaría tener tu
fuerza de voluntad!

En la cocina…

DON MIGUEL ¡Válgame! Aquí debe haber
como mil pesos en dulces. ¡Mmm!
Y están buenos.

JOHNNY ¿Qué tal, don Miguel?
¿Cómo le va?

DON MIGUEL *(Sonríe sin poder decir nada
porque está comiendo.)*

JOHNNY ¡Otro que se ha quedado sin
voz! ¿Qué es esto? ¿Una epidemia?

FABIOLA ¿Qué compraste?

JOHNNY Comida bien nutritiva y baja en
calorías. Juré que jamás volvería a ver
un dulce.

FABIOLA ¿Qué es eso?

JOHNNY Esto es tan saludable que con
sólo tocar la caja te sientes mejor.

FABIOLA ¿Y sabe bien?

JOHNNY Claro, sólo hay que calentarlo.

En la oficina de Aguayo…

DIANA Los nuevos diseños están
perfectos. Gracias.

AGUAYO Mariela, insisto en que veas
a un doctor. Vete a casa y no vuelvas
hasta que no estés mejor. Te estoy
dando un consejo. No pienses en mí
como tu jefe.

DIANA Piensa en él como un amigo que
siempre tiene razón.

AGUAYO

DIANA

ÉRIC

FABIOLA

JOHNNY

MARIELA

DON MIGUEL

En la sala de conferencias...

AGUAYO *(dirigiéndose a Mariela)* Quiero que hagas unos cambios a estos diseños.

DIANA Creemos que son buenos y originales, pero tienen dos problemas.

ÉRIC Los que son buenos no son originales, y los que son originales no son buenos.

AGUAYO ¿Qué crees? *(Mariela no contesta.)*

Mariela escribe "perdí la voz" en la pizarra.

AGUAYO ¿Perdiste la voz?

DIANA Gracias a Dios... Por un momento creí que me había quedado sorda.

AGUAYO Estás enferma. Deberías estar en cama.

ÉRIC Sí, podías haber llamado para decir que no venías.

AGUAYO Por cierto, Diana, acompáñame a entregar los diseños ahora mismo. Tengo que volver enseguida. Estoy esperando una llamada muy importante.

DIANA Vamos.

Se van. Suena el teléfono. Mariela se queda horrorizada porque no puede contestarlo.

FABIOLA ¿No ibas a mejorar tu alimentación?

JOHNNY Si no puedes hacerlo bien, disfruta haciéndolo mal. Soy feliz.

FABIOLA Los dulces no dan la felicidad, Johnny.

JOHNNY Lo dices porque no has probado la *Chocobomba*.

Expresiones útiles

Giving advice and making recommendations

Insisto en que veas/vea a un doctor.
I insist that you go see a doctor.
(fam./form.)

Te aconsejo que vayas a casa.
I advise you to go home. (fam.)

Le aconsejo que vaya a casa.
I advise you to go home. (form.)

Sugiero que te pongas a dieta.
I suggest you go on a diet. (fam.)

Sugiero que se ponga usted a dieta.
I suggest you go on a diet. (form.)

Asking about tastes

¿Y sabe bien?
And does it taste good?

¿Cómo sabe?
How does it taste?

Sabe a ajo/menta/limón.
It tastes like garlic/mint/lemon.

¿Qué sabor tiene? ¿Chocolate?
What flavor is it? Chocolate?

Tiene un sabor dulce/agrio/ amargo/agradable.
It has a sweet/sour/bitter/pleasant taste.

Additional vocabulary

la comida rápida *fast food*
dondequiera *wherever*
la epidemia *epidemic*
la fuerza de voluntad *willpower*
madrugar *to wake up early*
mantenerse en forma *to stay in shape*
nutritivo/a *nutritious*
ponerse en forma *to get in shape*
quedarse sordo/a *to go deaf*
saludable *healthy*

Comprensión

1 **¿Cierto o falso?** Decide si las oraciones son **ciertas** o **falsas**. Corrige las **falsas**.

Cierto	Falso	
☑	☐	1. Johnny llegó temprano porque madrugó para ir al gimnasio.
☐	☑	2. Cuando Diana va al gimnasio se queda dormida.
☐	☑	3. Los primeros diseños de Mariela están perfectos.
☐	☑	4. Diana se quedó sorda.
☑	☐	5. Don Miguel probó los dulces.
☑	☐	6. Johnny no continuó con su dieta.

2 **Oraciones incompletas** Completa las oraciones de la **Fotonovela** con la opción correcta.

1. Para ponerse en ____ hay que trabajar duro.
   a. cama   b. dieta   c. forma

2. ¡Cómo me gustaría tener tu fuerza ____!
   a. física   b. de voluntad   c. de carácter

3. ¡Otro que se ha quedado ____!
   a. sordo   b. sin voz   c. dormido

4. Piensa en él como un amigo que siempre ____.
   a. tiene razón   b. se mantiene en forma   c. se preocupa

3 **Títulos** Busca en la **Fotonovela** la palabra adecuada para poner un título a cada lista.

dulces	ejercicios	comida rápida	comidas sanas
chocolates	correr	salchicha	sopa de verduras
caramelos	saltar	hamburguesa	ensalada
pastel de chocolate	caminar	papas fritas	pollo asado
postre	nadar	sándwich	frutas

4 **Opiniones**

A. Los empleados de *Facetas* tienen opiniones distintas sobre la salud y el bienestar. En parejas, escriban una descripción breve de la actitud de cada personaje. Utilicen las frases de la lista y añadan sus propias ideas.

comer comidas sanas	ir al gimnasio	permanecer en cama
descansar	ir al médico	probar los dulces

MODELO   Diana casi nunca va al gimnasio. Cree que es más importante descansar para mantenerse sana...

B. ¿Con qué opinión te identificas más? ¿Qué haces tú para mantenerte en forma?

Ampliación

5 Comidas rápidas

A. Para ponerse en forma, Johnny decide evitar las comidas rápidas. En parejas, háganse las preguntas y comparen sus propias opiniones acerca de la comida rápida.

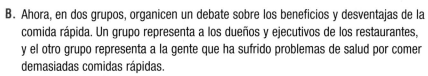

1. ¿Con qué frecuencia comes en restaurantes de comida rápida?
2. ¿Crees que la comida rápida es mala para la salud?
3. ¿Buscas opciones saludables cuando necesitas comer de prisa?
4. ¿Crees que las personas obesas tienen derecho a demandar (*sue*) a los restaurantes de comida rápida?

B. Ahora, en dos grupos, organicen un debate sobre los beneficios y desventajas de la comida rápida. Un grupo representa a los dueños y ejecutivos de los restaurantes, y el otro grupo representa a la gente que ha sufrido problemas de salud por comer demasiadas comidas rápidas.

6 Apuntes culturales En parejas, lean los párrafos y contesten las preguntas.

Los dulces

"Los recordaré dondequiera que esté", dice Johnny despidiéndose de los dulces. ¡A los hispanos les encantan los dulces! Un postre muy popular de la cocina colombiana, venezolana, mexicana y centroamericana es el postre de **las tres leches**. Este postre se prepara con leche fresca, leche condensada y crema de leche. ¡Un verdadero manjar (*delicacy*)!

El deporte colombiano

Fabiola dice que para ponerse en forma hay que trabajar duro. La colombiana **María Isabel Urrutia Ocoró** sabe mucho de esto, pues su gran dedicación a la halterofilia (levantamiento de pesas) la convirtió en estrella del deporte colombiano. Ganó numerosos premios mundiales, entre ellos, la medalla de oro en las Olimpiadas de Sydney en el año 2000.

Las comidas rápidas

Fabiola y Johnny conversan sobre las comidas rápidas. En los países hispanos, las cadenas estadounidenses adaptan los menús a los sabores típicos de esos países. En Chile, McDonald's ofrece la **McPalta**, hamburguesa con palta (*avocado*), y los **McCafé** sirven postres tradicionales como la **rellenita de manjar** (*caramel*). ¿Podrá resistirse Johnny?

1. ¿Conoces otros postres típicos de los países hispanos? ¿De qué países o regiones son? ¿Cuáles son los ingredientes principales?
2. Menciona postres o platos típicos de tu cultura. ¿Cuál es tu preferido?
3. ¿Qué deportistas hispanos juegan en equipos de los EE.UU.?
4. ¿Probaste comidas rápidas de otras culturas? ¿Cuáles? ¿Cuál es tu favorita?

En detalle

COLOMBIA

Flash CULTURA

DE ABUELOS Y CHAMANES

Sentada en su cocina en Bogotá, Marcela Uribe destapa frasquitos° de hierbas y describe las "agüitas°" que le enseñó a preparar su abuela: agüita de toronjil° para calmar los nervios, agüita de paico° para los cólicos° y muchas más.

Muchos de estos remedios caseros° son más que simples "recetas de la abuela". Su uso proviene de los conocimientos milenarios que los curanderos° y chamanes° han ido pasando de generación en generación. Colombia, segundo país en el mundo en diversidad de especies vegetales, desarrolló una medicina tradicional muy rica, que aún hoy subsiste en todos los niveles de la sociedad. A pesar de la llegada de la medicina científica, muchas comunidades indígenas siguen practicando su medicina tradicional. Cuanto más aislada está la comunidad, mejor mantiene sus tradiciones.

En la cultura indígena americana, lo espiritual y lo corporal se funden° con la naturaleza. Los curanderos y chamanes son los responsables de mantener estos mundos en equilibrio. Para ello, combinan las propiedades medicinales de las plantas con ritos sagrados. En Colombia, al igual que en otros países, hay un renovado interés por conocer las propiedades medicinales de las plantas que se han usado durante siglos. Instituciones gubernamentales, universidades y organizaciones ecologistas intentan recuperar y conservar estos conocimientos. En sólo siete años, el Instituto Nacional de Vigilancia de Alimentos y Medicamentos aumentó de 17 a 95 el número de plantas medicinales aprobadas para usos curativos.

El deseo de las empresas farmacéuticas de apropiarse de las plantas y patentarlas ha hecho que el gobierno colombiano controle el derecho a sacarlas del país. Esto es importante porque algunas están en peligro de extinción y porque estas plantas forman parte indeleble° de la identidad indígena. ∎

Algunas plantas curativas

Chuchuguaza Árbol que crece en la región amazónica de Colombia, Ecuador y Perú. Se usa como diurético y también contra el reumatismo, la gota° y la anemia.

Gualanday Árbol originario del Valle del Cauca y que crece en las regiones colombianas de Putumayo y Amazonas. La corteza°, la hoja y la flor se usan contra neuralgias, dolores de huesos, várices° y afecciones del hígado°.

Sauco Árbol proveniente de cultivos en la sabana° de Bogotá. La hoja, la corteza, el fruto y la flor se usan para tratar afecciones bronquiales.

destapa frasquitos *uncovers little jars* agüitas *herbal teas* toronjil *lemon balm* paico *Mexican tea (plant)* cólicos *cramps* caseros *home* curanderos *folk healers* chamanes *shamans* se funden *merge* indeleble *indelible* gota *gout* corteza *bark* várices *varicose veins* afecciones del hígado *liver conditions* sabana *savannah*

ASÍ LO DECIMOS

La salud y el bienestar

el/la buquí (R. Dom.) *glutton*

cachucharse (Chi.) *to hit oneself*

caer bien/mal *to sit well/bad*

curar el empacho (Arg.) *to cure indigestion*

estar constipado/a (Esp.) *to be congested*

estar constipado/a (Amér. L.) *to be constipated*

estar depre (Arg., Esp. y Pe.) *to feel down*

estar funado/a (Chi.) *to feel demotivated*

estar pachucho/a (Arg y Esp.) *to be under the weather*

el/la matasanos (Esp.) *bad doctor; quack*

¡Se me parte la cabeza! (Arg.) *I have a splitting headache!*

EL MUNDO HISPANOHABLANTE

La salud y el bienestar públicos

Los gobiernos hispanoamericanos suelen brindar servicios de salud pública gratuitos° a todos los ciudadanos. Algunos países, como Cuba, han desarrollado un **sistema de salud universalista** en el cual todos los servicios son gratuitos. Otros países, como Chile, tienen un modelo mixto, que combina el sector público con el privado.

En el **ránking de calidad de vida** del año 2005 realizado por *The Economist Intelligence Unit,* España aparece en el décimo lugar sobre un total de 111 países. Este ránking considera no sólo los ingresos económicos, sino también otros indicadores como el bienestar y la satisfacción individual de las personas.

Entre los médicos latinoamericanos, se destaca **Carlos Finlay**, médico y biólogo cubano nacido en 1833. Su mayor contribución científica fue el descubrimiento del mecanismo de transmisión de la fiebre amarilla° que había sido un enigma desde sus primeros registros en el siglo XV. Recibió numerosos premios en Estados Unidos y Europa.

PERFIL

COMUNIDAD DE CHOCÓ

En ciertas zonas de Colombia, se han establecido comunidades de origen africano que han desarrollado tradiciones muy diferentes de las que se encuentran en el resto del país. Entre todas ellas, se destacan las comunidades afrocolombianas del Pacífico, como la de Chocó (ver mapa en la página anterior), por su particular sentido de la religiosidad, en la que la magia tiene un papel predominante. Esta visión religiosa le da una especial importancia a la salud y a la enfermedad. Además de conocer y aprovechar las propiedades curativas de las plantas, Chocó mantiene los conjuros° de sus ancestros africanos y las oraciones católicas de los conquistadores españoles. Esta mezcla de culturas tiene como resultado una tradición curandera diferente en la que se puede ver claramente la influencia europea, africana e indígena. En la actualidad, muchos miembros de esta comunidad acuden a° la medicina científica pero no dudan en usar sus métodos curativos tradicionales cuando lo consideran necesario.

❝Los conocimientos de la medicina tradicional son conocimientos adquiridos de nuestros antepasados y mantienen vivas las más ricas culturas de América Latina.❞
(Donato Ayma, político boliviano)

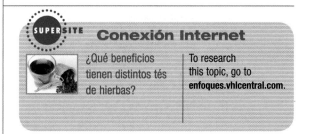

SUPERSITE **Conexión Internet**

¿Qué beneficios tienen distintos tés de hierbas?

To research this topic, go to **enfoques.vhlcentral.com.**

---

conjuros *spells* **acuden a** *resort to* **gratuitos** *free of charge* **fiebre amarilla** *yellow fever*

¿Qué aprendiste?

1 **Comprensión** Indica si estas afirmaciones son **ciertas** o **falsas**. Corrige las falsas.

1. Marcela aprendió a usar infusiones en un viaje a Colombia, la tierra de su abuela.

2. Colombia es uno de los países con mayor diversidad de especies vegetales.

3. En las prácticas curativas tradicionales, se combinan las propiedades curativas de las plantas con el poder curativo de los animales.

4. Los conocimientos sobre los poderes curativos de las plantas han pasado de padres a hijos a través de los siglos.

5. En Colombia, el uso de plantas curativas es popular sólo entre las comunidades indígenas.

6. A pesar de la llegada de la medicina científica, muchas comunidades mantuvieron sus prácticas medicinales tradicionales.

7. Las comunidades que mejor conservaron las tradiciones fueron las que estaban más cerca de la costa.

8. En Colombia, las instituciones no se preocupan por recuperar las tradiciones curativas.

9. Las empresas farmacéuticas quieren apropiarse de las plantas.

10. Colombia ha empezado a controlar las exportaciones de plantas curativas.

2 **Oraciones incompletas** Completa las oraciones con la información correcta.

1. Las costumbres de las comunidades afrocolombianas del/de _____ son muy diferentes de las del resto del país.
   a. Pacífico   b. Atlántico   c. Cauca

2. Estas comunidades mantienen costumbres que mezclan la cultura africana, indígena y _____.
   a. caribeña   b. americana   c. europea

3. En Chile, el sistema de salud sigue el modelo _____.
   a. mixto   b. universalista   c. privado

4. Carlos Finlay colaboró para descubrir cómo se transmite _____.
   a. la malaria   b. la fiebre amarilla
   c. la gripe

5. En Chile, usan *estar funado* para decir que alguien tiene _____.
   a. indigestión   b. gripe
   c. poca energía

3 **Opiniones** En parejas, hablen sobre estas preguntas: ¿Se puede patentar la naturaleza? ¿Tienen derecho las empresas farmacéuticas a patentar plantas? ¿Tienen derecho a hacerlo si modifican la estructura genética de la planta? ¿Qué consecuencias tiene el patentamiento de plantas y organismos vivos? Compartan su opinión con la clase.

PROYECTO

Las plantas curativas

Como hemos visto, muchas comunidades latinoamericanas usan las plantas para curar diferentes enfermedades. Busca información en Internet o en la biblioteca sobre alguna de estas plantas.

Usa las preguntas como guía para tu investigación.

- ¿Para qué se usa la planta?
- ¿En qué comunidad(es) se usa?
- ¿Qué enfermedad(es) específica(s) cura?
- ¿Cómo se usa según la tradición?
- ¿Se comprobaron científicamente las propiedades de la planta?
- ¿Es común su uso en la medicina científica?

Marta Gómez

Marta Gómez es una de esas personas que siempre supo lo que quería. A los cuatro años, comenzó a cantar en un coro de su Cali natal. Más tarde, cursó sus estudios universitarios de música en la Pontificia Universidad Javeriana de Bogotá, y en 1999 ganó una beca° para estudiar en el Berklee College of Music en Boston, Estados Unidos. Allí, conoció a unos músicos argentinos con quienes formó una banda bajo su nombre. Así, Gómez pasó de la música clásica a cantar música folclórica latinoamericana con influencias de jazz. Hoy, la voz de esta cantautora° colombiana se escucha en toda Latinoamérica, Europa, Canadá y los Estados Unidos, donde actualmente vive. En 2005, su álbum *Cantos de agua dulce* fue nominado a los premios *Billboard* de la música latina como mejor álbum de jazz latino.

Discografía

2006 Entre cada palabra   **2004** Cantos de agua dulce   **2003** Sólo es vivir

Canción

Éste es un fragmento de una canción de Marta Gómez.

Canta

Canta cuando hay que cantar
y llora° cuando hay que llorar
y es que cantando lloras de todas formas
te da igual.

Y cuando quieras llorar yo te doy mi llanto
y en mí traigo a un país que sabe llorar
y si a eso le voy sumando a todos los
que sufren de soledad
entonces vamos llorando ya todo un mar.

Éstos son otros músicos hispanos famosos que estudiaron en el **Berklee College of Music**:
Pedro Aznar músico y cantautor (Argentina)
Juan Luis Guerra guitarrista y cantautor (República Dominicana)
Beto Hale baterista y compositor (México)
Danilo Pérez pianista y compositor (Panamá)
Néstor Torres flautista de jazz (Puerto Rico)

Juan Luis Guerra

 Preguntas En parejas, contesten las preguntas con oraciones completas.

1. ¿Cómo se compone la banda de Marta Gómez? ¿Qué tipo de música tocan?
2. ¿Qué otros hispanos estudiaron música en la misma universidad?
3. ¿Qué significa este verso de la canción: "y en mí traigo a un país que sabe llorar"?
4. ¿Es popular la música folclórica en tu cultura? Den ejemplos.

beca *scholarship* **cantautora** *singer-songwriter* **llora** *cry*

La salud y el bienestar   *ciento treinta y tres* **133**

4.1 The subjunctive in noun clauses

Forms of the present subjunctive

- The subjunctive (**el subjuntivo**) is used mainly in multiple clause sentences which express will, influence, emotion, doubt, or denial. The present subjunctive is formed by dropping the **–o** from the **yo** form of the present indicative and adding the subjunctive endings.

TALLER DE CONSULTA

MANUAL DE GRAMÁTICA
Más práctica

4.1 The subjunctive in noun clauses, p. 505
4.2 Commands, p. 506
4.3 **Por** and **para,** p. 507

Más gramática

4.4 The subjunctive with impersonal expressions, p. 508

The present subjunctive		
hablar	**comer**	**escribir**
hable	coma	escriba
hables	comas	escribas
hable	coma	escriba
hablemos	comamos	escribamos
habléis	comáis	escribáis
hablen	coman	escriban

- Verbs with irregular **yo** forms show that same irregularity throughout the forms of the present subjunctive.

conocer	conozca	seguir	siga
decir	diga	tener	tenga
hacer	haga	traer	traiga
oír	oiga	venir	venga
poner	ponga	ver	vea

¡ATENCIÓN!

The indicative is used to express actions, states, or facts the speaker considers to be certain. The subjunctive expresses the speaker's attitude toward events, as well as actions or states that the speaker views as uncertain.

• • • •

Verbs that end in **–car, -gar,** and **–zar** undergo spelling changes in the present subjunctive.

sacar: saque

jugar: juegue

almorzar: almuerce

• • • •

The present subjunctive form of **hay** is **haya**.

No creo que haya una solución. *I don't think there is a solution.*

- Verbs that have stem changes in the present indicative have the same changes in the present subjunctive. Remember that only **–ir** verbs undergo stem changes in the **nosotros/as** and **vosotros/as** forms.

pensar (e:ie)	piense, pienses, piense, pensemos, penséis, piensen
jugar (u:ue)	juegue, juegues, juegue, juguemos, juguéis, jueguen
mostrar (o:ue)	muestre, muestres, muestre, mostremos, mostréis, muestren
entender (e:ie)	entienda, entiendas, entienda, entendamos, entendáis, entiendan
resolver (o:ue)	resuelva, resuelvas, resuelva, resolvamos, resolváis, resuelvan
pedir (e:i)	pida, pidas, pida, pidamos, pidáis, pidan
sentir (e:ie)	sienta, sientas, sienta, sintamos, sintáis, sientan
dormir (o:ue)	duerma, duermas, duerma, durmamos, durmáis, duerman

- The following five verbs are irregular in the present subjunctive.

dar	dé, des, dé, demos, deis, den
estar	esté, estés, esté, estemos, estéis, estén
ir	vaya, vayas, vaya, vayamos, vayáis, vayan
saber	sepa, sepas, sepa, sepamos, sepáis, sepan
ser	sea, seas, sea, seamos, seáis, sean

Verbs of will and influence

- A clause is a group of words that contains both a conjugated verb and a subject (expressed or implied). In a subordinate (dependent) noun clause (**oración subordinada sustantiva**), a group of words function together as a noun.

Quiero que hagas unos cambios en estos diseños.

- When the subject of the main clause of a sentence exerts influence or will on the subject of the subordinate clause, the verb in the subordinate clause must be in the subjunctive.

MAIN CLAUSE	CONNECTOR	SUBORDINATE CLAUSE
Yo quiero	**que**	**tú** vayas **al médico.**

Verbs and expressions of will and influence

aconsejar *to advise*
desear *to desire; to wish*
es importante *it's important*
es necesario *it's necessary*
es urgente *it's urgent*
exigir *to demand*

gustar *to like*
hacer *to make*
importar *to be important*
insistir (en) *to insist (on)*
mandar *to order*
necesitar *to need*
oponerse a *to oppose*
pedir (e:i) *to ask for; to request*

preferir (e:ie) *to prefer*
prohibir *to prohibit*
proponer *to propose*
querer (e:ie) *to want; to wish*
recomendar (e:ie) *to recommend*
rogar (o:ue) *to beg; to plead*
sugerir (e:ie) *to suggest*

¡ATENCIÓN!

Pedir is used with the subjunctive to ask someone to do something. **Preguntar** is used to ask questions, and is not followed by the subjunctive.

Necesito que **consigas** estas pastillas en la farmacia.
I need you to get these pills at the pharmacy.

Insisto en que **vayas** a la sala de emergencias.
I insist that you go to the emergency room.

El médico siempre me **recomienda** que **deje** de fumar.
The doctor always recommends that I quit smoking.

Se oponen a que **salgas** si estás enfermo.
They object to your going out if you're sick.

- The infinitive, not the subjunctive, is used with verbs and expressions of will and influence if there is no change of subject in the sentence.

Quiero **ir** a Bogotá en junio.
I want to go to Bogota in June.

Prefiero que **vayas** en agosto.
I prefer that you go in August.

Verbs of emotion

¡ATENCIÓN!

The subjunctive is also used with expressions of emotion that begin with **¡Qué…!** (*What a…!/It's so…!*)

¡Qué pena que él no vaya!
What a shame he's not going!

• • • •

The expression **ojalá** (*I hope; I wish*) is always followed by the subjunctive. The use of **que** with **ojalá** is optional.

Ojalá (que) no llueva.
I hope it doesn't rain.

Ojalá (que) no te enfermes.
I hope you don't get sick.

- When the main clause expresses an emotion like hope, fear, joy, pity, or surprise, the verb in the subordinate clause must be in the subjunctive if its subject is different from that of the main clause.

Espero que **te recuperes** pronto.
I hope you recover quickly.

Qué pena que **necesites** una operación.
What a shame you need an operation.

Verbs and expressions of emotion

alegrarse (de) *to be happy (about)*	**es terrible** *it's terrible*	**molestar** *to bother*
es bueno *it's good*	**es una lástima** *it's a shame*	**sentir (e:ie)** *to be sorry; to regret*
es extraño *it's strange*	**es una pena** *it's a pity*	**sorprender** *to surprise*
es malo *it's bad*	**esperar** *to hope; to wish*	**temer** *to fear*
es mejor *it's better*	**gustar** *to like; to be pleasing*	**tener miedo (de)** *to be afraid (of)*
es ridículo *it's ridiculous*		

- The infinitive, not the subjunctive, is used with verbs and expressions of emotion if there is no change of subject in the sentence.

No me gusta **llegar** tarde.
I don't like to be late.

Es mejor que lo **hagas** ahora.
It's better that you do it now.

Verbs of doubt or denial

¡ATENCIÓN!

The subjunctive is also used after **quizá(s)** and **tal vez** (*maybe; perhaps*) when they signal uncertainty, even if there is no change of subject in the sentence.

Quizás vengan a la fiesta.
Maybe they'll come to the party.

- When the main clause implies doubt, uncertainty, or denial, the verb in the subordinate clause must be in the subjunctive if its subject is different from that of the main clause.

No cree que él nos **quiera** engañar.
She doesn't believe that he wants to deceive us.

Dudan que eso **sea** un buen tratamiento.
They doubt that would be a good treatment.

Verbs and expressions of doubt and denial

dudar *to doubt*	**negar (e:ie)** *to deny*
es imposible *it's impossible*	**no creer** *not to believe*
es improbable *it's improbable*	**no es evidente** *it's not evident*
es poco seguro *it's uncertain*	**no es seguro** *it's not certain*
(no) es posible *it's (not) possible*	**no es verdad/cierto** *it's not true*
(no) es probable *it's (not) probable*	**no estar seguro (de)** *not to be sure (of)*

- The infinitive, not the subjunctive, is used with verbs and expressions of doubt or denial if there is no change in the subject of the sentence.

Es imposible **viajar** hoy.
It's impossible to travel today.

Es improbable que él **viaje** hoy.
It's unlikely that he would travel today.

 **Práctica**

1 **Opiniones contrarias** Escribe la oración que expresa lo opuesto en cada ocasión.

MODELO   **Dudo que la comida rápida sea buena para la salud.**
—No dudo que la comida rápida es buena para la salud.

1. Están seguros de que Pedro puede dejar de fumar.
2. Es evidente que estás agotado.
3. No creo que las medicinas naturales sean curativas.
4. Es verdad que la cirujana no quiere operarte.
5. No es seguro que este médico sepa el mejor tratamiento.

2 **Siempre enferma** Últimamente, Ana María se enferma demasiado y sus amigas están preocupadas por ella. Completa la conversación con el infinitivo, el indicativo o el subjuntivo de los verbos entre paréntesis.

MARTA Es una pena que Ana María (1) _____ (estar / está / esté) enferma otra vez.

ADRIANA El problema es que no le gusta (2) _____ (tomar / toma / tome) vitaminas. Además, ella casi nunca (3) _____ (comer / come / coma) verduras.

MARTA Y no creo que Ana María (4) _____ (hacer / hace / haga) ejercicio. Yo siempre le (5) _____ (pedir / pido / pida) que (6) _____ (venir / viene / venga) conmigo al gimnasio, pero ella prefiere (7) _____ (quedarse / se queda / se quede) en casa.

ADRIANA Y cuando ella se enferma, no (8) _____ (seguir / sigue / siga) los consejos del médico. Si él le recomienda que (9) _____ (permanecer / permanece / permanezca) en cama, ella dice que no es necesario (10) _____ (descansar / descansa / descanse). Si él le da una receta, ella ni (11) _____ (comprar / compra / compre) las medicinas. ¿Qué vamos a hacer, Marta?

MARTA Es necesario que (12) _____ (hablar / hablamos / hablemos) con ella. Si no, ¡temo que un día de éstos ella nos (13) _____ (llamar / llama / llame) para llevarla a la sala de emergencias!

ADRIANA Bueno, creo que (14) _____ (tener / tienes / tengas) razón. ¡Sólo espero que ella nos (15) _____ (escuchar / escucha / escuche)!

3 **Consejos** Adriana y Marta le dan consejos a Ana María. Combina los elementos de cada columna para escribir cinco oraciones. No olvides usar el presente del subjuntivo.

MODELO   —Te recomendamos que hagas más ejercicio.

aconsejar		comer frutas y verduras
es importante		descansar
es necesario	que	hacer más ejercicio
querer		ir al gimnasio
recomendar		seguir las recomendaciones del médico
sugerir		tomar las medicinas

TALLER DE CONSULTA

MANUAL DE GRAMÁTICA
Más práctica

4.1 The subjunctive in noun clauses, p. 505

Práctica

4. Ojalá Para muchos, el amor es una enfermedad. El cantante Silvio Rodríguez sugiere en esta canción una cura para el amor.

A. Utiliza el presente del subjuntivo de los verbos entre paréntesis para completar la estrofa *(verse)* de la canción.

> Ojalá que las hojas no te (1) _____ (tocar) el cuerpo cuando (2) _____
> (caer) para que no las puedas convertir en cristal.
> Ojalá que la lluvia (3) _____ (dejar) de ser milagro que baja por tu cuerpo.
> Ojalá que la luna (4) _____ (poder) salir sin ti.
> Ojalá que la tierra no te (5) _____ (besar) los pasos.

B. Escribe tu propia estrofa para la canción de Silvio Rodríguez.

1. Ojalá que los sueños _____.

2. Ojalá que la noche _____.

3. Ojalá que la herida _____.

4. Ojalá una persona _____.

5. El hombre ideal Roberto está enamorado de Lucía, pero ella no le presta atención. Roberto está dispuesto a hacer cualquier cosa para ganar su amor. Mira el dibujo del hombre ideal de Lucía y escribe cinco recomendaciones para Roberto. Utiliza el presente del subjuntivo.

Roberto

hombre ideal

MODELO   **Es necesario que...**
Roberto se vista mejor.

1. Le aconsejo que _____.

2. Es importante que _____.

3. Es mejor que _____.

4. Sugiero que _____.

5. Le propongo que _____.

Comunicación

 6 **El doctor Sánchez responde** Los lectores de una revista de salud envían sus consultas al doctor Sánchez. En la columna de la izquierda están las preguntas y, a la derecha, algunas notas del médico para responder a esas preguntas. Trabajen en parejas para decidir qué notas corresponden a cada pregunta. Utilicen las expresiones de la lista. Luego redacten la respuesta para cada lector.

Los lectores preguntan. **El Dr. Sánchez responde.**

1. Estimado Dr. Sánchez:
   Tengo 55 años y quiero bajar 10 kilos. Mi médico insiste en que mejore mi alimentación. Probé varias dietas, pero no logro bajar de peso. ¿Qué puedo hacer?
   Ana J.

2. Querido Dr. Sánchez:
   Tengo 38 años y sufro fuertes dolores de espalda (*back*). Trabajo en una oficina y estoy muchas horas sentada. Después de varios análisis, mi médico dijo que todo está bien en mis huesos (*bones*). Me recetó unas pastillas para los músculos, pero no quiero tomar medicinas. ¿Hay otra solución?
   Isabel M.

3. Dr. Sánchez:
   Siempre me duele mucho el estómago. Soy muy nervioso y no puedo dormir. Mi médico me aconseja que trabaje menos. Pero eso es imposible.
   Andrés S.

A. *No comer con prisa.*
   Pasear mucho.
   No tomar café.
   Practicar yoga.

B. *Caminar mucho.*
   Practicar natación.
   No comer las cuatro "p":
   papas, pastas, pan y postres.
   Tomar dos litros de agua
   por día.

C. *No permanecer sentada más*
   de dos horas seguidas.
   Hacer cincuenta minutos
   de ejercicio por día.
   Adoptar una buena postura
   al estar sentada.
   Elegir una buena cama.
   Usar una almohada delgada
   y dura.

es importante que	le aconsejo que
es improbable que	le propongo que
es necesario que	le recomiendo que
es poco seguro que	le sugiero que
es urgente que	no es seguro que

7 **Estilos de vida** En parejas, cada uno debe elegir una de estas dos personalidades. Después, dense consejos mutuamente para cambiar su estilo de vida. Utilicen el subjuntivo en la conversación.

1. Voy al gimnasio tres veces al día. Lo más importante en mi vida es mi cuerpo.

2. Me gusta salir por las noches. Trasnocho casi todos los días.

4.2 Commands

Formal (*Ud.* and *Uds.*) commands

- Formal commands (**mandatos**) are used to give orders or advice to people you address as **usted** or **ustedes**. Their forms are identical to the present subjunctive forms for **usted** and **ustedes**.

Formal commands		
Infinitive	Affirmative command	Negative command
tomar	**tome** Ud.	**no tome** Ud.
	tomen Uds.	**no tomen** Uds.
volver	**vuelva** Ud.	**no vuelva** Ud.
	vuelvan Uds.	**no vuelvan** Uds.
salir	**salga** Ud.	**no salga** Ud.
	salgan Uds.	**no salgan** Uds.

¡ATENCIÓN!

***Vosotros/as* commands**

In Latin America, **ustedes** commands serve as the plural of familiar (**tú**) commands. The familiar plural **vosotros/as** command is used in Spain. The affirmative command is formed by changing the **–r** of the infinitive to **–d**. The negative command is identical to the **vosotros/as** form of the present subjunctive.

bailar: bailad/no bailéis

For reflexive verbs, affirmative commands are formed by dropping the **–r** and adding the reflexive pronoun **–os**. In negative commands, the pronoun precedes the verb.

levantarse: levantaos/ no os levantéis

Irse is irregular: **idos/ no os vayáis**

Familiar (*tú*) commands

- Familar commands are used with people you address as **tú**. Affirmative **tú** commands have the same form as the **él, ella,** and **usted** form of the present indicative. Negative **tú** commands have the same form as the **tú** form of the present subjunctive.

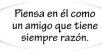

Piensa en él como un amigo que tiene siempre razón.

No pienses en mí como tu jefe.

Familiar commands		
Infinitive	Affirmative command	Negative command
viajar	viaja	no viajes
empezar	empieza	no empieces
pedir	pide	no pidas

- Eight verbs have irregular affirmative **tú** commands. Their negative forms are still the same as the **tú** form of the present subjunctive.

decir	di	salir	sal
hacer	haz	ser	sé
ir	ve	tener	ten
poner	pon	venir	ven

Nosotros/as commands

- **Nosotros/as** commands are used to give orders or suggestions that include yourself as well as other people. In Spanish, **nosotros/as** commands correspond to the English *let's* + [*verb*]. Affirmative and negative **nosotros/as** commands are generally identical to the **nosotros/as** forms of the present subjunctive.

Nosotros/as commands		
Infinitive	**Affirmative command**	**Negative command**
bailar	bailemos	no bailemos
beber	bebamos	no bebamos
abrir	abramos	no abramos

- The **nosotros/as** commands for **ir** and **irse** are irregular: **vamos** and **vámonos**. The negative commands are regular: **no vayamos** and **no nos vayamos.**

Using pronouns with commands

- When object and reflexive pronouns are used with affirmative commands, they are always attached to the verb. When used with negative commands, the pronouns appear after **no** and before the verb.

  Levántense temprano.
  Wake up early.

  Dime todo.
  Tell me everything.

  No se levanten temprano.
  Don't wake up early.

  No me digas.
  Don't tell me.

- When the pronouns **nos** or **se** are attached to an affirmative **nosotros/as** command, the final **s** of the command form is dropped.

  Sentémonos aquí.
  Let's sit here.

  Démoselo mañana.
  Let's give it to him/her tomorrow.

  No nos sentemos aquí.
  Let's not sit here.

  No se lo demos mañana.
  Let's not give it to him/her tomorrow.

Indirect (*él, ella, ellos, ellas*) commands

- The construction **que** + [*verb*] in the third-person subjunctive can be used to express indirect commands that correspond to the English *let someone do something*. If the subject of the indirect command is expressed, it usually follows the verb.

  Que pase el siguiente.
  Let the next person pass.

  Que lo **haga** ella.
  Let her do it.

- As with other uses of the subjunctive, pronouns are never attached to the conjugated verb, regardless of whether the indirect command is affirmative or negative.

  Que se lo den los otros.
  Que lo vuelvan a hacer.

  Que no se lo den.
  Que no lo vuelvan a hacer.

¡ATENCIÓN!

When one or more pronouns are attached to an affirmative command, an accent mark may be necessary to maintain the original stress. This usually happens when the combined verb form has three or more syllables.

decir

di, dile, dímelo

diga, dígale, dígaselo

digamos, digámosle, digámoselo

TALLER DE CONSULTA

See **2.1**, pp. 54–55 for object pronouns.

See **2.3**, pp. 62–63 for reflexive pronouns.

Práctica

TALLER DE CONSULTA

MANUAL DE GRAMÁTICA
Más práctica

4.2 Commands, p. 506

1 **Mandatos** Cambia estas oraciones para que sean mandatos.

1. Te conviene descansar.
2. Deben relajarse.
3. Es hora de que usted tome su pastilla.
4. ¿Podría usted describir sus síntomas?
5. ¿Y si dejamos de fumar?
6. ¿Podrías consultar con un especialista?
7. Ustedes necesitan comer bien.
8. Le pido que se vaya de mi consultorio.

2 **El cuidado de los dientes**

A. Un dentista visita una escuela para hablar a los estudiantes sobre el cuidado de los dientes. Escribe los consejos que dio el dentista. Usa el imperativo formal de la segunda persona del plural.

1. prevenir las caries (*cavities*)
2. cepillarse los dientes después de cada comida
3. no comer dulces
4. poner poco azúcar en el café o el té
5. comer o beber alimentos que tengan calcio
6. consultar al dentista periódicamente

B. Un estudiante estuvo ausente el día de la charla con el dentista. Al día siguiente, sus compañeros le contaron sobre la charla y le dieron los mismos consejos. Reescribe los consejos usando el imperativo informal.

3 **El doctor de Felipito** Felipito es un niño muy inquieto. A cada rato tiene pequeños accidentes. Su doctor decide explicarle cómo evitarlos y cómo cuidar su salud. Utiliza mandatos informales para escribir las indicaciones del médico.

Comunicación

4 **Que lo hagan ellos** Carlos está tan entretenido con su nuevo videojuego que no quiere hacer nada más. En parejas, preparen una conversación entre Carlos y su madre en la que ella le da mandatos y Carlos sugiere que otras personas la ayuden. Utilicen mandatos indirectos en la conversación.

MODELO

MADRE Limpia tu cuarto, Carlos.
CARLOS Que lo limpie mi hermano. ¡Estoy a punto de alcanzar el próximo nivel!

ayudarme en la cocina	mis amigos
cortar cebollas	mi hermana
pasear al perro	mi hermano
llamar a la abuela	mi padre
ir a la farmacia	tú/Ud.

5 **Hasta el siglo XXII**

A. ¿Qué consejos le darías a un(a) amigo/a para que viva hasta el siglo XXII? En grupos pequeños, escriban ocho recomendaciones utilizando mandatos informales afirmativos y negativos. Sean creativos.

MODELO No tomes mucho café. Toma sólo agua y jugos naturales.

B. Ahora reúnanse con otro grupo y lean las dos listas. ¿En qué se parecen y en qué se diferencian sus recomendaciones?

6 **Anuncios** En grupos, elijan tres de estos productos y escriban un anuncio (*commercial*) de televisión para promocionar cada uno de ellos. Utilicen los mandatos formales para convencer al público de que lo compre.

MODELO El nuevo perfume "Enamorar" de Rita Ferrero le va a encantar. Cómprelo en cualquier perfumería de su ciudad. Pruébelo y…

perfume "Enamorar"	computadora portátil "Digitex"
chocolate sin calorías "Deliz"	crema hidratante "Suave"
raqueta de tenis "Rayo"	todo terreno "4 X 4"
pasta de dientes "Sonrisa Sana"	cámara digital "Flimp"

4.3 *Por* and *para*

- **Por** and **para** are both translated as *for*, but they are not interchangeable.

Madrugué para ir al gimnasio.

Por mucho que insistan, los tendré que tirar.

Uses of *para*

Destination *(toward; in the direction of)*	El cirujano sale de su casa **para** la clínica a las ocho. *The surgeon leaves his house at eight to go to the clinic.*
Deadline or a specific time in the future *(by; for)*	El resultado del análisis va a estar listo **para** mañana. *The results of the analysis will be ready by tomorrow.*
Purpose or goal + [*infinitive*] *(in order to)*	El doctor usó un termómetro **para** ver si el niño tenía fiebre. *The doctor used a thermometer to see if the boy had a fever.*
Purpose + [*noun*] *(for; used for)*	El investigador descubrió una cura **para** la enfermedad. *The researcher discovered a cure for the illness.*
Recipient *(for)*	La enfermera preparó la cama **para** doña Ángela. *The nurse prepared the bed for Doña Ángela.*
Comparison with others or opinion *(for; considering)*	**Para** su edad, goza de muy buena salud. *For her age, she enjoys very good health.*
	Para mí, lo que tienes es gripe y no un resfriado. *To me, what you have is the flu, not a cold.*
Employment *(for)*	Mi hijo trabaja **para** una empresa farmacéutica. *My son works for a pharmaceutical company.*

Expressions with *para*

no estar para bromas *to be in no mood for jokes*

no ser para tanto *to not be so important*

para colmo *to top it all off*

para que sepas *just so you know*

para siempre *forever*

Para ponerse en forma hay que trabajar duro.

Yo, por ejemplo, trato de comer cosas sanas.

Uses of *por*

Motion or a general location *(along; through; around; by)*	Me quebré la pierna corriendo **por** el parque. *I broke my leg running through the park.*
Duration of an action *(for; during; in)*	Estuvo en cama **por** dos meses. *He was in bed for two months.*
Reason or motive for an action *(because of; on account of; on behalf of)*	Rezó **por** su hijo enfermo. *She prayed for her sick child.*
Object of a search *(for; in search of)*	El enfermero fue **por** un termómetro. *The nurse went for a thermometer.*
Means by which *(by; by way of; by means of)*	Consulté con el doctor **por** teléfono. *I consulted with the doctor by phone.*
Exchange or substitution *(for; in exchange for)*	Cambiamos ese tratamiento **por** uno nuevo. *We changed from that treatment to a new one.*
Unit of measure *(per; by)*	Tengo que tomar las pastillas cinco veces **por** día. *I have to take the pills five times per day.*
Agent (passive voice) *by*	La nueva política de salud pública fue anunciada **por** la prensa. *The new public health policy was announced by the press.*

¡ATENCIÓN!

In many cases it is grammatically correct to use either **por** or **para** in a sentence. However, the meaning of each sentence is different.

Trabajó por su tío.
 He worked for (in place of) his uncle.

Trabajó para su tío.
 He worked for his uncle('s company).

TALLER DE CONSULTA

The passive voice is discussed in detail in **11.1**, p. 408.

Expressions with *por*

por ahora *for the time being*	**por lo menos** *at least*
por allí/aquí *around there/here*	**por lo tanto** *therefore*
por casualidad *by chance/accident*	**por lo visto** *apparently*
por cierto *by the way*	**por más/mucho que** *no matter how much*
por ejemplo *for example*	**por otro lado/otra parte** *on the other hand*
por eso *therefore; for that reason*	**por primera vez** *for the first time*
por fin *finally*	**por si acaso** *just in case*
por lo general *in general*	**por supuesto** *of course*

Práctica

TALLER DE CONSULTA

MANUAL DE GRAMÁTICA
Más práctica

4.3 **Por** and **para**, p. 507

1 **Otra manera** Lee la primera oración y completa la segunda versión con **por** o **para**.

1. Mateo pasó el verano en Colombia con su abuela.
   Mateo fue a Colombia _____ visitar a su abuela.

2. Ella estaba enferma y quería la compañía de su nieto.
   Ella estaba enferma; _____ eso, Mateo decidió ir.

3. La familia le envió muchos regalos a la abuela.
   La familia envió muchos regalos _____ la abuela.

4. La abuela se alegró mucho de la visita de Mateo.
   La abuela se puso muy feliz _____ la visita de Mateo.

5. Mateo pasó tres meses allá.
   Mateo estuvo en Colombia _____ tres meses.

Cartagena, Colombia

2 **Carta de amor** Completa la carta con **por** y **para**.

> Mi amada Catalina:
>
> (1) _____ fin encuentro un momento (2) _____ escribirte. Es que mi abuela
> me tiene a su lado (3) _____ horas y horas cada día, contándome historias de
> su niñez aquí en Cartagena. Poquito a poco va recuperándose, pero no sé de
> dónde saca tantas fuerzas (4) _____ hablar. Pero estoy aquí sólo (5) _____
> ella, así que no me quejo de nada. En las tardes ella descansa y yo suelo
> caminar (6) _____ la playa y, (7) _____ supuesto, pienso en ti…
>
> Hoy mi abuelita me pidió llamar (8) _____ teléfono a la clínica, pues le duele
> mucho el estómago y cree que es (9) _____ las otras medicinas que le recetó el
> cirujano. Mientras tío Javi la lleva a la clínica, yo iré al centro (10) _____ hacer
> unas compras. Ya sé lo que voy a comprar (11) _____ ti.
> 🙂 Ya pronto nos veremos…
>
> Te amaré (12) _____ siempre…
>
> Mateo

3 **Oraciones** Utiliza palabras de cada columna para formar oraciones lógicas.

MODELO   Mi hermana preparó una cena especial para la fiesta.

caminar		él
comprar		la fiesta
jugar	por	mi mamá
hacer	para	su hermana
preparar		el parque

Comunicación

4 **Soluciones** En parejas, comenten cuáles son las mejores maneras de lograr los objetivos de la lista. Sigan el modelo y utilicen **por** y **para**.

> **MODELO** —Para tener buena salud, lo mejor es comer cinco frutas o verduras por día
> porque tienen muchas vitaminas.

concentrarse al estudiar	relajarse
divertirse	ser famoso/a
hacer muchos amigos	ser organizado/a
mantenerse en forma	tener buena salud

5 **Conversación** En parejas, elijan una de las situaciones y escriban una conversación. Utilicen **por** y **para** y algunas de las expresiones de la lista.

A. Don Horacio, tu vecino millonario, está escribiendo la versión final de su testamento (*will*). Él no tiene herederos y quiere dejar toda su fortuna a una sola persona. Está pensando en ti y en el alcalde (*mayor*) del pueblo. Convence a don Horacio de que te deje toda su fortuna a ti y no al alcalde.

B. Hace un año que trabajas en una librería y nunca has tenido vacaciones. Habla con tu jefe/a y dile que quieres tomarte unas vacaciones de dos semanas. Tu jefe/a dice que no necesitas tomarte vacaciones y te da algunas razones. Explícale tus razones y dile que si te vas de vacaciones vas a ser un(a) mejor empleado/a al regresar.

no es para tanto	por casualidad	por lo menos
para colmo	por eso	por lo tanto
para siempre	por fin	por supuesto

6 **Síntesis** En grupos de cuatro, miren la foto e inventen una conversación que incluya a todos los miembros de la familia. Deben usar por lo menos tres verbos en el subjuntivo, tres mandatos y tres expresiones con **por** o **para**. Dramaticen la conversación para el resto de la clase.

For additional cumulative practice of all the grammar points in this lesson, go to **enfoques.vhlcentral.com**.

Antes de ver el corto

ÉRAMOS POCOS

país España
duración 16 minutos
director Borja Cobeaga

protagonistas Joaquín (padre), Fernando (hijo), Lourdes (abuela)

Vocabulario

el álbum (de fotos) *(photo) album*
apañar *to mend; to fix*
apañarse *to manage*
el asilo (de ancianos) *nursing home*
descalzo/a *barefoot*
el desorden *mess*

enseguida *right away*
largarse *to take off*
el marco *frame*
la paella *(Esp.) traditional rice and seafood dish*
la tortilla *(Esp.) potato omelet*
el trastero *storage room*

---

1 **Oraciones incompletas** Completa las oraciones con las palabras apropiadas.

1. Pones las fotos en un _____ para colocarlas en la pared.
2. Te vas a vivir a un _____ cuando eres un anciano.
3. Guardas los muebles antiguos en un _____.
4. Cuando no llevas zapatos, vas _____.
5. La _____ es un plato que se cocina con huevos y patatas.

2 **Preguntas** En parejas, contesten las preguntas.

1. ¿Crees que los hombres ayudan en las tareas del hogar más que hace unos años?
2. ¿Conoces a alguna mujer que sea ama de casa? ¿Le gusta serlo?
3. ¿Cuáles son las ventajas y las desventajas de vivir en un asilo o vivir con la familia cuando una persona es anciana? ¿Qué vas a preferir tú: vivir en un asilo o vivir con la familia? ¿Por qué?
4. ¿Crees que la situación de los ancianos va a mejorar dentro de unos años? ¿Por qué?

3 **¿Qué sucederá?** En parejas, miren el fotograma e imaginen lo que va a ocurrir en la historia. Compartan sus ideas con la clase.

ARGUMENTO Tras ser abandonado por su mujer, Joaquín decide traer a su suegra a casa para que haga las labores del hogar.

FERNANDO ¿Por qué estás descalzo?
JOAQUÍN Porque no encuentro mis zapatillas.
FERNANDO ¿Y estás seguro de que se ha ido sin más°?
JOAQUÍN Eso parece.

JOAQUÍN Cuánto tiempo sin verte.
LOURDES Mucho tiempo.
JOAQUÍN Mira papá, es la abuela.
LOURDES Hola.
JOAQUÍN Hola, soy tu yerno Joaquín. No sé si te acuerdas de mí.

LOURDES ¿Y mi habitación?
JOAQUÍN Esto se arregla en un momento. Desde que te fuiste usamos este cuarto como un trastero, pero en seguida lo apañamos. ¡Fernando!
LOURDES No te preocupes, no pasa nada.
JOAQUÍN ¡Fernando!

JOAQUÍN Creo que se ha dado cuenta. Que sabe a qué la hemos traído.
FERNANDO ¿Qué dices?
JOAQUÍN ¿No la notas demasiado… contenta?

ABUELA ¿Qué? ¿No coméis?
JOAQUÍN Que te diga esto a lo mejor te parece desproporcionado, Lourdes. Pero es que Julia lleva mucho tiempo de viaje.
FERNANDO Mucho, mucho.
JOAQUÍN No sabes lo que esta tortilla significa para nosotros.

JOAQUÍN Julia, soy yo. No me cuelgues°, ¿eh? Es importante. Es sobre tu madre. Ya sé que fui yo el que insistió en meterla en un asilo pero ahora está aquí, con nosotros. Es para pedirte perdón y para que veas que puedo cambiar.

sin más *just like that* **No me cuelgues** *Don't hang up on me*

Después de ver el corto

1 **Comprensión** Contesta las preguntas con oraciones completas.

1. ¿Dónde está Julia?
2. ¿Qué ha pasado con las zapatillas de Joaquín?
3. ¿Por qué van a recoger a la abuela?
4. ¿Por qué cree Joaquín que la abuela se ha dado cuenta del plan?
5. ¿Para qué llama Joaquín a su mujer?
6. ¿Qué le dice su mujer?
7. ¿Para qué mira Joaquín el álbum de fotos?
8. ¿Qué descubre Joaquín?

2 **Ampliación** Contesta las preguntas.

1. ¿Por qué piensas que Joaquín y Fernando son incapaces de vivir sin una mujer?
2. Según Joaquín, ¿por qué es importante la tortilla?
3. ¿Por qué está tan contenta Lourdes a pesar de trabajar tanto?
4. ¿Por qué crees que Joaquín no dice que la mujer no es su suegra?
5. ¿Qué opinas del final del corto? ¿Te parece que los personajes se están engañando unos a otros o se están ayudando? ¿Por qué?
6. ¿Cómo se relaciona el título con lo que sucede en el corto?

3 **Julia** En parejas, imaginen cómo es la esposa de Joaquín y cómo es su vida.

- ¿Cómo es?
- ¿Por qué se fue de casa?
- ¿Dónde está ahora?
- ¿Crees que sigue haciendo las labores del hogar?
- ¿Volverá con su familia?

4 **Salud mental** En parejas, imaginen que un día Julia llama a su hijo para explicarle por qué se fue. Según ella, era necesario para su salud mental y su bienestar. Piensen en estas preguntas y ensayen la conversación telefónica entre Fernando y Julia. Represéntenla delante de la clase.

- ¿Está Fernando de acuerdo con la explicación de su madre?
- ¿Perdona Fernando a su madre?
- ¿Le importa realmente que su madre se haya ido?
- ¿Está arrepentida Julia?
- ¿Estaba realmente enferma Julia cuando se fue de la casa?

5 **Cartas** Elige una de estas dos situaciones y escribe una carta.

1. Eres la anciana que se hace pasar por Lourdes y decides escribirle una carta a tu verdadera familia explicando por qué te fuiste del asilo con otra familia.
2. Eres un(a) anciano/a que acaba de irse a un asilo. Escribe una carta a tu familia describiendo qué cosas extrañas de vivir en casa y qué te gusta acerca del asilo.

Vegetal Life, 1984.
Hector Giuffré, Argentina.

"Cuando sientes que la mano de la muerte
se posa sobre el hombro, la vida se ve
iluminada de otra manera…"

— Isabel Allende

Antes de leer

Mujeres de ojos grandes

Sobre la autora

Ángeles Mastretta nació en Puebla, México, en 1949. Estudió periodismo y colaboró en periódicos y revistas: "Escribía de todo: de política, de mujeres, de niños, de lo que veía, de lo que sentía, de literatura, de cultura, de guerra". Su primer libro fue de poemas: *La pájara pinta* (1978), pero *Arráncame la vida* (1985), su primera novela, le dio fama y reconocimiento. En su obra se destaca el pensamiento femenino. *Mujeres de ojos grandes* está compuesto de relatos sobre mujeres que muestran "el poder que tienen en sus cosas y el poder que tienen para hacer con sus vidas lo que quieran, aunque no lo demuestren. Son mujeres poderosas que se saben poderosas pero no lo ostentan (*boast*)".

Vocabulario

el adelanto *improvement*	**el/la enfermero/a** *nurse*	**el ombligo** *navel*
la aguja *needle*	**el hallazgo** *finding; discovery*	**la pena** *sorrow*
la cordura *sanity*	**la insensatez** *folly*	**el regocijo** *joy*
desafiante *challenging*	**latir** *to beat*	**la terapia intensiva** *intensive care*

La historia de Julio Completa el párrafo con las palabras apropiadas.

Julio prefería una vida (1) _____ que no lo aburriera. Sin embargo al perder todo por la caída de la bolsa (*stock exchange*), Julio —siempre una persona tan sensata— perdió la (2) _____. Después de unos meses, los síntomas desaparecieron para gran (3) _____ de la familia. Sin embargo, pensar en su trabajo lo llenaba de (4) _____ y en su corazón latía el deseo de hacer algo nuevo. Tan agradecido estaba con los médicos que decidió estudiar para ser (5) _____.

Conexión personal

Cuando te sientes enfermo/a, ¿intentas curarte por tus propios medios? ¿Alguna vez estuviste en un hospital? ¿Confías en la medicina tradicional o has probado la medicina alternativa? ¿Crees que la ciencia puede resolverlo todo?

Análisis literario: el símil o la comparación

El símil o la comparación es un recurso literario que consiste en comparar una cosa con otra por su semejanza, parecido o relación. De esa manera, se logra mayor expresividad. Implica el uso del término comparativo explícito: **como**. Por ejemplo: "*ojos* grandes **como** *lunas*". Crea algunas comparaciones con estos pares de palabras o inventa tus propias comparaciones: muerte/noche, rostro/fantasma, mejillas/manzanas, hombre/ratón, lugar/cementerio.

Mujeres de ojos grandes

Último cuento; sin título

Ángeles Mastretta

Tía Jose Rivadeneira tuvo una hija con los ojos grandes como dos lunas, como un deseo. Apenas colocada en su abrazo, todavía húmeda y vacilante°, la niña mostró los ojos y algo en las alas° de sus labios que parecía pregunta.

—¿Qué quieres saber? —le dijo tía Jose jugando a que entendía ese gesto.

Como todas las madres, tía Jose pensó que no había en la historia del mundo una criatura tan hermosa como la suya. La deslumbraban° el color de su piel, el tamaño de sus pestañas° y la placidez con que dormía. Temblaba de orgullo imaginando lo que haría con la sangre y las quimeras° que latían en su cuerpo.

Se dedicó a contemplarla con altivez° y regocijo durante más de tres semanas. Entonces la inexpugnable° vida hizo caer sobre la niña una enfermedad que en cinco horas convirtió su extraordinaria viveza° en un sueño extenuado° y remoto° que parecía llevársela de regreso a la muerte.

Cuando todos sus talentos curativos no lograron mejoría alguna, tía Jose, pálida de terror, la cargó hasta el hospital. Ahí se la quitaron de los brazos y una docena de médicos y enfermeras empezaron a moverse agitados y confundidos en torno a la niña. Tía Jose la vio irse tras una puerta que le prohibía la entrada y se dejó caer al suelo incapaz de cargar consigo misma y con aquel dolor como un acantilado°.

Ahí la encontró su marido, que era un hombre sensato y prudente como los hombres acostumbran fingir° que son. La ayudó a levantarse y la regañó° por su falta de cordura y esperanza. Su marido confiaba en la ciencia

hesitating
wings

dazzled
eyelashes

fancy ideas

arrogance; pride

impregnable

liveliness

exhausted/remote; far off

cliff

to feign

scolded

médica y hablaba de ella como otros hablan de
Dios. Por eso lo turbaba° la insensatez en que
se había colocado su mujer, incapaz de hacer
otra cosa que llorar y maldecir° al destino.

    Aislaron a la niña en una sala de terapia
intensiva. Un lugar blanco y limpio al que las
madres sólo podían entrar media hora diaria.
Entonces se llenaba de
oraciones° y ruegos. Todas
las mujeres persignaban°
el rostro de sus hijos, les
recorrían el cuerpo con
estampas y agua bendita°,
pedían a todo Dios que los
dejara vivos. La tía Jose
no conseguía sino llegar
junto a la cuna° donde su
hija apenas respiraba para
pedirle: "no te mueras".
Después lloraba y lloraba
sin secarse los ojos ni
moverse hasta que las
enfermeras le avisaban
que debía salir.

    Entonces volvía a
sentarse en las bancas
cercanas a la puerta,
con la cabeza sobre las
piernas, sin hambre
y sin voz, rencorosa°
y arisca°, ferviente° y desesperada. ¿Qué
podía hacer? ¿Por qué tenía que vivir su
hija? ¿Qué sería bueno ofrecerle a su cuerpo
pequeño lleno de agujas y sondas° para
que le interesara quedarse en este mundo?
¿Qué podría decirle para convencerla de
que valía la pena hacer el esfuerzo en vez
de morirse?

    Una mañana, sin saber la causa, iluminada
sólo por los fantasmas de su corazón, se
le acercó a la niña y empezó a contarle las
historias de sus antepasadas°. Quiénes habían
sido, qué mujeres tejieron° sus vidas con qué
hombres antes de que la boca y el ombligo
de su hija se anudaran° a ella. De qué estaban
hechas, cuántos trabajos°
habían pasado, qué penas
y jolgorios° traía ella
como herencia. Quiénes
sembraron con intrepidez°
y fantasías la vida que le
tocaba prolongar.

    Durante muchos
días recordó, imaginó,
inventó. Cada minuto
de cada hora disponible
habló sin tregua° en
el oído de su hija. Por
fin, al atardecer de un
jueves, mientras contaba
implacable alguna historia,
su hija abrió los ojos y la
miró ávida° y desafiante,
como sería el resto de su
larga existencia.

    El marido de tía
Jose dio las gracias a los
médicos, los médicos
dieron gracias a los adelantos de su ciencia,
la tía abrazó a su niña y salió del hospital sin
decir una palabra. Sólo ella sabía a quiénes
agradecer la vida de su hija. Sólo ella supo
siempre que ninguna ciencia fue capaz
de mover tanto, como la escondida en los
ásperos° y sutiles° hallazgos de otras mujeres
con los ojos grandes. ■

Marginal glosses:
- disturbed; embarrassed (40)
- to damn; to curse
- prayers
- crossed
- holy
- cradle (55)
- spiteful
- churlish/ fervent
- probes; catheters
- ancestors (80)
- wove
- tied
- hardships
- boisterous frolic (85)
- bravery
- relentlessly (95)
- avid; eager
- rough; harsh/ subtle

Después de leer

Mujeres de ojos grandes
Ángeles Mastretta

1 Comprensión Contesta las siguientes preguntas con oraciones completas.

1. ¿Quiénes son los personajes de este relato?

2. ¿Tía Jose lleva inmediatamente a su hija al hospital?

3. ¿Qué piensa el marido de la ciencia de los médicos y del comportamiento de su esposa?

4. ¿Qué historias le cuenta tía Jose a su hija? ¿Son todas reales?

5. Para el padre de la niña, ¿qué o quién le salvó la vida? ¿Y para tía Jose?

2 Análisis Lee el relato nuevamente y contesta las preguntas.

1. Los ojos de la hija de tía Jose son "grandes como dos lunas, como un deseo". ¿Por qué se eligen estos dos términos para la comparación? ¿Puedes encontrar otras comparaciones en el cuento?

2. La expresión "las alas de sus labios" es un recurso ya analizado. ¿Cómo se llama?

3. En el hospital, la niña es llevada lejos de su madre, "tras una puerta que le prohibía la entrada". ¿A qué lugar se refiere?

4. Tía Jose comienza a contarle historias a su hija "iluminada por los fantasmas de su corazón". Reflexiona: ¿los fantasmas se asocian con la luz o con la oscuridad? ¿A quiénes se refiere la palabra "fantasmas" en el relato?

3 Interpretación En parejas, respondan las preguntas.

1. El personaje de la tía Jose pierde la voz ante la enfermedad de su hija. ¿Cómo recupera la voz y por qué?

2. La hija de tía Jose tiene ojos grandes al igual que las mujeres de los relatos que le cuenta su madre. ¿Qué creen que simboliza esto?

3. El padre agradece a los médicos por haber salvado a la niña; los médicos agradecen a la ciencia. ¿Por qué tía Jose "salió del hospital sin decir una palabra"?

4. ¿Qué creen que salvó la vida de la niña? ¿Conocen algún caso de recuperación asombrosa en la vida real?

4 Debate Formen dos grupos: uno debe hacer una lista de los argumentos que usó el marido de tía Jose para tranquilizarla en el hospital; el otro grupo debe imaginar cuáles eran las razones de las mujeres que rezaban (*prayed*) para sanar a sus hijos. Cuando hayan terminado la lista, organicen un debate para discutir las alternativas defendiendo el argumento que les tocó y señalando las debilidades del argumento contrario.

5 Historias Redacta una de las historias que la tía Jose le contó a su hija. Utiliza algunos de los usos de **por** y **para**. Incluye por lo menos dos comparaciones.

Antes de leer

Vocabulario

afligir *to afflict*

descubrir *to discover*

la dolencia *illness; condition*

la genética *genetics*

el/la indígena *indigenous person*

el/la investigador(a) *researcher*

la lesión *wound*

la población *population*

el pueblo *people*

recetar *to prescribe*

Oraciones incompletas Completa las oraciones con la palabra apropiada. No repitas palabras.

1. La diversidad cultural de Latinoamérica es un efecto del contacto entre múltiples _____.

2. La _____ es la ciencia que estudia la herencia biológica.

3. La _____ de este laboratorio trabaja para _____ un tratamiento nuevo para el cáncer.

4. Cuando los españoles llegaron a Suramérica se encontraron con los _____ que estaban allí.

5. Los doctores trabajan para curar las _____ que _____ a los enfermos.

6. Debido a la epidemia, toda la _____ debe ponerse la vacuna.

Conexión personal ¿Puedes pensar en alguna enfermedad o dolencia que afecta a tu comunidad o a un grupo que conoces? ¿Ha recibido la comunidad alguna ayuda?

Contexto cultural

Situada en una zona de tránsito entre Norteamérica y Suramérica, Colombia presenta un lugar ideal para la convergencia de múltiples culturas. La mayoría de los habitantes son mestizos, es decir, descendientes de europeos y amerindios. Hay también más de diez millones de afrocolombianos —casi el veinte por ciento de la nación entera— y una población indígena que cuenta con más de 700.000 habitantes. De esta diversidad étnica han surgido (*have arisen*) costumbres variadas, una riquísima tradición musical y la multiplicidad lingüística. El lenguaje oficial del país es el español, pero todavía se hablan más de sesenta lenguas indígenas.

La ciencia: la nueva arma en una guerra antigua

1 Famoso por su talento especial con el arco y la flecha°, el pueblo *bow and arrow*
indígena Chimila tiene una historia larga de rebelión y resistencia
contra los españoles de la época colonial. Estos valientes guerreros° *warriors*
formaron una sorprendente potencia militar que parecía imposible
5 de conquistar. Ahora, en nuestra época, los indígenas Chimila hacen
guerra a° unos enemigos muy distintos: la pobreza, la falta de recursos° *wage war against/*
médicos y enfermedades endémicas sin solución. *lack of resources*

Por fortuna, tienen aliados° en su lucha°.
La Expedición Humana es una organización
que identifica y trata de° resolver los
problemas que afligen particularmente a las
comunidades indígenas y afrocolombianas.

En los últimos quince años, varios grupos
de la Expedición Humana se han integrado
en numerosas comunidades con el fin de°
determinar sus verdaderas necesidades.
De esta manera, los investigadores han
descubierto° que los Chimila tienen una
incidencia sorprendentemente alta de
una enfermedad dermatológica llamada
prurigo actínico°. Esta enfermedad
ataca a varios grupos indígenas en toda
Latinoamérica y se considera incurable.
Aparece° normalmente en niños pequeños
en forma de lesiones y, en situaciones
graves, puede afectar los ojos y la vista.
A pesar de su potencial gravedad, el prurigo
actínico ha recibido muy poca atención por
parte de la comunidad médica mundial.

Al estudiar el caso desde muchos ángulos,
el equipo de la Expedición Humana encontró
información en varias fuentes° interesantes,
incluyendo los artefactos precolombinos°. De
las cerámicas con dibujos de enfermos que
desenterraron° los arqueólogos, aprendieron
que problemas similares han afectado a
las poblaciones colombianas desde hace
2.500 años. Los investigadores sabían que
la exposición al sol provoca la aparición
del prurigo actínico, pero tenían muchas
preguntas. ¿Por qué afecta especialmente
a ciertas comunidades? En una población
como los indígenas Chimila, ¿por qué aflige
sólo a ciertas personas? ¿Qué tienen en
común estos pacientes?

Los científicos decidieron explorar la
base genética de la enfermedad. Después
de años de investigación, el equipo de la
Expedición Humana confirmó que existe una
predisposición genética que, en combinación
con la exposición al sol, causa las lesiones.
Gracias a la cooperación de los Chimila
en los estudios, los investigadores pudieron
desarrollar° tratamientos más efectivos que
utilizan medicamentos con menos efectos
secundarios que los que habitualmente
recetaban° los médicos. Estos medicamentos
alternativos, asimismo, son de fácil adquisición
y de bajo costo.

Según los Centros para el Control y
la Prevención de Enfermedades° del
gobierno de los Estados Unidos, la mayoría
de las dolencias más comunes son el
resultado de la interacción entre genes y
ciertos factores medioambientales°. Los
estudios que ha realizado la Expedición
Humana son un modelo de cooperación
entre personas de diferentes comunidades
y de integración de muchas maneras de
investigar. Nos ofrecen un ejemplo a imitar
en la gran batalla° contra las enfermedades
del mundo. ∎

glosas marginales:
- allies/fight (8)
- tries (10)
- with the aim of (15)
- discovered
- a chronic skin disorder
- It appears
- sources
- pre-Columbian
- dug up (35)
- to develop (55)
- prescribed
- Centers for Disease Control and Prevention (CDC)
- environmental (65)
- battle (70)

Detalles de la investigación

- El prurigo actínico afecta principalmente a poblaciones indígenas y mestizas de países como México, Guatemala, Honduras, Colombia, Perú, Bolivia y el norte de Argentina, así como Canadá y Estados Unidos.

- Entre 704 habitantes de la comunidad Chimila, se diagnosticaron 56 casos.

- Fundada por el Instituto de Genética Humana de la Pontificia Universidad Javeriana de Bogotá, la Expedición Humana reúne a profesores, científicos y estudiantes con el propósito de servir a los pueblos colombianos que viven aislados de la capital y que tradicionalmente están menos representados en los estudios científicos del país.

- En la etapa llamada la Gran Expedición Humana (1992–3), los investigadores realizaron 17 viajes en los que participaron 320 personas, que visitaron 35 comunidades y atendieron alrededor de 8.000 pacientes en los lugares más apartados de Colombia.

Después de leer

La ciencia: la nueva arma en una guerra antigua

1) Comprensión Responde a las preguntas con oraciones completas.

1. ¿Contra quiénes lucharon los Chimila durante la época colonial?
2. ¿Qué han descubierto los investigadores de la Expedición Humana?
3. ¿Qué es el prurigo actínico?
4. ¿Ha recibido el prurigo actínico mucha atención por parte de la comunidad médica mundial?
5. ¿Qué descubrimiento por parte de unos arqueólogos ayudó a la Expedición Humana?
6. ¿Qué decidieron explorar los científicos de la Expedición Humana?

2) Preguntas Contesta las preguntas con oraciones completas.

1. ¿Cuál es la fama de los indígenas Chimila?
2. ¿Cuáles son algunos de los problemas que afectan al pueblo Chimila?
3. ¿Por qué es importante el desarrollo de nuevos tratamientos?
4. ¿Cuáles son los dos factores principales relacionados con la aparición de la enfermedad?
5. ¿Cuál es el objetivo de la Expedición Humana?
6. Según la perspectiva de los Centros para el Control y la Prevención de Enfermedades, ¿es el prurigo actínico una enfermedad inusual? Explica tu respuesta.

3) Los peligros del sol En parejas, imaginen que son médicos y que están hablando con un grupo de niños que no comprenden los peligros de la exposición al sol. ¿Qué preguntas deben hacerles? ¿Qué consejos pueden darles? Usen el imperativo para los consejos.

4) Debate Considerando el dinero y el tiempo que se necesitan para curar o combatir una enfermedad como el prurigo actínico, ¿es aceptable utilizar gran cantidad de recursos para investigar los productos de belleza? Divídanse en grupos de cuatro para debatir el tema. Compartan sus conclusiones con la clase.

5) Opiniones Uno de los objetivos de la Expedición Humana es ayudar a comunidades particulares. En tu opinión, ¿es bueno que una universidad gaste dinero en la investigación de una enfermedad poco estudiada aunque afecte a pocas personas? O bien, ¿es más importante que los científicos piensen en los problemas de la mayor parte de la población? Utilizando expresiones con el subjuntivo, describe en tres párrafos lo que piensas de los objetivos de la Expedición Humana y defiende tu posición.

MODELO No pienso que sea una buena idea gastar tanto dinero en investigar enfermedades que afectan a pocas personas./Creo que es fundamental que la Expedición Humana trabaje para ayudar a comunidades pequeñas con pocos recursos económicos.

Atando cabos

¡A conversar!

La nueva cafetería Trabajen en grupos de cuatro. Imaginen que son consultores/as contratados/as por una escuela o universidad para diseñar una nueva cafetería que cumpla con los objetivos del recuadro. Presenten su plan a la clase.

Objetivos de la nueva cafetería

- brindar a los estudiantes un espacio para socializar y relajarse
- ofrecer una selección de alimentos que sea atractiva pero que al mismo tiempo sea saludable y lo más natural posible
- informar a los estudiantes acerca de temas relacionados con la salud, la alimentación y el bienestar a través de afiches y otros elementos visuales

¡A escribir!

Un decálogo Imagina que eres médico/a. Sigue el **Plan de redacción** para escribir un decálogo en el que das diez consejos generales a tus pacientes para que lleven una vida sana.

Plan de redacción

Preparación: Prepara un esquema (*outline*) con los diez consejos más importantes.

Título: Elige un título para el decálogo.

Contenido: Escribe los diez consejos. Utiliza el subjuntivo o el imperativo en todos los consejos. Puedes incluir la siguiente información.

- qué alimentos se deben comer y cuáles se deben evitar
- cuántas comidas se deben consumir al día
- horas que se deben dormir
- hábitos que se deben evitar

Cuídese:

1. Haga ejercicio tres veces a la semana como mínimo.
2. Es importante que no consuma muchas grasas.
3. Es esencial que...

Los síntomas y las enfermedades

la depresión	depression
la enfermedad	disease; illness
la gripe	flu
la herida	injury
el malestar	discomfort
la obesidad	obesity
el resfriado	cold
la respiración	breathing
la tensión (alta/ baja)	(high/low) blood pressure
la tos	cough
el virus	virus
contagiarse	to become infected
desmayarse	to faint
empeorar	to deteriorate; to get worse
enfermarse	to get sick
estar resfriado/a	to have a cold
lastimarse	to get hurt
permanecer	to remain; to last
ponerse bien/mal	to get well/sick
sufrir (de)	to suffer (from)
tener buen/mal aspecto	to look healthy/sick
tener fiebre	to have a fever
toser	to cough
agotado/a	exhausted
inflamado/a	inflamed
mareado/a	dizzy

Los médicos y el hospital

la cirugía	surgery
el/la cirujano/a	surgeon
la consulta	doctor's appointment
el consultorio	doctor's office
la operación	operation
los primeros auxilios	first aid
la sala de emergencias	emergency room

Las medicinas y los tratamientos

la aspirina	aspirin
el calmante	painkiller; tranquilizer
el jarabe	syrup
la pastilla	pill
la receta	prescription
el tratamiento	treatment
la vacuna	vaccine
la venda	bandage
el yeso	cast
curarse	to heal; to be cured
poner una inyección	to give a shot
recuperarse	to recover
sanar	to heal
tratar	to treat
curativo/a	healing

La salud y el bienestar

la alimentación	diet (nutrition)
la autoestima	self-esteem
el bienestar	well-being
el estado de ánimo	mood
la salud	health
adelgazar	to lose weight
dejar de fumar	to quit smoking
descansar	to rest
engordar	to gain weight
estar a dieta	to be on a diet
mejorar	to improve
prevenir (e:ie)	to prevent
relajarse	to relax
trasnochar	to stay up all night
sano/a	healthy

Más vocabulario

Expresiones útiles	Ver p. 127
Estructura	Ver pp. 134–136, 140–141 y 144–145

Cinemateca

el álbum (de fotos)	(photo) album
el asilo (de ancianos)	nursing home
el desorden	mess
el marco	frame
la paella	(Esp.) traditional rice and seafood dish
la tortilla	(Esp.) potato omelet
el trastero	storage room
apañar	to mend; to fix
apañarse	to manage
largarse	to take off
enseguida	right away
descalzo/a	barefoot

Literatura

el adelanto	improvement
la aguja	needle
la cordura	sanity
el/la enfermero/a	nurse
el hallazgo	finding; discovery
la insensatez	folly
el ombligo	navel
la pena	sorrow
el regocijo	joy
la terapia intensiva	intensive care
latir	to beat
desafiante	challenging

Cultura

la dolencia	illness; condition
la genética	genetics
el/la indígena	indigenous person
el/la investigador(a)	researcher
la lesión	wound
la población	population
el pueblo	people
afligir	to afflict
descubrir	to discover
recetar	to prescribe

Los viajes

Contextos

páginas 164–167

- De viaje
- El alojamiento
- La seguridad y los accidentes
- Las excursiones

Fotonovela

páginas 168–171

- *¡Buen viaje!*

Enfoques

Centroamérica

páginas 172–175

- **En detalle:** La Ruta del Café
- **Perfil:** El canal de Panamá
- **Ritmos:** Rubén Blades

Estructura

páginas 176–187

- Comparatives and superlatives
- The subjunctive in adjective clauses
- Negative and positive expressions

Manual de gramática

páginas 510–514

- Más práctica
- Más gramática

Cinemateca

páginas 188–191

- **Cortometraje:** *El anillo*

Lecturas

páginas 192–200

- **Literatura:** *La luz es como el agua* de Gabriel García Márquez
- **Cultura:** *La ruta maya*

Atando cabos

página 201

- ¡A conversar!
- ¡A escribir!

Communicative Goals

You will expand your ability to…

- make comparisons
- express uncertainty and indefiniteness
- use negative and positive expressions

Los viajes

De viaje

Para sus vacaciones, Cecilia y Juan **hicieron un viaje** al Caribe. El último día decidieron descansar en la piscina antes de **hacer las maletas**. Se durmieron... ¡y **perdieron el vuelo**! De todos modos, no querían **regresar**.

la bienvenida *welcome*
la despedida *farewell*
el destino *destination*
el itinerario *itinerary*
la llegada *arrival*
el pasaje (de ida y vuelta) *(round-trip) ticket*
el pasaporte *passport*
la temporada alta/baja *high/low season*
el/la viajero/a *traveler*

hacer las maletas *to pack*
hacer un viaje *to take a trip*
ir(se) de vacaciones *to take a vacation*
perder (e:ie) (el vuelo) *to miss (the flight)*
regresar *to return*

a bordo *on board*
retrasado/a *delayed*
vencido/a *expired*
vigente *valid*

El alojamiento

el albergue *hostel*
el alojamiento *lodging*
la habitación individual/doble *single/double room*
la recepción *front desk*
el servicio de habitación *room service*

alojarse *to stay*
cancelar *to cancel*
estar lleno/a *to be full*
quedarse *to stay*
reservar *to reserve*

de buena categoría *high quality*
incluido/a *included*
recomendable *recommendable; advisable*

La seguridad y los accidentes

el accidente (automovilístico) *(car) accident*
el/la agente de aduanas *customs agent*
el aviso *notice; warning*
el cinturón de seguridad *seatbelt*
el congestionamiento *traffic jam*
las medidas de seguridad *security measures*
la seguridad *safety; security*
el seguro *insurance*

ponerse/quitarse (el cinturón) *to fasten/to unfasten (the seatbelt)*
reducir (la velocidad) *to reduce (speed)*

peligroso/a *dangerous*
prohibido/a *prohibited*

NO ESTACIONAR

Las excursiones

Después de **recorrer** el Canal de Panamá, el **crucero navegó** hasta **Puerto** Limón, donde los viajeros pudieron disfrutar de dos días de **ecoturismo** en Costa Rica.

la aventura *adventure*
el/la aventurero/a *adventurer*
la brújula *compass*
el buceo *scuba diving*
el campamento *campground*
el crucero *cruise (ship)*
el (eco)turismo *(eco)tourism*
la excursión *excursion; tour*
la frontera *border*
el/la guía turístico/a *tour guide*
la isla *island*

las olas *waves*
el puerto *port*
las ruinas *ruins*
la selva *jungle*
el/la turista *tourist*
_____

navegar *to sail*
recorrer *to visit; to go around*
_____

lejano/a *distant*
turístico/a *tourist (adj.)*

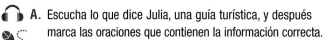

Práctica

1 Escuchar

A. Escucha lo que dice Julia, una guía turística, y después marca las oraciones que contienen la información correcta.

1. a. Los turistas llegaron hace una semana.
   b. La guía turística les da la bienvenida.

2. a. Los turistas se van a alojar en un campamento.
   b. Los turistas van a ir a un albergue.

3. a. El destino es una isla.
   b. El destino es la selva.

4. a. Les van a dar el itinerario mañana.
   b. El itinerario se lo darán la semana que viene.

B. Dos aventureros se separaron del grupo y tuvieron problemas. Escucha la conversación telefónica entre Mariano y el agente de viajes, y después contesta las preguntas.

1. ¿Qué les ha pasado a Mariano y a su novia?

2. ¿Adónde iban ellos cuando tuvieron el accidente?

3. ¿Tienen que pagar mucho por los médicos?

4. ¿Qué ha decidido la pareja?

2 Adivinanzas
Completa las palabras con la ayuda de las definiciones y de las letras que se dan.

1. documento necesario para ir a otro país

2. las forma el movimiento del agua del mar

3. vacaciones a bordo de un barco

4. instrumento que ayuda a saber dónde está el Polo Norte

5. línea que separa dos países

6. lugar del hotel donde te dan las llaves de la habitación

1. ___ ___ ___ ___ ___ o ___ ___ ___

2. ___ l ___ ___

3. ___ ___ ___ c ___ ___ ___

4. b ___ ___ ___ ___ ___ ___

5. ___ ___ ___ ___ ___ ___ ___ a

6. r ___ ___ ___ ___ ___ ___ ___ ___

Práctica

3 **Oraciones incompletas** Completa las oraciones con las palabras apropiadas de **Contextos**.

1. Si vas a estar solo/a en el hotel, tomas una habitación ___individual___

2. Cuando hay muchos coches en la calle al mismo tiempo, se producen ___congestionamientos___

3. Los barcos, cuando llegan a tierra, se amarran (*dock*) en los ___puertos___.

4. Si vas a viajar a otro país, tienes que comprobar que tu pasaporte no esté ___vencido___.

5. El deporte que se practica debajo del agua del mar es el ___buceo___.

4 **Planes** Haz los cambios que sean necesarios para completar la conversación.

a bordo	~~navegar~~	~~reservar~~
~~lleno/a~~	~~recorrer~~	~~retrasado/a~~

MAR ¿Qué quieres hacer hoy? ¿Quieres ir al crucero que (1) ___recorre___ las islas de la zona?

PEDRO ¿No hay que llamar antes para (2) ___reservar___ las plazas (*seats*)?

MAR No creo que el barco esté (3) ___lleno___. Espera, llamo por teléfono…

MAR ¡Tenemos suerte! El barco está (4) ___retrasado___, ahora sale a las diez y media. Tenemos que estar (5) ___a bordo___ a las diez. ¡En marcha!

PEDRO Perfecto, me gusta la idea. Hoy es un buen día para (6) ___navegar___

5 **De viaje** En parejas, utilicen palabras y expresiones de **Contextos** para escribir oraciones completas sobre cada dibujo. Sigan el modelo.

MODELO Primero Eva hizo las maletas. Metió camisetas, un traje de baño y…

1.

2.

3.

4.

5.

6.

Comunicación

6 **Problemas** En parejas, representen una de estas situaciones. Den detalles, excusas y razones y traten de buscar una solución al problema. Luego representen la situación para el resto de la clase.

1. | **ESTUDIANTE 1** Eres un(a) huésped en un hotel que está muy sucio. No te gusta el servicio de habitación y además hace demasiado calor en tu cuarto.
   ESTUDIANTE 2 Tu tío te ha dejado a cargo de su hotel. No sabes qué hacer. Es temporada alta y, como el hotel está lleno, tienes mucho que hacer.

2. | **ESTUDIANTE 1** Eres un(a) agente del gobierno apostado/a (*assigned to*) en la frontera. Nadie puede cruzar sin su pasaporte.
   ESTUDIANTE 2 Después de viajar por muchas horas, llegas con tu hermano/a a la frontera. Aunque traes identificación, olvidaste tu pasaporte.

3. | **ESTUDIANTE 1** Ibas manejando y has tenido un accidente. Te bajas del carro para hablar con el/la otro/a conductor(a). No tienes los papeles del seguro.
   ESTUDIANTE 2 Ibas manejando y has tenido un accidente. No llevabas el cinturón de seguridad puesto y te has roto una pierna.

7 **¡Bienvenidos!**

A. En grupos de cuatro, imaginen que trabajan en la Secretaría de Turismo de su ciudad. Tienen que organizar una visita turística de tres días. Conversen sobre las preguntas de la lista y luego preparen un itinerario detallado para los turistas.

- ¿Quiénes son los/las turistas y a qué aeropuerto/ puerto/estación llegan?

- ¿En qué hotel se alojan?

- ¿Qué excursiones pueden hacer?

- ¿Hay lugares exóticos para visitar?

- ¿Adónde pueden ir con un(a) guía turístico/a?

- ¿Pueden navegar en algún mar/río?

- ¿Hay algún museo/parque/edificio para visitar?

- ¿Pueden practicar algún deporte?

Tres días en Antigua Guatemala

B. Ahora reúnanse con otro grupo y túrnense para explicar sus itinerarios. Un grupo representa a los empleados de la Secretaría de Turismo y el otro a los turistas. Háganse preguntas específicas.

Fabiola y Éric se preparan para un viaje de ecoturismo a la selva amazónica.

1

2

3

DIANA Aquí están los boletos para Venezuela, la guía de la selva amazónica y los pasaportes… Después les doy la información del hotel.

ÉRIC Gracias.

FABIOLA Gracias.

ÉRIC ¿Me dejas ver tu pasaporte?

FABIOLA No me gusta como estoy en la foto. Me hicieron esperar tanto que salí con cara de enojo.

ÉRIC No te preocupes… Ésa es la cara que vas a poner cuando estés en la selva.

DIANA Es necesario que memoricen esto. A ver, repitan: tenemos que salir por la puerta 12.

FABIOLA, ÉRIC Y JOHNNY Tenemos que salir por la puerta 12.

DIANA El autobús del hotel nos va a recoger a las 8:30.

FABIOLA Y ÉRIC El autobús del hotel nos va a recoger a las 8:30.

6

7

8

ÉRIC Sí, pero en el Amazonas, Fabiola. ¡Amazonas!

MARIELA Es tan arriesgado que van a tener un guía turístico y el alojamiento más lujoso de la selva.

ÉRIC Mientras ella escribe su artículo en la seguridad del hotel, yo voy a estar explorando y tomando fotos. Debo estar protegido.

FABIOLA Según parece, de lo único que debes estar protegido es de ti mismo.

Juegan que están en la selva.

JOHNNY (*con la cara pintada*) ¿Cuál es el chiste? Los soldados llevan rayas… Lo he visto en las películas.

ÉRIC Intentémoslo nuevamente.

JOHNNY Esta vez soy un puma que te ataca desde un árbol.

ÉRIC Mejor.

Antes de despedirse, Éric guarda cosas en su maleta.

AGUAYO Por la seguridad de todos creo que debes dejar tu machete, Éric.

ÉRIC ¿Por qué debo dejarlo? Es un machete de mentiras.

DIANA Pero te puede traer problemas reales.

AGUAYO Todos en la selva te lo van a agradecer.

Personajes

 AGUAYO

 DIANA

 ÉRIC

 FABIOLA

 JOHNNY

 MARIELA

DIANA El último número que deben recordar es cuarenta y ocho dólares con cincuenta centavos.

FABIOLA Y ÉRIC Cuarenta y ocho dólares con cincuenta centavos.

JOHNNY Y ese último número, ¿para qué es?

DIANA Es lo que van a tener que pagar por llegar en taxi al hotel si olvidan los dos números primeros.

ÉRIC *(Entra vestido de explorador.)* Fuera, cobardes, la aventura ha comenzado.

MARIELA ¿Quién crees que eres? ¿México Jones?

ÉRIC No. Soy Cocodrilo Éric, el fotógrafo más valiente de la selva. Listo para enfrentar el peligro.

FABIOLA ¿Qué peligro? Vamos a hacer un reportaje sobre ecoturismo… ¡Ecoturismo!

ÉRIC ¿Alguien me puede ayudar a cerrar la maleta?

JOHNNY ¿Qué rayos hay acá dentro?

AGUAYO Es necesario que dejes algunas cosas.

ÉRIC Imposible. Todo lo que llevo es de primerísima necesidad.

JOHNNY ¿Cómo? ¿Esto?

Johnny saca un látigo de la maleta.

Diana cierra la maleta con cinta adhesiva.

DIANA Listo… ¡Buen viaje!

AGUAYO Espero que disfruten y que traigan el mejor reportaje que puedan.

JOHNNY Y es importante que no traten de mostrarse ingeniosos, ni cultos; sólo sean ustedes mismos.

DIANA Y no olviden sus pasaportes.

ÉRIC Ahora que me acuerdo… ¡lo había puesto en la maleta!

Expresiones útiles

Making comparisons

Soy el fotógrafo más valiente de la selva.
I am the bravest photographer in the jungle.

Van a tener el alojamiento más lujoso de la selva.
You're going to have the finest accommodations in the jungle.

Es el hotel menos costoso de la región.
It's the least expensive hotel in the region.

Ir en autobús es menos caro que ir en taxi.
It's less expensive to take a bus than a taxi.

El hotel es tan caro como el boleto.
The hotel is as expensive as the ticket.

Using negative and positive expressions

¿Alguien me puede ayudar?
Can somebody help me?

No hay nadie que te pueda ayudar.
There is no one who can help you.

Hay que dejar algunas cosas.
I/we/etc. have to leave some things behind.

No hay nada que pueda dejar.
There is nothing I can leave behind.

Additional vocabulary

arriesgado/a *risky*
de mentiras *pretend*
enfrentar *to confront*
lujoso/a *luxurious*
protegido/a *protected*
la puerta de embarque *(airline) gate*
¿Qué rayos...? *What on earth...?*
la raya *war paint; stripe*

Comprensión

1 **Comprensión** Contesta las preguntas con oraciones completas.

1. ¿Adónde van Éric y Fabiola?
2. ¿Por qué a Fabiola no le gusta la foto del pasaporte?
3. ¿A qué hora los recoge el autobús del hotel?
4. ¿Por qué van de viaje?
5. ¿Será realmente un viaje arriesgado?
6. ¿Por qué Éric tiene que dejar algunas cosas?

2 **Preguntas y respuestas** Une las preguntas de la **Fotonovela** con las respuestas apropiadas. Luego identifica quién dice cada oración.

AGUAYO **DIANA** **ÉRIC** **FABIOLA** **JOHNNY** **MARIELA**

_____ 1. ¿Me dejas ver tu pasaporte?

_____ 2. Y ese último número, ¿para qué es?

_____ 3. ¿Quién crees que eres? ¿México Jones?

_____ 4. ¿Por qué debo dejarlo? Es un machete de mentiras.

_____ 5. ¿Alguien me puede ayudar a cerrar la maleta?

a. Es lo que van a tener que pagar por llegar en taxi.

b. Es necesario que dejes algunas cosas.

c. No me gusta como estoy en la foto.

d. No, soy el fotógrafo más valiente de la selva.

e. Sí, pero te puede traer problemas reales.

3 **Consejos**

A. Diana y Aguayo les dan varios consejos a Fabiola y Éric antes de su viaje a la selva. Utiliza el subjuntivo o el infinitivo para completar las sugerencias que les dan.

1. Es necesario que _____ esto.
2. El último número que deben _____ es cuarenta y ocho dólares con cincuenta centavos.
3. Es lo que van a tener que _____ por llegar en taxi.
4. Creo que debes _____ tu machete.
5. Es necesario que _____ algunas cosas.
6. Espero que _____ y que _____ el mejor reportaje que puedan.

B. ¿Qué sugerencias les darían ustedes? En parejas, escriban una lista de seis o siete consejos, órdenes y sugerencias para que disfruten de sus vacaciones y eviten problemas.

MODELO Creo que deben probar la comida típica de Venezuela.

Espero que no hagan nada arriesgado y que tengan cuidado con los animales de la selva.

Ampliación

4 **¿Te gusta hacer ecoturismo?** En parejas, háganse las preguntas. Luego, recomienden un viaje ideal para su compañero/a según los resultados.

	Más o menos	No	
Sí	menos	No	
☐	☐	☐	1. ¿Te gusta ir de campamento?
☐	☐	☐	2. ¿Sabes prender fuego?
☐	☐	☐	3. ¿Sabes cocinar?
☐	☐	☐	4. ¿Te gusta ver animales salvajes?
☐	☐	☐	5. ¿Te gusta caminar mucho?
☐	☐	☐	6. ¿Puedes estar una semana sin bañarte?

Clave

Sí = 2 puntos
Más o menos = 1 punto
No = 0 puntos

Resultados

0 a 4 No intentes hacer ecoturismo.
5 a 8 Puedes hacer ecoturismo.
9 a 12 ¿Qué esperas para hacer ecoturismo?

5 **Apuntes culturales** En parejas, lean los párrafos y contesten las preguntas.

El felino más temido

Johnny juega a ser un puma listo para atacar a Éric. El puma habita en todo el continente americano, especialmente en montañas y bosques (*forests*). Por su fortaleza y agilidad, los incas lo consideraron el símbolo supremo de poder y fuerza. ¿Podrá Éric contra la astucia (*shrewdness*) de este felino?

Ecoturismo en Centroamérica

Fabiola y Éric van a realizar un reportaje sobre ecoturismo. En Centroamérica, el ecoturismo constituye no sólo una fuente importante de trabajo, sino también una forma de obtener recursos económicos para la administración de las áreas protegidas. Actualmente existen más de 550 áreas protegidas, lo que representa aproximadamente un 25% del territorio de la región.

El pulmón del planeta

La selva amazónica es la reserva ecológica generadora de oxígeno más grande del planeta. Comprende, entre otros países, Brasil, Venezuela y Perú. Es el hogar de numerosas comunidades indígenas, como los piaroas en Venezuela. ¿Qué pensarán los piaroas de las rayas de chocolate de Johnny?

1. ¿Qué animales fueron considerados sagrados en el pasado?, ¿y en la actualidad?

2. ¿Hay áreas protegidas en la región donde vives? ¿Cuál es su importancia para los habitantes de la zona? ¿Contienen especies amenazadas (*threatened*)?

3. ¿Conoces otros lugares en donde se puede hacer ecoturismo? ¿Cuáles son?

4. ¿Qué significa la expresión "el pulmón del planeta" (*the world's lung*)? ¿Qué otros "pulmones" existen? ¿Por qué es importante preservarlos?

En detalle

CENTROAMÉRICA

LA RUTA DEL CAFÉ

Los turistas que llegan al "ecoalbergue" Finca° Esperanza Verde, ubicado a 1.200 metros (4.000 pies) de altura en la selva tropical nicaragüense, descubren un paraíso natural con bosques, montañas exuberantes y aves tropicales. En este paraíso, los turistas pueden visitar un cafetal° y conocer los aspectos humanos y ecológicos que se conjugan° para que podamos disfrutar de algo tan simple como una taza de café.

El café, ese compañero de las mañanas, es el protagonista de la vida social, cultural y económica de Centroamérica. Para el visitante, esto salta a la vista apenas llega a estas tierras: el paisaje está cubierto de cafetales. Hoy día dos de las terceras partes del café de todo el mundo son de origen americano.

Esta popular bebida llegó a América en el siglo XVIII. Pocos años después, su cultivo° se había extendido por México y Centroamérica. Los precios bajos del café de los últimos años han llevado a los productores centroamericanos a diversificar sus actividades: han iniciado el cultivo de café orgánico, han creado cooperativas de comercio justo° que buscan alcanzar° precios más equitativos° para productores y consumidores y se ha empezado a promocionar el ecoturismo.

La ruta del café en el siglo XVIII

Venecia 1615
Europa
Estambul 1555
Marsella 1644
Persia
Santo Domingo 1731
café
África
El Cairo 1510
Caribe
Martinica 1730
Etiopía

El país pionero fue Costa Rica, que organizó la primera Ruta del Café, pero ya todos los países centroamericanos han creado sus rutas. Un día por la Ruta del Café suele constar de° una visita a las plantaciones de café, donde no sólo se conoce el proceso de cultivo y producción, sino que también se pueden tomar unas tazas de café. Después, se organizan almuerzos con platos típicos y, para terminar la jornada°, se visitan rutas históricas y pueblos cercanos donde los turistas pueden disfrutar del folklore local y comprar artesanías°. ∎

Finca *Farm* **cafetal** *coffee plantation* **se conjugan** *are combined* **cultivo** *cultivation* **justo** *fair* **alcanzar** *to reach* **equitativos** *equal; fair* **constar de** *to consist of* **jornada** *day* **artesanías** *handicrafts*

Los viajes

el turismo sostenible *sustainable tourism*
el turismo sustentable (Arg.)

el billete (Esp.) *ticket*
el boleto (Amér. L.)

el boleto redondo (Méx.) *round-trip ticket*

la autopista (Esp.) *highway; toll road*

la autovía (Esp.) *highway*

la carretera (Esp.) *road*

la burra (Gua.) *bus*
la guagua (Rep. Dom.)

De América al mundo

El tomate Su nombre se deriva de la palabra náhuatl° *tomatl*. Entró en Europa por la región de Galicia en el noroeste de España y se extendió luego a Francia e Italia. Los españoles y portugueses lo difundieron° por el Oriente Medio, África, Estados Unidos y Canadá.

El maíz Es uno de los cereales de mayor producción mundial junto con el trigo y el arroz. A pesar de controversias acerca de su origen exacto, los investigadores coinciden en que indígenas de América Central y México lo difundieron por el continente, los conquistadores lo introdujeron a Europa y los comerciantes lo llevaron a Asia y África.

La papa o patata Estudios científicos ubican el origen de la papa en el Perú. En la actualidad, la papa se consume por todo el mundo, pero Bielorrusia (Europa Oriental) es el mayor consumidor mundial con un promedio anual de 169 kilogramos (372 libras) por persona.

EL CANAL DE PANAMÁ

El Canal de Panamá, una de las obras arquitectónicas más extraordinarias del planeta, une° los océanos Atlántico y Pacífico a través del istmo° de Panamá. Es, a su vez, una ruta importantísima para la economía mundial, pues lo cruzan° más de 12.000 barcos por año, es decir, unos 230 barcos por semana. La monumental obra, construida por los Estados Unidos entre 1904 y 1914, consta de dos lagos artificiales, varios canales, tres estructuras de compuertas° y una represa°. Como no todo el canal se encuentra al nivel del mar, la finalidad° de las esclusas° es subir y bajar los barcos entre los niveles de los dos océanos y el nivel del canal. Dependiendo del tránsito, la travesía° por este atajo° de 80 kilómetros (50 millas) puede demorar° hasta 10 horas. Panamá y Estados Unidos negociaron la entrega del canal a Panamá en 1977, que pasó a estar bajo control panameño el 31 de diciembre de 1999.

❝ Viajar es imprescindible y la sed de viaje, un síntoma neto de inteligencia. ❞ (Enrique Jardiel Poncela, escritor español)

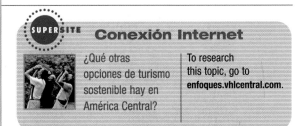

SUPERSITE Conexión Internet

¿Qué otras opciones de turismo sostenible hay en América Central?

To research this topic, go to **enfoques.vhlcentral.com.**

---

une *links* **istmo** *isthmus* **cruzan** *cross* **compuertas** *lockgates* **represa** *dam* **finalidad** *purpose* **esclusas** *locks* **travesía** *crossing (by boat)* **atajo** *shortcut* **demorar** *last* **náhuatl** *Uto-Aztecan language* **difundieron** *spread*

¿Qué aprendiste?

1 **¿Cierto o falso?** Indica si estas afirmaciones son **ciertas** o **falsas**. Corrige las falsas.

1. Finca Esperanza Verde se encuentra en una zona montañosa de Costa Rica.

2. Los turistas que van a Finca Esperanza Verde pueden visitar un cafetal que se encuentra allí mismo.

3. La mitad del café mundial se produce en América.

4. El café es originario del continente americano.

5. El café entró en América a través de México.

6. Los productores tuvieron que diversificar sus actividades debido a los precios bajos del café.

7. La finalidad de las cooperativas de comercio justo es ayudar a que los productores reciban un pago justo y los consumidores paguen precios razonables.

8. El primer país en crear una Ruta del Café fue Honduras.

9. Los turistas pueden visitar las plantaciones pero no pueden presenciar el proceso de producción.

10. Los turistas que van a la Ruta del Café suelen visitar también las rutas históricas de la zona.

2 **Oraciones incompletas** Completa las oraciones con la información correcta.

1. El Canal de Panamá está en manos panameñas _____.

2. El Canal de Panamá tiene _____ artificiales.

3. Se usa un sistema de esclusas porque _____.

4. En la República Dominicana, *guagua* significa _____.

5. _____ difundieron el tomate por Oriente Medio.

3 **Preguntas** En parejas, contesten las preguntas.

1. ¿Qué papel tiene el café en tu cultura? ¿Tiene la misma importancia que en la cultura centroamericana?

2. ¿Prefieres productos ecológicos y los productos que garantizan el comercio justo o compras productos comunes?

3. ¿Qué tipo de turismo sueles hacer? ¿Hiciste alguna vez ecoturismo?

4. ¿Qué alimentos provenientes de otros continentes forman parte de tu dieta?

4 **Opiniones** En grupos de tres, hablen sobre estas preguntas: ¿Es bueno para los países recibir turismo? ¿Por qué? ¿Qué consecuencias tiene la llegada del turismo a ciertas zonas? ¿Qué beneficios tiene viajar?

PROYECTO

Un viaje por la Ruta del Café

Busca información sobre una excursión organizada por una Ruta del Café. Imagina que vas a la excursión y escribe una pequeña descripción de un día de visita, basándote en la información que has encontrado.

Incluye información sobre:
- los platos típicos que comiste
- los pueblos que visitaste
- lo que aprendiste sobre el café
- qué fue lo más interesante de la visita
- lo que compraste para llevar a casa

RUBÉN BLADES

Rubén Blades es quizás el artista más famoso en la historia de la música panameña. Heredó°
la pasión musical de sus padres: su madre tocaba el piano y su padre era percusionista. Blades no es
sólo artista; también es abogado y político. Estudió derecho° en Panamá y luego en los Estados Unidos,
adonde él y su familia emigraron por problemas políticos. Allí, Blades encontró el espacio
para desarrollar su talento musical: con canciones como *Pedro Navaja*
transformó para siempre la salsa, género que hasta ese entonces no
solía hablar de la problemática social latinoamericana. Incursionó además
en otros géneros musicales: en *El capitán y la sirena*, explora ritmos
asiáticos. Blades ha recibido incontables reconocimientos, entre ellos
varios premios Grammy y en 2000 el título de Embajador Mundial contra
el Racismo, otorgado° por la ONU.

Discografía

2002 Mundo   **1999** Tiempos   **1978** Siembra

Canción

Éste es un fragmento de una canción de Rubén Blades.

El capitán y la sirena

Una vez, un barco en plena alta mar
se hundió° en una fiera° tormenta.
Una bella sirena° salvó al capitán
y lo devolvió hasta la arena°.
Y el capitán de ella se enamoró,
y aunque también lo amó la sirena,
venían de mundos distintos los dos,
y su amor les sería una condena°.

La música de Blades se
caracteriza por la gran
experimentación musical.
Éstos son algunos de los
instrumentos que ha
empleado en sus canciones.

el chekere (África)

el bongó (Cuba)

la clave (Cuba)

el didgeridoo (Australia)

 Preguntas En parejas, contesten las preguntas.

1. ¿Dónde y cuándo descubre Blades la pasión por la música?
2. ¿Por qué se caracteriza la música de Blades? ¿Qué instrumentos utiliza? ¿Los has tocado
   alguna vez?
3. En la canción, ¿qué le ocurrió al capitán? ¿Quién lo ayudó? ¿Cómo?
4. ¿Qué historia cuenta la canción? ¿Por qué Blades habla de "mundos distintos"?

Heredó *He inherited* **derecho** *law* **otorgado** *awarded* **se hundió** *sank* **fiera** *fierce* **sirena** *mermaid* **arena** *sand* **condena** *sentence; condemnation*

5.1 Comparatives and superlatives

Comparisons of inequality

- With adjectives, adverbs, nouns, and verbs, these constructions are used to make comparisons of inequality (*more than/less than*).

TALLER DE CONSULTA

MANUAL DE GRAMÁTICA
Más práctica

5.1 Comparatives and superlatives, p. 510
5.2 The subjunctive in adjective clauses, p. 511
5.3 Negative and positive expressions, p. 512

Más gramática

5.4 **Pero** and **sino**, p. 513

$$\text{más/menos} + \begin{bmatrix} \textit{adjective} \\ \textit{adverb} \\ \textit{noun} \end{bmatrix} + \text{que} \qquad \begin{bmatrix} \textit{verb} \end{bmatrix} + \text{más/menos que}$$

ADJECTIVE

Este hotel es **más elegante que** el otro.
This hotel is more elegant than the other one.

NOUN

Franco tiene **menos tiempo que** Clementina.
Franco has less time than Clementina does.

ADVERB

¡Llegaste **más tarde que** yo!
You arrived later than I did!

VERB

Mi hermano **viaja menos que** yo.
My brother travels less than I do.

- Before a number (or equivalent expression), more/less than is expressed with **más/menos de.**

Un pasaje de ida y vuelta va a costar **más de** quinientos dólares.
A round-trip ticket will cost more than five hundred dollars.

Te consigo una respuesta en **menos de** media hora.
I'll get you an answer in less than half an hour.

Comparisons of equality

- These constructions are used to make comparisons of equality.

$$\text{tan} + \begin{bmatrix} \textit{adjective} \\ \textit{adverb} \end{bmatrix} + \text{como} \qquad \text{tanto/a(s)} + \begin{bmatrix} \textit{singular noun} \\ \textit{plural noun} \end{bmatrix} + \text{como}$$
$$\begin{bmatrix} \textit{verb} \end{bmatrix} + \text{tanto como}$$

¡ATENCIÓN!

Tan and **tanto** can also be used for emphasis, rather than to compare:

tan *so*
tanto *so much*
tantos/as *so many*

¡El viaje es tan largo!
The trip is so long!

¡Viajas tanto!
You travel so much!

¿Siempre traes tantas maletas?
Do you always bring so many suitcases?

ADJECTIVE

El vuelo de regreso no parece **tan largo como** el de ida.
The return flight doesn't seem as long as the flight over.

NOUN

Cuando viajo a la ciudad, tengo **tantas maletas como** tú.
When I travel to the city, I have as many suitcases as you do.

ADVERB

Se puede ir de Madrid a Sevilla **tan rápido** en tren **como** en avión.
You can get from Madrid to Sevilla as quickly by train as by plane.

VERB

Guillermo **disfrutó tanto como** yo en las vacaciones.
Guillermo enjoyed our vacation as much as I did.

Superlatives

- This construction is used to form superlatives (**superlativos**). The noun is preceded by a definite article, and **de** is the equivalent of *in* or *of*.

$$\text{el/la/los/las} + \boxed{\textit{noun}} + \text{más/menos} + \boxed{\textit{adjective}} + \text{de}$$

Ésta es **la playa más bonita de** todas.
This is the prettiest beach of them all.

Es **el hotel menos caro del** pueblo.
It is the least expensive hotel in town.

- The noun may also be omitted from a superlative construction.

¿Conoce usted un buen restaurante en Sevilla?

Do you know a good restaurant in Sevilla?

Las Dos Palmas es **el más elegante de** la ciudad.

Las Dos Palmas is the most elegant one in the city.

Irregular comparatives and superlatives

Adjective	Comparative form	Superlative form
bueno/a *good*	mejor *better*	el/la mejor *best*
malo/a *bad*	peor *worse*	el/la peor *worst*
grande *big*	mayor *bigger*	el/la mayor *biggest*
pequeño/a *small*	menor *smaller*	el/la menor *smallest*
joven *young*	menor *younger*	el/la menor *youngest*
viejo/a *old*	mayor *older*	el/la mayor *oldest*

- When **grande** and **pequeño/a** refer to size and not age or quality, the regular comparative and superlative forms are used.

Ernesto es **mayor** que yo.
Ernesto is older than I am.

Ese edificio es **el más grande** de todos.
That building is the biggest one of all.

- When **mayor** and **menor** refer to age, they follow the noun they modify.

María Fernanda es mi hermana **menor**.
María Fernanda is my younger sister.

Hubo un **menor** número de turistas.
There was a smaller number of tourists.

- The adverbs **bien** and **mal** also have irregular comparatives, **mejor** and **peor**.

Mi esposo maneja muy mal.
¿Y el tuyo?
My husband is a bad driver. How about yours?

Tú puedes hacerlo bien por ti mismo.
You can do it well by yourself.

¡Mi esposo maneja **peor** que los turistas!
My husband drives worse than the tourists!

Ayúdame, que tú lo haces **mejor** que yo.
Help me; you do it better than I do.

¡ATENCIÓN!

Absolute superlatives
The suffix **–ísimo/a** is added to adjectives and adverbs to form the absolute superlative.

This form is the equivalent of *extremely* or *very* before an adjective or adverb in English.

malo → malísimo

mucha → muchísima

difícil → dificilísimo

fácil → facilísimo

Adjectives and adverbs with stems ending in **c**, **g**, or **z** change spelling to **qu**, **gu**, and **c** in the absolute superlative.

ri̱co → riquísimo

laṟga → larguísima

feli̱z → felicísimo

Adjectives that end in **–n** or **–r** form the absolute superlative by adding **–císimo/a**.

joven → jovencísimo

 **Práctica**

TALLER DE CONSULTA

MANUAL DE GRAMÁTICA
Más práctica

5.1 Comparatives and
superlatives, p. 510

1 **Demasiadas deudas** Ágata trabaja en una agencia de viajes y su amiga Elena en un hotel. Completa la conversación con las palabras de la lista.

baratísimos	más	menor	muchísimas
como	mejor	menos	que

ELENA Tengo (1) _muchísimas_ deudas (*debts*) y necesito ganar (2) _más_ dinero.

ÁGATA ¿Por qué no mandas tu currículum a mi empresa? No es tan prestigiosa (3) _como_ la tuya, pero paga mejor.

ELENA Tú trabajas (4) _menos_ horas (5) _que_ yo, pero ganas más.

ÁGATA Y cuando quiero viajar, los pasajes me salen (6) _baratísimos_, mientras que en el hotel no te dan ni el (7) _menor_ descuento.

ELENA ¡Sin duda el trabajo tuyo es (8) _mejor_ que el mío!

2 **El peor viaje de su vida** Conecta las frases de la izquierda con las correspondientes de la derecha para formar oraciones lógicas.

_____ 1. El sábado pasado Alberto y yo hicimos el peor

_____ 2. Yo llegué al aeropuerto más temprano

_____ 3. Pero él pasó por seguridad más rápido

_____ 4. Luego anunciaron que el vuelo estaba retrasado más

_____ 5. Por fin salimos, tan cansados

_____ 6. De repente, hubo un olor

_____ 7. Alberto gritaba tanto

_____ 8. Al final pasamos las vacaciones en casa, lo cual fue

a. como enojados.

b. como yo hasta que logramos aterrizar (*land*).

c. de tres horas a causa de un problema mecánico.

d. malísimo; ¡el motor se había prendido fuego!

e. menos interesante pero mucho más seguro.

f. que Alberto y no lo podía encontrar.

g. que yo y por fin nos encontramos en la puerta de embarque.

h. viaje de nuestra vida.

3 **Oraciones** Mira la información del cuadro y escribe cinco oraciones con superlativos y cinco con comparativos. Sigue el modelo.

MODELO *Harry Potter* es más popular que *El Señor de los Anillos. Harry Potter* es el libro más vendido de la década.

Harry Potter	libro	menor
Jennifer López	cantante y actriz	famosa
Donald Trump	hombre de negocios	rico
El Nilo	río	largo
Disneyland	lugar	feliz

Comunicación

4 Un viaje inolvidable

A. Habla con un(a) compañero/a sobre el viaje más inolvidable de tu vida. Puede ser un viaje buenísimo o un viaje malísimo, e incluso puede ser un viaje imaginario. Debes hacer por lo menos siete u ocho oraciones usando comparativos y superlativos y algunas de las palabras de la lista. Túrnense.

mejor/peor que	tan
más/menos que	como
de los mejores/peores	buenísimo/malísimo

B. Ahora describe el viaje de tu compañero/a al resto de la clase. La clase tratará de adivinar qué viajes son verdaderos y cuáles son ficticios.

5 Las vacaciones ideales
En grupos de cuatro, imaginen que son miembros de una familia que ganó un viaje de tres semanas a cualquier país del mundo. El único problema es que tienen que llegar a una decisión unánime para ganar su premio.

A. Primero, cada uno/a debe decidir cuál es el país ideal para sus vacaciones y escribir una descripción breve con las razones para escogerlo. Utiliza comparativos y superlativos en tu descripción.

La República Dominicana

México

Costa Rica

Venezuela

B. Luego, túrnense para presentar sus opiniones y traten de convencer a los demás de que su país ideal es el mejor de todos. Deben usar comparativos y superlativos para comparar las atracciones de cada país. Compartan su decisión final con la clase.

> **MODELO** Es obvio que Venezuela es el mejor país para nuestras vacaciones. Venezuela tiene la catarata más alta del mundo y unas playas tan bonitas como las de la República Dominicana. Leí en un libro que en la selva amazónica hay mayor cantidad de aves que en Costa Rica. Además, ¡las arepas venezolanas son más ricas que las tortillas mexicanas!

5.2 The subjunctive in adjective clauses

- When the subordinate clause of a sentence refers to something (the antecedent) that is known to exist, the indicative is used. When the antecedent is uncertain or indefinite, the subjunctive is used.

MAIN CLAUSE	CONNECTOR	SUBORDINATE CLAUSE
Busco un trabajo	**que**	**pague bien.**

ANTECEDENT CERTAIN → INDICATIVE

Necesito el libro que **tiene** información sobre las ruinas mayas.
I need the book that has information about Mayan ruins.

Buscamos los documentos que **describen** el itinerario del viaje.
We're looking for the documents that describe the itinerary for the trip.

Aquí hay alguien que **conoce** muy bien la zona.
There is someone here who knows the area very well.

ANTECEDENT UNCERTAIN → SUBJUNCTIVE

Necesito un libro que **tenga** información sobre las ruinas mayas.
I need a book that has information about Mayan ruins.

Buscamos documentos que **describan** el itinerario del viaje.
We're looking for (any) documents that (may) describe the itinerary for the trip.

¿Hay alguien aquí que **conozca** muy bien la zona?
Is there anyone here who knows the area very well?

- When the antecedent of an adjective clause is a negative pronoun (**nadie, ninguno/a**), the subjunctive is used in the subordinate clause.

¡No hay nadie que la pueda cerrar, Éric!

No hay nada que pueda dejar.

ANTECEDENT CERTAIN → INDICATIVE

Elena tiene tres parientes que **viven** en San Salvador.
Elena has three relatives who live in San Salvador.

Para su viaje, hay dos países que **requieren** una visa.
For your trip, there are two countries that require visas.

Hay muchos viajeros que **quieren** quedarse en el hotel.
There are many travelers who want to stay at the hotel.

ANTECEDENT UNCERTAIN → SUBJUNCTIVE

Elena no tiene **ningún** pariente que **viva** en La Palma.
Elena doesn't have any relatives who live in La Palma.

Para su viaje, no hay **ningún** país que **requiera** una visa.
For your trip, there are no countries that require a visa.

No hay **nadie** que **quiera** alojarse en el albergue.
There is nobody who wants to stay at the hostel.

- The personal **a** is not used with direct objects that represent persons whose existence is uncertain.

ANTECEDENT UNCERTAIN → SUBJUNCTIVE	ANTECEDENT CERTAIN → INDICATIVE
Busco un guía que **hable** inglés. *I'm looking for a guide who speaks English.*	Conozco **a** un guía que **habla** inglés. *I know a guide who speaks English.*

- The personal **a** is maintained before **nadie** and **alguien**, even when their existence is uncertain.

ANTECEDENT UNCERTAIN → SUBJUNCTIVE	ANTECEDENT CERTAIN → INDICATIVE
No conozco **a nadie** que **se queje** tanto como mi suegra. *I don't know anyone who complains as much as my mother-in-law.*	Yo conozco **a alguien** que **se queja** aún más... ¡la mía! *I know someone who complains even more... mine!*

- The subjunctive is commonly used in questions with adjective clauses when the speaker is trying to find out information about which he or she is uncertain. If the person who responds knows the information, the indicative is used.

ANTECEDENT UNCERTAIN → SUBJUNCTIVE	ANTECEDENT CERTAIN → INDICATIVE
¿Me recomienda usted un hotel que **esté** cerca de la costa? *Can you recommend a hotel that is near the coast?*	Sí, el hotel Flamingo **está** justo en la playa. *Yes, the Flamingo Hotel is right on the beach.*
¿Tiene otra brújula que **sea** más fácil de usar? *Do you have another compass that is easier to use?*	Vea ésta y, si no, tengo tres más que **son** muy fáciles de usar. *Look at this one, and if not, I have three others that are very easy to use.*

Hotel Tucán

En el hotel Tucán su satisfacción es lo más importante. Si hay alguna cosa que podamos hacer para mejorar nuestros servicios, no dude en informarnos.

 **Práctica**

TALLER DE CONSULTA

MANUAL DE GRAMÁTICA
Más práctica

5.2 The subjunctive in
adjective clauses, p. 511

1 Oraciones Combina las frases de las dos columnas para formar oraciones lógicas. Recuerda que a veces vas a necesitar el subjuntivo y a veces no.

_____ 1. Luis tiene un hermano que   a. sea alta e inteligente.

_____ 2. Tengo dos primos que   b. sean respetuosos y estudiosos.

_____ 3. No conozco a nadie que   c. canta cuando se ducha.

_____ 4. Jorge busca una novia que   d. hablan español.

_____ 5. Quiero tener hijos que   e. hable más de cinco lenguas.

2 El agente de viajes Carmen va a ir de vacaciones a Montelimar, en Nicaragua, y le escribe un correo electrónico a su agente de viajes explicándole cuáles son sus planes. Completa el correo electrónico con el subjuntivo o el indicativo.

De:	Carmen <Carmen@micorreo.com>
Para:	Jorge <Jorge@micorreo.com>
Asunto:	Viaje a Montelimar

Querido Jorge:

Estoy muy contenta porque el mes que viene voy a viajar a Montelimar para tomar unas vacaciones. He estado pensando en el viaje y quiero decirte qué me gustaría hacer. Quiero ir a un hotel que (1) _____ (ser) de cinco estrellas y que (2) _____ (tener) vista al mar. Me gustaría hacer una excursión que (3) _____ (durar) varios días y que me (4) _____ (permitir) ver el famoso lago Nicaragua. ¿Qué te parece?

Mi hermano me dice que hay un guía turístico que (5) _____ (conocer) algunos lugares exóticos y que me puede llevar a verlos. También dice que el guía es un hombre que (6) _____ (tener) el pelo muy rubio y (7) _____ (ser) muy alto. ¿Tú lo conoces? Creo que se llama Ernesto Montero.

Espero tu respuesta.
Carmen

3 Aniversario Enrique y Julia se preparan para celebrar su aniversario de bodas. Completa las oraciones con la opción más lógica de la lista. Haz los cambios necesarios.

gustarle a Enrique	ser muy rápido
hacer cortes de pelo modernos	tener arena blanca
	tocar jazz

1. Para la fiesta, Julia quiere contratar a la banda "Armonías" que _____.

2. Enrique busca un peluquero que _____.

3. Julia prepara las comidas que _____.

4. Enrique quiere comprarle a Julia un carro que _____.

5. Después de la fiesta, Julia quiere hacer un viaje a alguna playa que _____.

Comunicación

 4 **El ideal** En parejas, imaginen cómo es el/la compañero/a ideal en cada una de estas situaciones. Si ya conocen a una persona que tiene las características ideales, también pueden hablar de él/ella. Utilicen el subjuntivo o el indicativo de acuerdo a la situación.

> **MODELO** Lo ideal es vivir con alguien que no se queje demasiado.

- alguien con quien vivir
- alguien con quien trabajar
- alguien con quien ver películas de amor o de aventura

- alguien con quien comprar ropa
- alguien con quien estudiar
- alguien con quien viajar por el desierto del Sahara

 5 **Anuncios** En parejas, imaginen que escriben anuncios para el diario *El País*. El jefe les ha dejado algunos mensajes indicándoles qué anuncios deben escribir. Escriban anuncios detallados sobre lo que se busca usando el indicativo o el subjuntivo. Después inventen dos anuncios originales para enseñárselos a la clase.

La familia Pérez busca a su perro Tomás, que se perdió en el parque. Aquí tienen una foto de él.

Miguel y Carlos Solís buscan un guía turístico para su viaje a los volcanes de Guatemala.

 6 **Sueños y realidad** En grupos de cuatro, hagan comparaciones sobre lo que ustedes tienen y lo que sueñan tener. Usen las palabras de la lista y añadan sus propias ideas. Recuerden utilizar el indicativo o el subjuntivo según el caso.

yo	buscar	hermano/a
tú	conocer	mascota (*pet*)
nosotros	necesitar	trabajo
ustedes	querer	vecino/a

5.3 Negative and positive expressions

Cocodrilo Éric no le tiene miedo a nada.

- Negative words (**palabras negativas**) deny something's existence or contradict statements.

TALLER DE CONSULTA

To express contradictions, **pero** and **sino** are also used.

See **Manual de gramática, 5.4,** p. 513.

Positive expressions	Negative expressions
algo *something; anything*	**nada** *nothing; not anything*
alguien *someone; somebody; anyone*	**nadie** *no one; nobody; not anyone*
alguno/a(s), algún *some; any*	**ninguno/a, ningún** *no; none; not any*
o... o *either... or*	**ni... ni** *neither... nor*
siempre *always*	**nunca, jamás** *never; not ever*
también *also; too*	**tampoco** *neither; not either*

- In Spanish, double negatives are perfectly acceptable.

¿Dejaste **algo** en la mesa?
Did you leave something on the table?

No, **no** dejé **nada**.
No, I didn't leave anything.

Siempre tuvimos ganas de viajar a Costa Rica.
We always wanted to travel to Costa Rica.

Hasta ahora, **no** tuvimos **ninguna** oportunidad de ir.
Until now, we had no chance to go there.

- Most negative statements use the pattern **no** + [*verb*] + [*negative word*]. When the negative word precedes the verb, **no** is omitted.

No lo extraño **nunca**.
I never miss him.

Nunca lo extraño.
I never miss him.

Su opinión **no** le importa a **nadie**.
His opinion doesn't matter to anyone.

A **nadie** le importa su opinión.
Nobody cares about his opinion.

- Once one negative word appears in an English sentence, no other negative word may be used. In Spanish, however, once a negative word is used, all other elements must be expressed in the negative if possible.

No le digas **nada** a **nadie**.
Don't say anything to anyone.

Tampoco hables **nunca** de esto.
Don't ever talk about this either.

No quiero **ni** pasta **ni** pizza.
I don't want pasta or pizza.

Tampoco quiero **nada** para tomar.
I don't want anything to drink either.

- The personal **a** is used before negative and indefinite words that refer to people when they are the direct object of the verb.

  Nadie me comprende. ¿Por qué será?
  No one understands me. Why is that?

  Porque tú no comprendes **a nadie**.
  Because you don't understand anybody.

  Algunos pasajeros prefieren no desembarcar en los puertos.
  Some passengers prefer not to disembark at the ports.

  Pues, no conozco **a ninguno** que se quede en el crucero.
  Well, I don't know of any who stay on the cruise ship.

- Before a masculine, singular noun, **alguno** and **ninguno** are shortened to **algún** and **ningún**.

  ¿Ha sufrido **algún** daño en el choque?
  Have you suffered any harm in the accident?

  Me había puesto el cinturón de seguridad, por lo que no sufrí **ningún** daño.
  I had fastened my seatbelt, and so I suffered no injuries.

- **Tampoco** means *neither* or *not either*. It is the opposite of **también**.

  Mi novia no soporta los congestionamientos en el centro, ni yo **tampoco**.
  My girlfriend can't stand the traffic jams downtown, and neither can I.

  Por eso toma el metro, y yo **también**.
  That's why she takes the subway, and so do I.

¿Esto también es de primerísima necesidad?

- The conjunction **o... o** (*either... or*) is used when there is a choice to be made between two options. **Ni... ni** (*neither... nor*) is used to negate both options.

  Debo hablar **o** con el gerente **o** con la dueña.
  I have to speak with either the manager or the owner.

  El precio del pasaje **ni** ha subido **ni** ha bajado en los últimos días.
  The price of the ticket has neither risen nor fallen in the past days.

- The conjunction **ni siquiera** (*not even*) is used to add emphasis.

  Ni siquiera se despidieron antes de salir.
  They didn't even say goodbye before they left.

  La señora Guzmán no viaja nunca, **ni siquiera** para visitar a sus nietos.
  Mrs. Guzmán never travels, not even to visit her grandchildren.

¡ATENCIÓN!

Cualquiera can be used to mean *any, anyone, whoever, whatever,* or *whichever.* When used before a singular noun (masculine or feminine) the **–a** is dropped.

Cualquiera haría lo mismo.
Anyone would do the same.

Llegarán en cualquier momento.
They will arrive at any moment.

Práctica

TALLER DE CONSULTA

MANUAL DE GRAMÁTICA
Más práctica

5.3 Negative and positive expressions, p. 512

1 Comidas típicas Marlene acaba de regresar de un viaje a Madrid y le fascinó la comida española. Completa su conversación con Frank usando expresiones negativas y positivas. Ten en cuenta que vas a usar una de ellas dos veces.

alguna	ni... ni	o... o
nadie	ningún	tampoco
	nunca	

MARLENE Frank, ¿(1) _____ vez has probado las tapas españolas?

FRANK No, (2) _____ he probado la comida española.

MARLENE ¿De veras? ¿No has probado (3) _____ la tortilla de patata (4) _____ la paella?

FRANK No, no he comido (5) _____ plato español. (6) _____ conozco los ingredientes típicos de la cocina española.

MARLENE Entonces tenemos que salir a comer juntos. ¿Conoces el restaurante llamado Carmela?

FRANK No, no conozco (7) _____ restaurante con ese nombre.

MARLENE (8) _____ lo conoce. Es nuevo pero es muy bueno. A mí me viene bien que vayamos (9) _____ el lunes (10) _____ el jueves que viene.

FRANK El jueves también me viene bien.

2 El viajero Imagina que eres un(a) viajero/a un poco especial y estás hablando de lo que no te gusta hacer en los viajes. Cambia las oraciones de positivas a negativas usando las expresiones negativas correspondientes. Sigue el modelo.

MODELO Yo siempre como la comida del país.
Nunca como la comida del país.

1. Cuando voy de viaje, siempre compro algunos regalos típicos.
2. A mí también me gusta visitar todos los lugares turísticos.
3. Yo siempre hablo el idioma del país con todo el mundo.
4. Normalmente, o alquilo un carro o alquilo una motocicleta.
5. Siempre intento visitar a algún conocido de mi familia.
6. Cuando visito un lugar nuevo, siempre hago algunos amigos.

3 Argumentos En parejas, escriban los argumentos que provocarían estas respuestas.

¡Yo jamás haría eso!

¡Yo nunca iría!

Ninguno lo sabe.

Yo tampoco.

Ni puedo ni quiero verla.

Comunicación

4 **Escena** En grupos de tres, miren la foto y escriban una conversación entre un(a) hijo/a adolescente y sus padres usando expresiones positivas y negativas. Luego representen la conversación ante la clase.

> **MODELO**
>
> **HIJA** ¿Por qué siempre desconfían de mí? No soy ninguna mentirosa y mis amigos tampoco lo son. No tienen ninguna razón para preocuparse.
>
> **MAMÁ** Sí hija, muy bien, pero recuerda que...

5 **Síntesis** La tormenta tropical Alberto azota (*is hitting*) las costas de Florida. Tú y un(a) compañero/a deben cubrir esta noticia para un programa de televisión. Uno/a de ustedes es el/la corresponsal y la otra persona es el/la conductor(a) del programa. Siguiendo el modelo, escriban una conversación sobre el alcance del desastre y las consecuencias para el turismo y para la gente local. Usen comparativos, superlativos, el subjuntivo en oraciones subordinadas adjetivas y expresiones negativas y positivas.

> **MODELO**
>
> **CONDUCTOR(A)** Cuéntanos, Juan Francisco, ¿cómo es la tormenta?
>
> **CORRESPONSAL** ¡Nunca he visto una tormenta tan destructiva! ¡No hay casas que puedan soportar vientos tan fuertes!
>
> **CONDUCTOR(A)** ¡Pero no es posible que el viento sea más fuerte que durante la tormenta Ximena en 1996!
>
> **CORRESPONSAL** Siempre dicen que esa tormenta fue la más fuerte, pero les aseguro que ésta es peor.

SUPERSITE

For additional cumulative practice of all the grammar points in this lesson, go to **enfoques.vhlcentral.com**.

Antes de ver el corto

EL ANILLO

país Puerto Rico
duración 8 minutos
director Coraly Santaliz Pérez

protagonistas la prometida, Arnaldo (su novio), el vagabundo, el dueño del restaurante, el empleado del restaurante, la novia del empleado, la anfitriona, la senadora

Vocabulario

el anillo *ring*	**echar** *to throw away*
el azar *chance*	**enganchar** *to get caught*
botar *to throw… out*	**la manga** *sleeve*
botarse *(P. Rico; Cuba) to outdo oneself*	**la sortija** *ring*
la casualidad *chance; coincidence*	**el tapón** *traffic jam*
el diamante *diamond*	**tirar** *to throw*

1 **Definiciones** Conecta cada oración con la palabra correspondiente.

_____ 1. Forma parte de una camisa.

_____ 2. Sucede cuando hay mucho tráfico o cuando hay un accidente.

_____ 3. Es un sinónimo de *anillo*.

_____ 4. Es un conjunto de acontecimientos que ocurren por casualidad.

_____ 5. Puede pasar esto si andas en bicicleta con pantalones muy anchos (*wide*).

a. azar
b. enganchar
c. diamante
d. manga
e. tapón
f. sortija
g. tirar

2 **Preguntas** En parejas, contesten las preguntas.

1. ¿Alguna vez perdiste algo de mucho valor? ¿Lo encontraste?

2. ¿Encontraste algo valioso en alguna ocasión? ¿Qué hiciste?

3. ¿Pierdes cosas a menudo?

4. Imagina que encuentras tirado un anillo de diamantes. ¿Qué haces?

3 **Un anillo** En parejas, miren la fotografía del cortometraje e imaginen lo que va a ocurrir en la historia. Compartan sus ideas con la clase.

El Anillo

Premio al mejor guión en First Short Film Competition, patrocinado por The Film Foundation, Inc.

Producción Ejecutiva LUIS J. CRUZ ESPINETA "THE FILM FOUNDATION, INC."
Guión, Edición y Dirección CORALY SANTALIZ PÉREZ Producción CORALY SANTALIZ PÉREZ / JAN G. SANTIAGO ECHANDI
Dirección de Fotografía CARLOS J. ZAYAS PLAZA Música WALTER MORCIGLIO
Diseño de Sonido WALTER SANTALIZ Actores GERARDO ORTIZ / ANNETTE SANTALIZ / JOSÉ JORGE MEDINA /
SASHA BETANCOURT / ANDRÉS SANTIAGO / VIVIANA FUSARO / ELIA ENID CADILLA

Escenas

ARGUMENTO Una prometida pierde su anillo de compromiso que va pasando de persona a persona por azar.

INVITADA Nena, ¡qué bello ese anillo! Arnaldo se botó.
PROMETIDA Sí, lo sé. Permiso. Voy al baño.
(La prometida olvida el anillo que termina por azar en manos de un vagabundo.)

DUEÑO ¿Cuántas veces te tengo que botar? ¿Eh?
VAGABUNDO Quiero algo de comer. Además me encontré una sortija de diamantes. Deja que la veas. Pero si estaba aquí. Pero, ¡te lo juro que estaba aquí!

(El vagabundo pierde el anillo. Lo encuentra el empleado del restaurante, que se lo lleva a su casa. Su novia cree que le está pidiendo matrimonio.)

NOVIA ¡No lo puedo creer, mi amor! ¡Te botaste! Sí, sí. ¡Me caso contigo! Tengo que llamar a mami.

EMPLEADO Yo no la compré. No, no. Yo estaba limpiando en el restaurante y me la encontré, ¿sabes? Esto nos resuelve porque vale, ¡vale pesos! La podemos vender.

NOVIA ¿Eso es todo lo que a ti te importa?
EMPLEADO Pero mi amor, no te pongas así, chica. ¿Qué tú estás haciendo? ¡No! ¿Qué tú haces?

(La senadora llega a una fiesta con el anillo enganchado en el bolso.)

ANFITRIONA ¡Senadora!
SENADORA Buenas noches.
ANFITRIONA ¡Al fin llegó!
SENADORA Es que había un tapón terrible.

1 Comprensión Contesta las preguntas con oraciones completas.

1. ¿Quién compró el anillo y para quién?
2. ¿Cómo llega el anillo por primera vez a la calle?
3. ¿Adónde va el vagabundo cuando encuentra el anillo?
4. ¿Quién encuentra el anillo cuando lo pierde el vagabundo?
5. ¿Qué piensa la novia del empleado del restaurante al ver el anillo?
6. ¿Qué quiere hacer el empleado con el anillo?
7. ¿Qué hace la novia al ver que no era un anillo comprado para ella?
8. ¿Dónde cae el anillo esta vez?
9. ¿Adónde va la senadora?
10. ¿Dónde encuentra la prometida su anillo?

2 Ampliación Contesta las preguntas con oraciones completas.

1. En tu opinión, ¿cómo es la prometida? ¿Por qué?
2. ¿Por qué crees que el dueño del restaurante no deja entrar al vagabundo?
3. ¿Crees que realmente había un tapón de tráfico o crees que la senadora llegó tarde a propósito?
4. Imagina que la prometida vuelve a dejar el anillo en el cuarto de baño. ¿Qué sucede esta vez?
5. ¿Crees en las casualidades? ¿Por qué?

3 Cita Al principio del corto, aparece una cita de Fernando Galiano. En parejas, lean la traducción de la cita. ¿Están de acuerdo con lo que dice? ¿Por qué? Den ejemplos de situaciones que apoyen su postura.

> **"Si el mundo realmente estuviera regido por el azar, no habría injusticias porque el azar es justo."**
>
> — Fernando Galiano

4 Me encontré un anillo En parejas, imagínense que uno de estos dos personajes se queda con (keeps) el anillo. Imaginen cómo cambia la vida del personaje durante los próximos seis meses. Luego compartan la historia con la clase.

VAGABUNDO

EMPLEADO DEL RESTAURANTE

Antes de leer

La luz es como el agua

Sobre el autor

Nacido en 1928 en Aracataca, Colombia, un pequeño pueblo cerca del Mar Caribe, **Gabriel García Márquez** fue criado por sus abuelos entre mitos, leyendas y libros fantásticos. Eso fue construyendo la base de su futura obra narrativa. Comenzó a estudiar derecho pero lo abandonó para dedicarse al periodismo. Como corresponsal en Italia, viajó por toda Europa. Vivió en diferentes lugares y escribió guiones (*scripts*) cinematográficos, cuentos y novelas. En 1967 publicó su novela más famosa, *Cien años de soledad*, cuya acción transcurre en el mítico pueblo de Macondo. En 1982 se le concedió el Premio Nobel de Literatura. De su libro *Doce cuentos peregrinos* (al que pertenece el cuento *La luz es como el agua*) dijo que surgió (*came about*) porque quería escribir "sobre las cosas extrañas que les suceden a los latinoamericanos en Europa".

Vocabulario

ahogado/a *drowned*	**el faro** *lighthouse; beacon*	**la popa** *stern*
la bahía *bay*	**flotar** *to float*	**la proa** *bow*
el bote *boat*	**el muelle** *pier*	**el remo** *oar*
la cascada *cascade; waterfall*	**la pesca** *fishing*	**el tiburón** *shark*

Palabras relacionadas Indica la palabra que no pertenece al grupo.

1. bote	2. brújula	3. pesca	4. popa	5. muelle
remo	servidumbre	buceo	penas	flotar
sótano	puerto	tiburones	cascada	zaguán
navegar	proa	agujas	bahía	ahogado

Conexión personal Cuando eras niño/a, ¿te gustaba soñar con viajes a lugares imposibles? ¿Sigues soñando o imaginando viajes a lugares fantásticos o imposibles? ¿Alguna vez viviste en un país extranjero? ¿Qué cosas extrañabas?

Análisis literario: el realismo mágico

El realismo mágico es una síntesis entre el realismo y la literatura fantástica. Muchos escritores latinoamericanos, como Gabriel García Márquez y Carlos Fuentes, incorporan elementos fantásticos al mundo cotidiano de los personajes, que aceptan la magia y la fantasía como normales. En el realismo mágico, lo real se torna mágico, lo maravilloso es parte de lo cotidiano y no se cuestiona la lógica de lo fantástico. Uno de los precursores del género, Alejo Carpentier, explicó que "En América Latina, lo maravilloso se encuentra en vuelta de cada esquina, en el desorden, en lo pintoresco de nuestras ciudades, ... en nuestra naturaleza y... también en nuestra historia". Presta atención a la representación de la realidad en el cuento.

Altamar, 2000.
Graciela Rodo Boulanger, Bolivia.

La luz es como el agua

Gabriel García Márquez

1 En Navidad los niños volvieron a pedir un bote de remos.

—De acuerdo —dijo el papá, lo compraremos cuando volvamos a Cartagena.

5 Totó, de nueve años, y Joel, de siete, estaban más decididos de lo que sus padres creían.

—No —dijeron a coro°—. Nos hace falta ahora y aquí.

—Para empezar —dijo la madre—, aquí no hay más aguas navegables que la que sale de la ducha°.

10 Tanto ella como el esposo tenían razón. En la casa de Cartagena de Indias había un patio con un muelle sobre la bahía, y un refugio para dos yates grandes. En cambio aquí en Madrid vivían apretados° en el piso quinto del número 47 del Paseo de la Castellana. Pero al final ni él ni ella pudieron negarse, porque les habían prometido un bote de remos con su sextante y su brújula si se ganaban el laurel del tercer año de primaria, y se lo habían ganado. Así que el papá compró todo sin decirle nada a su esposa, que era la más reacia° a pagar deudas de juego. Era un precioso bote de aluminio con un hilo dorado en la línea de flotación.

—El bote está en el garaje —reveló el papá

in unison

shower

tight; cramped 15

20

reluctant

25

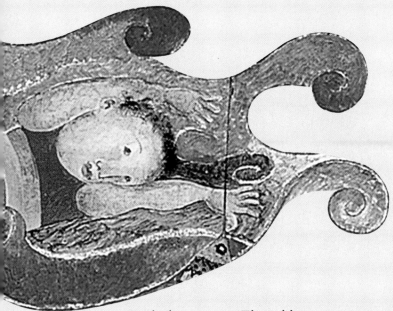

en el almuerzo—. El problema es que no hay cómo subirlo ni por el ascensor ni por la escalera, y en el garaje no hay más espacio 30 disponible.

Sin embargo, la tarde del sábado siguiente los niños invitaron a sus condiscípulos° para subir el bote por las escaleras, y lograron llevarlo hasta el cuarto de servicio.

schoolmates

35 —Felicitaciones —les dijo el papá—, ¿ahora qué?

—Ahora nada —dijeron los niños—. Lo único que queríamos era tener el bote en el cuarto, y ya está.

40 La noche del miércoles, como todos los miércoles, los padres se fueron al cine. Los niños, dueños y señores de la casa, cerraron puertas y ventanas, y rompieron la bombilla encendida de una lámpara de la sala. Un

spurt/golden 45 chorro° de luz dorada° y fresca como el
light bulb agua empezó a salir de la bombilla° rota, y lo dejaron correr hasta que el nivel llegó a cuatro palmos. Entonces cortaron la corriente°,
current sacaron el bote, y navegaron a placer° por
at one's pleasure 50 entre las islas de la casa.

Esta aventura fabulosa fue el resultado de una ligereza° mía cuando participaba en un
lightness seminario sobre la poesía de los utensilios domésticos. Totó me preguntó cómo era que
55 la luz se encendía con sólo apretar un botón, y

yo no tuve el valor de pensarlo dos veces.

—La luz es como el agua —le contesté: uno abre el grifo°, y sale.

faucet

De modo que siguieron navegando los miércoles en la noche, aprendiendo el 60 manejo del sextante y la brújula, hasta que los padres regresaban del cine y los encontraban dormidos como ángeles de tierra firme. Meses después, ansiosos de ir más lejos, pidieron un equipo de pesca submarina. Con todo: 65 máscaras, aletas, tanques y escopetas de aire comprimido.

—Está mal que tengan en el cuarto de servicio un bote de remos que no les sirve para nada —dijo el padre—. Pero está peor que quieran 70 tener además equipos de buceo.

—¿Y si nos ganamos la gardenia de oro del primer semestre? —dijo Joel.

—No —dijo la madre, asustada—. Ya no más. 75

El padre le reprochó su intransigencia.

—Es que estos niños no se ganan ni un clavo° *nail* por cumplir con su deber —dijo ella—, pero por un capricho° son capaces de ganarse hasta *whim* la silla del maestro. 80

Los padres no dijeron al fin ni que sí ni que no. Pero Totó y Joel, que habían sido los últimos en los dos años anteriores, se ganaron en julio las dos gardenias de oro y el reconocimiento público del rector. Esa misma tarde, sin que 85 hubieran vuelto a pedirlos, encontraron en el dormitorio los equipos de buzos en su empaque original. De modo que el miércoles siguiente, mientras los padres veían *El último tango en París*, llenaron el apartamento hasta 90 la altura de dos brazas, bucearon como tiburones mansos° por debajo de los muebles *tame* y las camas, y rescataron del fondo° de la luz *bottom* las cosas que durante años se habían perdido en la oscuridad. 95

En la premiación° final los hermanos fueron *awards ceremony* aclamados como ejemplo para la escuela, y les dieron diplomas de excelencia. Esta vez no tuvieron que pedir nada, porque los padres les preguntaron qué querían. Ellos fueron tan razonables, que sólo quisieron una fiesta en casa para agasajar° a los compañeros de curso.

El papá, a solas con su mujer, estaba radiante.

—Es una prueba de madurez —dijo.

—Dios te oiga —dijo la madre.

El miércoles siguiente, mientras los padres veían *La Batalla de Argel*, la gente que pasó por la Castellana vio una cascada de luz que caía de un viejo edificio escondido entre los árboles. Salía por los balcones, se derramaba° a raudales° por la fachada°, y se encauzó° por la gran avenida en un torrente dorado que iluminó la ciudad hasta el Guadarrama.

Llamados de urgencia, los bomberos forzaron la puerta del quinto piso, y encontraron la casa rebosada° de luz hasta el techo. El sofá y los sillones forrados° en piel de leopardo flotaban en la sala a distintos niveles, entre las botellas del bar y el piano de cola y su mantón de Manila que aleteaba° a media agua como una mantarraya de oro. Los utensilios domésticos, en la plenitud de su poesía, volaban con sus propias alas° por el cielo de la cocina. Los instrumentos de la banda de guerra, que los niños usaban para bailar, flotaban al garete° entre los peces de colores liberados de la pecera de mamá, que eran los únicos que flotaban vivos y felices en la vasta ciénaga° iluminada. En el cuarto de baño flotaban los cepillos de dientes de todos, los preservativos de papá, los pomos° de cremas y la dentadura de repuesto de mamá, y el televisor de la alcoba° principal flotaba de costado°, todavía encendido en el último episodio de la película de media noche prohibida para niños.

Al final del corredor, flotando entre dos aguas, Totó estaba sentado en la popa del bote, aferrado° a los remos y con la máscara puesta, buscando el faro del puerto hasta donde le alcanzó el aire de los tanques, y Joel flotaba en la proa buscando todavía la altura de la estrella polar con el sextante, y flotaban por toda la casa sus treinta y siete compañeros de clase, eternizados en el instante de hacer pipí° en la maceta° de geranios, de cantar el himno de la escuela con la letra cambiada por versos de burla contra el rector, de beberse a escondidas un vaso de brandy de la botella de papá. Pues habían abierto tantas luces al mismo tiempo que la casa se había rebosado, y todo el cuarto año elemental de la escuela de San Julián el Hospitalario se había ahogado en el piso quinto del número 47 del Paseo de la Castellana. En Madrid de España, una ciudad remota de veranos ardientes y vientos helados, sin mar ni río, y cuyos aborígenes° de tierra firme nunca fueron maestros en la ciencia de navegar en la luz. ■

Marginal glosses:
- to entertain
- poured out
- in abundance/ façade/ channeled
- overflowed
- covered
- fluttered
- wings
- adrift
- marsh
- flasks
- bedroom/ sideways
- clinging
- to pee/ flower pot
- natives

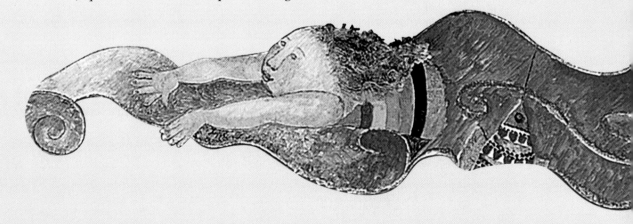

Después de leer

La luz es como el agua
Gabriel García Márquez

1 Comprensión Indica si las oraciones son **ciertas** o **falsas**. Corrige las falsas.

1. La acción transcurre en Cartagena.
2. Totó y Joel dicen que quieren el bote para pasear con sus compañeros en el río.
3. Los padres van todos los miércoles por la noche al cine.
4. Los niños inundan la casa con agua del grifo.
5. Los únicos que sobreviven a la inundación son los peces de colores.
6. El que le sugiere a Totó la idea de que la luz es como el agua es su papá.

2 Análisis En parejas, relean la definición de realismo mágico y luego respondan las preguntas.

1. Los niños navegan "entre las islas de la casa". ¿Qué son las islas del apartamento?
2. ¿Qué significa la frase "rescataron del fondo de la luz las cosas que durante años se habían perdido en la oscuridad"? En la realidad, ¿les parece que la luz tiene fondo? En este relato, ¿cuál es el fondo de la luz?
3. Repasa el significado de *comparación* (**Lección 4**). ¿Se usan comparaciones en este relato? Escríbanlas y expliquen cómo proporcionan mayor expresividad.

3 Interpretación Responde las preguntas con oraciones completas.

1. ¿Por qué te parece que, teniendo una gran casa en Cartagena, viven en Madrid en un pequeño apartamento? ¿Cuáles crees que podrían ser las causas?
2. El narrador señala que toda la aventura de los niños es consecuencia de una "ligereza" suya, porque "no tuvo el valor de pensarlo dos veces". ¿Por qué te parece que dice eso? ¿Qué opinas tú de su respuesta? ¿Crees que él es culpable de lo que ocurre después?
3. Los niños aprovechan que sus padres no están para inundar el apartamento y guardan el secreto; sólo se lo cuentan a sus compañeros. ¿Por qué hacen eso? ¿Puedes establecer algún paralelo entre ir al cine y navegar con la luz?

4 Entrevista En grupos de cuatro, preparen una entrevista con el primer bombero que entró en el apartamento inundado. Uno/a de ustedes es el/la reportero/a y el resto son bomberos. Hablen sobre las causas y consecuencias del accidente y usen lenguaje objetivo y preciso. Luego representen la entrevista frente a la clase.

5 Bitácoras de viaje Utilizando el realismo mágico, describe en una bitácora de viaje (*travel log*) un día de un viaje especial. Describe adónde fuiste, qué hiciste, con quién fuiste y por qué fue especial. Describe elementos maravillosos de tu viaje y presenta detalles mágicos como si fueran normales.

Antes de leer

Vocabulario

el apogeo *height; highest level*

el artefacto *artifact*

el campo *ball field*

el/la dios(a) *god/goddess*

el juego de pelota *ball game*

la leyenda *legend*

el mito *myth*

la pared *wall*

la piedra *stone*

la pirámide *pyramid*

la ruta maya *the Mayan Trail*

Tikal Completa las oraciones con las palabras apropiadas.

1. Tikal, antiguamente una gran ciudad, es ahora una impresionante colección de ruinas que se encuentra en la _____ de Guatemala.

2. Hay seis _____ en el centro de la ciudad. Son los edificios más grandes de Tikal.

3. En la misma zona hay varios _____ donde se jugaba al _____.

4. Durante sus excavaciones, los arqueólogos han encontrado _____ fascinantes y también esculturas y monumentos de _____.

Conexión personal ¿Cuál es la ruta más interesante que has recorrido? ¿Fue un viaje organizado o lo planeaste por tu cuenta?

Contexto cultural

Campo de pelota en Chichén Itzá

En la cultura maya, el deporte era a veces cuestión de vida y muerte. El juego de pelota se jugó durante más de 3.000 años en un campo entre muros (*walls*) con una pelota de goma (*rubber*) dura y mucha protección para el cuerpo de los jugadores. Era un juego muy violento y acababa a veces con un sacrificio ritual, posiblemente la decapitación (*beheading*) de algunos de los jugadores.

Cuenta la leyenda que los hermanos gemelos (*twins*) Ixbalanqué y Hunahpú eran tan aficionados al juego que enojaron a los dioses de la muerte, los señores de Xibalbá, con el ruido (*noise*) que hacían con las pelotas. Los señores de Xibalbá controlaban un mundo subterráneo, al que se llegaba por una cueva (*cave*). Todo individuo que entraba en Xibalbá pasaba por una serie de pruebas y trampas (*traps*) peligrosas como cruzar (*cross*) un río de escorpiones, entrar en una casa llena de cuchillos en movimiento y participar en un juego mortal de pelota. Los gemelos usaron su habilidad atlética, su inteligencia y la magia para vencer (*defeat*) a los dioses y transformarse en el sol y la luna. Por eso, entre los mayas el juego era una competencia entre fuerzas enemigas como el bien y el mal o la luz y la oscuridad.

APOGEO MAYA

Uxmal
600-900 d.C.

Chichén Itzá
967-987 d.C.

Tikal
250-800 d.C.

Copán
300-900 d.C.

La ruta maya

1 Los mayas, investigadores de ciencias y matemáticas y destacados°   *outstanding*
arquitectos de espacios monumentales, han dejado evidencia de
un mundo ilustre e intelectual que todavía brilla hoy día. En su
momento de mayor extensión, el territorio maya incluía partes
5 de lo que ahora es México, Guatemala, Belice, El Salvador y
Honduras. Una imaginaria ruta maya une estos lugares dispersos,
atravesando° siglos y países, y revela restos de una gran civilización.   *crossing*
La ruta pasa por selva y ciudad, por vegetación exuberante y por

Chichén Itzá

ruinas que resisten y también muestran el
paso del tiempo. El viajero puede elegir entre
múltiples lugares y numerosos caminos. Sin
embargo, hay un itinerario particular que
conecta la arquitectura, la cultura y el deporte
a través del tiempo y el espacio: la ruta de los
Due to 15 campos de pelota. Debido al° enorme valor
cultural del juego, se construyeron canchas
en casi todas las poblaciones importantes,
incluyendo las espléndidas construcciones
de Copán y Chichén Itzá. La ruta, que pasa
20 por algunos de los 700 campos de pelota,
unearths desentierra° maravillas arqueológicas.

En la densa selva en el oeste de Honduras,
arises cerca de la frontera con Guatemala, surge°
Copán, donde gobernaron varias dinastías
lies 25 de reyes. Entre las ruinas permanece° un
elegantísimo campo de pelota, una cancha
dressing rooms que tenía hasta vestuarios° para los jugadores.
Grandes paredes, adornadas de esculturas
parrots/ surround de loros°, rodean° el campo más artístico de
30 Mesoamérica. En Copán vivía una élite de
sculpted artesanos y nobles que esculpían° y escribían
en piedra. Por eso, se concentran en Copán
sculptures/ steles la mayor cantidad de esculturas° y estelas°
stone tables —monumentos de figuras y lápidas° con

El más impresionante de los campos
de pelota se encuentra en Chichén Itzá
en Yucatán, México. En su período de
esplendor, Chichén Itzá era el centro de
poder de Mesoamérica. Actualmente es uno 45
de los sitios arqueológicos más importantes
del mundo. La gran pirámide, conocida con
el nombre *El Castillo*, era un rascacielos° *skyscraper*
en su época. Con escaleras que suben a la
cumbre° por los cuatro lados, El Castillo 50 *peak*
sirvió de templo del dios Kukulcán. Hay
varias canchas de pelota en Chichén Itzá,
pero la más grandiosa y espectacular se llama
el Gran Juego de Pelota. A pesar de medir° *measuring*
166 por 68 metros (181 por 74 yardas), la 55
acústica es tan magnífica que sirve de modelo
para teatros: un susurro° se puede oír de un *whisper*
extremo al otro. Mientras competían, los
jugadores sentían la presión de las esculturas
que adornaban las paredes, las cuales 60
muestran a unos jugadores decapitando a
otros. El peligro era un recordatorio° de que *reminder*
el juego era también una ceremonia solemne
y el campo, un templo.

Mesoamérica

La región de Mesoamérica empieza en el centro de
México y llega hasta la frontera entre Nicaragua y
Costa Rica. Aquí vivían sociedades agrarias que se
destacaron por sus avances en la arquitectura, el
arte y la tecnología en los 3.000 años anteriores a la
llegada de Cristóbal Colón al continente americano.
Entre las culturas de Mesoamérica se incluyen la
maya, azteca, olmeca y tolteca. Los mayas tomaron
la escritura y el calendario mesoamericanos y los
desarrollaron hasta su mayor grado de sofisticación.

---

35 jeroglíficos— de la ruta maya. En las famosas
stairways escalinatas° de la ciudad se pueden examinar
jeroglíficos que contienen todo un árbol
genealógico y que cuentan la historia de los
reyes de Copán. Estas inscripciones forman el
40 texto maya más largo que se preserva hoy día.

Esta ruta maya continúa por campos 65
como el de Uxmal en Yucatán, México,
donde se pueden apreciar grandes logros° *achievements*
arquitectónicos. En todos ellos, se oyen las
voces lejanas de la civilización maya, ecos que
nos hacen viajar por el tiempo y despiertan 70
la imaginación. ■

Después de leer

La ruta maya

(1) Comprensión Decide si las oraciones son **ciertas** o **falsas**. Corrige las falsas.

1. En su momento de mayor extensión, el territorio maya empezaba en lo que hoy se llama México y terminaba en lo que hoy se llama Guatemala.
2. Los mayas construyeron muy pocas canchas de pelota.
3. En Copán vivía una élite de artesanos y nobles que escribían en piedra.
4. Los jeroglíficos de Copán cuentan la leyenda de los gemelos Ixbalanqué y Hunahpú.
5. Chichén Itzá fue el centro de poder de Mesoamérica.
6. El Castillo es la cancha de pelota más grande.

(2) Preguntas Contesta las preguntas con oraciones completas.

1. ¿Qué significado tenía el juego de pelota en la cultura maya?
2. ¿Cuáles eran algunos de los peligros del juego?
3. ¿Qué tienen de extraordinario las ruinas de Copán?
4. ¿Qué detalles indican que Chichén Itzá había sido una ciudad importantísima?
5. ¿Cuál es un ejemplo de la importancia de los dioses para los mayas?

(3) Itinerarios En grupos, preparen el itinerario para un recorrido por una de estas rutas. Luego compartan el itinerario con el resto de la clase.

- la ruta de los campos de béisbol
- Norteamérica de punta a punta
- las mansiones de los famosos en Hollywood

(4) Leyendas Imagina que los gemelos de la leyenda maya, Ixbalanqué y Hunahpú, vuelven al mundo subterráneo de los señores de Xibalbá. Los dioses de la muerte quieren que los hermanos pasen por una serie de pruebas y trampas. Inventa un capítulo de su historia en tres párrafos. Utiliza los tiempos del pasado que conoces.

MODELO   Una madrugada de un día frío y oscuro, los hermanos Ixbalanqué y Hunahpú decidieron volver a desafiar a los señores de Xibalbá...

Atando cabos

¡A conversar!

La luna de miel Trabajen en grupos de cuatro. Imaginen cómo fue la luna de miel de dos de estas parejas.

a   b   c   d

A. Primero, hablen acerca de la luna de miel de cada pareja: ¿cómo es la pareja?, ¿adónde fueron?, ¿qué hicieron?, ¿por qué eligieron ese lugar?, ¿qué cosas empacaron?

B. Luego, comparen las dos lunas de miel usando comparativos y expresiones negativas y positivas. Escriban por lo menos tres o cuatro comparaciones.

C. Por último, compartan sus comparaciones con la clase y escuchen las comparaciones de sus compañeros/as. Entre todos, realicen algunas comparaciones sobre todas las parejas usando comparativos y superlativos.

¡A escribir!

Consejos de viaje Sigue el **Plan de redacción** para escribir unos consejos de viaje. Imagina que trabajas en una agencia de viajes y tienes que organizar una excursión para unos/as amigos/as tuyos/as que van a visitar una ciudad o un país que tú conoces bastante bien. Haz una lista de los lugares y cosas que les recomiendas que hagan. Ten en cuenta la personalidad de tus amigos/as y elige bien qué sitios crees que les van a gustar más.

Plan de redacción

Contenido: Recuerda que tienes que tener en cuenta el clima del lugar, la ropa que deben llevar, el hotel donde pueden alojarse y los espectáculos culturales a los que pueden asistir. También es importante que les recomiendes algún restaurante o alguna comida típica del lugar. No olvides utilizar oraciones con subjuntivo en todas tus recomendaciones. Puedes usar estas expresiones:

- Es importante que...
- Les recomiendo que...
- Busquen un hotel que…
- Es probable que…
- Es mejor que…
- Visiten lugares que…

Conclusión: Termina la lista de consejos deseándoles a tus amigos/as un buen viaje.

De viaje

la bienvenida	welcome
la despedida	farewell
el destino	destination
el itinerario	itinerary
la llegada	arrival
el pasaje (de ida y vuelta)	(round-trip) ticket
el pasaporte	passport
la temporada alta/ baja	high/low season
el/la viajero/a	traveler
hacer las maletas	to pack
hacer un viaje	to take a trip
ir(se) de vacaciones	to take a vacation
perder (e:ie) (el vuelo)	to miss (the flight)
regresar	to return
a bordo	on board
retrasado/a	delayed
vencido/a	expired
vigente	valid

El alojamiento

el albergue	hostel
el alojamiento	lodging
la habitación individual/doble	single/double room
la recepción	front desk
el servicio de habitación	room service
alojarse	to stay
cancelar	to cancel
estar lleno/a	to be full
quedarse	to stay
reservar	to reserve
de buena categoría	high quality
incluido/a	included
recomendable	recommendable; advisable

La seguridad y los accidentes

el accidente (automovilístico)	(car) accident
el/la agente de aduanas	customs agent
el aviso	notice; warning
el cinturón de seguridad	seatbelt
el congestionamiento	traffic jam
las medidas de seguridad	security measures
la seguridad	safety; security
el seguro	insurance
ponerse/quitarse (el cinturón)	to fasten/to unfasten (the seatbelt)
reducir (la velocidad)	to reduce (speed)
peligroso/a	dangerous
prohibido/a	prohibited

Las excursiones

la aventura	adventure
el/la aventurero/a	adventurer
la brújula	compass
el buceo	scuba diving
el campamento	campground
el crucero	cruise (ship)
el (eco)turismo	(eco)tourism
la excursión	excursion; tour
la frontera	border
el/la guía turístico/a	tour guide
la isla	island
las olas	waves
el puerto	port
las ruinas	ruins
la selva	jungle
el/la turista	tourist
navegar	to sail
recorrer	to visit; to go around
lejano/a	distant
turístico/a	tourist (adj.)

Más vocabulario

Expresiones útiles	Ver p. 169
Estructura	Ver pp. 176–177, 180–181 y 184–185

Cinemateca

el anillo	ring
el azar	chance
la casualidad	chance; coincidence
el diamante	diamond
la manga	sleeve
la sortija	ring
el tapón	traffic jam
botar	to throw… out
botarse	(P. Rico; Cuba) to outdo oneself
echar	to throw away
enganchar	to get caught
tirar	to throw

Literatura

la bahía	bay
el bote	boat
la cascada	cascade; waterfall
el faro	lighthouse; beacon
el muelle	pier
la pesca	fishing
la popa	stern
la proa	bow
el remo	oar
el tiburón	shark
flotar	to float
ahogado/a	drowned

Cultura

el apogeo	height; highest level
el artefacto	artifact
el campo	ball field
el/la dios(a)	god/goddess
el juego de pelota	ball game
la leyenda	legend
el mito	myth
la pared	wall
la piedra	stone
la pirámide	pyramid
la ruta maya	the Mayan Trail

La naturaleza

6

Contextos

páginas 204–207

- La naturaleza
- Los animales
- Los fenómenos naturales
- El medio ambiente

Fotonovela

páginas 208–211

- *Cuidando a Bambi*

Enfoques

El Caribe

páginas 212–215

- **En detalle:** Los bosques del mar
- **Perfil:** Parque Nacional Submarino La Caleta
- **Ritmos:** Gilberto Santa Rosa

Estructura

páginas 216–227

- The future
- The subjunctive in adverbial clauses
- Prepositions: **a, hacia**, and **con**

Manual de gramática

páginas 515–519

- Más práctica
- Más gramática

Cinemateca

páginas 228–231

- **Cortometraje:** *El día menos pensado*

Lecturas

páginas 232–240

- **Literatura:** *El eclipse* de Augusto Monterroso
- **Cultura:** *La conservación de Vieques*

Atando cabos

página 241

- ¡A conversar!
- ¡A escribir!

Communicative Goals

You will expand your ability to...

- describe and narrate in the future
- express purpose, condition, and intent
- describe relationships between things/ people/ideas

La naturaleza

La naturaleza

El Caribe presenta **costas** infinitas con palmeras **a orillas del mar**, aguas cristalinas y extensos **arrecifes** de coral con un **paisaje** submarino sin igual.

el **árbol** *tree*
el **arrecife** *reef*
el **bosque (lluvioso)** *(rain) forest*
el **campo** *countryside; field*
la **cordillera** *mountain range*

la **costa** *coast*
el **desierto** *desert*
el **mar** *sea*
la **montaña** *mountain*
el **paisaje** *landscape; scenery*
la **tierra** *land; earth*
_____
húmedo/a *humid; damp*
seco/a *dry*
_____
a orillas de *on the shore of*
al aire libre *outdoors*

Los animales

el **ave** (*f.*)/el **pájaro** *bird*
el **cerdo** *pig*
el **conejo** *rabbit*
el **león** *lion*
el **mono** *monkey*
la **oveja** *sheep*
el **pez** *fish*
la **rana** *frog*

la **serpiente** *snake*
el **tigre** *tiger*
la **vaca** *cow*
_____
atrapar *to trap; to catch*
cazar *to hunt*
dar de comer *to feed*
extinguirse *to become extinct*
morder (o:ue) *to bite*
_____
en peligro de extinción *endangered*
salvaje *wild*
venenoso/a *poisonous*

Los fenómenos naturales

el **huracán** *hurricane*
el **incendio** *fire*
la **inundación** *flood*
el **relámpago** *lightning*
la **sequía** *drought*
el **terremoto** *earthquake*
la **tormenta (tropical)** *(tropical) storm*
el **trueno** *thunder*

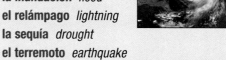

El medio ambiente

Eugenia le explica a Jorge que el **reciclaje** de botellas es muy importante para evitar **malgastar** el plástico y **proteger** el **medio ambiente**.

el calentamiento global *global warming*
la capa de ozono *ozone layer*
el combustible *fuel*
la contaminación *pollution; contamination*

la deforestación *deforestation*
el desarrollo *development*
la erosión *erosion*
la fuente de energía *energy source*
el medio ambiente *environment*
los recursos naturales *natural resources*

agotar *to use up*
conservar *to conserve; to preserve*
contaminar *to pollute; to contaminate*
contribuir (a) *to contribute*
desaparecer *to disappear*
destruir *to destroy*
malgastar *to waste*
proteger *to protect*
reciclar *to recycle*

resolver (o:ue) *to solve*

dañino/a *harmful*
desechable *disposable*
renovable *renewable*
tóxico/a *toxic*

 # Práctica

1 **Escuchar**

A. Escucha el informativo de la noche y después completa las oraciones con la opción correcta.

1. Hay ____.
   a. una inundación   b. un incendio

2. Las causas de lo que ha ocurrido ____.
   a. se conocen   b. se desconocen

3. En los últimos meses, ha habido ____.
   a. mucha sequía   b. muchas tormentas

4. Las autoridades temen que ____.
   a. los animales salvajes vayan a los pueblos
   b. el incendio se extienda

5. Los pueblos de los alrededores ____.
   a. están en peligro   b. están contaminados

B. Escucha la conversación entre Pilar y Juan y después contesta las preguntas con oraciones completas.

1. ¿Dónde hay un incendio?
2. Según lo que escuchó Pilar, ¿qué puede suceder?
3. ¿Qué animales tenían los abuelos de Juan?
4. ¿Qué hacía Pilar con los peces que veía?
5. ¿Qué ha pasado con los peces que había antes en la costa?

C. En parejas, hablen de los cambios que han visto ustedes en la naturaleza a lo largo de los años. Hagan una lista y compártanla con la clase.

2 **¡A emparejar!** Conecta las palabras de forma lógica.

| MODELO | fenómeno natural: terremoto |

____ 1. proteger   a. león
____ 2. tormenta   b. serpiente
____ 3. destrucción   c. incendio
____ 4. campo   d. conservar
____ 5. salvaje   e. trueno
____ 6. venenosa   f. aire libre

La naturaleza

Práctica

(3) ¿Cierto o falso? Indica si estas afirmaciones son **ciertas** o **falsas**. Corrige las falsas.

Cierto   Falso

☐   ☐   1. Un relámpago es un fenómeno natural que ilumina el cielo cuando hay tormenta.

☐   ☐   2. Cuando algo es desechable, se debe reciclar.

☐   ☐   3. Algunas vacas son venenosas.

☐   ☐   4. Un producto tóxico es dañino para el medio ambiente.

☐   ☐   5. La sequía es un largo período de tiempo con lluvias.

☐   ☐   6. Un desierto es una extensión de tierra donde no suele llover.

☐   ☐   7. Una inundación es un fenómeno natural que se produce cuando se mueve la tierra.

☐   ☐   8. Dicen que el conejo es el rey de la selva.

(4) ¿Qué es la biodiversidad? Completa el artículo de la revista *Facetas* con la palabra o expresión correspondiente.

animal	costas	paisaje
arrecifes de coral	mar	proteger
bosques	medio ambiente	recursos naturales
conservar	montañas	tierra

La biodiversidad se refiere a la gran variedad de formas de vida —(1) _____, vegetal y humana— que conviven en el (2) _____, no sólo en la tierra sino también en el (3) _____. Esta interdependencia significa que ninguna especie está aislada o puede vivir por sí sola. A pesar de que el Caribe comprende menos del 11 por ciento de la superficie total del planeta, su territorio contiene una vasta riqueza de vida silvestre (*wild*) que se encuentra a lo largo de sus (4) _____ tropicales húmedos, (5) _____ altas, extensas costas, y del increíble (6) _____ submarino de los (7) _____. Se estima que en la actualidad hay más de 65 organizaciones ambientalistas que trabajan para (8) _____ y (9) _____ los valiosos (10) _____ de las islas caribeñas.

Comunicación

5 **Preguntas** En parejas, túrnense para contestar las preguntas.

1. Cuando vas de vacaciones, ¿qué tipo de lugar prefieres? ¿El campo, la costa, la montaña? ¿Por qué?

2. ¿Tienes un animal preferido? ¿Cuál es? ¿Por qué te gusta? ¿Y qué animales no te gustan? ¿Por qué?

3. ¿Qué opinas de la práctica de cazar animales salvajes? ¿Es cruel? ¿Es necesario controlar la población para el bien de la especie?

4. ¿Qué opinas del uso de abrigos de piel (*fur*)? ¿Hay alguna diferencia entre usar zapatos de cuero (*leather*) y usar un abrigo de piel de zorro (*fox*)?

5. ¿Qué fenómenos naturales son comunes en tu área? ¿Los huracanes, las sequías? ¿Qué efectos o consecuencias tienen para el medio ambiente?

6. En tu opinión, ¿cuál es el problema más grave que afecta al medio ambiente? ¿Qué podemos hacer para mejorar la situación?

6 **¿Qué es mejor?** En parejas, hablen sobre las ventajas y las desventajas de las alternativas de la lista. Consideren el punto de vista práctico y el punto de vista ambiental. Utilicen el vocabulario de **Contextos**.

- usar servilletas de papel o de tela (*cloth*)
- tirar restos de comida a la basura o en el triturador del fregadero (*garbage disposal*)
- acampar en un parque nacional o alojarse en un hotel
- imprimir (*print*) el papel de los dos lados o simplemente imprimir menos

7 **Asociaciones** En parejas, comparen sus personalidades con las cualidades de estos animales, elementos y/o fuerzas de la naturaleza. ¿Con cuáles te identificas? ¿Con cuáles crees que se identifica tu compañero/a? ¿Por qué? Comparen sus respuestas. Utilicen el vocabulario de **Contextos**.

árbol	fuente de energía	mar	relámpago
bosque	huracán	montaña	serpiente
conejo	incendio	pájaro	trueno
desierto	león	pez	terremoto

MODELO

terremoto
Soy como un terremoto. No me quedo quieto/a un instante.

pájaro
Yo me identifico con los pájaros. Soy libre y soñador(a).

Aguayo se va de vacaciones, dejando su pez al cuidado de los empleados de *Facetas*.

MARIELA ¡Es una araña gigante!

FABIOLA No seas miedosa.

MARIELA ¿Qué haces allá arriba?

FABIOLA Estoy dejando espacio para que la atrapen.

DIANA Si la rocías con esto (*muestra el matamoscas en spray*), la matas bien muerta.

AGUAYO Pero esto es para matar moscas.

FABIOLA ¡Las arañas jamás se van a extinguir!

MARIELA Las que no se van a extinguir son las cucarachas. Sobreviven la nieve, los terremotos y hasta los huracanes, y ni la radiación les hace daño.

FABIOLA ¡Vaya! Y... ¿tú crees que sobrevivirían al café de Aguayo?

AGUAYO Mariela, ¿podrías hacer el favor de tomar mis mensajes? Voy a casa por mi pez. Diana se ofreció a cuidarlo durante mis vacaciones.

MARIELA ¡Cómo no, jefe!

AGUAYO Mañana por la tarde estaremos en el campamento.

FABIOLA ¿Cómo pueden llamarle "vacaciones" a eso de dormir en el suelo y comer comida enlatada?

AGUAYO Ésta es su comida. Sólo una vez al día. No le des más aunque ponga cara de perrito... Bueno, debo irme.

MARIELA ¿Cómo sabremos si pone cara de perrito?

AGUAYO En vez de hacer así (*hace gestos con la cara*)..., hace así.

JOHNNY Última llamada.

FABIOLA Nos quedaremos cuidando a Bambi.

ÉRIC Me encanta el pececito, pero me voy a almorzar. Buen provecho.

Los chicos se marchan.

DIANA ¡Ay! No sé ustedes, pero yo lo veo muy triste.

FABIOLA Claro. Su padre lo abandonó para irse a dormir con las hormigas.

MARIELA ¿Por qué no le damos de comer?

FABIOLA ¡Ya le he dado tres veces!

MARIELA Ya sé. Podríamos darle el postre.

AGUAYO

DIANA

ÉRIC

FABIOLA

JOHNNY

MARIELA

AGUAYO La idea es tener contacto con la naturaleza, Fabiola. Explorar y disfrutar de la mayor reserva natural del país.

MARIELA Debe ser emocionante.

AGUAYO Lo es. Sólo tengo una duda. ¿Qué debo hacer si veo un animal en peligro de extinción comerse una planta en peligro de extinción?

FABIOLA Tómale una foto.

AGUAYO Chicos, les presento a Bambi.

MARIELA ¿Qué? ¿No es Bambi un venadito?

AGUAYO ¿Lo es?

JOHNNY ¿No podrías ponerle un nombre más original?

FABIOLA Sí, como *Flipper*.

FABIOLA Miren lo que encontré en el escritorio de Johnny.

MARIELA ¡Galletitas de animales!

DIANA ¿Qué haces?

MARIELA Hay que encontrar la ballenita. Es un pez y está solo. Supongo que querrá compañía.

DIANA Pero no podemos darle galletas.

FABIOLA ¿Y qué vamos a hacer? Todavía se ve tan triste.

MARIELA ¡Ya sé! Tenemos que hacerlo sentir como si estuviera en su casa. (*Pegan una foto de la playa en la pecera.*) ¿Qué tal ésta con el mar?

DIANA ¡Perfecta! Se ve tan feliz.

FABIOLA Míralo.

Llegan los chicos.

ÉRIC ¡Bambi! Maldito pez. En una playa tropical con tres mujeres.

Expresiones útiles

Talking about the future

¡Las arañas jamás se van a extinguir!
Spiders will never become extinct!

¿Y qué vamos a hacer?
What are we going to do?

Mañana por la tarde estaremos en el campamento.
Tomorrow afternoon we will be in the campground.

Nos quedaremos cuidando a Bambi.
We will stay and look after Bambi.

Expressing perceptions

Yo lo/la veo muy triste.
He/She looks very sad to me.

Se ve tan feliz.
He/She looks so happy.

Parece que está triste/contento/a.
It looks like he/she is sad/happy.

Al parecer, no le gustó.
It looks like he/she didn't like it.

¡Qué guapo/a te ves!
How attractive you look!

¡Qué elegante se ve usted!
How elegant you look!

Additional vocabulary

la araña *spider*
Buen provecho. *Enjoy your meal.*
la comida enlatada *canned food*
la cucaracha *cockroach*
la hormiga *ant*
la mosca *fly*
rociar *to spray*

1 **¿Quién lo dijo?** Identifica lo que dijo cada personaje.

1. No podemos darle galletas.
2. Mañana por la tarde, estaremos en el campamento.
3. Tómale una foto.
4. Me encanta el pececito, pero me voy a almorzar.
5. Podríamos darle el postre.

> AGUAYO
> DIANA
> ÉRIC
> FABIOLA
> MARIELA

2 **¿Qué falta?** Completa las oraciones con las frases de la lista.

las cucarachas	un nombre original
el pez	denle de comer
de comer	tener contacto con la naturaleza

1. **FABIOLA** ¿Tu crees que _____ pueden sobrevivir al café de Aguayo?
2. **MARIELA** Debe ser emocionante _____.
3. **FABIOLA** Sí, _____ como "Flipper".
4. **AGUAYO** _____ sólo una vez al día.
5. **MARIELA** ¿Cómo sabremos si _____ pone cara de perrito?
6. **FABIOLA** Ya le he dado tres veces _____.

3 **¿Qué dijo?** Comenta lo que dijeron los personajes. Utiliza los verbos entre paréntesis.

> **MODELO**   **JOHNNY** ¿No podrías ponerle un nombre más original? (sugerir a Aguayo)
> Johnny le sugiere a Aguayo que le ponga un nombre más original.

AGUAYO   Mariela, ¿podrías hacer el favor de tomar mis mensajes? (pedir a Mariela)
FABIOLA   Toma una foto. (aconsejar a Aguayo)
AGUAYO   No le des más aunque ponga cara de perrito… (ordenar a Mariela)
MARIELA   ¿Por qué no le damos de comer? (sugerir a Diana)

4 **Preguntas y respuestas** En parejas, háganse preguntas sobre estos temas.

> **MODELO**   irse de campamento
> —¿Quién se va de campamento?
> —Aguayo se va de campamento.

• tenerle miedo a las arañas	• irse a almorzar
• Aguayo y su esposa / comer	• dar de comer
• cuidar a la mascota	• sentirse feliz

Ampliación

 5 **Carta a Aguayo** Aguayo dejó a su pececito al cuidado de los empleados de *Facetas*, pero ocurrió algo terrible: Bambi se murió. Ahora, ellos deben contarle a Aguayo lo sucedido. En parejas, escriban la carta que los empleados le enviaron a Aguayo.

> *Querido jefe:*
>
> *Esperamos que esté disfrutando de sus vacaciones y de la comida enlatada. Nosotros estamos bien, pero tenemos que darle una mala noticia. El otro día...*

 6 **Apuntes culturales** En parejas, lean los párrafos y contesten las preguntas.

Las mascotas

Aguayo dejará su mascota Bambi al cuidado de Diana. Otro tipo de mascota con hábitos acuáticos es el carpincho (*capybara*), común a orillas de ríos en Sudamérica. Este simpático "animalito" fácil de domesticar es el roedor (*rodent*) más grande del planeta, ¡con un peso de hasta 100 libras! Un poquito grande para la oficina de *Facetas*, ¿no?

De campamento

Según Aguayo, la idea de acampar es estar en contacto con la naturaleza. Un sitio emocionante para acampar es la comunidad boliviana de **Rurrenabaque**, puerta de entrada al **Parque Nacional Madidi**. Este parque, una de las reservas más importantes del planeta, comprende cinco pisos (*floors*) ecológicos, desde llanuras (*plains*) amazónicas hasta cordilleras nevadas.

El alacrán

Fabiola y Mariela les tienen miedo a las arañas. ¡Y no es para menos! Algunos arácnidos (*arachnids*) son muy peligrosos. En la República Dominicana, los alacranes (*scorpions*) son temidos (*feared*) por su veneno mortal. Se los puede encontrar debajo de los muebles, en los zapatos... ¿Sobrevivirían los alacranes al matamoscas de Diana?

1. ¿Qué mascotas exóticas conoces? Menciona como mínimo tres o cuatro. ¿Cuáles son sus hábitos? ¿Son fáciles o difíciles de domesticar? ¿Son peligrosos/as?

2. ¿Has acampado alguna vez? ¿Dónde? ¿Por cuántos días? ¿Qué hiciste?

3. ¿Qué significa la expresión "piso ecológico"? ¿Has estado alguna vez en una región con distintos "pisos ecológicos"? ¿Cómo es la geografía de la región en donde vives?

4. ¿Has visto un alacrán alguna vez? ¿Qué otros insectos peligrosos conoces? ¿Te han picado (*bitten*)? ¿Les tienes miedo?

EL CARIBE

Los bosques DEL MAR

¿Te sumergiste alguna vez en el más absoluto de los silencios para contemplar los majestuosos arrecifes de coral? En el Caribe hay más de 26.000 kilómetros cuadrados de arrecifes, también llamados *bosques tropicales del mar* por la inmensa biodiversidad que se encuentra en ellos. Sus extravagantes formas de intensos colores proporcionan° el ecosistema ideal para las más de 4.000 especies de peces y miles de especies de plantas que en ellos habitan.

Nuestras vidas también dependen de estas formaciones: los arrecifes del Caribe protegen las costas de Florida y de los países caribeños de los huracanes. Sus inmensas estructuras aplacan° la fuerza de las tormentas antes de que lleguen a las costas, cumpliendo la función de barreras° naturales. También protegen las playas de la erosión y son un refugio para muchas especies animales en peligro de extinción.

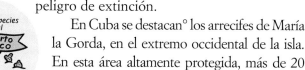

En Cuba se destacan° los arrecifes de María la Gorda, en el extremo occidental de la isla. En esta área altamente protegida, más de 20 especies de corales forman verdaderas cordilleras, grutas° y túneles subterráneos.

Lamentablemente, los arrecifes están en peligro por culpa de la mano del hombre. La construcción desmedida° en las costas y la contaminación de las aguas por los desechos° de las alcantarillas° provocan la sedimentación. Esto enturbia° el agua y mata el coral porque le quita la luz que necesita. La pesca descontrolada, el exceso de turismo y la recolección de coral por parte de los buceadores son otros de sus grandes enemigos. De hecho, algunos expertos dicen que el 70% del coral desaparecerá en unos 40 años. Así que, si eres uno de los afortunados que pueden visitarlos, cuídalos, no los toques y avisa si ves que alguien los está dañando. Su futuro depende de todos nosotros. ∎

Los **arrecifes de coral** son uno de los más antiguos hábitats de la Tierra; algunos de ellos llegan a tener más de 10.000 años. Muchos los confunden con plantas o con rocas, pero los arrecifes de coral son, en realidad, estructuras formadas por pólipos° de coral, unos animales diminutos° que al morir dejan unos residuos de piedra caliza°. Los arrecifes son el refugio ideal para muchos tipos de animales, tales como esponjas, peces y tortugas.

proporcionan *provide* **aplacan** *diminish* **barreras** *barriers* **se destacan** *stand out* **grutas** *caves* **desmedida** *excessive* **desechos** *waste* **alcantarillas** *sewers* **enturbia** *clouds* **pólipos** *polyps* **diminutos** *minute* **piedra caliza** *limestone*

Frases de animales

andar como perro sin pulga° (Méx.)   *to be carefree*

comer como un chancho   *to eat like a pig; to pig out*

¡El mono está chiflando!° (Cu.)   *How windy!*

estar como una cabra° (Esp.)   *to be as mad as a hatter*

marca perro (Arg., Chi. y Uru.)   *(of an object) by an unknown brand*

¡Me pica el bagre!° (Arg.)   *I'm getting hungry!*

¡Qué búfalo/a! (Nic.)   *Fantastic!*

¡Qué tortuga! (Col.)   *(of a person) How slow!*

ser (una) rata   *to be stingy*

Organizaciones ambientales

Protección de la biosfera El Parque Nacional Yasuní, declarado Reserva Mundial de la Biosfera por la UNESCO en 1989, está ubicado en la Amazonia ecuatoriana. En la actualidad, varias organizaciones ambientales intentan frenar° el avance de compañías petroleras que operan en el 60% del territorio del parque.

Campañas contra transgénicos En 2004, Greenpeace comenzó una campaña en Chile. Quieren que el gobierno obligue a las empresas alimenticias a identificar los alimentos elaborados con ingredientes de origen transgénico mediante el etiquetado de los envases°.

Protección de aves amenazadas Gracias al Fondo Peregrino de Panamá, las aves arpías° están siendo rescatadas y protegidas. Se calcula que Panamá es el único país de América Latina que protege esta ave. En 2002 y 2003 se estima que nacieron un promedio de siete aves por año, cifra que en otros países lleva años alcanzar.

PARQUE NACIONAL SUBMARINO LA CALETA

En 1984, por obra y gracia del Grupo de Investigadores Submarinos, el buque° de rescate *Hickory* se hundió en el Parque Nacional Submarino La Caleta, a unos 17 kilómetros de Santo Domingo. No fue un accidente, sino que el objetivo de los especialistas era sumergir el buque intacto para que sirviera de arrecife artificial para las especies en peligro. Con el paso de los años, el barco se cubrió de esponjas y corales, y por él pasean miles de peces. El *Hickory*, que está a unos 20 metros de profundidad, es hoy día una de las mayores atracciones del Parque. Por cierto, el *Hickory* no es el único atractivo del Parque Nacional. Tiene otro barco-museo hundido para el buceo y en sus aguas, que llegan a una profundidad de 180 metros (590 pies), se pueden contemplar tres terrazas de arrecifes. Los corales forman verdaderas alfombras de tonos rojos, amarillos y anaranjados que impresionan al buceador más exigente.

❝ **El hombre no sólo es un problema para sí, sino también para la biosfera en que le ha tocado vivir.** ❞

(Ramón Margalef, ecólogo español)

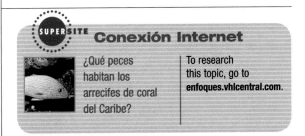

SUPERSITE **Conexión Internet**

¿Qué peces habitan los arrecifes de coral del Caribe?

To research this topic, go to **enfoques.vhlcentral.com.**

---

andar como... *(lit.) to be like a dog without a flea* **el mono...** *(lit.) the monkey is whistling*
estar como... *(lit.) to be like a goat* **me pica...** *(lit.) my catfish is itching/tickling me* **buque**
ship **frenar** *to slow down* **etiquetado...** *container labeling* **aves arpías** *harpy eagles*

¿Qué aprendiste?

1 **¿Cierto o falso?** Indica si estas afirmaciones son **ciertas** o **falsas**. Corrige las falsas.

1. Los arrecifes de coral son unas plantas de intensos colores.

2. Los arrecifes de coral también son conocidos como los *bosques tropicales del mar*.

3. Los huracanes se hacen más fuertes cuando pasan por los arrecifes.

4. Estas estructuras son un ecosistema ideal para las especies en peligro de extinción.

5. Las formaciones de coral necesitan luz.

6. Está permitido que los turistas tomen un poco de coral para llevárselo.

7. María la Gorda se encuentra en el extremo occidental de Puerto Rico.

8. En María la Gorda, los arrecifes forman túneles y cordilleras.

9. La construcción de casas cerca de las playas no afecta al desarrollo de los arrecifes.

10. Los arrecifes de coral son uno de los hábitats más antiguos del planeta.

11. En los arrecifes no viven tortugas porque no encuentran su alimento.

12. Los expertos están preocupados por el futuro de los arrecifes.

2 **Opciones** Elige la opción correcta.

1. El Grupo de Investigadores Submarinos hundieron el *Hickory* para crear (un parque nacional/un arrecife artificial).

2. El Parque Nacional Submarino La Caleta está ubicado en (Puerto Rico/ la República Dominicana).

3. ¿No quieres contribuir para el regalo de Juan? ¡Eres (una rata/un chancho)!

4. Si estás en Argentina y tienes hambre, dices que (te pica el bagre/estás como una cabra).

3 **Preguntas** Contesta las preguntas.

1. ¿Qué quieren frenar las organizaciones ambientales en el Parque Nacional Yasuní?

2. ¿Qué animales protege el Fondo Peregrino de Panamá?

3. ¿Qué busca Greenpeace con la campaña contra transgénicos?

4. En tu opinión, ¿a qué se refiere Ramón Margalef cuando dice que el hombre es un problema para la biosfera?

4 **Opiniones** En parejas, conversen sobre la contaminación del mar. ¿Les preocupa la contaminación del mar? ¿Creen que tienen algún hábito en su vida diaria que perjudica nuestros mares? ¿Están dispuestos a cambiar su estilo de vida? ¿Qué cambiarían? Compartan su opinión con la clase.

PROYECTO

Arrecifes del Caribe

Busquen información sobre los arrecifes de coral de Cuba, Puerto Rico y la República Dominicana. Elijan una zona de arrecifes y preparen una presentación para la clase. La presentación debe incluir:

- datos sobre la ubicación y la extensión

- datos sobre turismo

- datos sobre las especies de coral y otras especies de los arrecifes

- información sobre el estado de los arrecifes. ¿Están en peligro? ¿Alguna organización los protege?

¡No olviden incluir un mapa con la ubicación exacta para presentarlo en la clase!

RITMOS

GILBERTO SANTA ROSA

Gilberto Santa Rosa, más conocido como el Caballero de la Salsa, es considerado el heredero de la tradición salsera caribeña y el puente° hacia los nuevos tiempos de este género musical. Comenzó su carrera de adolescente cuando fue invitado a participar en bandas famosas, entre ellas la orquesta *La Grande* junto al destacado° trompetista Elías López. Hoy este puertorriqueño es una figura consagrada en su país y en el mundo. Santa Rosa se convirtió en el primer cantante de música tropical en actuar en el Carnegie Hall en Nueva York. Su éxito artístico radica° en su talento como sonero° en la interpretación de música tropical y también de boleros. En su producción *Directo al corazón* (2006), que incluye *Isla del encanto*, Santa Rosa coquetea con el reggaetón y la balada y, fiel a su estilo, da justo en el blanco°.

Discografía

2006 Directo al corazón   **2002** Intenso   **1995** En vivo desde el Carnegie Hall

Canción

Éste es un fragmento de una canción de Gilberto Santa Rosa.

Isla del encanto

Cuando la luna cae sobre tus palmeras
Y en tus playas el mar agita sus olas
El firmamento brinda su mejor estrella
Para darle la luz a tu preciosa arena.

Por la mañana siempre sale el sol primero
Y se llena de luz el paraíso mío
Y en la verde montaña el jibarito° canta
Un lelolay° que es signo en el mundo entero.

La **Rueda de Casino** es una de las variantes más llamativas de salsa surgida en los años cincuenta en Cuba. Las parejas bailan en forma circular y, cuando el líder del grupo hace un llamado° con el nombre de un tipo de vuelta°, las mujeres deben cambiar de pareja. Existen muchísimos llamados, algunos de ellos muy graciosos, como por ejemplo: *pa'arriba, ¡dile que no!* y *Juana la cubana.*

 Preguntas En parejas, contesten las preguntas.

1. ¿Cuándo comenzó la formación artística de Gilberto Santa Rosa?
2. ¿Por qué el título de la canción es *Isla del encanto*? ¿A qué se refiere?
3. ¿Qué es la Rueda de Casino?
4. ¿Qué otros cantantes de salsa conocen? ¿Bailan salsa?

puente *bridge* **destacado** *renowned* **radica** *lies* **sonero** *improvisational singer* **blanco** *target*
jibarito *little Puerto Rican farmer* **lelolay** *exclamation typical of jíbaros* **llamado** *call* **vuelta** *turn*

La naturaleza

6.1 The future

Forms of the future tense

Mañana por la tarde estaremos en el campamento.

Nos quedaremos cuidando a Bambi.

TALLER DE CONSULTA

MANUAL DE GRAMÁTICA

Más práctica

6.1 The future, p. 515

6.2 The subjunctive in adverbial clauses, p. 516

6.3 Prepositions: **a, hacia**, and **con**, p. 517

Más gramática

6.4 Adverbs, p. 518

¡ATENCIÓN!

Note that all of the future tense endings carry a written accent mark, except the **nosotros/as** form.

- The future tense (**el futuro**) uses the same endings for all **–ar, –er**, and **–ir** verbs. For regular verbs, the endings are added to the infinitive.

The future tense		
hablar	**deber**	**abrir**
hablaré	deberé	abriré
hablarás	deberás	abrirás
hablará	deberá	abrirá
hablaremos	deberemos	abriremos
hablaréis	deberéis	abriréis
hablarán	deberán	abrirán

- For irregular verbs, the same future endings are added to the irregular stem.

Infinitive	stem	future forms
caber	cabr–	cabré, cabrás, cabrá, cabremos, cabréis, cabrán
haber	habr–	habré, habrás, habrá, habremos, habréis, habrán
poder	podr–	podré, podrás, podrá, podremos, podréis, podrán
querer	querr–	querré, querrás, querrá, querremos, querréis, querrán
saber	sabr–	sabré, sabrás, sabrá, sabremos, sabréis, sabrán
poner	pondr–	pondré, pondrás, pondrá, pondremos, pondréis, pondrán
salir	saldr–	saldré, saldrás, saldrá, saldremos, saldréis, saldrán
tener	tendr–	tendré, tendrás, tendrá, tendremos, tendréis, tendrán
valer	valdr–	valdré, valdrás, valdrá, valdremos, valdréis, valdrán
venir	vendr–	vendré, vendrás, vendrá, vendremos, vendréis, vendrán
decir	dir–	diré, dirás, dirá, diremos, diréis, dirán
hacer	har–	haré, harás, hará, haremos, haréis, harán

Uses of the future tense

- In Spanish, as in English, the future tense is one of many ways to express actions or conditions that will happen in the future.

PRESENT INDICATIVE	**PRESENT SUBJUNCTIVE**
conveys a sense of certainty that the action will occur	refers to an action that has yet to occur: used after verbs of will and influence.
Llegan a la costa mañana.	Prefiero que lleguen a la costa mañana.
They arrive at the coast tomorrow.	*I prefer that they arrive at the coast tomorrow.*
ir a + [infinitive]	**FUTURE TENSE**
expresses the near future; is commonly used in everyday speech	expresses an action that will occur; often implies more certainty than *ir a* + [infinitive]
Van a llegar a la costa mañana.	Llegarán a la costa mañana.
They are going to arrive at the coast tomorrow.	*They will arrive at the coast tomorrow.*

- The English word *will* can refer either to future time or to someone's willingness to do something. To express willingness, Spanish uses the verb **querer** + [*infinitive*], not the future tense.

  ¿Quieres contribuir a la protección del medio ambiente?
  Will you contribute to the protection of the environment?

  Quiero ayudar, pero no sé por dónde empezar.
  I'm willing to help, but I don't know where to begin.

- In Spanish, the future tense may be used to express conjecture or probability, even about present events. English expresses this sense in various ways, such as *wonder, bet, must be, may, might*, and *probably*.

  ¿Qué hora **será**?
  I wonder what time it is.

  ¿**Lloverá** mañana?
  Do you think it will rain tomorrow?

  Ya **serán** las dos de la mañana.
  It must be two a.m. by now.

  Probablemente **tendremos** un poco de sol y un poco de viento.
  It'll probably be sunny and windy.

- When the present subjunctive follows a conjunction of time like **cuando, después (de) que, en cuanto, hasta que**, and **tan pronto como**, the future tense is often used in the main clause of the sentence.

  Nos quedaremos lejos de la costa **hasta que pase** el huracán.
  We'll stay far from the coast until the hurricane passes.

  En cuanto termine de llover, **regresaremos** a casa.
  As soon as it stops raining, we'll go back home.

The ¡ATENCIÓN! and TALLER DE CONSULTA sidebars.

¡ATENCIÓN!

The future tense is used less frequently in Spanish than in English.

Te llamo mañana.
I'll call you tomorrow.

TALLER DE CONSULTA

For a detailed explanation of the subjunctive with conjunctions of time, see **6.2.**

 **Práctica**

TALLER DE CONSULTA

MANUAL DE GRAMÁTICA

Más práctica

6.1 The future, p. 515

1 **Catástrofe** Hay muchas historias que cuentan el fin del mundo. Aquí tienes una de ellas.

A. Primero, lee la historia y subraya las expresiones del futuro. Después cambia esas expresiones por verbos en futuro.

> (1) Los videntes (*fortunetellers*) aseguran que van a llegar catástrofes. (2) El clima va a cambiar. (3) Va a haber huracanes y terremotos. (4) Vamos a vivir tormentas permanentes. (5) Una gran niebla va a caer sobre el mundo. (6) El suelo del bosque va a temblar. (7) El mundo que conocemos también va a acabarse. (8) En ese instante, la tierra va a volver a sus orígenes.

1. _____
2. _____
3. _____
4. _____
5. _____
6. _____
7. _____
8. _____

B. Ahora, en parejas, escriban su propia historia del futuro del planeta. Pueden inspirarse en el párrafo anterior o pueden escribir una versión más optimista.

2 **Horóscopo chino** En el horóscopo chino cada signo es un animal. Lee las predicciones del horóscopo chino para la serpiente. Conjuga los verbos en paréntesis usando el futuro.

Trabajo: Esta semana (tú) (1) _____ (tener) que trabajar duro. (2) _____ (salir) poco y no (3) _____ (poder) divertirte, pero (4) _____ (valer) la pena. Muy pronto (5) _____ (conseguir) el puesto que esperas.

Dinero: (6) _____ (venir) tormentas económicas. No malgastes tus ahorros.

Salud: (7) _____ (resolver) tus problemas respiratorios, pero (8) _____ (deber) cuidarte la garganta.

Amor: (9) _____ (recibir) una noticia muy buena. Una persona especial te (10) _____ (decir) que te ama. (11) _____ (venir) días felices.

3 **El vidente** En parejas, imaginen que uno/a de ustedes es un(a) vidente (*fortuneteller*). La otra persona quiere saber qué le sucederá en el futuro cuando hable español fluidamente. El/La vidente deberá contestar preguntas sobre estos temas.

- viajes
- relaciones
- trabajo
- estudios

MODELO **ESTUDIANTE** ¿Seguiré estudiando español en el futuro?
VIDENTE Sí, dentro de diez años harás un doctorado en español.

Comunicación

 4 **Viaje ecológico** Tú y tu compañero/a tienen que planear un viaje ecológico. Decidan a qué país irán, en qué fechas y qué harán allí. Usen ocho verbos en futuro.

ECOTURISMO

Puerto Rico

- acampar en la costa y disfrutar de las playas
- visitar el Viejo San Juan
- montar a caballo por la Cordillera Central
- ir en bicicleta por la costa
- viajar en barco por Isla Culebra

República Dominicana

- ir en kayak por los ríos tropicales
- bucear por los arrecifes
- ir de safari por La Descubierta y ver los cocodrilos del Lago Enriquillo
- disfrutar del paisaje de Barahona
- observar las aves en el Parque Nacional del Este

5 **¿Qué será de...?** Todo cambia con el paso del tiempo. En parejas, conversen sobre lo que sucederá en el futuro en relación con estos temas y lugares.

- las ballenas (*whales*) en 2200
- Venecia en 2035
- los libros tradicionales en 2105
- la televisión en 2056
- Internet en 2050
- las hamburguesas en 2020
- los Polos Norte y Sur en 2300
- el Amazonas en 2100
- Los Ángeles en 2245
- el petróleo en 2025

 6 **¿Dónde estarán en 20 años?** La fama es, en muchas ocasiones, pasajera (*fleeting*). En grupos de tres, hagan una lista de cinco personas famosas y anticipen lo que será de ellas dentro de veinte años.

 7 **Situaciones** En parejas, seleccionen uno de estos temas e inventen una conversación usando el tiempo futuro.

1. Dos jóvenes han terminado sus estudios universitarios y hablan sobre lo que harán para convertirse en millonarios.

2. Dos ladrones acaban de robar todo el dinero de un banco internacional. Piensa en lo que hará la policía para atraparlos.

3. Los/Las hermanos/as Rondón han decidido convertir su granja (*farm*) en un centro de ecoturismo. Deben planear algunas atracciones para los turistas.

4. Dos científicos se reúnen para participar en un intercambio (*exchange*) de ideas. El objetivo es controlar, reducir e, idealmente, eliminar la contaminación del aire en las grandes ciudades. Cada uno/a dice lo que hará o inventará para conseguirlo.

6.2 The subjunctive in adverbial clauses

- In Spanish, adverbial clauses are commonly introduced by conjunctions. Certain conjunctions require the subjunctive, while others can be followed by the subjunctive or the indicative, depending on the context in which they are used.

¡Estoy dejando espacio para que la atrapen!

No le des más comida aunque ponga cara de perrito.

Conjunctions that require the subjunctive

¡ATENCIÓN!

An adverbial clause (**oración adverbial**) is one that modifies or describes verbs, adjectives, or other adverbs. It describes how, why, when, or where an action takes place.

To review the use of adverbs, see **Manual de gramática 6.4,** p. 518.

- Certain conjunctions are always followed by the subjunctive because they introduce actions or states that are uncertain or have not yet happened. These conjunctions commonly express purpose, condition, or intent.

MAIN CLAUSE	CONNECTOR	SUBORDINATE CLAUSE
Se acabará el petróleo en pocos años	a menos que	busquemos energías alternativas.

> **Conjunctions that require the subjunctive**
>
> | | |
> |---|---|
> | **a menos que** *unless* | **en caso (de) que** *in case* |
> | **antes (de) que** *before* | **para que** *so that* |
> | **con tal (de) que** *provided that* | **sin que** *without; unless* |

El gobierno se prepara **en caso de que haya** una gran sequía el verano que viene.
The government is getting ready in case there is a big drought in the coming summer.

Iremos a las montañas el próximo miércoles **a menos que haga** mal tiempo.
We will go to the mountains next Wednesday unless the weather is bad.

Debemos proteger a los animales salvajes **antes de que se extingan**.
We should protect wild animals before they become extinct.

- If there is no change of subject in the sentence, a subordinate clause is not necessary. Instead, the prepositions **antes de, con tal de, en caso de, para**, and **sin** can be used, followed by the infinitive. Note that the connector **que** is not necessary in this case.

Las organizaciones ecologistas trabajan **para proteger** los arrecifes de coral.
Environmental organizations work to protect coral reefs.

Tienes que pedir permiso **antes de darles de comer** a los monos del zoológico.
You have to ask permission before feeding the monkeys at the zoo.

Conjunctions followed by the subjunctive or the indicative

- If the action in the main clause has not yet occurred, then the subjunctive is used after conjunctions of time or concession. Note that adverbial clauses often come at the beginning of a sentence.

Conjunctions of time or concession	
a pesar de que *despite*	**hasta que** *until*
aunque *although; even if*	**luego que** *as soon as*
cuando *when*	**mientras que** *while*
después (de) que *after*	**siempre que** *as long as*
en cuanto *as soon as*	**tan pronto como** *as soon as*

La excursión no saldrá **hasta que estemos** todos.
The excursion will not leave until we all are here.

Dejaremos libre al pájaro **en cuanto** el veterinario nos **diga** que puede volar.
We will free the bird as soon as the vet tells us it can fly.

Aunque me **digan** que es inofensivo, no me acercaré al perro.
Even if they tell me he's harmless, I'm not going near the dog.

Cuando Pedro vaya a cazar, tendrá cuidado con las serpientes venenosas.
When Pedro goes hunting, he will be careful of the poisonous snakes.

- If the action in the main clause has already happened, or happens habitually, then the indicative is used in the adverbial clause.

Tan pronto como paró de llover, Matías salió a jugar al parque.

As soon as the rain stopped, Matías went out to play in the park.

Mi padre y yo siempre nos peleamos **cuando hablamos** del calentamiento global.

My father and I always fight when we talk about global warming.

 **Práctica**

TALLER DE CONSULTA

MANUAL DE GRAMÁTICA
Más práctica

6.2 The subjunctive in
adverbial clauses, p. 516

1 Reunión Completa las oraciones con el indicativo (presente o pretérito) o el subjuntivo de los verbos entre paréntesis.

1. Los ecologistas no apoyarán al alcalde (*mayor*) a menos que éste _____ (cambiar) su política de medio ambiente.

2. El alcalde va a hablar con su asesor (*advisor*) antes de que _____ (llegar) los ecologistas.

3. Los ecologistas entraron en la oficina del alcalde tan pronto como _____ (saber) que los esperaban.

4. El alcalde les asegura que siempre piensa en el medio ambiente cuando _____ (dar) permisos para construir edificios nuevos.

5. Los ecologistas van a estar preocupados hasta que el alcalde _____ (responder) todas sus preguntas.

2 ¿Infinitivo o subjuntivo? Completa las oraciones con el verbo en infinitivo o en subjuntivo.

1. Compraré un carro híbrido con tal de que no _____ (ser) muy caro. Compraré un carro híbrido con tal de _____ (conservar) los recursos naturales.

2. Los biólogos viajan para _____ (estudiar) la biodiversidad. Los biólogos viajan para que la biodiversidad se _____ (conocer).

3. Él se preocupará por el calentamiento global después de que los científicos le _____ (demostrar) que es una realidad. Él se preocupará por el calentamiento global después de _____ (ver) con sus propios ojos lo que ocurre.

4. No podremos continuar sin _____ (tener) un mapa. No podremos continuar sin que alguien nos _____ (dar) un mapa.

3 Declaraciones Elige la conjunción adecuada para completar la conversación entre un periodista y la señora Corbo, encargada de relaciones públicas de un zoológico.

PERIODISTA Señora Corbo, ¿qué le parece el artículo que se ha publicado en el que se dice que el zoológico no trata bien a los animales?

SRA. CORBO Lo he leído, y (1) _____ (aunque / cuando) yo no estoy de acuerdo con el artículo, hemos iniciado una investigación. (2) _____ (Hasta que / Tan pronto como) terminemos la investigación, se lo comunicaremos a la prensa. Queremos hablar con todos los empleados (3) _____ (en cuanto / para que) no haya ninguna duda.

PERIODISTA ¿Es verdad que limpian las jaulas (*cages*) sólo cuando va a haber una inspección (4) _____ (para que / sin que) el zoológico no tenga problemas con las autoridades?

SRA. CORBO Le aseguro que todo se limpia diariamente hasta el último detalle. Y si no me cree, lo invito a que nos visite mañana mismo.

PERIODISTA ¿Cuándo cree que sabrán lo que ha ocurrido?

SRA. CORBO (5) _____ (En cuanto / Aunque) termine la investigación.

Comunicación

 4 **Instrucciones** Javier va a salir de viaje por el país, así que le ha dejado una lista de instrucciones a su compañero de casa. En parejas, túrnense para preparar las instrucciones usando oraciones adverbiales con subjuntivo y las conjunciones de la lista.

> **MODELO** No uses mi computadora a menos que sea una emergencia.

a menos que
a pesar de que
con tal de que
cuando
en caso de que
en cuanto
para que
siempre que
tan pronto como

Instrucciones
- *Darles de comer a los peces*
- *Comprar productos ecológicos*
- *No pasear el perro si hay tormenta*
- *Usar sólo papel reciclado*
- *No usar mucha agua excepto para regar (to water) las plantas*
- *Llamarme por cualquier problema*

 5 **Situaciones** En parejas, túrnense para completar las oraciones.

1. Terminaré mis estudios a tiempo a menos que…
2. Me iré a vivir a otro país en caso de que…
3. Ahorraré (*I will save*) mucho dinero para que…
4. Yo cambiaré de carrera en cuanto…
5. Me jubilaré (*I will retire*) cuando…

6 **Huracán** En grupos de cuatro, imaginen que son compañeros/as de casa y que un huracán se acerca a la zona donde viven. Escriban un plan para explicar qué harán en diferentes situaciones hipotéticas o futuras. Usen el subjuntivo y las conjunciones adverbiales. Consideren estas posibles situaciones.

- las bombillas de luz se queman
- las ventanas se rompen
- las líneas de teléfono se cortan
- el sótano se inunda (*floods*)
- los vecinos ya se han ido
- no hay suficiente alimento

6.3 Prepositions: *a*, *hacia*, and *con*

The preposition *a*

¡ATENCIÓN!

Some verbs require **a** when used with an infinitive, such as **ir a**, **comenzar a**, **volver a**, **enseñar a**, **aprender a**, and **ayudar a**.

Aprendí a manejar.
I learned to drive.

Me ayudó a arreglar el coche.
He helped me fix the car.

- The preposition **a** can mean *to*, *at*, *for*, *upon*, *within*, *of*, *from*, or *by*, depending on the context. Sometimes it has no direct translation in English.

  Terminó **a** las doce.
  It ended at midnight.

  Lucy estaba **a** mi derecha.
  Lucy was to/on my right.

  El Mar Caribe está **a** doce millas de aquí.
  The Caribbean Sea is twelve miles from here.

  Le compré un pájaro exótico **a** Juan.
  I bought an exotic bird from/for Juan.

  Al llegar a casa, me sentí feliz.
  Upon returning home, I felt happy.

  Fui **a** casa de mis padres para ayudarlos después de la inundación.
  I went to my parents' house to help them after the flood.

- The preposition **a** introduces indirect objects.

  Le prometió **a** su hijo que irían a navegar.
  He promised his son they would go sailing.

  Hoy, en el zoo, le di de comer **a** un conejo.
  Today, in the zoo, I fed a rabbit.

- The preposition **a** can be used in commands.

  ¡**A** comer!
  Let's eat!

  ¡**A** dormir!
  Time for bed!

- When a direct object noun is a person (or a pet), it is preceded by the personal **a**, which has no equivalent in English. The personal **a** is also used with the words **alguien, nadie**, and **alguno**.

  ¿Viste **a** tus amigos en el parque?
  Did you see your friends in the park?

  No, no he visto **a** nadie.
  No, I haven't seen anyone.

- The personal **a** is not used when the person in question is not specific.

  La organización ambiental busca voluntarios.
  The environmental organization is looking for volunteers.

  Sí, necesitan voluntarios para limpiar la costa.
  Yes, they need volunteers to clean the coast.

The preposition *hacia*

¡ATENCIÓN!

There is no accent mark on the **i** in the preposition **hacia**. The stress falls on the first **a**. The word **hacía** is a form of the verb **hacer**.

- With movement, either literal or figurative, **hacia** means *toward* or *to*.

  La actitud de Manuel **hacia** mí fue negativa.
  Manuel's attitude toward me was negative.

  El biólogo se dirige **hacia** Puerto Rico para la entrevista.
  The biologist is headed to Puerto Rico for the interview.

- With time, **hacia** means *approximately*, *around*, *about*, or *toward*.

  El programa que queremos ver empieza **hacia** las 8.
  The show that we want to watch will begin around 8:00.

  La televisión se hizo popular **hacia** la segunda mitad del siglo XX.
  Television became popular toward the second half of the twentieth century.

The preposition *con*

La idea es tener contacto con la naturaleza.

¡Maldito pez! En una playa tropical con tres mujeres.

- The preposition **con** means *with*.

  Me gustaría hablar **con** el director del departamento.

  I would like to speak with the director of the department.

  Es una organización ecológica **con** muchos miembros.

  It's an environmental organization with lots of members.

- Many English adverbs can be expressed in Spanish with **con** + [*noun*].

  Habló del tema **con** cuidado.

  She spoke about the issue carefully.

  Hablaba **con** cariño.

  He spoke affectionately.

- The preposition **con** is also used rhetorically to emphasize the value or the quality of something or someone, contrary to a given fact or situation. In this case, **con** conveys surprise at an apparent conflict between two known facts. In English, the words *but*, *even though*, and *in spite of* are used.

  Los turistas tiraron los envoltorios al suelo.

  The tourists threw wrappers on the ground.

  ¡**Con** lo limpio que estaba todo!

  But the place was so clean!

- If **con** is followed by **mí** or **ti**, it forms a contraction: **conmigo**, **contigo**.

con + mí	conmigo
con + ti	contigo

  ¿Quieres venir **conmigo** al campo?
  Do you want to come with me to the countryside?

  Por supuesto que quiero ir **contigo**.
  Of course I want to go with you.

- **Consigo** is the contraction of **con** + **usted/ustedes** or con + **él/ella/ellos/ellas**. **Consigo** is equivalent to the English *with himself/herself/yourself* or *with themselves/yourselves*, and is commonly followed by **mismo**. It is only used when the subject of the sentence is the same person referred to after **con**.

  Están satisfechos **consigo mismos**.

  La sequía trajo **consigo** muchos problemas.

  Fui al cine **con él**.

  Prefiero ir al parque **con usted**.

 **Práctica**

TALLER DE CONSULTA

MANUAL DE GRAMÁTICA
Más práctica

6.3 Prepositions: **a, hacia**, and **con**, p. 517

1 ¿Cuál es? Elige entre las preposiciones **a**, **hacia** y **con** para completar cada oración.

1. El león caminaba _____ el árbol.
2. Dijeron que la tormenta empezaría _____ las dos de la tarde.
3. Le prometí que iba _____ ahorrar combustible.
4. Ellos van a tratar de ser responsables _____ el medio ambiente.
5. Contribuyó a la campaña ecológica _____ mucho dinero.
6. El depósito de combustible estaba _____ mi izquierda.

2 Amigos Primero, completa los párrafos con las preposiciones **a** y **con**. Marca los casos que no necesitan una preposición con una **X**.

Emilio invitó (1) ____ María (2) ____ ir de excursión. Él quería ir al bosque (3) ____ ella porque quería mostrarle un paisaje donde se podían ver (4) ____ muchos pájaros. Él sabía que (5) ____ ella le gustaba observar (6) ____ las aves. María le dijo que sí (7) ____ Emilio. Ella no conocía (8) ____ nadie más (9) ____ quien compartir su interés por la naturaleza. Hacía poco que había llegado (10) ____ la ciudad y buscaba (11) ____ amigos (12) ____ sus mismos intereses.

3 Conversación Completa la conversación de Emilio y María con la opción correcta de la preposición **con**. Puedes usar las opciones de la lista más de una vez.

con	con ustedes	consigo
con nosotros	conmigo	contigo

EMILIO Gracias por haber venido (1) _____ a la montaña. Ha sido una tarde divertida.

MARÍA No, Emilio. Gracias a ti por haberme invitado a venir (2) _____. No conocía este sitio y es maravilloso. ¡(3) _____ lo que me gustan las montañas! Echo de menos venir más a menudo.

EMILIO Pues ya lo sabes, puedes venir (4) _____ cuando quieras. ¿Qué te parece si lo repetimos la próxima semana?

MARÍA Me encantaría volver. La próxima vez, vendré (5) _____ mis prismáticos (*binoculars*) para ver los pájaros.

EMILIO A veces, vengo (6) _____ mi hermano pequeño. Tiene once años; seguro que te cae bien. Si quieres, la semana que viene puede venir (7) _____. Él siempre se trae una cámara (8) _____. Él dice que va a ser un director famoso.

MARÍA Perfecto, la semana que viene venimos los tres. Estoy segura de que lo voy a pasar bien (9) _____.

Comunicación

4 **Safari** En parejas, escriban un artículo periodístico breve sobre lo que le sucedió a un grupo de turistas durante un safari. Usen por lo menos cuatro frases de la lista. Sean imaginativos. Después, compartan el informe con la clase.

hacia el león	con la cámara digital	con la boca abierta
al guía	a tomar una foto	a correr
hacia el carro	a nadie	hacia el tigre

5 **Noticias** En grupos de cuatro o cinco, lean los titulares (*headlines*) e inventen la noticia. Formen un círculo. El primero debe leer el titular al segundo, añadiendo (*adding*) algo. El segundo estudiante repite la noticia al tercero y añade otra cosa, y así sucesivamente (*and so on*). Las partes que añadan a la noticia deben incluir las preposiciones **a**, **con** o **hacia**.

MODELO **Acusaron a Petrosur de contaminar el río.**

ESTUDIANTE 1 Acusaron a Petrosur de contaminar el río <u>con productos químicos</u>.

ESTUDIANTE 2 Acusaron a Petrosur de contaminar el río <u>con productos químicos</u>. <u>A diario se ven horribles manchas que flotan en el agua</u>.

ESTUDIANTE 3 Acusaron a Petrosur de contaminar el río <u>con productos químicos</u>. <u>A diario se ven horribles manchas que flotan en el agua hacia la bahía</u>.

1. Inventaron un combustible nuevo.
2. El presidente felicitó (*congratulated*) a los bomberos.
3. Inauguran hoy una nueva reserva.
4. Se acerca una tormenta.

6 **Síntesis**

A. En parejas, háganse estas preguntas sobre la naturaleza. Deben usar el futuro, el subjuntivo y las preposiciones **a**, **hacia** y **con** en sus respuestas.

1. ¿Conoces a alguien que contribuya a cuidar el medio ambiente?
2. ¿Te gusta cazar? ¿Conoces a mucha gente que cace?
3. ¿Crees que reciclar es importante? ¿Por qué? ¿Qué sucederá si no reciclamos?
4. ¿Qué actitud tienes hacia el uso de productos desechables?
5. ¿Crees que el calentamiento global empeorará a menos que cambiemos nuestro estilo de vida?
6. ¿Qué medidas debe tomar el gobierno para que no se agoten los recursos naturales?

B. Informen a la clase de lo que han aprendido de su compañero/a usando las preposiciones correspondientes. Sigan el modelo.

MODELO Juana, mi compañera, dice que no conoce a nadie que contribuya a cuidar el medio ambiente. Ella dice que si no reciclamos, tendremos problemas con la cantidad de basura...

For additional cumulative practice of all the grammar points in this lesson, go to **enfoques.vhlcentral.com**.

Antes de ver el corto

EL DÍA MENOS PENSADO

país México
duración 13 minutos

director Rodrigo Ordóñez
protagonistas Julián, Inés, Ricardo (vecino), Esther (esposa de Ricardo)

Vocabulario

acabarse *to run out; to come to an end*
la cisterna *cistern; underground tank*
descuidar(se) *to get distracted; to neglect*
disculparse *to apologize*
envenenado/a *poisoned*
quedarse sin *to run out of*

resentido/a *resentful*
la salida *exit*
sobre todo *above all*
el tanque *tank*
la tubería *piping*
el/la vándalo/a *vandal*

1 **El carpincho Pedro** Completa el párrafo con las palabras o las frases apropiadas.

Noticia de último momento: un grupo de (1) _____ causó graves daños (*harm*) en la Reserva Ecológica. Aparentemente, los guardias nocturnos (2) _____ y no los vieron entrar por una de las (3) _____. Los delincuentes hicieron un agujero (*hole*) en la (4) _____ que lleva agua para llenar los (5) _____ en la zona de los baños. Pero eso no fue todo. Por la mañana, los guardaparques se encontraron con una triste escena. Además de encontrar el parque inundado (*flooded*) y de (6) _____ agua en la (7) _____, encontraron muy enfermo al carpincho (*capybara*) Pedro, el animalito más querido de la reserva. Le habían dado comida (8) _____. Afortunadamente, los veterinarios aseguran que el carpincho se va a recuperar.

2 **Preguntas** En parejas, contesten las preguntas.

1. ¿Qué tipos de contaminación hay en su comunidad? Mencionen dos o tres.
2. ¿Creen que algún día se puede acabar el agua? ¿Qué pasará si eso sucede?
3. Observen el afiche del cortometraje. ¿Qué está mirando el hombre?
4. Observen los fotogramas. ¿Qué está sucediendo en cada uno?
5. El corto se titula *El día menos pensado* (*When you least expect it*). ¿Qué catástrofes ecológicas pueden ocurrir el día menos pensado?

El día menos pensado

Una producción de FONDO NACIONAL PARA LA CULTURA Y LAS ARTES/INSTITUTO MEXICANO DE CINEMATOGRAFÍA/
GUERRILLA FILMS con apoyo de MEXATIL INDUSTRIAL, S.A. DE C.V./EQUIPMENT & FILM DESIGN (EFD)/CALABAZITAZ
TIERNAZ/KODAK DE MÉXICO/CINECOLOR MÉXICO Guión y Dirección RODRIGO ORDÓÑEZ Basada en un cuento de SERGIO
FERNÁNDEZ BRAVO Fotografía EVERARDO GONZÁLEZ Productor Ejecutivo GABRIEL SORIANO Dirección de Arte AMARANTA
SÁNCHEZ Música Original CARLOS RUIZ Diseño Sonoro LENA ESQUENAZI Edición JUAN MANUEL FIGUEROA
Actores FERNANDO BECERRIL/MARTA AURA/BRUNO BICHIR/CLAUDIA RÍOS

ARGUMENTO Una ciudad se ha quedado sin agua. Mucha gente se ha ido. Algunos se quedan vigilando la poca agua que les queda.

JULIÁN Inés, nos tenemos que ir.
INÉS Dicen que todo se va a arreglar. Que si no, es cuestión de esperar hasta que lleguen las lluvias.
JULIÁN Sí, pero no podemos confiar en eso. No a estas alturas°.

INÉS ¿Cómo vamos a salir de la ciudad? Dicen que en todas las salidas hay vándalos. Y que están muy resentidos porque ellos fueron los primeros que se quedaron sin agua.
JULIÁN Si no digo que no sea peligroso. Pero cuando se nos acabe el agua nos tenemos que ir de todos modos.

INÉS ¿Pasa algo?
JULIÁN Ya no tenemos agua.
INÉS En la tele dijeron que...
JULIÁN ¡Qué importa lo que hayan dicho! ¡Se acabó!

JULIÁN Aunque lograran° traer agua a la ciudad, no pueden distribuirla. Las tuberías están contaminadas desde el accidente. Ninguna ayuda llegará a tiempo, y menos aquí.
INÉS Pero no quiero dejar mi casa.

JULIÁN Y a ustedes, ¿cuándo se les acabó el agua?
RICARDO Antier° en la noche nos dimos cuenta.
JULIÁN Ricardo, ¿quieren venir con nosotros?

JULIÁN No nos va a pasar nada, Inés. ¿Qué nos pueden hacer? Todos estamos igual.

a estas alturas *at this stage* **lograran** *managed to*
antier *the day before yesterday*

1 Comprensión Contesta las preguntas con oraciones completas.

1. ¿Qué hace el hombre en el techo de su casa? ¿Por qué?
2. ¿Qué le dice el hombre a su esposa cuando está desayunando?
3. ¿Qué hay en las salidas de la ciudad?
4. ¿Qué pasa con las tuberías?
5. ¿Por qué deciden irse de la ciudad? ¿Quiénes van con ellos en el coche?
6. ¿Por qué quieren los vándalos atacar a las personas que van en el carro?

2 Ampliación En parejas, contesten las preguntas.

1. ¿Qué creen que ocurre al final?
2. El agua está envenenada por un accidente. ¿Qué tipo de accidente creen que hubo?
3. ¿Creen que Ricardo es una mala persona porque intentó robar agua? ¿Por qué?
4. ¿Quiénes son las personas que aparecen al final del corto? ¿Qué quieren?
5. Imaginen que son los protagonistas de este corto. ¿Qué opciones tienen?

3 ¿El agua en peligro? En grupos de tres, lean el texto y respondan las preguntas.

Construimos nuestras ciudades cerca del agua; nos bañamos en el agua; jugamos en el agua; trabajamos con el agua. Nuestras economías están en gran parte basadas sobre la fuerza de su corriente, el transporte a través de ella, y todos los productos que compramos y vendemos están vinculados, de una u otra manera, al agua. Nuestra vida diaria se desarrolla y se configura en torno al agua. Sin el agua que nos rodea nuestra existencia sería inconcebible. En las últimas décadas, nuestra estima por el agua ha decaído. Ya no es un elemento digno de veneración y protección, sino un producto de consumo que hemos descuidado enormemente. El 80% de nuestro cuerpo está compuesto de agua y dos tercios de la superficie del planeta están cubiertos por agua: el agua es nuestra cultura, nuestra vida.

Declaración de la UNESCO con motivo del Día Mundial del Agua 2006.

1. ¿Creen que realmente estamos descuidando el agua, o el aumento del consumo es una consecuencia normal del aumento de la población?
2. Algunos expertos opinan que en el futuro se puede desencadenar una guerra mundial por el agua. ¿Creen que esto es una exageración? ¿Por qué?
3. ¿Creen que es posible cuidar el agua y otros recursos naturales sin tener que hacer grandes cambios en nuestro estilo de vida?
4. ¿Creen que hay naciones que son más responsables que otras por el consumo excesivo de recursos naturales? Expliquen su respuesta.

Autorretrato con mono, 1938.
Frida Kahlo, México.

"Quien rompe una tela de araña,
a ella y a sí mismo daña."

— Anónimo

SUPERSITE

Antes de leer

El eclipse

Sobre el autor

Augusto Monterroso nació en Honduras en 1921, pero pasó su infancia y juventud en Guatemala. En 1944 se radicó (*settled*) en México tras dejar Guatemala por motivos políticos. A pesar de su origen y de haber vivido su vida adulta en México, siempre se consideró guatemalteco. Monterroso tuvo acceso desde pequeño al mundo intelectual de los adultos. Fue prácticamente autodidacta: abandonó la escuela a los 11 años y con sólo 15 años fundó una asociación de artistas y escritores. Considerado padre y maestro del microcuento latinoamericano, Monterroso recurre (*resorts to*) en su prosa al humor inteligente con el que presenta su visión de la realidad. Entre sus obras se destacan *La oveja negra y demás fábulas* (1969) y la novela *Lo demás es silencio* (1978). Recibió numerosos premios, incluso el Premio Príncipe de Asturias en 2000.

Vocabulario

aislado/a *isolated*	**florecer** *to flower*	**sacrificar** *to sacrifice*
digno/a *worthy*	**oscurecer** *to darken*	
disponerse a *to be about to*	**prever** *to foresee*	**salvar** *to save*
la esperanza *hope*	**la prisa** *hurry; rush*	**valioso/a** *valuable*

Exploradores Completa esta introducción de un cuento con las palabras apropiadas.

Los exploradores salieron rumbo a la ciudad perdida sin (1) _____ ninguno de los peligros de la selva. El viejo mapa indicaba que la ciudad escondía un (2) _____ tesoro. Cuando (3) _____ a iniciar la marcha, se dieron cuenta de que iba a (4) _____ antes de que llegaran, por lo que decidieron avanzar con (5) _____. Tenían la (6) _____ de llegar antes de la medianoche.

Conexión personal

¿Alguna vez viste un eclipse? ¿Cómo fue la experiencia? ¿Hay algún fenómeno natural al que le tengas miedo? ¿Cuál? ¿Por qué?

Análisis literario: el microcuento

El microcuento es un relato breve, pero no por eso se trata de un relato simple. En estos cuentos, el lector participa activamente porque debe compensar los recursos utilizados (economía lingüística, insinuación, elipsis) a través de la especulación o haciendo uso de sus conocimientos previos. A medida que lees *El eclipse,* haz una lista de los conocimientos previos y también las especulaciones que sean necesarios para comprender el relato.

EL ECLIPSE

Augusto Monterroso

friar 1   Cuando fray° Bartolomé Arrazola se sintió perdido,
aceptó que ya nada podría salvarlo. La selva

powerful/captured   poderosa° de Guatemala lo había apresado°,
implacable y definitiva. Ante su ignorancia topográfica se

5   sentó con tranquilidad a esperar la muerte. Quiso morir allí,
sin ninguna esperanza, aislado, con el pensamiento fijo en
la España distante, particularmente en el convento de Los
Abrojos, donde Carlos Quinto condescendiera una vez a

zeal   bajar de su eminencia para decirle que confiaba en el celo°

redemptive 10   religioso de su labor redentora°.

surrounded   Al despertar se encontró rodeado° por un grupo de indígenas

face   de rostro° impasible que se disponían a sacrificarlo ante un

bed   altar, un altar que a Bartolomé le pareció como el lecho° en que

fears   descansaría, al fin, de sus temores°, de su destino, de sí mismo.

15   Tres años en el país le habían conferido un mediano

command (of a language)   dominio° de las lenguas nativas. Intentó algo. Dijo algunas
palabras que fueron comprendidas.

blossomed   Entonces floreció° en él una idea que tuvo por digna de su
talento y de su cultura universal y de su arduo conocimiento

20   de Aristóteles. Recordó que para ese día se esperaba un eclipse

deepest recesses/to take advantage of   total de sol. Y dispuso, en lo más íntimo°, valerse de° aquel

to trick; to deceive   conocimiento para engañar° a sus opresores y salvar la vida.

    —Si me matáis —les dijo— puedo hacer que el sol se
oscurezca en su altura.

25   Los indígenas lo miraron fijamente y Bartolomé sorprendió
la incredulidad en sus ojos. Vio que se produjo un pequeño

counsel/disdain   consejo°, y esperó confiado, no sin cierto desdén°.

    Dos horas después el corazón de fray Bartolomé Arrazola

was gushing   chorreaba° su sangre vehemente sobre la piedra de los

30   sacrificios (brillante bajo la opaca luz de un sol eclipsado),
mientras uno de los indígenas recitaba sin ninguna inflexión
de voz, sin prisa, una por una, las infinitas fechas en que se
producirían eclipses solares y lunares, que los astrónomos de
la comunidad maya habían previsto y anotado en sus códices

35   sin la valiosa ayuda de Aristóteles. ■

Después de leer

El eclipse
Augusto Monterroso

(1) Comprensión Contesta las preguntas con oraciones completas.

1. ¿Dónde se encontraba fray Bartolomé?
2. ¿Conocía el protagonista la lengua de los indígenas?
3. ¿Qué querían hacer los indígenas con fray Bartolomé?
4. ¿Qué les advirtió fray Bartolomé a los indígenas?
5. ¿Qué quería fray Bartolomé que los indígenas creyeran?
6. ¿Qué recitaba un indígena mientras el corazón del fraile sangraba?

(2) Interpretación Contesta las siguientes preguntas.

1. ¿Por qué crees que fray Bartolomé pensaba en el convento de Los Abrojos antes de morir?
2. ¿Cuál había sido la misión de fray Bartolomé en Guatemala?
3. ¿Quién le había encomendado esa misión?
4. A pesar de los conocimientos de Aristóteles, ¿por qué el protagonista no consiguió salvarse?

(3) Fenómenos naturales En la historia de la humanidad, los fenómenos y los desastres naturales y otros acontecimientos han sido motivo de muchos temores (*fears*) y supersticiones. A veces, esos temores tenían fundamento, pero otras veces eran supersticiones sin fundamento alguno.

A. En grupos de tres, investiguen acerca de un fenómeno o desastre natural o un acontecimiento que haya despertado grandes temores y supersticiones antes de suceder. ¿Se cumplieron los temores o eran supersticiones sin fundamento? Pueden elegir fenómenos o desastres de la lista o pensar en otros. Presenten la investigación al resto de la clase.

- el cometa Halley
- la llegada del año 2000
- la amenaza nuclear durante la guerra fría
- la erupción del volcán Vesubio en Pompeya

B. Escriban un microcuento sobre uno de los fenómenos o acontecimientos presentados. Lean el microcuento al resto de la clase. Sus compañeros/as deben adivinar de qué fenómeno o acontecimiento se trata.

(4) Escribir En la selva guatemalteca, fray Bartolomé seguramente observó gran cantidad de plantas silvestres y animales salvajes que no conocía hasta entonces. Investiga acerca de la flora y la fauna de la selva guatemalteca. Luego, imagina que eres fray Bartolomé y tienes que escribirle una carta al Rey Carlos V contándole acerca de lo que observaste en la selva. Usa el vocabulario de la lección.

MODELO   Estimado Rey Carlos V: Como Su Majestad sabe, le escribo desde la selva de Guatemala adonde llegué hace ya tres años. En esta carta, quiero contarle...

Antes de leer

Vocabulario

ambiental *environmental*	**el monte** *mountain*
el bombardeo *bombing*	**la pureza** *purity*
el ecosistema *ecosystem*	**el refugio** *refuge*
la especie *species*	**el terreno** *land*
el/la manifestante *protester*	**el veneno** *poison*

El Yunque Completa las oraciones con el vocabulario de la tabla.

1. Puerto Rico es una isla de _____ muy variado: hay montañas, playas y hasta un bosque tropical, el Bosque Nacional del Caribe, también llamado El Yunque.

2. El Yunque tiene una diversidad de vegetación impresionante, que incluye casi 250 _____ de árboles.

3. También es un _____ natural para los animales, ya que en el bosque están protegidos de la caza.

4. El _____ más alto de El Yunque es El Toro, con una altura de 1.077 metros (3.533 pies).

5. Hay grupos dedicados a la protección _____ de El Yunque. Buscan preservar la _____ de este paraíso tropical.

Conexión personal ¿Qué significa la naturaleza para ti? ¿Es una fuente de trabajo o de comida? ¿O es un lugar de diversión y belleza? ¿Qué haces para proteger la naturaleza?

Contexto cultural

Situada en el agua transparente del Mar Caribe, la pequeña **isla de Vieques** es un refugio de lagunas, bahías y playas que forman un hábitat ideal para varias clases de tortugas marinas (*sea turtles*), el manatí antillano (*manatee*) y arrecifes de coral. La gente de Vieques comparte los pequeños montes y las aguas cristalinas (*crystal clear*) de la isla con una rica variedad de flora y fauna, entre ellas cinco especies de plantas y diez especies de animales en peligro de extinción.

La isla de Vieques, de 33 kilómetros de largo por 7,2 de ancho (20,5 por 4,3 millas), es un municipio de Puerto Rico y tiene 9.000 habitantes. Puerto Rico es un Estado Libre Asociado de los Estados Unidos. Los habitantes de Puerto Rico, también llamados *boricuas*, son ciudadanos (*citizens*) estadounidenses.

La conservación de Vieques

Vieques—Vista aérea de la zona de maniobras militares

1 **"¡Vieques renace!"°** anuncia el gobierno de este municipio *Vieques is reborn!*
puertorriqueño, que busca estimular la economía de una isla rica
en naturaleza, pero pobre en economía. Vieques dispone de° *boasts*
sitios arqueológicos importantes, playas espectaculares, un fuerte° *fort*
5 histórico y una bahía bioluminiscente, la Bahía Mosquito, que es
una maravilla de la naturaleza. Sus arrecifes de coral contienen
un ecosistema de enorme productividad y diversidad biológica.
Forman un pequeño paraíso que alberga y protege una inmensa
variedad de especies de plantas y animales acuáticos.

Sin embargo, en vez de tener una tradición de alto turismo, la isla ha padecido° graves problemas. Vieques fue utilizada para prácticas de bombardeo desde 1941. En esa época muchas personas fueron desalojadas° cuando la Armada° de los Estados Unidos ocupó dos áreas en los extremos de la isla. Las prácticas continuaron por varias décadas, pero en abril de 1999 un guardia de seguridad murió cuando una bomba cayó fuera de la zona de tiro°. La muerte de David Sanes encolerizó° a los viequenses° y dio origen a° una campaña de desobediencia civil. El presidente Clinton prometió cesar el entrenamiento° de bombardeo en Vieques, pero éste continuó con bombas inertes a pesar de que los viequenses habían exigido "¡Ni una bomba más!". Los manifestantes entraban en la

suffered

evicted

Navy 15

10

20

live-fire range 25

angered
inhabitants of
Vieques
gave rise to

30

training

35

> **"La protesta se centró en gran parte en los problemas que las bombas habían causado al medioambiente, a la economía de Vieques y a la salud de los viequenses."**

zona de tiro y establecían campamentos; otros se manifestaban° en Puerto Rico y en los Estados Unidos, y pronto captaron° la atención internacional. Robert Kennedy, Jr., Jesse Jackson, Rigoberta Menchú y el Dalai Lama, entre otros, hicieron declaraciones a favor de Vieques y muchas personas fueron a la cárcel° después de ser arrestadas en la zona de tiro.

demonstrated

captured

40

jail

45

La protesta se centró en gran parte en los problemas que las bombas habían causado al medioambiente, a la economía de Vieques y a la salud de los viequenses. Las décadas de prácticas de bombardeo dejaron un nivel muy alto de contaminación, que incluye la presencia de uranio reducido (un veneno muy peligroso). Algunos piensan que la incidencia de cáncer de Vieques —25% más alta que la de todo Puerto Rico— se debe a la exposición de los habitantes a elementos tóxicos. Estas acusaciones han provocado controversia ya que la Armada negó los efectos sobre la salud de los viequenses. Finalmente, después de una dura campaña de protesta y lucha°, las prácticas de bombardeo terminaron para siempre en 2003. Los terrenos de la Armada pasaron al Departamento de Caza y Pesca, y la Agencia de Protección Ambiental (EPA) declaró en 2005 que la limpieza ambiental de Vieques sería una de las prioridades nacionales.

50

55

60

struggle

65

70

Los extremos este y oeste de la isla ahora constituyen una reserva ambiental, la más grande del Caribe. Los viequenses esperan que la isla pueda, en su renacimiento, volver a un estado de mayor pureza natural y al mismo tiempo desarrollar su economía. Vieques sigue siendo un símbolo de resistencia y es un lugar cada día más popular para el turismo local y extranjero. ■

75

80

¿Qué es la bioluminiscencia?

Es un efecto de fosforescencia verdeazul, causado por unos microorganismos que, al agitarse, dan un brillo extraordinario a las aguas durante la noche. El pez o bañista que se mueve bajo el agua emite una luz radiante. Para que se produzca este fenómeno extraordinario, se requiere una serie de condiciones muy especiales de temperatura, ambiente y poca contaminación.

Después de leer

La conservación de Vieques

1 Comprensión Elige la respuesta correcta para completar cada oración.

1. Vieques es un municipio de (la República Dominicana/Puerto Rico).

2. Entre los atractivos de la isla se encuentra
   (un pico altísimo/una bahía bioluminiscente).

3. Los arrecifes de coral son importantes para la biodioversidad porque
   (albergan una inmensa variedad de especies/protegen la capa de ozono).

4. La protesta en contra de la presencia de la Armada se produjo después
   (de la muerte de un guardia de seguridad/del uso de bombas inertes).

5. Las prácticas de bombardeo dejaron
   (problemas de erosión/un nivel alto de contaminación).

6. Muchas personas fueron arrestadas
   (por robar uranio reducido/por ingresar en la zona de prácticas de bombardeo).

7. Los extremos de la isla ahora contienen
   (una zona de tiro/una reserva ambiental).

8. La bioluminiscencia es un efecto causado por
   (microorganismos/la contaminación).

2 Interpretación Responde a las preguntas.

1. ¿Qué potencial turístico tiene Vieques? Da ejemplos.

2. ¿Qué hacía la Armada en Vieques?

3. ¿Cuál era el deseo de los manifestantes de Vieques?

4. ¿Por qué creen que la Armada de los Estados Unidos estaba autorizada a hacer prácticas de bombardeo en Vieques?

5. ¿Qué ocurre cuando una persona o un pez nada en la bahía bioluminiscente?

3 Ampliación En parejas, contesten las preguntas.

1. ¿Por qué es importante conservar una isla como Vieques?

2. ¿Qué efectos puede tener la declaración de la EPA? ¿Cómo puede mejorar la vida de los viequenses si se limpia la contaminación?

4 Reunión con el presidente En grupos de cuatro, inventen una conversación sobre las prácticas de la Armada. Por una parte hablan dos manifestantes y por otra el presidente Clinton y un(a) representante de la Armada. Utilicen los tiempos verbales que conocen, incluyendo el futuro. Después representen la conversación delante de la clase.

5 El futuro de Vieques Imagina que eres un habitante de Vieques. Escribe una carta a un amigo contándole cómo crees que cambiarán las cosas en Vieques. Explica cómo se resolverán los problemas de contaminación y cómo se va a promover el turismo.

Atando cabos

¡A conversar!

Mascotas exóticas

A. En parejas, preparen una conversación. Imaginen que uno/a de ustedes se va de vacaciones y le pide a un(a) amigo/a que le cuide la mascota (*pet*) exótica. Utilicen las formas del futuro y las preposiciones aprendidas en esta lección.

B. Hablen sobre las preguntas y luego compartan sus opiniones con el resto de la clase. Usen las frases y expresiones del recuadro para expresar sus opiniones.

- ¿Creen que está bien tener mascotas exóticas? ¿Por qué?
- ¿Creen que está bien tener animales en exhibición en los zoológicos? ¿Por qué?

No estoy (muy) de acuerdo.	Para mí, ...
No es así.	En mi opinión,...
No comparto esa opinión.	(Yo) creo que...
No coincido.	Estoy convencido/a de que...

¡A escribir!

Patrimonio mundial Una de las misiones de la UNESCO es promover la protección del patrimonio mundial, cultural y natural de la humanidad. Para ello, ha creado una lista de áreas protegidas por su valor histórico o natural. Varias áreas naturales de Cuba se encuentran en este listado. En grupos de cuatro, elijan una de las áreas de la lista para preparar un afiche informativo.

> **Valle de Viñales**
> **Parque Nacional Alejandro de Humboldt**
> **Parque Nacional Desembarco del Granma**

A. Investiguen acerca del sitio elegido. Usen estas preguntas como guía: ¿Dónde está el lugar que eligieron? ¿Por qué se caracteriza? ¿Por qué fue declarado Patrimonio mundial? ¿Tiene sólo valor natural o es importante por su cultura e historia?

B. Preparen un afiche informativo sobre el lugar elegido. Incluyan un título, recuadros con texto, mapas e imágenes con epígrafes (*captions*).

La naturaleza

el árbol	tree
el arrecife	reef
el bosque (lluvioso)	(rain) forest
el campo	countryside; field
la cordillera	mountain range
la costa	coast
el desierto	desert
el mar	sea
la montaña	mountain
el paisaje	landscape; scenery
la tierra	land; earth
húmedo/a	humid; damp
seco/a	dry
a orillas de	on the shore of
al aire libre	outdoors

Los animales

el ave (f.)/ el pájaro	bird
el cerdo	pig
el conejo	rabbit
el león	lion
el mono	monkey
la oveja	sheep
el pez	fish
la rana	frog
la serpiente	snake
el tigre	tiger
la vaca	cow
atrapar	to trap; to catch
cazar	to hunt
dar de comer	to feed
extinguirse	to become extinct
morder (o:ue)	to bite
en peligro de extinción	endangered
salvaje	wild
venenoso/a	poisonous

Los fenómenos naturales

el huracán	hurricane
el incendio	fire
la inundación	flood
el relámpago	lightning
la sequía	drought
el terremoto	earthquake
la tormenta (tropical)	(tropical) storm
el trueno	thunder

El medio ambiente

el calentamiento global	global warming
la capa de ozono	ozone layer
el combustible	fuel
la contaminación	pollution; contamination
la deforestación	deforestation
el desarrollo	development
la erosión	erosion
la fuente de energía	energy source
el medio ambiente	environment
los recursos naturales	natural resources
agotar	to use up
conservar	to conserve; to preserve
contaminar	to pollute; to contaminate
contribuir (a)	to contribute
desaparecer	to disappear
destruir	to destroy
malgastar	to waste
proteger	to protect
reciclar	to recycle
resolver (o:ue)	to solve
dañino/a	harmful
desechable	disposable
renovable	renewable
tóxico/a	toxic

Más vocabulario

Expresiones útiles	Ver p. 209
Estructura	Ver pp. 216–217, 220–221 y 224–225

Cinemateca

la cisterna	cistern; underground tank
la salida	exit
el tanque	tank
la tubería	piping
el/la vándalo/a	vandal
acabarse	to run out; to come to an end
descuidar(se)	to get distracted; to neglect
disculparse	to apologize
quedarse sin	to run out of
envenenado/a	poisoned
resentido/a	resentful
sobre todo	above all

Literatura

la esperanza	hope
la prisa	hurry; rush
disponerse a	to be about to
florecer	to flower
oscurecer	to darken
prever	to foresee
sacrificar	to sacrifice
salvar	to save
aislado/a	isolated
digno/a	worthy
valioso/a	valuable

Cultura

el bombardeo	bombing
el ecosistema	ecosystem
la especie	species
el/la manifestante	protester
el monte	mountain
la pureza	purity
el refugio	refuge
el terreno	land
el veneno	poison
ambiental	environmental

La tecnología y la ciencia

7

Contextos
páginas 244–247

- La tecnología
- La astronomía y el universo
- Las profesiones de la ciencia
- La ciencia y los inventos

Fotonovela
páginas 248–251

- *El poder de la tecnología*

Enfoques
Argentina
páginas 252–255

- **En detalle:** Pioneros
- **Perfil:** Juan Pablo Zaramella
- **Ritmos:** Bersuit Vergarabat

Estructura
páginas 256–265

- The present perfect
- The past perfect
- Diminutives and augmentatives

Manual de gramática
páginas 520–524

- Más práctica
- Más gramática

Cinemateca
páginas 266–269

- **Cortometraje:** *Happy Cool*

Lecturas
páginas 270–278

- **Literatura:** *Ese bobo del móvil* de Arturo Pérez-Reverte
- **Cultura:** *Hernán Casciari: arte en la blogosfera*

Atando cabos
página 279

- ¡A conversar!
- ¡A escribir!

Communicative Goals

You will expand your ability to...

- describe past events and conditions
- emphasize the size of objects and people
- express affection or scorn

La tecnología y la ciencia

La tecnología

Gisela se pasa largas horas frente a su **computadora portátil navegando en la red**, leyendo **blogs** y **descargando** su música preferida.

la arroba *@ symbol*
el blog *blog*
el buscador *search engine*
la computadora portátil *laptop*
la contraseña *password*
el corrector ortográfico *spell-checker*
la dirección de correo electrónico
  e-mail address
la informática *computer science*
Internet *Internet*
el mensaje (de texto) *(text) message*
la página web *web page*
el programa (de computación) *software*
el reproductor de CD/DVD/MP3
  CD/DVD/MP3 player
el teléfono celular *cell phone*

adjuntar (un archivo)
  to attach (a file)
borrar *to erase*
descargar *to download*
guardar *to save*
navegar en la red *to surf the web*

avanzado/a *advanced*
digital *digital*
en línea *online*
inalámbrico/a *wireless*

La astronomía y el universo

el agujero negro *black hole*
el cohete *rocket*
el cometa *comet*
el espacio *space*
la estrella (fugaz)
  (shooting) star
el/la extraterrestre *alien*
la gravedad *gravity*
el ovni *UFO*

el telescopio *telescope*
el transbordador espacial *space shuttle*

Las profesiones de la ciencia

el/la astronauta *astronaut*
el/la astrónomo/a *astronomer*
el/la biólogo/a *biologist*
el/la científico/a *scientist*
el/la físico/a *physicist*
el/la ingeniero/a *engineer*
el/la matemático/a *mathematician*
el/la químico/a *chemist*

La ciencia y los inventos

Los científicos han realizado incontables **experimentos** sobre el **ADN** humano, los cuales han sido esenciales para los **avances revolucionarios** de esta década, como la clonación.

el ADN (ácido desoxirribonucleico) *DNA*

el avance *advance; breakthrough*

la célula *cell*

el desafío *challenge*

el descubrimiento *discovery*

el experimento *experiment*

el gen *gene*

el invento *invention*

la patente *patent*

la teoría *theory*

clonar *to clone*

comprobar (o:ue) *to prove*

crear *to create*

fabricar *to manufacture; to make*

formular *to formulate*

inventar *to invent*

investigar *to investigate; to research*

(bio)químico/a *(bio)chemical*

especializado/a *specialized*

ético/a *ethical*

innovador(a) *innovative*

revolucionario/a *revolutionary*

 Práctica

1 Escuchar

A. Escucha lo que dice Mariana Serrano y luego decide si las oraciones son **ciertas** o **falsas**. Corrige las falsas.

1. Mariana Serrano reflexiona sobre los desafíos del futuro.
2. No hay dinero para investigar nuevas medicinas.
3. Mariana Serrano cree que la ciencia y la ética deben ir unidas.
4. Carlos Obregón es astrónomo.

B. Escucha la conversación entre Carlos Obregón y Mariana Serrano y contesta las preguntas.

1. ¿Qué le ha pasado a Carlos?
2. ¿Dónde escribe Mariana casi todos los días?
3. ¿Qué le tiene que dar Mariana a Carlos?
4. ¿Cómo se la va a dar Mariana?

2 Sopa de letras
Busca seis palabras del vocabulario.

1. Se utiliza en las direcciones de correo electrónico.
2. Un objeto extraterrestre.
3. Reproducir un ser vivo exactamente igual.
4. Se utiliza para investigar cosas en Internet.
5. El vehículo que se utiliza para ir al espacio.
6. Se utiliza para ver las estrellas.

K	J	A	N	T	I	C	P	S	T
C	A	L	A	N	T	A	R	U	E
O	X	S	A	R	V	R	E	C	L
H	G	T	I	Ó	R	S	H	N	E
E	E	R	T	C	R	O	I	M	S
T	S	U	B	A	V	V	B	D	C
E	C	T	N	O	M	N	R	A	O
C	A	O	O	L	Z	I	L	R	P
Ó	L	N	N	Í	N	U	R	P	I
C	B	U	S	C	A	D	O	R	O

Práctica

③ No pertenece Identifica la palabra que no pertenece al grupo.

1. ADN–célula–buscador–gen

2. astronauta–red–cohete–espacio

3. descargar–adjuntar–guardar–clonar

4. descubrimiento–gravedad–avance–invento

5. bioquímico–avanzado–revolucionario–innovador

6. científico–biólogo–extraterrestre–ingeniero

④ Para… se necesita… ¿Qué se necesita para hacer lo siguiente? Añade el artículo correcto: **un** o **una**.

computadora portátil	desafío	matemático	teléfono celular
contraseña	estrella fugaz	patente	telescopio
corrector ortográfico	experimento	reproductor	teoría

1. Para pedir un deseo se necesita ver _____.

2. Para ver un DVD se necesita _____.

3. Para navegar en la red en la playa se necesita _____.

4. Para hacer una llamada en un autobús se necesita _____.

5. Para escribir sin errores en la computadora se necesita _____.

6. Para proteger la información de la computadora se necesita _____.

7. Para obtener el derecho de comercializar un invento se necesita _____.

8. Para observar la Luna y las estrellas desde la Tierra se necesita _____.

⑤ Definiciones Primero, elige cinco palabras de la lista y escribe una definición para cada una. Luego, en parejas, túrnense para leerse las definiciones y adivinar de qué palabra se trata.

astronauta	digital	invento
astrónomo/a	en línea	navegar en la red
biólogo/a	experimento	patente
borrar	físico/a	teléfono celular
descargar	gen	teoría

doscientos cuarenta y seis

Lección 7

Comunicación

6 **Actualidad científica** Algunos piensan que la biotecnología no tiene límites. ¿Qué opinas tú sobre el tema? Marca las afirmaciones con las que estás de acuerdo y comparte tus opiniones con un(a) compañero/a. ¿Cuáles son los aspectos positivos y negativos de la manipulación genética?

☐ 1. La clonación de seres humanos es una herramienta importante para luchar contra las enfermedades genéticas.

☐ 2. La genética ha ido demasiado lejos. El hombre no puede jugar a alterar la naturaleza humana. No es ético y sólo producirá sufrimiento.

☐ 3. Es injusto gastar dinero en experimentos genéticos cuando hay gente que muere de hambre y de enfermedades que se pueden curar fácilmente.

☐ 4. La clonación es una respuesta al problema de la infertilidad.

☐ 5. La clonación de seres humanos disminuirá (*will diminish*) nuestro respeto por la vida humana.

☐ 6. Clonar seres humanos en un mundo superpoblado (*overpopulated*) no tiene sentido.

7 **Soluciones** En grupos de tres, encuentren soluciones a las difíciles situaciones de estas personas. Cada uno de ustedes debe dar al menos dos consejos para cada caso. Utilicen la imaginación y tantas palabras del vocabulario como puedan.

• Un astrónomo ha detectado una tormenta espacial y piensa que puede ser peligroso mandar un cohete al espacio. No quiere que los astronautas estén en peligro. Sus jefes, sin embargo, no quieren cancelarlo porque, de lo contrario, saben que recibirán críticas en los periódicos.

• Una astronauta descubre extraterrestres en un viaje al espacio. Estos seres son muy pacíficos e inofensivos y le ruegan que no diga nada a su regreso a la Tierra, porque temen que los humanos los destruyan.

8 **Observaciones de la galaxia** Inspirándose en el dibujo, trabajen en parejas para escribir una historia breve. Utilicen por lo menos ocho palabras de **Contextos**. ¡Dejen volar la imaginación!

¿Quién era el hombre?

¿Dónde estaba?

¿Qué quería hacer?

¿Qué sorpresa inesperada encontró?

La oficina de la revista *Facetas* recibe una pantalla líquida.

HOMBRE 1 Aquí está la pantalla líquida que pidieron. Pues, tiene imagen digital, sonido de alta definición, control remoto universal y capacidad para conexión de satélite e Internet desde el momento de la instalación.

JOHNNY ¿Y está en esa caja tan grandota?

HOMBRE 1 Si es tan amable, me da su firmita en la parte de abajo, por favor.

Johnny está en el suelo desmayado.

HOMBRE 2 ¿Por qué no piden una ambulancia?

MARIELA No se preocupe. Fue sólo una pequeñísima sobredosis de euforia.

HOMBRE 1 ¡Esto es tan emocionante! Nunca se había desmayado nadie.

FABIOLA No conocían a Johnny.

HOMBRE 2 Eso es lo que yo llamo "el poder de la tecnología".

ÉRIC Jefe, pruebe con esto a ver si despierta. *(Le entrega un poco de sal.)*

AGUAYO ¿Qué se supone que haga?

ÉRIC Ábralo y páseselo por la nariz.

AGUAYO Esto no funciona.

DIANA Ay, yo conozco un remedio infalible.

ÉRIC ¡¿Qué haces?!

Diana le pone sal en la boca a Johnny. Johnny se despierta.

Más tarde... Johnny y Fabiola van a poner la pantalla en la pared.

AGUAYO Johnny, ¿estás seguro de que sabes lo que haces?

JOHNNY Tranquilo, jefe, no es tan difícil.

FABIOLA Es sólo un agujerito en la pared.

El teléfono suena.

MARIELA Revista *Facetas*, buenas tardes. Jefe, tiene una llamada de su esposa en la línea tres.

AGUAYO Pregúntale dónde está y dile que la llamo luego.

MARIELA Un segundito.

AGUAYO Estaré en mi oficina. No quiero ver este desorden.

Mientras trabajan, se va la luz.

FABIOLA ¡Johnny!

JOHNNY ¿Qué pasó?

FABIOLA ¡Johnny! ¡Johnny!

JOHNNY Está bien, está bien. Ahí viene el jefe.

AGUAYO No es tan difícil. Es sólo un agujerito en la pared... ¡No funciona ni el teléfono!

JOHNNY *(a Aguayo)* Si quiere puede usar mi celular.

Personajes

AGUAYO

DIANA

ÉRIC

FABIOLA

JOHNNY

MARIELA

HOMBRE 1

HOMBRE 2

4

JOHNNY ¿Sabían que en el transbordador espacial de la NASA tienen este tipo de pantallas?

MARIELA Espero que a ningún astronauta le dé por desmayarse.

AGUAYO ¿Dónde vamos a instalarla?

DIANA En esta pared, pero hay que buscar quien lo haga porque nosotros no tenemos las herramientas.

5

JOHNNY ¿Qué? ¿No tienes una caja (de herramientas)?

ÉRIC A menos que quieras pegar la pantalla con cinta adhesiva y luego ponerle aceite lubricante, no.

FABIOLA Hay una construcción allá abajo.

Johnny y Fabiola se van a buscar las herramientas.

9

Más tarde, en la sala de conferencias...

AGUAYO Rodeados de la mejor tecnología para terminar alumbrados por unas velas.

DIANA Nada ha cambiado desde los inicios de la humanidad.

10

MARIELA Hablando de cosas profundas... ¿Alguna vez se han preguntado adónde se va la luz cuando se va?

Expresiones útiles

Expressing size

Si es tan amable, ¿me da su firmita?
Would you please sign? (Lit. If you were so kind, would you give me your little signature?)

Fue sólo una pequeñísima sobredosis de euforia.
It was just a tiny overdose of euphoria.

Un segundito.
Just a second. (Lit. a tiny second)

¿Y está en esa caja tan grandota?
And is it in that really big box?

Talking about what has/had happened

Nada ha cambiado.
Nothing has changed.

Nada había cambiado.
Nothing had changed.

¿Alguna vez se han preguntado...?
Have you ever asked yourselves...?

Nunca se había desmayado nadie.
No one had ever fainted before.

Additional vocabulary

el agujerito *small hole*
alta definición *high definition*
la conexión de satélite *satellite connection*
el control remoto universal *universal remote control*
el desorden *disorder; mess*
funcionar *to work*
la herramienta *tool*
la imagen *image*
instalar *to install*
la luz *power; electricity*
la pantalla líquida *LCD screen*
rodeado/a *surrounded*

Comprensión

1 **¿Cierto o falso?** Indica si las oraciones son **ciertas** o **falsas**.

1. Johnny se desmayó debido a la euforia del momento.
2. La nueva tecnología no impresiona a nadie.
3. Aguayo está preocupado por lo que hace Johnny.
4. A pesar de los avances de la tecnología, las velas son prácticas.
5. Según Diana, sus remedios nunca funcionan.

2 **Razones** Elige el final lógico para cada oración.

—— 1. Alguien propone pedir una ambulancia porque

—— 2. Éric le explica a Aguayo cómo despertar a Johnny porque

—— 3. Diana propone buscar a alguien para instalar la pantalla porque

—— 4. Aguayo se encierra en su oficina porque

—— 5. Los empleados alumbran la oficina con velas porque

a. no tienen herramientas.
b. no hay luz.
c. Aguayo no sabe cómo hacerlo.
d. no quiere ver el desorden.
e. Johnny se desmayó.

3 **Definiciones** Busca en la **Fotonovela** la palabra que corresponda a cada definición.

_____ 1. Aparato que permite centralizar y controlar a distancia distintos equipos electrónicos.

_____ 2. Aparato de televisión que transmite una imagen de alta definición.

_____ 3. Vehículo que viaja por el espacio.

_____ 4. Instrumentos que generalmente se usan para instalar o para arreglar algo.

_____ 5. Red Informática Mundial formada por la conexión directa entre las computadoras.

_____ 6. Sistema inalámbrico de televisión que incluye acceso a gran variedad de películas, eventos deportivos y noticias internacionales.

4 **¿Por qué lo dicen?** En parejas, expliquen a qué se refieren los personajes de la **Fotonovela** en cada cita (*quote*).

1. **HOMBRE** Eso es lo que yo llamo "el poder de la tecnología".
2. **MARIELA** Fue sólo una pequeñísima sobredosis de euforia.
3. **AGUAYO** ¿Estás seguro de que sabes lo que haces?
4. **DIANA** Nada ha cambiado desde los inicios de la humanidad.
5. **AGUAYO** ¡No funciona ni el teléfono!
6. **DIANA** Yo conozco un remedio infalible.

Ampliación

5 **¿Adicto a Internet?** Conversa con tu compañero/a sobre estas preguntas y luego decide si él/ella es adicto/a a Internet.

1. ¿Tienes una cuenta de correo electrónico? ¿Con qué frecuencia la chequeas?

2. ¿Dejas de hacer las tareas de clase o trabajo por pasar más tiempo navegando en Internet? ¿Por qué? Explica con ejemplos.

3. ¿Visitas sitios de *chat*? ¿Cuáles? ¿Con quién(es) te encuentras? ¿Piensas que es más divertido chatear que charlar en persona?

4. Si se corta la conexión de Internet por más de tres días, ¿cómo te sientes?, ¿te pones ansioso/a?, ¿permaneces indiferente? Explica con ejemplos.

5. Si necesitas hablar con un(a) amigo/a que vive cerca, ¿prefieres chatear o ir directamente a su cuarto o a su casa?

6 **Apuntes culturales** En parejas, lean los párrafos y contesten las preguntas.

Los cibercafés

¡Johnny podrá navegar por Internet desde la pantalla líquida! En Hispanoamérica, fuera de la casa y el trabajo, los **cibercafés** son sitios muy populares para acceder a Internet. Además de este servicio, venden café, comida y son puntos de encuentro con amigos. ¿Seguirá yendo Johnny a los cibercafés, o ahora llevará a sus amigos a la oficina?

Los mensajes de texto

Johnny le prestó el celular a Aguayo para que se comunicara con su esposa. Si viviera en Argentina, seguramente haría como la mayoría de los argentinos y le enviaría un **mensaje de texto** a su esposa diciendo: "tamos sin luz n l ofi. dsps t llamo" (Estamos sin luz en la oficina. Después te llamo). ¡Ojalá que el jefe no le gaste todo el crédito a Johnny!

La conexión satelital

Con conexión satelital, Johnny podrá acceder a canales de todo el mundo. De igual modo, muchos inmigrantes hispanos en los EE.UU. pueden seguir en contacto con sus países de origen gracias a este servicio: los ecuatorianos pueden mirar **ECUAVISA Internacional** y los peruanos, **Perú Sur**.

1. ¿Has estado en algún cibercafé? ¿Cuándo y dónde? ¿Son comunes los cibercafés en donde tú vives? ¿Dónde navegas habitualmente?

2. Muchos jóvenes prefieren enviar mensajes de texto en lugar de llamar por teléfono. ¿Tú mandas mensajes de texto? ¿A quiénes? ¿Cuántos por día?

3. ¿Existe en tu cultura un lenguaje especial para los mensajes de texto? Explica con varios ejemplos.

4. ¿Prefieres la televisión por cable o por satélite? ¿Hay alguna diferencia?

En detalle

ARGENTINA

PIONEROS

Hay algo que llena de orgullo a los argentinos y que pocos conocen fuera de su país: Argentina es tierra de inventores. El sistema de huellas digitales°, el *bypass* coronario y el bolígrafo, entre muchos otros inventos, han nacido allí. Quirino Cristiani, creador de cine de animación de principios del siglo XX, forma parte de la larga lista de pioneros argentinos.

Indudablemente°, todos pensamos en Walt Disney como el gran creador y el pionero del cine de animación, pero no estuvo solo durante esos primeros años; artistas de muchos países experimentaron con nuevas técnicas cinematográficas. Cristiani

El Apóstol, 1917.

fue uno de ellos y, aparte de ser el primero en crear un largometraje de animación, *El Apóstol* (1917), inventó y patentó una cámara especial para este tipo de cine. Ésta tenía forma de torre° y se manejaba con los pies, hecho que le permitía usar las manos para crear el movimiento de los dibujos. Cristiani fue, también, el primero en poner sonido a una cinta animada de larga duración, *Peludópolis* (1931).

Lo que en un principio surgió como un arte minoritario, vivió un gran *boom* después de la Segunda Guerra Mundial. En esos años, se perfeccionó enormemente la tecnología, pero la verdadera revolución no surgió hasta la llegada de las computadoras. Éstas no sólo han facilitado la creación de imágenes, sino que han democratizado el acceso a este arte pues lo han puesto al alcance de todos, gracias a Internet y a programas como *Flash*. Así que aprovecha° que vives en el siglo XXI y, si te gusta el cine de animación, ponte manos a la obra y realiza tu propia película. Seguro que tienes todas las herramientas que necesitas. ■

Diferentes técnicas del cine de animación

Dibujos animados. Cada fotograma de la película es un dibujo diferente. Se combinan los dibujos para crear la idea de movimiento.

***Stop-motion*, también llamada *claymation*.** Los escenarios y personajes están hechos en tres dimensiones, normalmente con plastilina°. Se van moviendo los objetos y se toman fotos de esos movimientos.

Animación por computadora. Se generan imágenes en diferentes programas de computadora.

Cinco inventos argentinos

1. Sistema para tomar huellas digitales. 1891 *Juan Vucetich*
2. Instrumentos para la transfusión sanguínea. 1914 *Luis Agote*
3. Primer helicóptero eficaz en la historia de la aviación. 1916 *Raúl Pateras de Pescara*
4. Sistema de navegación nocturno de aviones. 1925 *Vicente Almandos Almonacid*
5. Semáforo para ciegos°. 1983 *Mario Dávila*

huellas digitales *fingerprints* **Indudablemente** *Undoubtedly* **torre** *tower* **aprovecha** *take advantage* **plastilina** *clay* **Semáforo para ciegos** *Crosswalk signal for the blind*

Animación y computación

las caricaturas (Col.) *cartoons*
los dibujitos (Arg.)
los muñequitos (Cu.)
las películas CG *CG movies*
la laptop (Amér. L.) *laptop*
la notebook (Arg.)
el portátil (Esp.)
el computador (Col. y Chi.) *computer*
el ordenador (Esp.)
el mouse (Amér. L.) *mouse*
el ratón (Esp. y Pe.)

Otros inventores y pioneros

- La televisión de hoy no sería lo mismo sin la contribución de Guillermo González Camarena. Este ingeniero mexicano, nacido en 1917 en Guadalajara, recibió a los 22 años de edad una patente estadounidense por el primer **televisor en color** de la historia.

- Ellen Ochoa, una mujer nacida en California de ascendencia mexicana que de niña soñó con ser flautista, se ha convertido en **la primera astronauta hispana** en trabajar para la NASA. También ha obtenido tres patentes por inventos relacionados con **sistemas ópticos de análisis**.

- Durante la década de los 50, el ingeniero chileno Raúl Ramírez inventó y patentó una pequeña máquina manual llamada **CINVA–RAM** que permitía a las familias pobres levantar los muros° de sus casas. Hoy, esta máquina se utiliza en programas de "viviendas autosustentables" en donde familias construyen° sus propias casas.

JUAN PABLO ZARAMELLA

Juan Pablo Zaramella, nacido en Buenos Aires, es un joven creador con una enorme proyección internacional. Se inició trabajando como humorista gráfico, como muchos de los maestros del cine de animación. Su trayectoria como director independiente comenzó alrededor de 2000. Realiza sus películas usando la plastilina° como material principal para crear los personajes y los escenarios de sus obras, y crea la animación con el método de *stop-motion*. Según palabras de Juan Pablo, esta técnica le hace disfrutar de una total libertad para crear universos maravillosos que combina con historias de gran riqueza narrativa. El corto *Viaje a marte*, que tomó dos años para su realización, lo ha dado a conocer en el extranjero. Con más de cuarenta premios hasta el momento, este cortometraje de género fantástico ha cautivado° a audiencias culturalmente diversas, desde Argentina y Alemania hasta Rumania e Irán.

> **Los inventos han alcanzado ya su límite, y no veo esperanzas de que se mejoren en el futuro.**
> (Julius Sextus Frontinus, ingeniero romano, siglo I)

SUPERSITE **Conexión Internet**

¿Qué inventos facilitan la vida cotidiana de las personas con discapacidades?

To research this topic, go to **enfoques.vhlcentral.com**.

plastilina *clay* cautivado *captivated* muros *walls* construyen *build*

¿Qué aprendiste?

1) ¿Cierto o falso? Indica si las oraciones son **ciertas** o **falsas**. Corrige las falsas.

1. Hay muchos inventores en Argentina.

2. El sistema de huellas digitales lo inventó un argentino.

3. Walt Disney fue el primer director que realizó un largometraje de animación.

4. La cámara que inventó Cristiani sólo le permitía trabajar con las manos.

5. La primera película de animación con sonido fue *El Apóstol*.

6. Después de la Segunda Guerra Mundial, hubo una crisis en el cine de animación y se hicieron menos películas.

7. La verdadera revolución en el mundo de la animación surgió con la llegada de las computadoras.

8. Las computadoras han facilitado que más personas tengan la posibilidad de hacer películas de animación.

9. En el sistema de *stop-motion*, los escenarios y personajes se dibujan en programas de computadora.

10. Jorge Weber inventó el semáforo para ciegos en 1983.

2) Oraciones Completa las oraciones.

1. Juan Pablo Zaramella trabaja con (dibujos/ plastilina).

2. Juan Pablo Zaramella utiliza el método de (dibujitos/*stop-motion*) porque le da más libertad creativa.

3. El mexicano Guillermo González Camarena patentó (una cámara de cine/el primer televisor en color).

4. Ellen Ochoa es (flautista y astronauta/ astronauta e inventora).

5. Si estás en Colombia y quieres ver animación, dices que quieres ver (dibujitos/caricaturas).

3) Preguntas En parejas, contesten las preguntas.

1. ¿Qué invento es más importante: el semáforo para ciegos o el televisor en color? ¿Por qué?

2. ¿Por qué crees que en muchos países hispanos se usan términos de computación en inglés, como *mouse* o *laptop*? ¿Está bien usarlos o deben usarse términos en español?

3. ¿Qué significa la afirmación de que las computadoras "han democratizado el acceso al arte de la animación"?

4) Opiniones Muchos inventos han cambiado nuestras vidas. En parejas, hagan una lista con los cinco inventos más importantes de los siglos XX y XXI. ¿Por qué los han elegido? Compartan su opinión con la clase. ¿Hay algún invento que esté en todas las listas? ¿Cuál es el más importante? ¿Están de acuerdo?

PROYECTO

Inventores

Busca información sobre un(a) inventor(a) argentino/a (o de otro país latinoamericano) y prepara una presentación para la clase sobre su vida y su invento más importante. Debes incluir:

• una breve biografía del inventor

• una descripción del invento

• el uso de su invento

• una foto o una ilustración del invento

• tu opinión acerca de la importancia del invento en la época en la que vivió el/la inventor(a) y en la actualidad

RITMOS

Bersuit Vergarabat

La Bersuit, como la llaman sus fanáticos, es actualmente la banda más influyente y de mayor éxito del rock argentino. La banda, compuesta por ocho integrantes, está liderada por **Gustavo Cordera**, quien a finales de los 80 decidió abandonar sus estudios de comunicación para dedicarse por entero a la música. Con el álbum *Libertinaje*, lanzado° en 1998, la Bersuit logró despegar° hacia escenarios internacionales. Realizó giras° por España, los Estados Unidos y gran parte de Latinoamérica. Su reciente trabajo discográfico *Testosterona* (2005) ganó el premio argentino **Gardel de oro**. Según Cordera, la canción *Madre hay una sola* de ese mismo álbum es "una autocrítica del hombre ciudadano que advierte el inexorable deterioro del medio ambiente por el rumbo del mundo actual y su propia forma de vida".

Discografía

2005 Testosterona   **2002** De la cabeza con Bersuit Vergarabat   **1998** Libertinaje

Canción

Éste es un fragmento de una canción de la Bersuit Vergarabat.

Madre hay una sola

Yo te agradezco porque aquí estoy,

Vos° sos mi única madre,

con alma y vida yo venero tu jardín...

Te agradezco aunque me voy

avergonzado° por ser parte de la especie,

que hoy te viola° en un patético festín...

Banda de pijamas La Bersuit Vergarabat ha hecho de la locura y la rebeldía su sello° artístico. En todos sus conciertos, los integrantes de la banda aparecen vestidos con sus característicos pijamas, como se puede ver en esta foto de su álbum *De la cabeza*. Se dice que llevan pijamas en homenaje al prestigioso hospital psiquiátrico José Tiburcio Borda en Buenos Aires.

Preguntas En parejas, contesten las preguntas.

1. ¿Qué estudiaba Gustavo Cordera antes de dedicarse a la música?
2. ¿Cuál es el tema central de la canción?
3. ¿A quién le habla el cantante? ¿Qué le dice? Explica.
4. ¿Cuál es tu opinión sobre la ropa que generalmente se ponen los músicos para los conciertos? ¿Te parece divertido o ridículo que hagan esto?

lanzado *launched* **despegar** *to take off* **giras** *tours* **Vos** *Tú* **avergonzado** *ashamed* **viola** *rapes* **sello** *hallmark*

7.1 The present perfect

Nada ha cambiado desde los inicios de la humanidad.

TALLER DE CONSULTA

MANUAL DE GRAMÁTICA
Más práctica

7.1 The present perfect, p. 520
7.2 The past perfect, p. 521
7.3 Diminutives and augmentatives, p. 522

Más gramática

7.4 Expressions of time with **hacer**, p. 523

• • • •

While English speakers often use the present perfect to express actions that continue into the present time, Spanish uses the phrase **hace** + [*period of time*] + **que** + [*present tense*].

Hace dos años que estudio español.

I have studied Spanish for two years.

- In Spanish, as in English, the present perfect tense (**el pretérito perfecto**) expresses what *has happened.* It generally refers to recently completed actions or to a past that still bears relevance in the present.

  > Mi jefe **ha decidido** que a partir de esta semana hay que comunicarse por Internet y no gastar en llamadas internacionales.
  > *My boss has decided that as of this week we have to communicate through the Internet rather than spend money on international calls.*

  > Juan **ha terminado** la carrera de ingeniería, pero aún no **ha decidido** qué va a hacer a partir de ahora.
  > *Juan has graduated as an engineer, but he still hasn't decided what to do from now on.*

- The present perfect is formed with the present tense of the verb **haber** and a past participle. Regular past participles are formed by adding **–ado** to the stem of **–ar** verbs and **–ido** to the stem of **–er** and **–ir** verbs.

The present perfect		
comprar	**beber**	**recibir**
he comprado	he bebido	he recibido
has comprado	has bebido	has recibido
ha comprado	ha bebido	ha recibido
hemos comprado	hemos bebido	hemos recibido
habéis comprado	habéis bebido	habéis recibido
han comprado	han bebido	han recibido

- Note that past participles do not change form in the present perfect tense.

  > Todavía no **hemos comprado** la computadora nueva.
  > *We still haven't bought the new computer.*

  > La bióloga aún no **ha terminado** su trabajo de investigación.
  > *The biologist hasn't finished her research work yet.*

- To express that something *has just happened,* **acabar de** + [*infinitive*], not the present perfect, is used. **Acabar** is a regular **-ar** verb.

  > **Acabo de recibir** un mensaje de texto.
  > *I've just received a text message.*

  > **¡Acabamos de ver** un ovni!
  > *We just saw a UFO!*

- When the stem of an **–er** or **–ir** verb ends in **a**, **e**, or **o**, the past participle requires a written accent (**ído**) to maintain the correct stress. No accent mark is needed for stems ending in **u**.

ca-er → caído   le-er → leído

o-ír → oído   constru-ir → construido

- Several verbs have irregular past participles.

abrir	abierto		morir	muerto
cubrir	cubierto		poner	puesto
decir	dicho		resolver	resuelto
descubrir	descubierto		romper	roto
escribir	escrito		ver	visto
hacer	hecho		volver	vuelto

> Perdón, es que **he escrito** cuatro mensajes por correo electrónico y no me
> **han resuelto** el problema.
> *Excuse me, but I have written four e-mails and you still haven't solved my problem.*

> El ingeniero me asegura que ya **ha visto** sus mensajes y dice que muy pronto
> lo llamará.
> *The engineer assures me that he has seen your e-mails and says he will call you soon.*

- In the present perfect, pronouns and the word **no** always precede the verb **haber**, which cannot be separated from the past participle by any other word.

> ¿Por qué **no has patentado** todavía tu invento?
> *Why haven't you patented your invention yet?*

> ¡Todavía **no lo he terminado** de perfeccionar!
> *I haven't finished perfecting it yet!*

¿Alguna vez se han preguntado adónde se va la luz cuando se va?

- Note that, when a past participle is used as an adjective, it must agree in number and gender with the noun it modifies. Past participles are often used as adjectives with **estar** or other verbs to describe physical or emotional states.

> Las fórmulas matemáticas ya
> están **preparadas**.
> *The mathematical equations are
> already prepared.*

> Los laboratorios están **cerrados**
> hasta el lunes.
> *The laboratories are closed
> until Monday.*

TALLER DE CONSULTA

For detailed coverage of past participles with **ser**, **estar**, and other verbs, see:

11.1 The passive voice, p. 408

11.4 Past participles used as adjectives, p. 543

 **Práctica**

TALLER DE CONSULTA

MANUAL DE GRAMÁTICA
Más práctica

7.1 The present perfect, p. 520

① El asistente de laboratorio La directora del laboratorio está enojada porque el asistente ha llegado tarde. Completa la conversación con las formas del pretérito perfecto.

DIRECTORA ¿Dónde (1) _____ (estar) tú toda la mañana y qué (2) _____ (hacer) con mi computadora portátil?

ASISTENTE Ay, (yo) (3) _____ (tener) la peor mañana de mi vida... Resulta que ayer me llevé su computadora para seguir con el análisis del experimento y...

DIRECTORA ¿Pero por qué no usaste la tuya?

ASISTENTE Porque usted todavía no (4) _____ (descargar) todos los programas que necesito. Pues, hacía unas compras en la tarde, y la dejé en alguna parte.

DIRECTORA Me estás mintiendo. En realidad la (5) _____ (romper), ¿no?

ASISTENTE No, no la (6) _____ (romper); la (7) _____ (perder). Por eso, esta mañana (8) _____ (volver) a todas las tiendas y les (9) _____ (preguntar) a todos si la (10) _____ (ver).

② Oraciones Combina los elementos para formar oraciones completas. Utiliza el pretérito perfecto y añade elementos cuando sea necesario.

MODELO yo / siempre / querer / teléfono celular / con reproductor de MP3
Yo siempre he querido un teléfono celular con reproductor de MP3.

1. nosotros / comprar / cámara digital / más innovadora
2. tú / nunca / pensar / en ser / matemático
3. los científicos / ya / descubrir / cura
4. el profesor / escribir / fórmulas / en la pizarra
5. mis padres / siempre / creer / en los ovnis

③ ¿Qué has hecho? Indica si has hecho o experimentado lo siguiente.

MODELO ir al Polo Sur
No he ido al Polo Sur pero he viajado a Latinoamérica.

1. viajar a la Luna
2. ganar la lotería
3. ver a un extraterrestre
4. inventar algo

5. conocer al presidente del país
6. estar despierto/a por más de dos días
7. hacer algo revolucionario
8. soñar con ser astronauta

④ Preguntas personales Busca un(a) compañero/a de clase a quien no conozcas bien y hazle preguntas sobre su vida usando el pretérito perfecto.

MODELO —¿Has tomado clases de informática?
—Sí, he tomado muchas clases de informática. ¡Siempre me ha fascinado la tecnología!

conocer a una persona famosa	practicar algún deporte
escribir poemas	visitar un país hispano
estar enamorado/a	vivir en el extranjero

258 *doscientos cincuenta y ocho*

Comunicación

5 **¿Eres tecnofóbico?** Utiliza el pretérito perfecto para completar las oraciones. Luego, en parejas, conviertan las oraciones de la encuesta en preguntas para descubrir si son tecnomaniáticos/as o tecnofóbicos/as. Comparen los resultados. ¿Están de acuerdo?

¿Eres tecnofóbico?

No parece haber punto intermedio: la gente ama la tecnología o la odia. Contesta las preguntas para saber si eres tecnomaniático o tecnofóbico.

1. Yo _____(comprar) ___ aparatos tecnológicos durante el último año.
   - a. más de diez
   - b. entre cinco y diez
   - c. menos de cinco
   - d. cero

2. Yo _____(tratar) de aprender ___ sobre los avances tecnológicos de los últimos meses.
   - a. todo lo posible
   - b. lo suficiente
   - c. un poco
   - d. muy poco

3. Para escribirles a los amigos, siempre _____(preferir) ___.
   - a. los mensajes de texto
   - b. los mensajes instantáneos
   - c. el correo electrónico
   - d. las cartas escritas a mano

4. Los recursos que _____(utilizar) más este año para hacer investigaciones son ___.
   - a. buscadores
   - b. las bases de datos de la biblioteca
   - c. enciclopedias en línea
   - d. enciclopedias tradicionales

5. Para las noticias diarias, mi fuente favorita esta semana _____(ser) ___.
   - a. Internet
   - b. la televisión
   - c. la radio
   - d. el periódico

6. Para conseguir música, _____(depender) más que todo de ___.
   - a. descargar archivos MP3
   - b. comprar los CD en línea
   - c. comprar los CD en las tiendas
   - d. escuchar los cassettes de mis padres

7. El teléfono que _____(usar) más este año es ___.
   - a. un celular nuevo con cámara digital
   - b. el celular que compré hace tres años
   - c. el teléfono de casa
   - d. ninguno — prefiero hablar en persona

8. Siempre _____(creer) que los avances tecnológicos ___ la calidad de vida.
   - a. son esenciales para
   - b. mejoran
   - c. pueden empeorar
   - d. arruinan

Clave

a. = 3 puntos

b. = 2 puntos

c. = 1 punto

d. = 0 puntos

Resultados

19 - 24 ¡Eres **tecnomaniático**!

13 - 18 Te sientes cómodo en un mundo tecnológico.

7 - 12 No te has mantenido al día con los avances recientes.

0 - 6 ¡Eres **tecnofóbico**!

6 **Celebridades** En grupos de tres, cada miembro debe pensar en una persona famosa, sin decir quién es. Las otras dos personas deben hacer preguntas. Utilicen el pretérito perfecto para dar pistas hasta que hayan adivinado el nombre de cada celebridad.

MODELO   **ESTUDIANTE 1** Este hombre ha ganado muchísimo dinero.
ESTUDIANTE 2 ¿Es Donald Trump?

7.2 The past perfect

- The past perfect tense (**el pluscuamperfecto**) is formed with the imperfect of **haber** and a past participle. As with other perfect tenses, the past participle does not change form.

The past perfect		
viajar	**perder**	**incluir**
había viajado	había perdido	había incluido
habías viajado	habías perdido	habías incluido
había viajado	había perdido	había incluido
habíamos viajado	habíamos perdido	habíamos incluido
habíais viajado	habíais perdido	habíais incluido
habían viajado	habían perdido	habían incluido

- In Spanish, as in English, the past perfect expresses what someone *had done* or what *had occurred* before another action or condition in the past.

Decidí comprar una cámara digital nueva porque la vieja se me **había roto** varias veces.
I decided to buy a new digital camera because the old one had broken on me several times.

Cuando por fin les dieron la patente, otros ingenieros ya **habían inventado** una tecnología mejor.
When they were finally given the patent, other engineers had already invented a better technology.

- **Antes, nunca, todavía**, and **ya** are often used with the past perfect to indicate that one action occurred before another. Note that adverbs, pronouns, and the word **no** may not separate **haber** from the past participle.

¡Nunca se había desmayado nadie!

Cuando se desconectó la computadora, **aún no había guardado** el documento.
When the computer got disconnected, I hadn't yet saved the document.

María Eugenia y Gisela **nunca habían visto** una estrella fugaz tan luminosa antes.
María Eugenia y Gisela had never seen such a bright shooting star before.

Ya me había explicado la teoría, pero no la entendí hasta que vi el experimento.
He had already explained the theory to me, but I didn't understand it until I saw the experiment.

Los ovnis **todavía no habían aterrizado**, pero los terrícolas ya estaban corriendo asustados.
The UFOs hadn't yet landed, but the earthlings were already running scared.

Práctica y comunicación

1 **Discurso** Jorge Báez, un médico dedicado a la genética, ha recibido un premio por su trabajo. Completa su discurso de agradecimiento con el pluscuamperfecto.

Muchas gracias por este premio. Recuerdo que antes de cumplir 12 años ya (1) _____ (decidir) ser médico. Desde pequeño, mi madre siempre me (2) _____ (llevar) al hospital donde ella trabajaba y recuerdo que desde la primera vez me (3) _____ (fascinar) esos médicos vestidos de blanco. Luego, al cumplir 26 años, ya (4) _____ (pasar) tres años estudiando las propiedades de los genes humanos, en especial desde que (5) _____ (ver) un programa en la televisión sobre la clonación. Cuando terminé mis estudios de posgrado, ya se (6) _____ (hacer) grandes adelantos científicos…

2 **Explicación** Reescribe las oraciones usando el pluscuamperfecto. Sigue el modelo.

> **MODELO** **Me duché a las 7:00. Antes de ducharme hablé con mi hermano.**
> Ya había hablado con mi hermano antes de ducharme.

1. Yo salí de casa a las 8:00. Antes de salir de casa miré mi correo electrónico.

2. Llegué a la oficina a las 8:30. Antes de llegar a la oficina tomé un café.

3. Se apagó la computadora a las 10:00. Yo guardé los archivos a las 9:55.

4. Fui a tomar un café. Antes, comprobé que todo estaba bien.

3 **Informe** En grupos de tres, imaginen que son policías y deben preparar un informe sobre un accidente entre tres autos. Inventen una historia de lo que ha ocurrido de acuerdo con el dibujo. Usen el pluscuamperfecto y las palabras **antes**, **nunca**, **todavía** y **ya**.

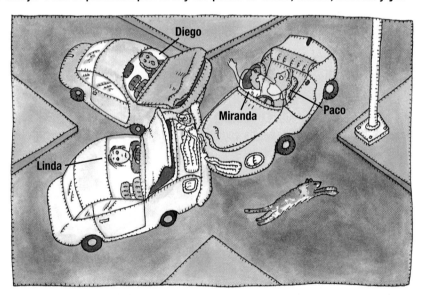

TALLER DE CONSULTA

MANUAL DE GRAMÁTICA
Más práctica

7.2 The past perfect, p. 521

7.3 Diminutives and augmentatives

- Diminutives and augmentatives (**diminutivos y aumentativos**) are frequently used in conversational Spanish. They emphasize size or express shades of meaning like affection, amazement, scorn, or ridicule. Diminutives and augmentatives are formed by adding a suffix to the root of nouns, adjectives (which agree in gender and number), and occasionally adverbs. Because formation and use of diminutives and augmentatives varies greatly from one region to another, there are very few established rules about this aspect of the Spanish language. In this section, you will learn to recognize the most commonly used suffixes and their uses.

Diminutives

Tranquilo, jefe, es sólo un agujerito en la pared.

- Here are the most common diminutive suffixes.

Diminutive endings		
-ito/a	-cito/a	-ecito/a
-illo/a	-cillo/a	-ecillo/a

Pedrito, ¿me traes un **cafecito** con un **panecillo**?
Little Pedro, would you bring me a little cup of coffee with a roll?

Ahorita, **abuelita**, se los preparo **rapidito**.
Right away, Granny, I'll have them ready in a jiffy.

- Most words form the diminutive by adding **–ito/a**. However, the suffix **–illo/a** is also common in some regions. For words ending in vowels (except **–e**), the last vowel is dropped before the suffix.

  bajo → **baj**ito *very short; very softly*   libro → **libr**illo *booklet*

  ahora → **ahor**ita *right now; very soon*   ventana → **ventan**illa *plane/car/bus window*

  Miguel → **Miguel**ito *Mikey*   campana → **campan**illa *hand bell*

- Most words that end in **–e, -n,** or **-r** use the forms **–cito/a** or **–cillo/a**. However, one-syllable words often use **–ecito/a** or **–ecillo/a**.

  hombre → **hombre**cillo *little man*   pan → **pan**ecillo *roll*

  Carmen → **Carmen**cita *little Carmen*   flor → **flor**ecita *little flower*

  amor → **amor**cito *sweetheart*   pez → **pec**ecito *little fish*

- Note these spelling changes.

  chico → **chi**quillo *little boy; very small*   agua → **agü**ita *little bit of water*

  amigo → **ami**guito *little friend*   luz → **luc**ecita *little light*

Augmentatives

¿Y está en esa caja tan grandota?

- The most common augmentative suffixes are forms of **–ón/-ona**, **–ote/-ota**, and **–azo/-aza**.

Augmentative endings		
-ón	-ote	-azo
-ona	-ota	-aza

¡ATENCIÓN!

The letters **t** or **et** are occasionally added to the beginning of augmentative endings.

guapa → guapetona

golpe → golpetazo

. . . .

The masculine suffix **–azo** can also mean *blow* or *shot*.

flecha → flechazo
arrow wound; love at first sight

rodilla → rodillazo
a blow with the knee

Hijo, ¿por qué tienes ese **chichonazo** en la cabeza?
Son, how'd you get that huge bump on your head?

Jorge se gastó un **dinerazo** en una **pantallota** enorme, ¡sólo para ver partidos de fútbol!
Jorge spent a ton of money on a humongous TV screen, just to watch soccer games!

- Most words form the augmentative by simply adding the suffix to the word. For words ending in vowels, the final vowel is usually dropped.

soltero → solterón *confirmed bachelor*	**casa → cas**ona *big house; mansion*
grande → grandote/a *really big*	**palabra → palabr**ota *swear word*
perro → perrazo *big, scary dog*	**manos → man**azas *big hands (clumsy)*

- You may notice a tendency to change a feminine word to a masculine one when the suffix **-ón** is used, unless it refers specifically to someone's gender.

la silla → el sillón *armchair*	**la mujer → la mujer**ona *big woman*
la mancha → el manchón *large stain*	**mimosa → mimos**ona *very affectionate*

Regional use of diminutives and augmentatives

- Both diminutive and augmentative suffixes may vary from one region to another and sometimes convey different meanings or connotations.

¡Ay, qué **perrito** más lindo!	¡Ay, qué **perrillo** más feo!
Oh, what a cute little puppy!	*Oh, what an ugly little mutt!*
¡Qué **hombretón**!	¡Qué **hombrón**!
What a big man!	*What a strong/brave man!*

- In regions where diminutives and augmentatives are used heavily in conversational Spanish, double endings are frequently used for additional emphasis.

chico/a → chiquito/a → **chiqu**itito/a   **grande → grand**ote/a → **grand**otote

TALLER DE CONSULTA

The absolute superlative ending **–ísimo/a** is often used interchangeably or in conjunction with diminutives and augmentatives. See **Estructura 5.1**, pp. 176–177.

¡El pastel se ve **riquísimo**!
The cake looks delicious!

Te doy un pedacito **chiquitísimo**.
I'll give you a teensy tiny little piece.

Práctica

TALLER DE CONSULTA

MANUAL DE GRAMÁTICA
Más práctica

7.3 Diminutives and augmentatives, p. 522

1 **La carta** Completa la carta con la forma indicada de cada palabra. Haz los cambios que creas necesarios.

Querido (1) _____ (Pablo, –ito):

Tu mamá me contó lo del (2) _____ (golpe, –tazo) que te dio Lucas en la escuela. Pues, cuando yo era (3) _____ (pequeño, –ito), como tú, jugaba siempre en la calle. Mi (4) _____ (abuela, –ita) me decía que no fuera con los (5) _____ (amigos, –ote) de mi hermano porque ellos eran mayores que yo y eran (6) _____ (hombres, –ón). Yo entonces, era muy (7) _____ (cabeza, –ón) y nunca hacía lo que ella decía. Una tarde, estaba jugando al fútbol, y uno de ellos me dio un (8) _____ (rodilla, –azo) y me rompió la (9) _____ (nariz, –ota). Nunca más jugué con ellos, y desde entonces, sólo salí con mis (10) _____ (amigos, –ito). Espero que me vengas a visitar (11) _____ (pronto, –ito). Un (12) _____ (beso, –ito) de

Tu abuelo César

2 **Oraciones incompletas** Completa las oraciones con el aumentativo o diminutivo que corresponde a la definición entre paréntesis.

1. ¿Por qué no les gusta a los profesores que los estudiantes digan _____ (palabras feas y desagradables)?
2. El _____ (perro pequeño) de mi novia es muy lindo y amistoso.
3. Ese abogado tiene una buena _____ (nariz grande) para adivinar los problemas de sus clientes.
4. Mis abuelos viven en una _____ (mansión) muy vieja.
5. La cantante Samantha siempre lleva una _____ (flor pequeña) en el cabello.
6. A mi _____ (hermana menor) le fascinan los libros de ciencia ficción.

3 **¿Qué palabra es?** Reemplaza cada una de estas frases con el aumentativo o diminutivo que exprese la misma idea.

1. muy grande _____
2. agujero pequeño _____
3. cuarto grande y amplio _____
4. sillas para niños _____
5. libro grande y grueso _____
6. estrella pequeña _____
7. hombre alto y fuerte _____
8. muy cerca _____
9. abuelo querido _____
10. hombres que piensan que siempre tienen la razón _____

Comunicación

4 **En el parque** Todas las mañanas el señor Escobar sale a correr al parque. En parejas, miren los dos dibujos y túrnense para describir las diferencias entre lo que vio ayer y lo que ha visto esta mañana. Utilicen oraciones completas con diminutivos y/o aumentativos.

MODELO —Ayer el señor Escobar vio un perrito lindo en el parque, pero esta mañana un perrazo feroz lo ha perseguido.

abuelo	bajo	gordo	libro	pequeño
alto	delgado	grande	nieto	perro
avión	galleta	lejos	pan	taza

5 **Síntesis** Es el año 2500. Junto con dos amigos/as, has decidido pasar un semestre en el extranjero... ¡en el espacio! Para compartir la experiencia con los amigos que no pudieron ir, han creado un blog para contar lo que han visto y han hecho cada día. Escriban cinco entradas del blog. Deben incluir por lo menos tres verbos en el pretérito perfecto, tres en el pluscuamperfecto y tres diminutivos y/o aumentativos. Utilicen algunas frases y palabras de la lista y añadan sus propias ideas.

MODELO Lunes, 13 de marzo

Hemos pasado el día entero orbitando la Luna. De niños, siempre habíamos querido ser astronautas, y este viaje es un sueño hecho realidad. Desde aquí, la Tierra es sólo una pelotita, como el globo que habíamos estudiado de chiquitos...

Esta mañana hemos...
Aún no hemos...
Los astronautas nos han...

Antes del viaje, habíamos...
Cuando llegamos a la Luna,
    el profesor ya había...
En el pasado,
    los astrónomos habían...

cerquita	estrellita
chiquito	grandote
cohetazo	rapidito

SUPERSITE

For additional cumulative practice of all the grammar points in this lesson, go to enfoques.vhlcentral.com.

Antes de ver el corto

HAPPY COOL

país Argentina
duración 14 minutos
director Gabriel Dodero

protagonistas Julio, Mabel (esposa), Pablito (hijo), suegro, Daniel (amigo)

Vocabulario

al alcance de la mano *within reach*
al final de cuentas *after all*
congelar(se) *to freeze*
derretir(se) (e:i) *to melt*

descongelar(se) *to defrost*
duro/a *hard; difficult*
hacer clic *to click*
el interrogante *question; doubt*

la guita *cash; dough (Arg.)*
la plata *money (L. Am.)*
el/la vago/a *slacker*
vos *tú (Arg.)*

1 Oraciones incompletas Completa las oraciones con las palabras o las frases apropiadas.

1. Hoy día, gracias a Internet, todo parece estar _____. Sólo hay que escribir un par de palabras en un buscador, _____ y listo.

2. Mi hermana es una _____. Quiere ganar _____ sin trabajar.

3. Los científicos no pueden prever con exactitud cuánto tiempo tardarán en _____ los glaciares (*glaciers*).

4. Para preparar la cena esta noche, no quiero trabajar mucho. Simplemente voy a _____ la pasta que sobró (*was left over*) del otro día. _____, Juan Carlos llega a casa tan cansado del trabajo que no disfruta de la comida, así que no vale la pena que yo me pase horas cocinando.

2 Preguntas En parejas, contesten las preguntas y expliquen sus respuestas.

1. ¿Creen que la vida en el futuro va a ser mejor?

2. ¿Qué avances tecnológicos creen que existirán para el año 2050? Mencionen tres.

3. ¿De qué manera pueden la ciencia y la tecnología ayudar a resolver problemas sociales? Den tres ejemplos.

4. Observen el afiche del cortometraje. ¿Qué está mirando la mujer? ¿Dónde está?

5. Observen los fotogramas. ¿Qué sucede en cada uno? ¿Creen que las imágenes son de la misma época?

6. Imaginen que se puede viajar en el tiempo. ¿Qué consecuencias puede tener esto?

Happy Cool

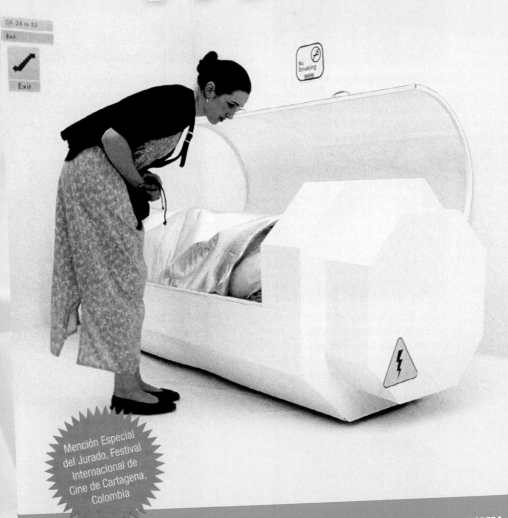

Mención Especial del Jurado, Festival Internacional de Cine de Cartagena, Colombia

Una producción del INSTITUTO NACIONAL DE CINE Y ARTES AUDIOVISUALES Guión y Dirección GABRIEL DODERO
Producción Ejecutiva ANDRÉS "Gato" MARTÍNEZ CANTÓ Dirección de Fotografía LEANDRO MARTÍNEZ
Dirección de Arte PATRICIA IBARRA Montaje LEANDRO PATRONELLI Dirección de Sonido FERNANDO VEGA
Actores CARLOS BERRAYMUNDO/CECILIA ROCHE/JORGE OCHOA/NORBERTO ARCUSÍN/GONZALO SAN MARTÍN/
NORBERTO FERNÁNDEZ/GISELLE CHEWELLE

Escenas

ARGUMENTO En Buenos Aires, el desempleo ha obligado a la gente a buscar un futuro mejor en la tecnología.

JULIO Yo vengo de buscar trabajo y no consigo nada, y encima tengo que ver esto. El chico me pierde el respeto a mí, yo ya no sé qué decirle a tu papá que nos está bancando° acá en su casa.

LOCUTOR No hay trabajo, pero hay una empresa que piensa en usted. *Happy Cool*, la tecnología que lo ayuda a esperar los buenos tiempos. [...] ¡Congélese!, y viva el resto de su vida en el momento oportuno.

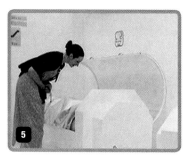

JULIO Mirá°, Mabel, yo quizá me tenga que congelar. Un tiempito nomás. Yo creo que esto en uno o dos años se soluciona.
MABEL Pero, Julio, ¿qué decís°? ¿Cómo podés° pensar en una cosa así?

DANIEL ¿Vos te acordás° cuando éramos pibes° que pensábamos que en el 2000 la tecnología iba a ser tan poderosa que no iba a hacer falta laburar°?

MABEL Ay, Julio, ¡qué tecnología!
JULIO Sí, sí... se ve que es gente seria... hay mucha plata invertida acá.
MABEL Ah... no sé qué voy a hacer. No sé si traerte flores como si estuvieras en un cementerio o qué.

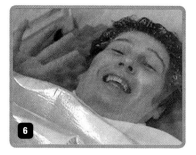

MABEL Volvé° pronto.
JULIO Ojalá que la situación económica mejore...
MABEL Ojalá...
JULIO Sí, así me descongelan cuanto antes.
MABEL Cuidáte°... te voy a extrañar.

nos... *he is putting us up* **Mirá** *Mira* **decís** *dices* **podés** *puedes* **acordás** *acuerdas* **pibes** *kids* **laburar** *work* **Volvé** *Vuelve* **Cuidáte** *Cuídate*

Después de ver el corto

(1) Comprensión Contesta las preguntas con oraciones completas.

1. ¿De quién es la casa donde viven Julio y su familia?
2. ¿Cuánto tiempo lleva desempleado Julio?
3. ¿Qué opina al principio Julio de la congelación?
4. ¿Qué promete la empresa *Happy Cool*?
5. ¿Quién paga por la congelación de Julio?
6. ¿En qué año se descongela Julio?
7. ¿Qué pasó en su familia mientras él estaba congelado?
8. ¿Cómo soluciona Mabel la situación al final?

(2) Interpretación En parejas, contesten las preguntas y expliquen sus respuestas.

1. ¿Para quiénes se destinan los servicios de *Happy Cool*? ¿Por qué?
2. ¿Por qué creen que Julio decide finalmente que sí quiere ser congelado?
3. ¿Es el regreso de Julio como él lo imaginaba? ¿Por qué?
4. ¿Por qué resulta irónico el comentario de Mabel: "Al final, lo casero es lo mejor"?

(3) Ampliación En parejas, contesten las preguntas.

1. ¿Por qué piensan que la gente cree en la publicidad de *Happy Cool*?
2. Imaginen que están desempleados desde hace tres años. ¿Qué harían?
3. ¿Confían en las publicidades de productos o servicios que parecen demasiado buenos o demasiado baratos? Den ejemplos.
4. ¿Creen que en el futuro la ciencia y la tecnología van a estar tan avanzadas que no va a ser necesario trabajar?

(4) Viajeros En el sueño de Julio hay una máquina para viajar en el tiempo. En grupos de tres, imaginen que ustedes la usaron tres veces. Escriban lo que hicieron en cada viaje y luego compartan sus viajes con la clase.

Fecha	Lugar	Actividades

(5) El regreso Imagina que la congelación ha sido un éxito y Julio despierta en un futuro mejor. Escribe un párrafo explicando qué es lo que ocurre.

- ¿Cómo ha sido la vida de su esposa?
- ¿Cómo es su hijo y qué hace?
- ¿Cómo está su suegro? ¿Qué piensa ahora de su yerno?
- ¿Cómo es la situación económica?
- ¿Qué tipo de trabajo consigue Julio?
- ¿Son ahora todos más felices?
- ¿Fue una buena idea congelarse?

Composición Constructiva, 1938.
Joaquín Torres García, Uruguay.

"Ninguna ciencia, en cuanto a ciencia,
engaña; el engaño está en quien no sabe."

— Miguel de Cervantes

Antes de leer

Ese bobo del móvil

Sobre el autor

Arturo Pérez-Reverte nació en Cartagena (España) en 1951. Comenzó su carrera como corresponsal de guerra en prensa, radio y televisión, y durante veinte años vivió la mayor parte de los conflictos internacionales prácticamente en la línea de fuego. Comenzó a escribir ficción en 1986 y a partir de 1994 se dedicó de lleno (*fully*) a la literatura, especialmente a la novela de aventuras. Ha publicado gran cantidad de novelas que se tradujeron a varios idiomas, y algunas fueron llevadas al cine, como *La tabla de Flandes*, *El Club Dumas* (dirigida por Roman Polanski con el título de *La Novena Puerta*) y *Alatriste*, basada en su serie de novelas de *El Capitán Alatriste*. Desde 1991 escribe una página de opinión en *El Semanal* que se ha convertido en una de las más leídas de España.

Vocabulario

ahorrarse *to save oneself*	**el/la bobo/a** *silly, stupid person*	**el/la navegante** *navigator*
apagado/a *turned off*	**la motosierra** *power saw*	**sonar (o:ue)** *to ring*
el auricular *telephone receiver*	**el móvil** *cell phone*	**el vagón** *carriage; coach*

Oraciones incompletas Completa las oraciones utilizando las palabras del vocabulario.

1. En España al teléfono celular lo llaman _____.

2. Antes, los aventureros eran _____ y viajaban de puerto en puerto.

3. Esperé durante horas una llamada, pero el teléfono nunca _____. Más tarde recordé que lo había dejado _____. ¡Qué _____ que soy!

4. Al llegar a la estación, el tren ya partía y apenas pude subir al último _____.

Conexión personal

¿Te gusta estar siempre conectado con tus amigos? ¿Tienes teléfono celular? ¿Lo usas mucho? Cuando hablas con alguien, ¿buscas tener un poco de privacidad, o no te importa que la gente te escuche?

Análisis literario: la ironía

La ironía consiste en un uso figurativo del lenguaje en el que se expresa lo contrario de lo que se piensa. Para eso se utiliza una palabra o frase que tiene la intención de sugerir el significado opuesto al enunciado. Por ejemplo, se puede señalar la avaricia (*greed*) de alguien con el comentario: "¡Qué generosidad!" Inventa el comentario irónico que podrías hacer en estas circunstancias.

- Regresas a tu casa y te encuentras con mucho ruido y problemas.
- Te das cuenta de que la fila en la que estás avanza lentamente.
- Tenías planes de pasar el día al aire libre y de repente empieza a llover.

Ese bobo del móvil

Arturo Pérez-Reverte

Mira, Manolo, Paco, María Luisa o como te llames. Me vas a perdonar que te lo diga aquí, por escrito, de modo más o menos público; pero así me
5 ahorro decírtelo a la cara el próximo día que nos encontremos en el aeropuerto, o en el AVE°, o en el café. Así evito coger yo el teléfono y decirle a quien sea, a grito pelado°, aquí estoy, y te llamo para contarte que tengo
10 al lado a un imbécil que cuenta su vida y no me deja vivir. De esta manera soslayo° incidentes.

Y la próxima vez, cuando en mitad de tu impúdica° cháchara° te vuelvas casualmente hacia mí y veas que te estoy mirando, sabrás lo que tengo en la cabeza. Lo que pienso de 15 ti y de tu teléfono parlanchín°. Que también puede ocurrir que, aparte de mí, haya más gente alrededor que piense lo mismo; lo que pasa es que la mayor parte de esa gente no puede despacharse a gusto° cada semana en 20 una página como ésta, y yo tengo la suerte de que sí. Y les brindo el toro°.

Spanish fast train

shouting at the top of one's voice

elude; evade

immodest/ chit-chat; idle talk

chattering

to speak one's mind

dedicate the bull (in a bullfight)

Estoy hasta la glotis° de tropezarme contigo y con tu teléfono. Te lo juro, chaval°. O chavala. El otro día te vi por la calle, y al principio creí que estabas majareta°, imagínate, un fulano° que camina hablando solo en voz muy alta y gesticulando° furioso con una mano arriba y abajo. Ése está para los tigres, pensé. Hasta que vi el móvil que llevaba pegado a la oreja, y al pasar por tu lado me enteré, con pelos y señales, de que las piezas de PVC° no han llegado esta semana, como tú esperabas, y que el gestor° de Ciudad Real es un indeseable. A mí, francamente, el PVC y el gestor de Ciudad Real me importan un carajo°; pero conseguiste que, a mis propias preocupaciones, sumaras las tuyas. Vaya a cuenta de la solidaridad, me dije. Ningún hombre es una isla. Y seguí camino.

A la media hora te encontré de nuevo en un café. Lo mismo° no eras tú, pero te juro que tenías la misma cara de bobo mientras le gritabas al móvil. Yo había comprado un libro maravilloso, un libro viejo que hablaba de costas lejanas y antiguos navegantes, e intentaba leer algunas páginas y sumergirme en su encanto. Pero ahí estabas tú, en la mesa contigua, para tenerme al corriente° de que te hallabas en Madrid y en un café, cosa que por otra parte yo sabía perfectamente porque te estaba viendo, y de que no volverías a Zaragoza hasta el martes por la noche. Por qué por la noche y no por la mañana, me dije, interrogando inútilmente a Alfonso el cerillero°, que se encogía de hombros° como diciendo: a mí que me registren°. Tal vez tiene motivos poderosos o inconfesables, deduje tras cavilar° un rato sobre el asunto: una amante, un desfalco°, un escaño° en el Parlamento. Al fin despejaste la incógnita diciéndole a quien fuera que Ordóñez llegaba de La Coruña a mediodía, y eso me tranquilizó

bastante. Estaba claro, tratándose de Ordóñez. Entonces decidí cambiar de mesa.

Al día siguiente estabas en el aeropuerto. Lo sé porque yo era el que se encontraba detrás en la cola de embarque, cuando le decías a tu hijo que la motosierra estaba estropeada°. No sé para qué diablos quería tu hijo, a su edad, usar la motosierra; pero durante un rato obtuve de ti una detallada relación° del uso de la motosierra y de su aceite lubricante. Me volví un experto en la maldita motosierra, en cipreses y arizónicas. El regreso lo hice en tren a los dos días, y allí estabas tú, claro, un par de asientos más lejos. Te reconocí por la musiquilla del móvil, que es la de Bonanza. Sonó quince veces y te juro que nunca he odiado tanto a la familia Cartwright. Para la ocasión te habías travestido de ejecutiva madura, eficiente y agresiva; pero te reconocí en el acto cuando informabas a todo el vagón sobre pormenores° diversos de tu vida profesional. Gritabas mucho, la verdad, tal vez para imponerte a las otras voces y musiquillas de tirurí tirurí que pugnaban° con la tuya a lo largo y ancho del vagón. Yo intentaba corregir las pruebas de una novela, y no podía concentrarme. Aquí hablabas del partido de fútbol del domingo, allá saludabas a la familia, acullá comentabas lo mal que le iba a Olivares en Nueva York. Me sentí rodeado°, como checheno° en Grozni. Horroroso. Tal vez por eso, cuando me levanté, fui a la plataforma del vagón, encendí el móvil que siempre llevo apagado e hice una llamada, procurando° hablar bajito° y con una mano cubriendo la voz sobre el auricular, la azafata del vagón me miró de un modo extraño, con sospecha. Si habla así pensaría, tan disimulado° y clandestino, algo tiene que ocultar (...). ∎

Publicado en *El Semanal*, 5 de marzo de 2000

Marginal glosses:

- I've had it
- dude
- loony; nutty
- so-and-so
- gesticulating
- plastic
- solicitor
- I couldn't care less
- Maybe
- up-to-date
- match-seller/ shrugged
- search
- to ponder
- embezzlement/ seat
- damaged
- narration; account
- details
- fought; struggled
- surrounded
- Chechnyan
- trying
- softly
- hidden; concealed

Después de leer

Ese bobo del móvil
Arturo Pérez-Reverte

(1) Comprensión Responde a las preguntas con oraciones completas.

1. ¿Qué sentimientos le provocan al narrador los que hablan por teléfono?
2. ¿En qué lugares se encuentra con estas personas?
3. ¿La gente que habla por teléfono celular está loca?
4. ¿Qué otras "musiquillas" escucha el narrador en el tren?
5. Además del teléfono, ¿qué tienen en común estas personas según el narrador?

(2) Análisis Lee el relato nuevamente y responde.

1. El narrador utiliza la segunda persona (tú) en este relato. ¿Se dirige sólo a personas que se llaman Manolo, Paco y María Luisa?
2. El autor comienza el artículo con el pedido: "me vas a perdonar que te lo diga aquí". ¿Crees que el autor realmente se está disculpando?
3. Busca ejemplos de expresiones o palabras que indican o se relacionan con la forma de hablar por teléfono de estas personas. ¿Cómo contribuyen estas expresiones al tono del relato? ¿Qué dicen acerca de la opinión del autor?

(3) Interpretación Responde a las preguntas con oraciones completas.

1. ¿Por qué crees que al narrador le molestan tanto las personas que hablan por su móvil? ¿Te parece que su reacción es exagerada?
2. Las personas del relato, ¿discuten de cosas importantes en sus móviles? ¿Qué te parece que los motiva a utilizar el teléfono celular?
3. ¿Crees que es cierto que todos los que hablan por su móvil tienen "la misma cara de bobo"? ¿Qué otras características encuentra el narrador en ellos?
4. ¿Te parece que el narrador se resiste a los avances tecnológicos? ¿Por qué?
5. ¿Crees que podría hablarse de "contaminación de ruido en un espacio público"? ¿Crees que es legítimo protestar contra eso?

(4) Opiniones En parejas, lean estas afirmaciones y digan si están de acuerdo o no, y por qué. Después, compartan su opinión con la clase.

- El teléfono celular nos ayuda a mantenernos en contacto.
- En nuestra sociedad existe una dependencia obsesiva del teléfono celular que puede llegar a la adicción.

(5) Escribir Elige uno de los temas y redacta una carta de opinión para un periódico. Tu carta debe tener por lo menos diez oraciones. Elige un tono irónico marcadamente a favor o en contra y explica tus razones.

- Responde al artículo de Pérez-Reverte.
- Escribe sobre el avance de algún otro objeto de la vida diaria.

Antes de leer

Vocabulario

a la vanguardia *at the forefront*	**el enlace** *link*
actualizar *to update*	**el/la novelista** *novelist*
la bitácora *travel log; weblog*	**el sitio web** *website*
la blogonovela *blognovel*	**el/la usuario/a** *user*
la blogosfera *blogosphere*	**la web** *the web*

Mi amigo periodista Completa las oraciones. No puedes usar la misma palabra más de una vez.

1. Mi amigo periodista entiende mucho de tecnología y prefiere utilizar la _____ para informarse y para publicar sus ideas.

2. Él no compra periódicos, sino que consulta varios _____ de noticias.

3. Después escribe sus comentarios sobre la política argentina en una _____ con _____ que conectan al lector a periódicos electrónicos.

4. Muchos _____ contemporáneos están interesados en incursionar en el nuevo fenómeno literario conocido como la _____.

Conexión personal ¿Con qué frecuencia te conectas a Internet? ¿Es fundamental para ti o podrías vivir sin estar conectado? ¿Para qué navegas por Internet?

	siempre	con frecuencia	casi nunca	nunca
banca electrónica				
comunicación				
diversión				
estudios				
noticias				
trabajo				

Contexto cultural

"¿Qué hacía la gente antes de la existencia de Internet?" Muchos nos hacemos esta pregunta en situaciones cotidianas como resolver un debate entre amigos con una búsqueda rápida en una base de datos *(database)* de cine, pagar una factura por medio de la banca electrónica o hablar con alguien a mil kilómetros de distancia con el mensajero instantáneo. Internet ha transformado la vida moderna, abriendo paso *(paving the way)* a múltiples posibilidades de comunicación, comercio, investigación y diversión. ¿Hay algo que sigue igual después de la revolución informática? ¿Qué ha pasado, por ejemplo, con el arte? ¿Cómo ha sido afectado por las innovaciones tecnológicas?

Hernán Casciari:
arte en la blogosfera

1   Si el medio artístico° del siglo XX fue el cine, ¿cuál será el nuevo   *artistic medium*
    medio del siglo XXI? El trabajo innovador del argentino Hernán
    Casciari sugiere la posibilidad de la blogonovela. Casciari ha
    desarrollado el nuevo género con creatividad, humor y una buena
5   dosis de ironía. Las blogonovelas imitan el formato del blog —un
    diario electrónico, también llamado bitácora— pero los "autores"
    son o personajes de ficción o versiones apócrifas° de individuos   *fictitious*
    reales. El uso de Internet permite que Casciari incorpore imágenes

para que la lectura sea también una
experiencia visual. Explica el escritor:
"Vale más ilustrar un rostro con una
fotografía o un dibujo, en lugar de
hacer una descripción literaria".
Sus sitios web incluyen enlaces para
que la lectura sea activa. También
invitan comentarios para que lectura y
escritura sean interactivas.

La blogonovela rompe con varios
esquemas° tradicionales y se hace
difícil de clasificar°. Si Casciari prefiere a
veces la fotografía a la descripción, ¿es la
blogonovela literatura o arte visual? ¿Aspira a
ser un arte serio o cultura popular? Si el autor
es argentino pero vive en España, ¿la obra se
debe considerar española o argentina? Por
otra parte, si aparece primero en Internet,
¿sería realmente un arte global?

Los blogs de Hernán Casciari

El diario de Letizia Ortiz

Weblog de una mujer gorda

Juan Dámaso, vidente

Klikowsky. El día a día de un argentino en Euskadi

Además, las blogonovelas juegan con
niveles de realidad y con las reglas° de la
ficción. El diario falso seduce al lector, que
cree leer confesiones íntimas. Sin embargo,
el autor de una blogonovela mantiene una
relación inusual con su lector. La persona que
abre una novela tradicional recibe información
según el orden° de las páginas de un libro.
Pero el usuario informado de un sitio web
crea su propio orden. ¿Cuál es el comienzo° y
cuál es el final de un blog? En *Weblog de una
mujer gorda*, Casciari incluye muchos enlaces,
que a veces introducen información antes de
la bitácora. ¿Pero qué pasa si un individuo
decide no abrir un enlace? El lector de una
blogonovela es autor de su propio camino en
zigzag, una lectura animada por ilustraciones
gráficas y fotos.

Weblog de una mujer gorda es la
blogonovela más célebre de Casciari.
La autora ficticia es Mirta Bertotti,
una mujer de poca educación pero
con aptitud tecnológica y facilidad
con las palabras. Esta madre sufrida°,
pero de actitud optimista, decide un
día crear un blog sobre su familia
desestructurada°. Mirta actualiza su
bitácora frecuentemente, narrando las
particularidades de los Bertotti, los
problemas de los hijos adolescentes y otros
relatos° sobre los retos° de su vida. Mirta
parece quejarse de su mala suerte, pero
sus palabras revelan humor, cariño y fuerza
interior°, una resistencia a los problemas muy
modernos que afectan su vida.

Casciari desafía° nuestras expectativas,
pero más que reírse del lector, le provoca
risa y sorpresa. Sus experimentos de ficción
y realidad —como solicitar comentarios
auténticos en blogs de ficción— nos divierten;
pero además nos introducen a un nuevo y
amplio° mundo creativo posible ahora debido
al encuentro entre el arte e Internet. ∎

Datos biográficos

Hernán Casciari
nació en Buenos Aires
en 1971. Además de
estar a la vanguardia
de las blogonovelas,
Casciari es también periodista. En los días
inmediatamente anteriores y posteriores a
la boda del príncipe Felipe de España en
mayo de 2005, Casciari creó la blogonovela
El diario de Letizia Ortiz, donde inventaba
los pensamientos más íntimos de la novia.
También en 2005, la exitosa blogonovela
Weblog de una mujer gorda fue publicada en
España en forma de novela tradicional con el
título *Más respeto, que soy tu madre*. Desde
el año 2000 Casciari reside en Barcelona.

Margin glosses (left column):
alters various patterns
categorize
rules
according to the order
beginning

Margin glosses (right column):
long-suffering
dysfunctional
stories/challenges
inner strength
challenges
wide

Line numbers: 10, 15, 20, 25, 30, 35, 40, 45, 50, 55, 60, 65, 70

Después de leer

Hernán Casciari: arte en la blogosfera

(1) Comprensión Responde a las preguntas con oraciones completas.

1. ¿De dónde es Hernán Casciari?

2. ¿Qué es una blogonovela?

3. ¿Además de ser blogonovelista, que profesión tiene Casciari?

4. ¿Por qué el autor a veces prefiere usar una foto en vez de una descripción?

5. ¿Qué incluyen los sitios web de Casciari para que la lectura sea activa e interactiva?

6. ¿Cómo es la autora ficticia del *Weblog de una mujer gorda*?

(2) Interpretación Contesta las preguntas utilizando oraciones completas.

1. ¿Cuáles son las diferencias entre un blog y una blogonovela? ¿Cuáles son las semejanzas?

2. ¿Cuáles son algunas de las novedades artísticas de la blogonovela?

3. ¿Cómo cambia la experiencia de un lector que lee una obra en Internet en vez de abrir un libro? ¿Qué prefieres tú? Explica tus razones.

4. ¿Estás de acuerdo con Casciari que a veces es mejor "ilustrar un rostro con una fotografía o un dibujo"? ¿Por qué?

(3) Comunicación En parejas, respondan a las preguntas y compartan sus respuestas con la clase.

1. Muchos de los problemas de la familia Bertotti son muy actuales, por ejemplo, las situaciones difíciles en las que se encuentran los adolescentes de hoy día. ¿Prefieren un arte que represente la realidad contemporánea? ¿O les gusta un arte que introduzca otras épocas o temas lejanos?

2. Cuando en 2005 salió *El diario de Letizia Ortiz*, algunos lectores pensaron que el blog era el diario auténtico de la futura princesa. ¿Qué piensan de esta situación? ¿Conoces otros ejemplos de este tipo de confusión entre el arte y la realidad?

3. ¿De qué manera ha cambiado el arte debido a las innovaciones tecnológicas de las últimas décadas? ¿Pueden pensar en ejemplos del mundo de la música?

4. ¿Qué actividades hacen ustedes en Internet que sus padres de jóvenes hacían de otra manera? ¿Cómo reaccionan las generaciones mayores (como sus padres y abuelos) frente a los avances tecnológicos?

5. *Klikowsky. El día a día de un argentino en Euskadi* es el blog que acompaña a un programa de televisión español y permite que los seguidores lean los pensamientos de los personajes, envíen comentarios y organicen debates. ¿Qué programa de televisión puede mejorar con un blog? ¿Por qué?

(4) Escribir Elige un personaje público, que aparece frecuentemente en la prensa, como la princesa española Letizia Ortiz en los días anteriores a su boda. Imagina los pensamientos íntimos de esta persona —las cosas que no pueden saber los periódicos o las revistas— y narra un día de su vida en forma de blogonovela. Escribe como mínimo diez oraciones.

Atando cabos

¡A conversar!

Inventores de robots En grupos pequeños, imaginen que son un grupo de científicos. Tienen que diseñar un robot que pueda realizar una tarea normalmente hecha por seres humanos. Preparen una presentación sobre su robot para compartir con la clase. Al finalizar, realicen una votación para elegir el mejor robot.

Elegir el tema: Reúnanse y elijan la tarea que realizará su robot. Pueden elegir una tarea de la lista u otra que deseen.

- Pasear el perro
- Sacar la basura todos los días
- Preparar el desayuno
- Jugar juegos de mesa con un ser humano
- Entrenar a niños para jugar al béisbol
- Hacer las compras en el supermercado

Preparar: Decidan cómo va a ser el robot. Usen las preguntas como guía. También pueden preparar un afiche con un dibujo del robot.

- ¿Qué nombre le pondrían y por qué?
- ¿Cómo va a ser el robot? (descripción, tamaño, etc.)
- ¿Cómo va a realizar la tarea elegida? Describan un día en la vida del robot.
- ¿Quién se va a beneficiar con la creación del robot?

Organizar: Organicen la información en un esquema. Asignen distintas partes de la presentación a cada integrante del grupo.

Presentación: Durante la presentación, inviten al resto de la clase a participar haciendo preguntas acerca del robot. Sean convincentes. Expliquen por qué su robot es un avance importante. Recuerden que la clase elegirá el mejor robot.

¡A escribir!

Robots futbolistas

En 2006, mientras 32 naciones se disputaban la Copa Mundial de Fútbol en Alemania, un número aún mayor de equipos de todo el mundo participaban de otra copa, la RoboCup. Los organizadores de este mundial de fútbol de robots aspiran a desarrollar (*develop*) para el año 2050 "robots humanoides completamente autónomos que puedan ganarle al equipo de fútbol humano que sea campeón del mundo".

El blog del robot Imagina que eres un robot participante de la RoboCup o el robot que diseñó tu grupo en la actividad anterior. Escribe una entrada en tu blog sobre el primer día en que trabajas para los seres humanos. Usa el pretérito perfecto y el pluscuamperfecto.

MODELO Hoy es el primer día que me toca acompañar a los niños a la escuela. Mi memoria y mis circuitos no han podido descansar de tantos nervios. Nunca había estado tan nervioso. A último momento mi diseñador ha decidido que...

La tecnología

la arroba	@ symbol
el blog	blog
el buscador	search engine
la computadora portátil	laptop
la contraseña	password
el corrector ortográfico	spell-checker
la dirección de correo electrónico	e-mail address
la informática	computer science
Internet	Internet
el mensaje (de texto)	(text) message
la página web	web page
el programa (de computación)	software
el reproductor de CD/DVD/MP3	CD/DVD/MP3 player
el teléfono celular	cell phone
adjuntar (un archivo)	to attach (a file)
borrar	to erase
descargar	to download
guardar	to save
navegar en la red	to surf the web
avanzado/a	advanced
digital	digital
en línea	online
inalámbrico/a	wireless

La astronomía y el universo

el agujero negro	black hole
el cohete	rocket
el cometa	comet
el espacio	space
la estrella (fugaz)	(shooting) star
el/la extraterrestre	alien
la gravedad	gravity
el ovni	UFO
el telescopio	telescope
el transbordador espacial	space shuttle

La ciencia y los inventos

el ADN (ácido desoxirribonucleico)	DNA
el avance	advance; breakthrough
la célula	cell
el desafío	challenge
el descubrimiento	discovery
el experimento	experiment
el gen	gene
el invento	invention
la patente	patent
la teoría	theory
clonar	to clone
comprobar (o:ue)	to prove
crear	to create
fabricar	to manufacture; to make
formular	to formulate
inventar	to invent
investigar	to investigate; to research
(bio)químico/a	(bio)chemical
especializado/a	specialized
ético/a	ethical
innovador(a)	innovative
revolucionario/a	revolutionary

Las profesiones de la ciencia

el/la astronauta	astronaut
el/la astrónomo/a	astronomer
el/la biólogo/a	biologist
el/la científico/a	scientist
el/la físico/a	physicist
el/la ingeniero/a	engineer
el/la matemático/a	mathematician
el/la químico/a	chemist

Más vocabulario

Expresiones útiles	Ver p. 249
Estructura	Ver pp. 256–257, 260 y 262–263

Cinemateca

la guita	cash; dough
el interrogante	question; doubt
la plata	money
el/la vago/a	slacker
vos	tú
congelar(se)	to freeze
derretir(se) (e:i)	to melt
descongelar(se)	to defrost
hacer clic	to click
duro/a	hard; difficult
al alcance de la mano	within reach
al final de cuentas	after all

Literatura

el auricular	telephone receiver
el/la bobo/a	silly, stupid person
la motosierra	power saw
el móvil	cell phone
el/la navegante	navigator
el vagón	carriage; coach
ahorrarse	to save oneself
sonar (o:ue)	to ring
apagado/a	turned off

Cultura

la bitácora	travel log; weblog
la blogonovela	blognovel
la blogosfera	blogosphere
el enlace	link
el/la novelista	novelist
el sitio web	website
el/la usuario/a	user
la web	the web
actualizar	to update
a la vanguardia	at the forefront

La economía y el trabajo

8

Contextos
páginas 282–285

- El trabajo
- Las finanzas
- La economía
- La gente en el trabajo

Fotonovela
páginas 286–289

- *Necesito un aumento*

Enfoques
Venezuela
páginas 290–293

- **En detalle:** El oro negro
- **Perfil:** La huelga general de 2002–2003
- **Ritmos:** Desorden Público

Estructura
páginas 294–305

- The conditional
- The past subjunctive
- **Si** clauses with simple tenses

Manual de gramática
páginas 525–529

- Más práctica
- Más gramática

Cinemateca
páginas 306–309

- **Cortometraje:** *Clown*

Lecturas
páginas 310–320

- **Literatura:** *La abeja haragana* de Horacio Quiroga
- **Cultura:** *Carolina Herrera: una señora en su punto*

Atando cabos
página 321

- ¡A conversar!
- ¡A escribir!

Communicative Goals

You will expand your ability to...

- express what you or others would do
- express will, emotion, doubt, or denial in the past
- express uncertainty, indefiniteness, condition, and intent in the past
- discuss hypothetical situations and events that depend on other events

La economía y **el trabajo**

El trabajo

el aumento de sueldo *raise in salary*
la compañía *company*
la conferencia *conference*
el contrato *contract*
el currículum vitae *résumé*
el empleo *employment; job*
la entrevista de trabajo *job interview*

En la **entrevista de trabajo**, Eugenia presentó su **currículum vitae** e hizo preguntas sobre **la compañía**, las tareas del **puesto** y las condiciones de **empleo**.

el puesto *position; job*
la reunión *meeting*
el sueldo mínimo *minimum wage*

administrar *to manage; to run*
ascender (e:ie) *to rise; to be promoted*
contratar *to hire*
despedir (e:i) *to fire*
exigir *to demand*
ganar bien/mal *to be well/poorly paid*
ganarse la vida *to earn a living*
jubilarse *to retire*
renunciar *to quit*
solicitar *to apply for*

capaz *competent; capable*
desempleado/a *unemployed*
empleado/a *employed*
exitoso/a *successful*
incapaz *incompetent; incapable*

Las finanzas

el ahorro *savings*
la bancarrota *bankruptcy*
el cajero automático *ATM*
la cuenta corriente *checking account*
la cuenta de ahorros *savings account*
la deuda *debt*
el presupuesto *budget*

ahorrar *to save*
cobrar *to charge; to receive*
depositar *to deposit*
financiar *to finance*
gastar *to spend*
invertir (e:ie) *to invest*
pedir (e:i) prestado/a *to borrow*
prestar *to lend*

a corto/largo plazo *short/long-term*
fijo/a *permanent; fixed*
financiero/a *financial*

La economía

la bolsa de valores *stock market*
el comercio *commerce; trade*
el desempleo *unemployment*
la empresa multinacional *multinational company*
la globalización *globalization*
la huelga *strike*
el impuesto (de ventas) *(sales) tax*
la inversión (extranjera) *(foreign) investment*
el mercado *market*
la pobreza *poverty*
la riqueza *wealth*
el sindicato *labor union*

exportar *to export*
importar *to import*

La Sra. Bonilla comenzó su carrera profesional como **vendedora**, luego pasó a ser **gerente** y ahora es una alta **ejecutiva**. Espera que le ofrezcan ser **socia** este año.

el/la asesor(a) *consultant; advisor*

el/la contador(a) *accountant*

el/la dueño/a *owner*

el/la ejecutivo/a *executive*

el/la empleado/a *employee*

el/la gerente *manager*

el hombre/la mujer de negocios
businessman/woman

el/la socio/a *partner; member*

el/la vendedor(a) *salesperson*

Práctica

1 **Escuchar**

A. Escucha el anuncio de *Creditinstant* y luego decide si las oraciones son **ciertas** o **falsas**. Corrige las falsas.

1. *Creditinstant* ofrece un puesto de trabajo con un buen sueldo.

2. Los clientes tienen que devolver el dinero a corto plazo.

3. Los clientes pueden solicitar el dinero llamando por teléfono.

4. *Creditinstant* deposita el dinero en la cuenta de ahorros en veinticuatro horas.

5. Los clientes pueden gastar el dinero en lo que quieran.

B. Escucha la conversación entre un cliente y un representante de *Creditinstant* y contesta las preguntas con oraciones completas.

1. ¿Qué necesita la clienta?

2. ¿En qué trabaja la clienta?

3. ¿Qué puesto de trabajo tiene su esposo?

4. ¿Para qué necesita la clienta el dinero?

2 **Crucigrama** Lee las definiciones y coloca las palabras en el lugar correspondiente del cuadro.

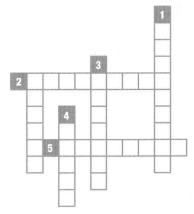

Horizontales
2. organización de trabajadores
5. vender productos a otros países

Verticales
1. poner dinero en el banco
2. sinónimo de *salario*
3. alguien que no es capaz
4. dinero que se debe

Práctica

(3) ¿Qué buscan? Indica qué es lo que busca cada una de estas personas.

_____ 1. un(a) contador(a)

_____ 2. el/la ministro/a de trabajo

_____ 3. un(a) empleado/a que lleva mucho tiempo en la empresa

_____ 4. una persona desempleada

_____ 5. el/la dueño/a de una empresa

_____ 6. un(a) gerente que entrevista a un(a) solicitante

a. conseguir un trabajo, aunque le paguen el sueldo mínimo

b. que sus clientes paguen lo mínimo posible de impuestos

c. un aumento de sueldo

d. hacerle preguntas sobre el currículum vitae

e. que sus ejecutivos administren bien su dinero

f. que baje el desempleo y vengan inversiones del extranjero

(4) Cosas que dice la gente Completa las oraciones con los términos de la lista.

administrar	empleo	inversiones
ahorros	financieros	jubilar
bolsa de valores	incapaces	sindicatos

1. "Ya me quiero _____. Estoy cansado y quiero disfrutar de mis nietos."

2. "Si no mejoramos nuestra forma de _____, esta empresa fracasará."

3. "¿Quiere usted reducir sus deudas, invertir en la _____ y ahorrar para la jubilación? Nuestros asesores _____ lo pueden ayudar."

4. "He gastado todos mis _____. Necesito un _____."

5. "Se deben recibir más _____ para salvar la compañía."

6. "Los _____ sólo dan problemas."

(5) Definiciones

A. En parejas, definan brevemente las palabras.

ascender	contrato	exigir	importar	riqueza
cobrar	despedir	huelga	mercado	socio

B. Improvisen una historia utilizando al menos seis palabras de la lista. Compartan su historia con la clase.

> **MODELO** Ayer, a las cuatro de la tarde, el sindicato que organizaba la huelga exigió una reunión con los socios…

Comunicación

6 **¿Qué opinas?** En parejas, contesten las preguntas y después compartan su opinión con la clase.

1. ¿Piensas que el dinero es lo más importante en la vida? Razona tu respuesta.

2. ¿Sigues la información de la bolsa de valores? ¿Crees que es buena idea invertir todos los ahorros en la bolsa de valores?

3. ¿Crees que la economía del país afecta a tu vida personal? ¿Cómo?

4. ¿Piensas que se podrá acabar con la pobreza en el futuro?

5. ¿Tú sacrificarías algo para conseguir que no hubiera pobreza en el mundo?

6. ¿Crees que la economía norteamericana va a ser la más fuerte dentro de veinte años? Razona tu respuesta.

7. ¿Qué consecuencias piensas que va a tener la globalización?

8. ¿La globalización va a ser positiva para los países ricos? ¿Y para los pobres?

7 **El consejero de trabajo** En parejas, imaginen que uno/a de ustedes está a punto de graduarse y no sabe qué trabajo lo/la hará feliz. La otra persona es un(a) consejero/a de trabajo. Túrnense para hacerse preguntas y darse consejos sobre cuál sería el mejor trabajo para cada uno/a. Utilicen y expandan las preguntas e ideas de la lista.

Preguntas

a. ¿Eres capaz de trabajar bajo presión?

b. ¿Te gusta administrar?

c. ¿Qué te importa más: ganar bien o disfrutar del trabajo?

d. ¿Te gusta trabajar en equipo o prefieres trabajar solo/a?

e. ¿Qué clases te han gustado más?

f. ¿Te gusta viajar?

g. ¿Es importante que tu trabajo sea creativo?

h. ¿Esperas que tu empleo ayude a mejorar la sociedad?

i. ¿Quieres ser dueño/a de tu propia compañía?

j. ¿Qué tipos de conferencias te interesan más: de tecnología, de música, de educación?

k. ¿En qué puesto anterior has sido más exitoso/a?

l. ¿…?

Debes trabajar en...

• los negocios

• las ciencias

• la política

• una empresa multinacional

• las finanzas

• la tecnología

• las artes

• una organización humanitaria

• la educación

• el turismo

• un restaurante

• la medicina

• el comercio

• …

El equipo de *Facetas* celebra el segundo aniversario de la revista. Es un momento lleno de recuerdos.

1

En la sala de conferencias...

TODOS ¡Cumpleaños feliz!

AGUAYO Antes de apagar las velas de nuestro segundo aniversario, quiero que cada uno cierre los ojos y luego pida un deseo.

JOHNNY Lo estoy pensando...

TODOS Uno, dos, tres...

Apagan las velas.

2

DIANA Ahh... ¿Quién lo diría? Dos años y tantos recuerdos.

AGUAYO ¿Recuerdas cuando viniste a tu entrevista de trabajo y Éric pensó que tu padre era millonario?

FABIOLA Sí. Recuerdo que puso esa cara.

Fabiola recuerda...

3

AGUAYO Éric, te presento a Fabiola Ledesma, nuestra nueva escritora.

ÉRIC ¿No eres tú la hija del banquero y empresario millonario Ledesma?

FABIOLA No. Mi padre es ingeniero y no es millonario.

ÉRIC Perdona. Por un momento pensé que me había enamorado de ti.

6

De vuelta en el presente...

AGUAYO Ahora de vuelta al trabajo. *(Se marcha.)*

MARIELA ¡Aposté que nos darían la tarde libre!

DIANA Chicos, he estado pensando en hacerle un regalo de aniversario a Aguayo.

FABIOLA Siento no poder ayudarte, pero estoy en crisis económica.

DIANA Por lo menos ayúdenme a escoger el regalo.

7

FABIOLA Debe ser algo importado. Algo pequeño, fino y divertido.

ÉRIC ¿Qué tal un pececito de colores?

TODOS ¡Pobre Bambi!

FABIOLA Me refiero a algo de corte ejecutivo, Éric. Algo exclusivo.

ÉRIC Mariela, ¿qué le darías a un hombre que lo tiene todo?

MARIELA Mi número de teléfono.

8

En la oficina de Aguayo...

FABIOLA Jefe, ¿tiene un minuto?

AGUAYO ¿Sí?

FABIOLA Usted sabe que tengo un gran currículum y que soy muy productiva en lo mío.

AGUAYO ¿Sí?

FABIOLA Y que mis artículos son bien acogidos, y ello le ha traído a la revista...

AGUAYO

DIANA

ÉRIC

FABIOLA

JOHNNY

MARIELA

De vuelta en el presente…

AGUAYO Brindo por nuestra revista, por nuestro éxito y, en conclusión, brindo por quienes trabajan duro… ¡Salud!

TODOS ¡Salud!

DIANA Eso me recuerda el primer día que Johnny trabajó en la oficina.

Diana recuerda…

DIANA Se supone que estuvieras aquí hace media hora y sin embargo, llegas tarde. Los empleados en esta empresa entran a las nueve de la mañana y trabajan duro todo el día. Sabes lo que es el trabajo duro, ¿verdad?

JOHNNY En mi trabajo anterior entraba a las cuatro de la mañana y jamás llegué tarde.

DIANA A esa hora nunca se sabe si llegas demasiado tarde o demasiado temprano.

AGUAYO ¿Qué es lo que quieres, Fabiola?

FABIOLA Un aumento de sueldo.

AGUAYO ¿Qué pasa contigo? Te aumenté el sueldo hace seis meses.

FABIOLA Pero hay tres compañías que andan detrás de mí. Por lo tanto, merezco otro aumento.

AGUAYO ¿Qué empresas son?

FABIOLA *(avergonzada)* La del teléfono, la del agua y la de la luz.

Más tarde…

DIANA Ya sé qué regalarle a Aguayo… un llavero.

(Éric y Fabiola ponen cara de repugnancia.)

DIANA ¿Qué?

FABIOLA No lo culpo si lo cambia por un pez.

Expresiones útiles

Proposing a toast

Brindo por nuestra revista.
I toast our magazine.

Brindemos por nuestro éxito.
Let's toast our success.

¡Salud!
Cheers!

¡A tu salud!
To your health!

Talking about what someone would or wouldn't do

¡Pensé que nos darían la tarde libre!
I thought they would give us the afternoon off!

¿Qué le darías a un hombre/una mujer que lo tiene todo?
What would you give to a man/woman who has everything?

Le daría…
I would give him/her…

Additional vocabulary

anterior *previous*
apagar las velas *to blow out the candles*
bien acogido/a *well-received*
la crisis económica *economic crisis*
de corte ejecutivo *of an executive nature*
el/la empresario/a *entrepeneur*
importado/a *imported*
merecer *to deserve*
No lo/la culpo. *I don't blame him/her.*
pedir un deseo *to make a wish*
¿Quién lo diría? *Who would have thought?*
ser productivo/a *to be productive*
trabajar duro *to work hard*

Comprensión

1 **¿Pasado o presente?** En la **Fotonovela** los personajes recuerdan algunos sucesos (*events*) del pasado. Indica si estas oraciones describen sucesos del **pasado** o del **presente**. Luego completa las oraciones con la forma adecuada del verbo.

	Pasado	Presente
1. Éric _____ (creer) que Fabiola era hija de un millonario.	☐	☐
2. Los empleados de la revista _____ (brindar) por el aniversario.	☐	☐
3. Éric _____ (pensar) que se había enamorado de Fabiola.	☐	☐
4. Diana _____ (proponer) hacerle un regalo a Aguayo.	☐	☐
5. Johnny _____ (llegar) tarde a la oficina.	☐	☐
6. Fabiola le _____ (pedir) a Aguayo un aumento de sueldo.	☐	☐

2 **La trama** Indica con números el orden en que ocurrieron los hechos (*events*) de este episodio.

_____ a. Brindan por la revista.

_____ b. Cantan cumpleaños feliz.

_____ c. Fabiola pide un aumento de sueldo.

_____ d. Diana piensa regalarle a Aguayo un llavero.

_____ e. Éric sugiere regalarle a Aguayo un pececito de colores.

_____ f. Fabiola dice que está en crisis económica.

3 **¿Quién lo diría?** ¿Qué empleado de *Facetas* diría cada una de estas oraciones?

_____ 1. Hace ya dos años que trabajamos aquí. ¡Quién lo diría!

_____ 2. ¡Pidan todos un deseo!

_____ 3. Jefe, usted sabe que trabajo muy duro.

_____ 4. Mi padre no es empresario.

_____ 5. Yo pensaba que nos dejarían irnos más temprano del trabajo.

4 **Preguntas** Contesta las preguntas con oraciones completas.

1. ¿Qué celebran los empleados de *Facetas*?

2. ¿Por qué creía Éric que se había enamorado de Fabiola? Explica tu respuesta.

3. ¿Por qué Fabiola no puede ayudar con el regalo?

4. ¿Le gusta a Fabiola la idea de regalarle un llavero a Aguayo?

5 **Lo tiene todo** ¿Qué le darías tú a alguien que lo tiene todo? Trabajen en grupos de cinco para inventar una conversación entre los empleados de *Facetas*. Tendrán que ponerse de acuerdo sobre un regalo para Aguayo. Utilicen la frase **Yo le daría…** y expliquen sus razones.

MODELO   **FABIOLA** ¡Ese llavero no es de corte ejecutivo, Diana! Yo le daría un reloj porque él siempre insiste en que lleguemos a tiempo a la oficina.

              JOHNNY ¡Pero Aguayo ya tiene un Rolex! Yo le daría…

Ampliación

6 **Preguntas** Conversen sobre estas preguntas y compartan sus respuestas con la clase.

1. ¿Qué le darías tú a Aguayo? ¿Alguna vez le diste un regalo a un jefe?

2. ¿Conoces tú a alguien que lo tiene todo? ¿Cómo es? ¿Trabaja duro? ¿Crees que él/ella merece todo lo que tiene?

3. ¿Alguna vez tuviste que comprarle un regalo a esa persona? ¿Qué escogiste?

4. ¿Cuál es el mejor regalo que has recibido en tu vida? ¿Por qué?

5. ¿Cuáles son los mejores regalos por menos de $10? ¿Por menos de $25? ¿Por menos de $100?

7 **Apuntes culturales** En parejas, lean los párrafos y contesten las preguntas.

El currículum vitae

Fabiola tiene mucha experiencia laboral. Seguramente, cuando presentó su **currículum vitae** a *Facetas*, además de la información profesional, incluyó datos personales que son comunes en el mundo laboral hispano: fecha de nacimiento, estado civil, una foto color, si tiene carro… ¿Habrá salido en la foto con la misma cara de enojo con que salió en el pasaporte?

El millonario ingeniero

El padre de Fabiola no es millonario, sino un modesto ingeniero, pero el venezolano **Lorenzo Mendoza** es ingeniero y millonario. Dueño del Grupo Polar, que además financia la fundación más grande del país, Mendoza construyó la tercera (*third largest*) fortuna de Latinoamérica con empresas que fundó su abuelo. Sin embargo, lleva una vida modesta junto a su esposa e hijos.

Facetas y Caretas

¡*Facetas* cumple dos años! Otra revista importante en el mundo hispano es *Caretas*. Comenzó a publicarse en 1950 en una pequeña oficina de Lima, Perú. Hoy es la revista más leída del país y trata temas como política, cultura, eventos sociales y viajes. Ojalá que *Facetas* tenga el mismo éxito y… ¡agrande la oficina!

1. ¿Sabías que en algunos países hispanos es común poner en el currículum el estado civil y la cantidad de hijos? ¿Qué piensas sobre dar datos personales en el currículum? ¿Estás de acuerdo? En tu cultura, ¿qué información contienen los currículums?

2. ¿Qué otros millonarios conoces? ¿Qué ventajas y desventajas hay en ser millonario? Explica.

3. ¿Lees revistas? ¿Qué tipos de revistas te interesan más? ¿Por qué? ¿Estás suscrito/a a alguna? ¿A cuál?

4. En tu opinión, ¿son más populares las revistas tradicionales o las revistas por Internet? ¿Por qué? ¿Qué ventajas tiene cada tipo de revista? ¿Cuál prefieres tú?

En detalle

VENEZUELA

EL ORO NEGRO

Mira a tu alrededor: el carro, las lámparas, los objetos de plástico, las pinturas, las telas, en fin, casi todo lo que tienes proviene del petróleo. Si hacemos caso a las estadísticas, parte de ese petróleo puede ser venezolano. Venezuela es el cuarto país exportador de petróleo° del mundo, sólo aventajado° por los países árabes. El 80% de los ingresos° del país provienen de la exportación de petróleo. Aproximadamente el 70% del petróleo se exporta a los EE.UU.

La primera explotación petrolífera se inició en 1914, cuando se descubrió un enorme yacimiento° en la costa oriental del lago de Maracaibo (ver mapa). Este acontecimiento inició una nueva etapa en la historia venezolana, pues abrió su economía a los mercados internacionales. Durante las primeras décadas, la explotación estaba en manos extranjeras, lo que hacía que la riqueza petrolífera no se tradujera en una mejora de la situación económica del país. La crisis internacional de 1973, que provocó la subida del precio del crudo°, le dio al gobierno venezolano la oportunidad de nacionalizar la empresa petrolera.

En 1976 entró en efecto la Ley de Nacionalización del Petróleo. Desde entonces, la extracción, la refinación y la exportación están en manos de la empresa estatal° Petróleos de Venezuela, SA (PDVSA). Gracias a la subida de los precios petroleros de los últimos años, la empresa ha podido aumentar drásticamente la cantidad de dinero que destina a programas sociales dedicados a la educación, salud y a infraestructuras del país. Hoy día, PDVSA tiene una gran presencia internacional, con refinerías en el Caribe, Estados Unidos y Europa. En 1986, PDVSA adquirió° el cincuenta por ciento de CITGO y, cuatro años más tarde, se convirtió en única propietaria° de la empresa. ∎

Historia del petróleo en Venezuela

1914	1922	1943	1960	1973	1976	2002

Se descubre el importante yacimiento en la costa este del lago de Maracaibo.

Comienza la explotación petrolera a gran escala.

La Ley de Impuesto sobre la Renta obliga a las compañías extranjeras a pagar impuestos por la explotación del petróleo.

Se funda la OPEP (Organización de Países Exportadores de Petróleo) por iniciativa venezolana.

Crisis internacional del petróleo. La OPEP reduce la producción y aumenta el precio del barril°. Se raciona el uso del crudo en los países occidentales.

El primero de enero empieza la nacionalización petrolera.

Se inicia la huelga general.

exportador de petróleo *oil-exporting* **aventajado** *surpassed* **ingresos** *income* **yacimiento** *oilfield*
crudo *crude oil* **empresa estatal** *state company* **adquirió** *purchased* **propietaria** *owner* **barril** *barrel*

El dinero

los chavos (P. R.)   *money*
la lana (Méx.)
las pelas (Esp.)

la peseta (P. R.)   *quarter (American coin)*

comer cable (Ven.)   *to be broke; to have no money*
estar pelado (Col.)
no tener guano (Cu.)

estar forrado/a en billete (Col. y Méx.)   *to be loaded*
tener una pila de dinero

ser gasolero/a (Arg.)   *to have frugal taste*

Fuentes alternativas

- Argentina es el mayor consumidor de **gas natural comprimido°** en el mundo según estadísticas de 2005. Este **combustible alternativo** abastece° no sólo gran parte del transporte público, sino también carros particulares que han sido adaptados para  usar esta alternativa limpia y económica. En 2005, el número de vehículos convertidos alcanzaba el millón y medio.

- **El biodiesel**, un combustible elaborado a partir de **aceite de cocina usado,** constituye una fuente de energía renovable, biodegradable y económica. En Uruguay, por ejemplo, una empresa de transporte de Montevideo mueve sus autobuses combinando aceite usado y metanol.

- Ecuador ha comenzado a producir **gasolina de caña de azúcar°**. El proyecto comenzó en Guayaquil con el uso del excedente de azúcar producida en el país. A largo plazo este biocombustible ayudará a reducir la contaminación de la ciudad.

LA HUELGA GENERAL DE 2002–2003

El 2002 fue un año de gran convulsión política y social en Venezuela. La controvertida personalidad de su presidente, Hugo Chávez, creó una enorme división en el país. Las grandes empresas, entre ellas PDVSA, temerosas° de la política económica del gobierno, convocaron° una huelga para el 2 de diciembre. En un principio, el paro°, que buscaba la renuncia de Chávez, era de veinticuatro horas pero ante su negativa a renunciar, se alargó de forma indefinida. Durante esos días, había una gran escasez° y era común ver a la gente haciendo cola en las gasolineras y en los supermercados.

Muchos empresarios y comerciantes se fueron a la ruina, el desempleo aumentó y, a nivel internacional, los precios del petróleo subieron. La huelga, una de las más largas de la historia, terminó el 3 de febrero del 2003, después de que el gobierno de Chávez retomara el control de PDVSA.

> ❝ Mira si será malo el trabajo, que deben pagarte para que lo hagas. ❞
> (Facundo Cabral, cantautor argentino)

SUPERSITE   **Conexión Internet**

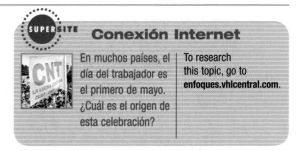

En muchos países, el día del trabajador es el primero de mayo. ¿Cuál es el origen de esta celebración?

To research this topic, go to **enfoques.vhlcentral.com.**

temerosas *fearful* **convocaron** *called* **paro** *strike* **escasez** *shortage*
comprimido *compressed* **abastece** *supplies* **caña de azúcar** *sugar cane*

¿Qué aprendiste?

1 **Comprensión** Indica si estas afirmaciones son **ciertas** o **falsas**. Corrige las falsas.

1. Venezuela es el cuarto país exportador de petróleo del mundo.
2. Venezuela exporta el 80% del petróleo que produce.
3. Estados Unidos no compra petróleo venezolano.
4. En 1914 se fundó la OPEP.
5. Hay un yacimiento muy grande en la costa este del lago de Maracaibo.
6. Durante los primeros años, la explotación de la riqueza petrolera estaba en manos venezolanas.
7. En las primeras décadas, el dinero del petróleo ayudó a mejorar la economía venezolana.
8. La crisis de 1973 provocó una subida del precio del petróleo.
9. En 1976, PDVSA fue comprada por una empresa norteamericana.
10. PDVSA tiene refinerías en países extranjeros.
11. La empresa de petróleo estatal ha aumentado la cantidad que destina a programas sociales.
12. PDVSA es dueña del cincuenta por ciento de CITGO.

2 **Oraciones incompletas** Completa las oraciones con la información correcta.

1. La huelga venezolana fue convocada por _____.
2. En un principio, la huelga iba a durar _____.
3. Durante la huelga, era común ver gente haciendo cola _____.
4. En Argentina, muchos carros funcionan con _____.
5. Si estás en Venezuela y no tienes dinero, se dice que _____.

3 **Opiniones** En parejas, contesten las preguntas.

1. ¿Las empresas de combustible y de servicios (como gas, luz, transporte) deben ser públicas o privadas? ¿Por qué?
2. ¿Tendrías un carro híbrido? ¿Por qué?
3. ¿Crees que el petróleo se acabará durante tu vida? ¿Con qué se reemplazará?
4. En América Latina, las universidades tienen Centros de estudiantes, que funcionan en forma parecida a los sindicatos. A veces incluso realizan huelgas. ¿Cómo se organizan los estudiantes en tu escuela/universidad?
5. ¿Son necesarias las huelgas? ¿Conocen alguna en la que se haya conseguido el objetivo?

PROYECTO

Fuentes de energía alternativas

La foto muestra a dos trabajadores mexicanos modificando una camioneta para que funcione con gas natural comprimido o propano. Investiga cuáles son otros combustibles o fuentes de energía alternativos utilizados en Latinoamérica y elige cuál te parece mejor. Prepara una presentación sobre este combustible o fuente de energía y la posibilidad de que sea utilizado masivamente en el futuro.

- ¿Cómo se obtiene o se produce?
- ¿Cuáles son sus ventajas?
- ¿Cuáles son sus desventajas?
- ¿Cómo se puede promover su uso?

RITMOS

DESORDEN PÚBLICO

Rebeldes, irónicos, llenos de energía y comprometidos° con su pueblo: así se puede definir a los ocho integrantes de la banda de ska **Desorden Público**. Sus creadores **Horacio Blanco** y **José Luis "Caplís" Chacín** comenzaron como DJs de música punk, ska británico, *new wave* y reggae jamaiquino en Caracas, Venezuela. En 1985, inspirados en la segunda etapa de ska conocida como *Two-Tone*, que tuvo su centro en Inglaterra, los músicos decidieron formar una banda con un nombre que satirizara los camiones de Orden Público de la Guardia Nacional Venezolana°. Recurriendo al humor negro, sus letras reflejan la realidad política, económica y social de Venezuela y otros países en desarrollo°. En la actualidad, Desorden Público representa el más importante proyecto de ska latinoamericano con multitudinarios conciertos por todo el mundo en los que han llegado a convocar° hasta 40 mil personas.

Discografía

2000 Diablo   **1997** Plomo Revienta   **1988** Desorden Público

Canción

Éste es un fragmento de una canción de Desorden Público.

El Clon

En un futuro cercano me mandaré a hacer un clon
Perfecto gemelo idéntico nacido en el laboratorio
Para reponer° mi inversión lo reventaré trabajando°
Yo su amo°, su creador, ahora tendré un esclavo.
(...) Me daré la buena vida, me mudaré a la Florida
Mientras mi clon trabaja en América Latina.

Curiosidades:
- El ska, precursor del reggae, comenzó en Jamaica en los años 30 y se desarrolló en Inglaterra a fines de los 70.
- Desorden Público fusiona ska con ritmos latinos y afrovenezolanos.
- Sus canciones tienen un alto contenido político.
- Cada vez que Horacio Blanco escucha sus canciones en la radio cambia de estación.

Preguntas En parejas, contesten las preguntas.

1. Las canciones de Desorden Público contienen altas dosis de humor negro. ¿Pueden encontrar ejemplos en el fragmento?
2. ¿En qué se diferencia Desorden Público de las típicas bandas de ska británicas?
3. ¿Conocen otras bandas de ska? ¿De dónde son? ¿Les gustan?
4. La canción cuenta la historia de un hombre y su clon. ¿Cómo es la relación entre ellos?

comprometidos *engaged* **Guardia…** *Venezuelan National Guard* **en desarrollo** *developing*
convocar *gather* **reponer** *regain; recover* **lo reventaré trabajando** *I will exploit him* **amo** *master*

8.1 The conditional

- To express the idea of what *would* happen, use the conditional tense.

TALLER DE CONSULTA

MANUAL DE GRAMÁTICA
Más práctica

8.1 The conditional, p. 525

8.2 The past subjunctive, p. 526

8.3 **Si** clauses with simple tenses, p. 527

Más gramática

8.4 Transitional expressions, p. 528

¿Qué le darías a
un hombre que lo
tiene todo?

- The conditional tense (**el condicional**) uses the same endings for all **–ar, –er**, and **–ir** verbs. For regular verbs, the endings are added to the infinitive.

The conditional		
dar	**ser**	**vivir**
daría	sería	viviría
darías	serías	vivirías
daría	sería	viviría
daríamos	seríamos	viviríamos
daríais	seríais	viviríais
darían	serían	vivirían

¡ATENCIÓN!

Note that all of the conditional endings carry a written accent mark.

- Verbs with irregular future stems have the same irregular stem in the conditional.

Infinitive	stem	conditional
caber	cabr–	cabría, cabrías, cabría, cabríamos, cabríais, cabrían
haber	habr–	habría, habrías, habría, habríamos, habríais, habrían
poder	podr–	podría, podrías, podría, podríamos, podríais, podrían
querer	querr–	querría, querrías, querría, querríamos, querríais, querrían
saber	sabr–	sabría, sabrías, sabría, sabríamos, sabríais, sabrían
poner	pondr–	pondría, pondrías, pondría, pondríamos, pondríais, pondrían
salir	saldr–	saldría, saldrías, saldría, saldríamos, saldríais, saldrían
tener	tendr–	tendría, tendrías, tendría, tendríamos, tendríais, tendrían
valer	valdr–	valdría, valdrías, valdría, valdríamos, valdríais, valdrían
venir	vendr–	vendría, vendrías, vendría, vendríamos, vendríais, vendrían
decir	dir–	diría, dirías, diría, diríamos, diríais, dirían
hacer	har–	haría, harías, haría, haríamos, haríais, harían

Uses of the conditional

- The conditional is used to express what would occur under certain circumstances.

  En Venezuela, ¿qué lugar **visitarías** primero?
  In Venezuela, which place would you visit first?

  Iría primero a Caracas y después a Isla Margarita.
  First I would go to Caracas and then to Isla Margarita.

¿No sería ahora el momento justo para ir de vacaciones a la Isla Margarita?

¡ATENCIÓN!

The English *would* is often used to express the conditional, but it can also express what *used to happen*. To express habitual past actions, Spanish uses the imperfect, not the conditional.

Cuando era pequeña, iba a la playa durante los veranos.
When I was young, I would go to the beach in the summer.

- The conditional is also used to make polite requests.

  Me **gustaría** cobrar este cheque.
  I would like to cash this check.

  ¿**Podría** firmar aquí, en el reverso?
  Would you please sign here, on the back?

- In subordinate clauses, the conditional is often used to express what *would happen* after another action took place. To express what *will happen* after another action takes place, the future tense is used instead.

CONDITIONAL	FUTURE
Creía que hoy **haría** mucho viento.	**Creo** que mañana **hará** mucho viento.
I thought it would be very windy today.	*I think it will be very windy tomorrow.*

- In Spanish, the conditional may be used to express conjecture or probability about a past condition or event. English expresses this sense with expressions such as *wondered, must have been,* and *was probably.*

  ¿Qué hora **era** cuando regresó?
  What time did he return?

  Serían las ocho.
  It must have been eight o'clock.

  ¿Cuánta gente **había** en la fiesta?
  How many people were at the party?

  Habría como veinte personas.
  There must have been about twenty people.

TALLER DE CONSULTA

The conditional is also used in contrary-to-fact sentences. See **8.3,** pp. 302–303.

- The conditional is also used to report statements made in the future tense.

  Iremos a la fiesta.
  We'll go to the party.

  Dijeron que **irían** a la fiesta.
  They said they'd go to the party.

 **Práctica**

TALLER DE CONSULTA

MANUAL DE GRAMÁTICA
Más práctica

8.1 The conditional, p. 525

1 **La entrevista** Alberto sueña con trabajar para una agencia medioambiental y estaría dispuesto a hacer cualquier cosa para que la directora lo contrate. Utiliza el condicional de los verbos entre paréntesis para completar la entrevista.

ALBERTO Si yo pudiera formar parte de esta organización, (1) _____ (estar) dispuesto (*ready*) a ayudar en todo lo posible.

ELENA Sí, lo sé, pero tú no (2) _____ (poder) hacer mucho. No tienes la preparación necesaria. Tú (3) _____ (necesitar) estudios de biología.

ALBERTO Bueno, yo (4) _____ (ayudar) con las cosas menos difíciles. Por ejemplo, (5) _____ (hacer) el café para las reuniones.

ELENA Estoy segura de que todos (6) _____ (agradecer) tu colaboración. Les preguntaré para ver si necesitan ayuda.

ALBERTO Eres muy amable, Elena. (7) _____ (dar) cualquier cosa por trabajar con ustedes. Y (8) _____ (considerar) la posibilidad de volver a la universidad para estudiar biología. (9) _____ (tener) que trabajar duro, pero lo (10) _____ (hacer) porque no (11) _____ (saber) qué hacer sin un trabajo significativo. Sé que el esfuerzo (12) _____ (valer) la pena.

2 **El primer día** La agencia contrató a Alberto y hoy fue su primer día como asistente administrativo. Utiliza el condicional para cambiar estos mandatos directos por los mandatos indirectos que la directora le dio a Alberto. Sigue el modelo.

Mandatos directos	Mandatos indirectos
Hazme un café.	¿Me harías un café, por favor?
Saca estas fotocopias.	1.
Pon los mensajes en mi escritorio.	2.
Manda este fax.	3.
Diles a los voluntarios que vengan también.	4.
Sal a almorzar con nosotros.	5.

3 **Lo que hizo Juan** Utilizamos el condicional para expresar el futuro en el contexto de una acción pasada. Explica lo que quiso hacer Juan, usando las claves dadas. Agrega también por qué no lo pudo hacer.

MODELO pensar / llegar

Juan pensó que llegaría temprano a la oficina, pero el metro tardó media hora.

1. pensar / comer
2. decir / poner
3. imaginar / tener
4. escribir / venir
5. contarles / querer

6. suponer / hacer
7. explicar / salir
8. creer / terminar
9. decidir / viajar
10. opinar / ser

Comunicación

TALLER DE CONSULTA

The first part of each sentence uses the past subjunctive, which will be covered in **8.2,** pp. 298–299.

4 **¿Qué pasaría?** En parejas, completen estas oraciones utilizando verbos en el condicional. Luego compartan sus oraciones con la clase.

> **MODELO** **Si yo trabajara para una empresa multinacional, ...**
>
> —Si yo trabajara para una empresa multinacional, viajaría por el mundo entero. Aprendería cinco idiomas y...

1. Si hubiera una recesión económica en el país, ...
2. Si yo ganara más dinero, ...
3. Si mi novio/a decidiera trabajar en otro país, ...
4. Si todos mis profesores estuvieran en huelga, ...
5. Si mi jefe/a me despidiera, ...
6. Si no tuviera que ganarme la vida, ...

5 **El trabajo de tus sueños** Imagina que puedes escoger cualquier profesión del mundo. Explícale a un(a) compañero/a cuál sería tu trabajo ideal, por qué te gustaría esa profesión y qué harías en tu empleo. Háganse preguntas y utilicen por lo menos cuatro verbos en el condicional.

> **MODELO** Mi trabajo ideal sería jugar al baloncesto en la NBA. Me gustaría porque soy adicto a este deporte, pero también porque ganaría millones y podría...

6 **¿Qué harías?** Piensa en lo que harías en estas situaciones. Usa el condicional. Luego compártelo con tres compañeros/as.

8.2 The past subjunctive

Forms of the past subjunctive

TALLER DE CONSULTA

See **3.1, pp. 94-95** for the preterite forms of regular, irregular, and stem-changing verbs.

¡ATENCIÓN!

The **nosotros/as** form of the past subjunctive always has a written accent.

- The past subjunctive (*el imperfecto del subjuntivo*) of all verbs is formed by dropping the **–ron** ending from the **ustedes/ellos/ellas** form of the preterite and adding the past subjunctive endings.

The past subjunctive		
caminar	**perder**	**vivir**
caminara	perdiera	viviera
caminaras	perdieras	vivieras
caminara	perdiera	viviera
camináramos	perdiéramos	viviéramos
caminarais	perdierais	vivierais
caminaran	perdieran	vivieran

Estela dudaba de que su madre la **ayudara** a financiar un carro nuevo.
Estela doubted that her mother would help her finance a new car.

A los dueños les sorprendió que **vendieran** más en enero que en diciembre.
The owners were surprised that they sold more in January than in December.

Ya hablé con el recepcionista y me recomendó que le **escribiera** al gerente.
I already spoke to the receptionist and he recommended that I write to the manager.

- Verbs that have stem changes, spelling changes, or irregularities in the **ustedes/ellos/ellas** form of the preterite also have them in all forms of the past subjunctive.

infinitive	preterite form	past subjunctive forms
pedir	pidieron	pidiera, pidieras, pidiera, pidiéramos, pidierais, pidieran
sentir	sintieron	sintiera, sintieras, sintiera, sintiéramos, sintierais, sintieran
dormir	durmieron	durmiera, durmieras, durmiera, durmiéramos, durmierais, durmieran
influir	influyeron	influyera, influyeras, influyera, influyéramos, influyerais, influyeran
saber	supieron	supiera, supieras, supiera, supiéramos, supierais, supieran
ir/ser	fueron	fuera, fueras, fuera, fuéramos, fuerais, fueran

- In Spain and some other parts of the Spanish-speaking world, the past subjunctive is commonly used with another set of endings (**–se, –ses, –se, –semos, –seis, –sen**). You will also see these forms in literary selections.

La señora Medina exigió que le **mandásemos** el contrato para el viernes.
Ms. Medina demanded that we send her the contract by Friday.

La señora Medina exigió que le **mandáramos** el contrato para el viernes.
Ms. Medina demanded that we send her the contract by Friday.

Uses of the past subjunctive

- The past subjunctive is required in the same situations as the present subjunctive, except that the point of reference is always in the past. When the verb in the main clause is in the past, the verb in the subordinate clause is in the past subjunctive.

Te pedí que llegaras a las nueve, Johnny.

PRESENT TIME	PAST TIME
El jefe sugiere que **vayas** a la reunión.	El jefe sugirió que **fueras** a la reunión.
The boss recommends that you go to the meeting.	*The boss recommended that you go to the meeting.*
Espero que ustedes no **tengan** problemas con el nuevo sistema.	Esperaba que no **tuvieran** problemas con el nuevo sistema.
I hope you won't have any problems with the new system.	*I was hoping you wouldn't have any problems with the new system.*
Buscamos a alguien que **conozca** bien el mercado.	Buscábamos a alguien que **conociera** bien el mercado.
We are looking for someone who knows the market well.	*We were looking for someone who knew the market well.*
Les mando mi currículum en caso de que **haya** un puesto disponible.	Les mandé mi currículum en caso de que **hubiera** un puesto disponible.
I'm sending them my résumé in case there is a position available.	*I sent them my résumé, in case there were a position available.*

- The expression **como si** (*as if*) is always followed by the past subjunctive.

  Alfredo gasta dinero **como si fuera** millonario.
  Alfredo spends money as if he were a millionaire.

  El presidente habló de la economía **como si** no **hubiera** una recesión.
  The president talked about the economy as if there were no recession.

  Ella rechazó mi opinión **como si** no **importara**.
  She rejected my opinion as if it didn't matter.

- The past subjunctive is also commonly used with **querer** to make polite requests or to soften statements.

  Quisiera que me llames hoy.
  I would like you to call me today.

  Quisiera hablar con usted.
  I would like to speak with you.

TALLER DE CONSULTA

The past subjunctive is also frequently used in **si** clauses. See **8.3,** pp. 302–303.

Si pudiera, compraría más acciones.
If I could, I would buy more shares.

Práctica

TALLER DE CONSULTA

MANUAL DE GRAMÁTICA
Más práctica

8.2 The past subjunctive, p. 526

(1) **El peor día** Completa el mensaje electrónico que Jessica le mandó a su hermano mayor después de su primer día como pasante (*intern*) de verano. Utiliza el imperfecto del subjuntivo.

De:	jessica8@email.com
Para:	luismiguel@email.com
Asunto:	el peor día de mi vida

Luis Miguel:

Sé que te pedí el otro día que no me (1)_____ (dar) más consejos sobre qué hacer este verano pero, ¡ahora sí necesito tus consejos! Hoy fue el peor día de mi vida, ¡te lo juro! Me aconsejaste que no (2)_____ (solicitar) un puesto como pasante, pero a mí no me importaba que ellos me (3)_____ (pagar) el sueldo mínimo. No creía que (4)_____ (existir) ninguna oportunidad mejor que ésta. ¡Pero hoy el jefe me trató como si yo (5)_____ (ser) su esclava! Primero exigió que yo (6)_____ (preparar) el café para toda la oficina. Después me dijo que (7)_____ (salir) a comprar más tinta (*ink*) para la impresora. Luego, como si eso (8)_____ (ser) poco, insistió en que yo (9)_____ (ordenar) su escritorio. ¡Como si toda mi experiencia del verano pasado no (10)_____ (valer) ni un centavo! Hablando de dinero... cuando le pedí que (11)_____ (depositar) el sueldo en mi cuenta corriente, él me dijo, "¿Qué sueldo? Nuestros pasantes trabajan gratis". ¡Renuncié y punto!

(2) **¿Qué le pidieron?** María Laura Santillán es presidenta de una universidad. En parejas, usen la tabla y preparen una conversación en que ella le cuenta a un amigo todo lo que le pidieron que hiciera el primer día de clases.

> **MODELO** — ¿Qué te pidió tu secretaria?
> — Mi secretaria me pidió que le diera menos trabajo.

Personajes	Verbo	Actividad
los profesores		construir un estadio nuevo
los estudiantes		hacer menos ruido
el club que protege el medio ambiente	me pidió que	plantar más árboles
los vecinos de la universidad	me pidieron que	dar más días de vacaciones
el entrenador del equipo de fútbol		comprar más computadoras

(3) **Dueño** El dueño del apartamento donde vivían tú y tu compañero/a era muy estricto. Túrnense para comentar las reglas que tenían que seguir, usando el imperfecto del subjuntivo.

> **MODELO** El dueño de mi apartamento me dijo/pidió/ordenó
> que no cocinara comidas aromáticas.

1. no usar la calefacción en abril
2. limpiar los pisos dos veces al día
3. no tener visitas en el apartamento después de las 10 de la noche
4. hacer la cama todos los días
5. sacar la basura todos los días
6. no encender las luces antes de las 8 de la noche

Comunicación

4 **De niño** En parejas, háganse estas preguntas y contesten con detalles. Luego, utilicen el imperfecto del subjuntivo para hacerse cinco preguntas más sobre su niñez.

MODELO — ¿Esperabas que tus padres fueran perfectos?
— Sí, esperaba que mis padres fueran mejores que los padres de mis amigos...

La imaginación ✳	Las relaciones ♡	⚐ La escuela ⚐
¿Esperabas que tus padres fueran perfectos?	¿Querías que tu primer amor durara toda la vida?	¿Soñabas con que el/la maestro/a cancelara la clase todos los días?
¿Dudabas que los superhéroes existieran?	¿Querías que tus padres te compraran todo lo que pedías?	¿Esperabas que tus amigos de la infancia siguieran siendo tus amigos toda la vida?
¿Esperabas que Santa Claus te trajera los regalos que le pedías?	¿Querías que tus familiares pasaran menos o más tiempo contigo?	¿Deseabas que las vacaciones de verano se alargaran *(were longer)*?
¿Qué más esperabas?	¿Qué más querías?	¿Qué más deseabas?

5 **¡No soporto a mi compañero de cuarto!** Tu compañero/a de cuarto y tú no lograban ponerse de acuerdo sobre algunos problemas. Por eso, la semana pasada se reunieron con el/la decano/a *(dean)* para solicitar un cambio de compañero. El/La decano/a escuchó las quejas de ambos/as *(both)*, les dio consejos y les pidió que volvieran la semana siguiente.

A. Primero, escribe cinco oraciones para describir lo que le pediste a tu compañero/a de cuarto. Utiliza el imperfecto del subjuntivo.

B. Ahora, en grupos de tres, preparen una conversación entre el/la decano/a y los/las dos estudiantes. Cada persona debe utilizar por lo menos tres verbos en el imperfecto del subjuntivo. Luego representen la conversación para la clase. ¿Habrá solución?

MODELO
DECANO/A Bueno, les pedí que trataran de resolver los problemas. ¿Cómo les fue?
ESTUDIANTE 1 Le dije a Isabel que no usara la ropa mía sin pedir permiso. ¡Pero llegó a una fiesta con mi mejor vestido!
ESTUDIANTE 2 Y yo le pedí a Celia que no escuchara música cuando estoy durmiendo. ¡Pero sigue poniendo el estéreo a todo volumen!

8.3 *Si* clauses with simple tenses

TALLER DE CONSULTA

For other transitional expressions that express cause and effect, see **Manual de gramática, 8.4, p. 528.**

- **Si** (*if*) clauses express a condition or event upon which another condition or event depends. Sentences with **si** clauses are often hypothetical statements. They contain a subordinate clause (**si** clause) and a main clause (result clause).

No lo culpo si lo cambia por un pez.

- The **si** clause may be the first or second clause in a sentence. Note that a comma is used only when the **si** clause comes first.

Si tienes tiempo, ven con nosotros.	Iré con ustedes **si** no trabajo.
If you have time, come with us.	*I'll go with you if I don't work.*

Hypothetical statements about the future

- In hypothetical statements about possible or probable *future* events, the **si** clause uses the present indicative. The result clause may use the present indicative, the future indicative, **ir a** + [*infinitive*], or a command.

Si clause: PRESENT INDICATIVE		Main clause
Si salgo temprano del trabajo, *If I finish work early,*	PRESENT TENSE	**voy** al cine con Andrés. *I'm going to the movies with Andrés.*
Si usted no mejora su currículum, *If you don't improve your résumé,*	FUTURE TENSE	nunca **conseguirá** empleo. *you'll never get a job.*
Si la jefa me pregunta, *If the boss asks me,*	IR A + [*INFINITIVE*]	no le **voy a mentir**. *I'm not going to lie to her.*
Si hay algún problema, *If there is a problem,*	COMMAND	**háganos** saber de inmediato. *let us know right away.*

Hypothetical statements about the present

- In hypothetical statements about improbable or contrary-to-fact *present* situations, the **si** clause uses the past subjunctive. The result clause uses the conditional.

¡ATENCIÓN!

A contrary-to-fact situation is one that is possible, but will probably not happen and/or has not occurred.

Si clause: PAST SUBJUNCTIVE	Main clause: CONDITIONAL
¡Si ustedes no **fueran** tan incapaces, *If you weren't all so incapable,*	ya lo **tendrían** listo! *you'd already have this ready!*
Si sacaras un préstamo a largo plazo, *If you took out a long-term loan,*	**pagarías** menos por mes. *you'd pay less each month.*
Si no **estuviera** tan cansada, *If I weren't so tired,*	**saldría** a cenar contigo. *I'd go out to dinner with you.*

Si no estuviera en crisis económica, te ayudaría.

Si yo fuera él, les daría la tarde libre.

Habitual conditions and actions in the past

- In statements that express habitual past actions that are not contrary-to-fact, both the **si** clause and the result clause use the imperfect.

TALLER DE CONSULTA

Hypothetical and contrary-to-fact statements about the past use **si** clauses with compound tenses. You will learn more about these structures in **Estructura 10.4** in the **Manual de gramática.**

Si clause: IMPERFECT	Main clause: IMPERFECT
Si Milena **tenía** tiempo libre, *If Milena had free time,*	siempre **iba** a la playa. *she would always go to the beach.*
Si mi papá **salía** de viaje de negocios, *If my dad went on a business trip,*	siempre me **traía** un regalito. *he always brought me back a little present.*

Si no me levantaba a las tres de la mañana, llegaba tarde al trabajo.

 **Práctica**

TALLER DE CONSULTA

MANUAL DE GRAMÁTICA
Más práctica

8.3 **Si** clauses with simple tenses, p. 527

1 Situaciones Completa las oraciones con el tiempo verbal adecuado.

A. Situaciones probables o futuras

1. Si Teresa no viene pronto, nosotros _____ (tener) que ir sin ella.
2. Si tú no _____ (trabajar) hoy, vámonos al cine.

B. Situaciones hipotéticas sobre el presente

3. Si Carla tuviera más experiencia, yo la _____ (contratar).
4. Si Gabriel _____ (ganar) más, podría ir de viaje.

C. Situaciones habituales en el pasado

5. Si llegaba tarde en mi trabajo anterior, la gerente me _____ (gritar).
6. Si nosotros no _____ (hacer) la tarea, el profesor Cortijo nos daba una prueba sorpresa.

2 Si trabajara menos Carolina y Leticia trabajan cuarenta horas por semana y se imaginan qué harían si trabajaran menos horas. Completa la conversación con el condicional o el imperfecto del subjuntivo.

CAROLINA Estoy todo el día en la oficina, pero si (1) _____ (trabajar) menos, tendría más tiempo para divertirme. Si sólo viniera a la oficina algunas horas por semana, (2) _____ (practicar) el alpinismo más a menudo.

LETICIA ¿Alpinismo? ¡Qué aburrido! Si yo tuviera más tiempo libre, (3) _____ (hacer) todas las noches lo mismo: (4) _____ (ir) al cine, luego (5) _____ (salir) a cenar y, para terminar la noche, (6) _____ (hacer) una fiesta para celebrar que ya no tengo que ir a trabajar por la mañana. Si nosotras (7) _____ (tener) la suerte de no tener que trabajar nunca más, nos pasaríamos todo el día sin hacer absolutamente nada.

CAROLINA ¿Te imaginas? Si la vida fuera así, nosotras (8) _____ (ser) mucho más felices, ¿no crees?

3 Situaciones Completa las oraciones.

1. Si salimos esta noche, _____.
2. Si me llama el jefe, _____.
3. Saldré contigo después del trabajo si _____.
4. Si mis padres no me prestan dinero, _____.
5. Si tuviera el coche este sábado, _____.
6. Tendría más dinero si _____.
7. Si íbamos de vacaciones, _____.
8. Si peleaba con mis hermanos, _____.
9. Te prestaría el libro si _____.
10. Si mis amigos no tienen otros planes, _____.

Comunicación

4 **Si yo fuera...** En parejas, háganse preguntas sobre quiénes serían y cómo serían sus vidas si fueran estas personas.

> **MODELO** **un(a) cantante famoso/a**
> — ¿Si fueras una cantante famosa, quién serías?
> — Si fuera una cantante famosa, sería Christina Aguilera. Pasaría el tiempo haciendo videos, dando conciertos...

1. un(a) cantante famoso/a
2. un personaje histórico famoso
3. un personaje de un libro

4. un(a) actor/actriz famoso/a
5. un(a) empresario/a
6. un(a) deportista exitoso/a

5 **¿Qué harías?** En parejas, miren los dibujos y túrnense para preguntarse qué harían si les ocurriera lo que muestra cada dibujo. Sigan el modelo y sean creativos.

> **MODELO** — ¿Qué harías si alguien te invitara a bailar tango?
> — Si alguien me invitara a bailar tango, seguramente yo me pondría muy nervioso/a y saldría corriendo.

1.

2.

3.

4.

6 **Síntesis** En grupos de cuatro, conversen sobre qué harían en estas situaciones. Luego cada persona debe inventar una situación más y preguntarle al grupo qué haría. Utilicen oraciones con **si**, el condicional y el imperfecto del subjuntivo.

1. ver a alguien intentando robar un carro
2. quedar atrapado/a en una tormenta de nieve
3. tener ocho hijos

4. despertarse tarde la mañana del examen final
5. descubrir que tienes el poder de ser invisible
6. enamorarse de alguien a primera vista

For additional cumulative practice of all the grammar points in this lesson, go to **enfoques.vhlcentral.com**.

Antes de ver el corto

CLOWN

país España
duración 11 minutos

director Stephen Lynch
protagonistas el payaso, Luisa, el jefe

Vocabulario

la amenaza *threat*	**humillar** *to humiliate*
el/la cobrador(a) *debt collector*	**el/la moroso/a** *debtor*
cumplir *to carry out*	**el/la payaso/a** *clown*
deber *to owe*	**el sueldo fijo** *base salary*
dejar en paz *to leave alone*	**tozudo/a** *stubborn*

1 **Oraciones incompletas** Completa las oraciones con las palabras apropiadas.

1. Alguien que no paga sus deudas es un _____.
2. Además del _____, la empresa me paga comisiones.
3. Una persona _____ nunca quiere cambiar de opinión.
4. Un _____ trabaja en el circo.
5. Cuando alguien no paga, algunas empresas contratan a un _____.

2 **Preguntas** En parejas, contesten las preguntas.

1. ¿Has tenido alguna vez un trabajo que no te gustaba? ¿Cuál?
2. Imagina que necesitas trabajar con urgencia. ¿Dónde buscarías trabajo? ¿Por qué?
3. ¿Eres capaz de hacer cosas que no te gustan por ganar dinero? Razona tu respuesta.
4. ¿Qué empleo crees que nunca harías? ¿Por qué?
5. Cuando eras niño/a, ¿qué trabajo soñabas con tener de grande?

3 **¿Qué sucederá?** En parejas, miren el fotograma e imaginen lo que va a ocurrir en la historia. Preparen una lista de adjetivos que podrían usarse para describir la personalidad del payaso. Compartan sus ideas con la clase.

con **ROGER CASAMAJOR** y **LUCÍA DEL RÍO**
THE LIFT presenta una película de **STEPHEN LYNCH**
montaje **GABRIEL JORGES** • fotografía **PABLO CRUZ**
dirección de arte **ANJA MAYER** • diseño de vestuario **ANA LAURA SOLIS**
música **MARVIN PONTIAC / LOS CHICHOS**
guión **STEPHEN LYNCH** • producida por **JUAN CARLOS POLANCO**
dirigida por **STEPHEN LYNCH**

Escenas

ARGUMENTO Un hombre comienza su primer día como cobrador vestido de payaso.

PAYASO ¿Luisa River? ¿Luisa River?
LUISA Sí.
PAYASO Debe usted 771 euros a Telefónica. Vengo a cobrar.
LUISA ¿Y tú quién eres?
PAYASO Soy de los cobradores del circo.

LUISA No tengo teléfono. Ni trabajo. Así que les dices a tus clientes que o me encuentran trabajo o que me dejen en paz.
PAYASO Mire Luisa, se lo voy a explicar para que lo entienda. Mi trabajo consiste en humillarla y seguirla hasta que nos pague.

LUISA Llega tarde tu amenaza. Debo tres meses de alquiler, y ya he vendido el coche, y la tele y todo, y tengo dos hijos y su padre no pasa un duro°. Así que tu factura me la suda° en este momento. Lo siento, payaso, me encantaría pagarte, pero esto es lo que hay°.

PAYASO ¿Estás orgullosa? ¿No te avergüenza? ¿No tienes vergüenza, Luisa? Yo llevo la nariz roja, ¿pero quién hace aquí el payaso?
LUISA ¿Quieres una respuesta? Pues sí, estoy orgullosa de no tener que ganarme la vida humillando a la gente.

PAYASO ¿Tú crees que yo me quería dedicar a esto? Pues no. Pero si tengo que hacerlo para mantener a mi mujer y a mi bebé, pues lo haré. Es patético, pero lo haré.
LUISA ¿Tienes un bebé?
PAYASO Una niña, de siete meses.

JEFE ¿Y cómo ha ido?
PAYASO Bueno, pues… bien.
JEFE ¿Pero cobraste o no?
PAYASO No, cobrar, cobrar no, pero…
JEFE ¿Fuiste tozudo?
PAYASO ¡Muy tozudo!

duro *five-peseta coin* **me la suda** *I don't give a damn*
esto es lo que hay *take it or leave it*

Después de ver el corto

1 Comprensión Contesta las preguntas con oraciones completas.

1. ¿En qué consiste el trabajo del payaso?
2. ¿Por qué sigue a Luisa?
3. ¿Qué razones le da Luisa al payaso para no pagar?
4. ¿Adónde van después de bajar del autobús?
5. ¿Tiene familia el payaso?
6. ¿Qué razones le da el payaso a su jefe para explicar que Luisa no puede pagar?
7. ¿Qué le dice el jefe al payaso?
8. ¿Por qué se enoja el payaso con Luisa?

2 Ampliación Contesta las preguntas con oraciones completas.

1. ¿Por qué está nervioso el payaso al principio?
2. ¿Piensas que le gusta su trabajo? ¿Por qué?
3. Explica qué ocurre al final del corto.
4. ¿Crees que Luisa actuó bien? ¿Por qué? Explica tu respuesta.
5. Imagina que no tienes dinero y te ofrecen este puesto de trabajo. ¿Lo tomarías? Razona tu respuesta.

3 Opiniones En parejas, lean la cita. ¿Están de acuerdo con lo que se expresa en ella? Compartan su opinión con la clase.

> **❝ Pues sí, estoy orgullosa de no tener que ganarme la vida humillando a la gente como haces tú. No tengo nada, muy bien, pero tengo mi dignidad. ❞**

4 Entrevistas de trabajo En parejas, imaginen la entrevista de trabajo entre el hombre y el jefe de la empresa de cobradores.

A. Conversen acerca de estas preguntas.

- ¿Qué preguntas le hizo el jefe antes de ofrecerle el trabajo?
- ¿Qué contestó el hombre?
- ¿Cómo reaccionó cuando le dijeron que tenía que vestirse de payaso?

B. Ensayen la entrevista de trabajo entre el hombre y el jefe. Luego, actúen la entrevista frente a la clase.

Mercado de flores, 1949.
Diego Rivera, México.

"Cuando llegue la inspiración, que
me encuentre trabajando."

— Pablo Picasso

Antes de leer

La abeja haragana

Sobre el autor

Horacio Quiroga nació en Salto, Uruguay, el 31 de diciembre de 1878. En su juventud practicó ciclismo, fotografía, mecánica y carpintería. Fue un trabajador compulsivo y pionero de la escritura profesional. En 1898 viajó a Argentina y allí se quedó. Vivió en San Ignacio, Misiones, donde cultivaba orquídeas y vivía en estrecho (*close*) contacto con la naturaleza en la selva, de clima favorable para sus problemas de salud. Su interés por la literatura comenzó por la poesía y su primer libro fue *Los arrecifes de coral* (1901), al que siguieron, entre otros, *Cuentos de amor, de locura y de muerte* (1917) y la colección de relatos para niños titulada *Cuentos de la selva* (1918).

Vocabulario

la advertencia *warning*	**el descanso** *rest*	**la miel** *honey*
el aprendizaje *learning*	**la experiencia** *experience*	**el polen** *pollen*
la colmena *beehive*	**la fatiga** *fatigue; weariness*	**trabajador(a)** *industrious; hard-working*
el deber *duty*	**haragán/haragana** *lazy; idle*	**volar (o:ue)** *to fly*

El valor del trabajo Un abuelo le da consejos a su nieto sobre el valor del trabajo. Completa el párrafo con las palabras correctas.

La persona (1) _____ no llega a ningún lado en este mundo: se necesita mucho esfuerzo para lograr algo en la vida, sin hacerle caso a la (2) _____ que uno pueda sentir. El (3) _____ llegará después. Esta (4) _____ proviene de mi propia (5) _____. Es un largo (6) _____ que se hace durante toda la vida pero, al final, la persona (7) _____ puede estar satisfecha de haber cumplido con su (8) _____.

Conexión personal

¿Crees que las cosas con esfuerzo valen más? ¿O es mejor cuando se obtienen por buena suerte o ingenio? ¿Qué te parece más justo?

Análisis literario: la fábula

La fábula es un breve relato dialogado que suele incluir una moraleja (*moral*) extraída de los eventos relatados. La conducta de las personas se compara con el comportamiento típico de ciertos animales que son los protagonistas de las fábulas y encarnan (*embody*) vicios y virtudes humanas. Por ejemplo: la hormiga (*ant*) representa la laboriosidad (*hard work*) y la previsión (*foresight*). ¿Qué virtudes representan estos animales?

la serpiente

el perro

el gato

el caballo

Horacio Quiroga

La abeja haragana

Había una vez en una colmena una abeja que no quería trabajar, es decir, recorría los árboles uno por uno para tomar el jugo de las flores; pero en vez de conservarlo para convertirlo en miel, se lo tomaba del todo.

Era, pues, una abeja haragana. Todas las mañanas, apenas el sol calentaba el aire, la abejita se asomaba° a la puerta de la colmena, veía que hacía buen tiempo, se peinaba con las patas, como hacen las moscas, y echaba entonces a volar, muy contenta del lindo día. Zumbaba° muerta de gusto de flor en flor, entraba en la colmena, volvía a salir, y así se lo pasaba todo el día mientras las otras abejas se mataban trabajando para llenar la colmena de miel, porque la miel es el alimento de las abejas recién nacidas°.

Como las abejas son muy serias, comenzaron a disgustarse con el proceder° de la hermana haragana. En la puerta de las colmenas hay siempre unas cuantas abejas que están de guardia° para cuidar que no entren bichos° en la colmena. Estas abejas suelen ser muy viejas, con gran experiencia de la vida y tienen el lomo° pelado° porque han perdido todos los pelos de rozar° contra la puerta de la colmena.

Un día, pues, detuvieron a la abeja haragana cuando iba a entrar, diciéndole:

—Compañera: es necesario que trabajes, porque todas las abejas debemos trabajar.

La abejita contestó:

—Yo ando todo el día volando, y me canso mucho.

—No es cuestión de que te canses mucho

stuck her head out

She buzzed

newborn

behavior

on duty

bugs

back / hairless

pass lightly over

—respondieron—, sino de que trabajes un poco. Es la primera advertencia que te hacemos.

Y diciendo así la dejaron pasar.

40 Pero la abeja haragana no se corregía. De modo que a la tarde siguiente las abejas que estaban de guardia le dijeron:

—Hay que trabajar, hermana.

Y ella respondió en seguida:

45 —¡Uno de estos días lo voy a hacer!

—No es cuestión de que lo hagas uno de estos días —le respondieron— sino mañana mismo.

Y la dejaron pasar.

50 Al anochecer siguiente se repitió la misma cosa. Antes de que le dijeran nada, la abejita exclamó:

—¡Sí, sí hermanas! ¡Ya me acuerdo de lo que he prometido!

55 —No es cuestión de que te acuerdes de lo prometido —le respondieron—, sino de que trabajes. Hoy es 19 de abril. Pues bien: trata de que mañana, 20, hayas traído una gota° siquiera de miel. Y ahora, pasa.

drop

60 Y diciendo esto, se apartaron para dejarla entrar.

Pero el 20 de abril pasó en vano como todos los demás. Con la diferencia de que al caer el sol el tiempo se descompuso y comenzó a soplar° un viento frío.

to blow 65

in a hurry La abejita haragana voló apresurada° hacia su colmena, pensando en lo calentito que estaría allá dentro. Pero cuando quiso entrar, las abejas que estaban de guardia se 70 lo impidieron.

—¡No se entra! —le dijeron fríamente.

cried out —¡Yo quiero entrar! —clamó° la abejita—. Ésta es mi colmena.

—Ésta es la colmena de unas pobres abejas 75 trabajadoras —le contestaron las otras—. No hay entrada para las haraganas.

—¡Mañana sin falta voy a trabajar! —insistió la abejita.

—No hay mañana para las que no trabajan 80 —respondieron las abejas. Y esto diciendo la

pushed empujaron° afuera.

La abejita, sin saber qué hacer, voló un rato aún; pero ya la noche caía y se veía apenas. Quiso cogerse° de una hoja°, y cayó al suelo. Tenía el cuerpo entumecido° por el aire 85 frío, y no podía volar más.

to hold on to/ leaf

numb

Arrastrándose° entonces por el suelo, trepando° y bajando de los palitos° y piedritas°, que le parecían montañas, llegó a la puerta de la colmena, a tiempo que 90 comenzaban a caer frías gotas de lluvia.

Crawling climbing/ little sticks/ little stones

—¡Perdón!—gimió° la abeja—. ¡Déjenme entrar!

groaned

—Ya es tarde —le respondieron.

—¡Por favor, hermanas! ¡Tengo sueño! 95

—Es más tarde aún.

—¡Compañeras, por piedad! ¡Tengo frío!

—Imposible.

—¡Por última vez! ¡Me voy a morir! Entonces le dijeron: 100

—No, no morirás. Aprenderás en una sola noche lo que es el descanso ganado con el trabajo. Vete.

Y la echaron.

Entonces, temblando de frío, con las alas 105 mojadas° y tropezando°, la abeja se arrastró, se arrastró hasta que de pronto rodó° por un agujero°; cayó rodando, mejor dicho, al fondo de una caverna°.

wet/stumbling

rolled

hole

cave

Creyó que no iba a concluir nunca 110 de bajar. Al fin llegó al fondo, y se halló° bruscamente ante una víbora°, una culebra° verde de lomo color ladrillo°, que la miraba enroscada° y presta a lanzarse sobre° ella.

found herself

viper/snake

brick curled up/ throw itself onto

En verdad, aquella caverna era el hueco° 115 de un árbol que habían trasplantado hacía tiempo, y que la culebra había elegido de guarida°.

hollow

lair

Las culebras comen abejas, que les gustan mucho. Por esto la abejita, al encontrarse ante 120 su enemiga°, murmuró cerrando los ojos:

enemy

—¡Adiós mi vida! Ésta es la última hora que yo veo la luz.

Pero con gran sorpresa suya, la culebra no solamente no la devoró sino que le dijo: 125

—¿Qué tal, abejita? No has de ser° muy

You must not be

trabajadora para estar aquí a estas horas.

—Es cierto —murmuró la abejita—. No trabajo, y yo tengo la culpa°.

I'm to blame

added 130

—Siendo así —agregó° la culebra, burlona°—, voy a quitar del mundo a un mal bicho como tú. Te voy a comer, abeja.

mockingly

—¡No es justo eso, no es justo! No es justo que usted me coma porque es más fuerte 135 que yo. Los hombres saben lo que es justicia.

—¡Ah, ah! —exclamó la culebra, enroscándose° ligero°—. ¿Tú conoces bien a los hombres? ¿Tú crees que los hombres, que les quitan la miel a ustedes, son más justos, 140 grandísima tonta?

coiling up/ fast

—No, no es por eso que nos quitan la miel —respondió la abeja.

—¿Y por qué, entonces?

—Porque son más inteligentes.

145 Así dijo la abejita. Pero la culebra se echó a reír, exclamando:

—¡Bueno! Con justicia o sin ella, te voy a comer; apróntate°.

get ready

Y se echó atrás, para lanzarse sobre la 150 abeja. Pero ésta exclamó:

—Usted hace eso porque es menos inteligente que yo.

—Pues bien —dijo la culebra—, vamos a verlo. Vamos a hacer dos pruebas. La que 155 haga la prueba más rara, ésa gana. Si gano yo, te como.

—¿Y si gano yo? —preguntó la abejita.

—Si ganas tú —repuso su enemiga—, tienes el derecho de pasar la noche aquí, hasta

Does that work for you? 160 que sea de día. ¿Te conviene°?

—Aceptado —contestó la abeja.

La culebra se echó a reír de nuevo, porque se le había ocurrido una cosa que jamás podría hacer una abeja. Y he aquí lo que hizo:

165 Salió un instante afuera, tan velozmente que la abeja no tuvo tiempo de nada. Y volvió trayendo una cápsula° de semillas° de eucalipto, de un eucalipto que estaba al lado de la colmena y que le daba sombra.

capsule/ seeds

170 Los muchachos hacen bailar como trompos° esas cápsulas, y les llaman trompitos de eucalipto.

spinning tops

—Esto es lo que voy a hacer —dijo la culebra—. ¡Fíjate bien, atención!

Y arrollando° vivamente la cola alrededor 175 *coiling up* del trompito como un piolín° la desenvolvió *string* a toda velocidad, con tanta rapidez que el trompito quedó bailando y zumbando como un loco.

La culebra reía, y con mucha razón, 180 porque jamás una abeja ha hecho ni podrá hacer bailar a un trompito. Pero cuando el trompito, que se había quedado dormido zumbando, como les pasa a los trompos de naranjo, cayó por fin al suelo, la abeja dijo: 185

—Esa prueba es muy linda, y yo nunca podré hacer eso.

—Entonces, te como —exclamó la culebra.

—¡Un momento! Yo no puedo hacer eso; pero hago una cosa que nadie hace. 190

—¿Qué es eso?

—Desaparecer.

—¿Cómo? —exclamó la culebra, dando un salto de sorpresa—. ¿Desaparecer sin salir de aquí? 195

—Sin salir de aquí.

—Pues bien, ¡hazlo! Y si no lo haces, te como en seguida —dijo la culebra.

El caso es que mientras el trompito bailaba, la abeja había tenido tiempo de 200 examinar la caverna y había visto una plantita que crecía allí. Era un arbustillo°, casi un *shrub* yuyito°, con grandes hojas del tamaño de una *weed* moneda de dos centavos.

La abeja se arrimó° a la plantita, teniendo 205 *came closer to* cuidado de no tocarla, y dijo así:

—Ahora me toca a mí, señora Culebra. Me va a hacer el favor de darse vuelta, y contar hasta tres. Cuando diga "tres" búsqueme por todas partes, ¡ya no estaré más! 210

Y así pasó, en efecto. La culebra dijo rápidamente: "uno..., dos..., tres", y se volvió y abrió la boca cuan grande era, de sorpresa: allí no había nadie. Miró arriba, abajo, a todos lados, recorrió los rincones°, la plantita, 215 *corners; nooks* tanteó° todo con la lengua. Inútil: la abeja *she felt out* había desaparecido.

La culebra comprendió entonces que si su

prueba del trompito era muy buena, la prueba de la abeja era simplemente extraordinaria. ¿Qué se había hecho? ¿Dónde estaba?

Una voz que apenas se oía —la voz de la abejita— salió del medio de la cueva.

—¿No me vas a hacer nada? —dijo la voz—. ¿Puedo contar con tu juramento?

—Sí —respondió la culebra—. Te lo juro. ¿Dónde estás?

—Aquí —respondió la abejita, apareciendo *suddenly* súbitamente° de entre una hoja cerrada de la plantita.

¿Qué había pasado? Una cosa muy sencilla: la plantita en cuestión era una sensitiva°, muy *mimosa pudica or sensitive plant* común también en Buenos Aires, y que tiene la particularidad de que sus hojas se cierran al menor contacto. Solamente que esta aventura pasaba *province in Argentina* en Misiones°, donde la vegetación es muy rica, y por lo tanto muy grandes las hojas de las sensitivas. De aquí que al contacto de la abeja, las *hiding* hojas se cerraron, ocultando° completamente al insecto.

La inteligencia de la culebra no había alcanzado nunca a darse cuenta de este fenómeno; pero la abeja lo había observado, y se aprovechaba de él para salvar su vida.

La culebra no dijo nada, pero quedó muy *defeat* irritada con su derrota°, tanto que la abeja pasó toda la noche recordando a su enemiga la promesa que había hecho de respetarla.

Fue una noche larga, interminable, que las *close to* dos pasaron arrimadas contra° la pared más alta de la caverna, porque la tormenta se había *had broken out* desencadenado°, y el agua entraba como un río adentro.

Hacía mucho frío, además, y adentro reinaba la oscuridad más completa. De cuando en cuando la culebra sentía impulsos de lanzarse sobre la abeja, y ésta creía entonces llegado el término de su vida.

Nunca jamás creyó la abejita que una noche podría ser tan fría, tan larga, tan horrible. Recordaba su vida anterior, durmiendo noche tras noche en la colmena, bien calentita, y lloraba entonces en silencio.

Cuando llegó el día, y salió el sol, porque el tiempo se había compuesto, la abejita voló y lloró otra vez en silencio ante la puerta de la colmena hecha por el esfuerzo° de la familia. *effort* Las abejas de guardia la dejaron pasar sin decirle nada, porque comprendieron que la que volvía no era la paseandera° *wanderer*

haragana, sino una abeja que había hecho en sólo una noche un duro aprendizaje de la vida.

Así fue, en efecto. En adelante, ninguna como ella recogió tanto polen ni fabricó tanta miel. Y cuando el otoño llegó, y llegó también el término de sus días, tuvo aún tiempo de dar una última lección antes de morir a las jóvenes abejas que la rodeaban°: *surrounded her*

—No es nuestra inteligencia, sino nuestro trabajo quien nos hace tan fuertes. Yo usé una sola vez mi inteligencia, y fue para salvar mi vida. No habría necesitado de ese esfuerzo, si hubiera trabajado como todas. Me he cansado tanto volando de aquí para allá, como trabajando. Lo que me faltaba era la noción del deber, que adquirí aquella noche.

Trabajen, compañeras, pensando que el fin a que tienden° nuestros esfuerzos —la *work towards* felicidad de todos— es muy superior a la fatiga de cada uno. A esto los hombres llaman ideal, y tienen razón. No hay otra filosofía en la vida de un hombre y de una abeja. ∎

Después de leer

La abeja haragana
Horacio Quiroga

1 Comprensión Enumera los acontecimientos en el orden en que aparecen en el cuento.

_____ a. La abeja haragana gana la prueba.

_____ b. Las guardianas dejan que la abeja haragana entre en la colmena pero le advierten que será la última vez.

_____ c. Una culebra le anuncia que la va a devorar.

_____ d. Las guardianas dejan pasar a la abeja que ya no es haragana.

_____ e. La abeja promete cambiar pero no cumple.

_____ f. La culebra hace su prueba con éxito.

_____ g. La abeja regresa a la colmena después de pasar la noche afuera.

_____ h. Las guardianas le prohíben entrar en la colmena.

_____ i. La culebra le propone hacer dos pruebas.

_____ j. La abeja cae por un hueco en un árbol.

2 Análisis Lee el relato nuevamente y responde las preguntas.

1. ¿Qué características podrías señalar de la abeja haragana? ¿En qué se diferenciaba de las otras abejas?

2. ¿Qué te parece que puede representar la víbora?

3. En el relato, ¿qué es lo que salva a la abeja de la víbora?

4. ¿Cuál es la moraleja de la fábula?

3 Interpretación En parejas, respondan las preguntas.

1. En el relato se contraponen claramente dos lugares: la colmena y el exterior. ¿Puedes encontrar una palabra que caracterice a cada uno?

2. Las guardianas advierten a la abeja varias veces antes de impedirle la entrada. ¿Te parece bien lo que hacen? ¿Crees que tienen razón?

3. ¿Por qué es tan importante que todas colaboren con la tarea de recoger el polen? ¿Para qué sirve la miel que hacen las abejas? ¿Qué sentido tiene eso para la comunidad?

4. ¿Qué crees que hizo recapacitar a la abeja haragana?

5. ¿Estás de acuerdo con la moraleja de la fábula?

6. ¿Te parece que la abeja fue feliz al aceptar las reglas de la colmena?

4 Tu propia fábula Elige una de las comparaciones de la lista y escribe una fábula breve sobre el animal y la cualidad o vicio. Si lo prefieres, puedes elegir otro animal y otra cualidad o vicio. No olvides concluir el relato con una moraleja.

- inocente como un cordero (_lamb_)
- astuto (_sly_) como un zorro (_fox_)
- fuerte como un león
- terco (_stubborn_) como una mula

SUPERSITE

Antes de leer

Vocabulario

adinerado/a *wealthy*	**la huella** *trace; mark*
el anfitrión/la anfitriona *host(ess)*	**el lujo** *luxury*
diseñar *to design*	**el privilegio** *privilege*
enérgico/a *energetic*	**tomar en serio** *to take seriously*

Balenciaga Completa el párrafo usando una vez cada palabra y frase.

Cristóbal Balenciaga nació en España en 1895. Ya de joven, Balenciaga comenzó a
(1) _____ ropa. Para él la moda era algo que había que (2) _____. En 1937 abrió
una tienda en París donde atendía a una clientela exclusiva y (3) _____. Tuvo el
(4) _____ de vestir a muchos famosos. Jackie Kennedy lució (*wore*) sus diseños como
(5) _____ de elegantes cenas y eventos. El estilo de este (6) _____ y creativo
diseñador se caracterizaba por la discreción y la elegancia. En 1968 el (7) _____ y la
elegancia del estilo Balenciaga casi desaparecen. El diseñador cerró su tienda porque
se sentía desilusionado con la nueva moda *prêt-à-porter* (*ready-to-wear*). Sin embargo,
el estilo Balenciaga dejó su (8) _____ para siempre en el mundo de la moda, y
actualmente el Grupo Gucci sigue produciendo la línea Balenciaga.

Conexión personal ¿Te gusta vestirte a la moda o no te importa mucho la ropa? Llena la
encuesta personal y después compara tus respuestas con las de un(a) compañero/a.

	Siempre	A veces	Nunca
1. Voy a las tiendas de ropa.			
2. Todos los años cambio mi vestuario.			
3. Mis accesorios hacen juego con mi ropa.			
4. Salgo bien vestido/a de casa.			
5. Me compro ropa que veo en las revistas.			
6. Me gusta comprar ropa cara.			

Contexto cultural

Cuando pensamos en la moda, solemos pensar en Milán, París o
Nueva York. Sin embargo, gracias a diseñadores como la venezolana
Carolina Herrera o el dominicano **Oscar de la Renta**, los diseñadores
latinoamericanos comenzaron a dejar su huella en el mundo de la moda.

Por iniciativa de Herrera, se estableció en 1999 el Consejo de
Diseñadores de Moda Latinoamericanos. Esta organización sin fines
de lucro (*nonprofit*) promueve a los diseñadores latinoamericanos y
organiza la Semana de la Moda de las Américas, evento muy popular
entre celebridades, empresarios de la moda y periodistas.

Carolina Herrera
una señora en su punto

Isabel Piquer

Carolina Herrera, 1979.
Andy Warhol, 1928–1987.

1 Cuando cumplió los 40, Carolina Herrera decidió hacer algo
inaudito°: empezar a trabajar. No tenía por qué. Vivía en Caracas   *unheard of*
en un mundo de lujo y privilegio. Pertenecía a una de las familias
más antiguas y adineradas de Venezuela. Estaba felizmente casada,
5 tenía cuatro hijos. Llevaba casi diez años en la lista de las mujeres
más elegantes del mundo. Era la perfecta anfitriona, la reina de las
fiestas de sociedad. Nadie se lo tomó muy en serio.

De eso hace 22 años. "Nunca hubiera podido anticipar este éxito. Cuando empiezas,
10 creo que nunca sabes muy bien adónde vas ni si vas a gustar, porque tampoco lo estás pensando. Y de repente llega. Luego, si tienes un poquito de éxito, es imposible parar porque es como una droga". Sentada
15 en uno de los sillones de su oficina de la Séptima Avenida, en el Garment District de Nueva York, Herrera habla con la voz
soft melosa° de su acento natal. Está perfecta. Ni
wrinkle una arruga°. Es la imagen de la distinción
20 que ha sabido crear y vender desde su primer desfile, en un apartamento prestado de Park Avenue.

Carolina Herrera tiene la pose y la elegancia de una mujer de mundo. En
25 Caracas vivió las legendarias fiestas de su suegra, Mimi Herrera, amiga de Greta Garbo y de la duquesa de Windsor. En Nueva York fue la diseñadora de Jackie Kennedy en los últimos 12 años de su vida. Warhol le hizo
30 tres retratos, todos iguales salvo por el color de la sombra de ojos. Y cuando *Vanity Fair*
fold-out sacó el pasado abril una portada plegable° sobre estrellas y leyendas de Hollywood, no encontró mejor decorado que una réplica
35 del salón victoriano de su casa del Upper East Side.

Tenía 13 años cuando su abuela la llevó a París, a un desfile de Cristóbal Balenciaga.
haute couture Fue su primera introducción a la alta costura°.
40 Le gustó, pero no lo bastante como para pensar en dedicarse a la moda. "Yo no era
dolls de las que jugaban a vestir a sus muñecas°". Sin embargo, aquella experiencia dejó huella. Aún ahora asegura inspirarse en las líneas
45 claras y sencillas del español que triunfó en Francia.

Esta imagen elitista también ha jugado en su contra. A menudo se ha relegado a Carolina Herrera a la categoría de diseñadora para las
50 *ladies who lunch* (las damas que almuerzan). "Si yo sólo hubiera hecho colecciones para mis amigas habría cerrado hace veinte años,

porque una compañía no se puede basar en eso. Es imposible. En aquel momento decidieron ponerme esa etiqueta°, pero mi 55 *label*
moda no sólo ha sido para ellas".

El tiempo le ha dado la razón. El Park Avenue chic, las faldas por debajo de la rodilla, lo clásico, lo caro llenan las páginas de las revistas. Todo el mundo quiere parecerse a 60 la adinerada minoría neoyorquina. "La moda es algo que cambia, pero ciertos elementos son constantes: la sofisticación, la elegancia y, por supuesto, el lujo", dice la diseñadora. "La moda es una fantasía, una locura, un misterio. 65

Carolina Herrera, hija, sigue la huella de su famosa madre. Además de trabajar junto a su madre en el negocio de la moda, es quien se encarga de los perfumes que llevan la marca Carolina Herrera. También es portavoz (*spokesperson*) de la marca CH Carolina Herrera, línea de tono más informal lanzada en 2005 que incluye ropa y accesorios para hombres y mujeres.

¿Qué es la moda? Es algo que necesitas todos los días porque te vistes todos los días. Cuando la gente está combinando lo que se va a poner por las mañanas, ya está haciendo moda. Moda es historia, es civilización, es 70 arte, es un negocio".

"Cuando empecé, tenía 40 años. Acababa de nacer mi primer nieto. A menudo me han preguntado por qué se me ocurrió meterme en esta aventura. Creo que hay un momento 75 en la vida de todo el mundo en el que debes hacer lo que realmente quieres". ■

Publicado en El País *(España) el 28 de septiembre de 2001.*

Después de leer

Carolina Herrera: una señora en su punto

(1) Comprensión Decide si las oraciones son **ciertas** o **falsas**. Corrige las oraciones falsas.

Cierto   Falso

☐   ☐   1. Carolina Herrera comenzó a diseñar ropa a los cuarenta años.

☐   ☐   2. Carolina Herrera vive ahora en París.

☐   ☐   3. De pequeña, Carolina Herrera vestía a sus muñecas.

☐   ☐   4. Carolina Herrera viene de una familia muy rica.

☐   ☐   5. Según Carolina, la moda es arte y negocio.

☐   ☐   6. Carolina siempre recibe muy buenas críticas.

☐   ☐   7. Jackie Kennedy sólo le encargó algunos vestidos.

☐   ☐   8. Andy Warhol hizo tres retratos de Carolina Herrera.

(2) Interpretación Contesta las preguntas con oraciones completas.

1. ¿Era común que las mujeres de la clase social de Carolina trabajaran? ¿Ha cambiado esto con el paso de los años?

2. ¿Pensaba Carolina que iba a tener un gran éxito cuando empezó a diseñar ropa? Razona tu respuesta.

3. ¿Crees que Carolina es una buena mujer de negocios? Explica tu respuesta y cita ejemplos del texto.

4. ¿Cómo describe la moda Carolina? ¿Con qué cosas la compara? ¿Qué opinas sobre esta definición de la moda?

(3) Diseñadores En grupos, imaginen que van a montar un negocio como diseñadores (de ropa, de interiores o de jardines). ¿Qué necesitarían para comenzarlo? Preparen una lista de cinco cosas que tendrían que tener para comenzar. Usen verbos en condicional y oraciones con **si**.

> **MODELO**   Necesitaríamos dos diseñadores/as de moda.

(4) La moda Elige una de las afirmaciones y escribe un párrafo para expresar tu opinión a favor o en contra. Usa el condicional, el imperfecto del subjuntivo y oraciones con **si**.

> **MODELO**   **Se puede rechazar a un(a) candidato/a para un puesto de trabajo si se presenta mal vestido/a para una entrevista.**
>
> No estoy de acuerdo. Si no estuvieras capacitado para el puesto, te podrían rechazar; pero si no les gusta tu ropa, ése no es un buen motivo para rechazarte.

- La moda promueve la superficialidad y es responsable de muchos trastornos de la alimentación (*eating disorders*) entre las mujeres jóvenes.

- Para tener éxito en el mundo empresarial, hay que lucir (*appear*) siempre elegante.

- En otros países la gente se viste mejor para ir a trabajar.

- Se puede rechazar a un(a) candidato/a para un puesto de trabajo si se presenta mal vestido/a para una entrevista.

Atando cabos

¡A conversar!

Proyecto publicitario

A. Formen grupos de cuatro. Imaginen que deben presentar un proyecto publicitario al directorio de una empresa. Elijan uno de estos proyectos.

- camisas que nunca se arrugan
- un programa para aprender a hablar español mientras duermes
- un servicio para encontrar compañeros de estudio por Internet
- una peluquería para humanos y mascotas

B. Para preparar el proyecto, respondan a estas preguntas.

1. ¿Qué quieren vender con su publicidad?
2. ¿Cómo son las personas que comprarían el producto o servicio? ¿Qué edad tienen? ¿De qué sexo son? ¿Qué cosas les gustan?
3. ¿Qué tipo(s) de publicidad harían (afiches, en radio, en televisión, en Internet)?
4. ¿Qué necesitarían para hacer la publicidad?
5. ¿Cuál será el eslogan del producto o servicio?

C. Preparen la presentación de su proyecto para el resto de la clase. Decidan quién presentará cada punto. Practiquen la presentación varias veces. Pueden usar elementos visuales como ayuda (afiches, etc). Para ordenar su presentación, pueden utilizar estas expresiones:

- Este proyecto es para...
- Sabemos que el público...
- Por eso hemos decidido...
- En primer / segundo lugar...
- Además / También / Igualmente...
- Finalmente / Por último...

D. Presenten el proyecto. Den las razones de lo que han decidido hacer. Sus compañeros pueden hacerles preguntas sobre el proyecto.

E. Cuando cada grupo haya terminado su presentación, voten para elegir la mejor idea publicitaria.

¡A escribir!

Pasantía de verano Imagina que quieres solicitar un puesto para una pasantía (*internship*) de verano en una de las empresas de la actividad anterior. Escribe una carta de tres párrafos para solicitar un puesto como pasante de verano. Usa cláusulas con **si** en tu carta.

> - Primer párrafo: explica por qué estás escribiendo.
> - Segundo párrafo: da detalles sobre tus estudios y experiencia laboral.
> - Tercer párrafo: explica por qué crees que eres el/la mejor candidato/a para el puesto.

El trabajo

el aumento de sueldo	raise in salary
la compañía	company
la conferencia	conference
el contrato	contract
el currículum vitae	résumé
el empleo	employment; job
la entrevista de trabajo	job interview
el puesto	position; job
la reunión	meeting
el sueldo mínimo	minimum wage
administrar	to manage; to run
ascender (e:ie)	to rise; to be promoted
contratar	to hire
despedir (e:i)	to fire
exigir	to demand
ganar bien/mal	to be well/poorly paid
ganarse la vida	to earn a living
jubilarse	to retire
renunciar	to quit
solicitar	to apply for
(des)empleado/a	(un)employed
exitoso/a	successful
(in)capaz	(in)competent; (in)capable

La gente en el trabajo

el/la asesor(a)	consultant; advisor
el/la contador(a)	accountant
el/la dueño/a	owner
el/la ejecutivo/a	executive
el/la empleado/a	employee
el/la gerente	manager
el hombre/la mujer de negocios	businessman/woman
el/la socio/a	partner; member
el/la vendedor(a)	salesperson

La economía

la bolsa de valores	stock market
el comercio	commerce; trade
el desempleo	unemployment
la empresa multinacional	multinational company
la globalización	globalization
la huelga	strike
el impuesto (de ventas)	(sales) tax
la inversión (extranjera)	(foreign) investment
el mercado	market
la pobreza	poverty
la riqueza	wealth
el sindicato	labor union
exportar	to export
importar	to import

Las finanzas

el ahorro	savings
la bancarrota	bankruptcy
el cajero automático	ATM
la cuenta corriente	checking account
la cuenta de ahorros	savings account
la deuda	debt
el presupuesto	budget
ahorrar	to save
cobrar	to charge; to receive
depositar	to deposit
financiar	to finance
gastar	to spend
invertir (e:ie)	to invest
pedir (e:i) prestado/a	to borrow
prestar	to lend
a corto/largo plazo	short/long-term
fijo/a	permanent; fixed
financiero/a	financial

Más vocabulario

Expresiones útiles	Ver p. 287
Estructura	Ver pp. 294–295, 298–299 y 302–303

Cinemateca

la amenaza	threat
el/la cobrador(a)	debt collector
el/la moroso/a	debtor
el/la payaso/a	clown
el sueldo fijo	base salary
cumplir	to carry out
deber	to owe
dejar en paz	to leave alone
humillar	to humiliate
tozudo/a	stubborn

Literatura

la advertencia	warning
el aprendizaje	learning
la colmena	beehive
el deber	duty
el descanso	rest
la experiencia	experience
la fatiga	fatigue; weariness
la miel	honey
el polen	pollen
volar (o:ue)	to fly
haragán/haragana	lazy; idle
trabajador(a)	industrious; hard-working

Cultura

el anfitrión/la anfitriona	host(ess)
la huella	trace; mark
el lujo	luxury
el privilegio	privilege
diseñar	to design
tomar en serio	to take seriously
adinerado/a	wealthy
enérgico/a	energetic

La cultura popular y los medios de comunicación ⑨

Contextos
páginas 324–327

- La televisión, la radio y el cine
- La cultura popular
- Los medios de comunicación
- La prensa

Fotonovela
páginas 328–331

- *¡O estás con ella o estás conmigo!*

Enfoques
Uruguay y Paraguay
páginas 332–335

- **En detalle:** El mate
- **Perfil:** Las murgas y el candombe
- **Ritmos:** Natalia Oreiro

Estructura
páginas 336–343

- The present perfect subjunctive
- Relative pronouns
- The neuter **lo**

Manual de gramática
páginas 530–534

- Más práctica
- Más gramática

Cinemateca
páginas 344–347

- **Cortometraje:** *Sintonía*

Lecturas
páginas 348–358

- **Literatura:** *Sueños digitales* (fragmento) de Edmundo Paz Soldán
- **Cultura:** *Guaraní: la lengua vencedora*

Atando cabos
página 359

- ¡A conversar!
- ¡A escribir!

Communicative Goals

You will expand your ability to…

- express will, emotion, doubt, or denial in the past
- express uncertainty, indefiniteness, condition, and intent in the past
- create longer, more informative sentences
- reference general ideas

La cultura popular y **los medios de comunicación**

La televisión, la radio y el cine

La **locutora** anunció a los **oyentes** de la **radioemisora** que iba a presentar una canción de la **banda sonora** del nuevo éxito de Almodóvar.

la banda sonora *soundtrack*
la cadena *network*
el canal *channel*
el/la corresponsal *correspondent*
el/la crítico/a de cine *film critic*
el documental *documentary*
los efectos especiales *special effects*
el episodio (final) *(final) episode*
el/la locutor(a) de radio *radio announcer*
el/la oyente *listener*
la (radio)emisora *radio station*
el reportaje *news report*
el/la reportero/a *reporter*
los subtítulos *subtitles*
la telenovela *soap opera*
el/la televidente *television viewer*
el video musical *music video*

grabar *to record*
rodar (o:ue) *to film*
transmitir *to broadcast*

doblado/a *dubbed*
en directo/vivo *live*

La cultura popular

la celebridad *celebrity*
el chisme *gossip*
la estrella (pop) *(pop) star [m/f]*
la fama *fame*
la moda pasajera *fad*
la tendencia/la moda *trend*

hacerse famoso/a *to become famous*
tener buena/mala fama
 to have a good/bad reputation

actual *current*
de moda *popular; in fashion*
influyente *influential*
pasado/a de moda *out-of-date; no longer popular*

Siempre dormía muy mal.
Nunca podía relajarme.
Estaba desesperado, no sabía qué hacer.
Ahora, mis problemas están
resueltos con mi nueva cama.

DORMALUX
LA CAMA DE TUS SUEÑOS

Los medios de comunicación

el acontecimiento *event*
la actualidad *current events*
el anuncio *advertisement; commercial*
la censura *censorship*
la libertad de prensa *freedom of the press*
los medios de comunicación *media*
la parcialidad *bias*
la publicidad *advertising*
el público *public; audience*

enterarse (de) *to become informed (about)*
estar al tanto/al día *to be informed, up-to-date*

actualizado/a *up-to-date*
controvertido/a *controversial*
de último momento *up-to-the-minute*
destacado/a *prominent*
(im)parcial *(un)biased*

La prensa

María lee el **periódico** todas las mañanas. Prefiere leer primero los **titulares** de la **portada** y las **tiras cómicas**. Después lee las **noticias internacionales**.

el/la lector(a) *reader*
las noticias locales/nacionales/internacionales
   local/domestic/international news
el periódico/el diario *newspaper*
el/la periodista *journalist*

la portada *front page; cover*

El Mundo

El Presidente denuncia terrorismo	Ex líder robó fondos secretos

la prensa *press*
la prensa sensacionalista *tabloid(s)*
el/la redactor(a) *editor*
la revista (electrónica) *(online) magazine*
la sección de sociedad *lifestyle section*
la sección deportiva *sports page/section*
la tira cómica *comic strip*
el titular *headline*

imprimir *to print*
publicar *to publish*
suscribirse (a) *to subscribe (to)*

Práctica

1 **Escuchar**

 A. La famosa periodista Laura Arcos está esperando la llegada de famosos al Teatro Nacional, donde se van a entregar unos premios. Escucha lo que dice Laura y después elige la opción correcta.

1. a. Es un programa de radio.
   b. Es un programa de televisión.

2. a. Se van a entregar premios al mejor teatro hispano.
   b. Se van a entregar premios al mejor cine hispano.

3. a. El programa se grabó la noche anterior.
   b. El programa se transmite en directo.

4. a. Augusto Ríos es un reportero de la sección de sociedad.
   b. Augusto Ríos es un famoso crítico de cine.

5. a. Augusto Ríos no sabe mucho de moda.
   b. Augusto Ríos está al tanto de la última moda.

B. Laura Arcos entrevista a la actriz Ángela Vera. Escucha su conversación y después contesta las preguntas.

1. ¿Es importante para la actriz Ángela Vera seguir las tendencias de la moda?

2. ¿Ha tenido buenas críticas su última película?

3. ¿Es el director de la película una celebridad?

4. ¿A qué género pertenecía la primera película de Juan Izaguirre y de qué se trataba?

2 **Analogías** Completa cada analogía.

actual	destacado	imprimir
chisme	emisora	lector

1. radio: oyente :: revista : _____
2. televisión : cadena :: radio : _____
3. parcialidad : parcial :: actualidad : _____
4. periódico : noticia :: prensa sensacionalista : _____
5. cine : rodar :: prensa : _____
6. influyente : importante :: prominente : _____

Práctica

(3) Definiciones Indica las palabras que corresponden a cada definición.

_____ 1. Dice si una película es buena o no.

_____ 2. Escucha la radio.

_____ 3. Habla en la radio.

_____ 4. Se suscribe a sus revistas y periódicos favoritos.

_____ 5. Aparece en videos musicales y conciertos.

_____ 6. Revisa artículos y mejora la calidad de la revista.

a. crítico de cine

b. estrella pop

c. lector

d. locutor

e. oyente

f. redactor

(4) El acontecimiento del año Completa el texto con las palabras correctas de la lista.

acontecimiento	destacado	mala fama	sensacionalista
anuncios	enterarme	periodista	tira cómica
cadena	estrella	público	transmitieron

No quise perderme el (1) _____ del año y al final me lo perdí. La (2) _____ de cine asistió al estreno de su última película y una (3) _____ famosa la entrevistó. Fotógrafos de buena y (4) _____ sacaban fotos para venderlas a las revistas de prensa (5) _____. Algunos reporteros entrevistaban a un (6) _____ crítico de cine. El (7) _____ se entretenía viendo escenas de la película en una pantalla gigante. Varios canales de televisión (8) _____ el acontecimiento en directo. Al final, no sé qué pasó. Cambié de canal durante los (9) _____ y me dormí. Mañana voy a leer la sección de sociedad para (10) _____ de todos los detalles.

(5) Los medios de comunicación Di si estás de acuerdo o no con cada afirmación. Después, comparte tus opiniones con la clase.

	Sí	No
1. Hoy día es más fácil enterarse de lo que pasa en el mundo.	☐	☐
2. Gracias a la información que transmiten los medios de comunicación, la gente tiene menos prejuicios que antes.	☐	☐
3. La libertad de prensa es un mito.	☐	☐
4. La publicidad quiere entretener al público.	☐	☐
5. El único objetivo de la prensa sensacionalista es informar.	☐	☐
6. Gracias a Internet, es fácil encontrar información imparcial.	☐	☐
7. La imagen tiene mucho poder en el mundo de la comunicación.	☐	☐
8. Hoy día los reporteros son vendedores de opiniones.	☐	☐
9. Tenemos demasiada información. Es imposible asimilarla.	☐	☐
10. El mundo es un sitio mejor gracias a los medios de comunicación.	☐	☐

Comunicación

6 **Preguntas** En parejas, háganse las preguntas y comparen sus intereses y opiniones.

1. Si tuvieras la oportunidad de hacerlo, ¿trabajarías en una telenovela?

2. Si fueras un(a) corresponsal político/a, ¿crees que podrías ser imparcial?

3. ¿Crees que la censura de la prensa es necesaria en algunas ocasiones? ¿En cuáles?

4. ¿Qué periodista piensas que es el/la más controvertido/a? ¿Por qué?

5. ¿Te interesa leer noticias de actualidad? ¿Por qué?

6. ¿Qué secciones del periódico te interesan más? ¿Qué programas de radio y de televisión?

7. ¿Cuáles son las características de un buen locutor? ¿Es mejor si entretiene al público o si habla lo mínimo posible?

8. ¿Te interesan más las noticias locales, nacionales o internacionales? ¿Por qué?

9. Cuando ves una película, ¿qué te importa más: la trama (*plot*), la actuación, los efectos especiales o la banda sonora?

10. Si pudieras suscribirte gratis a cinco revistas, ¿cuáles escogerías? ¿Por qué?

7 **Escritores**

A. En parejas, escriban por lo menos tres oraciones que podrían aparecer en cada uno de estos medios. ¡Sean creativos!

- la portada de un periódico
- el episodio final de una comedia
- un documental
- un *talk show* de radio controvertido
- un artículo de una revista sensacionalista
- una tira cómica

B. Ahora, lean sus oraciones a otra pareja y traten de adivinar el medio en el que aparece cada oración.

8 **Nueva revista** En grupos de tres, imaginen que trabajan en una agencia de publicidad y los han contratado para realizar la publicidad de una revista que va a salir al mercado. Hagan el anuncio y después compártanlo con la clase. Usen las preguntas como guía.

- ¿Cuál es el nombre?
- ¿En qué es diferente esta revista?
- ¿Qué secciones va a tener?
- ¿Cómo son los periodistas y reporteros que van a trabajar en ella?
- ¿Qué tipo de lectores busca?

Fabiola consigue su primer papel como doble
de una estrella de telenovelas.

1

2

3

JOHNNY ¿Qué tal te fue?

FABIOLA Bien.

AGUAYO ¿Es todo lo que tienes que
decir de una entrevista con Patricia
Montero, la gran actriz de telenovelas?
Pensé que estarías más emocionada.

FABIOLA Lo estoy. Tengo que hacer mi
gran escena en la telenovela y quiero
concentrarme.

AGUAYO Y JOHNNY ¿Qué?

FABIOLA Al terminar la entrevista,
cuando salí del camerino un señor me
preguntó si yo era la doble de Patricia
Montero.

MARIELA ¿Y qué le dijiste?

FABIOLA Dije, bueno... sí.

AGUAYO ¡No puedo creer que hayas
hecho eso!

FABIOLA Fue una de esas situaciones
en las que uno, aunque realmente no
quiera, tiene que mentir.

ÉRIC Y, ¿qué pasó después?

FABIOLA Me dio estos papeles.

JOHNNY ¡Es el guión de la telenovela!

FABIOLA Mañana tengo que estar
muy temprano en el canal, lista para
grabar.

JOHNNY ¡Aquí hay escenas bien
interesantes!

6

7

8

Más tarde, ensayando la escena...

FABIOLA Éric será el director.

JOHNNY ¿Por qué no puedo ser yo
el director?

ÉRIC No tienes los juguetitos.

FABIOLA Tú serás Fernando y Mariela
será Carla.

ÉRIC Comencemos. Página tres.
La escena en donde Valeria sorprende
a Fernando con Carla. Tú estarás aquí
y tú aquí. *(Los separa.)*

JOHNNY ¿Qué? ¿No sabes leer? *(Lee.)*
"Sorprende a Fernando en los *brazos*
de Carla". *(Se abrazan.)*

ÉRIC Está bien. Fabiola, llegarás por
aquí y los sorpenderás. ¿Listos?
¡Acción!

FABIOLA ¡Fernando Javier! Tendrás
que decidir. ¡O estás con ella o
estás conmigo!

JOHNNY ¡Valeria... ! *(Pausa.)*

JOHNNY *(Continúa.)* Ni la amo a ella,
ni te amo a ti... *(Diana entra.)*
Las amo a las dos.

Diana se queda horrorizada.

Personajes

AGUAYO

DIANA

ÉRIC

FABIOLA

JOHNNY

MARIELA

AGUAYO *(Lee.)* "Valeria entra a la habitación y sorprende a Fernando en brazos de…" ¿Carla? *(Pausa.)*

AGUAYO *(Continúa.)* "Sorprende a Fernando en brazos de Carla." ¡Lo sabía! Sabía que el muy idiota la engañaría con esa estúpida. Ni siquiera es lo suficientemente hombre para…

Aguayo se va. Los demás se quedan sorprendidos.

AGUAYO Me alegro que hayas conseguido ese papel. El otro día pasé frente al televisor y vi un pedacito. Mi esposa no se la pierde.

FABIOLA Hablando de eso, quería pedirle permiso para tomarme el resto del día libre. Necesito ensayar las escenas de mañana.

AGUAYO Las puedes practicar en la oficina. A los chicos les encanta ese asunto de las telenovelas.

FABIOLA *(Explica la situación.)* Y por eso estamos ensayando mis escenas.

DIANA Gracias a Dios… pero yo creo que están confundidos. Los dobles no tienen líneas. Sólo hacen las escenas en donde la estrella está en peligro.

MARIELA Cierto. *(Lee.)* Página seis: "Valeria salta por la ventana".

Más tarde…

ÉRIC ¡Acción!

FABIOLA Sé que decidieron casarse. Espero que se hayan divertido a mis espaldas. Adiós mundo cruel. *(Grita pero no salta.)* ¡Aaahhhggg!

ÉRIC Muy bien. Ahora, ¡salta!

FABIOLA Ni loca. Primero, mi maquillaje.

1 **Comprensión** Respondan a las preguntas con oraciones completas.

1. ¿Por qué Fabiola dice que necesita concentrarse?

2. ¿Cómo consiguió Fabiola el papel?

3. ¿Cuál es el personaje de la telenovela que no le gusta a Aguayo?

4. ¿Qué ve Valeria, la protagonista, cuando entra a la habitación?

5. ¿A quién ama Fernando?

6. ¿Por qué cree Diana que sus compañeros están confundidos?

2 **¿Quién es?** Todos quieren ayudar a Fabiola a ensayar las escenas de la telenovela.

A. ¿Quién representa cada papel?

1. Valeria _____

2. Fernando _____

3. Carla _____

4. el director de la telenovela _____

Aguayo Diana Éric

Johnny Mariela Fabiola

B. ¿Cuál de los empleados de *Facetas* haría cada uno de estos comentarios?

1. ¡Uy! ¿Se habrán dado cuenta de que yo veo telenovelas?

2. Este papel es aburridísimo. ¡No logro decir ni una palabra!

3. Soy el más preparado para dirigir a los actores.

4. Mis compañeros no saben nada sobre los dobles.

5. Este papel es más peligroso de lo que pensaba.

6. ¡Este director no sabe nada! Voy a hacer lo que dice el guión.

3 **Opiniones** En parejas, pregúntense si están de acuerdo con estas afirmaciones. Razonen sus respuestas y compartan sus opiniones con la clase.

Sí	No	
☐	☐	1. Hay ciertas situaciones en las que, aunque uno no quiera, es mejor mentir que decir la verdad.
☐	☐	2. Ser actor/actriz es más interesante que ser director(a).
☐	☐	3. Es posible estar enamorado/a de dos personas a la vez.
☐	☐	4. Si pudiera escoger, preferiría ser una estrella de tele que ser el/la doble.
☐	☐	5. Si descubriera a mi novio/a en los brazos de otra persona, rompería con él/ella.
☐	☐	6. Para hacerse famoso/a, es más importante ser bello/a que talentoso/a.

Ampliación

4 **Los productores** En grupos de cinco, diseñen su propia telenovela. Primero, asignen papeles a estos cinco actores y expliquen la relación entre ellos. Luego, inventen un título para la telenovela y escriban el diálogo para una de las escenas. Cada personaje debe decir por lo menos una línea. Finalmente, representen la escena con todos los personajes.

Lida

Francisco

José

Lourdes

Martín

5 **Apuntes culturales** En parejas, lean los párrafos y contesten las preguntas.

Camino a las estrellas

¡Fabiola consiguió su primer papel en una telenovela! Las telenovelas latinoamericanas se pueden comparar al cine de Hollywood por su importancia social y económica. Megaestrellas mexicanas como **Thalía** (ver foto), **Salma Hayek** y **Gael García Bernal** (**Lección 2**), que iniciaron sus carreras artísticas en telenovelas, no habrían alcanzado (*would not have reached*) su fama actual sin ellas. ¿Tendrá la misma suerte Fabiola?

La (anti)estrella

Fabiola daría todo por ser una estrella de telenovela, pues ellas son mujeres muy bellas… excepto **Betty, la fea**. La estrella de esta producción colombiana, que rompió con todos los estereotipos de belleza femenina, logró conquistar corazones con frenillos (*braces*), gafas con marcos gruesos y ropa pasada de moda. ¿Qué tal se vería Fabiola como la doble de Betty en la versión estadounidense de la cadena ABC?

La radionovela

Aguayo es un gran aficionado a las telenovelas. Otro género muy popular en todo el mundo hispano es la **radionovela**. Este tipo de novela transmitida por radio entretiene a audiencias tanto como las telenovelas, y en Centroamérica también cumple la función de educar a los habitantes sobre los desastres naturales y sus medidas de prevención.

1. ¿Qué otras megaestrellas latinas conoces? ¿Cómo comenzaron su carrera?
2. ¿En qué se diferencian las telenovelas latinoamericanas de las de EE.UU.?
3. ¿Conoces otras antiestrellas? ¿Cómo se hicieron famosas?
4. ¿Qué programas de radio escuchas? ¿Escuchas radionovelas?
5. ¿Te gustan las telenovelas o prefieres las series semanales?

En detalle

EL MATE

URUGUAY Y
PARAGUAY

Si visitas Montevideo, vas a presenciar° una escena cotidiana° muy llamativa°: gente bebiendo de un extraño recipiente con un tubito de metal. Dentro del curioso recipiente (el mate), generalmente hecho de una calabaza° seca, está la famosa **yerba mate**. Aunque el Uruguay no produce yerba mate, es el principal consumidor per cápita del mundo. Millones de personas consumen esta infusión, que se ha convertido en el distintivo° cultural del Uruguay, el Paraguay y la Argentina. También se consume en el sur del Brasil y en Chile.

Una leyenda cuenta que el dios Tupá bajó del cielo y les enseñó a los guaraníes° cómo preparar y tomar la yerba mate. En tiempos de la conquista, los jesuitas cultivaban yerba mate, pero preparaban la bebida como té. Creían que la forma tradicional (usando una calabaza y un tubito, la bombilla) era obra del demonio. Sin embargo, los intentos de prohibición no tuvieron éxito y la bebida se expandió rápidamente entre los gauchos° y los esclavos° africanos.

Tal vez el mate se haya convertido en un ritual debido a su efecto energizante. La yerba contiene **mateína**, una sustancia similar a la cafeína pero que no tiene los mismos efectos negativos sobre los patrones° de sueño. Además de ser antioxidante, aporta vitaminas y minerales importantes como potasio, fósforo y magnesio.

Sin embargo, el mate se toma más por tradición que por sus propiedades. La bebida se ha arraigado° tanto en la rutina diaria del Uruguay y el Paraguay, que ya forma parte de la identidad popular. Según el renombrado antropólogo Daniel Vidart, "tras el… preparar, cebar y tomar mate hay una concepción del mundo y de la vida… el mate… empareja° las clases sociales". ∎

Cómo preparar o "cebar" mate

- Calentar agua (¡No tan caliente como para el té!)
- Llenar ¾ del mate con yerba
- Verter° agua caliente
- Colocar la bombilla
- ¡Comenzar la mateada!

La "mateada"

- Todos toman del mismo mate.
- La persona que ceba el mate —el cebador— va pasando el mate lleno a cada persona y toma último.

presenciar *witness* **cotidiana** *everyday* **llamativa** *striking* **calabaza** *gourd* **distintivo** *sign*
guaraníes *Guaraní (indigenous group)* **gauchos** *inhabitants of the flatlands of Uruguay and Argentina*
esclavos *slaves* **patrones** *patterns* **arraigado** *rooted deeply* **empareja** *makes even* **Verter** *To pour*

El mate y otras bebidas

jugo (Amér. L.) *juice*

zumo (Esp.) *juice*

refresco (Esp. y Méx.) *soda*

fresco (Hon.) *soda*

infusión *herbal tea*

mate (Bol.) *any kind of tea*

tereré (Par. y Arg.) *cold* **mate**

ser un(a) matero/a *(of a person) to drink a lot of* **mate**

ser un mate amargo (Arg. y Uru.) *to have no sense of humor / to be moody*

Bebidas y bailes

Otras bebidas típicas

Introducida en 1910, **Inca Kola** es la gaseosa° más popular del Perú. Es de color amarillo brillante y se hace con **hierba luisa**. Eslóganes como "Es nuestra" la convirtieron en un símbolo nacional capaz de imponerse ante la Coca-Cola.

La **horchata** es una bebida típica salvadoreña y de otros países de Centroamérica. Elaborada a base de arroz y agua, se puede saborear con azúcar, canela°, vainilla o lima.

Otros bailes típicos

Hoy la **cumbia** se escucha por toda Latinoamérica. Su origen proviene de ritmos bailados por esclavos africanos llevados a Colombia. Este ritmo contagioso se baila en discotecas, bailes y fiestas.

Comúnmente se asocia la **salsa** con el Caribe y Centroamérica, pero este género nació en barrios hispanos neoyorquinos como resultado de una mezcla de influencias puertorriqueñas, cubanas, africanas, españolas y estadounidenses.

LAS MURGAS Y EL CANDOMBE

La fusión de tradiciones españolas, africanas y americanas se convierte en protagonista del Carnaval de Montevideo a través de las **murgas**. La murga uruguaya, un género músico-teatral de finales del siglo XIX, es el principal atractivo del carnaval. Sus representaciones, en las que participan normalmente unas quince personas, suelen centrarse en dos temas: el propio carnaval y la crítica social. Hoy, es una de las expresiones con mayor poder de identidad uruguaya, pues combina un fuerte mensaje político con la influencia de músicas populares más antiguas, como el **candombe**. Éste es un estilo musical, nacido en Uruguay, que proviene de los ritmos africanos traídos por los esclavos de la época colonial. Los grupos que tocan candombe se llaman **comparsas** y durante el carnaval toman las calles de Montevideo en el conocido **desfile de llamadas**, una celebración de la herencia mestiza y mulata de Uruguay. El Carnaval de Montevideo se inicia en enero y termina a principios de marzo.

> ❝Un pueblo sin tradición es un pueblo sin porvenir.❞
> (Alberto Lleras Camargo, político colombiano)

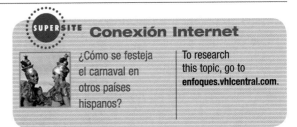

SUPERSITE Conexión Internet

¿Cómo se festeja el carnaval en otros países hispanos?

To research this topic, go to **enfoques.vhlcentral.com**.

gaseosa *soda* **canela** *cinnamon*

¿Qué aprendiste?

1 **Comprensión** Indica si estas afirmaciones sobre el mate son **ciertas** o **falsas**. Corrige las falsas.

1. Es muy frecuente ver a gente bebiendo mate en el Uruguay.

2. El recipiente para el mate suele ser de metal.

3. La bombilla es el tubo que se utiliza para beber el mate.

4. El mate se bebe principalmente en la Argentina, el Uruguay y el Paraguay.

5. Los primeros en consumir la yerba mate como infusión fueron los indígenas guaraníes.

6. La bebida se hizo popular muy rápidamente entre la población no indígena.

7. Los jesuitas intentaron prohibir todo tipo de infusiones hechas con yerba mate.

8. La mateína altera los patrones del sueño más que la cafeína.

9. Cuando un grupo de personas toma mate, cada persona toma de un recipiente distinto.

10. El mate tiene minerales pero no vitaminas.

11. La persona que sirve el mate se llama "cebador".

12. El mate es más popular por su larga tradición que por sus propiedades para la salud.

2 **Oraciones incompletas** Completa las oraciones.

1. La murga uruguaya es _____.
   a. un grupo de teatro clásico   b. un ritmo africano   c. un género músico-teatral

2. El Carnaval de Montevideo empieza en _____.
   a. enero   b. febrero   c. marzo

3. La horchata se prepara con _____.
   a. trigo   b. café   c. arroz

4. En España, le dicen **zumo** al _____.
   a. té frío   b. tereré   c. jugo

3 **Preguntas** Contesta las preguntas.

1. ¿Hay radioemisoras o discotecas en tu comunidad que ponen salsa? ¿Qué bailes son populares en tu ciudad?

2. En tu opinión, ¿cuál es el mensaje del eslogan "Es nuestra", usado para promocionar Inca Kola?

3. ¿Alguna vez tomaste mate? ¿Lo harías? ¿Lo volverías a tomar?

4. En tu cultura, ¿es común que varias personas tomen del mismo recipiente?

 4 **Opiniones** El candombe y la murga forman parte de la identidad cultural de Uruguay. En parejas, hagan una lista de cinco tradiciones norteamericanas que son parte imprescindible de su cultura popular. Después, compartan su lista con la clase.

PROYECTO

Raíces africanas

El candombe uruguayo tiene sus raíces en los ritmos que tocaban los esclavos africanos. Muchos otros ritmos populares de América Latina también provienen de África o tienen fuerte influencia africana. La lista incluye la cumbia, el merengue, la salsa, el mambo y hasta el tango. Elige e investiga uno de estos ritmos y prepara un afiche informativo para presentar en clase.

Tu investigación debe incluir:

- el nombre del ritmo, su origen e historia

- dónde es popular y cuáles son sus características

- qué importancia/papel tiene el ritmo que elegiste en la cultura popular local

- otros datos importantes

NATALIA OREIRO

La actriz y cantante pop **Natalia Oreiro** nació en el Uruguay en 1977. Después de un sinnúmero° de audiciones, para las cuales gastaba todos sus ahorros, su gran perseverancia y esfuerzo le permitieron ganarse un lugar en el mundo de la actuación. A los diecisiete años se radicó° en Argentina donde comenzó a grabar telenovelas. En 1998 le llegó la consagración artística con la telenovela *Muñeca° Brava* —vendida a más de cincuenta países— y con su primer papel cinematográfico. Al poco tiempo, la joven actriz logró cumplir el deseo de incursionar en el canto y, a partir de allí, se sucedieron tres álbumes. *Río de la Plata*, del álbum *Tu veneno°*, cuenta cómo de niña creció entre tamboriles y murgas. El éxito de esta uruguaya no sabe de barreras culturales ni lingüísticas: sus canciones hacen furor° tanto en Sudamérica como en Grecia, Israel, India y toda Europa Oriental.

Discografía

2002 Turmalina   **2001** Tu veneno   **1999** Natalia Oreiro

Canción

Éste es un fragmento de una canción de Natalia Oreiro.

Río de la Plata
por Facundo Monti

Soy del Río de la Plata
Corazón latino
Soy bien candombera
Llevo siempre una sonrisa
Con mi sueño a cuestas°
No tengo fronteras.
Soy del Río de la Plata
Que viva el candombe de sangre caliente
Ritmo que me enciende el alma
Que brilla en los ojos de toda mi gente.

En un reciente trabajo televisivo, *Sos° mi vida*, **Natalia Oreiro** encarna° el personaje de **Monita**, una boxeadora que vive en un barrio humilde de Buenos Aires llamado La Boca. Para este papel, la artista debió aprender boxeo y entrenar todas las noches. "Yo no había visto ni **Rocky**", confesó un día la actriz.

Preguntas En parejas, contesten las preguntas.

1. ¿Qué significa la afirmación de que el éxito de Oreiro no sabe de "barreras culturales ni lingüísticas"?
2. ¿Por qué Oreiro dice en la canción: "Soy bien candombera"?
3. ¿Cuál es el personaje de su última novela? ¿Es un personaje fácil o difícil de interpretar?
4. La canción *Río de la Plata* cuenta la historia de Oreiro. ¿Cómo ha sido su historia?

sinnúmero *countless* **se radicó** *settled* **Muñeca** *Doll* **veneno** *poison*
hacen furor *are all the rage* **a cuestas** *on one's shoulders* **Sos** *Eres* **encarna** *personifies*

9.1 The present perfect subjunctive

Me alegro de que hayas conseguido ese papel.

Espero que se hayan divertido a mis espaldas.

TALLER DE CONSULTA

MANUAL DE GRAMÁTICA
Más práctica

9.1 The present perfect subjunctive, p. 530
9.2 Relative pronouns, p. 531
9.3 The neuter **lo**, p. 532

Más gramática

9.4 **Qué** vs. **cuál**, p. 533

• • • •

To review the present and past subjunctive, see **4.1, 5.2,** and **6.2.** The past perfect subjunctive is covered in **10.3.**

- The present perfect subjunctive (**el pretérito perfecto de subjuntivo**) is formed with the present subjunctive of **haber** and a past participle.

The present perfect subjunctive		
cerrar	**perder**	**asistir**
haya cerrado	haya perdido	haya asistido
hayas cerrado	hayas perdido	hayas asistido
haya cerrado	haya perdido	haya asistido
hayamos cerrado	hayamos perdido	hayamos asistido
hayáis cerrado	hayáis perdido	hayáis asistido
hayan cerrado	hayan perdido	hayan asistido

- Like the present perfect indicative, the present perfect subjunctive is used to refer to recently completed actions or past actions that still bear relevance in the present. It is used mainly in multiple-clause sentences that express will, emotion, doubt, or uncertainty.

PRESENT PERFECT INDICATIVE	PRESENT PERFECT SUBJUNCTIVE
Luis me dijo que **ha dejado** de ver ese programa.	Me alegro de que Luis **haya dejado** de ver ese programa.
Luis told me that he has stopped watching that show.	*I'm glad that Luis has stopped watching that show.*

¡ATENCIÓN!

In a multiple-clause sentence, the choice of tense for the verb in the subjunctive depends on when the action takes place in each clause. The present perfect subjunctive is used primarily when the action of the main clause is in the present tense, but the action in the subordinate clause is in the past.

- Note the difference in meaning between the three subjunctive tenses you have learned so far.

PRESENT SUBJUNCTIVE	PRESENT PERFECT SUBJUNCTIVE	PAST SUBJUNCTIVE
Las cadenas nacionales **buscan** corresponsales que **hablen** varios idiomas.	**Prefieren** contratar a los que **hayan trabajado** en el extranjero.	Antes, **insistían** en que los solicitantes **tuvieran** cinco años de experiencia.
The national networks look for correspondents who speak several languages.	*They prefer to hire those who have worked abroad.*	*In the past, they insisted that applicants have five years' experience.*

1 **¿Indicativo o subjuntivo?** Elige entre el pretérito perfecto del indicativo y el pretérito perfecto del subjuntivo para completar las oraciones.

TALLER DE CONSULTA

MANUAL DE GRAMÁTICA
Más práctica

9.1 The present perfect subjunctive, p. 530

1. Necesito contratar un corresponsal que (ha / haya) estado en el Paraguay.
2. Quiero conocer al actor que (ha / haya) trabajado en *Amores perros*.
3. Hasta que no (has / hayas) conocido a las personas que leen la prensa sensacionalista, no sabrás por qué la leen.
4. Estoy seguro de que todos los actores (han / hayan) estudiado el guión.
5. Cuando ustedes (han / hayan) leído esta noticia, estarán de acuerdo conmigo.

2 **Opuestas** Escribe la oración que expresa lo opuesto en cada ocasión. En algunos casos debes usar el pretérito perfecto del subjuntivo y en otros el pretérito perfecto del indicativo.

> **MODELO** **Dudo que ese actor haya aprendido a actuar bien.**
> No dudo que ese actor ha aprendido a actuar bien.

1. El canal cree que sus periodistas han hablado con el dictador.
2. No creo que el director les haya dado pocas órdenes a sus actores.
3. Estoy seguro de que la mayoría del público ha leído la noticia.
4. No es seguro que la prensa sensacionalista haya publicado esa noticia.
5. Pienso que ese actor ha sido el protagonista de *El año de la bestia*.

3 **Competencia** Julieta y Marcela han estado juntas en una audición y Julieta ha conseguido el papel de la protagonista. En parejas, combinen los elementos de la lista y añadan detalles para escribir cinco quejas (*complaints*) de Marcela. Utilicen el pretérito perfecto del subjuntivo. Luego, dramaticen una conversación entre las dos actrices.

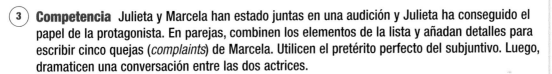

Dudo que	conseguir el papel
Me molesta que	tener suficiente experiencia
Me sorprende que	trabajar con ese director
No creo que	(no) darme otra oportunidad
No es justo que	escoger la mejor actriz

4 **¡Despedido!** Hoy el dueño de la emisora ha despedido a Eduardo Storni, el famoso y controvertido locutor del programa *Storni, ¡sin censura!* En parejas, escriban su conversación, utilizando por lo menos cinco oraciones con el pretérito perfecto del indicativo y del subjuntivo. Luego represéntenla para la clase.

> **MODELO** **DUEÑO** Es una lástima que usted no haya escuchado nuestras advertencias. Usted ha violado casi todas las reglas de la cadena.
> **STORNI** Pero mi público siempre me ha apoyado. Mis oyentes estarán furiosos de que usted no haya respetado la libertad de prensa.

¡No puedo creer que hayas hecho eso!

Fue una de esas situaciones en las que uno tiene que mentir.

TALLER DE CONSULTA

See **Manual de gramática 9.4,** p. 533 to review the uses of **qué** and **cuál** in asking questions.

The relative pronoun *que*

¡ATENCIÓN!

Relative pronouns are used to connect short sentences or clauses in order to create longer, smoother sentences. Unlike the interrogative words **qué, quién(es),** and **cuál(es),** relative pronouns never have accent marks.

- **Que** (*that, which, who*) is the most frequently used relative pronoun (**pronombre relativo**). It can refer to people or things, subjects or objects, and can be used in restrictive clauses (no commas) or nonrestrictive clauses (with commas). Note that although some relative pronouns may be omitted in English, they must always be used in Spanish.

  El reportaje **que** vi ayer me hizo cambiar de opinión sobre la guerra.
  The report (that) I saw last night made me change my opinion about the war.

  Las primeras diez personas **que** respondan correctamente ganarán una suscripción gratuita.
  The first ten people who respond correctly will win a free subscription.

  El desastre fue causado por la lluvia, **que** ha durado más de dos semanas.
  The disaster was caused by the rain, which has lasted over two weeks.

El/La que

¡ATENCIÓN!

In everyday Spanish, **en que** and **en el/la cual** are often replaced by **donde**.

La casa **donde** vivo es muy grande.

La universidad **donde** estudio es muy prestigiosa.

- After prepositions, **que** is used with the definite article: **el que, la que, los que,** or **las que.** The article must agree in gender and number with the thing or person it refers to (the antecedent). When referring to *things* (but not *people*), the article may be omitted after short prepositions, such as **en, de,** and **con.**

  Los periódicos **para los que** escribo son independientes.
  The newspapers I write for are independent. (Lit: for which I write)

  El edificio **en (el) que** viven es viejo.
  The building they live in is old.

  La fotógrafa **con la que** trabajo ganó varios premios.
  The photographer with whom I work won several awards.

- **El que, la que, los que,** and **las que** are also used for clarification in nonrestrictive clauses (with commas) when it might be unclear to what or whom the clause refers.

  Hablé con los empleados de la compañía, **los que** están contaminando el río.
  I spoke with the employees of the company, the ones who are polluting the river.

  Hablé con los empleados de la compañía, **la que** está contaminando el río.
  I spoke with the employees of the company, (the one) which is polluting the river.

El/La cual

- **El cual, la cual, los cuales**, and **las cuales** are generally interchangeable with **el que, la que, los que**, and **las que**. They are often used in more formal speech or writing. Note that when **el cual** and its forms are used, the definite article is never omitted.

    El edificio **en el cual** se encuentra la emisora de radio es viejo.
    The building in which the radio station is located is old.

    La revista **para la cual** trabajo es muy influyente.
    The magazine for which I work is very influential.

Quien/Quienes

- **Quien** (*singular*) and **quienes** (*plural*) are used to refer only to people, not to things. **Quien(es)** is generally interchangeable with forms of **el que** and **el cual**.

    Los investigadores, **quienes (los que/los cuales)** estudian los medios de comunicación, son del Ecuador.
    The researchers, who are studying mass media, are from Ecuador.

    El investigador **de quien (del que/del cual)** hablaron era mi profesor.
    The researcher about whom they spoke was my professor.

- Although **que** and **quien(es)** may both refer to people, their use depends on the structure of the sentence.

- In restrictive clauses (no commas) that refer to people, **que** is used if no preposition is present. If a preposition or the personal **a** is present, **quien** (or **el que/el cual**) is used instead. Below, **que** is equivalent to *who*, while **quien** expresses *whom*.

    La gente **que** mira televisión está harta de las cadenas sensacionalistas.
    The people who watch TV are tired of sensationalist networks.

    Esperamos la respuesta de los políticos **a quienes (a los que/a los cuales)** queremos entrevistar.
    We're waiting for a response from the politicians (whom) we want to interview.

- In nonrestrictive clauses (with commas) that refer to people, **quien** (or **el que/el cual**) is generally used, not **que**.

    Juan y María, **quienes** trabajan conmigo, escriben la sección deportiva.
    Juan and María, who work with me, write the sports section.

The relative adjective *cuyo*

- The relative adjective **cuyo (cuya, cuyos, cuyas)** means *whose* and agrees in number and gender with the noun it precedes. Remember that **de quién(es)**, not **cuyo**, is used in questions to express *whose*.

    El equipo periodístico, **cuyo** proyecto aprobaron, viajará en febrero.
    The team of reporters, whose project they approved, will travel in February.

    La fotógrafa Daniela Pérez, **cuyas** fotos anteriores ganaron muchos premios, los acompañará.
    Photographer Daniela Pérez, whose earlier photos won many awards, will go with them.

TALLER DE CONSULTA

The neuter forms **lo que** and **lo cual** are used when referring to a whole situation or idea. See **9.3**, p. 342.

¿Qué es lo que te molesta?
What is it that's bothering you?

Ella habla sin parar, lo cual me enoja mucho.
She won't stop talking, which is making me really angry.

¡ATENCIÓN!

When used with **a** or **de**, the contractions **al que/cual** and **del que/cual** are formed.

¡ATENCIÓN!

In everyday Spanish, the formal rules for using relative pronouns are not always followed.

Formal:
Los estudiantes de los cuales hablamos...

Informal:
Los estudiantes de que hablamos...

Formal:
La mujer a quien conocí ayer...

Informal:
La mujer que conocí ayer...

Práctica

TALLER DE CONSULTA

MANUAL DE GRAMÁTICA
Más práctica

9.2 Relative pronouns, p. 531

1 **Oraciones incompletas** Selecciona la palabra o expresión adecuada para completar las oraciones.

1. El señor Castillo, _____ revista se dedica a la moda, se fue de viaje a París.
   a. cuya   b. cuyo   c. cuyos

2. Los músicos _____ conociste ayer han grabado la banda sonora de la película.
   a. a quien   b. a quienes   c. quien

3. El corto _____ te hablé no está doblado.
   a. del que   b. de quien   c. el cual

4. El reportaje de anoche, _____ se transmitió en el canal 7, me pareció muy parcial.
   a. el cual   b. la cual   c. los que

5. Los artículos _____ se publican en esa revista son puro chisme.
   a. los cuales   b. los que   c. que

2 **El tereré** Completa este artículo sobre el tereré con los pronombres relativos de la lista. Algunos pronombres pueden repetirse.

EL TERERÉ

que

en el que

con quien

cuyo

en la que

Existe un país (1) _____ el mate tuvo (2) _____ adaptarse a su clima: el Paraguay. En este país, (3) _____ clima subtropical presenta calurosos veranos, el tradicional mate caliente debió convertirse en una bebida fría y refrescante (4) _____ ayudara a atenuar el clima. Así, el tereré, (5) _____ nombre proviene del guaraní, es la bebida más popular de los paraguayos.

Para prepararlo, se coloca yerba en el recipiente llamado mate. En lugar de agua caliente en un termo o pava (*kettle*), se usa una jarra (6) _____ se coloca agua y/o jugo de limón con mucho hielo. La bebida se bebe con una bombilla (*straw*) (7) _____ generalmente es de metal. En el Paraguay, se dice (8) _____ el tereré es como un amigo (9) _____ se comparten alegrías y tristezas, momentos cotidianos y toda una vida.

3 **Definiciones** Escribe una definición para cada término, usando pronombres relativos.

MODELO   **el redactor**
             Es la persona cuyo trabajo es preparar artículos para publicación.

1. la prensa sensacionalista _____
2. los subtítulos _____
3. la portada _____
4. el titular _____
5. los televidentes _____
6. la fama _____

Comunicación

4 **Tendencias** Piensa sobre las tendencias actuales y completa el recuadro con tus preferencias. En parejas, compartan esta información. Informen a sus compañeros/as lo que han aprendido sobre la otra persona usando pronombres relativos. Sigan el modelo.

> **MODELO** Ana Sofía mira todo el tiempo videos musicales en su iPod. Es una persona a quien le encanta llevar su iPod a todos lados.

	Sí	No	Depende
1. Me aburren los videos musicales en la tele. Prefiero verlos en un iPod.	☐	☐	☐
2. Siempre escucho música alternativa y pienso que el *hip-hop* no es arte.	☐	☐	☐
3. Yo sólo compro ropa cara a la que se le ve el logotipo impreso en grande.	☐	☐	☐
4. ¿Documentales? ¿Qué es eso? Sólo miro los éxitos de taquilla de Hollywood.	☐	☐	☐
5. ¡Puaj! Los *reality shows* son horribles y deberían prohibirse.	☐	☐	☐
6. Me puedo pasar horas leyendo revistas de moda y de chismes sobre famosos.	☐	☐	☐
7. ¡Qué chévere (*How cool*)! ¡Un restaurante con platos innovadores! Los restaurantes de comidas tradicionales ya pasaron de moda.	☐	☐	☐
8. ¡Salsotecas jamás! No me gusta la música latina. Prefiero escuchar los 40 principales (*top 40*) de la radio.	☐	☐	☐

5 **¿Quién es quién?** La clase se divide en dos equipos. Un integrante del equipo A piensa en un(a) compañero/a y da tres pistas. El equipo B tiene que adivinar de quién se trata. Si adivina con la primera pista, obtiene 3 puntos; con la segunda, obtiene 2 puntos; con la tercera, obtiene 1 punto.

> **MODELO** Estoy pensando en alguien con quien almorzamos.
> Estoy pensando en alguien cuyos ojos son marrones.
> Estoy pensando en alguien que lleva pantalones azules.

6 **Fama** En parejas, preparen una entrevista entre un reportero y una estrella. Utilicen por lo menos seis pronombres relativos.

> **MODELO** **REPORTERO** Díganos, ¿dónde encontró este vestido tan divino?
> **ESTRELLA** Gracias, me lo regaló un amigo muy talentoso, cuya tienda siempre tiene lo mejor de la moda.
> **REPORTERO** Y me he enterado de que está usted con un nuevo amor, quien trabajó con usted en su última telenovela…

9.3 The neuter *lo*

- The definite articles **el, la, los**, and **las** modify masculine or feminine nouns. The neuter article **lo** is used to refer to concepts that have no gender.

¿Es todo lo que tienes que decir?

¡Lo sabía! Ni es lo suficientemente hombre para...

- In Spanish, the construction **lo** + [*masculine singular adjective*] is used to express general characteristics and abstract ideas. The English equivalent of this construction is *the* + [*adjective*] + *thing*.

    Cuando leo las noticias, **lo difícil** es diferenciar entre el hecho y la opinión.
    When I read the news, the difficult thing is to differentiate between fact and opinion.

    Lo bueno de ser famosa es que me da la oportunidad de cambiar el mundo.
    The good thing about being famous is that it gives me the chance to change the world.

- To express the idea of *the most* or *the least,* **más** and **menos** can be added after **lo**. **Lo mejor** and **lo peor** mean *the best/worst* (*thing*).

    Para ser un buen reportero, **lo más importante** es ser imparcial.
    To be a good reporter, the most important thing is to be unbiased.

    ¡Aún no te he contado **lo peor** del artículo!
    I still haven't told you about the worst part of the article!

¡ATENCIÓN!

The phrase **lo** + [*adjective or adverb*] + **que** may be replaced by **qué** + [*adjective or adverb*].

No sabes *qué difícil* es hablar con él.
You don't know how difficult it is to talk to him.

Fíjense en *qué pronto* se entera la prensa.
Just think about how soon the press will find out.

- The construction **lo** + [*adjective or adverb*] + **que** is used to express the English *how* + [*adjective*]. In these cases, the adjective agrees in number and gender with the noun it modifies.

lo + [*adjective*] + **que**	**lo** + [*adverb*] + **que**
¿No te das cuenta de **lo bella que** eres, María Fernanda?	Recuerda **lo bien que** te fue el año pasado en su clase.
María Fernanda, don't you realize how beautiful you are?	*Remember how well you did last year in his class.*

- **Lo que** is equivalent to the English *what, that,* or *which.* It is used to refer to an abstract idea, or to a previously mentioned situation or concept.

    ¿Qué fue **lo que** más te gustó de tu viaje a Uruguay?
    What was the thing that you enjoyed most about your trip to Uruguay?

    Lo que más me gustó fue el Carnaval de Montevideo.
    The thing I liked best was the Carnival of Montevideo.

Práctica y comunicación

TALLER DE CONSULTA

MANUAL DE GRAMÁTICA
Más práctica

9.3 The neuter **lo**, p. 532

1 **Chisme** La gran estrella pop, Estela Moreno, responde a las críticas que han aparecido en medios periodísticos sobre su súbita (*sudden*) boda con Ricardo Rubio. Completa las oraciones con **lo**, **lo que** o **qué**.

"Repito que es completamente falso (1) _____ ha salido en la prensa sensacionalista. Siempre habíamos querido una ceremonia pequeña y privada, para mantener (2) _____ romántico de la ocasión. El lugar, la fecha, los pocos invitados, pues todo (3) _____ tuvimos planeado desde hace meses. ¡Ay, (4) _____ difícil fue guardar el secreto, para que el público no se diera cuenta de (5) _____ estábamos planeando! (6) _____ más me molesta es que la prensa nos acuse de un romance súbito. (7) _____ nuestro es un amor que comenzó hace dos años y que durará para toda la vida. ¡Ya (8) _____ verán!"

2 **Reacciones** Combina las frases para formar oraciones que tengan **lo** + [adjetivo/adverbio] + **que**.

> **MODELO** parecer mentira / qué poco Juan se preocupa por el chisme
> Parece mentira lo poco que Juan se preocupa por el chisme.

1. asombrarme / qué lejos está el centro comercial
2. sorprenderme / qué obediente es tu gato
3. no poder creer / qué influyente es la publicidad
4. ser una sorpresa / qué bien se vive en este pueblo
5. ser increíble / qué rápido se hizo famoso aquel cantante

3 **Ser o no ser** En grupos de cuatro, conversen sobre las ventajas y desventajas de cada una de estas profesiones. Luego escriban oraciones completas para describir **lo bueno, lo malo, lo mejor** o **lo peor** de cada profesión. Compartan sus ideas con la clase.

actor/actriz	crítico/a de cine	redactor(a)
cantante	locutor(a) de radio	reportero/a

4 **Síntesis** En parejas, escriban una carta para la sección editorial del periódico universitario dando su opinión sobre un acontecimiento o tema de actualidad. Utilicen por lo menos tres verbos en el pretérito perfecto de subjuntivo, tres oraciones con **lo** o **lo que** y tres oraciones con pronombres relativos. Utilicen algunas frases de la lista o inventen sus propias ideas. Lean su carta a la clase y debatan el tema.

me molesta que...	lo importante...	que
me alegra que...	lo que más/menos...	el/la cual
no puedo creer que...	lo que pienso sobre...	quien(es)

SUPERSITE

For additional cumulative practice of all the grammar points in this lesson, go to **enfoques.vhlcentral.com**.

Antes de ver el corto

SINTONÍA

país España
duración 9 minutos

director Jose Mari Goenaga
protagonistas el hombre, la mujer, el locutor

Vocabulario

aclarar *to clarify*
dar la gana *to feel like*
darse cuenta (de) *to realize*
darse por aludido/a *to realize or assume that one is being referred to*
embalarse *to go too fast*

fijarse *to notice*
el maletero *trunk*
la nuca *nape*
parar el carro *to hold your horses*
pillar *to get (catch)*
la sintonía *synchronization; tuning; connection*

1 **Definiciones** Escribe la palabra adecuada para cada definición.

1. la parte del carro en la que guardas las compras: _____

2. la parte de atrás de la cabeza: _____

3. el hecho de explicar algo para evitar confusiones: _____

4. comprender o entender algo: _____

5. ir demasiado deprisa: _____

2 **Preguntas** Contesta las preguntas.

1. ¿Prefieres escuchar programas de radio o sólo música cuando vas en autobús o en carro?

2. Si tuvieras un problema que no supieras solucionar, ¿llamarías a un programa de radio o de televisión? ¿Por qué?

3. Imagina que te sientes atraído/a por alguien que ves en la calle. ¿Le pedirías una cita?

4. Si escuchas a dos personas que parecen hablar de ti sin decir tu nombre, ¿te das por aludido/a enseguida o tardas en darte cuenta?

3 **¿Qué sucederá?** En parejas, miren los fotogramas e imaginen lo que va a ocurrir en la historia. ¿Cuál es la relación entre el locutor y las personas que esperan para pagar el peaje (*toll*)? Compartan sus ideas con la clase. Incluyan tres o cuatro datos o especulaciones sobre cada fotograma.

Escenas

ARGUMENTO Un joven, atrapado en un atasco en la carretera, se siente atraído por la chica que maneja el carro de al lado.

LOCUTOR Última oportunidad para llamar... No os cortéis° y decidle a quien queráis lo que os dé la gana y no lo dejéis para otro momento. El número, el número es el 943365482... Tenemos una nueva llamada. Hola, ¿con quién hablamos?

HOMBRE Manuel Ezeiza. Manolo, Manolo de Donosti.
LOCUTOR Muy bien, Manolo de Donosti. ¿Y a quién quieres enviar tu mensaje?
HOMBRE La verdad es que no lo sé, pero sé que nos está oyendo.

LOCUTOR Bueno, igual el mensaje puede darnos alguna pista°.
HOMBRE Sí, bueno, llamaba porque me he fijado que te has dejado parte del vestido fuera del coche. Y, bueno, yo no te conozco pero... te he visto cantando y querría, quedar contigo... o tomar algo...

LOCUTOR Bueno, para el carro... Esto es un poco surrealista. Le estás pidiendo una cita a una cantante que va en un coche con el abrigo fuera. ¿Y cómo sabe que te diriges a ella?
HOMBRE Todavía no lo sabe. Está sonriendo, como si esto no fuera con ella.

LOCUTOR Pues dale una pista para que se aclare. ¿Cómo es ella? ¿Qué hace?
HOMBRE Pues lleva algo rojo... ahora se toca la nuca con su mano y ahora el pelo... que es muy oscuro. Y ahora parece que empieza a darse cuenta. Sí, sí, definitivamente se ha dado cuenta.

LOCUTOR A ver, ¿quién le dice a ella que tú no eres, no sé, un psicópata?
HOMBRE ¿Y quién me dice a mí que no es ella la psicópata? Se trata de asumir riesgos. Yo tampoco te conozco. Pensaba que estaría bien quedar contigo.

cortéis *get shy* **pista** *clue*

Después de ver el corto

1 **Comprensión** Contesta las preguntas con oraciones completas.

1. ¿Dónde está el hombre?
2. ¿A quién llama por teléfono?
3. ¿Qué tipo de programa de radio es?
4. ¿Por qué llama el hombre al programa de radio?
5. ¿Cómo sabe que la mujer está oyendo esa cadena de radio?
6. ¿Por qué le dice el locutor al hombre que la mujer a lo mejor no quiere salir con él?
7. ¿Dónde se conocen el hombre y la mujer en persona?
8. ¿Qué le dice la mujer al hombre?

2 **Ampliación** Contesta las preguntas con oraciones completas.

1. ¿El hombre le habla siempre al locutor o le habla también a la mujer directamente? Explica tu respuesta.
2. ¿Qué harías tú si vieras que alguien en el carro de al lado se ha pillado la ropa en la puerta?
3. En un momento la mujer apaga la radio pero después la vuelve a encender. ¿Qué crees que está pensando en ese momento?
4. ¿Por qué crees que para la mujer en la gasolinera?

3 **Imagina**

A. En parejas, preparen la conversación entre el hombre y la mujer en la gasolinera. Cada uno debe tener por lo menos tres intervenciones en la conversación. Luego, representen la conversación frente a la clase.

B. Imaginen qué ocurre después. ¿Siguen en contacto? ¿Tienen una cita? ¿Qué ocurre en sus vidas? Compartan su final con la clase.

4 **Relaciones mediáticas** Hoy en día, muchas parejas se conocen gracias a los medios de comunicación. En parejas, inventen una historia de amor sobre dos personas que se conocen a través de uno de los medios de la lista. Incluyan detalles sobre cómo se conoció la pareja, por qué fue a través de ese medio específico y cuál fue el desenlace (*outcome*) de la historia. Después, cuenten su historia a la clase.

una revista	un programa de radio
un programa de televisión	Internet

Autómovil vestido, 1941.
Salvador Dalí, España.

"Modestamente, la televisión no es culpable de nada. Es un espejo en el que nos miramos todos, y al mirarnos nos reflejamos."

— Manuel Campo Vidal

Antes de leer

Sueños digitales (fragmento)

Edmundo Paz Soldán

Sobre el autor

Edmundo Paz Soldán nació en 1967 en Cochabamba, Bolivia; estudió Ciencias Políticas y más tarde se doctoró en Lengua y Literatura Hispanas en Berkeley. Actualmente vive en los EE.UU., donde enseña literatura latinoamericana en la Universidad de Cornell. Su novela *El delirio de Turing* recibió el Premio Nacional de Novela 2002 de Bolivia. Paz Soldán forma parte de una nueva corriente narrativa latinoamericana que hace hincapié (*lays emphasis*) en la cultura urbana, con constantes referencias a los medios de comunicación y a las nuevas tecnologías, lejos ya de los rasgos mágicos característicos de la generación anterior de narradores. Según explicó el autor en una entrevista: "Aquí no se trata tanto de reemplazar el realismo mágico como de mostrar otro lado en el que no se concentró, que es la cultura urbana".

Vocabulario

el/la columnista *columnist*	**la oferta** *offer; proposal*
denunciar *to denounce*	**el organismo público** *government agency*
el informativo *news bulletin*	**el/la periodista** *journalist*
manipular *to manipulate*	**la propaganda** *advertisement*

Sinónimos Busca en el vocabulario sinónimos para estas palabras.

1. acusar _____
2. programa de noticias _____
3. reportero _____
4. aviso publicitario _____
5. propuesta _____
6. institución del gobierno _____

Conexión personal

¿Alguna vez te encontraste en una situación en la que no estabas de acuerdo con algo pero tuviste que hacerlo igual porque era tu trabajo? ¿Cómo te sentiste?

Análisis literario: la cultura urbana

Una nueva generación de narradores latinoamericanos, que incluye nombres como Rodrigo Fresán, Edmundo Paz Soldán y Naief Yehya, entre otros, quiere romper con el realismo mágico. Prefieren ocuparse de criaturas urbanas de clase media alta que se mueven en un mundo globalizado y comparten los mismos códigos de todas las grandes ciudades del mundo. Al leer este relato, presta atención para ver si logras encontrar alguno de los aspectos que crees que son típicos de Latinoamérica. Al terminar, responde: ¿resulta obvio que la historia transcurre en Latinoamérica o podría desarrollarse (*take place*) en algún otro lugar del mundo? ¿Por qué?

Sebastián es un talentoso diseñador gráfico que trabaja para un periódico en la capital boliviana. Es conocido en el ambiente del diseño por su especial talento para la manipulación de imágenes digitales. Está a punto de recibir una visita inesperada en su oficina cuyas consecuencias pueden cambiar el curso de la historia de su país.

Sueños digitales

(fragmento)

Edmundo Paz Soldán

Un jueves por la mañana, sonó el teléfono en el Cuarto Iluminado y una mujer pidió hablar con Sebastián. Braudel, que dibujaba con CorelDraw en la computadora (una plaza desierta y llena de restos de columnas, un obvio homenaje a Chirico para ser utilizado en una propaganda de una compañía de seguros°), le dijo que esperara. Le preguntó a Píxel si había visto a Sebastián. —¿De parte de quién?

—De una revista de La Paz. Queremos entrevistarlo.

—Está por ahí. Lo vi hace un rato.

Sebastián apareció con una Hola en la mano. Píxel lo miró moviendo la cabeza de arriba a abajo, impresionado. Había creado un monstruo: no pasaba mucho tiempo desde aquel día en que Sebastián había aparecido en la oficina con la petulancia° de sus años, quejándose de alguna tontería. Tampoco pasaba mucho tiempo desde que la cabeza del Che y el cuerpo de la Welch se habían impreso en el imaginario citadino como partes inseparables de un todo. Ahora a Sebastián lo buscaba la fama, mientras él, sin cuya imaginación visionaria los Seres Digitales no hubieran abandonado una computadora y comenzado a adquirir vida propia, era ignorado sin misericordia. Había creado un monstruo que creaba monstruos.

—¿Algo interesante? —preguntó con tono casual, apenas Sebastián colgó.

—Nada —respondió Sebastián—. Le dije que no quería publicidad.

Lo cierto era que la llamada lo había intrigado. La mujer le dijo que no se trataba de una entrevista, sino de una «oferta muy interesante». Había quedado° en encontrarse con ella esa misma tarde, en un café alejado del centro°. No perdería nada escuchándola.

Píxel se dijo que hasta los monstruos podían terminar siendo devorados. Eso lo

insurance (line 8)
petulance (line 19)
had agreed to (line 38)
downtown (line 40)

había aprendido jugando Pac-Man.

Al salir, Sebastián se cruzó con Alissa y Valeria Rosales. Discutían. La Rosales era una columnista que tenía la costumbre de meterse en líos° por pasársela denunciando la corrupción de las juntas vecinales, el comité cívico, los sindicatos, la alcaldía y la prefectura, todos los organismos públicos susceptibles° de corrupción (que eran todos los organismos públicos).

A Sebastián se le había ocurrido pedirle a Alissa un aumento de sueldo. Ella podría convencer a Junior. La vio tan metida en su discusión°, que siguió su camino sin decir nada.

El Mediterráneo tenía las paredes llenas de fotos de artistas de la época dorada de Hollywood. Era pequeño, y se respiraba un olor a granos frescos de café y a cigarrillo. Había poca gente, y Sebastián supo quién era la mujer apenas entró. Se acercó a su mesa en el fondo.

—Isabel Andrade —dijo ella extendiendo la mano. Tenía una minifalda° negra y botines° de gamuza°, un agitado escote en ve en la camisa azul marino. Sebastián percibió que tenía las mismas cejas finas y oblicuas de Nikki°. Ella se levantó y le extendió la mano.

—Bond. James Bond —dijo él con una mueca° burlona, no había podido evitar la broma. El pelo rubio recogido en un moño, el pañuelo en el cuello: azafata o ejecutiva de cuentas. Otros la hubieran encontrado linda; él no, o sí, pero de manera inofensiva.

Sebastián resopló —a veces le faltaba aire, era raro, no fumaba mucho y de vez en cuando iba al gimnasio, debía hacerse chequear—, y tomó asiento. Pidió una limonada al mozo°. Isabel pidió un café con leche.

—Usted dirá —dijo Sebastián.

Isabel miró alrededor suyo, como cerciorándose° de que no la espiaban°. Sacó

to get into trouble (line 46)
liable (line 50)
argument (line 56)
miniskirt (line 66)
ankle boots/ suede (line 67–68)
Sebastián's wife (line 70)
expression (line 72)
waiter (line 80)
making sure/ were spying (lines 84–85)

unas fotos de su cartera° y las puso sobre
la mesa. Eran las fotos de una parrillada°. *handbag* (line) *barbecue*
Sebastián vio rostros satisfechos de políticos
conocidos, las cervezas en la mano y las mesas
llenas de platos de asados con papas y soltero° *salad*
y llajwa°. Se le abrió el apetito, pediría un *hot sauce from Bolivia*
sandwich de jamón y queso. ¿Lo estaría
esperando en su computadora un email de
Nikki? Jugueteó° con la rosa de plástico en *played with*
el florero al centro de la mesa. ¿Soñaban los
androides con rosas artificiales?

   —¿Y?

   Isabel tenía una foto en la mano. Se la
mostró con cuidado, sin soltarla°. Había *letting go of it*
sido tomada en la misma ocasión. En ella,
el presidente Montenegro brindaba con
Ignacio Santos, alias el Tratante° de Blanca.° *slave trader/ cocaine*
Los ojos saltones°, la nariz como rota por un *bulging*
puñetazo°, la mandíbula° de Pepe Cortisona, *blow with the fist/jaw*
la barriga° del ejecutivo sin tiempo para *belly*
hacer ejercicios y con el poder suficiente
para no importarle. Era él, era el Tratante. Y
ésa era la famosa foto de la que hablaban los
periódicos y los informativos en la tele: la foto
del Narcogate (los periodistas eran la gente
menos creativa del planeta; desde Watergate
que habían entrado en una parálisis mental
a la hora de bautizar crisis políticas). La foto
que probaba los vínculos° entre Montenegro *ties*
y el narcotráfico°, la que confirmaba que *drug trafficking*
él había financiado su campaña con el
dinero de las arcas del Tratante, y que le
servía a Willy Sánchez, dirigente máximo
de los Cocaleros, para montar una campaña
acusando al presidente de hipócrita, con una
mano erradicando cocales° para complacer *coca plantations*
a los yanquis° y con la otra abrazándose con *Yankees (Americans)*
los narcos°. *short for **narcotraficantes***

   Sebastián la tocó como si se tratara de una
reliquia°: ésa era la foto original. Pero no, en *relic*
realidad lo que debía tocar era el negativo, sólo
los negativos eran únicos, era suficiente uno

para permitir la multiplicación de los panes.

   Isabel jugaba con una hebra° suelta de su *strand*
cabello. —¿Podría... —dijo—, podría hacer
que el General desapareciera?

   —De poder, puedo. Claro que sí, es lo más
fácil del mundo. Es más, es tan fácil que no
veo por qué se toma la molestia de buscarme.

   —No crea que no lo hemos intentado.
Hemos conseguido una que otra muy buena,

match exactly

pero en general hay colores que no cuajan°, o se nota la sombra que deja la figura desaparecida. Entonces se nos ocurrió, hay que darle al César lo que es del César. Si podemos contratar a Picasso, ¿para qué conformarnos con un pintor de brocha gorda°?

a house painter

Isabel sonrió. Sebastián debía reconocer que cualquier persona que elogiara° su arte le caía bien y podía llegar lejos con él (así lo había conquistado Nikki). Y era muy cierto que cualquiera podía manipular una imagen en la computadora, pero eran los mínimos detalles los que separaban al verdadero artista–técnico de la multitud. Las expresiones y las capas de colores que uno manipulaba en la pantalla debían definirse con números para cuya precisión a veces se necesitaban hasta seis decimales. Y el juego de luces y sombras, la forma en que éstas caían en la imagen... Parecía fácil, pero no lo era.

to praise

—¿Quiénes me quieren contratar?

—Todo esto es confidencial, por supuesto.

—No se preocupe.

—El Ministerio de Informaciones. Trabajo en la Ciudadela.

Así que era cierto que la Ciudadela se había vuelto a poner en marcha, y que ahora estaba en manos del gobierno.

Se le ocurrió que esa mujer le estaba pidiendo de manera inocente algo nada inocente. La desfachatez° de los tiempos, la corrupción no explicada a los niños. Acaso la culpa la tenía Elizalde: todos sabían que era un asalariado° del Ministro de la Presidencia —el Salmón Barrios—, que éste le pagaba una mensualidad para defender su política agresiva de erradicación° de cocales en sus mediocres editoriales en Fahrenheit 451. Junior lo sabía, pero decía que no podía hacer nada porque los periodistas eran muy mal pagados y a veces no les quedaba otro recurso que la corrupción.

nerve

salaried employee

eradication

Prometía que apenas pudiera pagarle mejor a Elizalde, lo despediría. Y esta mujer que trabajaba para el gobierno seguro sabía de Elizalde y compañía y pensaba que cualquiera que trabajaba en el periódico estaba al alcance de las arcas del gobierno, siempre abiertas cuando se trataba de ese tipo de cosas.

Isabel dijo una cifra° y Sebastián, molesto, debió reconocer que le atraía la idea. ¿O debía pensarlo un poco más? Era un trabajo muy fácil para el Picasso de la fotografía digital. Nadie se enteraría, y tendría unos pesos extra para pagar algo de sus deudas, para sorprender a Nikki con una ida a un restaurante de lujo y ropa interior y perfumes. ¿O debía pensarlo un poco más?

number

—Esto, por supuesto —dijo ella—, queda entre usted y yo.

—¿Y qué va a hacer con la foto?

—Usted ocúpese de su trabajo, yo del mío.

—¿Y el negativo? Por más que yo haga mil cosas con la foto, mientras exista el negativo...

—Ocúpese de su trabajo, yo del mío.

—Veré qué hago.

—Ya comenzamos a entendernos. Volveré mañana a esta misma hora.

—No le prometí nada. Sólo le dije que lo vería.

La mujer dejó unos pesos en la mesa y se levantó.

Sebastián se quedó con la foto entre las manos, pensando sin querer pensarlo que había corrupciones y corrupciones, que lo suyo no se comparaba a lo de Elizalde, sería una sola vez, pensando sin querer hacerlo que de ese encuentro ya desvanecido en el tiempo —pero no en ese rectángulo— no quedaría rastro alguno una vez que él lo manipulara con talento y cariño y perfidia°. ∎

treachery

Después de leer

Sueños digitales (fragmento)
Edmundo Paz Soldán

1 **Comprensión** Decide si las oraciones son **ciertas** o **falsas**. Corrige las falsas.

1. El apellido de Sebastián es Píxel.
2. La acción se desarrolla en Bolivia.
3. Sebastián cree que la mujer quiere hacerle una entrevista para una revista.
4. Las fotos prueban la corrupción del presidente Montenegro.
5. Isabel le propone algo inocente.
6. Sebastián dice que no acepta la propuesta.

2 **Interpretación** En parejas, respondan a las preguntas.

1. ¿En qué época piensas que se desarrolla el relato?
2. La mujer cita a Sebastián en un café alejado del centro. ¿Les parece que lo hace por alguna razón?
3. ¿Cuáles crees que pueden ser las tareas específicas del Ministerio de Informaciones?
4. ¿Qué prueban las fotos que le muestra Isabel?
5. ¿Qué factores piensas que lo impulsan a tomar la decisión de hacer o no el trabajo? ¿Crees que hará el trabajo?

3 **Análisis** Lee el relato nuevamente y responde a las preguntas.

1. ¿Qué características podrías señalar de Sebastián? ¿Podría ser un joven profesional de otro lugar? ¿O es, para ti, un típico latinoamericano?
2. En el relato se mencionan el programa CorelDraw, el pintor De Chirico, la revista Hola, Raquel Welch, el Che Guevara, el juego de Pac-Man y James Bond. ¿Qué tienen en común? ¿Qué te dicen acerca del punto de vista del autor?
3. Relee la descripción del café. ¿Piensas que podrías encontrarlo en cualquier lugar del mundo o sólo en una ciudad de América del Sur?
4. ¿Te parece que la historia podría estar basada en eventos reales? ¿Por qué?

4 **Situaciones éticas** En grupos de tres, lean estas situaciones y decidan si lo que hizo el personaje es ético o no y expliquen por qué.

- Juan va por la calle y encuentra tirado un reloj. Decide quedárselo.
- Una persona sale en carro del estacionamiento de un supermercado y María observa que la persona olvidó una caja de latas de refresco. María espera unos diez minutos y, como la persona no regresa, se lleva la caja de latas.

5 **La verdad** Imagina que eres un(a) periodista que logra apoderarse de las fotos y escribe un artículo exponiendo el complot del Ministerio de Informaciones para ocultar la verdad. Escribe un titular y un artículo de tres párrafos.

Antes de leer

Vocabulario

aislar *to isolate*	**el idioma** *language*
bilingüe *bilingual*	**la lengua** *language; tongue*
el guaraní *Guarani*	**monolingüe** *monolingual*
el/la hablante *speaker*	**vencer** *to conquer*

Idiomas de Bolivia Completa las oraciones con el vocabulario de la tabla.

1. Gran parte de los ciudadanos de Bolivia son _____ de español.

2. Aunque los conquistadores españoles trataron de imponer el _____ de su tierra, no se puede decir que los habitantes de Bolivia son _____.

3. La _____ materna de muchos bolivianos no viene de los españoles, sino de los indígenas que son nativos del lugar.

4. Hay muchos bolivianos _____ que se comunican en español y quechua o en español y aymara.

Conexión personal ¿De dónde vienen tus antepasados? ¿Han preservado algo de otra cultura? ¿Qué cosas? ¿Te identificas con esa(s) cultura(s)?

Contexto cultural

Los ríos, las montañas y la historia se han juntado (*come together*) para aislar a algunos pueblos de Latinoamérica y, en el proceso, permitir la supervivencia (*survival*) de cientos de idiomas indígenas. Suramérica manifiesta una diversidad lingüística casi incomparable. De hecho, en la época anterior a la conquista europea, existían más de 1.500 idiomas. En la actualidad, suramericanos bilingües y monolingües conversan en más de 350 lenguas de raíces (*roots*) no relacionadas. Entre las más de 500 lenguas que se calcula que existen en Latinoamérica, se encuentran 56 familias lingüísticas y 73 idiomas aislados, es decir, idiomas sin relación aparente. En comparación, los idiomas de Europa provienen de (*come from*) tres familias lingüísticas y hay sólo un idioma aislado, el vasco.

Algunas lenguas indígenas disponen de pocos hablantes y están en peligro de extinción, pero muchas otras prosperan y mantienen un papel central. Por ejemplo, el quechua, idioma de los incas, tiene diez millones de hablantes, sobre todo en el Perú y Bolivia y también en zonas de Colombia, el Ecuador, la Argentina y Chile. En Bolivia, el Paraguay y el Perú, por lo menos una lengua indígena comparte con el español el puesto (*position*) de lengua oficial del país.

Guaraní:
la lengua vencedora

Es más probable que un habitante de Asunción, capital del
Paraguay, salude a un amigo con las palabras **Mba'éichapa reiko?**
que con la pregunta *¿Qué tal?* Lo más lógico es que el compañero
responda **Iporânte ha nde?** en vez de *Bien, ¿y tú?* También es más
probable que un niño paraguayo comience la escuela (o **mbo'ehao**)
sin hablar español que sin saber comunicarse en guaraní.

Hay cientos de idiomas en Latinoamérica pero el caso del guaraní en el Paraguay es único. Más que una lengua oficial, el guaraní es la lengua del pueblo paraguayo. Cuando los españoles invadieron lo que ahora se conoce como Latinoamérica, trajeron e impusieron° su lengua como parte de la conquista cultural. Aunque muchas personas se resistieron a aprenderlo, el español se convirtió° en lengua del gobierno y de las instituciones oficiales en casi todas partes. En la actualidad, el hecho de conversar en español o en uno de los múltiples idiomas indígenas depende frecuentemente del origen de un individuo, de su contexto social, de sus raíces familiares y de muchos factores más. El uso de una lengua autóctona° típicamente se limita a las poblaciones indígenas, sobre todo a las que viven aisladas. En el Paraguay, aunque la mayoría de la población es mestiza°, actualmente las comunidades indígenas de origen guaraní son una minoría sumamente° pequeña. Sin embargo, el guaraní se ha adoptado universalmente como lengua oral de todas las personas y en todos los lugares.

El conocido escritor uruguayo Eduardo Galeano afirma que no hay otro país más que el Paraguay en el que "la lengua de los vencidos se haya convertido en lengua de los vencedores". Las estadísticas cuentan una historia impresionante: casi el 40% de la población paraguaya es monolingüe en guaraní, más del 50% es bilingüe y sólo el 5% es monolingüe en español. Es decir, la lengua de la minoría nativa ha conquistado el país. Casi todos los hablantes del guaraní se expresan en *jopara*, una versión híbrida del idioma que toma prestadas° palabras del español.

Aunque la predominancia° del guaraní es innegable°, los defensores de la lengua han observado que el español ha mantenido hasta hace poco una posición privilegiada en el gobierno y en la educación. La falta de equilibrio se debe a una variedad de razones complejas, incluyendo algunos factores sociales, diferentes oportunidades económicas

y el uso del español para comunicarse con la comunidad global. No obstante, en las últimas décadas se reconoce cada vez más la importancia del guaraní y su prestigio aumenta°. En 1992 se cambió la constitución paraguaya para incluir la declaración: "El Paraguay es un país pluricultural y bilingüe. Son idiomas oficiales el castellano y el guaraní". El guaraní prospera también en las artes y en los medios de comunicación. Existe una larga tradición popular de narrativa oral que en las últimas décadas se ha incorporado a la escritura e inspirado a jóvenes poetas. El célebre novelista paraguayo Augusto Roa Bastos (1917–2005) ha introducido expresiones y sonidos del guaraní en sus cuentos. Aunque la presencia en los medios escritos aún es escasa, los nuevos medios de comunicación del siglo XX y XXI contribuyen a la promoción del idioma, y permiten, por ejemplo, que se estudie guaraní y que se publiquen narrativas en Internet.

¿Cómo logró una lengua indígena superar al español y convertirse en el idioma más hablado del Paraguay? ¿Se debe a alguna particularidad del lenguaje? ¿O es la consecuencia de factores históricos, como la decisión de los jesuitas de predicar° el catolicismo en guaraní? ¿Qué papel tiene el aislamiento del Paraguay, ubicado en el corazón del continente y sin salida al mar? Nunca se podrá identificar una sola razón, pero es evidente que con su capacidad de supervivencia y adaptación a los nuevos tiempos, el guaraní comienza a conquistar el futuro. ■

Glosses (margin):
imposed
became
native
of Spanish and native American descent
extremely
borrows
prevalence
undeniable
is growing
preach

El guaraní

- En el Paraguay más del 90% de la población se comunica en guaraní. Junto con el español, es lengua oficial del país.
- También se habla guaraní en partes de Brasil, Bolivia y la Argentina.
- La moneda del Paraguay se llama guaraní.

Después de leer

Guaraní: la lengua vencedora

1 **Comprensión** Después de leer el texto, decide si las oraciones son **ciertas** o **falsas**. Corrige las falsas.

Cierto	Falso	
☐	☐	1. Suramérica manifiesta poca variedad lingüística.
☐	☐	2. Por lo general, en Suramérica sólo las poblaciones indígenas hablan una lengua indígena.
☐	☐	3. La mayoría de la población paraguaya es de origen guaraní.
☐	☐	4. El 50% de la población del Paraguay es monolingüe en español.
☐	☐	5. La Constitución de 1992 declaró que el Paraguay es un país pluricultural y bilingüe.
☐	☐	6. Existe una larga tradición popular de narrativa oral en guaraní.

2 **Análisis** Contesta las preguntas utilizando oraciones completas.

1. ¿Cuáles son algunas de las señales de que una lengua prospera?

2. ¿De qué manera es especial el caso del guaraní?

3. ¿Por qué se dice que el guaraní es el lenguaje del pueblo paraguayo?

4. ¿A quiénes se refiere Eduardo Galeano cuando habla de los "vencedores" y los "vencidos"?

5. ¿Qué es el *jopara* y quién lo utiliza?

3 **Reflexión** Un ejemplo de la tradición de narrativa oral en guaraní son los dichos populares. En grupos de tres, expliquen el significado y el posible contexto de los tres dichos del recuadro. ¿Hay algún dicho en español o en inglés que tenga un mensaje similar? ¿Qué elementos característicos de la cultura local se hacen evidentes en los dichos?

> ### Dichos populares en guaraní
>
> *Hetárõ machu kuéra, mbaipy jepe nahatãi.*
> Si hay muchas cocineras, ni la polenta se puede hacer.
>
> *Ñande rógape mante japytu'upa.*
> Sólo descansamos bien en nuestra casa.
>
> *Ani rerovase nde ajaka ava ambue akã ári.*
> No pongas tu canasto en la cabeza de otra persona.

4 **Ensayo** ¿Por qué crees que el gobierno del Paraguay cambió su constitución en 1992? ¿El cambio protege a una minoría o refleja la realidad de la mayoría? ¿Cuáles son las ventajas de vivir en un país pluricultural y bilingüe? ¿Hay alguna complicación? Escribe una composición de por lo menos tres párrafos dando tu opinión sobre estas preguntas.

Atando cabos

¡A conversar!

¿Telenovelas educativas?

A. Lean la cita y, en grupos de tres, compartan sus respuestas a estas preguntas.

> "Todo programa educa, sólo que —lo mismo que la escuela, lo mismo que el hogar— puede educar bien o mal." (Mario Kaplún, periodista argentino-uruguayo)

1. ¿Están de acuerdo con esta cita? ¿O creen que sólo los programas explícitamente educativos pueden enseñar algo al público?

2. Si "educar" significa "aumentar los conocimientos", ¿de qué manera un programa de televisión puede educar "mal"? ¿Están de acuerdo con esa definición?

B. Los participantes de un debate tuvieron que dar su opinión sobre el valor de las telenovelas teniendo en cuenta lo dicho por Mario Kaplún. Lean las dos opiniones y decidan con cuál están más de acuerdo. Agreguen más argumentos para defender la postura que tomaron. Usen los pronombres relativos **que**, **cual** y **cuyo**.

El *debate* de hoy: las telenovelas

En la cita, Mario Kaplún se refiere a la televisión en general. ¿Qué pasa en el caso particular de las telenovelas? ¿Creen que las telenovelas educan "bien" o "mal"?

Carlos Moreira (52)
Colonia, Uruguay

¡Estoy de acuerdo! Incluso las peores telenovelas pueden educar "bien". En primer lugar, siempre educan indirectamente. Los personajes suelen ser estereotipos, lo cual es importante porque permite que los televidentes se identifiquen con los deseos y los temores de personajes que se muestran como modelos positivos. Además, en países como México se producen telenovelas con fines específicamente educativos, los cuales incluyen enseñar al público acerca de enfermedades, problemas sociales, etc.

Sonia Ferrero (37)
Ciudad del Este, Paraguay

Las telenovelas siempre educan mal, lo que es igual que decir que no educan. ¿Qué puede tener de educativo un melodrama exagerado con personajes que se engañan constantemente? ¿Qué pueden tener de positivo historias que muestran relaciones personales retorcidas (*twisted*)? Yo no veo nada educativo en melodramas que perpetúan estereotipos sobre buenos, malos, ricos y pobres. Me gustaría ver telenovelas más realistas, cuyos personajes sean personas comunes.

¡A escribir!

Televisión en guaraní

Imagina que vives en el Paraguay y tu telenovela favorita sólo se transmite en español. Escribe una carta al periódico paraguayo *La Nación* pidiendo que se haga una versión doblada al guaraní o que se incluyan subtítulos en guaraní. Explica por qué crees que es importante que haya una versión en guaraní. Debes incluir también tu opinión sobre estas preguntas: ¿Quiénes se beneficiarían? ¿Por qué? ¿Quién debería cubrir el costo de la versión en guaraní: los productores de la telenovela o el gobierno? ¿Debería ser obligatorio ofrecer versiones de programas en los dos idiomas?

La televisión, la radio y el cine

la banda sonora	soundtrack
la cadena	network
el canal	channel
el/la corresponsal	correspondent
el/la crítico/a de cine	film critic
el documental	documentary
los efectos especiales	special effects
el episodio (final)	(final) episode
el/la locutor(a) de radio	radio announcer
el/la oyente	listener
la (radio)emisora	radio station
el reportaje	news report
el/la reportero/a	reporter
los subtítulos	subtitles
la telenovela	soap opera
el/la televidente	television viewer
el video musical	music video
grabar	to record
rodar (o:ue)	to film
transmitir	to broadcast
doblado/a	dubbed
en directo/vivo	live

La cultura popular

la celebridad	celebrity
el chisme	gossip
la estrella (pop)	(pop) star [m/f]
la fama	fame
la moda pasajera	fad
la tendencia/ la moda	trend
hacerse famoso/a	to become famous
tener buena/ mala fama	to have a good/ bad reputation
actual	current
de moda	popular; in fashion
influyente	influential
pasado/a de moda	out-of-date; no longer popular

Los medios de comunicación

el acontecimiento	event
la actualidad	current events
el anuncio	advertisement; commercial
la censura	censorship
la libertad de prensa	freedom of the press
los medios de comunicación	media
la parcialidad	bias
la publicidad	advertising
el público	public; audience
enterarse (de)	to become informed (about)
estar al tanto/al día	to be informed, up-to-date
actualizado/a	up-to-date
controvertido/a	controversial
de último momento	up-to-the-minute
destacado/a	prominent
(im)parcial	(un)biased

La prensa

el/la lector(a)	reader
las noticias locales/ nacionales/ internacionales	local/domestic/ international news
el periódico/ el diario	newspaper
el/la periodista	journalist
la portada	front page; cover
la prensa	press
la prensa sensacionalista	tabloid(s)
el/la redactor(a)	editor
la revista (electrónica)	(online) magazine
la sección de sociedad	lifestyle section
la sección deportiva	sports page/section
la tira cómica	comic strip
el titular	headline
imprimir	to print
publicar	to publish
suscribirse (a)	to subscribe (to)

Cinemateca

el maletero	trunk
la nuca	nape
la sintonía	synchronization; tuning; connection
aclarar	to clarify
dar la gana	to feel like
darse cuenta (de)	to realize
darse por aludido/a	to realize/assume that one is being referred to
embalarse	to go too fast
fijarse	to notice
parar el carro	to hold your horses
pillar	to get (catch)

Literatura

el/la columnista	columnist
el informativo	news bulletin
la oferta	offer; proposal
el organismo público	government agency
el/la periodista	journalist
la propaganda	advertisement
denunciar	to denounce
manipular	to manipulate

Cultura

el guaraní	Guarani
el/la hablante	speaker
el idioma	language
la lengua	language; tongue
aislar	to isolate
vencer	to conquer
bilingüe	bilingual
monolingüe	monolingual

Más vocabulario

Expresiones útiles	Ver p. 329
Estructura	Ver pp. 336, 338–339 y 342

La literatura y el arte

Contextos

páginas 362–365

- La literatura
- Los géneros literarios
- Los artistas
- El arte
- Las corrientes artísticas

Fotonovela

páginas 366–369

- *Unas pinturas… radicales*

Enfoques

Chile

páginas 370–373

- **En detalle:** Las casas de Neruda
- **Perfil:** Neruda en la pintura
- **Ritmos:** Violeta Parra

Estructura

páginas 374–379

- The future perfect
- The conditional perfect
- The past perfect subjunctive

Manual de gramática

páginas 535–539

- Más práctica
- Más gramática

Cinemateca

páginas 380–383

- **Cortometraje:** *Las viandas*

Lecturas

páginas 384–392

- **Literatura:** *Continuidad de los parques* de Julio Cortázar
- **Cultura:** *De Macondo a McOndo*

Atando cabos

página 393

- ¡A conversar!
- ¡A escribir!

Communicative Goals

You will expand your ability to…

- say what will have happened
- say what would have happened
- make contrary-to-fact statements about the past

La literatura
y el arte

La literatura

Después de **hojear** un atlas para consultar unos mapas, María Cecilia sigue trabajando en el **argumento** de su nueva novela **humorística**, que **narra** con humor la historia de un náufrago.

el argumento *plot*
la caracterización *characterization*
la estrofa *stanza*
el/la narrador(a) *narrator*
el personaje *character*
el/la protagonista *protagonist*
el punto de vista *point of view*
la rima *rhyme*
el verso *line (of poetry)*

desarrollarse *to take place*
hojear *to skim*
narrar *to narrate*
tratarse de *to be about; to deal with*

didáctico/a *educational*
humorístico/a *humorous*
satírico/a *satirical*
trágico/a *tragic*

Los géneros literarios

la (auto)biografía *(auto)biography*
la ciencia ficción *science fiction*
la literatura infantil/juvenil *children's literature*
la novela rosa *romance novel*
la poesía *poetry*
la prosa *prose*

clásico/a *classic*
de terror *horror (story/novel)*

histórico/a *historical*
policíaco/a *detective (story/novel)*

Los artistas

el/la artesano/a *artisan*
el/la dramaturgo/a *playwright*
el/la ensayista *essayist*
el/la escultor(a) *sculptor*
el/la muralista *muralist*
el/la novelista *novelist*
el/la pintor(a) *painter*
el/la poeta *poet*

El arte

En la clase de **bellas artes**, Mario y Lucía tienen que pintar una **naturaleza muerta**. Mario eligió usar **óleo** pero Lucía prefiere la **acuarela**.

la acuarela *watercolor*
el autorretrato *self-portrait*
las bellas artes *fine arts*
el cuadro *painting*
la escultura *sculpture*
la naturaleza muerta *still life*
la obra (de arte) *work (of art)*
el óleo *oil painting*
el pincel *paintbrush*
la pintura *paint; painting*
la tela *canvas*

dibujar *to draw*
diseñar *to design*
esculpir *to sculpt*
reflejar *to reflect; to depict*

abstracto/a *abstract*
contemporáneo/a *contemporary*
inquietante *disturbing; unsettling*
intrigante *intriguing*
llamativo/a *striking*
luminoso/a *bright*
realista *realistic; realist*

al estilo de *in the style of*
de buen/mal gusto *in good/bad taste*

Las corrientes artísticas

la corriente/el movimiento *movement*
el cubismo *cubism*
el expresionismo *expressionism*
el impresionismo *impressionism*
el realismo *realism*
el romanticismo *romanticism*
el surrealismo *surrealism*

 Práctica

1 **Escuchar**

 A. Escucha el programa de televisión y después completa las oraciones con la opción correcta.

1. Se ha organizado una (corriente / exposición) en el Museo de Arte Contemporáneo.

2. La exposición trata de los movimientos artísticos desde el (romanticismo / realismo).

3. En la exposición se pueden ver las obras de escultores y (artesanos / pintores) del país.

4. Muchos creen que la obra de José Ortiz es de (buen / mal) gusto.

5. El presentador del programa encuentra la obra de José Ortiz muy (intrigante / abstracta).

B. Escucha la entrevista del programa *ArteDifusión* y contesta las preguntas.

1. ¿A qué género literario pertenece la novela *El viento*?

2. ¿De qué otros géneros tiene elementos?

3. ¿Desde qué punto de vista se ha escrito esta novela?

4. ¿Qué personajes son los más frecuentes en la obra de Mayka Ledesma?

5. ¿Qué tienen que hacer los lectores para darse cuenta de que es una obra divertida?

C. En parejas, inventen una entrevista a un(a) escritor(a) o artista famoso/a y represéntenla para la clase.

2 **Relaciones** Conecta las palabras de forma lógica.

____ 1. estrofa   a. corriente artística
____ 2. cubismo   b. teatro
____ 3. tela   c. pincel
____ 4. esculpir   d. artesano
____ 5. dramaturgo   e. escultor
____ 6. novela policíaca f. verso
____ 7. artesanía   g. realismo
____ 8. realista   h. género literario

Práctica

(3) Un crítico sin inspiración Un crítico de arte y literatura dejó oraciones a medio completar. Completa sus oraciones con algunos de los términos de la lista.

acuarela	de mal gusto
al estilo de	inquietante
argumento	llamativo

1. Sus obras son demasiado _____; en todas usa muchos colores brillantes.

2. La _____ escena en la que aparece el fantasma del padre está inspirada en su novela anterior.

3. Vi un par de óleos bellos en su nueva exhibición, pero lo que más impresiona son las _____.

4. El _____ de la novela es tan confuso que ni se puede comprender.

5. Tan admirada es, que todos en la nueva generación desean también pintar _____ su maestra.

(4) Géneros En parejas, lean los fragmentos de estas obras e indiquen a qué género literario pertenecen. Luego, elijan uno de los fragmentos y desarrollen brevemente el argumento.

1. María Fernanda del Olmo estaba locamente enamorada de Roberto Castro, pero vivía su amor en silencio. _____

2. Una intensísima luz lo despertó. ¿Qué podía ser? Extrañado, se acercó a la ventana. Estaba confundido, ¿era un sueño? El cielo estaba cubierto de pequeñas luces que se movían de un lado a otro, sin sentido. _____

3. Harry estaba en su despacho, aburrido. Hacía días que buscaba sin éxito al único testigo (*witness*) del crimen. _____

4. Sólo tenía doce años cuando nos fuimos a vivir a Chile. Todavía lo recuerdo como uno de los momentos más importantes de mi vida. _____

(5) Preferencias Contesta las preguntas con oraciones completas. Después, comparte tus respuestas con un(a) compañero/a.

1. ¿Cuál es tu género literario favorito? ¿Y tu personaje favorito? ¿Por qué?

2. ¿Crees que hay arte de mal gusto? Razona tu respuesta.

3. Imagina que eres artista. ¿Qué serías: muralista, poeta, escultor(a), otro?

4. ¿Qué estilo te interesa más, el realista o el abstracto?

5. ¿Qué influye más en la sociedad: la pluma (*pen*) o el pincel? ¿Por qué?

6. ¿Qué corriente artística te parece más innovadora? ¿Por qué?

Comunicación

6 **Corrientes artísticas** En grupos de tres, describan estos cuadros y respondan las preguntas. Utilicen algunos términos de la lista en sus respuestas.

- ¿A qué corriente artística pertenece la obra?
- ¿Cómo es el estilo del pintor?
- ¿Qué adjetivos usarías para describir el cuadro?
- ¿Hay otras obras u otros artistas que sean comparables?

abstracto	cubismo
contemporáneo	expresionismo
intrigante	impresionismo
llamativo	realismo
luminoso	romanticismo
realista	surrealismo

Marilyn,
Andy Warhol

Reloj blando en el momento de su primera explosión,
Salvador Dalí

Mujer sentada en un sillón rojo,
Pablo Picasso

Montón de heno,
Claude Monet

7 **Críticas literarias** En parejas, escojan un texto que hayan leído. Escriban una breve crítica de la obra, incluyendo todos los puntos de análisis de la lista. Luego presenten su análisis a la clase y ofrezcan su opinión sobre el valor artístico de la obra. ¿La recomendarían?

Género	¿A qué género literario pertenece la obra?
Caracterización	¿Es adecuada la caracterización de los personajes? ¿Te sentiste identificado/a con el/la protagonista?
Punto de vista	¿Quién narra la historia: uno/a de los personajes o un narrador omnisciente?
Argumento	¿Hay sorpresas? ¿Hay acción sin sentido? ¿Se hace lento el desarrollo?
Ambiente	¿En qué época se desarrolla la historia y en qué lugar? ¿Son realistas las descripciones del ambiente (*setting*)?
Tono	¿Cuál es el tono de la obra? ¿Es humorística? ¿Trágica? ¿Didáctica? ¿Qué quiere lograr el/la autor(a) a través del tono?
Tema	¿Cuál es el tema de la obra? ¿Estás de acuerdo con el/la autor(a)?

Johnny enseña a sus compañeros de trabajo cómo criticar una obra de arte.

1

JOHNNY Chicos, ésas son las pinturas de las que les hablé. Las conseguí muy baratas. Voy a escribir un artículo sobre ellas. ¿Les dicen algo?

MARIELA Sí, me dicen *iahhgg*.

JOHNNY ¿Cómo que son feas? Es arte. No pueden criticarlo así.

MARIELA Es lo que la gente hace con el arte. Sea modernismo, surrealismo o cubismo, si es feo es feo.

2

JOHNNY Les mostraré cómo se critica una obra de arte correctamente. Hagamos como si estuviésemos observando las pinturas en una galería. ¿Quieren?

ÉRIC Bien.

Fingiendo que están en una galería…

JOHNNY Me imagino que habrán visto toda la exposición. ¿Qué les parece?

ÉRIC Habría preferido ir al cine. Estas pinturas son una porquería.

3

JOHNNY No puedes decir eso en una exposición. Si las obras no te gustan, tú debes decir algo más artístico como que son primitivas o son radicales.

MARIELA Si hubiera pensado que son primitivas o que son radicales lo habría dicho. Pero son horribles.

JOHNNY Mariela, *horrible* ya no se usa.

Diana pasa y ve las pinturas.

DIANA Esas pinturas son… ¡horribles!

6

Luego, en la cocina…

JOHNNY El artista jamás cambiará los colores. ¿Por qué me hiciste decirle que sí?

MARIELA No hubieras vendido ni una sola pieza.

JOHNNY No quiero venderlas, tengo que escribir sobre ellas.

MARIELA No está de más. Podrías llegar a ser un gran vendedor de arte.

7

JOHNNY *(imaginando…)* Nadie hubiera imaginado un final mejor para esta subasta. Les presento una obra maestra: la *Mona Lisa*.

AGUAYO Quinientos millones de pesos.

JOHNNY ¿Quién da más?

FABIOLA Mil millones de pesos.

JOHNNY Se lo lleva la señorita.

FABIOLA ¿Podría hablar con el artista para que le acentúe un poco la sonrisa?

8

Más tarde, en la oficina…

JOHNNY Me alegra que hayas decidido no cambiar la obra.

FABIOLA Hubiera sido una falta de respeto.

JOHNNY Claro. Bueno, que la disfrutes.

Personajes

AGUAYO

DIANA

ÉRIC

FABIOLA

JOHNNY

MARIELA

Fabiola llega a la oficina...

FABIOLA ¡Qué hermoso! Es como el verso de un poema. Habré visto arte antes pero esto es especial. ¿Está a la venta?

MARIELA ¡Claro!

FABIOLA Hay un detalle. No tiene amarillo. ¿Podrías hablar con el artista para que le cambie algunos colores?

JOHNNY ¡Imposible!

FABIOLA Son sólo pinceladas.

JOHNNY Está bien. Voy a hablar con el artista para que le haga los cambios.

FABIOLA Gracias. Pero recuerda que es ésta. Las otras dos son algo...

MARIELA ¿Radicales?

ÉRIC ¿Primitivas?

FABIOLA No, horribles.

En el escritorio de Mariela...

ÉRIC Perdiste la apuesta. Págame.

MARIELA Todavía no puedo creer que haya comprado esa pintura.

ÉRIC Oye, si lo prefieres, en vez de pagar la apuesta, puedes invitarme a cenar.

MARIELA *(sonriendo)* Ni que me hubiera vuelto loca.

Entra Aguayo...

AGUAYO ¿Son las obras para tu artículo?

JOHNNY Sí. ¿Qué le parecen, jefe?

AGUAYO Diría que éstas dos son... primitivas. Pero la del medio *(mirando el cuadro de Fabiola)* definitivamente es... horrible.

Expresiones útiles

Speculating about the past

Me imagino que habrán visto toda la exposición.
I gather you've seen the whole exhibition.

Habrás visto arte surrealista antes, pero esto es especial.
You may have looked at surrealist art before, but this is really something special.

Nadie hubiera imaginado un final mejor.
No one could have imagined a better ending.

Reacting to an idea or opinion

¿Cómo que son feos?
What do you mean they're ugly?

Habría preferido...
I would have preferred...

Si hubiera pensado que..., lo habría dicho.
If I had thought that..., I would have said so.

¡Ni que me hubiera vuelto loco/a!
Not even if I'd gone mad!

Additional vocabulary

acentuar *to accentuate*
criticar *to critique*
estar a la venta *to be for sale*
la galería *gallery*
la pieza *piece*
la pincelada *brushstroke*
la porquería *garbage; poor quality*
la subasta *auction*

Comprensión

1 **¿Qué pasó?** Indica con números el orden en el que ocurrieron estos hechos.

____ a. Diana dice que los cuadros son horribles.

____ b. Aguayo opina sobre las pinturas de Johnny.

____ c. Johnny les enseña a sus compañeros cómo criticar una obra de arte.

____ d. Mariela y Éric hablan de su apuesta (*bet*).

____ e. Fabiola quiere comprar una de las pinturas de Johnny.

____ f. Johnny sueña con ser un gran vendedor de arte.

2 **¿Realidad o fantasía?** Indica cuáles de estos acontecimientos verdaderamente ocurrieron y cuáles no.

Realidad	Fantasía	
☐	☐	1. Los empleados de *Facetas* fueron a una galería de arte.
☐	☐	2. Fabiola compró un cuadro que a Mariela le parecía horrible.
☐	☐	3. El pintor agregó amarillo a su cuadro para que Fabiola lo comprara.
☐	☐	4. Johnny vendió la *Mona Lisa* en una subasta.
☐	☐	5. Mariela y Éric salieron a cenar.
☐	☐	6. Aguayo pensó que dos de las piezas eran primitivas.

3 **¿Quién?** Decide quién dijo o posiblemente diría estas oraciones.

ÉRIC **JOHNNY** **FABIOLA** **MARIELA**

1. No pueden criticar el arte diciendo que es *feo*. _____

2. A esta pintura le falta color amarillo. _____

3. Todavía no puedo creer que Fabiola haya comprado la pintura. _____

4. ¿Por qué no me invitas a cenar, Mariela? _____

5. Podrías llegar a ser un gran vendedor de arte. _____

4 **Conversaciones** En parejas, improvisen una de estas situaciones.

- Mariela y Éric hacen la apuesta. ¿Qué dicen?

- Johnny le pide al pintor que cambie los colores del cuadro. ¿Cómo reacciona el pintor?

- Fabiola le muestra el cuadro a su novio. ¿Qué opina él?

Ampliación

5 **Sueños** Johnny tiene un sueño en el que llega a ser un famoso vendedor de arte. En parejas, escojan a otros dos personajes de la **Fotonovela** e inventen sus sueños y fantasías.

> **MODELO** Éric sueña con ser Cocodrilo Éric, el fotógrafo más valiente de la selva. En sus fantasías sobre el Amazonas…

6 **Apuntes culturales** En parejas, lean los párrafos y contesten las preguntas.

Salvador Dalí

¿Una exposición o una película?

Según Éric, el cine es más divertido que una exposición surrealista. Uno de los máximos íconos del surrealismo fue **Salvador Dalí**, artista excéntrico español que incursionó en la pintura (ver **Lecturas, Lección 9**) y el cine, entre otros. En *Un perro andaluz*, película clásica del cine español de Luis Buñuel y Salvador Dalí, no hay idea ni imagen que tenga explicación lógica. ¡Quizás Éric la encuentre interesante!

Radicales, sí; feas, ¡¡jamás!

Para Johnny, hay pinturas radicales, primitivas, pero ¡jamás feas! Por ejemplo, si Johnny criticara la obra del famoso pintor figurativo chileno **Gonzalo Cienfuegos** diría: "Como se observa en su obra *El trofeo*, su arte es radical aunque las figuras aparezcan con cierto realismo. El pintor crea su propio lenguaje con humor e ironía..." ¿Entenderán Éric y Mariela lo que quiere decir Johnny?

El trofeo

Museo MALBA

Por amor al arte

Fabiola se enamoró de una pintura y decidió comprarla. Como ella, el argentino **Eduardo Constantini** decidió comprar dos pinturas en 1970. Su colección privada fue creciendo hasta transformarse en el **MALBA**, Museo de Arte Latinoamericano de Buenos Aires, que posee 130 obras de su colección permanente.

1. El surrealismo fue un movimiento de vanguardia. ¿Sabes de otros movimientos artísticos? ¿Cómo son?

2. ¿Qué tipo de arte te gusta más: el arte clásico como la *Mona Lisa* de Leonardo Da Vinci o el arte moderno como el de Dalí o el de Gonzalo Cienfuegos?

3. ¿Has visitado museos recientemente? ¿Cuáles? Cuenta lo que viste.

4. ¿Cuál es tu opinión sobre los coleccionistas de arte? ¿Piensas que malgastan su dinero o, por el contrario, realizan una inversión?

5. ¿Qué opinas del arte digital?

6. ¿Qué obra de arte te gustaría tener en la sala de tu casa? ¿Por qué?

CHILE

En detalle

LAS CASAS DE NERUDA

Isla Negra

Muchos de nosotros hemos visto la maravillosa película *Il Postino*. En ella, un cartero se hace amigo del gran poeta chileno. La película reproduce los años que Pablo Neruda vivió en el sur de Italia por razones políticas. Sus continuos viajes como cónsul y el posterior exilio político fueron factores importantísimos en la vida de Neruda. Marcaron, sin duda, su eterno deseo de crear refugios personales en sus casas de Chile. A lo largo de los años, Neruda compró y luego mandó remodelar o construir tres casas en su país natal: "La Sebastiana" en Valparaíso, "La Chascona" en Santiago y la "Isla Negra" en la ciudad costera del mismo nombre. Para él, estas construcciones eran mucho más que simples casas; eran, como su poesía, creaciones personales y, muchas veces, una proyección de sus universos poéticos. Las iba construyendo sin prisa, con gran dedicación y eligiendo hasta el más mínimo detalle.

Isla Negra era la favorita del poeta, y allí fue enterrado° junto con Matilde Urrutia, su gran amor. Hoy día, las tres residencias son casas-museo y reciben más de 100.000 visitantes al año. La Fundación Pablo Neruda, creada por voluntad° expresa del poeta, las administra. Aparte de conservar su patrimonio artístico y encargarse del mantenimiento° de las casas, la fundación organiza actividades culturales y exposiciones.

Hoy día, gracias al deseo de Neruda de mantener las casas como un legado° para el pueblo chileno, todos sus admiradores pueden hacer una visita a una de sus casas. Pueden sentir, por un momento, que forman parte del particular mundo creativo del escritor. ∎

Isla Negra
Neruda compró una pequeña cabaña en 1938 y la fue ampliando a lo largo de los años. La reconstruyó de tal manera que pareciera el interior de un barco. Su tumba y la de Matilde Urrutia están ubicadas en una terraza de la casa con una impresionante vista del Pacífico.

La Chascona
Está situada en un terreno vertical en Santiago de Chile. Se inició su construcción en 1953 y fue bautizada "La Chascona" en honor a Matilde Urrutia. *Chascona*, en Chile, significa "despeinada".

La Sebastiana
La casa, llamada así en honor al arquitecto Sebastián Collado, está en la ciudad de Valparaíso. Se inauguró el 18 de septiembre de 1961. Desde ella se disfruta de una vista privilegiada, en este caso sobre la bahía. Era el lugar favorito de Neruda para pasar la Nochevieja°.

enterrado *buried* **voluntad** *wish* **mantenimiento** *maintenance*
legado *legacy* **Nochevieja** *New Year's Eve*

ASÍ LO DECIMOS

Artes visuales

el arte digital   *digital art*

el arte gráfico   *graphic art*

el videoarte   *video art*

la cerámica   *pottery*

el dibujo   *drawing; sketching*

el grabado   *engraving*

el grafiti   *graffiti*

el mural   *mural painting*

la orfebrería   *goldwork*

el tapiz   *tapestry*

EL MUNDO HISPANOHABLANTE

Otros creadores

Frida Kahlo es una de las figuras más representativas de la pintura introspectiva mexicana del siglo XX. Su vida estuvo marcada por enfermedades y un matrimonio tortuoso con el muralista Diego Rivera. Es conocida principalmente por sus autorretratos en los que expresa el dolor de su vida personal. (Ver un ejemplo en la **Lección 6**.)

Santiago Calatrava es

el arquitecto español de más fama internacional en la actualidad. En sus creaciones predomina el color blanco. El Palacio de Artes, el Museo de las Ciencias y el Hemisférico en Valencia (España) son algunas de sus obras más destacadas.

Ariel Lacayo Argueñal es un famoso chef nicaragüense. Estudió administración y cursó una maestría en enología en los Estados Unidos. En el restaurante neoyorquino Patria cocinó para celebridades como los Clinton, Nicole Kidman y los príncipes de Mónaco. Hoy, junto a su padre, deleita paladares° en un restaurante criollo en Nicaragua.

PERFIL

NERUDA EN LA PINTURA

de la serie
Todo en ti fue naufragio,
Guillermo Núñez

En el año 2002, la Fundación Pablo Neruda y la Fundación Amigos del Arte organizaron una particular exposición para conmemorar el centenario° del poeta chileno más universal, Pablo Neruda. Al mismo tiempo querían celebrar los ochenta años del libro de poemas en español más leído de la historia, *Veinte poemas de amor y una canción desesperada.* Participaron en el proyecto veintiún pintores chilenos.

Su labor: elegir un poema de Neruda, interiorizarlo y plasmar° su proceso de lectura en una pintura. El resultado de la exposición fue un estimulante diálogo entre palabra e imagen. Todos los participantes reflexionaron sobre la palabra poética y, al mismo tiempo, sobre su propio proceso creativo. Entre los pintores que colaboraron estaba el internacionalmente reconocido Guillermo Núñez, quien publicó un libro que cuenta la experiencia de pintar la obra de Neruda. Núñez lleva la conexión entre literatura y pintura a un nivel todavía más complejo.

Guillermo Núñez

❝ **La eternidad es una de las raras virtudes de la literatura.** ❞
(Adolfo Bioy Casares, escritor argentino)

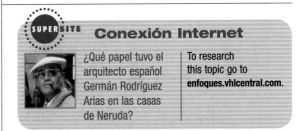

SUPERSITE   **Conexión Internet**

¿Qué papel tuvo el arquitecto español Germán Rodríguez Arias en las casas de Neruda?

To research this topic go to **enfoques.vhlcentral.com.**

centenario *centennial (hundred-year celebration of Neruda's birth)*
plasmar *give expression to* **deleita paladares** *pleases the palate*

¿Qué aprendiste?

① **¿Cierto o falso?** Indica si estas afirmaciones sobre Neruda son **ciertas** o **falsas**. Corrige las falsas.

1. La película *Il Postino* reproduce los años de exilio de Neruda en Italia.

2. Neruda no salió casi nunca de Chile.

3. Neruda tenía dos casas en Chile: Isla Negra y La Chascona.

4. La casa La Chascona se llama así porque está ubicada en un pueblo que también tiene ese nombre.

5. Neruda intervenía muy activamente en la construcción y decoración de sus casas.

6. El poeta está enterrado en La Sebastiana.

7. Hoy día, las tres casas son museos.

8. La Fundación Pablo Neruda se creó por deseo e iniciativa de los admiradores del poeta.

9. La casa Isla Negra está decorada como si fuera un barco.

10. A Pablo Neruda le gustaba pasar la Nochevieja en la casa La Sebastiana.

11. La Chascona está ubicada en un terreno vertical.

12. La Sebastiana, ubicada en Santiago, tiene una vista privilegiada de la ciudad.

② **Oraciones incompletas** Completa las oraciones con la información correcta.

1. La Fundación Neruda y la Fundación Amigos del Arte organizaron una exposición para conmemorar _____.

2. Los veintiún artistas que participaron tenían que _____.

3. En las creaciones de Santiago Calatrava predomina _____.

4. Diego Rivera se hizo famoso por _____.

③ **Preguntas** Contesta las preguntas.

1. ¿Crees que la cerámica y la orfebrería son artes u oficios (*trades*)?

2. ¿Alguna vez hiciste alguna obra usando una de las técnicas de la lista de **Así lo decimos**? ¿Qué hiciste?

3. ¿Crees que una obra arquitectónica o el trabajo de un chef se pueden considerar obras de arte? Explica tu respuesta.

④ **Opiniones** En parejas, elijan otro artista o creador hispano que no haya sido mencionado en esta lección. Expliquen por qué les gusta ese artista o sus obras.

MODELO Hemos elegido al arquitecto argentino Jorge Mario Jáuregui. Nos interesa su trabajo en el programa Favela Barrio en Río de Janeiro porque...

PROYECTO

Artistas

Elige una obra en particular de uno de los artistas que se han presentado en **El mundo hispanohablante**. Busca información y prepara una presentación breve para la clase. No olvides mostrar una fotografía o ilustración de la obra. Usa las preguntas como guía.

- ¿Quién es el/la artista?
- ¿Cómo se llama la obra?
- ¿Cuáles son las características de la obra?
- ¿Por qué es famosa la obra y por qué la elegiste?

Violeta Parra

"Yo me llamo **Violeta Parra**, pero no estoy muy segura. Tengo cincuenta años a disposición del viento fuerte. En mi vida me ha tocado muy seco todo y muy salado°, pero así es la vida exactamente…" Así se describe la mayor artista chilena del siglo XX, nacida en 1917 en el pueblo de San Carlos. Tuvo una difícil infancia que compartió con ocho hermanos. Despertó su afición musical de niña cuando comenzó cantando en circos y sitios públicos. Su hermano Nicanor la impulsó para que rescatara la música folclórica chilena. Con su actuación en la casa de Pablo Neruda en 1953, su voz comenzó a popularizarse. Siguieron conciertos por Europa y Latinoamérica y su música fundó las bases para la "Nueva Canción". Además del canto, también incursionó en el tapiz°, el bordado°, la escultura y la pintura. En su arte se evidencia un profundo contenido humano que la define como una artista universal más allá del tiempo y de las fronteras.

Discografía

1966 Las últimas composiciones de Violeta Parra   **1956** Violeta Parra, Canto y guitarra
1957 La tonada presentada

Canción

Éste es un fragmento de una canción de Violeta Parra.

Gracias a la vida

Gracias a la vida que me ha dado tanto

Me ha dado la risa y me ha dado el llanto°

Así yo distingo dicha° de quebranto°

Los dos materiales que forman mi canto

Y el canto de ustedes que es el mismo canto

Y el canto de todos que es mi propio canto.

¿ Sabías que la canción **Gracias a la vida** fue interpretada por un sinnúmero° de artistas ?
Ésta es una pequeña lista:

- **Joan Baez** (Estados Unidos)
- **Danilo Pérez** (Panamá)
- **Mariette Bodier** (Holanda)
- **Mercedes Sosa** (Argentina)
- **David Byrne** (Escocia)
- **Pedro Vargas** (México)

 Preguntas En parejas, respondan estas preguntas.

1. "Me ha tocado muy seco todo y muy salado." ¿Qué quiere decir Violeta Parra con esto?
2. ¿Qué personas influyeron en su vida artística?
3. En la actualidad, Parra es considerada una artista influyente y universal. ¿Por qué?
4. En esta canción, Violeta Parra le agradece a la vida. ¿Qué le agradece? ¿Por qué?

salado *salty; jinxed* **tapiz** *tapestry* **bordado** *embroidery* **llanto** *crying*
dicha *happiness* **quebranto** *pain; suffering* **sinnúmero** *countless*

10.1 The future perfect

- The future perfect tense (**el futuro perfecto**) is formed with the future of **haber** and a past participle.

The future perfect		
pintar	**vender**	**salir**
habré pintado	habré vendido	habré salido
habrás pintado	habrás vendido	habrás salido
habrá pintado	habrá vendido	habrá salido
habremos pintado	habremos vendido	habremos salido
habréis pintado	habréis vendido	habréis salido
habrán pintado	habrán vendido	habrán salido

TALLER DE CONSULTA

MANUAL DE GRAMÁTICA
Más práctica

10.1 The future perfect, p. 535

10.2 The conditional perfect, p. 536

10.3 The past perfect subjunctive, p. 537

Más gramática

10.4 **Si** clauses with compound tenses, p. 538

- The future perfect is used to express what *will have happened* at a certain point. The phrase **para** + [*time expression*] is often used with the future perfect.

  Ya **habré leído** la novela para el lunes.
  I will already have read the novel by Monday.

  Para el año que viene, los arquitectos **habrán diseñado** el nuevo museo.
  By next year, the architects will have designed the new museum.

- **Antes de (que), cuando, dentro de**, and **hasta (que)** are also used with time expressions or other verb forms to indicate when the action in the future perfect will have happened.

  Cuando lleguemos al teatro, ya **habrá empezado** la obra.
  When we get to the theater, the play will have already started.

  Lo **habré terminado dentro de** dos horas.
  I will have finished it within two hours.

TALLER DE CONSULTA

To review irregular past participles, see **7.1**, pp. 256–257.

To review the subjunctive after conjunctions of time or concession, see **6.2**, pp. 220–221.

To express probability regarding present or future occurrences, use the future tense. See **6.1**, pp. 216–217.

- The future perfect may also express supposition or probability regarding a past action.

  ¿**Habrá tenido** éxito la exposición de este fin de semana?
  I wonder if this weekend's exhibition was a success?

  No lo sé, pero **habrá ido** mucha gente a verla.
  I don't know, but a lot of people must have gone to see it.

Me imagino que habrán visto toda la exposición.

Habré visto arte antes, pero esto es especial.

Práctica y comunicación

TALLER DE CONSULTA

MANUAL DE GRAMÁTICA
Más práctica

10.1 The future perfect, p. 535

1 **Artes y letras** Completa las oraciones con el futuro perfecto de los verbos entre paréntesis.

1. Me imagino que ustedes _____ (leer) el poema para mañana.

2. ¿ _____ (conocer) Juan a la famosa autora?

3. Para la próxima semana, Ana y yo _____ (terminar) de leer el cuento.

4. Le dije al pintor que yo _____ (conseguir) una modelo para el jueves.

5. Me imagino que las obras ya se _____ (vender).

2 **Planes** Tú y tus amigos habían planeado encontrarse a las seis de la tarde para ir al ballet, pero nadie ha venido y tú no sabes por qué. Escribe suposiciones con la información del cuadro. Sigue el modelo.

> **MODELO** Entendí mal los planes.
>
> Habré entendido mal los planes.

Me dejaron un mensaje telefónico.	1.
Uno de mis amigos tuvo un accidente.	2.
Me equivoqué de día.	3.
Fue una broma.	4.
Lo soñé.	5.

3 **Excusas** Cada vez que la profesora hace preguntas, Mónica responde con excusas. En parejas, utilicen el futuro perfecto para completar la conversación.

devolver	escribir	pedir
entregar	ir	ver

PROFESORA Buenos días. ¿Todos (1) _____ el ensayo para el final del día?

MÓNICA Yo lo (2) _____ para el viernes, profesora.

PROFESORA Pero me imagino que tú ya (3) _____ la exposición del escultor, ¿verdad?

MÓNICA Pues... estaba con fiebre... todo el fin de semana. Pero voy mañana.

PROFESORA Por lo menos (4) _____ a la biblioteca a hacer las investigaciones necesarias, ¿no?

MÓNICA Pues, fui, pero otro estudiante ya había sacado los libros que necesitaba. Según la bibliotecaria, él los (5) _____ para mañana.

4 **El futuro** Hazles estas preguntas a tres de tus compañeros/as.

- Cuando terminen las próximas vacaciones de verano, ¿qué habrás hecho?

- Antes de terminar tus estudios universitarios, ¿qué aventuras habrás tenido?

- Dentro de diez años, ¿dónde habrás estado y a quién habrás conocido?

- Cuando tengas cuarenta años, ¿qué decisiones importantes habrás tomado?

- Cuando seas abuelo/a, ¿qué lecciones habrás aprendido de la vida?

10.2 The conditional perfect

- The conditional perfect tense (**el condicional perfecto**) is formed with the conditional of **haber** and a past participle.

Estas pinturas son una porquería. Habría preferido ir al cine.

TALLER DE CONSULTA

To review irregular past participles, see **7.1**, pp. 256–257.

The conditional perfect is frequently used after **si** clauses that contain the past perfect subjunctive. See **Manual de gramática, 10.4**, p. 538.

The conditional perfect

pensar	tener	sentir
habría pensado	habría tenido	habría sentido
habrías pensado	habrías tenido	habrías sentido
habría pensado	habría tenido	habría sentido
habríamos pensado	habríamos tenido	habríamos sentido
habríais pensado	habríais tenido	habríais sentido
habrían pensado	habrían tenido	habrían sentido

- The conditional perfect tense is used to express what *would have occurred* but did not.

Juan **habría ido** al museo, pero ya tenía otros planes.
Juan would have gone to the museum, but he had other plans.

Seguramente, **habrías ganado** la apuesta.
You probably would have won the bet.

Otros actores **habrían representado** mejor esta obra.
Other actors would have performed this play better.

Creo que Andrés **habría sido** un gran pintor.
I think Andrés would have been a great painter.

Habría dicho que es... horrible.

- The conditional perfect may also express probability or conjecture about the past.

¿**Habrían apreciado** los críticos su gran creatividad?
I wonder if the critics had appreciated her great creativity.

Los **habría sorprendido** con su talento.
She must have surprised them with her talent.

Práctica y comunicación

TALLER DE CONSULTA

MANUAL DE GRAMÁTICA
Más práctica

10.2 The conditional perfect, p. 536

1 **Lo que habrían hecho** Completa las oraciones con el condicional perfecto de los verbos entre paréntesis.

1. No me gustó para nada. Otro autor _____ (imaginar) un protagonista más interesante.

2. Yo, en su lugar, lo _____ (dibujar) de modo más abstracto.

3. A la autora le _____ (gustar) escribir ficción histórica, pero el público sólo quería más novelas rosas.

4. Nosotros _____ (escribir) ese cuento desde otro punto de vista.

5. ¿Tú _____ (hacer) lo mismo con otra oportunidad?

2 **Otro final** En parejas, conecten las historias con sus finales. Luego utilicen el condicional perfecto para inventar otros finales. Sigan el modelo.

> **MODELO**
>
> *Titanic* / **El barco se hunde (*sinks*).**
>
> En nuestra historia, el barco no se habría hundido. Los novios se habrían casado y...

La Bella y la Bestia	El monstruo mata a su creador.
Frankenstein	Se casa con el príncipe.
El Señor de los Anillos	Frodo destruye el anillo.
Romeo y Julieta	Regresa a su hogar en Kansas.
El Mago de Oz	Los novios se mueren.

3 **¿Y ustedes?** En parejas, miren los dibujos y túrnense para decir lo que habrían hecho en cada situación. Utilicen el condicional perfecto y sean creativos.

1.

2.

3.

4.

4 **Autobiografías** Utiliza el condicional perfecto para escribir un párrafo de tu autobiografía. Incluye descripciones de tres cosas que no cambiarías nunca y tres cosas que habrías hecho en tu vida.

10.3 The past perfect subjunctive

Me molestó que hubieras pedido ese cambio.

Quizás hubiera sido una falta de respeto.

TALLER DE CONSULTA

The alternative past subjunctive forms of **haber** may also be used with the past participle to form the past perfect subjunctive. See **8.2,** pp. 298–299.

Ojalá hubieras/hubieses participado más en el proyecto.
I wish you had participated more in the project.

• • • •

The past perfect subjunctive is also frequently used in **si** clauses. See **Manual de gramática, 10.4,** p. 538.

Si me hubieran invitado, habría ido a la exposición.
If they had invited me, I would have gone to the exhibition.

- The past perfect subjunctive (**el pluscuamperfecto del subjuntivo**) is formed with the past subjunctive of **haber** and a past participle.

The past perfect subjunctive		
cambiar	**poder**	**influir**
hubiera cambiado	hubiera podido	hubiera influido
hubieras cambiado	hubieras podido	hubieras influido
hubiera cambiado	hubiera podido	hubiera influido
hubiéramos cambiado	hubiéramos podido	hubiéramos influido
hubierais cambiado	hubierais podido	hubierais influido
hubieran cambiado	hubieran podido	hubieran influido

- The past perfect subjunctive is used in subordinate clauses under the same conditions for other subjunctive forms, and in the same way the past perfect is used in English (*I had talked, you had spoken, etc.*). It refers to actions or conditions that had taken place before another past occurence.

Le molestó que los escritores no **hubieran asistido** a su conferencia.
It annoyed her that the writers hadn't attended her lecture.

No era cierto que la galería **hubiera cerrado** sus puertas definitivamente.
It was not true that the gallery had closed its doors permanently.

- When the action in the main clause is in the past, both the past subjunctive and the past perfect subjunctive can be used in the subordinate clause. However, the meaning of each sentence may be different.

PAST SUBJUNCTIVE	PAST PERFECT SUBJUNCTIVE
Esperaba que me **llamaras.** ¡Qué bueno oír tu voz! *I was hoping you would call me. It's great to hear your voice!*	Esperaba que me **hubieras llamado.** ¿Qué pasó? *I wished that you had called me. What happened?*
Deseaba que me **ayudaras.** *I wished that you would help me.*	Deseaba que me **hubieras ayudado.** *I wished that you had helped me.*

Práctica y comunicación

1 **Hubiera...** Completa las oraciones con el pluscuamperfecto del subjuntivo.

1. Habría ido al teatro si no _____ (llover).
2. Si yo _____ (lograr) publicar mi libro, habría sido un superventas.
3. Me molestó que ellos no le _____ (dar) el premio al otro poeta.
4. Si nosotros _____ (pensar) eso, lo habríamos dicho.
5. Si ella _____ (pedir) más por sus cuadros, habría ganado millones.
6. ¡Qué lástima que sus padres no _____ (apoyar) su interés por las artes!

TALLER DE CONSULTA

MANUAL DE GRAMÁTICA
Más práctica

10.3 The past perfect
subjunctive, p. 537

2 **Oraciones** Une los elementos de las columnas para crear cinco oraciones con el pluscuamperfecto del subjuntivo.

Dudaba de que	yo	escribir cuentos policíacos
Esperábamos que	tú	ganar un premio literario
Me sorprendió que	el artista	tener talento
Ellos querían que	nosotros	venir a la exposición
No creías que	los poetas	vender ese autorretrato

3 **¡A quejarse!** Paulino es escritor y Graciela es pintora. Son muy buenos amigos, pero ninguno de los dos ha tenido éxito. En parejas, utilicen el pluscuamperfecto del subjuntivo para escribir una conversación en la cual los dos se quejan de las oportunidades que habían perdido.

MODELO   GRACIELA No fue justo que le hubieran dado ese premio literario a García Márquez. Tienes mucho más talento que él...

No fue justo que....
No podía creer que...
Si hubiera logrado...
Si tú sólo hubieras...

4 **Síntesis** En grupos de cuatro, dramaticen esta situación: uno/a de ustedes va a entrevistar a los tres finalistas del concurso de televisión *El ídolo de la música*. Uno/a acaba de ganar el concurso. Utilicen por lo menos tres usos del futuro perfecto, del condicional perfecto y del pluscuamperfecto del subjuntivo. Luego representen su entrevista para la clase.

MODELO   REPORTERO Felicitaciones a Carolina, la nueva ídola de la música. ¡El año que viene será increíble! ¿Qué crees que habrá pasado para esta fecha, el próximo año?

GANADORA Pues, seguramente habré grabado mi primer disco y...

REPORTERO Christopher, tus aficionados no habrán creído lo que pasó esta noche. Si hubieras tenido otra oportunidad, ¿qué habrías hecho de manera diferente?

FINALISTA Quizás si hubiera cantado algo más clásico, los jueces no me habrían criticado tanto. O si hubiera...

For additional cumulative practice of all the grammar points in this lesson, go to **enfoques.vhlcentral.com**.

Antes de ver el corto

LAS VIANDAS

país España
duración 19 minutos
director José Antonio Bonet

protagonistas Papandreu (chef), el comensal, empleados del restaurante, otros comensales

---

Vocabulario

acompañar *to come with*
la barbaridad *outrageous thing*
el cochinillo *suckling pig*
el/la comensal *dinner guest*

el compromiso *awkward situation*
contundente *filling; heavy*
el jabalí *wild boar*
la ofensa *insult*

---

1 **Definiciones** Completa las oraciones con las palabras apropiadas.

1. Cuando un plato es muy caro, podemos decir que cuesta una _____.
2. Si un plato te llena inmediatamente, significa que es un plato _____.
3. Alguien que está invitado a comer es un _____.
4. Un _____ es una especie de cerdo salvaje.
5. En algunas culturas, rechazar la comida es una _____.
6. Meter a alguien en un _____ significa ponerlo en una situación incómoda.

2 **Preguntas** En parejas, contesten las preguntas.

1. ¿Te gusta cocinar? ¿Crees que cocinar es un arte?
2. ¿Qué profesiones consideras que son arte? ¿Por qué?
3. ¿Conoces a alguien que sea o que se considere un(a) artista? ¿Cómo es?
4. Según tu opinión, ¿tienen los artistas una personalidad diferente a las personas que no son artistas? Razona tu respuesta.

3 **¿Qué sucederá?** En parejas, miren el fotograma e imaginen lo que va a ocurrir en la historia. Compartan sus ideas con la clase.

master cluster

presenta

ROBERTO ÁLVAREZ   JOSÉ MARÍA POU

Las Viandas

(Viands)

un film de/a film by
JOSE ANTONIO BONET

PEDRO CASABLANC   MIGUEL DEL ARCO   JOSÉ RAMÓN PARDO   SARA ILLÁN

LOLA LEMOS   MARGARITA LASCOITI   JORGE SUQUET   ANNE CAILLON   JEAN-MARIE MONDINI   JOSE TORIJA   ISABEL GALVEZ   ANDREA RAMIREZ   CLAUDIA ALVAREZ

Productor Ejecutivo/Executive Producer PEDRO PALACIOS   Productor Asociado/Associate Producer CHRISTOPHE BOUFFIL-CANTONI   Fotografia/Director of Photography ALFONSO POSTIGO
Casting JOSÉ CARLOS RUIZ   Director de Arte/Art Director HÉCTOR G. BERTRAND   Musica/Music NACHO CABELLO   Montaje/Editing ADORACIÓN G. ELIPE
Vestuario/Costumes JOSÉ MARÍA DE COSSÍO   Sonido Directo/Sound Recording SOUNDERS CREACIÓN SONORA   Postproduccion de Sonido/Sound Postproduction DAVID RODRÍGUEZ
basado en un argumento de/based on a story by SANTIAGO G. AGULLÓ & JOSE ANTONIO BONET   con la participación de/with the collaboration of JAVIER F. VALLADO
Escrita y Dirigida por/Written and Directed by JOSÉ ANTONIO BONET

CANAL+ ESPAÑA   TVE   Pecera Estudio   Southern Sun S.L.   Cinema JCVE   DOLBY DIGITAL   Kodak Motion Picture Films   APPIA PRODUCTIONS   ica

Copyright © MASTER CLUSTER S.L. 2004

Escenas

COMENSAL Buenas tardes. ¿Todavía se puede comer?
MAITRE Por supuesto. Leonora, el abrigo del señor… ¿Me acompaña, por favor?

MAITRE El primer plato del menú: sopa de judiones°, con tocino° y salchicha vienesa°. El señor Papandreu, nuestro chef, ganó un premio con este plato.
COMENSAL ¿No le parece un poco contundente?

(Murmullos)
CHEF ¿El nuevo devuelve [la] comida?
CAMARERO Sí, sí, sí.
CHEF ¡Esto es una ofensa! ¡Nadie devuelve nunca [la] comida a Papandreu! ¡Papandreu es un artista! ¡Papandreu es [el] número uno! *(gritos)* Un artista.

(Después de varios platos más, no puede seguir comiendo.)
MAITRE Señor, nos está poniendo a todos en un serio compromiso. Debe comerse el cochinillo de inmediato.
COMENSAL ¿Pero es que no lo entiende? ¡No puedo más!

COMENSAL Perdóneme, señor, pero ¡tengo que pedirle ayuda! Bueno, usted mismo lo está viendo. ¡Quieren que me coma un cochinillo! ¿Pero están locos?
HOMBRE No se preocupe. Lo he visto todo y tiene razón. Le comprendo. Confíe en mí. Hablaré con Papandreu.

COMENSAL *(gritando)* ¡No quiero comer más! ¡No quiero comer este jabalí!
CHEF ¡Quieto! ¡Vas a comer jabalí como [un] niño bueno! ¡Come!
(Después de que el cliente come el jabalí.)
CHEF ¡El postre! ¡Papandreu artista genial!

judiones *butter beans* **tocino** *bacon* **salchicha vienesa** *frankfurter*

Después de ver el corto

1 Comprensión Contesta las preguntas con oraciones completas.

1. ¿Dónde está el restaurante?
2. ¿Por qué pregunta el comensal si el primer plato es contundente?
3. ¿Qué ocurre cuando el cliente dice que no puede comer más sopa?
4. ¿Por qué se enoja el chef cuando regresa el camarero a la cocina?
5. ¿Para qué va el comensal al servicio *(restroom)*?
6. En el servicio, ¿qué le promete el otro comensal al protagonista?
7. ¿Qué hace el protagonista al ver que el otro comensal no lo ha ayudado?
8. ¿Qué hacen los camareros y el chef cuando lo detienen?

2 Ampliación Contesta las preguntas con oraciones completas.

1. ¿Por qué dice el chef que todo el mundo debe probar su comida?
2. ¿Por qué crees que los otros clientes no ayudan al protagonista?
3. ¿Qué temas se tratan en *Las viandas* además de la cocina?
4. ¿Crees que Papandreu es un artista? ¿Por qué? ¿Es común que los artistas se comporten así?
5. ¿Qué sucede al final de la historia? ¿Podrá el protagonista irse del restaurante? ¿Y los demás comensales?

3 Los comensales En parejas, elijan un fotograma y describan la vida del personaje o los personajes. Escriban por lo menos cinco oraciones. Usen las preguntas como guía.

- ¿Cómo son?
- ¿Por qué están en el restaurante?

- ¿Cómo son sus vidas?
- ¿Qué opinan de Papandreu?

4 ¡Soy un artista! En parejas, imaginen que se encuentran con un artista un poco especial, como el chef de *Las viandas*. La escena, sin embargo, se desarrolla en otro ambiente. Elijan uno de los lugares y personajes sugeridos, u otro que prefieran, y escriban un párrafo contando la historia. Después, compartan la historia con la clase.

- un quirófano *(operating room)* y un cirujano de gran renombre
- una pasarela *(runway)* y una supermodelo

- un estudio de diseño y un diseñador premiado
- una peluquería y un estilista famoso

Cantata, 1985.
Armando Barrios, Venezuela.

"La literatura nace del paso entre lo que el hombre es y lo que quisiera ser."

— Mario Vargas Llosa

Antes de leer

Continuidad de los parques

Sobre el autor

A pesar de vivir muchos años fuera de la Argentina, **Julio Cortázar** siempre se mostró interesado en la realidad sociopolítica de América Latina. En sus textos, representa al mundo como un gran laberinto del que el ser humano debería escapar. Cortázar nació en Bruselas, Bélgica, en 1914. Llegó a la Argentina cuando tenía cuatro años. En 1932 se graduó como maestro de escuela y comenzó sus estudios en la Universidad de Buenos Aires, los cuales no pudo terminar por motivos económicos. Desde 1951 hasta su muerte en 1984 vivió en París. Su obra, en la que se destacan (*stand out*) la novela *Rayuela* (1963) y libros de cuentos como *Historias de cronopios y de famas* (1962), se caracteriza por el uso magistral (*masterful*) del lenguaje y el juego constante entre la realidad y la fantasía. Por esta última característica se lo considera uno de los creadores del "realismo fantástico".

Vocabulario

acariciar *to caress*	**la coartada** *alibi*	**el repaso** *revision; review*
al alcance *within reach*	**la mejilla** *cheek*	**el/la testigo** *witness*
el arroyo *stream*	**el pecho** *chest*	**la trama** *plot*

Oraciones incompletas Completa las oraciones con la palabra apropiada.

1. Antes del examen hicimos un _____.
2. La niña _____ la _____ de su hermanito.
3. Decidimos acampar junto al _____.
4. El otro día fui _____ de un hecho extraordinario.

Conexión personal

¿Leíste alguna vez un libro tan interesante y fascinante que simplemente no lo podías dejar de leer? ¿Cuál? ¿Tuviste una experiencia similar con una película o serie de televisión?

Análisis literario: el realismo fantástico

Entretejer la ficción y la realidad se ha convertido en un recurso recurrente en la literatura latinoamericana. Este recurso es particularmente común en la obra de escritores argentinos como Jorge Luis Borges y Julio Cortázar. A diferencia del realismo mágico, que se caracteriza por mostrar lo maravilloso como normal, en el realismo fantástico se confunden realidad y fantasía, se presenta un hecho real y se le agrega un elemento ilusorio o fantástico sin nunca marcar claramente los límites entre uno y otro. Esto lleva a historias dentro de historias y el lector debe darse cuenta, o a veces elegir conscientemente, en qué historia está o qué está sucediendo. A medida que leas *Continuidad de los parques,* busca elementos del realismo fantástico.

Continuidad

Julio Cortázar

de los parques

Había empezado a leer la novela unos días antes. La abandonó por negocios urgentes, volvió a abrirla cuando regresaba en tren a la finca°; se dejaba interesar lentamente por la trama, por el dibujo de los personajes. Esa tarde, después de escribir una carta a su apoderado° y discutir con el mayordomo° una cuestión de aparcerías°, volvió al libro en la tranquilidad del estudio que miraba hacia el parque de los robles°. Arrellanado° en su sillón favorito, de espaldas a la puerta que lo hubiera molestado como una irritante posibilidad de intrusiones, dejó que su mano izquierda acariciara una y otra vez el terciopelo° verde y se puso a leer los últimos capítulos. Su memoria retenía sin esfuerzo los nombres y las imágenes de los protagonistas; la ilusión novelesca lo ganó casi enseguida. Gozaba del placer casi perverso de irse desgajando° línea a línea de lo que lo rodeaba, y sentir a la vez que su cabeza descansaba cómodamente en el terciopelo del alto respaldo°, que los cigarrillos seguían al alcance de la mano, que más allá de los ventanales danzaba el aire del atardecer bajo los robles. Palabra a palabra, absorbido por la sórdida disyuntiva° de los héroes, dejándose ir hacia las imágenes que se concertaban y adquirían color y movimiento, fue testigo del último encuentro en la cabaña del monte°.

Primero entraba la mujer, recelosa°; ahora llegaba el amante, lastimada la cara por el chicotazo° de una rama°. Admirablemente restañaba° ella la sangre con sus besos, pero él rechazaba sus caricias, no había venido para repetir las ceremonias de una pasión secreta, protegida por un mundo de hojas secas y senderos furtivos. El puñal° se entibiaba° contra su pecho y debajo latía° la libertad agazapada°. Un diálogo anhelante° corría por las páginas como un arroyo de serpientes, y se sentía que todo estaba decidido desde siempre. Hasta esas caricias que enredaban° el cuerpo del amante como queriendo retenerlo y disuadirlo, dibujaban abominablemente la figura de otro cuerpo que era necesario destruir. Nada había sido olvidado: coartadas, azares, posibles errores. A partir de esa hora cada instante tenía su empleo minuciosamente atribuido. El doble repaso despiadado° se interrumpía apenas para que una mano acariciara una mejilla. Empezaba a anochecer.

Sin mirarse ya, atados rígidamente a la tarea que los esperaba, se separaron en la puerta de la cabaña. Ella debía seguir por la senda° que iba al norte. Desde la senda opuesta él se volvió un instante para verla correr con el pelo suelto. Corrió a su vez, parapetándose° en los árboles y los setos°, hasta distinguir en la bruma malva del crepúsculo° la alameda° que llevaba a la casa. Los perros no debían ladrar°, y no ladraron. El mayordomo no estaría a esa hora, y no estaba. Subió los tres peldaños° del porche y entró. Desde la sangre galopando° en sus oídos le llegaban las palabras de la mujer: primero una sala azul, después una galería, una escalera alfombrada°. En lo alto, dos puertas. Nadie en la primera habitación, nadie en la segunda. La puerta del salón, y entonces el puñal en la mano, la luz de los ventanales, el alto respaldo de un sillón de terciopelo verde, la cabeza del hombre en el sillón leyendo una novela. ■

country house

agent

butler

sharecropping

oak trees / Settled

velvet

tearing off

back (of chair or sofa)

dilemma

the cabin in the woods

suspicious(ly)

lash / branch

staunched

dagger / was becoming warm

was beating

crouched (in wait) / yearning

were entangling

pitiless

trail

taking cover

hedges

twilight / cottonwood-lined path / bark

steps

pounding

carpeted

Después de leer

Continuidad de los parques
Julio Cortázar

(1) **Comprensión** Ordena de forma cronológica lo que sucede en el cuento.

_____ a. Sentado en su sillón de terciopelo verde, volvió al libro en la tranquilidad del estudio.

_____ b. Finalmente, ella se fue hacia el norte y él llegó hasta la casa del bosque.

_____ c. Un hombre regresó a su finca después de haber terminado unos negocios urgentes.

_____ d. Llegó hasta el salón y se dirigió hacia el hombre que, sentado en el sillón de terciopelo verde, estaba leyendo una novela.

_____ e. Ese día los perros no ladraron y el mayordomo no estaba.

_____ f. En la novela, una mujer y su amante se encontraban en una cabaña.

_____ g. Él subió los tres peldaños del porche y entró en la casa.

_____ h. Se habían reunido allí para terminar de planear un asesinato.

(2) **Interpretación** Contesta las preguntas.

1. Según se deduce de sus costumbres, ¿cómo crees que es la personalidad del hombre que estaba sentado en el sillón? Presenta ejemplos del cuento.

2. ¿Quiénes se reúnen en la cabaña del monte y para qué?

3. ¿Por qué crees que el mayordomo no trabajaba ese día?

4. ¿Qué relación hay entre la pareja de la cabaña y el hombre que está leyendo la novela?

5. ¿Quién crees que es la víctima? Haz una lista de las claves que hay en el cuento.

6. ¿Cómo logra el escritor mantener la atención de sus lectores?

(3) **Análisis** En "Continuidad de los parques", Julio Cortázar mezcla la realidad con la ficción. En parejas, conversen sobre estas preguntas.

1. ¿Qué habría pasado si el hombre del sillón hubiera cerrado el libro antes?

2. Imaginen que la novela que está leyendo el hombre es de otro género: humor, romance, ciencia ficción, etc. ¿Cuál hubiera sido el final en ese caso? Escríbanlo y luego, compártanlo con la clase.

3. Expliquen por qué creen que este cuento se titula "Continuidad de los parques".

(4) **Un nuevo final** Escribe un párrafo que describa lo que sucede después del final del cuento. ¿Sobre cuál de las dos historias vas a escribir? ¿La historia del hombre que lee la novela o la segunda historia dentro de la primera?

Antes de leer

Vocabulario

la alusión *allusion*	**la narrativa** *narrative work*
el canon *literary canon*	**el relato** *story; account*
editar *to publish*	**transcurrir** *to take place*
el estereotipo *stereotype*	**tratar (sobre/acerca de)**
estético/a *aesthetic*	*to be about; to deal with*

La muerte y la doncella Completa las oraciones con el vocabulario de la tabla.

1. El argentino-chileno Ariel Dorfman se considera miembro del _____ literario de Latinoamérica, en parte por el éxito de su obra de teatro *La muerte y la doncella*.

2. La _____ de Dorfman incluye géneros como la novela y el ensayo.

3. *La muerte y la doncella* _____ los efectos de la tortura en una mujer, que cree encontrarse con su torturador.

4. La obra es interesante porque ninguno de los personajes es un _____, sino un individuo complejo.

5. La acción _____ en un lugar que no se identifica, pero podría ser el Chile de Pinochet.

Conexión personal ¿Puede haber estereotipos positivos? ¿O son todos, por definición, negativos? ¿Cómo puede un estereotipo aparentemente positivo limitar a un individuo?

Contexto cultural

Gabriel García Márquez

En 1967, Gabriel García Márquez escribió una obra que ha dejado una huella (*mark*) profunda en la literatura de América Latina. *Cien años de soledad* es uno de los ejemplos mayores del *realismo mágico* y nos transporta al pueblo mítico de Macondo, donde objetos comunes como el hielo (*ice*) se presentan como maravillosos mientras las cosas más sorprendentes —como una lluvia de flores que caen del cielo— se narran como si fueran normales. Incluso en el siglo XXI las obras de García Márquez dominan el mercado literario y se siguen estudiando como ejemplos de un género creativo y comprometido (*politically engaged*). Más notable aún, han conseguido definir un estilo que se reconoce mundialmente como latinoamericano y que todavía inspira a nuevos escritores. Isabel Allende y Laura Esquivel son dos escritoras destacadas que en los años ochenta iniciaron una vuelta, que continúa hasta el día de hoy, al mundo del realismo mágico con las muy exitosas novelas *La casa de los espíritus* (1982) y *Como agua para chocolate* (1989).

De Macondo a McOndo

¹ En Santiago de Chile, ¿es típico observar una tormenta de flores?
¿Es sorprendente encontrar un cubito de hielo° en una Coca-Cola _ice cube_
en Buenos Aires? Un grupo de jóvenes escritores, encabezado° por _led_
el chileno Alberto Fuguet, responde rotundamente° que no. Estos _emphatically_
⁵ escritores afirman que tienen más en común con la generación
estadounidense que creció con los videojuegos y MTV que con
el mundo mágico y mítico de Macondo. Por eso, transformando
el nombre del pueblo ficticio de las novelas de García Márquez,
el grupo tomó el nombre "McOndo" en un guiño de ojo° al _wink_

omnipresente McDonald's, a las pioneras computadoras Macintosh y a los *condos*.

El grupo McOndo escribe una literatura intensamente personal, urbana y llena de alusiones a la cultura popular. Fuguet describe a su grupo como apolítico, adicto a la televisión por cable y aficionado a Internet. La televisión, la radio, el cine e Internet infiltran sus obras e introducen temas globales y muy corrientes°. Las obras de Fuguet revelan más huellas de Hollywood que de García Márquez o Borges, y mayor influencia de videos musicales estadounidenses que de *Cien años de soledad*.

¿Qué hay de latinoamericano en las obras de McOndo?, se preguntan algunos lectores que identifican América Latina con el realismo mágico. ¿No podrían transcurrir en cualquier sitio?, es otra pregunta habitual. Justamente, el editor de una revista literaria estadounidense muy prestigiosa le hizo esta pregunta a Fuguet. La revista rechazó° uno de sus cuentos. Las novelas de Isabel Allende y Laura Esquivel, por ejemplo, llevan al lector a un lugar exótico cuyos olores y colores son a la vez extraños y familiares. ¿Pueden tener éxito en el mercado literario relatos en los que nada es exótico para los lectores acostumbrados a la vida urbana de la gran ciudad?

Los escritores de McOndo tampoco se identifican con los productos de sus contemporáneos más realistas como, por ejemplo, Sandra Cisneros, Julia Álvarez y Esmeralda Santiago, que cuentan la difícil experiencia de los latinos en los Estados Unidos. Los personajes de McOndo son latinos en un mundo globalizado. Esto se ve como un hecho normal y no como una experiencia especial o traumática. Según los jóvenes de McOndo, su literatura es tan latinoamericana como las otras porque sus obras tratan acerca de la realidad de muchas personas: una existencia moderna, comercial, confusa y sin fronteras. En su opinión, la noción de que la realidad latinoamericana está constituida por hombres de fuerza descomunal°,

current (line 20)
rejected (line 35)
massive (line 60)

Los escritores de McOndo

Algunos escritores que se identifican con **Alberto Fuguet** y el mundo de McOndo son: Rodrigo Fresán y Martín Rejtman de Argentina, Jaime Bayly del Perú, Sergio Gómez de Chile, Edmundo Paz Soldán de Bolivia y Naief Yehya de México. En 1997 Sergio Gómez y Alberto Fuguet editaron una antología de cuentos titulada *McOndo*, que incluye relatos de escritores latinoamericanos menores de treinta y cinco años.

tormentas de flores y muchachas que suben al cielo no sólo es estereotípica sino empobrecedora°. Fuguet escribe en un ensayo muy conocido de salon.com que se ha convertido en el manifiesto de los escritores de McOndo: "Es una injusticia reducir la esencia de América Latina a hombres con ponchos y sombreros, zares de la droga° que portan armas° y señoritas sensuales que se menean° al ritmo de la salsa." Fuguet prefiere representar el mundo reconocible de los videoclubes, la comida rápida y la música popular. Sólo con el tiempo sabremos si su propuesta° estética tendrá la presencia duradera°, la influencia y la importancia indiscutida del realismo mágico. ∎

damaging (line 66)
drug lords / gun-toting swing (lines 73-75)
proposal (line 78)
long-lasting (line 80)

Después de leer

De Macondo a McOndo

1 Comprensión Responde las preguntas con oraciones completas.

1. En el siglo XXI, ¿tienen éxito las obras de realismo mágico?

2. ¿De dónde viene el nombre McOndo?

3. ¿Cuáles son algunas de las influencias importantes en la literatura de Fuguet?

4. ¿Cuáles son algunas de las críticas que reciben los escritores de McOndo?

5. ¿Por qué se identifican más los escritores de McOndo con algunos jóvenes estadounidenses que con García Márquez u otros escritores?

2 Reflexión En parejas, respondan las preguntas.

1. ¿Qué opinan los jóvenes de McOndo de las representaciones de hombres con ponchos y de las señoritas sensuales que bailan salsa?

2. ¿Qué opinas del uso de estereotipos en la literatura y en el cine?

3. ¿Crees que el estilo de los escritores de McOndo es incompatible con el realismo mágico? ¿Se podrían combinar en una obra? ¿Cuál sería el resultado?

3 Comparación En grupos de tres, comparen las dos citas. La primera es de la lectura de García Márquez de la **Lección 5** y la segunda de Paz Soldán de la **Lección 9**. Las dos narran un cambio clave dentro de cada historia.

> Un chorro (*spurt*) de luz dorada y fresca como el agua empezó a salir de la bombilla (*light bulb*) rota, y lo dejaron correr hasta que el nivel llegó a cuatro palmos. Entonces cortaron la corriente (*current*), sacaron el bote, y navegaron a placer (*at their pleasure*) por entre las islas de la casa.

> Y era muy cierto que cualquiera podía manipular una imagen en la computadora, pero eran los mínimos detalles los que separaban al verdadero artista-técnico de la multitud. Las expresiones y las capas de colores que uno manipulaba en la pantalla debían definirse con números para cuya precisión a veces se necesitaban hasta seis decimales.

1. ¿Qué es lo que puede suceder después de cada una de las citas? ¿Cuál de los sucesos que pueden ocurrir es más "maravilloso"?

2. ¿Qué diferencias pueden observar en el estilo de los dos escritores? ¿Cuál es más directo? ¿Cuál usa más recursos, por ejemplo metáforas?

3. ¿Qué estilo prefieren y por qué?

4 Realismo mágico tecnológico Elige una de las situaciones y escribe el primer párrafo de un cuento en el que el autor decide recurrir al realismo mágico para describir objetos y situaciones que se relacionan con la tecnología, la vida urbana y la cultura pop.

- un virus infectó la computadora
- tu celular hace llamadas por sí solo
- no recuerdas dónde estacionaste el carro nuevo

Atando cabos

¡A conversar!

Literatura y arte Trabajen en grupos de cuatro para preparar una presentación sobre un(a) escritor(a), un(a) escultor(a) o un(a) pintor(a) que les interese.

> **Tema:** Preparen una presentación sobre alguno de los artistas famosos de esta lección o elijan otro.
>
> **Preparación:** Investiguen en Internet o en la biblioteca. Una vez que tengan la información sobre el/la artista, elijan los puntos más importantes a tratar. Busquen o preparen material audiovisual para ofrecer una visión más amplia del tema.
>
> **Organización:** Escriban un esquema que les ayude a organizar su presentación. Pueden guiarse respondiendo las siguientes preguntas.
>
> 1. ¿Dónde nació este personaje?
> 2. ¿A qué se dedicó o dedica?
> 3. ¿Cómo llegó a ser conocido?
> 4. ¿Qué logros alcanzó con su obra?

Estrategia de comunicación

Cómo hablar de arte

1. No habríamos elegido a este/a artista si su obra no fuera...

2. Se hizo famoso/a gracias a...

3. Uno de los rasgos que caracteriza a este/a artista es....

4. A veces, los temas que trata son...

5. En esta obra podemos ver ciertos rasgos del movimiento cubista/surrealista/indigenista...

6. Actualmente, sus obras...

¡A escribir!

Obras maestras culinarias Imagina que eres un(a) chef, que al igual que el chef de *Las viandas*, se considera un(a) verdadero/a artista. Todas las semanas escribes una columna con críticas de restaurantes para una revista de arte. Elige un plato que te guste cocinar o que siempre comas en tu restaurante favorito y escribe un párrafo en el que describes el plato como si fuera una obra de arte. Usa el vocabulario que aprendiste en esta lección.

MODELO Hoy quiero presentarles una obra radical: ravioles de cochinillo con salsa Dalí. Es un verdadero festival estético para los ojos y el paladar.

La literatura

el argumento	plot
la caracterización	characterization
la estrofa	stanza
el/la narrador(a)	narrator
el personaje	character
el/la protagonista	protagonist
el punto de vista	point of view
la rima	rhyme
el verso	line (of poetry)
desarrollarse	to take place
hojear	to skim
narrar	to narrate
tratarse de	to be about; to deal with
didáctico/a	educational
humorístico/a	humorous
satírico/a	satirical
trágico/a	tragic

Los géneros literarios

la (auto)biografía	(auto)biography
la ciencia ficción	science fiction
la literatura infantil/ juvenil	children's literature
la novela rosa	romance novel
la poesía	poetry
la prosa	prose
clásico/a	classic
de terror	horror (story/novel)
histórico/a	historical
policíaco/a	detective (story/novel)

Los artistas

el/la artesano/a	artisan
el/la dramaturgo/a	playwright
el/la ensayista	essayist
el/la escultor(a)	sculptor
el/la muralista	muralist
el/la novelista	novelist
el/la pintor(a)	painter
el/la poeta	poet

El arte

la acuarela	watercolor
el autorretrato	self-portrait
las bellas artes	fine arts
el cuadro	painting
la escultura	sculpture
la naturaleza muerta	still life
la obra (de arte)	work (of art)
el óleo	oil painting
el pincel	paintbrush
la pintura	paint; painting
la tela	canvas
dibujar	to draw
diseñar	to design
esculpir	to sculpt
reflejar	to reflect; to depict
abstracto/a	abstract
contemporáneo/a	contemporary
inquietante	disturbing; unsettling
intrigante	intriguing
llamativo/a	striking
luminoso/a	bright
realista	realistic; realist
al estilo de	in the style of
de buen/mal gusto	in good/bad taste

Las corrientes artísticas

la corriente/el movimiento	movement
el cubismo	cubism
el expresionismo	expressionism
el impresionismo	impressionism
el realismo	realism
el romanticismo	romanticism
el surrealismo	surrealism

Más vocabulario

Expresiones útiles	Ver p. 367
Estructura	Ver pp. 374, 376 y 378

Cinemateca

la barbaridad	outrageous thing
el cochinillo	suckling pig
el/la comensal	dinner guest
el compromiso	awkward situation
el jabalí	wild boar
la ofensa	insult
acompañar	to come with
contundente	filling; heavy

Literatura

el arroyo	stream
la coartada	alibi
la mejilla	cheek
el pecho	chest
el repaso	revision; review
el/la testigo	witness
la trama	plot
acariciar	to caress
al alcance	within reach

Cultura

la alusión	allusion
el canon	literary canon
el estereotipo	stereotype
la narrativa	narrative work
el relato	story; account
editar	to publish
transcurrir	to take place
tratar (sobre/acerca de)	to be about; to deal with
estético/a	aesthetic

La política y la religión

Contextos
páginas 396–399
- La religión
- Las creencias religiosas
- Los cargos públicos
- La política

Fotonovela
páginas 400–403
- *La rueda de prensa*

Enfoques
Bolivia
páginas 404–407
- **En detalle:** El Carnaval de Oruro
- **Perfil:** Evo Morales
- **Ritmos:** Los Kjarkas

Estructura
páginas 408–417
- The passive voice
- Uses of **se**
- Prepositions: **de, desde, en, entre, hasta, sin**

Manual de gramática
páginas 540–544
- Más práctica
- Más gramática

Cinemateca
páginas 418–421
- **Cortometraje:** *El rincón de Venezuela*

Lecturas
páginas 422–434
- **Literatura:** *El alba del Viernes Santo* de Emilia Pardo Bazán
- **Cultura:** *Cómo Bolivia perdió su mar*

Atando cabos
página 435
- ¡A conversar!
- ¡A escribir!

Communicative Goals
You will expand your ability to...
- describe actions in the passive voice
- make impersonal or generalized statements
- talk about unexpected or accidental events
- describe time and space relationships

La política y
la religión

SUPERSITE

La religión

María Elena participa siempre en las ceremonias **religiosas** de su **iglesia**. El día de "El Señor del gran Poder" ella **reza** y luego baila para celebrar su **fe** en **Dios**.

la creencia *belief*
el/la creyente *believer*
Dios *God*
la fe *faith*
la iglesia *church*
la mezquita *mosque*
la sinagoga *synagogue*
el templo *temple*

bendecir *to bless*
creer en *to believe in*
meditar *to meditate*
rechazar *to reject*
rezar *to pray*

espiritual *spiritual*
(in)moral *(im)moral*
religioso/a *religious*
sagrado/a *sacred; holy*

Las creencias religiosas

agnóstico/a *agnostic*
ateo/a *atheist*
budista *Buddhist*
católico/a *Catholic*

cristiano/a *Christian*
hindú *Hindu*
judío/a *Jewish*
musulmán/musulmana *Muslim*

Los cargos públicos

el alcalde/la alcaldesa *mayor*

el/la diputado/a *representative*
el/la embajador(a) *ambassador*
el/la gobernador(a) *governor*
el/la juez(a) *judge*
el/la primer(a) ministro/a *prime minister*
el/la senador(a) *senator*

Rosario Dawson, actriz y **activista**, fundó la organización Voto Latino, que realiza una **campaña** para aumentar el número de **ciudadanos** latinos que **se inscriben** para **votar** y participan en las **elecciones** estadounidenses.

el/la activista *activist*

la campaña *campaign*

el/la candidato/a *candidate*

el/la ciudadano/a *citizen*

los derechos (humanos/civiles) *(human/civil) rights*

el exilio político *political exile*

la guerra (civil) *(civil) war*

la ideología *ideology*

la inmigración *immigration*

la libertad *freedom*

el/la líder *leader*

la manifestación *protest; demonstration*

la mayoría *majority*

la minoría *minority*

el partido político *political party*

la polémica *controversy*

el/la político/a *politician*

el proyecto de ley *bill*

el terrorismo *terrorism*

---

aprobar (o:ue) una ley *to pass a law*

elegir (e:i) *to elect*

emigrar *to emigrate*

ganar/perder (e:ie) las elecciones *to win/lose an election*

gobernar (e:ie) *to govern*

inscribirse *to register*

luchar *to fight; to struggle*

pronunciar un discurso *to give a speech*

protestar *to protest*

votar *to vote*

---

conservador(a) *conservative*

(des)igual *(un)equal*

(in)justo/a *(un)just*

liberal *liberal*

  Práctica

1 **Escuchar**

A. Escucha la presentación y después completa las oraciones con la opción correcta.

1. Los asistentes a la reunión son _____.
   a. compañeros de oficina
   b. miembros de un partido

2. Ana Lozano es _____.
   a. una candidata   b. la presidenta del país

3. El partido piensa que _____ están en peligro.
   a. las leyes   b. los derechos civiles

4. Según el presentador, el proyecto de ley es _____.
   a. inmoral   b. justo

5. El partido tiene planes para luchar contra _____.
   a. la corrupción   b. el terrorismo y la injusticia

B. Escucha la conversación entre Tony y José Manuel y contesta las preguntas.

1. ¿Por qué está tan ocupado José Manuel?

2. ¿Qué piensa Tony de Ana Lozano?

3. ¿Qué opina José Manuel de la candidata?

4. ¿Qué va a hacer Tony en las elecciones?

5. ¿Adónde va José Manuel?

C. En grupos de cuatro, conversen sobre estas preguntas.

1. ¿Te pareces más a Tony o a José Manuel?

2. ¿Has votado en unas elecciones? ¿Cuáles? ¿Ganó tu candidato/a?

3. ¿Alguna vez participaste en una campaña política o manifestación? ¿Por qué?

2 **No pertenece** Identifica la palabra que no pertenece.

1. mezquita–iglesia–sinagoga–budista

2. ciudadano–sagrado–religioso–espiritual

3. meditar–rezar–emigrar–creer

4. desigual–discurso–injusto–inmoral

5. creyente–campaña–elecciones–candidato

6. luchar–protestar–bendecir–rechazar

Práctica

3 **Los políticos** Empareja las personas de la primera columna con sus funciones políticas.

_____ 1. activistas   a. Representan estados o provincias y aprueban leyes.

_____ 2. alcaldes   b. Son responsables de los asuntos del pueblo o ciudad.

_____ 3. candidatos   c. Trabajan en un tribunal (*court*) y dictan sentencias.

_____ 4. embajadores   d. Representan un país ante otros países.

_____ 5. jueces   e. Hacen campañas porque quieren asumir un cargo público.

_____ 6. senadores   f. Organizan manifestaciones y luchan por sus ideales.

4 **¿Quién es?** Identifica a qué personaje se refieren estas situaciones.

activista	agnóstico/a	ateo/a	creyente	político/a

_____ 1. Va al templo siempre que puede. Lo/La ayuda a encontrar la paz espiritual. Una vez allí, reza y medita sobre los temas que le preocupan.

_____ 2. Él/Ella y un grupo de amigos/as se manifestaron delante del ayuntamiento (*city hall*) todos los lunes del pasado año para pedir el fin de la guerra. No tiene miedo de crear polémica, con tal de conseguir su objetivo.

_____ 3. Tiene fama de corrupto/a y mentiroso/a, pero él/ella cree que esas opiniones son parte de su trabajo y las acepta con coraje. Cree firmemente en el sistema y quiere mejorar el mundo.

_____ 4. Sus padres van mucho a la iglesia, pero él/ella no tiene ninguna creencia religiosa. Durante las fiestas religiosas, siempre terminan peleándose.

_____ 5. No tiene fe, pero no niega la existencia de un ser superior. Nunca habla de religión pero no le importa tener amigos religiosos.

5 **Antónimos** Identifica ocho palabras de **Contextos** que sean antónimos de estas palabras.

1. conservador: _____
2. igual: _____
3. ateo: _____
4. creer: _____

5. justo: _____
6. paz: _____
7. mayoría: _____
8. moral: _____

6 **Oraciones** En parejas, utilicen las palabras de la lista para escribir seis oraciones sobre la religión y la política. ¡Sean creativos!

espiritual	(in)moral	ministro
fe	libertad	polémica
gobernador	luchar	religioso
ideología	meditar	sagrado

Comunicación

7 **Estereotipos** Lee estos estereotipos sobre la política. Luego, en grupos de tres, cada persona debe añadir otro estereotipo a la lista. Conversen sobre todas las oraciones. ¿Están de acuerdo? ¿Por qué? Den ejemplos de la actualidad para defender sus opiniones.

> **"Las personas que no votan no tienen derecho a quejarse."**

> "Los senadores y diputados prometen mucho y hacen poco."

> **"Los conservadores no se preocupan por el medio ambiente."**

> "Los liberales no se preocupan por la defensa del país."

> "La política no es más que polémica y escándalo."

8 **Elecciones**

A. En parejas, miren los carteles electorales y decidan por cuál de los dos candidatos votarían en las elecciones. ¿Por qué? Compartan sus opiniones con la clase.

B. Ahora, imaginen que ustedes quieren presentarse como candidatos/as a presidente/a y vicepresidente/a de su gobierno estudiantil. Diseñen su propio cartel y preparen un discurso para la clase, utilizando por lo menos ocho palabras de **Contextos**. Luego, la clase votará por los/las mejores candidatos/as.

9 **Creencias religiosas** Muchas religiones tienen aspectos en común. En parejas, escriban un párrafo breve sobre aspectos en común de las religiones que conocen. Utilicen por lo menos seis palabras de la lista y añadan sus propias ideas.

creencia	líder
creyente	meditar
Dios	moral
espiritual	rezar
fe	sagrado

La diputada Tere Zamora visita la redacción de
Facetas para dar una rueda de prensa.

AGUAYO ¿Y la diputada?

MARIELA La esperé frente a la salida, pero nunca llegó.

DIANA ¿Dejaste a la señora Zamora en el aeropuerto?

MARIELA ¿Cómo dijiste que se llama?

AGUAYO Zamora. Tere Zamora.

MARIELA Pensé que me habían dicho *Teresa Mora*.

AGUAYO Por la constitución de este país, si no regresas con la diputada, estás despedida.

MARIELA No se preocupe, jefe. La encontraré.

DIANA Recuerda, es una mujer cuarentona con ojeras y de aspecto militar. *(Mariela se va.)* No puedo creer que se haya equivocado de nombre.

AGUAYO No sólo eso, sino que dejó a la diputada en el aeropuerto.

JOHNNY Todo se arreglará. Tómenlo con calma.

AGUAYO Invito a la política más prominente y controversial del norte del país para una entrevista en exclusiva, y una de mis empleadas la deja en el aeropuerto, y ¿debo tomarlo con calma?

ÉRIC Ya la encontrará. Son políticos. Aparecen sin que nadie los llame.

DIANA No se moleste. Yo se la leeré. "Por su aportación a la democracia, los derechos humanos, la justicia y la libertad. De la revista *Facetas* para la honorable diputada Teresa Mora." *(Se le cae de las manos.)* ¡Uy!... Tengo las manos tan resbaladizas. Debe ser por el hambre... ¿Almorzamos?

Diana y la diputada se van.

FABIOLA ¿Viste a todos esos periodistas allá fuera?

Están viendo televisión.

ÉRIC Cualquier político que luche contra la corrupción se convierte en un fenómeno publicitario.

FABIOLA ¿Quién es ése que corre? *(Señala la tele.)*

FABIOLA Y ÉRIC ¡Es Johnny!

JOHNNY *(Entra corriendo)* ¡Me acaban de confundir con Ricky Martin!

En la oficina, dando una rueda de prensa...

PERIODISTA Hacer cumplir la ley le ha dado una posición de liderazgo en el gobierno. ¿Cuándo sabremos si será candidata a senadora, señora diputada?

DIPUTADA Se enterarán de los detalles de mi futuro político en la próxima edición de la revista *Facetas*.

Personajes

 AGUAYO

 DIANA

 ÉRIC

 FABIOLA

 JOHNNY

 MARIELA

 LA DIPUTADA TERE ZAMORA

 PERIODISTA

4

5

AGUAYO *(furioso, seguro de que es Mariela)* ¡Qué... *(entra la diputada)* gusto saludarla, señora diputada! Disculpe los inconvenientes, señora Zamora. Envié a una persona a recogerla, pero, como ve, nunca se encontraron.

DIPUTADA Son cosas que pasan, pero no se preocupen; lo importante es hacer la entrevista.

DIANA Pero antes queremos darle un regalo de bienvenida.

JOHNNY Como muestra de nuestro agradecimiento, le hacemos este humilde obsequio.

DIPUTADA ¡El calendario azteca!

FABIOLA Y tiene una dedicatoria en la parte de atrás escrita en caligrafía por nuestra artista gráfica.

DIANA *(pálida)* ¿Por Mariela?

Diana toma el calendario.

9

10

PERIODISTA Eso es favoritismo.

DIPUTADA Favoritismo ¡no!, sino que los periodistas de *Facetas* son los únicos que tratan la política con respeto.

Más tarde, en la sala de conferencias...

MARIELA Lo siento, pero no encontré a ninguna cuarentona con ojeras y con aspecto militar. *(Se entera de que la diputada está presente.)* Aunque ahora mismo regreso a ver si encuentro a la guapa diputada que estaba buscando.

Mariela se va avergonzada.

 Comprensión

1 **¿Cierto o falso?** Indica si estas afirmaciones son **ciertas** o **falsas**. Corrige las falsas.

Cierto Falso

☐ ☐ 1. La diputada se llama Teresa Mora.

☐ ☐ 2. Cuando Mariela no encuentra a la diputada, Aguayo lo toma con calma.

☐ ☐ 3. La diputada viene a la oficina a dar una rueda de prensa.

☐ ☐ 4. Los empleados de *Facetas* le dan un regalo de bienvenida a la diputada.

☐ ☐ 5. Diana no quiere que la diputada vea la dedicatoria.

☐ ☐ 6. Johnny llega corriendo porque quiere hacer ejercicio.

☐ ☐ 7. La diputada dice que se va a presentar como candidata a senadora.

☐ ☐ 8. La diputada dice que los periodistas de *Facetas* tratan la política con respeto.

2 **¿Por qué?** Contesta las preguntas con oraciones completas y explica tus respuestas.

1. ¿Por qué Mariela no encontró a la diputada en el aeropuerto?

2. Cuando se le cayó el plato a Diana, ¿qué explicación le dio a la diputada? ¿Crees que fue un accidente o que lo hizo a propósito? ¿Por qué?

3. ¿Cómo se habrá sentido la diputada después de lo que dijo Mariela? ¿Por qué?

4. ¿Cómo se habrá sentido Aguayo? ¿Y Mariela?

5. ¿Qué les habrá dicho la diputada sobre su futuro político? ¿Fue justo que ella no revelara ninguna información sobre el asunto a los demás periodistas? ¿Por qué?

6. ¿Qué habrá pasado al día siguiente en la oficina de *Facetas*? ¿Crees que Mariela fue despedida? ¿Por qué?

3 **Opiniones** Cuando se trata de política, la gente suele tener opiniones muy fuertes. Primero, identifica cuál de los personajes expresa cada una de estas opiniones. Luego, en parejas, conversen sobre qué quieren decir y den sus propias opiniones.

"Son políticos. Aparecen sin que nadie los llame."

"Eso es favoritismo."

"Los periodistas de *Facetas* son los únicos que tratan la política con respeto."

"Todo se arreglará."

"Cualquier político que luche contra la corrupción se convierte en un fenómeno publicitario."

Ampliación

4 **Un buen político** Discutan en parejas: ¿Cuáles son las características de un(a) buen(a) político/a? Lean las acciones de la lista y escojan las cuatro más importantes. Luego reúnanse con otra pareja y discutan sus opiniones.

cumplir con sus promesas	no aumentar los impuestos
decir lo que piensa	ocuparse del medio ambiente
defender los derechos humanos	pelear contra la discriminación
luchar contra la corrupción	proteger la seguridad del país

5 **Apuntes culturales** En parejas, lean los párrafos y contesten las preguntas.

Mujeres al poder

La diputada Tere Zamora es una política prominente de su país. Otra política destacada del mundo hispano es la presidenta de Chile, **Michelle Bachelet**. Antes de asumir la presidencia en 2006, esta doctora de profesión ya había ganado popularidad por su contribución a los derechos humanos y su trabajo como ministra de salud y de defensa del gobierno de Lagos (2000–2006).

La Piedra del Sol

¡Ay, Dios mío! ¡Diana dejó caer nada menos que una réplica del calendario azteca! Para los aztecas, el calendario, también llamado **Piedra del Sol**, era un objeto sagrado que encerraba la clave de sus creencias y celebraciones religiosas. El calendario original es una piedra de 25 toneladas. ¿Qué pensará Aguayo de la estrategia de Diana?

Las capitales de Bolivia

Aguayo y la diputada conversarán sobre política y democracia. Casi todos los países hispanos tienen gobiernos democráticos, y el gobierno nacional se asienta en una ciudad capital. Bolivia presenta la particularidad de tener dos capitales: **Sucre**, la capital oficial y sede de la Justicia, y **La Paz**, capital administrativa.

1. ¿Conoces otras figuras políticas femeninas? ¿Quiénes son y qué cargos públicos ocupan?
2. En tu comunidad, ¿participan las mujeres activamente en la política? ¿Estás de acuerdo con el nivel actual de participación femenina?
3. En tu cultura, ¿tenían tus antepasados (*ancestors*) objetos sagrados? ¿Cómo eran? ¿Para qué servían?
4. ¿Visitaste alguna vez la capital de algún país? ¿Qué capitales te gustaría visitar? ¿Por qué?

En detalle

BOLIVIA

EL CARNAVAL DE ORURO

Durante los cuarenta días de fiesta del Carnaval de Oruro, generalmente a fines de febrero, los grupos folclóricos llenan las calles de música y baile. Los espectáculos cuentan las historias de la conquista y honran a la Virgen del Socavón, protectora de la ciudad. Los habitantes les dan gran importancia a las coreografías y a la confección° de los disfraces° que preparan a lo largo de todo el año. Uno de los elementos más famosos de este carnaval son las máscaras° de diablo. Estas piezas de artesanía son originales y contienen símbolos de la mitología andina, como la serpiente o el cóndor. Hoy día, son consideradas verdaderas creaciones artísticas y se han convertido en objetos de colección.

El desfile° más celebrado, y el que muestra la fusión de tradiciones católicas e indígenas, es el de las *diabladas*. En él, los participantes se visten con elaboradísimos disfraces de diablos y realizan bailes en honor de la Virgen. Tanto la figura del diablo como la de la Virgen del Socavón tienen elementos de la tradición indígena. El Tío Supay es una figura ancestral andina que con el tiempo pasó a identificarse con el diablo de la tradición cristiana. Otro personaje de la mitología andina, la diosa benefactora de los urus° se integró plenamente con la Virgen del Socavón.

Con el paso de los años el Carnaval de Oruro se ha convertido también en visita obligada para los turistas. En 2001 fue proclamado "Obra maestra del patrimonio oral e inmaterial de la humanidad" por la UNESCO. ∎

Otros desfiles del Carnaval de Oruro

- **Morenadas** Desfile de personajes que representan a los esclavos africanos, a los indígenas y a los conquistadores españoles
- **Caporales** Desfile que representa la brutalidad de los capataces° que vigilaban° a los trabajadores indígenas y africanos

Leyendas

Según la leyenda, el Tío Supay, dios de las minas° bolivianas, protege las riquezas que se esconden bajo la tierra. Esta divinidad andina no tiene clemencia y, por siglos, se ha cobrado° la vida de los mineros° que no reconocen su poder. Según cuenta la mitología andina, una deidad femenina bajó del cielo a proteger a los urus del Tío Supay y éste, tras la derrota°, tuvo que irse a vivir bajo tierra.

confección *making* disfraces *costumes* máscaras *masks* desfile *parade* urus *indigenous people native to the region* minas *mines* se ha cobrado *he has claimed* mineros *miners* derrota *defeat* capataces *foremen* vigilaban *watched over*

La religión y la política

cada muerte de obispo°   *once in a blue moon*

estar en capilla°   *to be punished*

mano de santo° (Esp.)   *effective medicine*

ojalá°   *I wish; hopefully*

ser más viejo/a que Matusalén°   *to be very old*

ajustarse el cinturón°   *to adjust to a harsh economic situation*

medir con doble vara   *to have double standards*

un(a) ñoqui (Arg.)   *a person getting paid for a government position he/she doesn't hold*

un(a) politiquillo (Esp. y Méx.)   *minor politician*

Campañas y elecciones

- **La ley seca**, común en varios países de Latinoamérica, prohíbe la venta de bebidas alcohólicas el día de las elecciones, que generalmente es un domingo. En Costa Rica, esta ley, introducida en 1952, rige° desde el viernes a la medianoche hasta el lunes próximo.

- **Las escuelas** son los lugares comunes para votar en la Argentina. Los votantes van a las escuelas y realizan la votación en las aulas°, llamadas *cuartos oscuros* porque las ventanas se cubren para que nadie pueda observar al votante. Las elecciones son el domingo y, generalmente, el lunes siguiente no hay clases.

- **El cierre de campaña** ocurre unos días previos al día de la votación según la ley de algunos países. En el Ecuador, por ejemplo, los candidatos políticos y los medios de comunicación no pueden hacer propaganda ni expresar opiniones políticas un cierto número de días antes de las elecciones.

EVO MORALES

En diciembre de 2005, Evo Morales ganó las elecciones presidenciales de Bolivia y se convirtió en el primer presidente indígena en la historia del país. Nació en 1959, en un pequeño pueblo marcado por la pobreza. Su familia, de ascendencia aymara, vivía en condiciones tan precarias que cuatro de sus hermanos murieron antes de los dos años. Ya de muy joven, se inscribió en un sindicato de campesinos donde no tardó en mostrar sus dotes° de líder. Su carrera política dio un gran salto en 1997, cuando ganó las elecciones para la Cámara de los Diputados con un setenta por ciento de los votos. A partir de allí, y no libre de controversia por sus posturas políticas, se transformó en uno de los mayores protagonistas del panorama político de Bolivia. Su discurso político se centra en la nacionalización de los recursos mineros del país y en la lucha por los derechos de los campesinos.

❝ No vivir tan deprisa, valorar lo que tenemos y dedicarnos más a los demás ❞
(Evo Morales, presidente de Bolivia)

SUPERSITE   **Conexión Internet**

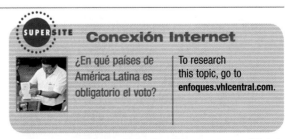

| ¿En qué países de América Latina es obligatorio el voto? | To research this topic, go to **enfoques.vhlcentral.com**. |

dotes *skills; talent* **cada muerte...** *(lit.) every time a bishop dies* **estar en...** *(lit.) to be in a chapel* **mano de santo** *(lit.) saint's hand* **ojalá** *(from Arabic law šálláh) God willing* **ser más viejo...** *(lit.) to be older than Methuselah* **ajustarse...** *(lit.) to tighten one's belt* **rige** *is in force* **aulas** *classrooms*

¿Qué aprendiste?

1 **¿Cierto o falso?** Indica si estas afirmaciones son **ciertas** o **falsas**. Corrige las falsas.

1. El Carnaval de Oruro combina historias de la conquista con elementos religiosos.

2. La Virgen del Socavón es la protectora de la ciudad.

3. Las máscaras de diablo tienen símbolos de la mitología indígena.

4. Las máscaras son todas iguales.

5. El desfile más famoso es el de las morenadas.

6. El diablo de los carnavales tiene elementos del Tío Supay de la mitología andina.

7. El desfile de las morenadas se realiza en conmemoración a la Virgen del Socavón.

8. El Carnaval de Oruro ha sido declarado "Obra maestra del patrimonio oral e inmaterial de la humanidad".

2 **Oraciones** Completa las oraciones con la información correcta.

1. Al ganar las elecciones, Evo Morales se convirtió en _____.

2. La familia de Morales era _____.

3. De joven, Morales se inscribió en _____.

4. Uno de los temas principales de su discurso político es _____.

3 **Las elecciones** Contesta las preguntas con oraciones completas.

1. ¿En qué situación se usa el dicho "cada muerte de obispo"? ¿Existen en tu cultura otros dichos con referencias religiosas?

2. ¿Crees que debería ser obligatorio votar? ¿Por qué?

3. ¿Qué día se suelen celebrar las elecciones en Latinoamérica? ¿Qué opinas de que las elecciones sean un día no laborable?

4. ¿Por qué se llaman "cuartos oscuros" las salas usadas en Argentina para votar?

5. ¿Qué harías para promover la participación en las elecciones en tu comunidad?

4 **Opiniones** En parejas, den su opinión sobre la importancia del dinero en la política. Usen las preguntas como guía.

- ¿Es positivo o negativo que un(a) político/a tenga dinero antes de llegar al poder?

- ¿Cómo deben ser los salarios de los políticos?

- ¿Creen que está bien que los políticos reciban donaciones de empresas?

- ¿De qué manera el origen y el nivel social de un gobernante pueden marcar su ideología?

PROYECTO

Carnaval de Gualeguaychú, Argentina

Carnavales

Muchos lugares de América Latina tienen celebraciones de carnaval. Elige una región o ciudad latinoamericana —aparte de Oruro y Montevideo (**Lección 9**)— que tenga celebraciones especiales para carnaval. Describe la celebración y explica las similitudes y diferencias con el Carnaval de Oruro.

Puedes elegir una región o ciudad de la lista o investigar otra que desees.

- Carnaval de San Miguel, El Salvador
- Carnaval de Barranquilla, Colombia
- Carnaval de Gualeguaychú, Argentina
- Carnaval Cimarrón, República Dominicana

RITMOS

LOS KJARKAS

En 1965, en Capinota, un pueblo en el altiplano° boliviano, nació la agrupación folclórica **Los Kjarkas.** Los hermanos Wilson, Castel y Gonzalo Hermosa, junto con Edgar Villarroel, comenzaron cantando zambas° argentinas y más tarde incorporaron música típica de Bolivia, que hasta entonces permanecía olvidada por influencias extranjeras. El grupo se disolvió, pero en 1971 inició su segunda etapa bajo la dirección del maestro autodidacta° Gonzalo, quien hoy continúa dirigiendo al grupo integrado por su hijo y por su hermano menor, Elmer, entre otros. Los Kjarkas llevaron la música de Bolivia a Latinoamérica, Europa y Asia cantando en español y en quechua canciones que hablan de amor y de cuestiones sociales, y que reflejan la renovación del folclore boliviano y su fusión con otros ritmos. La historia de la música de Bolivia no podría escribirse sin referirse a la historia de Los Kjarkas.

Discografía

2001 Mi sueño mejor   **2000** Sentimiento andino Vol. I y II   **1975** Bolivia

Canción

Éste es un fragmento de una canción de los Kjarkas.

Bolivia

Quiero pegar un grito° de liberación,
después de siglo y medio de humillación,
Bolivia…

Quiero tengan° tus días destino mejor
y el futuro sonría prometedor…

Si bien los hijos de Elmer y Gonzalo conformarán la próxima generación Kjarkas, el futuro de Los Kjarkas no sólo está en manos de la propia familia. La **escuela de música** Kjarkas en Bolivia ha abierto sucursales° en el Ecuador, el Perú y el Japón, difundiendo así la música folclórica boliviana por el mundo entero.

 Preguntas En parejas, contesten las preguntas.

1. ¿Qué tipo de música comenzaron cantando Los Kjarkas? ¿Por qué?
2. ¿Por qué se dice que "la historia de la música boliviana no podría escribirse sin Los Kjarkas"?
3. En tu opinión, ¿cuál es el tema central de la canción *Bolivia*?
4. ¿Cómo piensas que será el futuro de Los Kjarkas?

altiplano *high plateau* **zambas** *folk rhythm from the northwest of Argentina* **autodidacta** *self-taught*
pegar un grito *to scream out loud* **Quiero tengan** *variation of* Quiero que tengan **sucursales** *branches*

11.1 The passive voice

La dedicatoria fue escrita por nuestra artista gráfica.

La política es tratada con respeto por los periodistas de Facetas.

TALLER DE CONSULTA

MANUAL DE GRAMÁTICA
Más práctica
11.1 The passive voice, p. 540
11.2 Uses of **se**, p. 541
11.3 Prepositions: **de, desde, en, entre, hasta, sin**, p. 542

Más gramática
11.4 Past participles used as adjectives, p. 543
• • • •
To review irregular past participles, see **7.1**, pp. 256–257.
• • • •
Passive statements may also be expressed with the passive **se**. See **11.2**, pp. 410–411.

- In the active voice, a person or thing (agent) performs an action on an object (recipient). The agent is emphasized as the subject of the sentence. Statements in the active voice usually follow the pattern [*agent*] + [*verb*] + [*recipient*].

AGENT = SUBJECT	VERB	RECIPIENT
Los senadores	**discutieron**	el proyecto de ley.
The senators	*discussed*	*the bill.*
El presidente	**ha nombrado**	a los miembros del comité.
The president	*has nominated*	*the members of the committee.*

- In the passive voice (**la voz pasiva**), the recipient of the action becomes the subject of the sentence. Passive statements emphasize the thing that was done or the person that was acted upon. They follow the pattern [*recipient*] + **ser** + [*past participle*] + **por** + [*agent*].

RECIPIENT = SUBJECT	SER + PAST PARTICIPLE	POR + AGENT
El proyecto de ley	**fue discutido**	por los senadores.
The bill	*was discussed*	*by the senators.*
Los miembros del comité	**han sido nombrados**	por el presidente.
The members of the committee	*have been nominated*	*by the president.*

¡ATENCIÓN!

The person performing the action (the agent) is not always explicit.

La ciudad fue fundada en 1883.
The city was founded in 1883.

- Note that singular forms of **ser** (**es, ha sido, fue**, etc.) are used with singular recipients and plural forms (**son, han sido, fueron**, etc.) are used with plural recipients.

La manifestación **es organizada** por un grupo de activistas.
The demonstration is organized by an activist group.

Los dos candidatos **fueron rechazados** por el comité.
The two candidates were rejected by the committee.

- In addition, the past participle must agree in number and gender with the recipient(s).

El **discurso** fue **escrito** por el presidente mismo.
The speech was written by the president himself.

Nuevas **leyes** serán **aprobadas** por el senado este año.
New laws will be passed by the senate this year.

Dos **tratados** han sido **firmados** por la primera ministra.
Two treaties have been signed by the prime minister.

La **disminución** de empleos fue **prevista** por el ministro de economía.
The decline in jobs was predicted by the treasury secretary.

TALLER DE CONSULTA

Past participles used as adjectives also agree in gender and number. See **Manual de gramática 11.4**, p. 543.

Práctica y comunicación

TALLER DE CONSULTA

MANUAL DE GRAMÁTICA
Más práctica
11.1 The passive voice,
p. 540

1 **Oraciones** Completa las oraciones en voz pasiva con la forma adecuada del participio pasado.

1. La libertad es _____ (buscar) por todos los pueblos.
2. El discurso fue _____ (pronunciar) por la ministra.
3. La seguridad de las ciudades va a ser _____ (discutir) por los senadores.
4. Las leyes van a ser _____ (revisar) por el nuevo gobierno.
5. Aquellos dos senadores fueron _____ (elegir) el mes pasado.
6. La ley fue _____ (defender) por todos.
7. El nuevo proyecto de ley fue _____ (aceptar) por todos los líderes sindicales.
8. Los derechos humanos y civiles no son _____ (respetar) por las dictaduras.

2 **Decirlo de otra manera** Cambia cada oración de voz activa a voz pasiva siguiendo el modelo. ¡Presta atención a los tiempos verbales!

> **MODELO**
>
> Los ciudadanos elegirán a dos senadores.
>
> Dos senadores serán elegidos por los ciudadanos.

1. El general ya ha recibido las órdenes.
2. El juez suspendió la condena (*sentence*).
3. El líder sindical va a proponer una huelga.
4. La diputada recibe al embajador.
5. El secretario organizó la campaña electoral.
6. La candidata promete cambios drásticos.
7. El ejército ha mandado a tres mil soldados a la zona del conflicto.
8. Los manifestantes no apoyan las nuevas leyes de inmigración.

3 **Concurso**

- **Primer paso:** Escribir oraciones en voz activa y pasiva.
  Formen grupos de tres o cuatro. Cada grupo escribe cinco oraciones en voz activa y cinco oraciones en voz pasiva en papelitos recortados (*cut-up*). Luego, mezclen los papelitos con las oraciones de todos los grupos.

- **Segundo paso:** Cambiar la oración.
  Dividan la clase en dos equipos. Primero, un miembro de un equipo toma un papelito con una oración y el equipo contrario debe cambiar la oración de activa a pasiva o de pasiva a activa en diez segundos y sin cometer errores. Luego, le toca hacer lo mismo al otro equipo.

- **Tercer paso:** ¿Cuál es el equipo ganador?
  Cuando hayan usado todos los papelitos que escribieron, deben contar las oraciones que cada equipo ha formado correctamente. Gana el equipo que ha formado más oraciones correctas.

11.2 Uses of *se*

¡Se nos perdió la diputada!

¿Se permite tomar una foto?

TALLER DE CONSULTA

In passive constructions with **se**, just like in the passive voice, the object of a verb becomes the subject of the sentence.

Active: **La compañía necesita más fondos.**
The company needs more funds.

Passive: **Se necesitan más fondos.**
More funds are needed.

For more on the passive voice, see **11.1**, p. 408.

The passive *se*

- In Spanish, the reflexive pronoun **se** is often used as a substitute for the passive voice when the person performing the action is not stated. The third-person singular verb form is used with singular nouns, and the third-person plural form is used with plural nouns.

Se subirán los impuestos a final de año.
Taxes will be raised at the end of the year.

Se ve el monumento desde la catedral.
The monument is visible from the cathedral.

- When the passive **se** refers to a specific person or persons, the personal **a** is used and the verb is always singular.

En las elecciones pasadas, **se eligió al** alcalde casi por unanimidad.
In the last elections, the mayor was elected almost unanimously.

Se informó a los senadores del nuevo proyecto de ley.
The senators were informed of the new bill.

The impersonal *se*

- **Se** is also used with third-person singular verbs in impersonal constructions where the subject of the sentence is indefinite. In English, the words *one, people, you,* or *they* are often used instead.

Se habla mucho de la crisis.
They're talking a lot about the crisis.

¿**Se puede** vivir sin fe?
Can one live without faith?

Se dice que es mejor prestar que pedir prestado.
They say it is better to lend than to borrow.

No **se debe** votar sin informarse sobre los candidatos.
One shouldn't vote without becoming informed on the candidates.

- Constructions with the impersonal **se** are often used on signs and warnings.

Se prohíbe fumar.

No se puede entrar.

Se to express unexpected events

¡Ay, no!
¡Se me cayó!

- **Se** is also used in statements that describe accidental or unplanned incidents. In this construction, the person who performs the action is de-emphasized, so as to imply that the incident is not his or her direct responsibility.

INDIRECT OBJECT PRONOUN	VERB	SUBJECT
Se	me	perdió	el reloj.

- These verbs are frequently used with **se** to describe unplanned events.

acabar *to run out of*	**olvidar** *to forget*
caer *to fall; to drop*	**perder (e:ie)** *to lose*
dañar *to damage; to break*	**quedar** *to be left behind*
lastimar *to hurt*	**romper** *to break*

¡Se nos quedaron las bolsas en la tienda!   **Se me dañó** el celular.
We left our bags behind at the store!   *My cell phone broke.*

- In this construction, the person *to whom the event happened* is expressed as an indirect object. The thing that would normally be the direct object of the sentence becomes the subject.

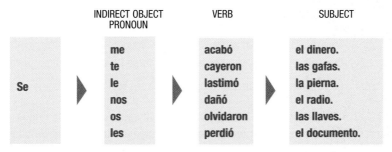

	INDIRECT OBJECT PRONOUN	VERB	SUBJECT
Se	me	acabó	el dinero.
	te	cayeron	las gafas.
	le	lastimó	la pierna.
	nos	dañó	el radio.
	os	olvidaron	las llaves.
	les	perdió	el documento.

- To clarify or emphasize the person to whom the unexpected occurrence happened, the construction commonly begins with **a** + [*noun*] or **a** + [*prepositional pronoun*].

A María siempre se le olvida inscribirse para votar.

María always forgets to register to vote.

A mí se me cayeron todos los documentos en medio de la calle.

I dropped all the documents in the middle of the street.

Práctica

TALLER DE CONSULTA

MANUAL DE GRAMÁTICA
Más práctica
11.2 Uses of **se**, p. 541

1 **¿Cuál corresponde?** Une las frases para formar oraciones lógicas.

_____ 1. A mí
_____ 2. A nosotros
_____ 3. A ti
_____ 4. A la ministra
_____ 5. A los diputados

a. se te rompieron los vasos.
b. se les pidió una explicación.
c. se me olvidó la dirección de la embajadora.
d. se nos pidió que leyéramos el proyecto de ley.
e. se le dañaron dos computadoras.

2 **Opciones**

A. Selecciona la opción correcta para completar cada oración.

1. A Carmen se le cayó _____.
   a. la cartera   b. los libros   c. los lentes
2. Se me quemaron _____.
   a. la comida   b. las papas   c. el documento
3. Siempre se te rompe _____.
   a. los platos   b. la grabadora   c. las sillas
4. Nunca se nos olvida _____.
   a. ir a votar   b. los informes   c. las leyes
5. A mis padres nunca se les pierden _____.
   a. las llaves   b. la memoria   c. el reloj

B. Utiliza las oraciones que acabas de completar como modelo para escribir tres oraciones originales sobre sucesos inesperados que te pasaron.

3 **Titulares** Completa las oraciones con el pretérito del verbo. Recuerda que el verbo concuerda en número con el sujeto gramatical.

1. Se _____ (criticar) duramente el discurso del presidente.
2. Se _____ (prohibir) las reuniones públicas.
3. Se _____ (aprobar) las nuevas leyes.
4. Se _____ (informar) al pueblo sobre la difícil situación.
5. Se _____ (llamar) a los líderes para hablar del conflicto.
6. Se _____ (prohibir) a los candidatos provocar disturbios públicos.

4 **Decisiones** Hoy el jefe informó a los empleados de algunas decisiones importantes. Forma cinco oraciones con los elementos de la lista y añade tus propios detalles.

se decidió	contratar	llamadas personales
se me acabó	tres candidatos	para los sueldos
se despidió	el dinero	dos recepcionistas
se necesitan	hacer	perezosos
no se puede	dos empleados	para el puesto

Comunicación

5 **La escuela** Al terminar su primer día de clases, Marcos y Marta vuelven a su casa y les cuentan a sus padres qué se hace en la escuela. En parejas, describan lo que se hace, usando el **se** impersonal y las notas de Marcos y Marta.

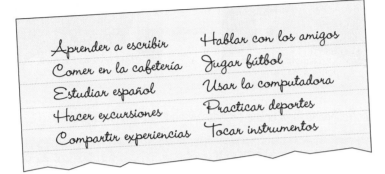

Aprender a escribir
Comer en la cafetería
Estudiar español
Hacer excursiones
Compartir experiencias

Hablar con los amigos
Jugar fútbol
Usar la computadora
Practicar deportes
Tocar instrumentos

6 **Leyes** En grupos de cuatro, imaginen que tienen la oportunidad de fundar un nuevo país. ¿Cuáles serán las leyes? Utilicen los elementos de la lista para escribir seis oraciones completas con el **se** impersonal. Luego, escriban sus leyes en la pizarra. La clase votará por las diez leyes más importantes del país.

> **MODELO** En nuestro país, se permite manejar un carro a los quince años de edad.

(no) se puede	(no) se permite
(no) se debe	(no) se prohíbe

7 **Carteles** En parejas, lean los carteles e imaginen una historia para cada uno. Utilicen el pronombre **se** en sus historias. Después, presenten su mejor historia frente a la clase.

Se necesitan estudiantes de español.

Se prohíbe hablar.

Se venden insectos.

Se leen las manos.

11.3 Prepositions: *de, desde, en, entre, hasta, sin*

The prepositions *de, desde,* and *hasta*

La diputada es la política más prominente del norte del país.

De la revista *Facetas,* para la honorable diputada...

- **De** often corresponds to *of* or the possessive endings *'s/s'* in English.

Uses of *de*					
Possession	**Description**	**Material**	**Position**	**Origin**	**Contents**
las leyes del gobierno	el hombre de cuarenta años	el recipiente de vidrio	la torre de atrás	La embajadora es de España.	el vaso de agua
the government's laws	*the forty-year-old man*	*the glass container*	*the tower at the back*	*The ambassador is from Spain.*	*the glass of water*

- **De** is also used frequently in idioms and adverbial phrases.

de cierta manera *in a certain way*	**de repente** *suddenly*
de nuevo *again*	**de todos modos** *in any case*
de paso *passing through; on the way*	**de vacaciones** *on vacation*
de pie *standing up*	**de vuelta** *back*

De repente, la jueza entró en el tribunal, y todos se pusieron **de pie**.
Suddenly, the judge entered the courtroom, and everyone stood up.

Miguel se va **de vacaciones** por cuatro semanas? ¡Imposible! Hablaré con él **de nuevo**.
Miguel's going on vacation for four weeks? Impossible! I'll speak with him again.

- **Desde** expresses *direction from* and *time since*.

La candidata viajó **desde** Florida hasta Alaska.
The candidate traveled from Florida to Alaska.

No hay novedades **desde** el martes.
There hasn't been any news since Tuesday.

- **Hasta** corresponds to *as far as* in spatial relationships, *until* in time relationships, and *up to* for quantities. It can also be used as an adverb to mean *even* or *as much/many as*.

Ese año, el ejército avanzó **hasta** las murallas del palacio.
That year, the army advanced as far as the palace walls.

A veces, Pilar tiene que leer **hasta** doce libros para la clase.
Sometimes, Pilar has to read as many as twelve books for class.

Hasta 1898, Cuba fue colonia de España.
Until 1898, Cuba was a colony of Spain.

Hasta el presidente quedó sorprendido.
Even the president was surprised.

The prepositions *en, entre,* and *sin*

- **En** corresponds to several English prepositions, such as *in, on, into, onto, by,* and *at.*

El libro está **en** la mesa.
The book is on the table.

El profesor entró **en** la clase.
The professor went into the class.

Escribí todo **en** mi cuaderno.
I wrote it all down in my notebook.

Se encontraron **en** el museo.
They met at the museum.

¿Dejaste a la señora Zamora en el aeropuerto?

Hacer cumplir la ley le ha dado una posición de liderazgo en el gobierno.

- **En** is also used frequently in idioms and adverbial phrases.

en broma *as a joke*	**en fila** *in a row*
en cambio *on the other hand*	**en serio** *seriously*
en contra *against*	**en tren/bicicleta/avión** *by train/bicycle/plane*
en cuanto a *regarding*	**en vano** *in vain*

No lo digo **en broma**; te estoy hablando **en serio**.
I don't mean this as a joke; I'm talking to you in all seriousness.

Tres mil activistas llegaron **en tren** y marcharon **en fila** hasta el parlamento.
Three thousand activists arrived by train and marched in rows to the parliament.

- **Entre** generally corresponds to the English prepositions *between* and *among.*

Entre 2004 y 2006, tomé cursos de religión e historia, **entre** otros.
Between 2004 and 2006, I took religion and history courses, among others.

No debemos entrar en el conflicto; es mejor que lo resuelvan **entre** ellos.
We shouldn't enter the conflict; it is better that they resolve it among themselves.

Las cataratas del Niágara están ubicadas **entre** Canadá y los Estados Unidos.
Niagara Falls is located between Canada and the United States.

- **Entre** is not followed by **ti** and **mí**, the usual pronouns that serve as objects of prepositions. Instead, the subject pronouns **tú** and **yo** are used.

Entre tú y **yo**, creo que la mayoría de las religiones comparten los mismos valores.
Between you and me, I think the majority of religions share the same values.

- **Sin** corresponds to *without* in English. It is often followed by a noun, but it can also be followed by the infinitive form of a verb.

No veo nada **sin** los lentes.
I can't see a thing without glasses.

Lo hice **sin** pensar.
I did it without thinking.

Práctica

TALLER DE CONSULTA

MANUAL DE GRAMÁTICA
Más práctica
11.3 Prepositions: **de, desde, en, entre, hasta, sin**, p. 542

1 **Oraciones** Completa cada oración con la opción correcta.

1. _____ el apoyo de los diputados, el presidente no logrará hacer las reformas.
   a. En   b. Hasta   c. Sin

2. Una computadora como ésta puede costar _____ tres mil dólares.
   a. hasta   b. sin   c. en

3. ¿Estás segura de que el ovni va a aterrizar _____ nuestro jardín?
   a. de   b. en   c. sin

4. Nos vemos a las once en la oficina _____ la senadora.
   a. entre   b. de   c. desde

5. _____ mi ventana veo el mar.
   a. Desde   b. En   c. Hasta

6. Este secreto debe quedar sólo _____ tú y yo.
   a. entre   b. de   c. desde

2 **El poder del Sol** Completa este artículo con las preposiciones **de(l)**, **desde** o **en**.

(1) _____ la Tierra se pueden ver hasta 3.000 estrellas. La estrella que está más cerca
(2) _____ la Tierra es el Sol. (3) _____ el Sol hasta la Tierra hay 149 millones (4) _____
kilómetros.

¿Sabías que (5) _____ los inicios de la humanidad los hombres creen que el Sol es una
pelota (6) _____ fuego? Los chinos, por ejemplo, pensaban que el Sol había salido
(7) _____ la boca (8) _____ un dragón. Además, el Sol fue descrito (9) _____ los antiguos
textos sagrados (10) _____ varias civilizaciones como un dios, con el poder (11) _____ influir
(12) _____ la vida humana.

(13) _____ cierta manera, tenían razón, pues hoy (14) _____ día, los agujeros (15) _____
la capa (16) _____ ozono y el calentamiento global se estudian con el mismo fervor.
¿Las civilizaciones (17) _____ hoy serán capaces de hacer los sacrificios necesarios para
protegernos (18) _____ poder (19) _____ Sol?

3 **Viajero perdido**

A. Juan se ha ido de viaje a visitar los sitios religiosos más importantes del mundo, pero
siempre está perdiéndose. Completa las oraciones con las preposiciones **entre, hasta**
o **sin**.

1. Perdón, estoy _____ mapa. ¿Me podría explicar cómo llegar al templo?

2. Sé que la sinagoga está _____ la Avenida Central y el parque, pero no la encuentro...

3. Disculpe, señora... un señor me dijo que caminara _____ la próxima cuadra, y aquí
   estoy, pero no veo ninguna mezquita por aquí...

4. ¿Usted también anda perdida? Pues, _____ los dos encontraremos la iglesia.

5. Pensé que por lo menos podría encontrar una pirámide _____ pedir ayuda, ¡pero ando
   más perdido que nunca en esta selva!

6. Gracias por la ayuda, pero mejor busco un mapa. ¡_____ luego!

B. En parejas, elijan una de las oraciones y dramaticen la conversación completa entre Juan
y el/la residente local. Utilicen las preposiciones **de, desde, en, entre, hasta** y **sin**.

Comunicación

4) A contar historias En parejas, elijan una de las frases e inventen una historia con ella. Utilicen por lo menos cuatro de estas preposiciones: **de, desde, en, entre, hasta, sin**.

1. Juan está esperando en su jardín...

2. El libro de cocina estaba abierto...

3. Estaba observándolo desde la ventana...

4. Hasta ese momento, nunca me había dado cuenta de que...

5. Sin ella, su vida no tenía sentido...

6. Entre las sombras, veía la figura de...

5) Síntesis

A. Cada vez que quería tomar decisiones importantes acerca de la política y la religión, el rey Arturo se reunía con los Caballeros de la Mesa Redonda. En parejas, estudien las pistas (*clues*) para descubrir quién es quién.

Datos:

- Parsifal caminó hasta la puerta. Le prohíbe pasar a la reina Ginebra.

- Galahad tiene entre 18 y 20 años. Es el caballero más joven del grupo.

- Bedivere se hizo caballero entre los años 450 y 452. Es el caballero más viejo de la mesa.

- Kay es un típico guerrero. Lleva su espada hasta a las reuniones con el rey.

- Erec está sentado entre Kay y Lancelot.

- El rey Arturo está entre Gawain y la silla vacía de Parsifal.

B. Ahora, escriban un resumen de su reunión. ¿Qué cosas fueron decididas? ¿Discutieron entre ellos? ¿De qué se habló en la reunión? Utilicen por los menos tres oraciones en voz pasiva, tres construcciones con **se** y cinco preposiciones de **Estructura 11.3**. Compartan su historia con la clase.

For additional cumulative practice of all the grammar points in this lesson, go to **enfoques.vhlcentral.com**.

Antes de ver el corto

EL RINCÓN DE VENEZUELA

país Venezuela
duración 19 minutos
director Reyther Ortega

protagonistas Gloria (madre), Alberto (padre), Rosario (hija), Mingo (empleado)

Vocabulario

la arepa *cornmeal cake*	**el panfleto** *pamphlet*
asaltar *to rob*	**el rincón** *corner; nook*
el consulado *consulate*	**el secuestro** *kidnapping*
la embajada *embassy*	**subsistir** *to survive*
la firma *signature*	**útil** *useful*

1. **Definiciones** Escribe la palabra apropiada para cada oración.

1. un delito (*crime*) en el que se retiene a una persona en contra de su voluntad _____

2. oficina que representa a un país en un país extranjero _____

3. papel publicitario con contenido político _____

4. comida típica venezolana _____

5. nombre de una persona que se pone en los documentos para que éstos tengan valor oficial _____

2. **Preguntas** En parejas, contesten las preguntas.

1. ¿Hablas de política con tus amigos/as o con tu familia? ¿De qué asuntos hablan? ¿Por qué?

2. ¿Piensas que es posible ser amigo/a de alguien que tiene diferente ideología política? ¿Tienes amigos/as que tengan otra ideología?

3. ¿Crees que es importante participar en movimientos políticos? ¿Por qué?

4. ¿Te irías de tu país si la situación política fuera muy conflictiva? Explica tu respuesta.

3. **¿Qué sucederá?** En parejas, miren el fotograma del cortometraje e imaginen lo que va a ocurrir en la historia. Compartan sus ideas con la clase.

El rincón de **Venezuela**

THE VENEZUELAN CORNER

CINEMATOGRAPHY ANTOINE VIVAS DENISOV EDITING ELIZABETH ANWAR / REYTHER ORTEGA
SOUND AND MIXING STEFANO GRAMITTO ORIGINAL MUSIC MAURICIO ARCAS PRODUCER KATE GILROY
PRODUCTION DESIGN FREDERICA NASCIMENTO WARDROBES KRISANA PALMA
STARRING AMINTA DE LARA, JABBO DE MOZOS, KRIS PAREDES, ROLANDO J. VARGAS
WRITTEN AND DIRECTED BY REYTHER ORTEGA

CNAC
Centro Nacional Autónomo de Cinematografía

reytherortega@aol.com

Venezuela / USA 2005
Fiction, 19 min. Color, 35mm.
Spanish with English Subtitles

Escenas

ARGUMENTO La difícil situación política venezolana lleva a una familia a empezar una nueva vida en Nueva York. Allí tienen que luchar para sacar adelante su restaurante y adaptarse a las nuevas circunstancias.

GLORIA Mi amor, ¿y si nosotros vendemos esto y nos vamos para Venezuela?

ALBERTO ¿A qué vamos a regresar? ¿Para que nos vuelvan a asaltar? Toda la gente está tratando de irse.

ROSARIO Hay otro grupo de gente que está tratando de hacer algo útil por el país.

GLORIA Aquí lo que hay que hacer es pensar cómo es que vamos a sacar este restaurante adelante, ¡y todos!

ALBERTO Pero que quede bien claro que yo no regreso al país hasta que esos imbéciles se vayan de allí, se vayan del gobierno.

GLORIA Yo creo que ella tiene razón, ¿sabes? Nosotros somos como las arepas de tofu esas que yo estoy haciendo: queriendo ser lo que no somos. Ay, caramba, chico, francamente ¿habrá sido buena idea venirnos para acá? Aquí nadie nos conoce. Lo dejamos todo... ¡la familia!

MANIFESTANTES ¡Referéndum!

GLORIA Tenemos un restaurante venezolano. Tenemos arepas, cachapas°...

MANIFESTANTE Señora, ¿usted ya firmó para el nuevo referéndum? Mire que están diciendo que las firmas anteriores son ilegales.

GLORIA El dinero que teníamos en Caracas no existe más. Se lo presté a mi prima Chela cuando la botaron° de PVSA. Como no tenía prestaciones ni seguro, no tenía como para el colegio de los muchachos ni el alquiler tampoco. Como es obvio, pues no tiene cómo pagarnos.

CLIENTE ¿Qué hacen los chavistas° por aquí?

ALBERTO Gloria, ¿tú no habrás invitado a esta gente?

GLORIA Bueno, mi amor, nosotros mandamos invitación, *email*.

cachapas *cornmeal pancakes* **botaron** *laid (her) off*
chavistas *Chávez supporters*

1 Comprensión Contesta las preguntas con oraciones completas.

1. ¿Qué tipo de comida se sirve en el restaurante?
2. ¿Cuándo dice Alberto que regresará a Venezuela?
3. ¿Qué contesta Rosario cuando su padre dice que toda la gente se quiere ir de Venezuela?
4. ¿Con quién quiere salir Rosario por la noche?
5. ¿Para qué va Gloria a la manifestación?
6. ¿Qué pide la gente que está en la manifestación?
7. Después de unos días, ¿qué le dice Gloria a su hija sobre su amistad con Mingo?
8. ¿Por qué se enojan algunos clientes del restaurante al final del corto?

2 Ampliación Contesta las preguntas con oraciones completas.

1. ¿Qué temas se tratan en *El Rincón de Venezuela*?
2. ¿Por qué se fue la familia de Venezuela?
3. ¿Por qué habla Gloria del *American Way of Management*? ¿En qué consiste?
4. ¿Crees que tendrían éxito las arepas de tofu? ¿Por qué?
5. ¿Por qué se opone Gloria al principio a que su hija salga con Mingo? ¿Por qué cambia luego de opinión?

3 Escenas

A. En parejas, describan lo que ocurre en estas dos escenas del corto. ¿Sobre qué están hablando los personajes? Luego, improvisen la conversación entre los dos personajes.

B. Elijan una de las escenas e imaginen qué sucederá con los dos personajes después del final del corto. Compartan su historia con la clase.

4 ¡Ni un paso más! En parejas, imaginen que son enemigos políticos. Uno/a de ustedes tiene que plantear uno de los problemas políticos de la lista desde el punto de vista de la oposición y la otra persona tiene que defender la postura del gobierno. Preparen tres o cuatro argumentos desde su punto de vista y después presenten su debate delante de la clase.

- impuestos
- llamamiento a filas (*draft*)
- política internacional
- servicios sociales

San Antonio de Oriente, 1957.
José Antonio Velásquez, Honduras.

"Yo no sé si Dios existe, pero si existe, sé que
no le va a molestar mi duda."

— Mario Benedetti

Antes de leer

El alba del Viernes Santo

Sobre la autora

Emilia Pardo Bazán fue una de las escritoras españolas más famosas del siglo XIX. Nació en una familia aristocrática en La Coruña (Galicia) en 1851 y murió en Madrid en 1921. Escribió más de 500 obras cultivando gran variedad de géneros, pero fue más conocida como novelista con títulos como *Los pazos de Ulloa*. Propagó el naturalismo en España, movimiento caracterizado por la descripción detallada y muy precisa de una parte de la vida representativa de la existencia social. Como feminista pionera, escribió artículos que denunciaban el sexismo dominante en España y sugirió cambios a favor de la mujer, como el derecho de obtener una educación semejante a la del hombre.

Vocabulario

el alba *dawn; daybreak*	**culpable** *guilty*	**el milagro** *miracle*
la capilla *chapel*	**devoto/a** *pious; devout*	**el remordimiento** *remorse*
el claustro *cloister*	**el fraile** *friar*	**venerar** *to worship*

Definiciones Escribe la palabra adecuada para cada definición.

1. iglesia pequeña _____
2. responsable de un delito _____
3. sentimiento de culpa _____
4. muy religioso _____
5. hecho inexplicable _____

Conexión personal

¿Te pasó alguna vez que, tratando de hacer el bien, todo haya salido mal? ¿Cuál fue la consecuencia?

Análisis literario: la voz narrativa

Toda historia tiene por lo menos un narrador. El narrador puede ser uno de los personajes o puede ser una voz que cuenta la historia pero no participa de ella. A veces, la voz narrativa es omnisciente, es decir que sabe absolutamente todo sobre los personajes y los acontecimientos (*events*). En otros casos, el narrador nos relata sólo la parte de la historia que conoce o la parte que elige contar. Aunque el autor puede reflejar su pensamiento en las palabras del narrador, no se debe identificar al autor con el narrador. Una escritora puede contar una historia desde el punto de vista narrativo de un hombre, y un adulto puede hacerlo a través de la voz narrativa de un niño. A veces existen muchas voces narrativas que añaden complejidad y textura al relato. Cuando leas el cuento de Pardo Bazán, presta atención a los distintos niveles de voces narrativas. ¿Cuántos narradores hay? ¿Qué efecto tiene esto?

El alba del Viernes Santo

Cuando creyendo hacer bien hacemos mal —dijo Celio—, el corazón sangra°, y nos acordamos de la frase de una heroína de Tolstoi: «No son nuestros defectos, sino nuestras cualidades, las que nos pierden.» Cada Semana Santa experimento mayor inquietud° en la conciencia, porque una vez quise atribuirme° el papel de Dios. Si algún día sabéis que me he metido a fraile, será que la memoria de aquella Semana Santa ha resucitado en forma aguda°, de remordimiento. Así que me hayáis oído, diréis si soy o no soy tan culpable como creo ser.

Es el caso que —por huir de días en que Madrid está insoportable, sin distracciones ni comodidades, sin coches ni teatros y hasta sin grandes solemnidades religiosas— se me ocurrió ir a pasar la Semana Santa a un pueblo donde hubiese catedral, y donde lo inusitado° y pintoresco de la impresión me refrescase el espíritu. Metí ropa en una maleta y el Miércoles Santo me dirigí a la estación; el pueblo elegido fue S***, una de las ciudades más arcaicas de España, en la cual se venera un devotísimo Cristo, famoso por sus milagros y su antigüedad y por la leyenda corriente de que está vestido de humana piel°.

En el mismo departamento que yo viajaba una señora, con quien establecí, si no amistad, esa comunicación casi íntima que suele crearse a las pocas horas de ir dos seres sociables juntos, encerrados en un espacio estrecho°. La corriente de simpatía se hizo más viva al confesarme la señora que se dirigía también a S*** para detenerse allí los días de Semana Santa.

No empiecen ustedes a suponer que amaga° algún episodio amoroso, de esos que en viaje caminan tan rápidos como el tren mismo. No me echó sus redes° el amor, sino algo tan dañoso como él: la piedad. Era mi compañera de departamento una señora como de unos cuarenta y pico° de años, con señales de grande y extraordinaria belleza, destruida por hondísimas° y lacerantes° penas°, más que por la edad. Sus perfectas facciones estaban marchitas° y adelgazadas; sus ojos, negros y grandes, revelaban cierto extravío° y los cercaban cárdenas ojeras°; su boca mostraba la contracción de la amargura° y del miedo. Vestía de luto°. Para expresar con una frase la impresión que producía, diré que se asemejaba° a las imágenes de la Virgen de los Dolores; y apenas me refirió su corta y terrible historia, la semejanza° se precisó, y hasta creí ver sobre su pecho anhelante° brillar los cuchillos; seis hincados° en el corazón, el séptimo ya a punto de clavarse° del todo.

—Yo soy de S*** —declaró con voz gemidora°—. He tenido siete hijos, ¡siete!, a cuál más guapo, a cuál más bueno, a cuál más propio° para envanecer° a una reina. Tres eran niñas, y cuatro, niños. Nos consagramos a ellos por completo mi marido y yo, y logramos criarlos sanos de cuerpo y alma. Llegado el momento de darles educación, nos trasladamos a Madrid, y ahí empiezan las pruebas inauditas° a que Dios quiso someternos°. Poco a poco, de

---

bleeds

restlessness
to attribute to myself

sharp; acute

unusual

skin

narrow; tight

threatens to be

nets

forty-something

very deep/ distressing
sorrows
withered

loss/purple bags under the eyes
bitterness
mourning

she resembled

resemblance
yearning
nailed; driven (into)
to drive in

moaning

suitable/ to make vain

outrageous; unprecedented
submit us to

El catolicismo en España

El catolicismo ocupa un papel central en la vida religiosa, social y cultural de los españoles. La Semana Santa (*Holy Week*) es una de las principales celebraciones, caracterizada tanto por la solemnidad religiosa como por los festejos populares.

El lugar de peregrinación más famoso de España es Santiago de Compostela, en Galicia. Se dice que allí yacen los restos del apóstol Santiago (*St. James, the apostle*). Miles de peregrinos de España y de otros países recorren todos los años el Camino de Santiago, que termina frente a la imponente catedral de Santiago.

Santiago de Compostela, Galicia, España

enfermedades diversas, fueron muriéndose
70 seis de mis hijos..., ¡seis!, ¡seis!, y al cabo,
mi marido, que más feliz que yo sucumbió al
dolor, porque su mal fue un padecimiento° del
hígado°, de esos que la melancolía engendra°
y agrava°. ¿Comprende usted mi situación
75 moral? ¿Se da usted cuenta de lo que seré yo,
después de asistir, velar°, medicinar a siete; de
presenciar siete agonías, de secar siete veces
el sudor de la muerte en las heladas sienes°,
de recoger siete últimos suspiros° que eran el
80 aliento° de mi vida propia, y de amortajar° siete

rígidos cuerpos que habían palpitado de cariño
bajo mis besos y mis ternezas°? Pues bien: lo
acepté todo, ¡todo!, porque me lo enviaba
Dios; no me rebelé, y sólo pedí que me dejasen
al hijo que me quedaba, al más pequeño, una 85
criatura como un ángel, que, estoy segura de
ello, no ha perdido la inocencia bautismal. Así
se lo manifesté a Dios en mis continuos rezos:
¡que no me quite a mi Jacinto y conservaré
fuerzas para conformarme y aceptar todo lo 90
demás, en descargo de mis culpas!... Y ahora...
Al llegar aquí, la madre dolorosa se cubrió los

suffering
liver/generates
makes worse

to keep watch

icy temples
sighs
breath/to shroud

expressions of tenderness

ojos con el pañuelo y su cuerpo se estremeció° *trembled*
convulsivamente al batir° de los sollozos° que *shaking/sobs*
95 ya no salían afuera.

—Y ahora, caballero..., figúrese usted que
también mi Jacinto se me muere.

Salté en el asiento; la lástima° me exaltaba° *pity; compassion/ excited*
como exaltan las pasiones.

100 —Señora, ¡no es posible! —exclamé sin
saber lo que decía.

—¡Sí lo es! —repitió ella, fijándome los
ojos secos ya, por falta de lágrimas—. Jacinto,
creen los médicos, tiene un principio de
105 tisis°; me voy a quedar sola..., es decir, ¡no, *tuberculosis*
quedarme no!, porque Dios no tiene derecho
a exigir que viva, si me arrebata° lo único que *snatches*
me dejó. ¡Ah! ¡Si Dios se me lleva a Jacinto...,
he sufrido bastante, soy libre! ¡No faltaba otra
110 cosa! —añadió sombríamente—. ¡A la Virgen
sólo se le murió uno!

—Dios no se lo llevará —afirmé por calmar
a la infeliz°. *the poor woman*

—Así lo creo —contestó ella con serenidad
115 que encontré asombrosa°—. Así le creo, así lo *amazing*
espero y a eso voy a mi pueblo, donde está el
Santo Cristo, del que nunca debí apartarme°. *separate myself*
El Santo Cristo fue siempre mi abogado° y *advocate*
protector y a Él vengo, porque Él puede
120 hacerlo, a pedir el milagro: la salud de mi hijo,
que allá queda en una cama, sin fuerzas para
levantarse. Cuando yo me eche a los pies del
Cristo, ¡veremos si me lo niega!

Transfigurada por la esperanza, irradiando
125 luz sus ojos, encendido su rostro°, la señora *face*
había recobrado°, momentáneamente, una *recovered*
belleza sublime. —¿Usted no ha oído del Santo
Cristo de mi pueblo? Dicen que es antiquísimo,

y que lo modelaron sobre el propio cuerpo
sagrado del Señor, cubriéndolo con la piel 130
de un santo mártir, a quien se la arrancaron° *pulled out*
los verdugos°. Su pelo y su barba crecen; su *executioners*
frente suda°; sus ojos lloran, y cuando quiere *sweats*
conceder la gracia que se le pide, su cabeza,
moviéndose, se inclina en señal de asentimiento° 135 *consent*
al otro lado...

No me atreví° a preguntar a la desolada *I didn't dare*
señora si lo que afirmaba tenía fundamento
y prueba. Al contrario: la fuerza sugestiva de
la fe es tal, que me puse a desear creer, y, por 140
consecuencia, a creer ya casi, toda aquella
leyenda dorada de los primitivos siglos. Ella
prosiguió, entusiasta, exaltadísima:

—Y dicen que cuando se le implora al
amanecer del día de Viernes Santo, no se 145
niega nunca... Iré, pues, ese día, de rodillas°, *on one's knees*
arrastrándome, hasta el camarín del Cristo °. *chapel*

Así terminó aquella conversación fatal.
Prodigué° a la viajera, lo mejor que supe, *I provided in abundance*
atenciones y cuidados, y al bajarnos en 150
S*** nos dirigimos a la misma fonda° —tal *inn*
vez la única del pueblo—. Dejando ya a la
desdichada° madre, fui a visitar la catedral, que *unfortunate*
es de las más características del siglo XII: entre
fortaleza e iglesia, y con su ábside° rodeado 155 *apse*
de capillas obscuras, misteriosas, húmedas,
donde el aire es una mezcla de incienso y frío
sepulcral, parecido al ritmo, ya solemnemente
tranquilo, de las generaciones muertas. Una de
estas capillas era la del Cristo, y naturalmente 160
despertó mi curiosidad. Di generosa propina° *tip*
al sacristán°, que era un jorobado° bilioso y *sexton/ hunchback*
servil°, y obtuve quedarme solo con la efigie°, *servile/image*
a horas en que los devotos no se aparecían

165 por allí y podía, sin irreverencia ni escándalo, contemplarla y hasta tocarla, mirándola de cerca. Era una escultura mediocre, defectuosa°, que no debía de haber sido modelada sobre ningún cuerpo humano. Poseía, no obstante,
170 como otros muchos Cristos legendarios, cierta peculiar belleza, una sugestión romántica indudable. Sus melenas lacias° caían sobre el demacrado° pecho; sus pupilas de vidrio parecían llorar efectivamente. Lo envolvía
175 una piel gruesa, amarillenta, flexible, de poros anchos°, que sin ser humana podía parecerlo. Bajo los pies contraídos y enclavados°, tres

defective

straight hair
emaciated

wide
nailed

huevos de avestruz° atestiguaban° la devoción de algún navegante. Su enagüilla° era de blanca seda°, con fleco de oro. Registrando 180 bien, armado de palmatoria°, vi que el altar donde campea° el Cristo, destacándose sobre un fondo de rojo damasco, está desviado° de la pared, y que, por detrás, queda un hueco° en que puede caber una persona. Carcomida° 185 escalerilla sube hasta la altura de las piernas de la efigie, y encaramándose° por ella, noté que el paño de damasco tenía una abertura°, un descosido° entre dos lienzos°, y que por él asomaba la punta de un cordel° recio°, del cual 190

ostrich/bore
witness to
garment
silk

candlestick
stands out
offset
hollow
Decayed

climbing up

opening; gap
open seam/
linen cloth
thin rope/sturdy

unconsciously tiré maquinalmente°. Al bajar de nuevo a la capilla y mirar al Cristo, observé con asombro, al pronto, con terror, que su cabeza, antes inclinada a la derecha, lo estaba a la izquierda
195 ahora. Sin embargo, casi inmediatamente comprendí: subí la escalera de nuevo, tiré otra *I made sure* vez, bajé, y me cercioré° de que la cabeza había *turned* girado° al lado contrario. ¡Vamos, entendido! Había un mecanismo, el cordel lo ponía en
200 actividad, y el efecto, para quien, ignorándolo, estuviese de rodillas al pie de la efigie, debía de *crushing;* ser completo y fulminante°.
devastating

germinated Creo que ya entonces germinó° en mí la *ill-fated; fatal* funesta° idea que luego puse por obra. No lo
205 puedo asegurar, porque no es fácil saber cómo se precisa y actúa sobre nosotros un propósito, latente en la voluntad. Acaso no me di cuenta de mi inspiración (llamémosle así) hasta que mi compañera de viaje me advirtió, la noche
210 del Jueves Santo, que pensaba salir a las tres, antes de amanecer, a la capilla del Cristo, y *to bribe* me encargó de sobornar° al sacristán para que abriese la catedral a una hora tan insólita.

—Yo deseaba más aún —advirtió ella—.
215 Deseaba quedarme en la capilla toda la noche velando y rezando. Pero tengo miedo a desmayarme. ¡Estoy tan débil! ¡Se me confunden tanto las ideas!

Cumplí el encargo, y cuando todavía
220 las estrellas brillaban, nos dirigimos hacia la catedral. Nos abrieron la puerta excusada del claustro, luego otra lateral que comunica *chapels located* con las dos primeras capillas absidales°, y *in the apse* pretextando° que me retiraba para dejar en *under the pretext*
225 libertad a la señora —cuyo brazo sentí temblar

sobre el mío todo el camino—, aproveché la obscuridad y un momento favorable para deslizarme detrás de la efigie, en lo alto de la escalera, donde aguardé palpitándome el corazón. Dos minutos después entró la señora y 230 se arrodilló, abismándose° en rezos silenciosos. *immersing* El alba no lucía aún. *herself*

Transcurrió media hora. Poco a poco una claridad blanquecina empezó a descubrir la forma de los objetos, y vi la hendidura°, y vi el 235 *crack* cordoncito, saliente, al alcance de mi mano. Al mismo tiempo escuché elevarse una voz, ¡qué voz!... Ardiente, de intensidad sobrehumana, clamando, como si se dirigiese no a una imagen, sino a una persona real y efectiva: 240

—¡No me lo lleves! Promételo... ¡Es lo único que me queda, es mi solo amor, Jesús! ¡Dios mío! ¡Promete! ¡No me lo lleves!

Trastornado°, sin reflexionar, tiré *Troubled* pausadamente del cordoncito... Hubo un 245 gran silencio, pavoroso°; después oí un grito *frightful* ronco°, terrible, y la caída de un cuerpo contra *hoarse* el suelo... Me precipité...

—¿Se había desmayado? —preguntamos a Celio todos. 250

—Eso sería lo de menos... Volvió en sí..., ¡pero con la razón enteramente perdida! Nos burlamos° de las locuras° repentinas *We make fun/* en novelas y comedias... ¡Y existen! Cierto *insanities* que aquélla venía preparada de tiempo atrás, 255 y sólo esperaba para mostrarse un choque, un chispazo°. *spark*

—¿Y el hijo? ¿Se murió al fin?

—El hijo salvó, para mayor confusión y vergüenza mía —murmuró Celio. ■ 260

Después de leer

El alba del Viernes Santo

Emilia Pardo Bazán

1 Comprensión Contesta las preguntas con oraciones completas.

1. ¿Quiénes son los personajes del relato?
2. ¿Por qué decide Celio pasar la Semana Santa en un pueblo?
3. ¿Cuál es la historia de la mujer?
4. ¿Celio cree en la leyenda del Cristo?
5. ¿Qué significa lo que él descubre al visitar a solas la catedral?
6. ¿Por qué la historia se llama *El alba del Viernes Santo*?

2 Análisis Lee el relato nuevamente y responde las preguntas.

1. ¿Cómo es la mujer que Celio encuentra en el tren? ¿A quién le recuerda?
2. Relee la descripción de la catedral. ¿Qué sensación te produce?
3. Tras conocer a la mujer, Celio señala: "Así terminó aquella conversación fatal"; y, más tarde, después de descubrir el mecanismo del cordel: "Creo que ya entonces germinó en mí la funesta idea que luego puse por obra". ¿Por qué te parece que utiliza las palabras "fatal" y "funesta"?
4. Relee la sección **Análisis literario**. ¿Cuántos narradores tiene este cuento? ¿Quiénes son? Da ejemplos de los distintos puntos de vista narrativos.

3 Interpretación En parejas, contesten las preguntas.

1. El narrador viaja a la ciudad buscando distracciones; ¿las encuentra?
2. ¿Qué es lo que atrae al narrador hacia la mujer del tren?
3. ¿Por qué piensas que decide involucrarse accionando el mecanismo del Cristo? ¿Lo hace conscientemente? ¿Cuál era su propósito?
4. ¿Te parece que Celio realmente es culpable del final trágico de la mujer? ¿O crees que la mujer ya tenía problemas mentales? Explica tu respuesta.
5. ¿Por qué dice Celio al comienzo del relato que algún día podría meterse a fraile? ¿Cómo se siente Celio por lo sucedido?
6. ¿Crees que esta historia tiene una moraleja? Si tu respuesta es sí, ¿cuál es la moraleja? Si tu respuesta es no, explica por qué.

4 El juicio Imagina que Celio es arrestado por causar la locura de la mujer. En grupos de cinco o seis, organicen el juicio oral a Celio. Repartan los papeles: juez(a), Celio, abogado/a defensor(a), fiscal (*prosecutor*) y uno/a o dos testigos. Ensayen una parte del juicio. Después, representen la escena delante de la clase.

5 Remordimiento Imagina que eres Celio, quien, lleno de remordimiento, y antes de entrar a un monasterio, ha decidido enviarle una carta a Jacinto, el hijo de la mujer, explicándole las circunstancias reales que desencadenaron (*triggered*) la locura de su madre. Incluye por lo menos dos usos diferentes de **se** en tu carta.

Antes de leer

SUPERSITE

Vocabulario

el altiplano *high plateau*

árido/a *arid*

ceder *to give up*

el límite *border*

marítimo/a *maritime*

la pérdida *loss*

reclamar *to claim; to demand*

el territorio *territory*

El Salar de Uyuni Completa el párrafo con el vocabulario de la tabla.

El Salar de Uyuni, uno de los lugares más impresionantes de Bolivia, se encuentra a una altura de 3.650 metros (11.975 pies) en un (1) _____ en el suroeste de Bolivia, no muy lejos del (2) _____ con Chile. Es un lugar (3) _____, de poca lluvia, donde se secó un lago prehistórico. Este (4) _____ tan blanco impresiona a los turistas porque parece nieve. El Salar de Uyuni es un desierto de sal, en vez de arena.

Conexión personal ¿Has perdido alguna vez una cosa que significaba muchísimo para ti? Explica lo que ocurrió y cómo reaccionaste.

Contexto cultural

El **Desierto de Atacama** está ubicado en un altiplano al borde del océano Pacífico. Es uno de los desiertos más áridos del mundo: sólo recibe tres milímetros de lluvia al año. El paisaje de Atacama es tan impresionante y peculiar que la revista estadounidense *Science* lo ha comparado con el planeta Marte. Parece vacío (*empty*), pero Atacama es muy rico en algunos minerales que dependen de la sequía. En el siglo XIX se descubrió que en el territorio había abundante salitre y guano. El salitre (o nitrato de sodio) es un tipo de sal y el guano (del quechua *wanu*) consiste en excrementos de pájaros marinos y murciélagos (*bats*). El valor principal de los dos es como ingredientes para fertilizantes y explosivos. Estos recursos naturales, tan atractivos por su precio en el mercado internacional de la época, hicieron del desierto un oasis económico.

Cómo Bolivia perdió su mar

Mapa antiguo de Bolivia.

Lago Titicaca, Bolivia.

1   Hay países que se asocian indiscutiblemente° con un paisaje natural.   *indisputably*
    Algunos son Nepal con las montañas blancas del Himalaya, Arabia
    Saudita con el desierto, y Bolivia con... ¿el mar? Así debería ser,
    piensan muchos bolivianos con nostalgia y mucho anhelo° desde   *longing*
5   que Bolivia —durante la Guerra del Pacífico (1879)— cedió a
    Chile el Desierto de Atacama con su costa, el único acceso al
    océano que tenían los bolivianos.

didn't arise   La guerra no surgió° por el acceso al mar, sino por cuestiones económicas y por
10 el control de los depósitos de minerales en el Desierto de Atacama. Sin embargo, es la desaparición de la salida al mar lo que ha dejado
scar   una cicatriz° profunda. Cuenta el escritor peruano Mario Vargas Llosa, quien vivió de
15 niño en la ciudad boliviana de Cochabamba, que todas las semanas los estudiantes de su escuela cantaban un himno reclamando el mar. Muchos bolivianos siguen sin aceptar la pérdida de hace más de cien años. Se
20 sienten mutilados porque se creen legítimamente un país marítimo. Así lo había decidido su fundador, Simón Bolívar, al fijar los límites del país
25 en 1825.
    Cuando   Bolívar estableció las fronteras de Bolivia, incluyó parte del Desierto de Atacama que
30 llegaba hasta el mar. Chile tenía ya el control económico de la región y, a pesar de los deseos de Bolívar, lo siguió manteniendo. Cuando se descubrieron los ricos recursos naturales del Desierto de Atacama, Chile
work; drill 35 comenzó a explotar° las minas de salitre y guano. La tensión sobre las exportaciones chilenas y los impuestos que Bolivia quería cobrar por la extracción de estos productos provocó un conflicto inevitable en 1878.
40 Las fuerzas armadas de Bolivia —a pesar de

La batalla de Arica

La batalla de Arica de 1880 fue una de las más duras para los dos bandos. Las tropas chilenas subieron a una colina escarpada (*steep hill*), el Morro de Arica, para atacar al enemigo que esperaba. Los dos lados perdieron muchas vidas, incluyendo un coronel peruano que se tiró al mar desde un acantilado (*cliff*) con su caballo en un intento fallido (*failed*) de engañar a las tropas chilenas, invitándolas a caer al Pacífico.

la ayuda de su aliado, el Perú— no pudieron contender ni en tierra ni en mar con la moderna armada° chilena. La guerra terminó   *navy*
en 1883 con la concesión°   *granting*
de varios territorios a Chile. 45
En 1904, Bolivia abandonó permanentemente el control del Desierto de Atacama, con sus depósitos de minerales y su única salida al Pacífico. A 50
cambio, Chile construyó un ferrocarril° para que Bolivia   *railroad*
tuviera acceso al mar.
    No obstante, Bolivia no dio por finalizada la cuestión°. En el centenario de 2004, el 55   *did not think that the matter was over*
presidente Carlos Mesa pidió de nuevo el acceso marítimo durante una reunión en la Cumbre de las Américas. Aunque le fue negado en aquella ocasión, en julio de 2006 los dos países decidieron reanudar las 60
negociaciones°. Sea cual sea el resultado   *to resume talks*
de las negociaciones, algo está claro: los bolivianos quieren su mar y su costa, no un viaje en tren. ∎

Se sienten mutilados porque se creen legítimamente un país marítimo. Así lo había decidido su fundador, Simón Bolívar...

¿Una armada en Bolivia?

A pesar de su distancia al Pacífico, Bolivia mantiene una armada desde 1963 a la espera del día en que vuelvan a tener salida al mar. La Fuerza Naval Boliviana cuenta con doscientas embarcaciones (*boats*) y un buque de guerra (*warship*). Se entrena en el agua dulce del inmenso lago Titicaca.

Después de leer

Cómo Bolivia perdió su mar

(1) Comprensión Después de leer el texto, decide si las oraciones son **ciertas** o **falsas**. Corrige las falsas.

1. No hay ningún recurso natural de valor en el Desierto de Atacama.
2. Bolivia no ha tenido nunca acceso al mar.
3. La causa de la guerra fue el conflicto económico relacionado con el control de los depósitos de minerales.
4. La armada chilena era más potente que las fuerzas de Bolivia y su aliado (*ally*), el Perú.
5. Después de la guerra, Bolivia construyó un ferrocarril para tener acceso al mar.
6. Bolivia ya no tiene armada.

(2) Interpretación Contesta las preguntas con oraciones completas.

1. ¿Qué valor tenía el Desierto de Atacama para Chile? ¿Y para Bolivia?
2. ¿Por qué sienten muchos ciudadanos que Bolivia es legítimamente un país marítimo? ¿Crees que tienen razón?
3. ¿De qué maneras muestran algunos bolivianos su deseo de volver a tener salida al mar?
4. ¿Crees que es importante tener salida directa al mar? ¿Por qué?
5. ¿Ha traído el ferrocarril tranquilidad a los bolivianos?

(3) Debate En parejas, imaginen que ustedes representan los intereses de Bolivia y de Chile en la próxima Cumbre de las Américas. Los dos países son conscientes de la disputa histórica entre ellos, pero están abiertos a la negociación. Chile necesita gas y Bolivia tiene gas en abundancia. Organicen un debate entre el/la representante de Bolivia y el/la representante de Chile.

(4) Festejos Imaginen que las negociaciones con Chile tienen éxito y Bolivia recupera su terreno perdido y su acceso al mar. Ustedes son responsables de organizar una celebración. ¿Cómo y dónde sería la fiesta? ¿A quiénes invitarían? ¿Qué eventos organizarían?

(5) Opiniones Imagina que recientemente los periódicos han publicado artículos sobre las negociaciones entre Chile y Bolivia sobre una salida al Pacífico para Bolivia. Elige una de las dos situaciones y escribe una carta a un periódico dando tu opinión. Usa la voz pasiva por lo menos dos veces en tu carta.

1. Eres boliviano/a pero crees que, como Bolivia perdió la guerra, ya no tiene derecho a la salida al mar. En tu opinión, el resultado de la guerra quitó validez a la vieja distribución de tierras de Simón Bolívar, y Chile es el dueño legítimo del Desierto de Atacama.
2. Eres chileno/a pero crees que Chile está usurpando tierras que no le corresponden. Crees que la decisión de Simón Bolívar debe respetarse y que parte del Desierto de Atacama, con salida al mar, debe pertenecer a Bolivia.

Atando cabos

¡A conversar!

¿Qué opinas de las religiones?

A. La revista *Opinión Abierta* ha dedicado un número (*issue*) al tema de la religión. En una página se han publicado las cartas de los lectores. Lee estas cartas y selecciona una carta que exprese una opinión diferente a la tuya.

Estimado director de *Opinión Abierta*:

Les daré mi opinión sobre el tema. No sólo creo que Dios existe, sino que también creo que hay muchas religiones para elegir. Además pienso que todas las religiones son buenas. En todas se habla del bien y se dice que debemos amar y perdonar a los demás.

Muchas gracias por permitirme opinar.
Gustavo

Editores de *Opinión Abierta*:

Estoy sorprendido de que se discuta este tema en el siglo XXI. No hay duda de que las religiones no sirven. No sólo nos hablan del pecado (*sin*), sino que también nos hacen tener miedo. La gente elige hacer el bien porque tiene miedo. Las personas somos tratadas por las religiones como niños miedosos.

Andrea

Queridos amigos de *Opinión Abierta*:

Algunos dicen que hay muchas religiones verdaderas, pero esto es falso. Hay una sola religión verdadera, porque enseña los verdaderos valores morales. Los ateos no son felices. Tampoco son felices quienes tienen fe en religiones falsas. Sólo son felices quienes tienen fe en mis creencias.

Muchas gracias por publicar mi carta.
José Luis

Sr. Director de *Opinión Abierta*:

Yo creo en Dios. Pero no creo en las religiones. Todas tienen gente que manda y gente que obedece. Eso no es bueno. Todos somos iguales para Dios: tenemos conciencia y valores morales. Todos sabemos lo que es bueno y lo que es malo.

Felicitaciones por su revista.
Ana María

B. Reúnete con los/las compañeros/as que seleccionaron la misma carta. En el grupo, relean la carta. Luego debatan: ¿Qué le dirían a la persona que escribió esa carta? Pueden buscar ideas en las otras cartas. Después compartan sus ideas con la clase.

> **MODELO**   Andrea dice que las religiones no sirven. Pero nosotros creemos que…

¡A escribir!

Nuevos votantes Imagina que trabajas para la alcaldía (*mayor's office*) de tu ciudad. Te han encargado que prepares un folleto para explicarles a los nuevos ciudadanos que van a votar por primera vez cómo es el proceso para votar. Debes explicarles cómo inscribirse para votar y qué deben hacer el día de la votación. Escribe las explicaciones y las instrucciones principales que vas a incluir en tu folleto. Incluye por lo menos dos ejemplos de voz pasiva y dos usos de **se**.

> **MODELO**   La inscripción para votar es realizada varios meses antes de las elecciones. Se debe completar un formulario para inscribirse.

La política

el/la activista	activist
la campaña	campaign
el/la candidato/a	candidate
el/la ciudadano/a	citizen
los derechos (humanos/civiles)	(human/civil) rights
el exilio político	political exile
la guerra (civil)	(civil) war
la ideología	ideology
la inmigración	immigration
la libertad	freedom
el/la líder	leader
la manifestación	protest; demonstration
la mayoría	majority
la minoría	minority
el partido político	political party
la polémica	controversy
el/la político/a	politician
el proyecto de ley	bill
el terrorismo	terrorism

aprobar (o:ue) una ley	to pass a law
elegir (e:i)	to elect
emigrar	to emigrate
ganar/perder (e:ie) las elecciones	to win/lose an election
gobernar (e:ie)	to govern
inscribirse	to register
luchar	to fight; to struggle
pronunciar un discurso	to give a speech
protestar	to protest
votar	to vote

conservador(a)	conservative
(des)igual	(un)equal
(in)justo/a	(un)just
liberal	liberal

Los cargos públicos

el alcalde/ la alcaldesa	mayor
el/la diputado/a	representative
el/la embajador(a)	ambassador
el/la gobernador(a)	governor
el/la juez(a)	judge
el/la primer(a) ministro/a	prime minister
el/la senador(a)	senator

La religión

la creencia	belief
el/la creyente	believer
Dios	God
la fe	faith
la iglesia	church
la mezquita	mosque
la sinagoga	synagogue
el templo	temple

bendecir	to bless
creer en	to believe in
meditar	to meditate
rechazar	to reject
rezar	to pray

espiritual	spiritual
(in)moral	(im)moral
religioso/a	religious
sagrado/a	sacred; holy

Las creencias religiosas

agnóstico/a	agnostic
ateo/a	atheist
budista	Buddhist
católico/a	Catholic
cristiano/a	Christian
hindú	Hindu
judío/a	Jewish
musulmán/ musulmana	Muslim

Cinemateca

la arepa	cornmeal cake
el consulado	consulate
la embajada	embassy
la firma	signature
el panfleto	pamphlet
el rincón	corner; nook
el secuestro	kidnapping

asaltar	to rob
subsistir	to survive

útil	useful

Literatura

el alba	dawn; daybreak
la capilla	chapel
el claustro	cloister
el fraile	friar
el milagro	miracle
el remordimiento	remorse

venerar	to worship

culpable	guilty
devoto/a	pious; devout

Cultura

el altiplano	high plateau
el límite	border
la pérdida	loss
el territorio	territory

ceder	to give up
reclamar	to claim; to demand

árido/a	arid
marítimo/a	maritime

Más vocabulario

Expresiones útiles	Ver p. 401
Estructura	Ver pp. 408, 410–411 y 414–415

La historia y la civilización

Contextos
páginas 438–441
- La historia y la civilización
- Los conceptos
- Las características
- Los gobernantes
- La conquista y la independencia

Fotonovela
páginas 442–445
- *Esta noche o nunca*

Enfoques
Perú y Ecuador
páginas 446–449
- **En detalle:** La herencia de los incas
- **Perfil:** Machu Picchu
- **Ritmos:** Perú Negro

Estructura
páginas 450–463
- Uses of the infinitive
- Summary of the indicative
- Summary of the subjunctive
Manual de gramática
páginas 545–549
- Más práctica
- Más gramática

Cinemateca
páginas 464–467
- **Cortometraje:** *Un pedazo de tierra*

Lecturas
páginas 468–480
- **Literatura:** *Mis recuerdos de Tibacuí* de Josefa Acevedo de Gómez
- **Cultura:** *El Inca Garcilaso: un puente entre dos imperios*
Atando cabos
página 481
- ¡A conversar!
- ¡A escribir!

Communicative Goals
You will expand your ability to…
- use verbs in their infinitive forms
- express ideas about the past, the present, and the future
- determine when and how to use the indicative and the subjunctive

SUPERSITE

La historia y la civilización

La historia y la civilización

De la **antigua** ciudad de Quilmes, en el norte de Argentina, sólo quedan ruinas. En el **siglo** XVII, los **habitantes** fueron obligados a **establecerse** cerca de Buenos Aires.

la civilización *civilization*
la década *decade*
la época *era; epoch; historical period*
el/la habitante *inhabitant*
la historia *history*
el/la historiador(a) *historian*
la humanidad *humankind*
el imperio *empire*
el reino *reign; kingdom*
el siglo *century*

establecer(se) *to establish (oneself)*
habitar *to inhabit*
integrarse (a) *to become part (of)*
pertenecer (a) *to belong (to)*
poblar (o:ue) *to settle; to populate*

antiguo/a *ancient*
(pre)histórico/a *(pre)historic*

Los conceptos

el aprendizaje *learning*
el conocimiento *knowledge*
la enseñanza *teaching; lesson*
la herencia (cultural) *(cultural) heritage*
la (in)certidumbre *(un)certainty*
la (in)estabilidad *(in)stability*
la sabiduría *wisdom*

Las características

adelantado/a *advanced*
culto/a *cultured; educated; refined*
derrotado/a *defeated*
desarrollado/a *developed*
forzado/a *forced*

pacífico/a *peaceful*
poderoso/a *powerful*
victorioso/a *victorious*

Los gobernantes

el/la cacique *tribal chief*
el/la conquistador(a) *conquistador; conqueror*
el/la dictador(a) *dictator*
el emperador/la emperatriz *emperor/empress*
el/la gobernante *ruler*
el/la monarca *monarch*
el rey/la reina *king/queen*
el/la soberano/a *sovereign; ruler*

La conquista y la independencia

Con la abolición de la **esclavitud** en 1810 por decisión de Miguel Hidalgo, México **encabeza** la lista de naciones americanas que **suprimieron** esta práctica y **liberaron** a los **esclavos**.

la batalla *battle*
la colonia *colony*
la conquista *conquest*
el ejército *army*
la esclavitud *slavery*
el/la esclavo/a *slave*
las fuerzas armadas *armed forces*
el/la guerrero/a *warrior*
la independencia *independence*
la soberanía *sovereignty*
el/la soldado *soldier*
la tribu *tribe*

colonizar *to colonize*
conquistar *to conquer*
derribar/derrocar *to overthrow*
derrotar *to defeat*
encabezar *to lead*
explotar *to exploit*
expulsar *to expel*
invadir *to invade*
liberar *to liberate*
oprimir *to oppress*
rendirse (e:i) *to surrender*
suprimir *to abolish;*
    to suppress

 Práctica

1 Escuchar

A. Escucha la conversación entre dos historiadores y completa las oraciones con la opción correcta.

1. La especialidad de Mónica es ____.
   a. la época colonial de Hispanoamérica
   b. la Guerra de la Independencia

2. A Mónica le interesa mucho ____.
   a. la conquista   b. la monarquía

3. El artículo que le gustó a Franco trataba de ____.
   a. civilizaciones prehistóricas
   b. antiguas colonias

4. Franco, en sus clases, cuenta historias personales de ____.
   a. reyes y guerreros   b. reyes y gobernantes

B. Escucha parte de una de las clases de Mónica y después contesta las preguntas.

1. ¿Quién era Álvar Núñez Cabeza de Vaca?

2. ¿A qué lugar lo llevaron las tormentas?

3. ¿Qué ocurrió durante los años que Cabeza de Vaca vivió con los indígenas?

4. ¿En qué se basaba el gobierno que intentó establecer en el Paraguay?

2 Crucigrama Completa el crucigrama.

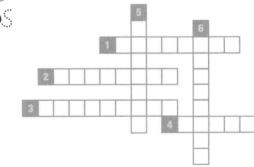

1. pensamiento expresado con palabras
2. persona que sube al poder y elimina los derechos democráticos de los ciudadanos
3. gobernante de un imperio
4. cien años
5. hombre que forma parte de las fuerzas armadas
6. tranquilo; que busca la paz

Práctica

(3) Sinónimos y antónimos Completa cada cuadro con las palabras de la lista.

> adelantado   derrotado   liberar
> antiguo   esclavitud   poderoso
> culto   habitar   rey

Sinónimos

1. fuerte : _____
2. avanzado : _____
3. monarca : _____
4. educado : _____

Antónimos

5. libertad : _____
6. victorioso : _____
7. moderno : _____
8. oprimir : _____

(4) América Latina Completa la conversación con las palabras de la lista.

> batallas   emperadores   herencia cultural
> colonias   época   independencia
> conquista   habitantes   reyes

IGNACIO Después de que Cristóbal Colón llegó a América, ¿ordenaron los (1) _____ Fernando e Isabel la colonización de "Las Indias"?

PROFESORA Sí, y así se inició la (2) _____ de los pueblos indígenas, los (3) _____ nativos de los territorios.

IGNACIO Siglos más tarde, las (4) _____ lucharon contra España por su (5) _____. ¿Correcto?

PROFESORA Sí, Ignacio. Hoy en día, la (6) _____ de América Latina refleja la mezcla de costumbres españolas e indígenas.

(5) Preguntas Responde a las preguntas con oraciones completas. Luego comparte tus opiniones con las de un(a) compañero/a.

1. ¿Te gusta estudiar la historia mundial? ¿Qué época te interesa más? ¿Por qué?
2. ¿Crees que la historia es una fuente de conocimiento o de incertidumbre? Explica.
3. Según tu opinión, ¿cuáles fueron las civilizaciones antiguas más adelantadas?
4. Si pudieras ser un(a) gobernante famoso/a de la historia, ¿quién serías? ¿Por qué?
5. Espartaco, un esclavo y gladiador del Imperio Romano, supuestamente dijo: "No hay peor esclavo que el que ignora que lo es". ¿Qué quiere decir esta cita?
6. ¿Cuál debe ser el papel del ejército en la sociedad moderna?
7. ¿Cuáles son las influencias en tu propia herencia cultural?
8. ¿Crees que la humanidad ha progresado a través de la historia? ¿Somos más adelantados que nuestros antepasados?, ¿más cultos?, ¿más pacíficos?

Comunicación

6 **De historia**

A. En parejas, escojan una novela o película histórica que los/las dos conocen y escriban un breve resumen de la obra. Incluyan una descripción del período histórico, los personajes y el argumento.

B. Ahora, imaginen que tienen la oportunidad de rodar su propia película histórica. ¿Cuál será el tema? Escriban una descripción de la película. Pueden escoger entre los elementos de la lista o inventar sus propios detalles.

Contexto: la historia tiene lugar en una época de inestabilidad política
- período de la conquista
- lucha por la independencia
- dictadura

Protagonistas: deben tener un papel importante en el desarrollo del conflicto
- soberano/a
- esclavo/a
- soldado

Argumento: la historia tiene que ver con una de estas acciones
- derrotar
- encabezar
- integrarse

7 **Discusión** En grupos de tres, lean las citas y comenten su significado. ¿Están de acuerdo con lo que dicen?

> **"En la pelea, se conoce al soldado; sólo en la victoria, se conoce al caballero."** *Jacinto Benavente*

> **"Puede juzgarse el grado de civilización de un pueblo por la posición social de las mujeres."** *Domingo Faustino Sarmiento*

> **"No hay hombre tan cobarde a quien el amor no haga valiente y transforme en héroe."** *Platón*

> **"Así como de la noche nace el claro del día, de la opresión nace la libertad."** *Benito Pérez Galdós*

8 **La reacción de los indígenas** En parejas, imaginen que son algunos de los indígenas que vieron a Cristóbal Colón cuando llegó a América. ¿Qué habrían pensado de estos extraños europeos? ¿Cómo habrían reaccionado? ¿Qué habrían hecho? Compartan sus opiniones con la clase, utilizando el vocabulario de **Contextos**.

El equipo de *Facetas* va a asistir a la ceremonia de premios para los mejores periodistas del año.

MARIELA ¿Qué haces vestido así tan temprano?

DIANA La ceremonia no comienza hasta las siete.

JOHNNY Tengo que practicar con el traje puesto.

AGUAYO ¿Practicar qué?

JOHNNY Ponerme de pie, subir las escaleras, sentarme, saludar y todo eso. Imagínense…

Johnny imagina que recibe un premio...

JOHNNY Quisiera dar las gracias a mis amigos, a mis padres, a mi compadre, a mis familiares, a Dios por este premio que me han dado. De verdad, muchas gracias, los quiero a todos. ¡Muchas gracias! ¡Gracias!

Aguayo sale corriendo de su oficina.

AGUAYO ¡Llegó la lista! ¡Llegó la lista! *(Lee.)* "En la categoría de mejor serie de fotos, por las fotos de las pirámides de Teotihuacán, Éric Vargas."

JOHNNY Felicidades.

AGUAYO *(Lee.)* "En la categoría de mejor diseño de revista, por la revista *Facetas*, Mariela Burgos."

MARIELA Gracias.

Al mismo tiempo, en la cocina...

JOHNNY ¿Con quién vas a ir esta noche?

ÉRIC ¿Estás loco? Entre boletos, comida y todo lo demás, me arruinaría. Mejor voy solo.

JOHNNY No creo que debas ir solo. ¿Y qué tal si invitas a alguien que *ya* tiene boleto?

ÉRIC ¿A quién?

JOHNNY A Mariela.

ÉRIC ¿A Mariela?

JOHNNY Éric, es esta noche o nunca. ¿En qué otra ocasión te va a ver vestido con traje? Además, tienes que aprovechar que ella está de buen humor. Creo que antes te estaba mirando de una manera diferente…

ÉRIC No sé…

Más tarde, en el escritorio de Mariela...

ÉRIC ¿Qué tal?

MARIELA Todo bien.

ÉRIC Muy bonitos zapatos.

MARIELA Gracias.

ÉRIC Y MARIELA *(al mismo tiempo)* Quería preguntarte si…

ÉRIC Disculpa, tú primero…

MARIELA No, tú primero…

AGUAYO   **DIANA**   **ÉRIC**   **FABIOLA**   **JOHNNY**   **MARIELA**

AGUAYO *(Lee.)* "En la categoría de mejor artículo, por 'Historia y civilización en América Latina', José Raúl Aguayo." No lo puedo creer. ¡Tres nominaciones!

Todos están muy contentos, pero Johnny tiene cara de triste.

DIANA Johnny, ¿cómo te van a nominar para un premio?... ¡si no presentaste ningún trabajo!

JOHNNY *(riéndose)* Claro... pues, es verdad.

Más tarde, en el escritorio de Mariela…

MARIELA Mira qué zapatos tan bonitos voy a llevar esta noche.

FABIOLA Pero… ¿tú sabes andar con eso?

MARIELA ¡Llevo toda mi vida andando con tacón alto!

FABIOLA Mira, de todas formas, te aconsejo que no te los pongas sin probártelos antes.

Esa noche…

DIANA ¡Qué nervios!

FABIOLA ¿Qué fue eso?

JOHNNY *(con una herradura en la mano)* Es todo lo que necesitamos esta noche.

Éric y Mariela hablan a solas.

ÉRIC ¿Estás preparada para la gran noche?

MARIELA Lista.

Todos entran al ascensor, esperando a Aguayo.

ÉRIC *(grita)* ¡Jefe!

Aguayo se queda solo, mirando la oficina emocionado. Por fin, apaga la luz, entra al ascensor y todos se van.

Expresiones útiles

Degrees of formality in expressing wishes

Direct
Quiero invitarte a venir conmigo a la ceremonia.
I want to ask you to come to the ceremony with me.

More formal
Quería invitarte a venir conmigo a la ceremonia.
I wanted to ask you to come to the ceremony with me.

Most formal
Quisiera invitarte a venir conmigo a la ceremonia.
I would like to invite you to come to the ceremony with me.

Expressing anticipation and excitement

¿Estás preparado/a para la gran noche?
Are you ready for the big night?

¡Qué nervios!/¡Qué emoción!
I'm so nervous!/I'm so excited!

Es hoy o nunca.
It's now or never.

¡No lo puedo creer!
I can't believe it!

Additional vocabulary

de todas formas *in any case*
la herradura *horseshoe*
la nominación *nomination*
ponerse de pie *to stand up*
el premio *award; prize*
el tacón (alto) *(high) heel*

1 La trama Primero, indica con una **X** los hechos que no ocurrieron en este episodio. Después, indica con números el orden en el que ocurrieron los restantes.

_____ a. Diana le explica a Johnny por qué él no fue nominado.

_____ b. Aguayo irá con su esposa y le aconseja a Éric que invite a Mariela.

_____ c. Cuando llega la lista, el equipo de *Facetas* descubre que los nominados son Aguayo, Mariela y Éric.

_____ d. Mariela quiere ir a la ceremonia con tacón alto.

_____ e. Fabiola no va a ir a la ceremonia.

_____ f. Éric y Mariela hablan.

_____ g. Johnny viene al trabajo vestido elegantemente.

_____ h. Johnny gana un premio.

2 Preguntas Responde las preguntas con oraciones completas.

1. ¿Adónde iba a ir el equipo de *Facetas* esa noche?
2. ¿Por qué Johnny se vistió con un traje elegante tan temprano?
3. ¿Por qué Johnny no fue nominado?
4. ¿Por qué Johnny cree que Éric debe invitar a Mariela a ir con él?
5. ¿Crees que Mariela y Éric van a llegar a ser novios? ¿Por qué?

3 La ceremonia En parejas, piensen en lo que va a pasar en la ceremonia. Escriban cuatro oraciones con sus predicciones. Luego, compartan sus ideas con la clase. Utilicen por lo menos tres palabras de la lista.

emoción	ponerse de pie
nervios	premio
nominación	preparado

4 Gracias, muchas gracias En las ceremonias de entregas de premios, los ganadores dicen unas palabras. En grupos de tres, preparen los posibles discursos de Éric, Aguayo y Mariela. El discurso de Aguayo debe ser adecuado y formal. El discurso de Éric, aburrido y nervioso. El de Mariela, gracioso e informal. Luego representen la situación ante la clase.

MODELO

Acepto este premio de parte de la revista Facetas *y todos sus empleados. Primero, me gustaría agradecer a …*

Ampliación

5 **Éric y Mariela** La **Fotonovela** tiene un final abierto porque es casi al final cuando Éric y Mariela tratan de invitarse el uno al otro para ir a la ceremonia de gala. En parejas, preparen la continuación de la conversación entre Éric y Mariela y representen la situación.

6 **El futuro de *Facetas*** En parejas, imaginen cómo será la vida de cada uno de los personajes de la **Fotonovela** dentro de veinte años.

AGUAYO   **DIANA**   **ÉRIC**   **FABIOLA**   **JOHNNY**   **MARIELA**

7 **Apuntes culturales** En parejas, lean los párrafos y contesten las preguntas.

Teotihuacán vs. Wal-Mart

Éric ha sido nominado por sus fotos de las pirámides de **Teotihuacán**. Este complejo arquitectónico de más de 2.000 años de antigüedad es el legado (*heritage*) histórico y cultural más preciado de los mexicanos. En 2004, la cadena de supermercados **Wal-Mart** generó una gran controversia cuando anunció que se instalaría muy cerca de allí, a la vista de los visitantes.

Escritor, periodista y político

¡Bravo, Aguayo, por la nominación! Otro escritor destacado en literatura y periodismo es el peruano **Mario Vargas Llosa**, quien ha realizado una prolífica carrera como escritor, periodista, profesor y político. ¡Hasta fue candidato a presidente! Colaboró con el diario *El País* y entre sus novelas se destaca *La fiesta del chivo*. ¿Se dedicará Aguayo a la política?

El mejor periodista

Johnny se entristeció cuando se enteró de que no recibiría ningún premio. Un periodista que sí obtuvo muchos es el mexicano **Claudio Sánchez** de *NPR* (*National Public Radio*). El premio más prestigioso fue *The Alfred I. DuPont-Columbia University*, uno de los más altos honores periodísticos. ¡Todavía hay esperanza, Johnny!

1. ¿Qué opinas sobre la controversia generada por *Wal-Mart*? ¿Es este proyecto positivo para la economía de México o es una ofensa a su cultura?

2. ¿Cuáles son los sitios históricos más antiguos o importantes de tu comunidad? ¿Ha habido alguna controversia acerca de su preservación? ¿Cómo se resolvió?

3. El diario español *El País* es uno de los más importantes del mundo hispanohablante. ¿Cuáles son los diarios más importantes de tu país? ¿Los lees tú?

4. ¿Conoces a otros periodistas hispanos famosos? ¿En qué medios trabajan?

PERÚ Y ECUADOR

En detalle

La herencia de los incas

El auge° del imperio inca duró sólo trescientos años (del siglo XIII al XVI). Esta civilización nunca conoció la rueda°, el hierro° o el caballo, elementos que en otras culturas estuvieron directamente relacionados con el progreso. Sin embargo, los incas dejaron huellas° indelebles° en la lengua, la cultura, la agricultura, la ingeniería, la planificación urbana y la industria textil en el Perú, el Ecuador y el resto de la región andina.

El centro del imperio inca era la ciudad de Cuzco, en el actual Perú. La red° de caminos establecida por los incas tenía una extensión de aproximadamente 20.000 kilómetros (12.500 millas), y recorría el territorio que ahora ocupan seis países: la Argentina, Bolivia, Chile, Colombia, el Ecuador y el Perú. La ruta principal, de unos 5.000 kilómetros de extensión, recorría los Andes desde el norte de Ecuador hasta el centro de Chile. No se trataba de simples caminos de tierra°: muchos eran caminos empedrados° y a veces incluían puentes colgantes° o flotantes°, puentes de piedra o terraplenes°. Miles de turistas de todo el mundo recorren el tramo más conocido de este sistema de rutas: el Camino del Inca, que llega a Machu Picchu; mientras que millones de suramericanos recorren —quizás sin saberlo— viejos caminos incas, ya que muchas rutas de Suramérica siguen el mismo trazado° marcado por los incas hace seiscientos años.

Los incas se destacaron por el uso de la ingeniería con fines agrícolas°. Convirtieron tierras altas y empinadas° en áreas productivas a través de la construcción de sistemas de terrazas de cultivo. También construyeron canales que llevaban agua para regar° plantaciones en zonas desérticas. Algunas de estas innovaciones tecnológicas siguen en uso actualmente.

El legado° cultural se aprecia principalmente en el uso de dos lenguas habladas por los incas: el aymara y el quechua. La presencia inca también se percibe en la vida cotidiana, a través de las costumbres y tradiciones que pasan de generación en generación, una de cuyas expresiones más visibles es la industria textil tradicional, que sigue usando las mismas técnicas de antaño°. ■

El correo inca
Un avanzado sistema de rutas no sería de mucha utilidad sin un sistema de comunicación eficiente. Los incas usaban un sistema de **chasquis**, o mensajeros, para llevar órdenes y noticias por todo el imperio. El sistema utilizado por los chasquis era similar al de las carreras de relevos°. Se dice que fue el sistema de mensajería más rápido hasta la invención del telégrafo. Los chasquis podían llevar un mensaje de Quito a Cuzco (aproximadamente 2.000 kilómetros) en sólo cinco días.

auge° *peak* **rueda** *wheel* **hierro** *iron* **huellas** *marks* **indelebles** *permanent* **red** *network* **caminos de tierra** *dirt roads* **empedrados** *cobbled* **colgantes** *hanging* **flotantes** *floating* **terraplenes** *embankments* **trazado** *route* **fines agrícolas** *agricultural purposes* **empinadas** *steep* **regar** *to water* **legado** *legacy* **de antaño** *from the past; of yesteryear* **carreras de relevos** *relay races*

Palabras de lenguas indígenas

el cacao (maya) *cacao; cocoa*

el charqui (quechua) *dried beef; jerky*

el chicle (maya y náhuatl) *gum*

el chocolate (náhuatl) *chocolate*

el cóndor (quechua) *condor*

el coyote (náhuatl) *coyote*

la guagua (quechua) *baby boy/girl*

el huracán (taíno) *hurricane*

la llama (quechua) *llama*

el poncho (mapuche) *poncho*

el puma (quechua) *puma*

Curiosidades

- Situada en el istmo de Tehuantepec, en México, **Juchitán** es una comunidad mayoritariamente indígena cuyos mitos y creencias resisten la influencia del exterior. Se dice que aquí todavía subsiste el **matriarcado°** porque las mujeres tienen una presencia tan vital en la economía y en la sociedad.

- La **Catedral de Sal** en Zipaquirá, cerca de Bogotá, Colombia, es una obra única de ingeniería y arte. Esta construcción subterránea fue realizada en una mina de sal que los **indígenas**  **muiscas** de esa zona ya explotaban° antes de la llegada de los españoles al continente americano.

- La sociedad **Rapa Nui**, desarrollada en condiciones de aislamiento° extremo en la Isla de Pascua, Chile, presenta numerosos interrogantes° que se resisten a ser descifrados. Sus famosas esculturas monolíticas, sus altares megalíticos y su escritura jeroglífica siguen siendo un misterio que maravilla a los investigadores.

MACHU PICCHU

La ciudad de Machu Picchu es el ejemplo más famoso de las sofisticadas técnicas arquitectónicas de la civilización inca. Las ruinas están ubicadas° a unos 112 kilómetros (70 millas) de Cuzco, Perú, en una zona montañosa desde la que se pueden disfrutar unas vistas espectaculares del valle del Urubamba. En el corazón de Machu Picchu está la plaza central, en la que se pueden ver los templos y los edificios del gobierno. Uno de los monumentos más famosos es el *intihuatana*, un tipo de observatorio astronómico inca, utilizado para observar el sol y para medir° las estaciones del año y el transcurso del tiempo. También se realizaban allí ceremonias en honor al Sol y la elevación del terreno permitía que todos los habitantes las presenciaran.

❝Una cosa es continuar la historia y otra repetirla.❞ (Jacinto Benavente, dramaturgo español)

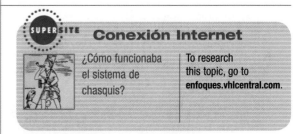

SUPERSITE **Conexión Internet**

¿Cómo funcionaba el sistema de chasquis?

To research this topic, go to **enfoques.vhlcentral.com.**

ubicadas *located* **medir** *to measure* **matriarcado** *matriarchy*
explotaban *worked* **aislamiento** *isolation* **interrogantes** *mysteries*

¿Qué aprendiste?

1 ¿Cierto o falso? Indica si estas afirmaciones son **ciertas** o **falsas**. Corrige las falsas.

1. El imperio inca alcanzó su auge después de la llegada de los españoles.
2. El imperio inca se extendía hasta Panamá.
3. La principal ruta inca recorría la costa atlántica de Suramérica.
4. Algunos caminos actuales siguen el trazado de viejas rutas incas.
5. Los incas cultivaban las tierras bajas con un sistema de terrazas.
6. Todavía se siguen utilizando algunas de las técnicas agrícolas de los incas.
7. Todavía se usan dos idiomas hablados por los incas.
8. Un solo chasqui se encargaba de llevar los mensajes de Quito a Cuzco.

2 Oraciones incompletas Elige la opción correcta.

1. Machu Picchu es (el templo inca más famoso / el ejemplo más famoso de arquitectura inca).
2. El **intihuatana** era un (templo / observatorio).
3. El **charqui** es (una comida / un tipo de poncho).
4. La palabra **llama** viene de la lengua (mapuche / quechua).

3 Preguntas Contesta las preguntas con oraciones completas.

1. ¿Dónde está Juchitán?
2. ¿Por qué se dice que en Juchitán subsiste el matriarcado?
3. ¿Dónde se construyó la Catedral de Sal de Zipaquirá?
4. ¿Qué grupo indígena explotaba la mina de sal de Zipaquirá?
5. ¿Qué isla chilena tiene esculturas monolíticas?

4 Opiniones En parejas, hablen de la importancia de mantener los usos y las costumbres tradicionales y del posible efecto de las tradiciones en el desarrollo económico de las sociedades. Usen las preguntas como guía:

- ¿Es importante mantener las tradiciones? ¿Por qué?
- ¿Es posible desarrollar economías competitivas aprovechando las tradiciones?
- ¿Creen que las tradiciones pueden perderse si se explota su potencial económico?

Contesten las preguntas, den ejemplos de sus puntos de vista y después compartan su opinión con la clase.

PROYECTO

Monolitos, Isla de Pascua

Monumentos antiguos

Elige uno de los lugares de la lista u otra construcción antigua importante en un país de habla hispana. Busca información sobre el lugar y prepara una presentación para la clase. No olvides incluir información sobre la época en la que se construyó, quién lo hizo y, si se sabe, con qué objetivo. Incluye una fotografía o una ilustración de la obra o construcción.

- Monolitos de la Isla de Pascua
- Líneas de Nazca
- Catedral de Sal
- Monte Albán

PERÚ NEGRO

Alrededor de 1700, cuando los españoles prohibieron los tambores a los esclavos, éstos convirtieron las cajas para recolectar frutas en instrumentos musicales, y así se inventó "el cajón"°. Mientras duró la esclavitud, este legado debió transmitirse en privado. Estas tradiciones aún siguen vivas, y uno de sus principales exponentes es **Perú Negro**, una compañía° de danza y baile folclórico afroperuano creada en 1969. Su fundador, Ronaldo Campos, comenzó cantando en un pequeño pueblo. Pronto integró a toda su familia y creó Perú Negrito, una academia de baile para niños. En sus coloridos espectáculos, los bailarines danzan landós, festejos y zambas malató° al ritmo del cajón, la cajita de limosna° y la quijada de burro°. Representan "las costumbres de los negros peruanos... lo que los negros esclavos dejaron, lo que nuestros abuelos nos enseñaron", dice Rony Campos, hijo del fundador y actual director.

Discografía

2004 Jolgorio   **2000** Sangre de un don

Canción

Éste es un fragmento de una canción de Perú Negro.

Negro con sabor

por Rony Campos

Así fueron paseando con quijada y con cajón
Casi al mundo entero Perú Negro lo llevó.
Así fueron paseando con quijada y con cajón
Casi al mundo entero Perú Negro lo llevó.
Moviendo la cintura° con dulzura° y con sabor
Que tonada° le pondría, Perú Negro él formó.
Moviendo la cintura con dulzura y con sabor
Que tonada le pondría, Perú Negro él formó.

El cajón es peruano. Así se llama la campaña que realizaron artistas peruanos para difundir la paternidad de este instrumento. El origen del cajón causó controversia cuando se comenzó a asociar su invención con el flamenco español. En 2001, el cajón fue declarado patrimonio° cultural de la nación.

 Preguntas En parejas, contesten las preguntas.

1. ¿Cómo y cuándo surgió el cajón peruano?
2. ¿Qué fue la campaña "El cajón es peruano"? ¿Cuál fue su objetivo?
3. La letra de la canción habla de una persona. ¿Quién creen que es esa persona?
4. ¿Son populares la música y la danza de diferentes grupos étnicos en la región donde ustedes viven? ¿De qué manera enriquecen la cultura?

cajón *straddled wooden box* **compañía** *ensemble* **landós, festejos y zambas malató** *traditional Afro-Peruvian dances* **cajita de limosna** *small trapezoidal box with lid*
quijada de burro *percussion instrument made of a donkey jawbone ornamented with bells* **cintura** *waist* **dulzura** *sweetness* **tonada** *tune* **patrimonio** *heritage*

12.1 Uses of the infinitive

¿Tú sabes andar con eso?

Quería preguntarte si...

TALLER DE CONSULTA

MANUAL DE GRAMÁTICA
Más práctica
12.1 Uses of the infinitive, p. 545
12.2 Summary of the indicative, p. 546
12.3 Summary of the subjunctive, p. 547

Más gramática
12.4 **Pedir/preguntar** and **conocer/saber**, p. 548

¡ATENCIÓN!

An infinitive is the unconjugated form of a verb and ends in **–ar, –er,** or **–ir**.

¡ATENCIÓN!

The gerund form may also be used after verbs of perception.
Te escuché hablando con él.
I heard you talking to him.

- The infinitive (**el infinitivo**) is commonly used after other conjugated verbs, especially when there is no change of subject. **Deber, decidir, desear, necesitar, pensar, poder, preferir, querer**, and **saber** are all frequently followed by infinitives.

  Después de tres décadas de guerra, el rey **decidió rendirse**.
  After three decades of war, the king decided to surrender.

  Preferimos no **viajar** a esa región durante este período de inestabilidad.
  We prefer not to travel to that region during this period of instability.

- When the person or thing performing an action changes, the second verb is usually conjugated as part of a subordinate clause. Verbs of perception, however, such as **escuchar, mirar, oír, sentir**, and **ver**, are followed by the infinitive.

  Te **oigo hablar**, ¡pero no entiendo nada!
  I hear you speak, but I don't understand anything!

  Si la **ven salir**, avísenme enseguida, por favor.
  If you see her leave, please let me know immediately!

- Many verbs of influence, such as **dejar, hacer, mandar, pedir, permitir**, and **prohibir,** may also be followed by the infinitive. Often, an indirect object pronoun is used to show who is affected by the action.

  La profesora **nos hizo leer** artículos sobre la conquista.
  The teacher made us read articles about the conquest.

  El comité **me ha dejado continuar** con las investigaciones.
  The committee has allowed me to continue with my research.

- The infinitive may be used with impersonal expressions, such as **es importante, es fácil,** and **es bueno**. It is required after **hay que** and **tener que**.

  Es importante celebrar nuestra herencia cultural.
  It's important to celebrate our cultural heritage.

  Hay que hacer todo lo posible para lograr una solución pacífica.
  Everything possible must be done to find a peaceful solution.

Tengo que practicar con el traje puesto.

- After prepositions, the infinitive is used.

Se cree que las estatuas fueron construidas **para proteger** al templo.

It is believed that the statues were built in order to protect the temple.

El arqueólogo las miró con cuidado, **sin decir** nada.

The archeologist looked at them carefully, without saying a word.

- Many Spanish verbs follow the pattern of [*conjugated* verb] + [*preposition*] + [*infinitive*]. The prepositions for this pattern are **de, a**, or **en**.

¿Con quién vas a ir esta noche?

acabar de *to have just (done something)*	**quedar en** *to agree (to)*
aprender a *to learn (to)*	**tardar en** *to take time (to)*
enseñar a *to teach (to)*	**tratar de** *to try (to)*

Acabo de hablar con el profesor López.

I have just spoken with Professor López.

Trato de estudiar todos los días.

I try to study every day.

Su computadora **tarda en** encenderse.

His computer takes a while to start up.

Quedamos en hacerlo.

We agreed to do it.

- While **deber** + [*infinitive*] suggests obligation, **deber** + **de** + [*infinitive*] suggests probability.

El pueblo **debe de saber** la verdad.

Surely, the people must know the truth.

El pueblo **debe saber** la verdad.

The people need to know the truth.

- In Spanish, unlike in English, the gerund form of a verb (*talking, working,* etc.) may not be used as a noun or in giving instructions. The infinitive form is used instead.

Ver es creer.

Seeing is believing.

No **fumar.**

No smoking.

El arte de **mirar.**

The art of seeing.

LEER ES PODER

 **Práctica**

TALLER DE CONSULTA

MANUAL DE GRAMÁTICA
Más práctica
12.1 Uses of the infinitive, p. 545

1 **Oraciones** Forma oraciones completas con los elementos dados. Sigue el modelo y añade preposiciones cuando sea necesario.

> **MODELO** la arqueóloga / esperar / descubrir / tesoros antiguos
>
> La arqueóloga espera descubrir tesoros antiguos.

1. Luis / pensar / ser / historiador
2. él / querer / especializarse / la historia sudamericana
3. el profesor Sánchez / le /enseñar / hablar / lenguas indígenas
4. sus padres / le / aconsejar / estudiar / extranjero
5. Luis / acabar / pedir información / programa en el Ecuador

2 **Una profesora exigente** Hay una nueva profesora de historia en el departamento. Lee las instrucciones que ella le dio a su clase. Luego, escribe oraciones completas desde el punto de vista de los estudiantes, describiendo lo que ella les pidió. Sigue el modelo.

> **MODELO** Lean cien páginas del texto para mañana. (hacer)
>
> Nos hizo leer cien páginas del texto para mañana.

1. Escriban un trabajo de cincuenta páginas. (obligar a)
2. No coman en clase. (prohibir)
3. Busquen diez libros sobre el tema. (hacer)
4. Vayan hoy mismo al museo para ver la exhibición africana. (mandar)
5. No vengan a clase sin leer el material. (no permitir)

3 **Documental** Lee las preguntas de esta entrevista con Fabián Mateos, director del documental histórico *Bolívar*. Luego inventa sus respuestas. Contesta con oraciones completas y utiliza verbos en infinitivo.

PREGUNTA Me dijeron que la filmación acaba de terminar. ¿Es así?

RESPUESTA (1) _____

PREGUNTA ¿Te acostumbraste a vivir en el Perú? ¿Piensas volver?

RESPUESTA (2) _____

PREGUNTA ¿Crees que el documental nos hará cambiar de idea sobre los héroes de la independencia sudamericana?

RESPUESTA (3) _____

PREGUNTA ¿Fue difícil escoger al actor que representa a Simón Bolívar?

RESPUESTA (4) _____

PREGUNTA ¿Piensas hacer otro documental histórico? ¿Hay otro tema histórico que te gustaría explorar?

RESPUESTA (5) _____

Comunicación

4 **Recomendaciones** En parejas, háganse estas preguntas sobre sus planes para el futuro. Luego túrnense para hacerse cinco recomendaciones para lograr sus metas. Utilicen las frases de la lista y el infinitivo, y añadan sus propias ideas.

1. ¿Qué clases quieres tomar?
2. ¿Qué profesión deseas tener?
3. ¿Esperas viajar a otros países? ¿Cuáles?
4. ¿Qué cosas nuevas quieres aprender a hacer?
5. ¿Qué metas deseas alcanzar?

es bueno	estudiar
es fácil	explorar
es importante	viajar
hay que	¿?
tener que	¿?

5 **Viajes maravillosos**

A. En grupos de cuatro, imaginen que ustedes son científicos/as y han creado una máquina para viajar en el tiempo. Quieren comenzar un negocio con su invento, vendiendo pasajes y siendo guías históricos. Escriban un anuncio breve, utilizando por lo menos seis frases de la lista.

acabar de	quedar en
aprender a	querer
es fácil	tardar en
es increíble	tratar de

B. Ahora imaginen que son los/las turistas que compraron pasajes y que acaban de volver de su primer viaje al pasado. Escojan un período histórico y luego escriban una descripción de lo que vieron e hicieron, utilizando por lo menos seis verbos en infinitivo. Sigan el modelo.

MODELO Acabamos de regresar de nuestro primer viaje al pasado. ¡Aún no podemos creer que anduvimos con los dinosaurios! El primer día...

12.2 Summary of the indicative

Indicative verb forms

- This chart provides a summary of indicative verb forms for regular **–ar, -er**, and **–ir** verbs.

TALLER DE CONSULTA

To review indicative verb forms, see:

The present tense
1.1, pp. 14–15

The preterite
3.1, pp. 94–95

The imperfect
3.2, pp. 98–99

The future
6.1, pp. 216–217

The conditional
8.1, pp. 294–295

The present perfect
7.1, pp. 256–257

The past perfect
7.2, p. 260

The future perfect
10.1, p. 374

The conditional perfect
10.2, p. 376

Indicative verb forms

-ar verbs		-er verbs		-ir verbs	
PRESENT					
canto	cantamos	bebo	bebemos	recibo	recibimos
cantas	cantáis	bebes	bebéis	recibes	recibís
canta	cantan	bebe	beben	recibe	reciben
PRETERITE					
canté	cantamos	bebí	bebimos	recibí	recibimos
cantaste	cantasteis	bebiste	bebisteis	recibiste	recibisteis
cantó	cantaron	bebió	bebieron	recibió	recibieron
IMPERFECT					
cantaba	cantábamos	bebía	bebíamos	recibía	recibíamos
cantabas	cantabais	bebías	bebíais	recibías	recibíais
cantaba	cantaban	bebía	bebían	recibía	recibían
FUTURE					
cantaré	cantaremos	beberé	beberemos	recibiré	recibiremos
cantarás	cantaréis	beberás	beberéis	recibirás	recibiréis
cantará	cantarán	beberá	beberán	recibirá	recibirán
CONDITIONAL					
cantaría	cantaríamos	bebería	beberíamos	recibiría	recibiríamos
cantarías	cantaríais	beberías	beberíais	recibirías	recibiríais
cantaría	cantarían	bebería	beberían	recibiría	recibirían

PRESENT PERFECT	PAST PERFECT	FUTURE PERFECT	CONDITIONAL PERFECT
he	había	habré	habría
has	habías	habrás	habrías
ha ⊕ cantado / bebido / recibido	había ⊕ cantado / bebido / recibido	habrá ⊕ cantado / bebido / recibido	habría ⊕ cantado / bebido / recibido
hemos	habíamos	habremos	habríamos
habéis	habíais	habréis	habríais
han	habían	habrán	habrían

Uses of indicative verb tenses

¡Llegó la lista!

¡Es todo lo que necesitamos esta noche!

- This chart explains when each of the indicative verb tenses is appropriate.

Uses of indicative verb tenses

PRESENT

- timeless events: La gente **quiere** vivir en paz.
- habitual events that still occur: Mi madre **sale** del trabajo a las cinco.
- events happening right now: Ellos **están** enojados.
- future events expected to happen: Te **llamo** este fin de semana.

PRETERITE

- actions or states beginning/ending
  at a definite point in the past: Ayer **firmamos** el contrato.

IMPERFECT

- past events without focus on
  beginning, end, or completeness: Yo **leía** mientras ella **estudiaba**.
- habitual past actions: Ana siempre **iba** a ese restaurante.
- mental, physical, and emotional states: Mi abuelo **era** alto y fuerte.

FUTURE

- future events: **Iré** a Madrid en dos semanas.
- probability about the present: ¿**Estará** en su oficina ahora?

CONDITIONAL

- what would happen: Él **lucharía** por sus ideales.
- future events in past-tense narration: Me dijo que lo **haría** él mismo.
- conjecture about the past: ¿Qué hora **sería** cuando regresaron?

PRESENT PERFECT

- what has occurred: **Han cruzado** la frontera.

PAST PERFECT

- what had occurred: Lo **habían hablado** hace tiempo.

FUTURE PERFECT

- what will have occurred: Para la próxima semana, ya
  se habrá estrenado la película.

CONDITIONAL PERFECT

- what would have occurred: Juan **habría sido** un gran atleta.

 **Práctica**

TALLER DE CONSULTA

MANUAL DE GRAMÁTICA
Más práctica
12.2 Summary of the
indicative, p. 546

1 **Declaración** En 1948, la ONU (Organización de las Naciones Unidas) aprobó la *Declaración Universal de los Derechos Humanos*. A continuación se presentan algunos de los derechos básicos del hombre. Selecciona la forma adecuada del verbo entre paréntesis.

1. Todas las personas (nacen / nacían) libres e iguales.
2. No se (discriminó / discriminará) por ninguna razón: ni nacionalidad, ni raza, ni ideas políticas, ni sexo, ni edad, ni otras.
3. Todas las personas (tendrían / tendrán) derecho a la vida y a la libertad.
4. No (habría / habrá) esclavos.
5. Toda persona (tiene / tendría) derecho a una nacionalidad.
6. Nadie (sufre / sufrirá) torturas ni tratos crueles.
7. Todos (son / eran) iguales ante la ley y (tienen / tuvieron) los mismos derechos legales.
8. La discriminación (era / será) castigada.
9. Nadie (va / irá) a la cárcel sin motivo.
10. Se (juzga / juzgará) de una manera justa a todos los presos.

2 **Pasado, presente y futuro** David y Sandra son novios. Antes de conocerse tenían vidas muy distintas. Escribe diez oraciones completas sobre el pasado, el presente y el futuro de esta pareja. Utiliza las ideas de la lista o inventa tus propios detalles.

PASADO	PRESENTE	FUTURO
vivir en la ciudad/campo	estudiar en la universidad	trabajar
viajar con la familia	salir con amigos	casarse
hacer deportes	ir al cine	tener hijos
divertirse	viajar	vivir en los suburbios

3 **Rey por un día** Hoy, por un sólo día, te has convertido en rey/reina de un dominio extenso. Primero, lee la descripción e identifica el tiempo verbal de cada verbo en indicativo. Luego, contesta las preguntas con oraciones completas.

8:00 Te despiertas en el palacio. ¿Qué te gustaría hacer? ¿Disfrutarás del lujo?

12:00 Tus asesores te dicen que las fuerzas armadas del enemigo han invadido y que habrán llegado hasta el palacio antes de las cuatro. ¿Qué haces?

4:00 Cuando tus soldados por fin llegaron al palacio, las fuerzas enemigas ya habían entrado. Te han secuestrado y están exigiendo la mitad de tu reino. ¿Qué les dices?

6:00 ¿Lograste resolver el conflicto? ¿Habrías preferido convertirte en otra cosa?

Comunicación

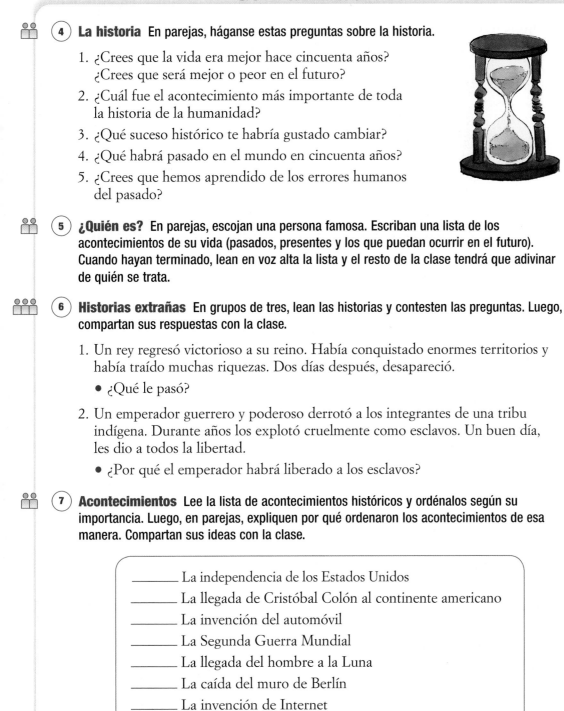

4 La historia En parejas, háganse estas preguntas sobre la historia.

1. ¿Crees que la vida era mejor hace cincuenta años? ¿Crees que será mejor o peor en el futuro?
2. ¿Cuál fue el acontecimiento más importante de toda la historia de la humanidad?
3. ¿Qué suceso histórico te habría gustado cambiar?
4. ¿Qué habrá pasado en el mundo en cincuenta años?
5. ¿Crees que hemos aprendido de los errores humanos del pasado?

5 ¿Quién es? En parejas, escojan una persona famosa. Escriban una lista de los acontecimientos de su vida (pasados, presentes y los que puedan ocurrir en el futuro). Cuando hayan terminado, lean en voz alta la lista y el resto de la clase tendrá que adivinar de quién se trata.

6 Historias extrañas En grupos de tres, lean las historias y contesten las preguntas. Luego, compartan sus respuestas con la clase.

1. Un rey regresó victorioso a su reino. Había conquistado enormes territorios y había traído muchas riquezas. Dos días después, desapareció.

   • ¿Qué le pasó?

2. Un emperador guerrero y poderoso derrotó a los integrantes de una tribu indígena. Durante años los explotó cruelmente como esclavos. Un buen día, les dio a todos la libertad.

   • ¿Por qué el emperador habrá liberado a los esclavos?

7 Acontecimientos Lee la lista de acontecimientos históricos y ordénalos según su importancia. Luego, en parejas, expliquen por qué ordenaron los acontecimientos de esa manera. Compartan sus ideas con la clase.

> _____ La independencia de los Estados Unidos
> _____ La llegada de Cristóbal Colón al continente americano
> _____ La invención del automóvil
> _____ La Segunda Guerra Mundial
> _____ La llegada del hombre a la Luna
> _____ La caída del muro de Berlín
> _____ La invención de Internet
> _____ El descubrimiento de la penicilina
> _____ La invención de la computadora

(12.3) Summary of the subjunctive

Subjunctive verb forms

- This chart provides a summary of subjunctive verb forms for regular **–ar, -er**, and **–ir** verbs.

TALLER DE CONSULTA

To review subjunctive verb forms, see:

The subjunctive in noun clauses 4.1, pp. 134–136

The past subjunctive 8.2, pp. 298–299

The present perfect subjunctive 9.1, p. 336

The past perfect subjunctive 10.3, p. 378

No creo que debas ir solo.

No creo que Mariela esté interesada en ir conmigo.

Subjunctive verb forms					
-ar verbs		**-er verbs**		**-ir verbs**	
PRESENT SUBJUNCTIVE					
hable	hablemos	beba	bebamos	viva	vivamos
hables	habléis	bebas	bebáis	vivas	viváis
hable	hablen	beba	beban	viva	vivan
PAST SUBJUNCTIVE					
hablara	habláramos	bebiera	bebiéramos	viviera	viviéramos
hablaras	hablarais	bebieras	bebierais	vivieras	vivierais
hablara	hablaran	bebiera	bebieran	viviera	vivieran
PRESENT PERFECT SUBJUNCTIVE					
haya hablado		haya bebido		haya vivido	
hayas hablado		hayas bebido		hayas vivido	
haya hablado		haya bebido		haya vivido	
hayamos hablado		hayamos bebido		hayamos vivido	
hayáis hablado		hayáis bebido		hayáis vivido	
hayan hablado		hayan bebido		hayan vivido	
PAST PERFECT SUBJUNCTIVE					
hubiera hablado		hubiera bebido		hubiera vivido	
hubieras hablado		hubieras bebido		hubieras vivido	
hubiera hablado		hubiera bebido		hubiera vivido	
hubiéramos hablado		hubiéramos bebido		hubiéramos vivido	
hubierais hablado		hubierais bebido		hubierais vivido	
hubieran hablado		hubieran bebido		hubieran vivido	

Uses of subjunctive verb tenses

Me hubiera gustado ser nominado.

Te aconsejo que no te los pongas sin probártelos.

● The subjunctive is used mainly in multiple clause sentences. This chart explains when each of the subjunctive verb tenses is appropriate.

Uses of subjunctive verb tenses

PRESENT

● main clause is in the present: Quiero que **hagas** un esfuerzo.

● main clause is in the future: Ganará las elecciones a menos que **cometa** algún error.

PAST

● main clause is in the past: Esperaba que **vinieras**.

● hypothetical statements about the present: Si **tuviéramos** boletos, iríamos al concierto.

PRESENT PERFECT

● main clause is in the present while subordinate clause is in the past: ¡Es imposible que te **hayan despedido** de tu trabajo!

PAST PERFECT

● main clause is in the past and subordinate clause refers to earlier event: Me molestó que mi madre me **hubiera despertado** tan temprano.

● hypothetical statements about the past: Si me **hubieras llamado**, habría salido contigo anoche.

Es importante que **estudiemos** nuestra propia historia.

It is important that we study our own history.

Los indígenas no querían que el conquistador **invadiera** sus tierras.

The indigenous people did not want the conqueror to invade their lands.

Cristóbal Colón no **hubiera llegado** a América sin el apoyo del Rey.

Christopher Columbus wouldn't have arrived in America without the King's support.

El éxito del arqueólogo depende de las ruinas que **haya descubierto**.

The archeologist's success depends on the ruins he may have discovered.

TALLER DE CONSULTA

To review the uses of the subjunctive, see:

The subjunctive in noun clauses
4.1 pp. 134–136

The subjunctive in adjective clauses
5.2 pp. 180–181

The subjunctive in adverbial clauses
6.2 pp. 220–221

¡ATENCIÓN!

Ojalá (que) is always followed by the subjunctive.

Ojalá (que) se mejore pronto.

Impersonal expressions of will, emotion, or uncertainty are followed by the subjunctive unless there is no change of subject.

Es terrible que tú fumes.

Es terrible fumar.

The subjunctive vs. the indicative

- This chart contrasts the uses of the subjunctive with those of the indicative (or infinitive).

Subjunctive	Indicative (or infinitive)
• after expressions of will and influence when there are two different subjects: Quieren que **vuelvas** temprano.	• after expressions of will and influence when there is only one subject (infinitive): Quieren **volver** temprano.
• after expressions of emotion when there are two different subjects: La profesora tenía miedo de que sus estudiantes no **aprobaran** el examen.	• after expressions of emotion when there is only one subject (infinitive): Los estudiantes tenían miedo de no **aprobar** el examen.
• after expressions of doubt, disbelief, or denial when there are two different subjects: Es imposible que Beto **haya salido** por esa puerta.	• after expressions of doubt, disbelief, or denial when there is only one subject (infinitive): Es imposible **salir** por esa puerta; siempre está cerrada.
• when the person or thing in the main clause is uncertain or indefinite: Buscan un empleado que **haya estudiado** administración de empresas.	• when the person or thing in the main clause is certain or definite (indicative): Contrataron a un empleado que **estudió** administración de empresas.
• after **a menos que, antes (de) que, con tal (de) que, en caso (de) que, para que,** and **sin que**: El abogado hizo todo lo posible para que su cliente no **fuera** a la cárcel.	• after **a menos de, antes de, con tal de, en caso de, para,** and **sin** when there is no change in subject (infinitive): El abogado hizo todo lo posible para **defender** a su cliente.
• after the conjuctions **cuando, después (de) que, en cuanto, hasta que,** and **tan pronto como** when they refer to future actions: Compraré otro teléfono celular cuando me **ofrezcan** un plan adecuado a mis necesidades.	• after the conjuctions **cuando, después (de) que, en cuanto, hasta que,** and **tan pronto como** when they do not refer to future actions (indicative): Compré otro teléfono celular cuando me **ofrecieron** un plan adecuado a mis necesidades.
• after **si** in hypothetical or contrary-to-fact statements about the present: Si **tuviera** tiempo, iría al cine.	• after **si** in hypothetical statements about possible or probable future events (indicative): Si **tengo** tiempo, iré al cine.
• after **si** in hypothetical or contrary-to-fact statements about the past: Si **hubiera tenido** tiempo, habría ido al cine.	• after **si** in statements that express habitual past actions (indicative): Si **tenía tiempo**, siempre iba al cine.

 **Práctica**

① **Oraciones incompletas** Empareja las frases para formar oraciones lógicas.

_____ 1. Gabi no irá a la fiesta a menos que...

_____ 2. Habríamos llegado antes si...

_____ 3. Hoy es mi cumpleaños. Espero que mis padres...

_____ 4. Iría a Europa si...

_____ 5. Mis parientes siempre exigían que...

a. limpiara mi cuarto.

b. me hayan comprado algo bonito.

c. no hubieras manejado tan lento.

d. termine de hacer su tarea.

e. tuviera más tiempo.

TALLER DE CONSULTA

MANUAL DE GRAMÁTICA
Más práctica
12.3 Summary of the subjunctive, p. 547

② **Cita perdida** Selecciona la forma adecuada del verbo entre paréntesis para completar la conversación.

EMA Buenos días. Busco a Miguel Pérez.

ROSA Qué lástima que ya (1) _____ (salga / haya salido / hubiera salido). No creo que (2) _____ (vuelva / volviera / haya vuelto) hasta las cuatro.

EMA Le había dicho que yo vendría a verlo el martes, pero él me dijo que yo (3) _____ (viniera / haya venido / hubiera venido) hoy.

ROSA No veo nada en su agenda. Y no creo que al señor Pérez se le (4) _____ (olvide / haya olvidado / hubiera olvidado) la cita. Si usted le (5) _____ (pida / haya pedido / hubiera pedido) una cita, él me lo habría mencionado. Si quiere, le digo que la (6) _____ (llame / llamara / haya llamado) tan pronto como (7) _____ (llegue / llegara / hubiera llegado). A menos que usted (8) _____ (quiera / haya querido / hubiera querido) esperar...

③ **¿En qué tiempo?** Completa las oraciones con el subjuntivo (presente, imperfecto, pretérito perfecto o pluscuamperfecto) de los verbos entre paréntesis.

1. Antes de que los primeros españoles _____ (pisar) el suelo americano, los vikingos ya habían viajado a América.

2. El profesor Gómez viajará al Amazonas. Cuando _____ (llegar) allí, investigará algunas tribus aisladas.

3. Siempre que _____ (haber) democracia, habrá libertad de prensa.

4. Cuando _____ (terminar) la guerra civil, el país mejorará.

5. El cacique les habló a sus guerreros para que _____ (luchar) con entusiasmo.

6. La historia del país habría sido muy distinta si la monarquía no _____ (caer).

7. La fundación humanitaria prefiere contratar a personas que ya _____ (viajar) al país donde trabajarán.

8. Si los gobernantes _____ (saber) lo que ahora sabemos, nunca habrían firmado el acuerdo.

Práctica

4 **Los pueblos americanos** Selecciona la forma adecuada de los verbos entre paréntesis.

1. La ley venezolana les prohibía a los militares que (votaron / votaran / votar) en las elecciones presidenciales.

2. Te recomiendo que (estudias / estudies / estudiar) los cambios políticos en el Perú.

3. Me gustaría (lucho / luche / luchar) por los derechos de los indígenas.

4. Los primeros hombres que (poblaron / poblaran / poblar) América llegaron desde Asia.

5. Es una lástima que los conquistadores (destruyeron / destruyeran / destruir) algunas culturas americanas.

6. No es cierto que todos los indígenas americanos (se han rendido / se hayan rendido / rendirse) pacíficamente.

7. Sé que la dictadura (es / sea / ser) la peor forma de gobierno.

8. ¡Ojalá los pueblos americanos (habían luchado / hubieran luchado / luchar) más por sus derechos!

5 **Las formas verbales** Conecta las frases de las columnas. Usa las formas y los tiempos verbales apropiados.

A. 1. El historiador busca el libro que   a. explicara los últimos cambios políticos.

2. El historiador busca un libro que   b. explique los últimos cambios políticos.

3. El historiador buscó un libro que   c. explica los últimos cambios políticos.

B. 1. En su viaje, el historiador no conoció a ningún indígena que   a. tenía contacto con tribus vecinas.

2. En su viaje, el historiador había conocido a un solo indígena que   b. había tenido contacto con tribus vecinas.

3. En su viaje, el historiador conoció a un solo indígena que   c. tuviera contacto con tribus vecinas.

C. 1. Eva no conocía a nadie que   a. había estudiado la cultura china.

2. Eva conocía a un solo profesor que   b. ha estudiado la cultura china.

3. Eva conoce a un solo profesor que   c. hubiera estudiado la cultura china.

6 **¿Indicativo o subjuntivo?** Completa las oraciones con verbos en subjuntivo o en indicativo.

1. Me gustaría que mis hijos _____ (tener) más tiempo para leer los diarios que escribió mi abuelo al emigrar.

2. El profesor me recomendó que yo _____ (preservar) mi herencia cultural.

3. Me molestaba que ella _____ (hablar) de esa manera sobre los inmigrantes.

4. Mi abuela hizo todo lo posible para que todos nosotros _____ (visitar) su país de origen.

5. Cada día _____ (llegar) al país nuevos inmigrantes llenos de sueños.

6. La situación _____ (cambiar) en los últimos años porque los habitantes de mi país ya no emigran tanto como en el pasado.

Comunicación

7 **La historia**

A. En parejas, inventen una conversación entre dos personas de una de estas épocas, utilizando todos los tiempos verbales del indicativo y subjuntivo que sean apropiados. Recuerden que la conversación debe reflejar el contexto sociopolítico de aquella época.

Períodos históricos

La Prehistoria	La Guerra por la Independencia
La Edad Media	La primera mitad del siglo XX
La época de la Colonia	El nuevo milenio

B. Ahora, representen su conversación a otra pareja para que adivine el período histórico en que viven los personajes.

8 **Personajes históricos** En parejas, escriban diez oraciones sobre un personaje histórico famoso, sin decir el nombre. Cinco oraciones deben usar el indicativo y cinco el subjuntivo. Luego, lean las oraciones a la clase para que sus compañeros/as adivinen quién es la persona.

9 **Síntesis**

A. En grupos de cuatro, lean la lista de temas. ¿Cuáles eran sus pensamientos, deseos y opiniones acerca de estos temas cuando eran niños/as? ¿Qué piensan ahora? ¿Qué opiniones e ideas han surgido o cambiado a través de sus conversaciones en esta clase? ¿Creen que sus pensamientos cambiarán en el futuro?

la historia y la civilización	la naturaleza
la política y la religión	los viajes
la literatura y el arte	la salud y el bienestar
la cultura popular y los medios	la vida diaria
la economía y el trabajo	las diversiones
la tecnología y la ciencia	las relaciones personales

B. Ahora, escojan uno de los temas de la lista y escriban un breve resumen de sus respuestas a las preguntas de la parte A. Utilicen por lo menos tres tiempos verbales en indicativo, tres en subjuntivo y tres verbos en infinitivo. Compartan sus pensamientos con la clase.

For additional cumulative practice of all the grammar points in this lesson, go to **enfoques.vhlcentral.com**.

Antes de ver el corto

UN PEDAZO DE TIERRA

país Argentina
duración 24 min.
director Jorge Gaggero

protagonistas don Aurelio (tatarabuelo),
Irene (madre), Ramiro y Agustín
(hijos), Pedro

Vocabulario

el cura *priest*
engañar *to betray*
enterrar (e:ie) *to bury*
jurar *to promise*

el rancho *ranch*
reconocer *to recognize*
sepultar *to bury*
el/la tatarabuelo/a *great-great-grandfather/*
great-great-grandmother

1 Mis antepasados Completa el párrafo con las palabras apropiadas.

Mi (1) _____ está enterrado cerca del (2) _____ donde nació. Antes de morir, le hizo (3) _____ a mi (4) _____ que lo iban a (5) _____ allí. Tuvieron dos hijos en esa vieja casa de campo. El mayor fue mi bisabuelo. El menor decidió ser (6) _____.

2 Preguntas En parejas, contesten las preguntas.

1. ¿Dónde pasaron la infancia y la juventud tus abuelos y tus padres? ¿Cómo fue su infancia y juventud?

2. ¿Recuerdas algún lugar de tu infancia (por ejemplo, una casa o un parque) que haya cambiado o ya no exista? ¿Cómo te sentiste al ver que el lugar había cambiado?

3. ¿Escribirías un testamento (*will*)? ¿Qué instrucciones dejarías en tu testamento?

4. ¿Alguna vez ayudaste a alguien a cumplir un deseo? ¿Qué hiciste?

3 Otros países En parejas, imaginen que tienen que ir a vivir a otro país. Hagan una lista de tres países en los que creen que les gustaría vivir. Expliquen por qué han elegido esos países y digan qué aspectos positivos y negativos tiene vivir allí. Compartan su lista con la clase.

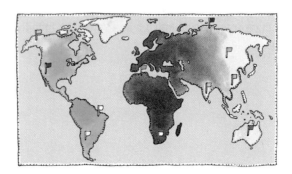

UN PEDAZO DE TIERRA

PRIMER PREMIO: *Academy of Television Arts & Sciences College Television Awards*
MEJOR CORTO: *Festival Internacional de Cortometrajes de Bilbao*
PREMIO AL MEJOR CORTOMETRAJE: *San Francisco Latino Film Fest*

Una producción de KOO KOO PRODUCTIONS Guión y Dirección JORGE GAGGERO Fotografía HILDA MERCADO
Montaje JOSE PULIDO Música XAVIER ASALI/MARCELO BERESTOVOY
Actores RUBÉN MORENO/ROBERTO ENTIQUE/ERICK CARRILLO/ART BONILLA

Escenas

ARGUMENTO Don Aurelio, muy enfermo, le pide a su familia que lo entierren en el mismo lugar donde está enterrada su esposa.

DON AURELIO Palos Verdes...
IRENE Sí.
DON AURELIO ...quiero que me entierren en Palos Verdes.
IRENE Se lo juramos. Tranquilo, tranquilo, abuelo. Ya viene el cura.

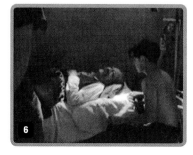

RAMIRO Oye, ¿tú crees que llegue? Son como 400 kilómetros.
AGUSTÍN Sí, le cambié las bujías°, los cables, tapa del distribuidor. Sí, quedó como nuevo.
RAMIRO ¿Y el abuelo?
AGUSTÍN Sólo Dios sabe.

DON AURELIO Esto no es Palos Verdes, no. Ustedes me quieren engañar.
RAMIRO Sí, es Palos Verdes, abuelo.
DON AURELIO No hay ranchos. Aquí no hay ranchos.

DON AURELIO Aquí mismo me casé con tu tatarabuela. Fue una linda ceremonia. Merceditas bajó del carro con su largo vestido blanco. Dos meses tardaron con las puntillas° y esas bobadas°.

PEDRO No reconozco ningún lugar.
AGUSTÍN ¿No?
PEDRO No, nada. A ver, a ver, a ver, espérenme tantito... ¡este lugar yo lo conozco! Digo, conozco el árbol. Sí, es de los más viejos de acá.
RAMIRO Ahí nació el abuelo y está sepultada la abuela Mercedes.

(Ramiro se acerca por el pasillo° al cuarto que está con la puerta abierta. Puede ver a su hermano de espaldas°. Al entrar, encuentra al abuelo recostado° con los ojos entreabiertos° y una sonrisa.)
AGUSTÍN Está muerto.

bujías *spark plugs* **puntillas** *lace trim* **bobadas** *silly things*
pasillo *hallway* **de espaldas** *from behind* **recostado** *lying down*
entreabiertos *half-open*

Después de ver el corto

1 **Comprensión** Contesta las preguntas con oraciones completas.

1. ¿Por qué está en la cama don Aurelio?
2. ¿Adónde van en el carro? ¿Por qué?
3. ¿Dónde está enterrada Merceditas, la esposa de don Aurelio?
4. ¿En qué trabaja Pedro?
5. ¿Qué le ocurre al abuelo mientras duerme?
6. ¿Dónde lo entierran?

2 **Interpretar** Contesta las preguntas y explica tus respuestas.

1. ¿Cuál es la actitud de Irene hacia don Aurelio al comienzo del corto? ¿Crees que la actitud inicial de los jóvenes está influenciada por Irene?
2. ¿Cambia la actitud de los jóvenes hacia su abuelo?
3. ¿Por qué crees que Ramiro se quiere quedar en Palos Verdes?
4. En tu opinión, ¿por qué se titula el corto *Un pedazo de tierra*?

3 **El pasado y el futuro** En parejas, hablen de las citas. Expliquen la importancia que tienen dentro de la historia. ¿Cuál es la actitud de cada uno de los personajes hacia el pasado? ¿Y hacia el futuro?

> "Ándele, don Aurelio, déjese ir… déjese ir…" *Irene*

> "Si se nos va antes, pues lo dejamos acá y con la platita que nos dieron pues disfrutamos de las playas de California." *Ramiro*

> "Mire, don Aurelio, Palos Verdes cambió. Ya no es territorio mexicano y su rancho ya no existe. Mírese usted en las fotos, no es igual. Ya nada es igual." *Agustín*

> "¡Quién hubiera dicho que le arreglaría la tumba en cada cambio de estación!" *Agustín*

4 **Postal** Imagina que eres Ramiro. Tu hermano regresó a México y tú te quedaste en Palos Verdes. Escribe un mensaje de correo electrónico a un amigo contándole cómo es tu experiencia en Palos Verdes. Cuéntale qué cosas te gustan de vivir en los Estados Unidos, qué cosas extrañas de la vida en México, cómo va tu trabajo y qué vínculos (*connections*) estás formando con nuevas personas. Explica cómo te sientes con respecto a tu decisión de no volver a México con tu hermano.

El indio alcalde de Chincheros: Varayoc, 1925.
José Sabogal, Perú.

"Los que no creen en la inmortalidad
creen en la historia."

— José Martí

Antes de leer

Mis recuerdos de Tibacuí

Sobre la autora

Josefa Acevedo de Gómez fue la primera mujer escritora de Colombia después de la época colonial. Además, fue la primera escritora laica (*lay*), ya que durante la colonia las únicas escritoras colombianas eran religiosas. Nació en Bogotá el 23 de enero de 1803 y murió en Pasca el 19 de enero de 1861. Provenía de una familia de fortuna y con una importante participación en la vida política y militar de la flamante (*brand-new*) república. Recibió una educación que no era común para las mujeres de su época, tuvo dos hijos y se ganó un lugar en las letras de su país como poetisa y escritora moralista y costumbrista. Sus obras incluyen ensayos sobre temas como los deberes de los casados y la economía doméstica, que permiten conocer los usos y costumbres de la época. También escribió numerosos cuentos, poesías y biografías.

Vocabulario

la aldea *village*		**el/la mayor** *elder*	
el cementerio *cemetery*		**la parroquia** *parish*	
la choza *hut*		**la procesión** *procession*	
esclavizar *to enslave*		**la raza** *race*	

Palabras relacionadas Elige la palabra que no corresponda al grupo.

1. cura – parroquia – choza
2. raza – procesiones – descendientes
3. choza – casa – monarca
4. esclavizar – liberar – independencia
5. aldeas – pueblos – mayores

Conexión personal

¿Conoces alguna aldea o pueblo en el campo? ¿Qué diferencias notas con respecto a una gran ciudad o capital? ¿Cómo es la gente? ¿Te parece que las tradiciones del país se guardan mejor en el campo que en las grandes ciudades?

Análisis literario: el costumbrismo

El costumbrismo narra las costumbres de una región o país determinado, buscando una expresión nacional. En general se trata de composiciones breves (ensayos o cuentos); el elemento más importante es la descripción detallada, y puede incluir algún tipo de crítica.

Presta atención a las descripciones de usos, costumbres, modos de vida y personajes típicos en el relato que vas a leer.

Mis *recuerdos* de Tibacuí

Josefa Acevedo de Gómez

^{halfway through}
^{vicinity}

1 A mediados° del año de 1836 me hallaba yo en las inmediaciones° de la parroquia de Tibacuí, en el cantón de Fusagasugá, y recibí una atenta y expresiva 5 invitación del cura, el alcalde y los principales vecinos, para que concurriese° a la fiesta de Corpus°, que se celebraba el domingo inmediato. Jamás he gustado de fiestas ni

^{attend}
^{feast to commemorate the institution of the Holy Eucharist}

de reuniones bulliciosas°, por lo cual pensé excusarme; mas° al recordar la pequeñez de 10 aquella parroquia y la pobreza del vecindario, comprendí que no sería aquella fiesta de la clase de la que siempre he evitado, porque producen disipación en el espíritu y dejan vacío° en el corazón. Fui, pues, a Tibacuí y 15 llegué a las siete de la mañana.

^{boisterous}
^{but}

^{emptiness}

Se compone
made of straw/
extremely
scattered
here and there/
slope

roof tile/neat

roofing/wide
agave leaves
hill/grass
hermitages
sides/jail

dale; glen
wild
stream
soft grass

yards/natives

shaded/banana
groves
avocados/
cherimoya (tree)

Compónese° aquella población de una o dos docenas de casas pajizas°, sumamente° estrechas y pobres, esparcidas° aquí y acullá° por la pendiente que forma la falda° prolongada de una alta y espesa montaña. Hay en el lugar más llano una pequeña iglesia de teja°, pobre y aseada°, a cuya izquierda se ve la casa del cura, también de paja, como las demás del pueblo, pero menos pequeña que las otras habitaciones. Entre éstas hay algunas que no pudieron cubrirse con paja a causa de la pobreza de sus dueños, y sólo les sirven de techado° algunas anchas° y verdes hojas de fique°. La plaza no es sino la continuación de una colina° cubierta de verde yerba°, cuyo cuadro lo forman cuatro ermitas° de tierra y en sus costados° solamente se ven la cárcel° y cinco o seis chozas miserables. A la derecha de la iglesia, paralela a un costado de la plaza, hay una hondonada° verde y llena de árboles silvestres°, por la cual corre en invierno un hermoso torrente°, pero que en verano está seca y cubierta de mullida grama°. Esta hondonada se prolonga como trescientas varas° hasta el pie de la Plaza, y los naturales° la llaman la calle de la Amargura por ser aquél el camino por donde suelen llevar las procesiones de semana santa. Estas pocas chozas, sombreadas° por verdes platanares°, elevados aguacates° y aromáticos chirimoyos°, y rodeadas por algunas gallinas, patos, perros, cerdos y otros animales domésticos, presentan un aspecto pintoresco e interesante para quien no busca allí el lujo y las comodidades de la vida. El vecindario se compone de dos razas perfectamente marcadas: algunos blancos,

en quienes se descubre desde luego el origen europeo; el resto, indios puros, descendientes de los antiguos poseedores de la América. Todos son labradores°; todos pobres, y, casi puedo decir, todos honrados y sencillos, hospitalarios y amables. Allí no ha penetrado todavía la civilización del siglo XIX.

Cuando yo llegué, me rodeó la mayor parte del vecindario. Unos querían que fuese a alojarme a su casita, otros que admitiese su almuerzo, otros que les permitiese cuidar de mi caballo. Procuré manifestar mi agradecimiento a todos, y fui a desmontarme en la casa del cura, digno pastor de aquella inocente grey°. Luego que conversamos un rato, salí a tomar chocolate en casa del alcalde y a dar un paseo por la plaza. Jamás olvidaré ni la obsequiosa° bondad° con que se me dio un decente y abundante desayuno, ni la grata° impresión que recibí al dar aquel paseo matutino°.

Con palmas y árboles floridos cortados en la montaña vecina se había formado una doble calle de verdura por los cuatro lados de la plaza. Esta calle estaba cortada en varios puntos por vistosos arcos, cubiertos de flores y de todas las frutas que brinda° la sierra caliente en aquella estación: era el mes de junio. Aquí se veía un hermoso racimo° de mararayes°; allí dos o tres de amarillos y sazonados plátanos; más allá un grupo de aromáticas chirimoyas°; después una multitud de lustrosos aguacates, de una magnitud poco común; acá un extraño tejido de guamas° de diversas especies y figuras; en otra parte, yucas° extraordinarias y gran variedad de raíces, legumbres y hortalizas°.

peasants

flock

attentive;
obliging/
kindness

pleasant

morning

offers

bunch/fruit of
the ruffle palm

cherimoya
(fruit)

tropical tree

yucca; manioc

vegetables

Figura humana hecha con fruta en el Festival de las frutas y las flores durante Corpus Christi en Anolaima, Colombia.

y hermosos adornos, que aquellas inmensas fuentes de plata, aquella multitud de espejos, cintas, flecos° y retazos de seda° y gasa° que se ostentan en esta fiesta, en la capital de la 110 República! Yo gozaba con delicia de este espectáculo, y las risas, cantos y alegría de este pueblo inocente, alejaban de mí las tristes impresiones que casi siempre dejan en mi alma las reuniones en numerosas concurrencias°. 115 Mezcléme° con los hijos de Tibacuí, y tuve el placer de ayudarles a componer sus ermitas, altares y arcos, procurando que los menos pobres no dañasen con adornos heterogéneos el gusto sencillo y campestre que allí reinaba. 120

    Las campanas repicaban° sin cesar, y todo el mundo se manifestaba alegre, activo y oficioso°. De repente oí el ruido de un tamboril° y un pito°. Entonces vino a bailar delante de mí la danza del pueblo. Componíase 125 ésta de doce jóvenes indígenas de 15 a 18 años, sin más vestido que unas enaguas° cortas y unos gorros hechos de pintadas y vistosas plumas°. Llevaban también plumas en las muñecas y las gargantas de los pies°, y 130 un carcaj° lleno de flechas° sobre la espalda. El resto de sus cuerpos desnudos estaba caprichosamente pintado de varios colores. Presidía a estos muchachos un anciano de más de setenta años, vestido como lo están 135 siempre aquellos infelices indios, es decir, sin camisa, con unos calzoncillos cortos de lienzo° del país muy ordinario, y una ruanita° de lana que les cubre un poco más abajo de la cintura. Este viejo estaba sin sombrero, y llevaba 140 colgado del cuello el tamboril, al cual daba golpes acompasados° con la mano izquierda,

fringe/silk/gauze

with lots of participants

Me mezclé

bells pealed

diligent

small drum/whistle

petticoats

feathers

tops of the feet

quiver/arrows

canvas

poncho

regular; rhythmic

exhibited

90

ring-shaped biscuit or bread

corn bread/strings

95

erected

100

handful

mercy

105

Otros arcos ostentaban° los productos de la caza: conejos, comadrejas, zorros, ulamáes, armadillos y otros animales silvestres. Más allá se veían pendientes, doradas roscas° de pan de maíz°, sartas° de huevos de diversos colores, cogidos por aquellos montes, y muchos pajarillos vivos y muertos, cuya vistosa variedad atraía y encantaba la vista. Sería difícil decir detalladamente la multitud de objetos naturales que se habían reunido para adornar aquellos arcos de triunfo erigidos° en obsequio del Santísimo Sacramento. Una inmensa profusión de animales, frutas y flores, formaba la ofrenda campestre que ofrecía aquel puñado° de cristianos sencillos al Dios cuya misericordia° se celebra en esta solemne, misteriosa y sagrada fiesta. ¡Cuánto más bellos y dignos del Criador son estos rústicos mientras con la derecha sostenía y tocaba el pito. Con esta extraña música bailaban los jóvenes una danza graciosa, llena de figuras y variaciones, arrojando° y recogiendo° sus flechas con asombrosa agilidad. Yo los miré un rato con ternura° y complacencia, les di algunas monedas y me retiré.

145

throwing/ gathering up

tenderness

kneeled or bowed

peal

to burn

gunpowder

feigned

150

155

Salió bien pronto la procesión. El pueblo se prosternó° respetuosamente, y ya no se oía sino el canto sagrado, el alegre tañido° de las campanas y el tamboril y el pito de la danza que iba bailando delante del Santo Sacramento. Entonces empezó a arder° un castillo de pólvora°, preparado para la primera estación. Dos indios de la danza fingieron°

terror, estrecharon sus arcos° contra el pecho y se dejaron caer con los rostros° contra la tierra. Al cesar el ruido de la pólvora, volvieron a levantarse y continuaron ágiles y alegres su incansable danza. Pero cuantas veces se quemaron castillos o ruedas, ellos repitieron aquella expresiva pantomima. Confieso que no pude ya resistir la impresión que me causó aquella escena. Mis lágrimas corrieron al ver la inocente y cándida alegría con que los descendientes de los antiguos dueños del suelo americano renuevan en una pantomima tradicional la imagen de su destrucción, el recuerdo ominoso y amargo° del tiempo en que sus abuelos fueron casi exterminados y vilmente° esclavizados por aquellos hombres terribles que, en su concepto, manejaban el rayo°. En el trascurso de más de tres siglos estos hijos degenerados de una raza valiente y numerosa, ignorantes de su origen, de sus derechos y de su propia miseria, celebran una fiesta cristiana contrahaciendo° momentáneamente los usos de sus mayores, y se ríen representando el terror de sus padres en aquellos días aciagos° en que sus opresores los aniquilaban para formar colonias europeas sobre los despojos° de una grande y poderosa nación.

160

165

170

175

180

185

bows

faces

bitter

despicably

lightning

imitating

unfortunate; fateful

remains

II

Miguel Guzmán se llamaba el respetable indio que conducía la danza de Tibacuí el día de la fiesta del Sacramento, que acabo de pintar. Era este anciano de mediana estatura, y tenía el color y las facciones de un indio sin mezcla de sangre europea. Sus pequeños y negros ojos estaban siempre animados de

190

Vista panorámica de Tibacuy en el año 1998.

una expresión de benevolencia: su amable sonrisa hacía un notable contraste con las *wrinkles/ creased* 195 hondas y prolongadas arrugas° que surcaban° *scant* su frente y sus mejillas: sus cabellos y escasa° barba eran blancos como la nieve; y la edad había destruido la mayor parte de sus dientes, a pesar de que casi todos los indios conservan 200 blanca y sana la dentadura, aunque vivan un siglo.

Después del día de la fiesta, Guzmán y Mariana su esposa venían frecuentemente *help; aid* a mi casa. Yo les daba algunos socorros°, 205 les compraba sus chirimoyas, y con más *gift* frecuencia admitía el obsequio° que de ellas me hacían. Jamás tuve ocupación bastante grave que me impidiese recibir a aquellos honrados ancianos. Me contaban sus 210 miserias y sus prosperidades; me referían las tradiciones de la aldea, los acontecimientos *seen* notables que habían presenciado° en su larga vida; solicitaban mi aprobación o mis consejos sobre los pequeños negocios de sus parientes 215 y amigos, y jamás salían de casa sin haber comido y sin llevar pan para dos nietos que los acompañaban. Ya hacía más de catorce meses que yo veía semanalmente aquella

virtuosa pareja, y jamás la oí quejarse de su suerte, pedirme cosa alguna, ni murmurar de 220 su prójimo°. *fellow man*

Una mañana vino Mariana a decirme que Miguel estaba enfermo, y que ella pensaba sería de debilidad, porque hacía muchos días que no comía carne. Hice que le dieran 225 unas dos gallinas y algunos otros víveres°, y le *supplies; provisions* encargué que si la enfermedad de su esposo se prolongaba viniese a avisarme. El día 16 de octubre de 37 llegó un indio llamado Chavista, y me dijo: «Esta madrugada murió Miguel 230 Guzmán, y su viuda me encargó que viniera a decírselo a su merced.» No pude rehusar° *refuse* algunas lágrimas a la memoria del anciano; envié un socorro a la viuda, y le mandé a decir que cuando pudiera viniese a verme. 235

A los cinco días estuvo en casa Mariana. Esta mujer distaba mucho de° tener la *was far from* fisonomía° franca, risueña° y expresiva *face/smiling* de Guzmán. Su cara era larga, sus ojos empañados° y hundidos, su tez° negra y 240 *cloudy/ complexion* acartonada°. Era también muy vieja; pero su *wizened* cabello no estaba enteramente cano°. En fin, *gray* ella no inspiraba simpatías en su favor, a pesar de sus modales bondadosos y del cariño que su esposo la tenía. Yo la hice sentar y le dije: 245

—Ya supongo, Mariana, que usted habrá estado muy triste.

—Sí, su merced, pero mi Dios lo ha dispuesto así.

—Ésa es la vida, dije, debemos 250 conformarnos°. *be content*

—Sí, yo estoy conforme y vengo a darle a su merced las gracias por todo el bien que nos ha hecho.

Al decir esto su voz era firme, su aspecto perfectamente impasible, y ninguna marca de dolor se pintaba en aquella cara negra y arrugada, que me recordaba la idea que en mi infancia me daban de las brujas°. Sin embargo, recordé que era la viuda de Guzmán, que tenía reputación de ser una buena mujer, y le dije:

witches — brujas

—Mire usted, Mariana, aquí tengo un cuarto donde usted puede vivir: véngase a casa y no tendrá que pensar más en el pan de cada día; si se enferma, aquí la cuidaremos, y si tiene frío yo le daré con qué abrigarse°.

to bundle up — abrigarse

Guardó ella un instante de silencio y después me dijo:

—¡No, su merced, jamás!

—¿Y por qué no?

Entonces exclamó:

—¡Qué! ¿Yo comería buenos alimentos de que no podría guardarle a él un bocadito°? ¿yo dormiría en cuarto y cama abrigados cuando él está debajo de la tierra? ¡Que Dios me libre de eso! Mire su merced, más de cuarenta y cinco años hemos vivido los dos en ese pobre rancho. Cuando él iba a la ciudad a vender el hilo° que yo hilaba y las chirimoyas, yo lo esperaba junto al fogón° y ya tenía algo que darle. Llegaba, me abrazaba siempre, me entregaba el real o la sal que traía, y juntos nos tomábamos el *calentilto* (aguamiel), la arepa o la yuca asada que le tenía. Si era yo la que iba a lavar al río, él me esperaba junto al fogón, y si no tenía qué darme, siquiera atizaba° la lumbre°, y me decía: esta noche no hay qué cenar, pero tengo bastante leña° y nos calentaremos juntos. ¡No; jamás dejaré

bite — bocadito

thread — hilo
stove — fogón

poked/fire — atizaba/lumbre
firewood — leña

ese ranchito! ¡Ya nadie se sienta en él junto al fogón! ¡Ya no estará allí ese ángel! Pero su alma no estará lejos, y se afligiría si yo abandonara nuestra casita.

Al decir esto, Mariana cruzó sus manos sobre el pecho con un dolor convulsivo. Dos torrentes de lágrimas corrieron sobre sus acartonadas mejillas, y por más de media hora escuché su silencioso llanto° y sus sollozos ahogados°. ¡Cuán mal había yo juzgado a Mariana por su fisonomía! ¡Ah! ¡Jamás había yo visto un dolor más elocuente y sublime; jamás había comprendido tanto amor en un discurso tan corto y sencillo! ¡Pobre anciana! Yo lloré con ella y no traté de consolarla. Cuando su llanto se calmó le dije:

weeping — llanto
muffled sobs — ahogados

—Mariana, mi ofrecimiento subsiste, aunque conozco que usted tiene razón en no aceptarlo por ahora. Pero algún día, cuando usted pueda, recuerde que ésta es su casa y venga aquí a vivir más tranquila.

—No, su merced, me dijo, eso no será jamás, porque yo sé que él no se amañará° sin mí en el cielo.

will not manage — amañará

Diciendo esto dio un profundo suspiro°, y al propio tiempo que sonrió con cierto aire de calma e indiferencia. Apenas le di un corto socorro, temiendo que uno más abundante la hiciese sentir con más amargura° su viudedad. Al despedirse besó dos veces mi mano e hizo tiernas caricias a mi pequeña familia. La insté° que volviese, y no me respondió.

sigh — suspiro

bitterness — amargura

I urged — insté

Seis días después, Mariana descansaba en el cementerio de la aldea, al lado del venerable Miguel. ■

325

255
260
265
270
275
280
285
290
295
300
305
310
315
320

Mis recuerdos de Tibacuí
Josefa Acevedo de Gómez

1 Comprensión Ordena los acontecimientos del cuento.

_____ a. Miguel Guzmán y su esposa, Mariana, visitan a la narradora.

_____ b. Cambia la opinión de la narradora sobre la esposa de Miguel.

_____ c. Junto con los pobladores, la narradora arma los adornos de la fiesta.

_____ d. La narradora recibe una invitación a la fiesta de Corpus de Tibacuí.

_____ e. La narradora toma chocolate en casa del alcalde.

_____ f. Mariana muere seis días después.

_____ g. Comienza la procesión de Corpus.

_____ h. Miguel se enferma y muere días después.

2 Análisis Lee el relato nuevamente y responde las preguntas.

1. ¿Qué porcentaje del cuento es descripción? ¿Qué te dice esto sobre el estilo de la autora?

2. En la fiesta se destacan los elementos naturales de la zona de Tibacuí: animales, frutos, árboles, etc. ¿Por qué te parece que ocupan un lugar tan destacado?

3. ¿La narradora vive habitualmente en Tibacuí? ¿Cuál es el punto de vista que tiene al mirar y describir a las personas de la aldea?

4. Vuelve a leer las descripciones de Manuel y Mariana. ¿Qué elementos destaca la narradora: los rasgos exteriores (fisonomía, rasgos físicos) o los interiores (personalidad, actitud)? ¿Por qué sucede esto según tu opinión?

3 Interpretación En parejas, contesten las preguntas.

1. ¿Cómo es la narradora? ¿Qué piensa de las fiestas en general?

2. ¿Por qué crees que es tan importante la fiesta para la gente de Tibacuí?

3. ¿Cuál te parece que es la razón de las lágrimas de la narradora al ver la fiesta?

4. "Mezcléme con los hijos de Tibacuí", dice la narradora. ¿Te parece que llega realmente a mezclarse con los pobladores de Tibacuí?

4 Historias para la posteridad En grupos de tres, elijan un acontecimiento o un objeto contemporáneo y preparen una descripción que sea clara para alguien que escuche la historia dentro de cien años. Compartan sus historias con el resto de la clase.

> **MODELO** ¡Qué emoción el día que me regalaron mi primer iPod! Este artefacto, cuyo nombre se pronunciaba "ai pod", te permitía guardar miles de canciones que antes hubieran requerido muchísimos CD, que son unos disquitos que se usaban para grabar música e información.

5 Contrastes En el relato, la narradora, que viene de una ciudad grande, visita Tibacuí, una aldea pequeña. Imagina que vives en Tibacuí o en otro pueblo pequeño. Acabas de visitar una gran ciudad por primera vez. Escribe una carta a una persona de tu pueblo. Describe tu primera impresión de la gran ciudad y saca conclusiones: ¿Dónde se vive mejor? ¿Por qué? ¿Dónde preferirías vivir?

Antes de leer

Vocabulario

aristocrático/a *aristocratic*

el/la descendiente *descendent*

el dominio *rule*

erudito/a *learned*

heroico/a *heroic*

la lealtad *loyalty*

el/la mestizo/a *person of mixed ethnicity (part indigenous)*

el puente *bridge*

la traición *betrayal*

el/la traidor(a) *traitor*

Naufragios Completa el párrafo con el vocabulario de la tabla.

El increíble viaje del conquistador Álvar Núñez Cabeza de Vaca al territorio que ahora forma parte de los Estados Unidos tuvo más momentos trágicos que (1) _____. (2) _____ de una familia (3) _____ de la nobleza española, Cabeza de Vaca salió para Florida en 1527. Algunos de sus compañeros murieron muy pronto en huracanes, mientras otros cayeron como esclavos bajo el (4) _____ de un pueblo indígena. Durante ocho años Cabeza de Vaca vivió entre los indígenas de Florida y del territorio que es ahora Texas, sufriendo hambre, sed y más huracanes. La vida de los sobrevivientes mejoró cuando Cabeza de Vaca, el más (5) _____ del grupo porque tenía conocimientos médicos, se hizo curandero. Cabeza de Vaca, uno de los sólo cinco sobrevivientes de este viaje, mostró su (6) _____ al rey regresando en 1537 a España, donde escribió el libro *Naufragios* sobre las poblaciones indígenas del continente americano.

Conexión personal ¿Cuáles son las mayores influencias en tu vida? ¿Tus padres, tus amigos/as, tu comunidad? ¿Un(a) político/a o alguien de la cultura popular? ¿De qué manera han afectado otras personas tus decisiones y tu estilo?

Contexto cultural

ATAHUALLPA. INCA XIIII.

En 1532, el conquistador español **Francisco Pizarro** llegó a Cajamarca en el norte de Perú con unos veinticinco caballos y menos de 200 soldados para reunirse con Atahualpa, el emperador inca. Hijo del anterior emperador Huayna Cápac, Atahualpa había tomado la soberanía de los incas de su hermano Huáscar en una guerra civil. Pizarro y los españoles trataron de convertir al cristianismo al inca pero cuando Atahualpa se negó, tirando una Biblia al suelo, Pizarro le declaró la guerra. Pizarro ejecutó al emperador inca a pesar de su consiguiente conversión al cristianismo y del legendario soborno (*bribe*) del cuarto de rescate (*ransom room*), donde Atahualpa quiso comprar su libertad llenando una habitación de oro y plata. A pesar de atreverse (*daring*) a una lucha tan desigual numéricamente, los engaños y traiciones de Pizarro frente a la valentía de Atahualpa le han traído al conquistador un nombre sombrío (*dark*) en la historia de la conquista.

El Inca Garcilaso: un puente entre dos imperios

₁ Durante esta época de conquista y choque de culturas, existía una persona con un pie en cada mundo, un miembro de dos familias aristocráticas pero muy distintas, una figura dividida. Brillante escritor, el Inca Garcilaso de la Vega nació en 1539 con

₅ el nombre de Gómez Suárez de Figueroa. Era hijo ilegítimo del capitán Sebastián Garcilaso de la Vega, conquistador español de sangre noble de la facción de Pizarro, y de la princesa inca Isabel Chimpu Ocllo.

El Inca Garcilaso de la Vega, como quiso llamarse más tarde, combinando en su nombre sus dos vínculos°, fue miembro de la primera generación de mestizos del Perú. Aprendió a hablar primero en quechua y después en español. Sintió un gran amor por la cultura y la herencia de los incas, ya que se crió entre descendientes de los emperadores, escuchando sus relatos y fábulas°. Su madre era sobrina del emperador Huayna Cápac.

Su libro más famoso, los *Comentarios reales*, tiene la intención de corregir a los historiadores españoles en muchos puntos. Desde su posición privilegiada, el Inca Garcilaso aprovechó° su conocimiento íntimo para aclarar° cuestiones sobre la lengua y cultura de los incas. El orgullo°

> « El Inca Garcilaso sirvió de puente entre las dos culturas, la materna y la paterna, y de modelo para gran parte de la generación que le siguió. »

family ties
tales and legends
made the most of
clarify
pride

y la inteligencia del Inca, y su identificación cultural, se revelan abiertamente en esta obra, donde hace referencia a sí mismo diciendo "como indio que soy".

No obstante, el Inca fue marcado° por no una, sino dos familias. La cultura de su madre

marked

forma sólo una parte, muy significativa por cierto, de la identidad compleja del hombre, que también sentía una enorme lealtad hacia su padre. A pesar de describir y explicar las creencias de los incas cuidadosamente, el Inca Garcilaso fue un ferviente católico que llamaba "vana religión" a aquellas creencias. También consideraba a los conquistadores españoles valientes y heroicos. A los veintiún años, salió para España para continuar sus estudios y se hizo° militar. Participó en la guerra de Granada contra los musulmanes y llegó a ser capitán como su padre. En España escribió obras literarias de gran mérito. También se presentó en la Corte del rey para defender el nombre y el honor de su padre ante las acusaciones de que era un traidor.

Sus puntos de vista y acciones hacen del Inca un sujeto contradictorio e inusual en su época. Comprendía muy bien que los incas habían perdido su dominio y que padecían° profunda nostalgia. Cuenta que algunos de sus parientes decían con lágrimas° en los ojos: "trocósenos el reinar en vasallaje"°. Sin embargo, el Inca Garcilaso también aceptaba como suya la cultura española. La segunda parte de los *Comentarios reales*, conocida como *Historia general del Perú*, está dedicada a la Virgen María.

No ha quedado evidencia de las dificultades personales que su doble lealtad le pudo costar o de una preferencia íntima por una de ellas. El Inca Garcilaso sirvió de puente entre las dos culturas, la materna y la paterna, y de modelo para gran parte de la generación que le siguió. Vivió, como él mismo declaró, "obligado a ambas° naciones". ■

he became
suffered
tears
our dominance has turned into servitude
both

Después de leer

El Inca Garcilaso: un puente entre dos imperios

(1) Comprensión Responde a las preguntas con oraciones completas.

1. ¿Quiénes eran los padres del Inca Garcilaso de la Vega?
2. ¿Cómo aprendió tanto el Inca Garcilaso sobre la cultura de su madre?
3. ¿Qué opinaba el Inca sobre los conquistadores españoles?
4. ¿Cuál es la intención del libro *Comentarios reales*?
5. ¿Qué temas trata el libro *Comentarios reales*?

(2) Interpretación En parejas, respondan a las preguntas. Luego compartan sus respuestas con la clase.

1. ¿Por qué tiene Pizarro un nombre sombrío en la historia de la conquista?
2. ¿Por qué prefirió Gómez Suárez de Figueroa llamarse el Inca Garcilaso de la Vega?
3. ¿Qué evidencia sugiere que el Inca se sentía miembro de dos culturas?
4. ¿Por qué es la obra literaria del Inca inusual y muy importante?
5. ¿Qué significa la frase "trocósenos el reinar en vasallaje"?

(3) Entre dos culturas En parejas, elijan una de las dos situaciones. Imaginen que uno/a de ustedes es el Inca Garcilaso cuando tenía veintiún años y partió rumbo a (*headed for*) España para estudiar y la otra persona es la madre o la tía paterna. Preparen la conversación entre los dos personajes y represéntenla delante de la clase.

- El Inca habla con su madre para explicarle su decisión de ir a España y su lealtad a la Corte, religión y cultura españolas. Al principio, la madre no está muy segura de la decisión de su hijo y le hace muchas preguntas.

- El Inca habla con una tía paterna en España y le explica su deseo de llamarse "Inca" y su orgullo hacia la cultura de su madre. La tía no sabe nada sobre los incas y tiene muchas preguntas.

(4) Multiculturalismo El Inca Garcilaso de la Vega vivió inmerso en dos culturas. Hoy, más que nunca, ésa es la realidad de muchas personas.

A. Prepara un borrador escrito con tus opiniones sobre las ventajas y las desventajas del multiculturalismo.

B. En parejas, debatan sus opiniones. Después del debate, resuman los puntos que tienen en común y compártanlos con la clase.

> **MODELO**   **ESTUDIANTE 1** El multiculturalismo es bueno pero también puede tener efectos negativos. Si se mezclan demasiado las culturas, terminan desapareciendo.
>
>   **ESTUDIANTE 2** No estoy totalmente de acuerdo. Cuando las culturas se mezclan, la cultura en general se enriquece.

C. Utiliza las ideas surgidas en el debate para escribir un breve artículo para el periódico estudiantil describiendo tu experiencia personal con el multiculturalismo, ya sea que se trate de una experiencia que te afecta personalmente o una experiencia de la que eres testigo en tu comunidad.

Atando cabos

¡A conversar!

La escritura y la civilización

A. ¿Qué pasaría si no hubiera escritura, si sólo habláramos y nunca pusiéramos nada por escrito? En grupos de cuatro, intercambien opiniones sobre estas preguntas.

- Se dice que la escritura cambió nuestra forma de vida. ¿Están de acuerdo?

- ¿Qué cosas no podríamos hacer si no existiera la escritura?

B. Imaginen que la siguiente situación ocurre en la Edad Media. Coméntenla con sus compañeros/as y contesten las preguntas.

Un hombre tiene una vaca y un vecino se la pide por un mes. Cuando el primer hombre le pide que se la devuelva, el vecino no quiere, e insiste en que él se la había regalado.

- ¿Cómo solucionarían ustedes el problema?

- ¿Cómo habría sido la situación si el acuerdo (*agreement*) se hubiera hecho por escrito?

C. En grupos pequeños, imaginen otras dos situaciones concretas en las que no se puede solucionar un problema por la falta de escritura. Intercambien las nuevas situaciones con otros grupos y compartan las soluciones a los problemas planteados.

¡A escribir!

Testamento cultural Imagina que debes escribir un testamento (*will*) en el que dejas cinco elementos de tu cultura y de tu comunidad como legado (*legacy*) para las futuras generaciones. Usa las preguntas como guía:

- ¿Qué características de tu cultura y de tu comunidad vale la pena preservar?

- ¿Qué elementos prefieres no dejar como legado?

Para cada elemento, explica por qué has decidido dejarlo como legado.

> **MODELO**   Les dejo la tradición de mi barrio de hacer fiestas en la calle una vez por año.
> Esta tradición ayuda a que los vecinos se conozcan...

La historia y la civilización

la civilización	civilization
la década	decade
la época	era; epoch; historical period
el/la habitante	inhabitant
la historia	history
el/la historiador(a)	historian
la humanidad	humankind
el imperio	empire
el reino	reign; kingdom
el siglo	century
establecer(se)	to establish (oneself)
habitar	to inhabit
integrarse (a)	to become part (of)
pertenecer (a)	to belong (to)
poblar (o:ue)	to settle; to populate
antiguo/a	ancient
(pre)histórico/a	(pre)historic

Los conceptos

el aprendizaje	learning
el conocimiento	knowledge
la enseñanza	teaching; lesson
la herencia (cultural)	(cultural) heritage
la (in)certidumbre	(un)certainty
la (in)estabilidad	(in)stability
la sabiduría	wisdom

Las características

adelantado/a	advanced
culto/a	cultured; educated; refined
derrotado/a	defeated
desarrollado/a	developed
forzado/a	forced
pacífico/a	peaceful
poderoso/a	powerful
victorioso/a	victorious

Los gobernantes

el/la cacique	tribal chief
el/la conquistador(a)	conquistador; conqueror
el/la dictador(a)	dictator
el emperador/ la emperatriz	emperor/empress
el/la gobernante	ruler
el/la monarca	monarch
el rey/la reina	king/queen
el/la soberano/a	sovereign; ruler

La conquista y la independencia

la batalla	battle
la colonia	colony
la conquista	conquest
el ejército	army
la esclavitud	slavery
el/la esclavo/a	slave
las fuerzas armadas	armed forces
el/la guerrero/a	warrior
la independencia	independence
la soberanía	sovereignty
el/la soldado	soldier
la tribu	tribe
colonizar	to colonize
conquistar	to conquer
derribar/derrocar	to overthrow
derrotar	to defeat
encabezar	to lead
explotar	to exploit
expulsar	to expel
invadir	to invade
liberar	to liberate
oprimir	to oppress
rendirse (e:i)	to surrender
suprimir	to abolish; to suppress

Más vocabulario

Expresiones útiles	Ver p. 443
Estructura	Ver pp. 450–451, 454–455 y 458–460

Cinemateca

el cura	priest
el rancho	ranch
el/la tatarabuelo/a	great-great-grandfather/mother
engañar	to betray
enterrar (e:ie)	to bury
jurar	to promise
reconocer	to recognize
sepultar	to bury

Literatura

la aldea	village
el cementerio	cemetery
la choza	hut
el/la mayor	elder
la parroquia	parish
la procesión	procession
la raza	race
esclavizar	to enslave

Cultura

el/la descendiente	descendent
el dominio	rule
la lealtad	loyalty
el/la mestizo/a	person of mixed ethnicity (part indigenous)
el puente	bridge
la traición	betrayal
el/la traidor(a)	traitor
aristocrático/a	aristocratic
erudito/a	learned
heroico/a	heroic

Manual de gramática   pages 484–549

Glossary of grammatical terms   pages 550–553

Verb conjugation tables   pages 554–563

Vocabulary

Español–Inglés   pages 564–575
English–Spanish   pages 576–587

Index   pages 588–589

Credits   pages 590–591

About the authors   page 592

Manual de gramática

Supplementary Grammar Coverage

The **Manual de gramática** is an invaluable tool for both students and instructors of Intermediate Spanish. For each lesson of **ENFOQUES**, the **Manual** provides additional practice of the three core grammar concepts, as well as supplementary grammar instruction and practice.

The **Más práctica** pages of the **Manual** contain additional practice activities for every grammar point in **Enfoques**. The **Más gramática** pages present supplementary grammar concepts and practice. Both sections of the **Manual** are correlated to the core grammar points in **Estructura** by means of **Taller de consulta** sidebars, which provide the exact page numbers for additional practice and supplementary coverage.

This special supplement allows for great flexibility in planning and tailoring courses to suit the needs of whole classes and/or individual students. It also serves as a useful and convenient reference tool for students who wish to review previously learned material.

Contenido

Más práctica

1.1 The present tense 486
1.2 Ser and **estar** 487
1.3 Progressive forms 488

2.1 Object pronouns 493
2.2 Gustar and similar verbs 494
2.3 Reflexive verbs 495

3.1 The preterite 500
3.2 The imperfect 501
3.3 The preterite vs. the imperfect...................... 502

4.1 The subjunctive in noun clauses 505
4.2 Commands 506
4.3 Por and **para**.................................... 507

5.1 Comparatives and superlatives 510
5.2 The subjunctive in adjective clauses 511
5.3 Negative and positive expressions 512

6.1 The future 515
6.2 The subjunctive in adverbial clauses 516
6.3 Prepositions: **a, hacia**, and **con**................. 517

7.1 The present perfect 520
7.2 The past perfect 521
7.3 Diminutives and augmentatives 522

8.1 The conditional.................................... 525
8.2 The past subjunctive 526
8.3 Si clauses with simple tenses...................... 527

9.1 The present perfect subjunctive 530
9.2 Relative pronouns................................. 531
9.3 The neuter **lo** 532

10.1 The future perfect................................. 535
10.2 The conditional perfect............................ 536
10.3 The past perfect subjunctive 537

11.1 The passive voice 540
11.2 Uses of **se**..................................... 541
11.3 Prepositions: **de, desde, en, entre, hasta, sin** 542

12.1 Uses of the infinitive............................. 545
12.2 Summary of the indicative........................ 546
12.3 Summary of the subjunctive 547

Más gramática

1.4 Nouns and articles 489
1.5 Adjectives 491

2.4 Demonstrative adjectives and pronouns 496
2.5 Possessive adjectives and pronouns 498

3.4 Telling time 503

4.4 The subjunctive with impersonal expressions 508

5.4 Pero and **sino** 513

6.4 Adverbs 518

7.4 Expressions of time with **hacer** 523

8.4 Transitional expressions 528

9.4 Qué vs. **cuál** 533

10.4 Si clauses with compound tenses 538

11.4 Past participles used as adjectives 543

12.4 Pedir/preguntar and **conocer/saber** 548

Más práctica

TALLER DE CONSULTA

MÁS PRÁCTICA
To see the explanation corresponding to this additional practice, see p. 14.

1.1 The present tense

1. **Mi nuevo compañero de cuarto** Completa el párrafo con la forma apropiada de los verbos entre paréntesis.

¿Cómo es mi nuevo compañero de cuarto? (1) _____ (Ser) muy simpático. Siempre que (2) _____ (salir), me invita a salir con él. De esta forma, yo ya (3) _____ (conocer) a mucha gente en la universidad. Él siempre (4) _____ (parecer) pasarlo bien, hasta cuando nosotros (5) _____ (estar) en la clase de matemáticas. Por la tarde, después de clase, él (6) _____ (proponer) actividades —por ejemplo, a veces (7) _____ (ir) al parque a jugar al fútbol— así que nunca nos aburrimos. Ya (yo) (8) _____ (saber) que nos vamos a llevar bien durante todo el año. (9) _____ (Pensar) invitarlo a mi casa para las fiestas, así mis padres lo (10) _____ (poder) conocer también.

2. **Tus actividades** Escribe cuatro actividades que realizas normalmente en cada uno de estos momentos del día: la mañana, la tarde y la noche.

> *Mañana:*
>
>
> *Tarde:*
>
>
> *Noche:*

3. **Diez preguntas** Trabaja con un(a) compañero/a a quien no conozcas muy bien. Primero, cada persona debe escribir diez preguntas para conocer a su compañero/a. Luego, háganse las preguntas. Por último, intercambien sus listas y háganse las preguntas de la otra persona. Compartan sus respuestas con la clase.

Más práctica

1.2 *Ser* and *estar*

TALLER DE CONSULTA

MÁS PRÁCTICA
To see the explanation corresponding to this additional practice, see p. 18.

1 **Correo** Completa el mensaje de correo electrónico con la forma adecuada de **ser** o **estar**.

> ¡Hola, Carlos!
>
> Yo (1) _____ muy preocupada porque tenemos un examen mañana en la clase de español y el profesor (2) _____ muy exigente. Ahora mismo mi amiga Ana (3) _____ estudiando en la biblioteca y voy a encontrarme con ella para que me ayude. Ella (4) _____ una estudiante muy buena y sus notas siempre (5) _____ excelentes.
>
> Este fin de semana hay un concierto en la universidad. Mis amigos y yo (6) _____ muy contentos porque el grupo que toca (7) _____ muy famoso. Elena también quería ir al concierto, pero no puede porque (8) _____ enferma y debe quedarse en cama.
>
> Bueno, antes de ir a la biblioteca voy a almorzar en la cafetería porque (9) _____ muerta de hambre.
> ¡Hasta pronto!
>
> Susana

2 **En el parque** Mira la ilustración y contesta las preguntas usando **ser** y **estar**. Puedes inventar las respuestas para algunas de las preguntas.

1. ¿Quién es cada una de estas personas?
2. ¿Qué están haciendo?
3. ¿Cómo están?
4. ¿Cómo son?

3 **Una cita** Mañana vas a tener una cita con un(a) muchacho/a maravilloso/a. Quieres contárselo a tu mejor amigo/a y quieres pedirle consejos. Tu amigo/a es muy curioso/a y te va a hacer muchas preguntas. En parejas, representen la conversación. Éstos son algunos de los aspectos que pueden incluir.

Tu amigo/a quiere saber:
- cómo te sientes antes de la cita
- qué crees que va a pasar
- cómo es el lugar donde van a ir
- cómo es la persona con quien vas a tener la cita

Tú quieres consejos sobre:
- qué ropa ponerte
- los temas de los que hablar
- adónde ir
- quién debe pagar la cuenta

Más práctica

TALLER DE CONSULTA

MÁS PRÁCTICA
To see the explanation corresponding to this additional practice, see p. 22.

1.3 Progressive forms

1 **¿Qué están haciendo?** Las personas de la primera columna siempre están ocupadas. ¿Qué están haciendo en este momento? Escribe cinco oraciones usando elementos de las tres columnas.

> **MODELO** David Ortiz está jugando al béisbol.

tú		divertirse
el presidente de los EE.UU.		viajar en avión
tus padres	(no) estar	comer en un restaurante
tu mejor amigo/a		asistir a un estreno (*premiere*)
Penélope Cruz		bailar en una discoteca
nosotros		hablar por teléfono

2 **Seguimos escribiendo** Vuelve a escribir las oraciones usando los verbos **andar, ir, llevar, seguir** o **venir**. La nueva oración debe expresar la misma idea.

1. José siempre dice que es tímido, pero no deja de coquetear con las chicas del trabajo.

   _____

2. Mi esposa y yo llevamos diez años de casados, pero nuestro amor es tan intenso como siempre.

   _____

3. Hace cinco meses que Carlos se pelea con su novia todos los días y todavía habla de ella como si fuera la única mujer del planeta.

   _____

4. Daniel siempre se queja de que los estudios lo agobian y hace meses que su mamá le dice que tiene que relajarse.

   _____

5. Mis padres repiten todos los días que pronto van a mudarse a una casa más pequeña.

   _____

3 **Adivina qué estoy haciendo** En grupos de cuatro, jueguen a las adivinanzas con mímica (*charades*). Por turnos, cada persona debe hacer gestos para representar una acción sencilla. Las otras personas tienen que adivinar la acción, usando el presente progresivo. Sigan el modelo.

> **MODELO** **ESTUDIANTE 1** *(Sin decir nada, hace gestos para mostrar que está manejando un carro.)*
> **ESTUDIANTE 2** ¿Estás peleando con alguien?
> **ESTUDIANTE 3** ¿Estás manejando un carro?
> **ESTUDIANTE 1** ¡Sí! Estoy manejando un carro.

1.4 Nouns and articles

Nouns

- In Spanish, nouns (**sustantivos**) ending in **–o, –or, –l,** and **–s** are usually masculine, and nouns ending in **–a, –ora, –ión, –d,** and **–z** are usually feminine. Some nouns ending in **–ma** are masculine.

Masculine nouns	Feminine nouns
el amigo, el cuaderno	la amiga, la palabra
el escritor, el color	la escritora, la computadora
el control, el papel	la relación, la ilusión
el problema, el tema	la amistad, la fidelidad
el autobús, el paraguas	la luz, la paz

- Most nouns form the plural by adding **–s** to nouns ending in a vowel and **–es** to nouns ending in a consonant. Nouns that end in **–z** change to **–c** before adding **–es**.

  el hombre → los hombres   la mujer → las mujeres

  la novia → las novias   el lápiz → los lápices

- If a singular noun ends in a stressed vowel, the plural form ends in **–es**. If the last syllable of a singular noun ending in **–s** is unstressed, the plural form does not change.

  el tabú → los tabúes   el lunes → los lunes

  el israelí → los israelíes   la crisis → las crisis

Articles

- Spanish definite and indefinite articles (**artículos definidos e indefinidos**) agree in gender and number with the nouns they modify.

	Definite articles		Indefinite articles	
	singular	plural	singular	plural
MASCULINE	el compañero	los compañeros	un compañero	unos compañeros
FEMININE	la compañera	las compañeras	una compañera	unas compañeras

- In Spanish, a definite article is always used with an abstract noun.

  El amor es eterno.   **La** belleza es pasajera.
  Love is eternal.   *Beauty is fleeting.*

- An indefinite article is not used before nouns that indicate profession or place of origin, unless they are followed by an adjective.

  Juan Volpe es profesor.   Juan Volpe es **un** profesor excelente.
  Ana María es neoyorquina.   Ana María es **una** neoyorquina orgullosa.

MÁS GRAMÁTICA

This is an additional grammar point for **Lección 1 Estructura.** You may use it for review or as required by your instructor.

¡ATENCIÓN!

Some nouns may be either masculine or feminine, depending on whether they refer to a man or a woman.

el/la artista *artist*
el/la estudiante *student*

Occasionally, the masculine and feminine forms have different meanings.
el capital *capital (money)*
la capital *capital (city)*

¡ATENCIÓN!

Accent marks are sometimes dropped or added to maintain the stress in the singular and plural forms.

canción/canciones
autobús/autobuses

margen/márgenes
imagen/imágenes

¡ATENCIÓN!

The prepositions **de** and **a** contract with the article **el**.

de + el = del

a + el = al

¡ATENCIÓN!

Singular feminine nouns that begin with a stressed **a** take **el**.

el alma/las almas
el área/las áreas

Práctica

TALLER DE CONSULTA

These activities correspond to the additional grammar point on the preceding page.

(1.4) Nouns and articles

1 **Cambiar** Escribe en plural las palabras que están en singular y viceversa.

1. la compañera _____
2. unos amigos _____
3. el novio _____
4. una crisis _____
5. unas parejas _____
6. un corazón _____
7. las amistades _____
8. el tabú _____

2 **¿Qué opinas?** Completa los minidiálogos con los artículos apropiados.

1. —Para ti, ¿cuál es _la_ cualidad más importante en _las_ relaciones de pareja?
   —Para mí, es _la_ sinceridad; aunque también son importantes _el_ respeto y _la_ madurez.
2. —¿Quién es mejor como amigo: _una_ persona pesimista o _la una_ optimista?
   —Pues, _la_ verdad es que todos mis amigos son pesimistas.
3. —¿Tus amigos tienen _los_ mismos sueños que tú?
   —Sí, todos soñamos con _un_ mundo mejor, con _un_ mundo donde _las_ personas puedan vivir en paz.

3 **Un chiste** Completa el chiste con los artículos apropiados. Recuerda que en algunos casos no debes poner ningún artículo.

(1) _Una_ pareja se va a casar. Él tiene 90 años. Ella tiene 85. Entran en (2) _una_ farmacia y (3) _el_ novio le pregunta al farmacéutico (*pharmacist*):
—¿Tiene (4) _los_ remedios para (5) _el_ corazón?
—Sí —contesta (6) _el_ farmacéutico.
—¿Tiene (7) ____ remedios para (8) _la_ presión?
—Sí —contesta nuevamente (9) _el_ farmacéutico.
—¿Y (10) ____ remedios para (11) _el_ artritis?
—Sí, también.
—¿Y (12) ____ remedios para (13) _el_ reumatismo?
—También.
—¿Y (14) ____ remedios para (15) _el_ colesterol?
—Sí. Ésta es (16) _una_ farmacia completa. Tenemos de todo.
Entonces (17) _el_ novio mira a (18) _la_ novia y le dice:
—Querida, ¿qué te parece si hacemos aquí (19) _la_ lista de regalos para (20) _la_ boda?

4 **La cita** Completa el párrafo con la forma correcta de los artículos definidos e indefinidos.

Ayer tuve (1) _una_ cita con Leonardo. Fuimos a (2) _un_ restaurante muy romántico que está junto a (3) _un_ bonito lago. Desde nuestra mesa, podíamos ver (4) _el_ lago y (5) _los_ barcos que navegaban por allí. Comimos (6) _unos_ platos muy originales. (7) _el_ pescado que yo pedí estaba delicioso. Nos divertimos mucho, pero al salir tuvimos (8) _un_ problema. Una de (9) _las_ ruedas (*tires*) del carro estaba pinchada (*punctured*). ¿Puedes creer que tuve que cambiar (10) _la_ rueda yo porque Leonardo no sabía hacerlo?

1.5 Adjectives

- Spanish adjectives (**adjetivos**) agree in gender and number with the nouns they modify. Most adjectives ending in **–e** or a consonant have the same masculine and feminine forms.

Adjectives						
	singular	**plural**	**singular**	**plural**	**singular**	**plural**
MASCULINE	rojo	rojos	inteligente	inteligentes	difícil	difíciles
FEMININE	roja	rojas	inteligente	inteligentes	difícil	difíciles

- Descriptive adjectives generally follow the noun they modify. If a single adjective modifies more than one noun, the plural form is used. If at least one of the nouns is masculine, then the adjective is masculine.

  un libro **apasionante**
  a great book

  un carro y una casa **nuevos**
  a new car and house

  las parejas **contentas**
  the happy couples

  la literatura y la cultura **ecuatorianas**
  Ecuadorean literature and culture

- A few adjectives have shortened forms when they precede a masculine singular noun.

  bueno → buen   alguno → algún   primero → primer

  malo → mal   ninguno → ningún   tercero → tercer

- Some adjectives change their meaning depending on their position. When the adjective follows the noun, the meaning is more literal. When it precedes the noun, the meaning is more figurative.

	after the noun	**before the noun**
antiguo/a	el edificio **antiguo** *the ancient building*	mi **antiguo** novio *my old/former boyfriend*
cierto/a	una respuesta **cierta** *a right answer*	una **cierta** actitud *a certain attitude*
grande	una ciudad **grande** *a big city*	un **gran** país *a great country*
mismo/a	el artículo **mismo** *the article itself*	el **mismo** problema *the same problem*
nuevo/a	un carro **nuevo** *a (brand) new car*	un **nuevo** profesor *a new/different professor*
pobre	los estudiantes **pobres** *the students who are poor*	los **pobres** estudiantes *the unfortunate students*
viejo/a	un libro **viejo** *an old book*	una **vieja** amiga *a long-time friend*

MÁS GRAMÁTICA

This is an additional grammar point for **Lección 1 Estructura**. You may use it for review or as required by your instructor.

¡ATENCIÓN!

Adjectives ending in **–or, –ol, –án, –ón**, or **–s** vary in both gender and number.

español → españoles
española → españolas

alemán → alemanes
alemana → alemanas

¡ATENCIÓN!

Before any singular noun (masculine or feminine), **grande** changes to **gran**.

un gran esfuerzo
a great effort

una gran autora
a great author

Práctica

TALLER DE CONSULTA

These activities correspond to the additional grammar point on the preceding page.

(1.5) Adjectives

① Descripciones Completa cada oración con la forma correcta de los adjetivos.

1. Mi mejor amiga es _____ (guapo) y muy _____ (gracioso).

2. Los novios de mis hermanas son _____ (alto) y _____ (moreno).

3. Javier es _____ (bueno) compañero pero es bastante _____ (antipático).

4. Mi prima Susana es _____ (sincero), pero mi primo Luis es _____ (falso).

5. Sandra es una _____ (grande) amiga, pero ayer tuvimos una pelea muy _____ (fuerte).

6. No sé por qué Marcos y María son tan _____ (inseguro) y _____ (tímido).

② La vida de Marina Completa cada oración con los cuatro adjetivos.

1. Marina busca una compañera de cuarto _____.
   (tranquilo, ordenado, honesto, puntual)

2. Se lleva bien con las personas _____.
   (sincero, serio, alegre, trabajador)

3. Los padres de Marina son _____.
   (maduro, simpático, inteligente, conservador)

4. Marina quiere ver programas de televisión más _____.
   (emocionante, divertido, dramático, didáctico)

5. Marina tiene un novio _____.
   (talentoso, simpático, creativo, sensible)

Marina

③ Correo sentimental La revista *Ellas y ellos* tiene una sección de anuncios personales. Completa este anuncio con la forma corta o larga de los adjetivos de la lista. Puedes usar los adjetivos más de una vez.

buen	gran	mal	ningún	tercer
bueno/a	grande	malo/a	ninguno/a	tercero/a

Mi perrito y yo buscamos amor

Tengo 43 años y mi esposa murió hace tres años. Soy un (1) _____ hombre: tranquilo y trabajador. Me gustan las plantas y no tengo (2) _____ problema con mis vecinos. Cocino y plancho. Me gusta ir al cine y no me gusta el fútbol. Tengo (3) _____ humor por las mañanas y mejor humor por las noches. Vivo en un apartamento (4) _____ en el (5) _____ piso de un edificio de Montevideo. Sólo tengo un pequeño problema: mi perro. Algunos dicen que tiene (6) _____ carácter. Otros dicen que es un (7) _____ animal. Yo creo que es (8) _____. Pero se siente solo, como su dueño, y nos hacemos compañía. Busco una señora viuda o soltera que también se sienta sola. ¡Si tiene un perrito, mejor!

Más práctica

2.1 Object pronouns

TALLER DE CONSULTA

MÁS PRÁCTICA
To see the explanation corresponding to this additional practice, see p. 54.

1 **La televisión** Completa la conversación con el pronombre adecuado.

JUANITO Mamá, ¿puedo ver televisión?

MAMÁ ¿Y la tarea? ¿Ya (1) _____ hiciste?

JUANITO Ya casi (2) _____ termino. ¿Puedo ver el programa de dibujos animados (*cartoons*)?

MAMÁ (3) _____ puedes ver hasta las siete.

JUANITO De acuerdo.

MAMÁ Pero antes de que te pongas a ver televisión, tengo algunas preguntas. ¿(4) _____ vas a entregar mi carta a tu profesora?

JUANITO Sí mamá, (5) _____ (6) _____ voy a entregar mañana.

MAMÁ ¿Quién va a trabajar contigo en el proyecto de historia?

JUANITO No sé; nadie (7) _____ quiere hacer conmigo.

MAMÁ Bueno, y antes de ver la tele, ¿me puedes ayudar a poner la mesa?

JUANITO ¡Cómo no, mamá! (8) _____ ayudo ahora mismo.

2 **Confundido** Tu compañero/a de cuarto va a dar una fiesta este fin de semana, pero no recuerda bien algunos detalles. Contesta sus preguntas con la información que está entre paréntesis. Utiliza pronombres en tus respuestas.

> **MODELO** ¿Quién va a traer las sillas? (Carlos y Pedro)
> Carlos y Pedro las van a traer.

1. ¿Cuándo vamos a comprar la comida? (mañana)

   _____

2. ¿Quién nos prepara el pastel (*cake*)? (la pastelería de la Plaza Mayor)

   _____

3. ¿Ya enviamos todas las invitaciones? (sí)

   _____

4. ¿Quién trae los discos compactos de música latina? (Lourdes y Sara)

   _____

5. ¿Vamos a decorar el salón? (sí)

   _____

3 **Tres deseos** En parejas, imaginen que encuentran a un genio (*genie*) en una botella. Él les va a hacer realidad tres deseos a cada uno. Primero, haz una lista de los deseos que le vas a pedir. Después, díselos a tu compañero/a. Háganse preguntas sobre por qué quieren cada uno de los deseos. Utilicen por lo menos seis pronombres de complemento directo e indirecto.

> **MODELO** —Yo quiero un jeep cuatro por cuatro.
> —¿Para qué lo quieres?
> —Lo quiero para manejar en cualquier tipo de terreno.

Más práctica

TALLER DE CONSULTA

MÁS PRÁCTICA
To see the explanation corresponding to this additional practice, see p. 58.

2.2 *Gustar* and similar verbs

1 **En otras palabras** Vuelve a escribir las frases subrayadas usando los verbos de la lista.

> **MODELO**
> Mis padres adoran las novelas de García Márquez, especialmente *Cien años de soledad.*
>
> A mis padres les encantan las novelas de García Márquez, especialmente *Cien años de soledad.*

aburrir	(no) gustar
caer bien/mal	(no) interesar
(no) doler	molestar
encantar	quedar
faltar	

1. <u>Estoy muy interesado en el cine</u> y por eso veo el programa de espectáculos todas las noches.
2. Necesito ir al médico porque <u>tengo un dolor de cabeza desde hace dos días.</u>
3. <u>Pablo y Roberto son muy antipáticos.</u> No soporto hablar con ellos.
4. <u>Nos aburrimos cuando vemos películas románticas.</u>
5. <u>Detesto el boliche.</u>
6. Has gastado casi todo tu dinero. <u>Sólo tienes diez dólares.</u>
7. Carlos está a punto de completar su colección de monedas españolas anteriores al euro. <u>Necesita conseguir tres más.</u>
8. <u>No soporto escuchar música cuando estudio.</u> No puedo concentrarme.

2 **El fin de semana** Escribe ocho oraciones sobre qué te gusta y qué te molesta hacer el fin de semana. Utiliza **gustar** y otros verbos parecidos, como **interesar, importar** y **molestar**.

estar en casa	hacer ejercicio	ir al circo
festejar	hacer un picnic	jugar al billar
hacer cola	ir al cine	salir a comer

3 **Gustos** Utiliza la información y verbos parecidos a **gustar** para investigar los gustos de tus compañeros/as de clase. Toma nota de las respuestas de cada compañero/a que entrevistes y comparte la información con la clase.

> **MODELO**
> molestar / tener clase a las ocho de la mañana
>
> —A Juan y a Marcela no les molesta tener clase a las ocho de la mañana. En cambio, a Carlos le molesta porque...

1. encantar / fiestas de cumpleaños
2. fascinar / el mundo de Hollywood
3. disgustar / leer las noticias
4. molestar / conocer a nuevas personas
5. interesar / saber lo que mis amigos piensan de mí
6. aburrir / escuchar música todo el día

Más práctica

TALLER DE CONSULTA

MÁS PRÁCTICA
To see the explanation corresponding to this additional practice, see p. 62.

2.3 Reflexive verbs

1 **¿Qué hacen estas personas?** Escribe cinco oraciones combinando elementos de las tres columnas.

MODELO   Yo me acuesto a las once de la noche.

mis padres	aburrirse	a las 6 de la mañana
yo	acostarse	a las 9 de la mañana
mis amigos y yo	afeitarse	a las 3 de la tarde
tú	divertirse	por la tarde
mi compañero/a de cuarto	dormirse	el viernes por la noche
ustedes	levantarse	a las once de la noche
mi hermano/a	maquillarse	todos los días

2 **Reflexivos** Algunos verbos cambian de significado cuando se usan en forma reflexiva. Completa las oraciones con la forma adecuada del verbo indicado y el pronombre si es necesario.

1. Yo siempre _____ (dormir/dormirse) bien cuando estoy en mi casa de verano.

2. Carlos, ¿_____ (acordar/acordarse) de cuando fuimos de vacaciones a Cancún hace dos años?

3. Si estamos tan cansados de la ciudad, ¿por qué no _____ (mudar/mudarse) a una casa junto al lago?

4. No me gusta esta fiesta. Quiero _____ (ir/irse) cuanto antes.

5. Cristina y Miguel _____ (llevar/llevarse) a los niños a la feria.

6. Mi abuela va a _____ (poner/ponerse) una foto de todos sus nietos en el salón.

3 **Los sábados** Sigue los pasos para determinar si tú y tus compañeros/as participan en actividades parecidas (*similar*) los sábados. Comparte tus conclusiones con el resto de la clase.

- **Paso 1** Haz una lista detallada de las cosas que normalmente haces los sábados.

- **Paso 2** Entrevista a un(a) compañero/a para ver si comparten alguna actividad.

- **Paso 3** Compara la información con el resto de la clase. ¿Siguen los estudiantes la misma rutina durante los fines de semana?

MÁS GRAMÁTICA

This is an additional grammar point for **Lección 2 Estructura.** You may use it for review or as required by your instructor.

(2.4) Demonstrative adjectives and pronouns

- Demonstrative adjectives (**adjetivos demostrativos**) specify to which noun a speaker is referring. They precede the nouns they modify and agree in gender and number.

este torneo	**esa** entrenadora	**aquellos** deportistas
this tournament	*that coach*	*those athletes (over there)*

Demonstrative adjectives				
singular		**plural**		
masculine	**feminine**	**masculine**	**feminine**	
este	esta	estos	estas	*this; these*
ese	esa	esos	esas	*that; those*
aquel	aquella	aquellos	aquellas	*that; those (over there)*

- Spanish has three sets of demonstrative adjectives. Forms of **este** are used to point out nouns that are close to the speaker and the listener. Forms of **ese** modify nouns that are not close to the speaker, though they may be close to the listener. Forms of **aquel** refer to nouns that are far away from both the speaker and the listener.

No me gustan **estos** zapatos.	Prefiero **esos** zapatos.	**Aquel** carro es de Ana.

- Demonstrative pronouns (**pronombres demostrativos**) are identical to demonstrative adjectives, except that they traditionally carry an accent mark on the stressed vowel. They agree in gender and number with the nouns they replace.

¿Quieres comprar esta **radio**?	No, no quiero **ésta**. Quiero **ésa**.
Do you want to buy this radio?	*No, I don't want this one. I want that one.*
¿Leíste estos **libros**?	No leí **éstos**, pero sí leí **aquéllos**.
Did you read these books?	*I didn't read these, but I did read those (over there).*

- There are three neuter demonstrative pronouns: **esto, eso,** and **aquello**. These forms refer to unidentified or unspecified things, situations, or ideas. They do not vary in gender or number and they never carry an accent mark.

¿Qué es **esto**?	**Eso** es interesante.	**Aquello** es bonito.
What is this?	*That's interesting.*	*That's pretty.*

Práctica

(2.4) Demonstrative adjectives and pronouns

TALLER DE CONSULTA

These activities correspond to the additional grammar point on the preceding page.

1 **En el centro comercial** Completa las oraciones con la forma correcta de los adjetivos entre paréntesis.

1. Quiero comprar _____ (*that*) videojuego.
2. Nosotros queremos comprar _____ (*that over there*) computadora.
3. _____ (*These*) pantalones y camisas están de rebaja.
4. Yo voy a escoger _____ (*this*) falda que está a mitad de precio.
5. También quiero comprar alguna de _____ (*those*) películas en DVD.
6. Antes de irnos, vamos a comer algo en _____ (*that over there*) restaurante.

2 **Pronombres** Completa las oraciones con la forma correcta de los pronombres demostrativos, de acuerdo con la traducción que aparece entre paréntesis.

1. Esta campeona es muy humilde, pero _____ (*that one*) es muy arrogante.
2. Este deportista juega bien, no como _____ (*those*) del otro equipo.
3. Esos dardos no tienen punta; usa _____ (*the ones over there*).
4. No conozco a esta entrenadora, pero sí conozco a _____ (*that one over there*).
5. Aquellos asientos son muy buenos, pero de todas formas, yo prefiero sentarme en _____ (*this one*).
6. Esta cancha de fútbol está muy mojada. ¿Podemos jugar en _____ (*that one*)?

3 **¿Adjetivos o pronombres?**

A. Elige los adjetivos o los pronombres apropiados.

A mi hermano Esteban no le gustan las películas de acción y a mí sí. (1) _____ (Ese / Ése) es el problema que siempre tenemos cuando queremos ir al cine. (2) _____ (Este / Éste) fin de semana, por ejemplo, estrenan la película *Persecución sin fin* en (3) _____ (ese / ése) cine nuevo que abrió enfrente de (4) _____ (ese / ése) restaurante que tanto me gusta. Cuando le mandé un mensaje por correo electrónico a mi hermano, enseguida respondió: "(5) _____ (Esa / Ésa) no la veo ni loco. (6) _____ (Esas / Ésas) películas de acción son siempre iguales. El bueno y el malo pelean y el bueno siempre gana. Por (7) _____ (ese / ése / eso), yo prefiero las películas históricas o los dramas. Por lo menos en (8) _____ (esas / ésas) suele haber diálogo inteligente y no persecuciones tontas y peleas exageradas". ¡Cómo cambiaron los gustos de mi hermano desde (9) _____ (aquella / aquélla) época en la que íbamos a ver todas las películas de superhéroes!

B. En parejas, imaginen que los dos hermanos hablan por teléfono. El hermano de Esteban todavía tiene esperanzas de convencerlo para ir a ver *Persecución sin fin*. Improvisen la conversación entre los dos hermanos. Usen por lo menos cinco adjetivos o pronombres demostrativos.

MÁS
GRAMÁTICA

This is an additional
grammar point for
Lección 2 Estructura.
You may use it for
review or as required
by your instructor.

(2.5) Possessive adjectives and pronouns

- Possessive adjectives (**adjetivos posesivos**) are used to express ownership or possession. Spanish has two types: the short, or unstressed, forms and the long, or stressed, forms. Both forms agree in gender and number with the object owned, and not with the owner.

Possessive adjectives			
short forms (unstressed)		**long forms (stressed)**	
mi(s)	*my*	**mío(s)/a(s)**	*my; (of) mine*
tu(s)	*your*	**tuyo(s)/a(s)**	*your; (of) yours*
su(s)	*your; his; hers; its*	**suyo(s)/a(s)**	*your; (of) yours; his; (of) his; hers; (of) hers; its; (of) its*
nuestro(s)/a(s)	*our*	**nuestro(s)/a(s)**	*our; (of) ours*
vuestro(s)/a(s)	*your*	**vuestro(s)/a(s)**	*your; (of) yours*
su(s)	*your; their*	**suyo(s)/a(s)**	*your; (of) yours; their; (of) theirs*

- Short possessive adjectives precede the nouns they modify.

  En **mi** opinión, esa película   **Nuestras** revistas favoritas son
  es pésima.   *Vanidades* y *Latina*.
  In my opinion, that movie   *Our favorite magazines are*
  is awful.   Vanidades *and* Latina.

- Stressed possessive adjectives follow the nouns they modify. They are used for emphasis or to express the phrases *of mine, of yours,* etc. The nouns are usually preceded by a definite or indefinite article.

  mi amigo → **el** amigo **mío**   tus amigas → **las** amigas **tuyas**
  my friend   friend of mine   *your friends   friends of yours*

¡ATENCIÓN!

After the verb **ser**,
stressed possessives are
used without articles.

¿Es tuya la calculadora?
Is the calculator yours?

No, no es mía.
No, it is not mine.

- Because **su(s)** and **suyo(s)/a(s)** have multiple meanings (*your, his, her, its, their*), the construction [*article*] + [*noun*] + **de** + [*subject pronoun*] is commonly used to clarify meaning.

  su **casa**   la casa de él/ella   *his/her house*

  la casa **suya**   la casa de usted/ustedes   *your house*

                           la casa de ellos/ellas   *their house*

¡ATENCIÓN!

The neuter form **lo**
+ [*singular stressed
possessive*] is used to
refer to abstract ideas or
concepts such as *what is
mine* and *what belongs
to you.*

Quiero lo mío.
I want what is mine.

- Possessive pronouns (**pronombres posesivos**) have the same forms as stressed possessive adjectives and are preceded by a definite article. Possessive pronouns agree in gender and number with the nouns they replace.

  No encuentro mi **libro**.   Si la **fotógrafa** suya no llega,
  ¿Me prestas **el tuyo**?   **la nuestra** está disponible.
  I can't find my book.   *If your photographer doesn't arrive,*
  Can I borrow yours?   *ours is available.*

Práctica

(2.5) Possessive adjectives and pronouns

TALLER DE CONSULTA

These activities correspond to the additional grammar point on the preceding page.

1 **¿De quién hablan?** En un programa de entrevistas, varias personas famosas hacen comentarios. Completa sus oraciones con los adjetivos posesivos que faltan.

1. La actriz Fernanda Lora habla sobre su esposo: "_____ esposo siempre me acompaña a los estrenos, aunque _____ trabajo le exija estar en otro sitio".

2. Los integrantes del famoso dúo Maite y Antonio hablan sobre su hijo: "_____ hijo empezó a cantar a los dos años".

3. El actor Saúl Mar habla de su ex esposa, la modelo Serafina: "_____ ex ya no es tan guapa como antes, aunque _____ *fans* piensen lo contrario".

2 **¿Es tuyo...?** Escribe preguntas con **ser** y contéstalas usando el pronombre posesivo que corresponde a la(s) persona(s) indicada(s). Sigue el modelo.

> **MODELO**   **tú / libro / yo**
> —¿Es tuyo este libro?
> —Sí, es mío.

1. ustedes / cartas / nosotros

     _____

     _____

2. ella / bicicleta / ella

     _____

     _____

3. yo / café / tú

     _____

     _____

4. nosotros / periódicos / yo

     _____

     _____

5. tú / disco compacto / ellos

     _____

     _____

6. él / ideas / nosotros

     _____

     _____

3 **Durante el almuerzo** Durante la hora del almuerzo, tres compañeros de trabajo tratan de conocerse mejor. Completa la conversación con los posesivos adecuados. Cuando sea necesario, añade también el artículo definido correspondiente.

MANUEL (1) _____ películas favoritas son las de acción. ¿Y (2) _____?

JUAN A mí no me gusta el cine.

AGUSTÍN A mí tampoco, pero a (3) _____ esposa le gustan las películas antiguas. Lo mío es el deporte.

JUAN Yo detesto el deporte. (4) _____ pasatiempo favorito es la música.

MANUEL ¡Ahh! ¿Es (5) _____ la guitarra que vi en la oficina?

JUAN Sí, es (6) _____. Después del trabajo, nos reunimos en la casa de un amigo (7) _____ y tocamos un poco. A (8) _____ amigos y a mí nos gusta el rock. (9) _____ músicos preferidos son...

AGUSTÍN ¡No te molestes en nombrarlos! No sé nada de música.

MANUEL Parece que (10) _____ gustos son muy distintos.

Más práctica

TALLER DE CONSULTA

MÁS PRÁCTICA
To see the explanation corresponding to this additional practice, see p. 94.

3.1 The preterite

1 **Conversación telefónica** La mamá de Andrés lo llama para ver cómo ha sido su semana. Completa la conversación con el pretérito de los verbos de la lista. Algunos verbos se repiten.

andar	dar	ir	ser
barrer	hacer	quitar	tener

MAMÁ Hola, Andrés, ¿cómo te va?

ANDRÉS Bien, mamá. ¿Y a ti?

MAMÁ También estoy bien. ¿Qué tal las clases?

ANDRÉS En la clase de historia (1) _____ un examen el lunes. En la clase de química, el profesor nos (2) _____ una demostración en el laboratorio.

MAMÁ ¿Y el resto de las clases?

ANDRÉS (3) _____ muy fáciles pero los profesores nos (4) _____ mucha tarea.

MAMÁ ¿Cómo está tu apartamento? ¿Está muy sucio (*dirty*)?

ANDRÉS ¡Está perfecto! Ayer (5) _____ la limpieza: (6) _____ el piso y (7) _____ el polvo de los muebles.

MAMÁ ¿Qué hiciste con tus amigos el sábado por la noche?

ANDRÉS Nosotros (8) _____ por el centro de la ciudad y (9) _____ a un restaurante. (10) _____ una noche muy divertida.

2 **Vienen los abuelitos** Tus abuelos vienen a tu casa para pasar el fin de semana. Tu mamá quiere saber si ya hiciste todo lo que te pidió, pero tú ya sabes lo que te va a preguntar. Completa sus preguntas y después contéstalas.

> **MODELO** ¿Ya... (conseguir las entradas para el concierto)?
>
> —¿Ya conseguiste las entradas para el concierto?
> —Sí, mamá, ya conseguí las entradas para el concierto.

1. ¿Ya... (lavar los platos)? _____
2. ¿Ya... (ir al supermercado)? _____
3. ¿Ya... (pasar la aspiradora)? _____
4. ¿Ya... (quitar tus cosas de la mesa)? _____
5. ¿Ya... (hacer las reservaciones en el restaurante)? _____
6. ¿Ya... (limpiar el baño)? _____

3 **Un problema** Hace dos semanas compraste un par de zapatos que no te quedan bien. Quieres devolverlos y pedir un reembolso, pero la zapatería no acepta cambios después de una semana. En parejas, improvisen la conversación entre el/la cliente/a y el/la gerente (*manager*). El/La cliente debe tratar de convencer al/a la gerente de que le devuelva el dinero.

Más práctica

3.2 The imperfect

TALLER DE CONSULTA

MÁS PRÁCTICA
To see the explanation corresponding to this additional practice, see p. 98.

① Oraciones incompletas Termina las oraciones con el imperfecto.

1. Cuando yo era niño/a _____.
2. Todos los veranos mi familia y yo _____.
3. Durante las vacaciones, mis amigos siempre _____.
4. En la escuela primaria (*elementary school*), mis maestros nunca _____.
5. Mis hermanos y yo siempre _____.
6. Mi abuela siempre _____.

② Un robo El sábado por la tarde unos jóvenes le robaron la bolsa a una anciana en el parque. Ese día tú andabas por el mismo parque con tus amigos. Un policía quiere saber lo que hacías para averiguar si participaste en el robo. Contéstale usando el imperfecto.

1. ¿Dónde estabas alrededor de las dos de la tarde?
   _____

2. ¿Qué llevabas puesto (*were you wearing*)?
   _____

3. ¿Qué hacías en el parque?
   _____

4. ¿A qué jugabas?
   _____

5. ¿Quiénes estaban contigo?
   _____

6. ¿Adónde iban ese día?
   _____

7. ¿Qué otras personas había en el parque?
   _____

8. ¿Qué hacían esas personas?
   _____

③ Las tareas del hogar Cuando eras niño/a, ¿cuáles eran tus obligaciones en la casa? ¿Qué te mandaban hacer tus padres? En parejas, conversen sobre cuáles eran sus obligaciones. ¿Hacían ustedes tareas similares?

④ ¿Cómo ha cambiado tu vida? Piensa en tu último año de la escuela secundaria y compáralo con tu vida en la universidad. En parejas, hablen de estos cambios. Escriban una lista de las responsabilidades que tienen ahora y las que tenían antes. Traten de incluir el mayor número posible de detalles.

MODELO Cuando estaba en la escuela secundaria no tenía mucha tarea, pero ahora tengo muchísima. Me paso el día entero en la biblioteca.

Más práctica

TALLER DE CONSULTA

MÁS PRÁCTICA
To see the explanation corresponding to this additional practice, see p. 102.

3.3 The preterite vs. the imperfect

1 **Distintos significados** Completa las oraciones con el pretérito o el imperfecto de los verbos entre paréntesis. Recuerda que cuando se usan estos verbos en el pretérito tienen un significado distinto al del imperfecto.

1. Cuando yo era niño, nunca _____ (querer) limpiar mi habitación, pero mis padres me obligaban a hacerlo.

2. Mi amigo ya _____ (poder) hablar chino y japonés cuando tenía siete años.

3. Finalmente, después de preguntar por todos lados, Ana _____ (saber) dónde comprar las entradas para el concierto.

4. Mis padres _____ (querer) mudarse a México. Estaban cansados de vivir en Europa.

5. Se rompió el televisor. Por suerte, mi amigo Juan Carlos _____ (poder) venir enseguida a arreglarlo.

6. Mi hermano _____ (conocer) a su novia en el centro comercial.

7. Mi abuela _____ (saber) cocinar muy bien.

8. Miguel y Roberto completaron el formulario pero no _____ (querer) contestar la última pregunta.

2 **¿Pretérito o imperfecto?** Indica si normalmente debes usar el pretérito (P) o el imperfecto (I) con estas expresiones de tiempo. Después escribe cinco oraciones completas que contengan estas expresiones.

___ el año pasado   ___ siempre   ___ ayer por la noche   ___ todas las tardes

___ todos los días   ___ mientras   ___ el domingo pasado   ___ una vez

3 **Mi mejor año** ¿Cuál fue tu mejor año en la escuela? Escribe una historia breve sobre ese año especial. Recuerda que para narrar series de acciones completas debes usar el pretérito y para describir el contexto o acciones habituales en el pasado debes usar el imperfecto. Comparte tu historia con la clase.

> **MODELO**   Creo que mi mejor año fue el segundo grado. Yo vivía con mi familia en Toronto, pero ese año nos mudamos a Vancouver.

4 **Lo que sentía** En parejas, conversen sobre tres situaciones o momentos de la niñez en los cuales sintieron algunas de estas emociones. Luego compartan con la clase lo que le pasó a la otra persona y lo que él/ella sintió. Utilicen el pretérito y el imperfecto.

- agobiado/a
- asombrado/a
- confundido/a
- feliz
- hambriento/a
- solo/a

(3.4) Telling time

- The verb **ser** is used to tell time in Spanish. The construction **es + la** is used with **una,** and **son + las** is used with all other hours.

> ¿Qué hora es?
> *What time is it?*
>
> Es la **una.**
> *It is one o'clock.*
>
> Son las **tres.**
> *It is three o'clock.*

- The phrase **y** + [*minutes*] is used to tell time from the hour to the half-hour. The phrase **menos** + [*minutes*] is used to tell time from the half-hour to the hour, and is expressed by subtracting minutes from the *next* hour.

Son las once **y veinte.**   Es la una **menos quince.**   Son las doce **menos diez.**

- To ask at what time an event takes place, the phrase **¿A qué hora (...)?** is used. To state at what time something takes place, use the construction **a la(s) +** [*time*].

  ¿A qué hora es la fiesta?
  (At) what time is the party?

  La fiesta es **a las ocho.**
  The party is at eight.

- The following expressions are used frequently for telling time.

  Son las siete **en punto.**
  It's seven o'clock on the dot/sharp.

  Son **las doce del mediodía.**/Es **(el) mediodía.**
  It's noon.

  Son **las doce de la noche.** /Es **(la)
  medianoche.**
  It's midnight.

  Son las nueve **de la mañana.**
  It's 9 a.m./in the morning.

  Son las cuatro y cuarto **de la tarde.**
  It's 4:15 p.m./in the afternoon.

  Son las once y media **de la noche.**
  It's 11:30 p.m./at night.

- The imperfect is generally used to tell time in the past. However, the preterite may be used to describe an action that occurred at a particular time.

  ¿Qué hora **era**?
  What time was it?

  ¿A qué hora **fueron** al cine?
  At what time did you go to the movies?

  Eran las cuatro de la mañana.
  It was four o'clock in the morning.

  Fuimos a las nueve.
  We went at nine o'clock.

MÁS GRAMÁTICA

This is an additional grammar point for **Lección 3 Estructura.** You may use it for review or as required by your instructor.

¡ATENCIÓN!

The phrases **y media** (*half past*) and **y/menos cuarto** (*quarter past/of*) are usually used instead of **treinta** and **quince.**

Son las doce y media.
It's 12:30/half past twelve.

Son las nueve menos cuarto.
It's 8:45/quarter of nine.

¡ATENCIÓN!

Note that **es** is used to state the time at which a single event takes place.

Son las dos.
It is two o'clock.

Mi clase es a las dos.
My class is at two o'clock.

Práctica

TALLER DE CONSULTA

These activities correspond to the additional grammar point on the preceding page.

(3.4) Telling time

1 **La hora** Escribe la hora que muestra cada reloj usando oraciones completas.

1. _____

2. _____

3. _____

4. _____

5. _____

6. _____

2 **¿Qué hora es?** Da la hora usando oraciones completas.

1. 1:10 p.m. _____

2. 6:30 a.m. _____

3. 8:45 p.m. _____

4. 11:00 a.m. _____

5. 2:55 p.m. _____

6. 12:00 a.m. _____

3 **Retraso** Hoy tienes un mal día y estás atrasado/a en todo. Usa la información para explicar a qué hora hiciste cada cosa y por qué te retrasaste. Sigue el modelo.

MODELO   ir al centro comercial – 9 a.m. (15 minutos)

Tenía que ir al centro comercial a las nueve de la mañana pero llegué a las nueve y cuarto porque el autobús se retrasó.

1. levantarme – 7 a.m. (30 minutos)

2. desayunar – 8 a.m. (2 horas y media)

3. reunirme con la profesora de química – 11 a.m. (1 hora)

4. escribir el ensayo para la clase de literatura – 3 p.m. (2 horas y cuarto)

5. llamar a mis padres – 5 p.m. (3 horas y media)

6. limpiar mi casa – 3 p.m. (¡Todavía no has empezado!)

MÁS PRÁCTICA
To see the explanation corresponding to this additional practice, see p. 134.

1 **El doctor** El doctor González escribe informes con el diagnóstico y las recomendaciones para cada paciente. Completa los informes con el indicativo o el subjuntivo de los verbos entre paréntesis.

Informe 1

Don José, creo que usted (1) _____ (sufrir) de mucho estrés. Usted (2) _____ (trabajar) demasiado y no (3) _____ (cuidarse) lo suficiente. Es necesario que usted (4) _____ (dormir) más horas. No creo que usted (5) _____ (necesitar) tomar medicinas, pero es importante que (6) _____ (controlar) su alimentación y (7) _____ (mantener) una dieta más equilibrada.

Informe 2

Carlitos, no hay duda de que tú (8) _____ (tener) varicela (*chicken pox*). Es una enfermedad muy contagiosa y por eso es necesario que (9) _____ (quedarse) en casa una semana. Como no podrás asistir a la escuela, te recomiendo que (10) _____ (hablar) con uno de tus compañeros y que (11) _____ (hacer) la tarea regularmente. Quiero que (12) _____ (aplicarse) (*to apply*) esta crema si te pica (*itches*) mucho la piel.

Informe 3

Susana y Pedro, es obvio que ustedes (13) _____ (tener) gripe. Para aliviar la tos, les recomiendo que (14) _____ (tomar) este jarabe por la mañana y estas pastillas por la noche. No creo que (15) _____ (necesitar) quedarse en cama. Les recomiendo que (16) _____ (beber) mucho líquido y que (17) _____ (comer) muchas frutas y verduras. Estoy seguro de que en unos días (18) _____ (ir) a sentirse mejor.

2 **¿Cómo terminan?** Escribe un final original para cada oración. Recuerda usar el subjuntivo cuando sea necesario.

1. Es imposible que hoy...
2. Dudo mucho que el profesor...
3. No es cierto que mis amigos y yo...
4. Es muy probable que yo...
5. Es evidente que en el hospital...
6. Los médicos recomiendan que...

3 **Reacciones** En grupos de cinco, digan cómo reaccionarían en estas situaciones. Deben usar el subjuntivo en sus respuestas para mostrar emoción, incredulidad, alegría, rechazo, insatisfacción, etc.

> **MODELO** Acabas de ganar un millón de dólares.
> ¡Es imposible que sea verdad! No puedo creer que...

1. Un día vas al banco y te dicen que ya no te queda un centavo. No vas a poder comer esta semana.
2. Oyes que el agua que tomas del grifo (*tap*) está contaminada y que todos los habitantes de la ciudad se van a enfermar.
3. Llegas a la universidad el primer día y te dicen que no hay espacio para ti en la residencia estudiantil. Vas a tener que dormir en un hotel.
4. Tu novio/a te declara su amor e insiste en que se casen este mismo mes.
5. Tu nuevo/a compañero/a de cuarto te dice que tiene la gripe aviar (*bird flu*). Es muy contagiosa.
6. Acabas de ver a tu ex hablando mal de ti enfrente de millones de televidentes.

MÁS PRÁCTICA
To see the explanation corresponding to this additional practice, see p. 140.

1 **Las indicaciones del médico** Lee los problemas de estos pacientes. Luego, completa las órdenes y recomendaciones que su médico les da.

Don Mariano y doña Teresa no duermen bien y sufren de mucha presión en el trabajo.	1. _____ (tomar) té de manzanilla y _____ (acostarse) siempre a la misma hora. 2. No _____ (trabajar) los domingos.
Juan come muchos dulces y tiene caries (*cavities*).	3. (Tú) _____ (cepillarse) los dientes dos veces por día. 4. No _____ (comer) más dulces.
La señora Ortenzo se lastimó jugando al tenis. Le duele el pie derecho.	5. (Usted) _____ (quedarse) en cama dos días. 6. No _____ (mover) el pie y no _____ (caminar) sin muletas (*crutches*).
Carlos y Antonio trasnochan con frecuencia y no comen una dieta sana.	7. _____ (dormir) por lo menos ocho horas cada noche. 8. No _____ (ir) a clase sin antes comer un desayuno saludable.

2 **Antes y ahora** ¿Te daban órdenes tus padres cuando eras niño/a? ¿Te siguen dando órdenes? Escribe cinco mandatos que te daban cuando eras niño/a y cinco que te dan ahora. Utiliza mandatos informales afirmativos y negativos.

Los mandatos de antes

_____

_____

_____

_____

_____

Los mandatos de ahora

_____

_____

_____

_____

_____

3 **El viernes por la noche** Tú y tus amigos están pensando en qué hacer este viernes. Tú sugieres actividades (usa mandatos con **nosotros/as**), pero tus compañeros/as rechazan (*reject*) tus ideas y sugieren otras. En grupos de tres, representen la conversación.

MODELO

ESTUDIANTE 1 Vayamos al cine esta noche.

ESTUDIANTE 2 No quiero porque no tengo dinero. Quedémonos en casa y veamos la tele.

ESTUDIANTE 3 Pues, alquilemos una película entonces...

Más práctica

4.3 Por and para

TALLER DE CONSULTA

MÁS PRÁCTICA
To see the explanation corresponding to this additional practice, see p. 144.

① **El viaje de Carla** Carla está planeando pasar el verano en Bogotá para tomar cursos en la Universidad Nacional de Colombia. Une las frases para completar sus comentarios sobre el viaje.

_____ 1. Este verano viajaré a Bogotá

_____ 2. Es un programa de intercambio, organizado

_____ 3. Estudiantes de varias universidades nos reuniremos en Miami y de allí saldremos

_____ 4. Extrañaré a mi familia, pero prometen llamarme

_____ 5. Quisiera pasar un año allá, pero sólo puedo ir

_____ 6. Antes de volver a Nueva York, espero viajar

_____ 7. Quiero perfeccionar el español

_____ 8. En el futuro, espero trabajar

a. para Bogotá.

b. para estudiar español.

c. para la embajada (*embassy*).

d. para trabajar en Latinoamérica después de graduarme.

e. por mi universidad en Nueva York.

f. por teléfono una vez por semana.

g. por todo el país.

h. por tres meses.

② **Instrucciones para cuidar al perro** Este fin de semana te toca cuidar al perro de tus vecinos y ellos están muy preocupados. Completa su lista de instrucciones con **por** o **para**.

1. Si el perro está muy deprimido, llama al veterinario _____ teléfono.

2. Si está un poco triste, haz todo lo que puedas _____ darle ánimo.

3. Últimamente tiene problemas de digestión y debe tomar una medicina _____ el estómago.

4. _____ ver si el perro tiene fiebre, usa este termómetro.

5. No es _____ tanto si no te saluda cuando entras en la casa; cuando te conozca mejor y te tenga más confianza comenzará a saludarte.

6. Sácalo a pasear todos los días: el ejercicio es bueno _____ los perros.

7. Nuestra rutina es caminar media hora _____ el parque.

8. Dale su medicina tres veces _____ día.

③ **Un acontecimiento increíble** ¿Alguna vez te ha ocurrido algo inusual o difícil de creer? Cuéntale a tu compañero/a un acontecimiento increíble que te haya ocurrido, o inventa uno. Incluye al menos cuatro expresiones de la lista.

para colmo	no estar para bromas	por casualidad	por supuesto
para que sepas	no ser para tanto	por fin	por más/mucho que

MÁS GRAMÁTICA

This is an additional grammar point for **Lección 4 Estructura.** You may use it for review or as required by your instructor.

(4.4) The subjunctive with impersonal expressions

- The subjunctive is frequently used in subordinate clauses following impersonal expressions.

IMPERSONAL EXPRESSION	CONNECTOR	SUBORDINATE CLAUSE
Es urgente	**que**	**vayas al hospital.**

- Impersonal expressions that indicate will, desire, or emotion are usually followed by the subjunctive.

es bueno *it's good*	**es necesario** *it's necessary*
es extraño *it's strange*	**es ridículo** *it's ridiculous*
es importante *it's important*	**es terrible** *it's terrible*
es imposible *it's impossible*	**es una lástima** *it's a shame*
es malo *it's bad*	**es una pena** *it's a pity*
es mejor *it's better*	**es urgente** *it's urgent*

Es una lástima que **estés** con gripe.
It's a shame you have the flu.

Es mejor que te **acompañen**.
It's better that they go with you.

- Impersonal expressions that indicate certainty trigger the indicative in the subordinate clause. When they express doubt about the action or condition in the subordinate clause, the subjunctive is used.

indicative	subjunctive
es cierto *it's true*	**no es cierto** *it's untrue*
es obvio *it's obvious*	**no es obvio** *it's not obvious*
es seguro *it's certain*	**no es seguro** *it's not certain*
es verdad *it's true*	**no es verdad** *it's not true*

Es verdad que Juan está triste, pero **no es cierto** que **esté** deprimido.
It's true that Juan is sad, but it's not true that he is depressed.

Es obvio que usted tiene una infección, pero **es improbable** que **sea** contagiosa.
It's obvious that you have an infection, but it's unlikely that it's contagious.

- When an impersonal expression is used to make a general statement or suggestion, the infinitive is used in the subordinate clause. When a new subject is introduced, the subjunctive is used instead.

Es importante hacer ejercicio.
It's important to exercise.

Es importante que los niños **hagan** ejercicio.
It's important for children to exercise.

No es seguro caminar solo por la noche.
It's not safe to walk around alone at night.

No es seguro que **camines** solo por la noche.
It's not safe for you to walk around alone at night.

Práctica

(4.4) The subjunctive with impersonal expressions

TALLER DE CONSULTA

These activities correspond to the additional grammar point on the preceding page.

1. **Pórtate bien** Los padres de Álvaro se van de viaje y le dejan una nota a su hijo con algunas cosas que tiene que hacer. Completa la nota con el presente del subjuntivo de los verbos entre paréntesis.

> ¡No te olvides!
>
> Sabemos que es imposible que (1) _____ (acostarse) temprano pero es importante que (2) _____ (levantarse) antes de las 8:00 y que (3) _____ (llevar) el carro al mecánico. El martes es necesario que (4) _____ (ir) a casa de tu tía Julia y le (5) _____ (llevar) nuestro regalo. Como la pastelería queda cerca del mecánico, es mejor que (6) _____ (pasar) a recoger el pastel de cumpleaños cuando vayas a recoger el carro el lunes por la tarde. Y bueno, hijo, es una lástima que no (7) _____ (poder) venir con nosotros.
>
> ¡Cuídate mucho!
> Mamá y papá

2. **Obligaciones** Piensa en las obligaciones de los padres para con los hijos y viceversa. Completa el cuadro con frases impersonales que requieran el subjuntivo.

Las obligaciones de los padres y de los hijos

padres	hijos
Es importante que los padres escuchen a sus hijos.	

3. **Pareja ideal** En grupos de cuatro, piensen en su pareja ideal y comenten cómo debe ser. Cada uno/a de ustedes debe escribir por lo menos cinco oraciones con frases impersonales.

es bueno	es mejor
es importante	es necesario
es malo	

Más práctica

TALLER DE CONSULTA

MÁS PRÁCTICA
To see the explanation corresponding to this additional practice, see p. 176.

5.1 Comparatives and superlatives

(1) **Los medios de transporte** Escribe seis oraciones completas para comparar los medios de transporte de la lista. Utiliza por lo menos tres comparativos y tres superlativos. Debes hacer comparaciones con respecto a estos aspectos:

- la rapidez
- la diversión
- la comodidad
- el precio

> **medios de transporte**
>
> autobús, avión, bicicleta, carro, metro, taxi, tren

MODELO Para viajar por la ciudad, el taxi es más caro que el autobús. /
El avión es el medio más rápido de todos.

(2) **El absoluto** Utiliza el superlativo absoluto (**-ísimo/a**) para escribir oraciones completas. Sigue el modelo.

MODELO elefantes / animales / grande
Los elefantes son unos animales grandísimos.

1. diamantes / joyas / caro
2. avión / medio de transporte / rápido
3. Bill Gates / persona / rico
4. el puente de Brooklyn / largo
5. la clase de inglés / fácil
6. Dakota Fanning / actriz / joven
7. Boca Juniors / equipo de fútbol argentino / famoso
8. el Río de la Plata / ancho

(3) **Un pariente especial** ¿Hay alguien en tu familia que consideras especial? ¿Te pareces a esa persona? ¿Es mayor o menor que tú? ¿Qué similitudes y diferencias tienen? Trabaja con un(a) compañero/a: dile quién es tu pariente favorito y cuéntale en qué se parecen y en qué se diferencian. Usa comparativos en tu descripción. Incluye algunos de estos aspectos:

altura	gustos
apariencia física	personalidad
edad	vida académica

MODELO Mi primo Juan es mi primo favorito. Es mayor que yo, pero yo soy
mucho más alto que él...

Más práctica

TALLER DE CONSULTA

MÁS PRÁCTICA
To see the explanation
corresponding to this
additional practice,
see p. 180.

5.2 The subjunctive in adjective clauses

1 **Unir los elementos** Escribe cinco oraciones lógicas combinando elementos de las tres columnas.

> **MODELO** Juan busca un libro que esté escrito en español.

Juan (estudiante de español)	buscar un tutor	pagar bien
Pedro (tiene un carro viejo)	buscar un libro	ser divertida
Ana (tiene muy poco dinero)	necesitar un carro	ayudarme
mis amigos (están aburridos)	tener que ir a una fiesta	ser nuevo y rápido
yo (tengo problemas con la	querer un trabajo	poder ayudarnos
clase de cálculo)	necesitar hablar con	estar escrito en español
nosotros (no sabemos qué clases	un consejero	
tomar el próximo semestre)		

2 **En el aeropuerto** Mientras esperas en el aeropuerto, escuchas todo lo que dicen los empleados de la aerolínea y los agentes de seguridad. Usa el subjuntivo para terminar las oraciones de manera lógica.

1. Deben pasar por aquí las personas que _____.
2. ¿Tiene usted algo en su bolsa que _____?
3. Debe sacar del bolsillo todo lo que _____.
4. No diga chistes que _____.
5. Pueden pasar los viajeros que _____.
6. No se pueden llevar maletas que _____.

3 **Anuncios personales** En grupos de tres, escriban anuncios personales para una persona que busca novio/a. Los anuncios deben ser detallados y creativos, y deben usar el subjuntivo y el indicativo. Después, compartan el anuncio con la clase para ver si encuentran a alguien que se parezca a la persona de su anuncio.

Más práctica

TALLER DE CONSULTA

MÁS PRÁCTICA
To see the explanation corresponding to this additional practice, see p. 184.

5.3 Negative and positive expressions

1 **De compras** Has desembarcado de un crucero en una isla remota. Quieres comprar algo típico para tus amigos, pero el empleado te hace mil preguntas sobre lo que quieres. Elige las opciones correctas para completar la conversación.

EMPLEADO ¡Hola! ¿Quieres (1) _____ (algo / nada) extraordinario para tus amigos?

TÚ No, no quiero (2) _____ (algo / nada) extraordinario, quiero (3) _____ (algo / nada) típico de la isla.

EMPLEADO Tenemos unos recuerdos muy especiales por aquí. (4) _____ (Siempre / Nunca) es mejor regalar (5) _____ (algo / nada) que llegar con las manos vacías (*empty*)…

TÚ Sí. Pero (6) _____ (también / tampoco) es bueno comprar cosas que no quepan en la maleta. Necesito un recuerdo que no sea muy grande pero (7) _____ (también / tampoco) muy pequeño, por favor.

EMPLEADO Es que no tenemos (8) _____ (algo / nada) así. Todo lo que tenemos (9) _____ (o / ni) es muy chiquito (10) _____ (o / ni) es muy grande. No tenemos (11) _____ (algo / nada) de tamaño mediano.

TÚ Bueno, señor, el barco ya se va… Si usted no tiene (12) _____ (algo / nada) que yo pueda comprar ahora mismo, me tendré que ir.

EMPLEADO Lo siento. (13) _____ (Alguien / Nadie) compra recuerdos aquí (14) _____ (siempre / jamás). No entiendo por qué será.

2 **En el avión** Marcos, un viajero, es un poco caprichoso; nada le viene bien. Escribe **o… o**, **ni… ni**, o **ni siquiera** para completar sus quejas.

1. Le pedí una bebida al asistente de vuelo pero no me trajo _____ café _____ agua.

2. ¡Qué día fatal! No pude _____ empacar la última maleta _____ despedirme de mis amigos.

3. Por favor, _____ sean puntuales _____ avisen si van a llegar tarde.

4. Hoy me siento enfermo. No puedo _____ dormir _____ hablar. _____ puedo moverme.

5. Me duele la cabeza. No quiero escuchar _____ música _____ la radio.

3 **Opiniones** En grupos de cuatro, hablen sobre estas opiniones y digan si están de acuerdo o no. Por turnos, expliquen sus razones. Usen expresiones positivas y negativas.

1. Es más costoso viajar en primera clase, pero vale la pena.

2. Conocer otros países y culturas es más importante que aprender de un libro.

3. Hacer un intercambio te abre más a otras maneras de pensar.

4. Es mejor ir de vacaciones durante el verano que durante el invierno.

5. Ir de viaje es la mejor manera de gastar los ahorros.

6. Es más peligroso viajar hoy en día. Antes era muchísimo más seguro.

5.4 *Pero* and *sino*

El viaje no es de excursión, sino de trabajo.

Sí, ¡pero en el Amazonas, Fabiola!

MÁS GRAMÁTICA

This is an additional grammar point for **Lección 5 Estructura.** You may use it for review or as required by your instructor.

- In Spanish, both **pero** and **sino** are used to introduce contradictions or qualifications, but the two words are not interchangeable.

- **Pero** means *but* (in the sense of *however*). It may be used after either affirmative or negative clauses.

  > Iré contigo a ver las ruinas, **pero** mañana quiero pasar el día entero en la playa.
  > *I'll go with you to see the ruins, but tomorrow I want to spend the whole day on the beach.*

  > Nuestro guía no me cae muy bien, **pero** sí sabe todo sobre la historia precolombina.
  > *I'm not crazy about our tour guide, but he sure does know a lot about pre-Columbian history.*

- **Sino** also means *but* (in the sense of *but rather* or *on the contrary*). It is used only after negative clauses. **Sino** introduces a contradicting idea that clarifies or qualifies the previous information.

  > **No** me gustan estos zapatos, **sino** los de la otra tienda.
  > *I don't like these shoes, but rather the ones from the other store.*

  > La casa **no** está en el centro de la ciudad, **sino** en las afueras.
  > *The house is not in the center of the city, but rather in the outskirts.*

- When **sino** is used before a conjugated verb, the conjunction **que** is added.

  > No quiero que vayas a la fiesta, **sino que** hagas tu tarea.
  > *I want you to do your homework rather than go to the party.*

  > No iba a casa, **sino que** se quedaba en la capital.
  > *She was not going home, but instead staying in the capital.*

- *Not only… but also* is expressed with the phrase **no sólo… sino (que) también/además**.

  > Quiero **no sólo** el pastel, **sino también** el helado.
  > *I not only want the cake, but also the ice cream.*

- The phrase **pero tampoco** means *but neither* or *but not either*.

  > A Celia no le interesaba la excursión, **pero tampoco** quería quedarse en el crucero.
  > *Celia wasn't interested in the excursion, but she didn't want to stay on the cruise ship either.*

¡ATENCIÓN!

Pero también (*But also*) is used after affirmative clauses.

Pedro es inteligente, pero también es cabezón.
Pedro is smart, but he is also stubborn.

Práctica

TALLER DE CONSULTA

These activities correspond to the additional grammar point on the preceding page.

5.4 *Pero* and *sino*

1 Columnas Completa cada oración con la opción correcta.

1. Sofía no quiere viajar mañana y Marta _____.
2. Mi compañero de cuarto no es de Madrid _____ de Barcelona.
3. Mis padres quieren que yo trabaje este verano _____ yo prefiero irme de viaje a Europa.
4. No fui al partido de fútbol _____ fui al concierto de rock. Tuve que estudiar para un examen.
5. No queremos que usted nos cancele la reservación, _____ nos cambie la fecha de salida.

a. pero
b. pero tampoco
c. sino
d. sino que
e. tampoco

2 Completar Completa cada oración con **no sólo, pero, sino (que)** o **tampoco**.

1. Las cartas no llegaron el miércoles _____ el jueves.
2. Mis amigos no quieren alojarse en el albergue y yo _____.
3. No me gusta manejar por la noche, _____ iré a la fiesta si tú manejas.
4. Carlos no me llamaba por teléfono, _____ me enviaba mensajes de texto.
5. Yo _____ esperaba aprobar el examen, _____ también sacar una A.
6. Quiero aclarar que Juan no llegó temprano, _____ muy tarde.

3 Oraciones incompletas Cuando tú y tu familia llegan al lugar donde pasarán sus vacaciones, se dan cuenta de que han dejado en casa a Juan José, tu hermano menor. Utiliza frases con **pero** y **sino** para completar las oraciones.

1. Yo no hablé con Juan José esta mañana _____.
2. No vamos a poder regresar para buscarlo _____.
3. No es aconsejable que regresemos, _____.
4. Me gusta la idea de llamar a un vecino _____.
5. Creo que no debemos _____.
6. Juan José no tiene cinco años _____.
7. Si tiene algún problema no va a poder avisarnos _____.
8. Está claro que Juan José _____.

4 Opiniones contrarias En parejas, imaginen que son dos personas totalmente diferentes. Nunca están de acuerdo en nada. Túrnense para hacer afirmaciones. Uno/a de ustedes debe usar **pero, sino, sino que** y **no sólo... sino** para contradecir lo que dice el/la otro/a. Sigan el modelo.

MODELO
— Creo que hoy hace un día estupendo.
— ¡Estás equivocado! No hace un día estupendo sino que hace mucho frío. Y no sólo hace frío, sino que también...

Más práctica

TALLER DE CONSULTA

MÁS PRÁCTICA
To see the explanation corresponding to this additional practice, see p. 216.

6.1 The future

1 **¿Qué pasará?** Usa el futuro para explicar qué puede estar ocurriendo en cada una de las situaciones. Puedes utilizar las ideas de la lista o inventar otras.

> **MODELO** Hoy tu carro no arranca (*doesn't start*). Hay algo que no funciona.
>
> El carro no tendrá gasolina. / La batería estará descargada.

> (su gato/su conejo) estar perdido   tener otros planes
> (él/ella/su perro) estar enfermo/a   no tener ganas
> haber un huracán

1. María siempre llega a la clase de español puntualmente, pero la clase ya empezó y ella no está.
2. Carlos es el presidente del club ecologista, pero hoy no vino a la reunión.
3. Sara y María son dos personas muy alegres y optimistas, pero hoy están tristes y no quieren hablar con nadie.
4. He invitado a Juan a ir al cine con nosotros, pero no quiere ir.
5. Mañana vas a viajar a una zona tropical. Te acaban de avisar que se canceló tu vuelo.

2 **Campaña informativa** En parejas, imaginen que trabajan para una organización que se dedica a proteger el medio ambiente. Les han pedido que preparen una campaña informativa para concientizar a la gente sobre (*make people aware of*) los problemas ecológicos. Contesten las preguntas y después compartan la información con la clase.

1. ¿Cómo se llamará la campaña?
2. ¿Qué problemas del medio ambiente tratará?
3. ¿Qué consejos darán?
4. ¿Qué harán para distribuir la información?
5. ¿Creen que su campaña tendrá éxito? ¿Por qué?

3 **Horóscopo** En parejas, escriban el horóscopo de su compañero/a para el mes que viene. Utilicen verbos en futuro y algunas frases de la lista. Luego compártanlo con sus compañeros/as.

decir secretos	haber sorpresa	recibir una visita
empezar una relación	hacer daño	tener suerte
festejar	hacer un viaje	venir amigos
ganar/perder dinero	poder solucionar problemas	viajar al extranjero

Más práctica

TALLER DE CONSULTA

MÁS PRÁCTICA
To see the explanation corresponding to this additional practice, see p. 220.

6.2 The subjunctive in adverbial clauses

1 En el parque Javier quiere leer los carteles (*signs*) del parque nacional, pero Sol no cree que sean importantes. Completa la conversación con el subjuntivo del verbo indicado.

JAVIER Espera, Sol, quiero leer los carteles.

SOL Es que son muy obvios. No dicen nada que yo no (1) _____ (saber). "Tan pronto como usted (2) _____ (escuchar) un trueno, aléjese de las zonas altas." ¡Qué tontería! ¡Eso es obvio!

JAVIER Sí, pero son importantes para que los visitantes (3) _____ (ser) conscientes de la seguridad.

SOL ¿Y qué tiene que ver este otro cartel con la seguridad? "Para que no (4) _____ (haber) erosión, caminen sólo por el sendero."

JAVIER Bueno, es que algunos carteles son para que la gente (5) _____ (ayudar) a cuidar el parque. Por ejemplo, este otro...

SOL Basta, Javier, estoy harta de estos carteles tan obvios. Si realmente quieren cuidar el parque, ¿por qué no ponen cestos (*bins*) para la basura?

JAVIER Bueno, justamente el cartel dice: "No tenemos cestos para la basura para que los visitantes nos (6) _____ (ayudar) llevándose su propia basura del parque."

SOL Bueno, yo no he dicho que todos los carteles (7) _____ (ser) inútiles.

2 En casa Tu hermana insiste en que tu familia colabore para proteger el medio ambiente. Tiene una lista de órdenes que quiere que ustedes cumplan. Escribe cada orden de otra forma, usando el subjuntivo y las palabras que están entre paréntesis. Haz los cambios necesarios.

MODELO Usen el aire acondicionado lo mínimo posible. (siempre que)

Siempre que sea posible, no usen el aire acondicionado.

1. Cierren bien el grifo (*faucet*) y no dejen escapar ni una gota de agua. (para que)

2. Apaguen las luces al salir de un cuarto. (tan pronto como)

3. No boten las botellas. Hay que averiguar primero si se pueden reciclar. (antes de que)

4. Vayan a la escuela en bicicleta. Usen el carro sólo si hace mal tiempo. (a menos que)

5. En lugar de encender la calefacción (*heating*), pónganse otro suéter. (siempre que)

3 Conversaciones En parejas, representen estas dos conversaciones. Usen conjunciones de la lista y recuerden que algunas de estas construcciones exigen un verbo en subjuntivo.

a menos que	aunque	cuando	hasta que	sin (que)
antes de (que)	con tal de (que)	en caso de (que)	para (que)	tan pronto como

1. Una pareja de recién casados está planeando su luna de miel (*honeymoon*): Ella quiere ir a una isla remota. Él quiere ir a París.

2. Una madre y su hijo: Él tiene su licencia de conducir y quiere una motocicleta.

Más práctica

6.3 Prepositions: *a, hacia,* and *con*

TALLER DE CONSULTA

MÁS PRÁCTICA
To see the explanation corresponding to this additional practice, see p. 224.

1 **Un día horrible** Completa el texto con las preposiciones **a, hacia** o **con**.

Hola, Miguel:

Ayer tuve un día horrible. Casi prefiero no acordarme. Puse el despertador para que sonara (1) _____ las seis de la mañana pero me dormí y me levanté (2) _____ las siete. Mi clase de ecología empezaba a las ocho así que iba a llegar tarde. El profesor es bastante estricto y siempre se enoja (3) _____ los estudiantes que no llegan a tiempo.

Mi día había comenzado mal e iba a seguir peor. Salí de casa y comencé (4) _____ correr (5) _____ la universidad. Cuando estaba (6) _____ la mitad del camino, algo terrible ocurrió. Una señora que estaba (7) _____ mi izquierda no vio la farola (*streetlight*) y chocó (8) _____ ella. Fue un golpe tremendo. Fui (9) _____ ayudarla, pues se había caído. Tuve que levantarla (10) _____ mucho cuidado porque estaba mareada. Cuando llegó la policía, yo comencé (11) _____ correr otra vez. Entré a clase muy tarde, (12) _____ las ocho y media. ¡Qué locura!

Un abrazo,
Lupe

2 **Carta** Imagina que estás de vacaciones en otro país y le escribes una carta a tu familia contándoles los detalles de tu viaje. Puedes incluir información sobre el horario de las actividades, los lugares que has visitado, las cosas que has hecho y los planes para el resto del viaje. Utiliza por lo menos seis expresiones de la lista.

MODELO   Al llegar a San Juan, fui al hotel con Marta.

al llegar	estaba(n) conmigo	con un guía turístico
a veinte (millas)	con cuidado/anticipación	hacia/a las (nueve y media)
ayudar a	con mi cámara	hacia la playa/el bosque

3 **El guardaparques** Trabajen en grupos de cuatro. Una persona es el/la guardaparques (*park ranger*) y las otras tres son turistas. Algunos turistas no respetaron las reglas del parque y el/la guardaparques quiere saber quiénes fueron. Representen la situación usando la información de la lista y las preposiciones **a, hacia** y **con**.

estar / las dos de la tarde	hablar / otras personas
ir / tanta prisa	contaminar / combustible
dar de comer / los animales salvajes	ir / sacar plantas
envenenar / una sustancia tóxica	ir / otra gente
dirigir / la salida	ver / alguien sospechoso

MÁS GRAMÁTICA

This is an additional grammar point for **Lección 6 Estructura.** You may use it for review or as required by your instructor.

6.4 Adverbs

- Adverbs (**adverbios**) describe *how, when,* and *where* actions take place. They usually follow the verbs they modify and precede adjectives or other adverbs.

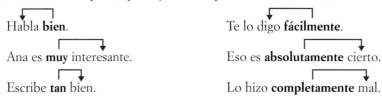

Habla **bien**.

Ana es **muy** interesante.

Escribe **tan** bien.

Te lo digo **fácilmente**.

Eso es **absolutamente** cierto.

Lo hizo **completamente** mal.

- Many Spanish adverbs are formed by adding the suffix **–mente** to the feminine singular form of an adjective. The **–mente** ending is equivalent to the English *-ly*.

ADJECTIVE	FEMININE FORM	SUFFIX	ADVERB
básico	**básica**	-mente	**básicamente** *basically*
cuidadoso	**cuidadosa**	-mente	**cuidadosamente** *carefully*
enorme	**enorme**	-mente	**enormemente** *enormously*
hábil	**hábil**	-mente	**hábilmente** *cleverly; skillfully*

- If two or more adverbs modify the same verb, only the final adverb uses the suffix **–mente**.

  Se marchó **lenta** y **silenciosamente**.
  He left slowly and silently.

- The construction **con** + [*noun*] is often used instead of long adverbs that end in **–mente**.

  cuidadosamente → con cuidado   frecuentemente → con frecuencia

- Here are some common adverbs and adverbial phrases:

a menudo *frequently; often*	**así** *like this; so*	**mañana** *tomorrow*
a tiempo *on time*	**ayer** *yesterday*	**más** *more*
a veces *sometimes*	**casi** *almost*	**menos** *less*
adentro *inside*	**de costumbre** *usually*	**muy** *very*
afuera *outside*	**de repente** *suddenly*	**por fin** *finally*
apenas *hardly; scarcely*	**de vez en cuando** *now and then*	**pronto** *soon*
aquí *here*		**tan** *so*

A veces salimos a tomar un café.
Sometimes we go out for coffee.

Casi terminé el libro.
I almost finished the book.

- The adverbs **poco** and **bien** frequently modify adjectives. In these cases, **poco** is often the equivalent of the English prefix *un-*, while **bien** means *well, very, rather,* or *quite.*

  La situación está **poco** clara.
  The situation is unclear.

  La cena estuvo **bien** rica.
  Dinner was very tasty.

Práctica

(6.4) Adverbs

TALLER DE CONSULTA

These activities correspond to the additional grammar point on the preceding page.

1 **Adverbios** Escribe el adverbio que deriva de cada adjetivo.

1. básico _____
2. feliz _____
3. fácil _____
4. inteligente _____
5. alegre _____

6. común _____
7. injusto _____
8. asombroso _____
9. insistente _____
10. silencioso _____

2 **Instrucciones para ser feliz** Elige el adjetivo apropiado para cada ocasión y después completa la oración, convirtiendo ese adjetivo en el adverbio correspondiente. Hay tres adjetivos que no se usan.

claro	frecuente	malo	triste
cuidadoso	inmediato	tranquilo	último

1. Expresa tus opiniones _____.
2. Tienes que salir por la noche _____.
3. Debes gastar el dinero _____.
4. Si eres injusto/a con alguien, debes pedir perdón _____.
5. Después de almorzar, disfruta _____ de la siesta.

3 **Recomendaciones** Los padres de Mario y Paola salieron de viaje por dos semanas. Completa las instrucciones que les dejaron pegadas en el refrigerador.

a menudo	adentro	así	mañana
a tiempo	afuera	de vez en cuando	tan

Lunes, 19 de octubre

1. Pasar la aspiradora _____. ¡Todos los días!
2. Llegar a la escuela _____.
3. _____, llevar a Botitas al veterinario para su cita.
4. Dejar que el gato juegue _____ todos los días si no llueve.
5. Sólo ir _____ al centro comercial.

Más práctica

TALLER DE CONSULTA

MÁS PRÁCTICA
To see the explanation corresponding to this additional practice, see p. 256.

7.1 The present perfect

1 Oraciones Cambia las oraciones del pretérito al pretérito perfecto.

1. Juan y yo vimos una estrella fugaz.
2. Yo hice la tarea en el laboratorio.
3. La científica le dijo la verdad a su colega.
4. El astronauta volvió de su viaje.
5. Ustedes encontraron la solución al problema.
6. Nosotros clonamos unas células.
7. Vendiste tu computadora portátil.
8. Comprobaron la teoría.

2 Primer día Es el primer día de la clase de informática, y la profesora les dice las reglas del curso. Contéstale usando el pretérito perfecto.

MODELO **Abran el sitio web de la clase.**
Ya lo hemos abierto.

1. Apaguen los teléfonos celulares.
2. Inventen una contraseña para su trabajo.
3. Descarguen el programa de Internet que vamos a usar.
4. Guarden todo su trabajo en su archivo personal.
5. Añadan sus direcciones de correo electrónico a la lista de la clase.
6. Antes de entregar su trabajo, revísenlo con el corrector ortográfico.

3 Viaje Imagina que eres astronauta y acabas de volver de tu primer viaje a otro planeta. Tu compañero/a es reportero/a y te hace preguntas sobre lo que has visto y lo que has hecho en el viaje. Utilicen el pretérito perfecto de los verbos del recuadro.

MODELO **REPORTERO/A** ¿Que has aprendido de la cultura de los extraterrestres?
ASTRONAUTA He aprendido que…

aprender	explorar
comer	hacer
descubrir	ver

4 Extraterrestres En grupos de tres, imaginen que son extraterrestres. Un grupo tiene que explicar cómo son los seres humanos a otro grupo que no los ha visto todavía. En su conversación, utilicen el pretérito perfecto.

MODELO **GRUPO 1** ¿Han averiguado por qué los seres humanos se sientan enfrente de esas pantallas todo el día?
GRUPO 2 No lo hemos averiguado todavía, pero pensamos que es una forma de comunicarse con los espíritus de otro mundo…

Más práctica

TALLER DE CONSULTA

MÁS PRÁCTICA
To see the explanation corresponding to this additional practice, see p. 260.

7.2 The past perfect

1 **Testigo del futuro** Un día escuchas a un hombre hablando en la cima de una montaña. Te acercas un poquito más y lo oyes decir que ha vuelto de un viaje al futuro. Termina su visión del futuro con el pluscuamperfecto.

Hola, queridos amigos... Soy Rubén, testigo del futuro. Les informo que antes del año 2050, los científicos ya (1) _____ (clonar) al ser humano. Antes de 2060, los inventores ya (2) _____ (fabricar) un automóvil volador. Antes de 2070, los investigadores ya (3) _____ (descubrir) una cura para todo tipo de enfermedad. Antes de 2080, un biólogo extraordinario ya (4) _____ (inventar) una semilla (*seed*) resistente a todo tipo de insecto y que no necesita ni agua ni tierra para crecer. Antes de 2090, nuestro presidente ya (5) _____ (crear) un sistema de gobierno justo que funciona para el bien de todos. Antes del año 3000, ya (nosotros) (6) _____ (investigar) los orígenes del universo. Antes de 3005, ya (nosotros) (7) _____ (terminar) con las guerras en la Tierra. Antes de 3010, ya (nosotros) (8) _____ (comprobar) que sí hay vida en otros planetas...

2 **¿Qué hiciste ayer?** Seguro que tienes una vida muy ocupada. Escribe oraciones completas para contar lo que ya habías hecho ayer antes de las situaciones indicadas. Utiliza el pluscuamperfecto.

MODELO antes del desayuno
Antes del desayuno, ya me había afeitado.

1. antes del desayuno
2. antes de ir a clase
3. antes del almuerzo
4. antes de la cena
5. antes de acostarte

3 **Tus logros** Piensa en cuatro cosas que ya habías logrado antes de ir a la universidad y cuéntaselas a tu compañero/a. También debes preguntarle por sus logros (*achievements*).

MODELO Antes de ir a la universidad, ya había conseguido mi licencia de conducir. ¿Y tú?

Más práctica

TALLER DE CONSULTA

MÁS PRÁCTICA
To see the explanation corresponding to this additional practice, see p. 262.

7.3 Diminutives and augmentatives

1 **Diminutivos** Carlos siempre habla usando diminutivos. Completa sus descripciones con el diminutivo (**-ito/a**) de las palabras entre paréntesis.

Ayer fui al (1) _____ (mercado) de antigüedades que está muy (2) _____ (cerca) de mi (3) _____ (casa) y compré algunas (4) _____ (cosas) muy valiosas. En el primer puesto, un (5) _____ (hombre) muy simpático me aconsejó comprar un (6) _____ (libro) viejo y muy bonito. Cuando regresé a casa, tenía mucho frío y me tomé un (7) _____ (café) para calentarme. Me senté en mi (8) _____ (silla) favorita y empecé a leer. Fue una mañana muy divertida.

2 **Los cuentos infantiles**

A. El señor Ordóñez odia los diminutivos. Por eso ha cambiado todos los títulos en el libro de cuentos infantiles (*children's stories*) que le lee a su hijo. Lee el índice y escribe los títulos en su forma original. Usa el diminutivo (**-ito/a**).

❧ Cuentos Infantiles ❧

1. Blancanieves (*Snow White*) y los siete ▮▮▮ *enanos* (*dwarves*)........2
2. ▮▮▮ *Caperuza* (*Little hood*) Roja 8
3. La ▮▮▮ *gallina* (*little hen*) colorada....................................16
4. El ▮▮▮ *pato* (*duckling*) feo...22
5. La ▮▮▮ *sirena* (*little mermaid*) 26
6. Los tres ▮▮▮ *cerdos* (*little pigs*) 34
7. El ▮▮▮ *soldado* de plomo (*tin soldier*)................................40
8. ▮▮▮ *Pulgar* (*thumb*)..46

1. _____ 3. _____ 5. _____ 7. _____
2. _____ 4. _____ 6. _____ 8. _____

B. Ahora, en parejas, escriban las primeras diez oraciones de un cuento infantil. Pueden contar alguno de los cuentos tradicionales o inventar uno. Incluyan el mayor número posible de aumentativos y diminutivos.

3 **Opiniones** En parejas, imaginen que uno/a de ustedes cree en los ovnis. Discutan el tema. Usen aumentativos y diminutivos.

MODELO
—Sé que los ovnis existen porque una noche vi unas lucecitas extrañas...
—Estás un poco loquito. Seguramente viste lucecitas en tu cabezota.

MÁS GRAMÁTICA

This is an additional grammar point for **Lección 7 Estructura.** You may use it for review or as required by your instructor.

- In Spanish, the verb **hacer** is used to describe how long something has been happening or how long ago an event occurred.

	Time expressions with *hacer*
present	**hace** + [*period of time*] + **que** + [*verb in present tense*] **Hace tres semanas que busco otro apartamento.** *I've been looking for another apartment for three weeks.*
preterite	**hace** + [*period of time*] + **que** + [*verb in the preterite*] **Hace seis meses que fueron a Buenos Aires.** *They went to Buenos Aires six months ago.*
imperfect	**hacía** + [*period of time*] + **que** + [*verb in the imperfect*] **Hacía treinta años que trabajaba con nosotros cuando por fin se jubiló.** *He had been working with us for thirty years when he finally retired.*

- To express the duration of an event that continues into the present, Spanish uses the construction **hace** + [*period of time*] + **que** + [*present tense verb*]. Note that **hace** does not change form.

¿Cuánto tiempo **hace que vives** en la República Dominicana?	**Hace** siete años **que vivo** en la República Dominicana.
How long have you lived in the Dominican Republic?	*I've lived in the Dominican Republic for seven years.*

¡ATENCIÓN!

The construction [*present tense verb*] + **desde hace** + [*period of time*] may also be used. **Desde** can be omitted.

Estudia español desde hace un año.
He's been studying Spanish for a year.

No estudia español desde hace un año.
It's been a year since he studied Spanish.

- To make a sentence negative, add **no** before the conjugated verb. Negative time expressions with **hacer** often translate as *since* in English.

¿**Hace** mucho tiempo que **no** le dan un aumento de sueldo?	¡Uy, **hace** años que **no** me dan un aumento de sueldo!
Has it been a long time since they gave you a raise?	*It's been years since they gave me a raise!/ They haven't given me a raise in years!*

- To tell how long ago an event occurred, use **hace** + [*period of time*] + **que** + [*preterite tense verb*].

¿Cuánto tiempo **hace** que me **mandaste** el mensaje de texto?	**Hace** cuatro días que te **mandé** el mensaje.
How long ago did you send me the text message?	*I sent you the message four days ago.*

¡ATENCIÓN!

Expressions of time with **hacer** can also be used without **que**.

¿Hace cuánto (tiempo) me llamó Carlos?

Te llamó hace dos horas.

- **Hacer** is occasionally used in the imperfect to describe how long an event had been happening before another event occurred. Note that both **hacer** and the conjugated verb in the **hacer** construction use the imperfect.

  Hacía dos años que no **estudiaba** español cuando decidió tomar otra clase.
  She hadn't studied Spanish for two years when she decided to take another class.

Práctica

TALLER DE CONSULTA

These activities correspond to the additional grammar point on the preceding page.

(7.4) Expressions of time with *hacer*

(1) **Oraciones** Escribe oraciones utilizando expresiones de tiempo con **hace**. Usa el presente en las oraciones 1 a 3 y el pretérito en las oraciones 4 y 5.

> **MODELO**　Ana / hablar por teléfono / veinte minutos
>
> Hace veinte minutos que Ana habla por teléfono. /
> Ana habla por teléfono (desde) hace veinte minutos.

1. Roberto y Miguel / estudiar / tres horas

　_____

2. nosotros / estar enfermos / una semana

　_____

3. tú / trabajar en el centro / seis meses

　_____

4. Sergio / visitar a sus abuelos / un mes

　_____

5. yo / ir a la Patagonia / un año

　_____

(2) **Conversaciones** Completa las conversaciones con las palabras adecuadas.

1. **GRACIELA**　¿_____ tiempo hace que vives en esta ciudad?

　SUSANA　Mmm... _____ dos años que _____ aquí.

2. **GUSTAVO**　Hacía veinte años que _____ con nosotros cuando Miguel decidió jubilarse (*to retire*), ¿verdad?

　ARMANDO　No, _____ quince años que trabajaba con nosotros cuando se jubiló.

3. **MARÍA**　_____ a visitar a tu novia hace dos meses, ¿no?

　PEDRO　Sí, _____ dos meses que fui a visitar a mi novia. ¡La extraño mucho!

4. **PACO**　¿Cuánto tiempo _____ que _____ español?

　ANA　Estudio español _____ hace tres años.

(3) **Preguntas** Responde a las preguntas con oraciones completas. Utiliza las palabras en paréntesis.

1. ¿Cuánto tiempo hace que fuiste de vacaciones a la playa? (cinco años)
2. ¿Hace cuánto tiempo que estudias economía? (dos semanas)
3. ¿Cuánto tiempo hace que rompiste con Nicolás? (un mes)
4. ¿Cuánto tiempo hace que Irene y Natalia llegaron? (una hora)
5. ¿Hace cuánto tiempo que ustedes viven aquí? (cuatro días)

Más práctica

8.1 The conditional

TALLER DE CONSULTA

MÁS PRÁCTICA
To see the explanation corresponding to this additional practice, see p. 294.

(1) Oraciones incompletas Completa las oraciones con el condicional del verbo entre paréntesis.

1. María _____ (salir) con Juan porque le cae muy bien.

2. Si no llevara tantos libros, todo _____ (caber) en una sola maleta.

3. La comida no tiene sabor. Nosotros le _____ (poner) un poco más de sal.

4. No sé cuál _____ (ser) el mejor momento para llamar al gerente.

5. Le pregunté al médico cuánto _____ (valer) las medicinas que él me recetó.

(2) El futuro en el pasado Usa el condicional para expresar el pasado de cada oración. Usa el pretérito o el imperfecto en las cláusulas principales. Sigue el modelo.

> **MODELO**   **Juan dice que llegará pronto.**
> Juan dijo que llegaría pronto.

1. Los empleados creen que recibirán un aumento el mes que viene.

2. El gerente afirma que la reunión será muy breve.

3. Carlos dice que nevará mañana y que suspenderán el viaje de negocios.

4. María nos cuenta que ella se jubilará en cinco años.

5. Muchas personas piensan que la globalización crecerá en el futuro próximo.

6. Los vendedores están seguros de que venderán el doble este año.

(3) Bien educado ¿Cómo pedirías algo de manera educada en estas situaciones? Escribe una pregunta apropiada para cada situación.

1. Estás en un restaurante y te das cuenta de que no tienes servilleta.

2. Eres un(a) turista en Caracas y no sabes cómo llegar a la Plaza Venezuela.

3. Quieres que tu profesor(a) te diga cuál es tu nota en su clase.

4. Tienes un billete de $5 y necesitas monedas para hacer una llamada telefónica.

5. Estás en la biblioteca y no puedes encontrar el libro que necesitas. Le pides ayuda al bibliotecario.

(4) Profesiones misteriosas Elige tres profesiones interesantes. Luego reúnete con tres compañeros/as y, sin mencionar cuáles son, diles lo que harías hoy si trabajaras en cada una de esas profesiones. Tus compañeros/as deben adivinar cuáles elegiste.

> **MODELO**   **ESTUDIANTE 1** Hoy me levantaría temprano y después desayunaría con mi esposa. Por la mañana trabajaría en mi oficina y almorzaría con el presidente de Francia. Por la tarde asistiría a una sesión de la Cámara de Representantes... ¿Quién soy?
> **ESTUDIANTE 2** Eres el presidente de los Estados Unidos.

Más práctica

TALLER DE CONSULTA

MÁS PRÁCTICA
To see the explanation corresponding to this additional practice, see p. 298.

8.2 The past subjunctive

1 **Un robo** Tu amiga Francisca acaba de volver del banco y te cuenta lo que le pasó: ¡alguien intentó robar el banco! Completa su historia con el imperfecto del subjuntivo de los verbos entre paréntesis.

Un hombre que llevaba una máscara entró al banco y nos dijo a todos que (1) _____ (acostarse) boca abajo en el piso. Después les ordenó a todos los empleados que (2) _____ (sacar) todo el dinero de la caja y que lo (3) _____ (poner) en una mochila. El gerente vino en ese momento y le pidió al ladrón que (4) _____ (irse) del banco sin hacerle daño a nadie. El hombre empezó a gritar e insistió en que todos nosotros le (5) _____ (prestar) atención. Nos prohibió que (6) _____ (hablar) entre nosotros. Empezó a quitarnos los relojes y las joyas, y nos exigió que (7) _____ (quedarse) en el piso. De repente una mujer se paró y regañó (*scolded*) al ladrón como si él (8) _____ (ser) su propio hijo. El hombre dejó caer todo lo que tenía en la mochila y se fue para la salida. Nos sorprendió que esa mujer (9) _____ (tener) tanto valor. ¡Ella dijo que dudaba que su hijo (10) _____ (volver) a robar de nuevo y que ella misma se encargaría de llevarlo ante un juez!

2 **Oraciones** Completa las oraciones de manera lógica. Puede ser necesario usar el imperfecto del subjuntivo.

1. Yo sabía que el gerente _____.
2. Era imposible que yo _____.
3. María y Penélope hicieron todo para que la reunión _____.
4. La empresa buscaba una persona que _____.
5. El vendedor estaba seguro de que el cliente _____.
6. En la conferencia, conociste a alguien que _____.
7. Sentí mucho que ustedes _____.
8. La empresa multinacional prohibió que sus empleados _____.

3 **La reunión** En parejas, imaginen que trabajan para la misma empresa. Uno/a de sus colegas no estuvo ayer y no asistió a una reunión muy importante. Túrnense para contarle lo que se dijo en la reunión. Utilicen los verbos de la lista y el imperfecto del subjuntivo.

aconsejar	pedir
estar seguro/a	proponer
exigir	recomendar
insistir en	sugerir

Más práctica

8.3 *Si* clauses with simple tenses

TALLER DE CONSULTA

MÁS PRÁCTICA
To see the explanation corresponding to this additional practice, see p. 302.

1 Muy mandona Tu jefa es muy mandona (*bossy*). Elige el tiempo verbal correcto para completar sus órdenes.

1. Si usted no _____ (termina / terminaría) este reportaje antes de las dos, no va a cobrar su sueldo este mes.

2. Si yo no tengo en mis manos el archivo hoy mismo, usted _____ (quedará / quedaría) despedido/a.

3. Si usted _____ (trabajara / trabajaría) un poco más y _____ (hablara / hablaría) menos, terminaría su trabajo antes del Año Nuevo.

4. Si no _____ (estaba / estuviera) tan atrasado/a, tendría más tiempo para salir a festejar su cumpleaños esta noche.

5. Si usted no _____ (limpia / limpiara) su oficina, va a trabajar en el pasillo.

6. Si usted tiene algún problema con alguien en la oficina, no me _____ (dice / diga) nada, pues no tengo tiempo.

2 Volver a vivir Imagina que puedes volver a vivir un año de tu vida. Decide qué año quieres repetir y contesta las preguntas con oraciones completas.

1. Si pudieras elegir un año para vivirlo de nuevo, ¿qué año elegirías?

2. Si tuvieras que cambiar algo de ese año, ¿qué cambios harías?

3. Si pudieras llevar a alguien contigo, ¿a quién llevarías?

4. Si pudieras hacer algo que antes no pudiste hacer, ¿qué te gustaría hacer?

5. Si pudieras decirle a alguien lo que pasaría en el futuro, ¿qué le dirías?

3 Consejos Trabajen en grupos de cuatro. Cada uno debe escoger una de estas situaciones difíciles y luego explicar su problema al grupo. Los demás deben darle al menos cinco consejos para solucionar el problema. Utilicen oraciones con **si**.

"No tengo trabajo pero sí tengo muchas deudas. Soy muy joven para tener tantos problemas. Estoy dispuesto/a a aceptar cualquier puesto. ¿Qué puedo hacer?"

"Estoy cansado/a de trabajar más horas que un reloj y cobrar el sueldo mínimo. Tengo tres hijos pequeños. Mi esposo/a es un(a) ejecutivo/a y gana mucho dinero, pero siempre está fuera de casa. ¡Estoy agotado/a!"

"Soy un(a) vendedor(a) exitoso/a, pero mi trabajo consiste en vender un producto defectuoso. Odio tener que mentir a los clientes. Quiero renunciar, pero temo no poder ganarme la vida en otro trabajo."

"Ayer fui al cajero automático y me di cuenta de que todos mis ahorros habían desaparecido. Creo que alguien robó mi identidad. ¡Me iré a la bancarrota!"

(8.4) Transitional expressions

Antes de apagar las velas, quiero que cierren los ojos y luego pidan un deseo.

Hay tres compañías que andan detrás de mí. Por lo tanto, merezco otro aumento.

- Transitional words and phrases express the connections between ideas and details. Many transitional expressions function to narrate time and sequence.

al final *at the end; in the end*	**finalmente** *finally*
al mismo tiempo *at the same time*	**luego** *then; next*
al principio *in the beginning*	**mañana** *tomorrow*
anteayer *the day before yesterday*	**mientras** *while*
antes (de) *before*	**pasado mañana** *the day after tomorrow*
ayer *yesterday*	**por fin** *finally*
después (de) *after; afterward*	**primero** *first*
entonces *then; at that time*	**siempre** *always*

- Several other transitional expressions compare or contrast ideas and details.

además *furthermore*	**igualmente** *likewise*
al contrario *on the contrary*	**mientras que** *meanwhile; whereas*
al mismo tiempo *at the same time*	**por otra parte / otro lado** *on the other hand*
aunque *although*	**por un lado… por el otro…** *on one hand. . . on the other. . .*
con excepción de *with the exception of*	
de la misma manera *similarly*	**por una parte… por la otra…** *on one hand. . . on the other. . .*
del mismo modo *similarly*	**sin embargo** *however; yet*

- Transitional expressions are also used to express cause and effect relationships.

así que *so; therefore*	**por consiguiente** *therefore*
como *since*	**por eso** *therefore*
como resultado (de) *as a result (of)*	**por esta razón** *for this reason*
dado que *since*	**por lo tanto** *therefore*
debido a *due to*	**porque** *because*

Práctica

(8.4) Transitional expressions

TALLER DE CONSULTA

These activities correspond to the additional grammar point on the preceding page.

1 **Ordena los hechos** Ordena cronológicamente estas seis acciones. Escribe el número correspondiente al lado de cada una. Ten en cuenta las expresiones de transición.

_____ a. Primero envié mi currículum por correo.

_____ b. Después de la entrevista, el gerente se despidió muy contento.

_____ c. Antes de la entrevista, tuve que escribir una carta de presentación.

_____ d. Durante la entrevista, él leyó la carta.

_____ e. Mañana empiezo a trabajar.

_____ f. Dos semanas después, me citaron para una entrevista con el gerente.

2 **Escoger** Completa las oraciones con una de las opciones entre paréntesis.

1. Tenía una entrevista de trabajo hoy, pero no llegué a la hora indicada y _____ (sin embargo / por eso) no me escogieron.

2. Eres muy trabajador y, _____, (por esta razón / por otra parte) no te importa quedarte en la oficina hasta las once de la noche.

3. Yo prefiero poder jubilarme antes de los cincuenta años; _____ (mientras que / por consiguiente) mi padre quiere seguir trabajando hasta los ochenta.

4. Me despidieron _____ (como resultado / con excepción) de mi actitud.

5. Después de dos años, _____ (como / por fin) conseguí un buen puesto.

6. Nunca terminé mis estudios y, _____, (mientras que / por consiguiente) sólo gano el sueldo mínimo.

7. No me gusta cómo trabaja. _____, (Además / Tampoco) no me gusta su actitud.

3 **El viaje** Marcos acaba de regresar de un viaje por Venezuela. Completa su relato con las expresiones de la lista. Puedes usar algunas expresiones más de una vez.

además	del mismo modo	por eso
al contrario	mientras que	por un lado
debido a eso	por el otro	sin embargo

Hoy estoy muy contento; (1) _____, ven en mi cara una sonrisa. ¡Hice un viaje maravilloso por Venezuela! (2) _____, no fue estresante; (3) _____, descansé mucho. Mi paseo fue muy variado; (4) _____, pasé varios días en los Andes, y (5) _____ recorrí la costa caribeña, donde hice muchos amigos. Caracas es una ciudad llena de historia, (6) _____ su carácter contemporáneo la mantiene entre las capitales más activas de Suramérica. (7) _____, todo lo que empieza tiene que acabar, y mi viaje terminó antes de lo que esperaba; (8) _____, pienso volver el próximo año.

Más práctica

TALLER DE CONSULTA

MÁS PRÁCTICA
To see the explanation corresponding to this additional practice, see p. 336.

9.1 The present perfect subjunctive

1 **La prensa sensacionalista** Completa las oraciones con la forma adecuada del verbo entre paréntesis: el presente del subjuntivo o el pretérito perfecto del subjuntivo.

1. Dudo que los actores _____ (casarse) anoche como dice en las revistas.
2. No es posible que _____ (ser) un error; todo lo que se publica es verdad.
3. Estoy seguro de que muy pronto los actores negarán que _____ (separarse).
4. No puedo creer que ustedes _____ (comprar) esas revistas llenas de mentiras.
5. Es necesario que nosotros _____ (mantenerse) al tanto de las noticias.
6. No pienso que las revistas _____ (publicar) información verdadera.
7. Es poco probable que lo que sale en las revistas _____ (pasar) en la vida real.
8. Es muy importante que todos _____ (tener) la oportunidad de saber cómo vive la gente famosa.
9. No me gusta que ya _____ (mostrar) fotos de los bebés de los actores.
10. Todavía no puedo creer que Brad y Jennifer _____ (divorciarse).

2 **Deseos** Escribe tres deseos para el presente o el futuro utilizando el presente del subjuntivo, y tres deseos de que algo ya haya ocurrido utilizando el pretérito perfecto del subjuntivo. Comienza tus oraciones con **Ojalá**.

MODELO Ojalá mis padres disfruten de sus vacaciones el mes que viene.
Ojalá mi cheque haya llegado ya, pues necesito el dinero cuanto antes.

3 **Noticias increíbles** En parejas, inventen cuatro noticias increíbles. Luego léanselas a otra pareja y túrnense para expresar su sorpresa o incredulidad. Utilicen el pretérito perfecto del subjuntivo.

MODELO **PAREJA 1** En California han conseguido que un mono lea revistas.
PAREJA 2 No creemos que hayan logrado eso. Es imposible que los monos lean.

4 **Un día fatal** Piensa en el peor día que has tenido este mes. Luego, en grupos de tres, túrnense para compartir lo que les ha pasado. Deben responder a sus compañeros/as con el pretérito perfecto del subjuntivo. Utilicen frases de la lista.

Es una lástima que...	No puedo creer que...
Es una pena que...	Qué terrible que...
Espero que...	No me digas que...
Siento que...	No puede ser que...

MODELO **ESTUDIANTE 1** Hace una semana fui al dentista y me dijo que tenía que sacarme tres dientes.
ESTUDIANTE 2 ¡Qué horrible que te haya pasado eso!
ESTUDIANTE 3 Espero que no te haya dolido mucho.

Más práctica

9.2 Relative pronouns

TALLER DE CONSULTA

MÁS PRÁCTICA
To see the explanation
corresponding to this
additional practice,
see p. 338.

(1) **En la radio** Completa este informe con las palabras apropiadas.

> ¡Hola a todos mis radioyentes! Soy yo, Pancho, el hombre (1) _____ (el que / que) siempre está listo para ayudarlos a festejar el fin de semana. A ver… (2) _____ (El que / Los que) no conocen a este cantante (3) _____ (cuyo / que) les voy a presentar ahora, escuchen bien. Se llama Matías y él apareció hace dos días en la revista *Moda*, en (4) _____ (la cual / el cual) supimos que es soltero y que está buscando… Chicas, ¡apúrense que este soltero guapo no va a durar mucho así! Matías, (5) _____ (el cual / cuyo) nuevo álbum se titula *Rayas*, va a actuar en vivo en la plaza central el mes que viene. No se lo pierdan. (6) _____ (Los que / Quien) no puedan ir, no se preocupen, porque sin duda este cantante volverá. Y ahora, vamos a escuchar la canción *Azul* de su nuevo álbum, (7) _____ (quienes / del cual) ya se han vendido ¡un millón de copias!

(2) **Conexiones** Escribe cinco oraciones combinando elementos de las tres columnas y los pronombres relativos necesarios.

el periodista	que	hablar conmigo
el lector	en la que	es ciego
el público	el cual	no tiene mucha información
la sección deportiva	en el que	no sabe nada
la crítica de cine	la cual	me molesta

(3) **Adivinanzas** Piensa en una persona famosa y descríbela para que tu compañero/a adivine de quién se trata. Usa pronombres relativos en tu descripción.

> **MODELO**
> —Es una mujer que es muy popular en el mundo de los deportes. Su hermana, con quien ella practica un deporte, es también muy famosa. Ella es la mayor de las dos. Su padre, quien es su entrenador (*coach*), es un hombre bastante controvertido. Los torneos que ella ha ganado son muy importantes. ¿Quién es?
> —Es Venus Williams.

(4) **Encuesta** Entrevista a tus compañeros/as de clase y anota los nombres de los que respondan que sí a estas preguntas. Introduce cada pregunta con una oración que incluya pronombres relativos. Sigue el modelo. Al finalizar, presenta los resultados a la clase.

> **MODELO** **¿Tus padres son extranjeros?**
> Estoy buscando a alguien cuyos padres sean extranjeros/que tenga padres extranjeros. ¿Tus padres son extranjeros?

- ¿Viajaste al extranjero recientemente?
- ¿Te gusta el cine en español?
- ¿Te gustan las películas de terror?

- ¿Te gustan los documentales?
- ¿Conoces a alguna persona famosa?
- ¿Tus hermanos/as escuchan ópera?

Más práctica

TALLER DE CONSULTA

MÁS PRÁCTICA
To see the explanation corresponding to this additional practice, see p. 342.

9.3 The neuter *lo*

1 **Chisme** Dos fanáticas de Fabio, un famoso actor de telenovelas, hablan de su nuevo corte de pelo. Completa la conversación usando expresiones con **lo**. Puedes usar las opciones más de una vez.

lo bonito	lo peor
lo difícil	lo que
lo feo	lo ridículo

INÉS ¿Has leído las noticias hoy? No vas a creer (1) _____ hizo Fabio.

ANGELINA Bueno, ¡cuéntame! (2) _____ es ser la última en saber.

INÉS ¿Recuerdas (3) _____ que tenía el pelo? Ahora...

ANGELINA ¿Qué hizo? (4) _____ no soporto es un hombre rapado (*shaved*)...

INÉS Sí, lo adivinaste. Y para colmo, ahora no sabes (5) _____ que es reconocerlo en las fotos.

ANGELINA Su pelo era (6) _____ más me gustaba.

INÉS (7) _____ dicen en las noticias es que va a perder todos sus contratos por este corte de pelo. El pobre se va a quedar sin trabajo.

ANGELINA El mundo del espectáculo... Siempre me asombra (8) _____ que es. ¿No saben acaso que el pelo crece enseguida?

INÉS Me pregunto si (9) _____ esto significa es que nosotras también somos unas ridículas por preocuparnos por estas cosas.

2 **Positivo y negativo** Escribe un aspecto positivo y otro negativo de cada una de las personas o cosas de la lista. Usa expresiones con **lo**.

la vida estudiantil	mi mejor amigo/a
el trabajo	la comida de la cafetería
mis padres	mis clases

MODELO Lo mejor de la vida estudiantil es que los estudiantes son muy simpáticos, pero lo peor es la tarea.

3 **Comentarios** En grupos de tres, preparen una lista de seis situaciones o acontecimientos que ustedes consideran extraordinarios o increíbles. Después, cada compañero/a debe reaccionar a esa situación o acontecimiento. Expresen sus opiniones usando **lo** + [*adjetivo*]. Sigan el modelo.

MODELO —El precio de la gasolina ha subido otra vez.
—Es increíble lo cara que está la gasolina. Voy a tener que dejar de usar el carro.

9.4 *Qué* vs. *cuál*

MÁS GRAMÁTICA

This is an additional grammar point for **Lección 9 Estructura.** You may use it for review or as required by your instructor.

- The interrogative words **¿qué?** and **¿cuál(es)?** can both mean *what/which*, but they are not interchangeable.

- **Qué** is used to ask for general information, explanations, or definitions.

  ¿**Qué** es la lluvia ácida?
  What is acid rain?

  ¿**Qué** dijo?
  What did she say?

- **Cuál(es)** is used to ask for specific information or to choose from a limited set of possibilities. When referring to more than one item, the plural form **cuáles** is used.

  ¿**Cuál** es el problema?
  What is the problem?

  ¿**Cuáles** son tus revistas favoritas?
  What are your favorite magazines?

  ¿**Cuál** de las dos prefieres, la radio o la televisión?
  Which of these (two) do you prefer, radio or television?

  ¿**Cuáles** escogieron, los rojos o los azules?
  Which ones did they choose, the red or the blue?

- Often, either **qué** or **cuál(es)** may be used in the same sentence, but the meaning is different.

  Es hora de cenar. ¿**Qué** quieres comer?
  It's time to have dinner. What do you want to eat?

  Hay pizza y pasta. ¿**Cuál** quieres comer?
  There's pizza and pasta. Which one do you want to eat?

- **Qué** may be used before any noun, regardless of the type of information requested.

  ¿**Qué** ideas tienen ustedes?
  What ideas do you have?

  ¿Peligro? ¿**Qué** peligro?
  Danger? What danger?

  ¿**Qué** regalo te gusta más?
  Which gift do you like better?

  ¿**Qué** revistas son tus favoritas?
  What are your favorite magazines?

- **Qué** and **cuál(es)** are sometimes used in declarative sentences that imply a question or unknown information.

¡No sabía qué decir!

No sé cuál de las dos escoger.

  Elena se pregunta **qué** pasó esta mañana.
  Elena wonders what happened this morning

  Juan me preguntó **cuál** de las dos películas prefería.
  Juan asked me which of the two movies I preferred.

- **Qué** is also used frequently in exclamations. In this case it means *What...!* or *How...!*

  ¡**Qué** niño más irresponsable!
  What an irresponsible child!

  ¡**Qué** triste te ves!
  How sad you look!

Práctica

TALLER DE CONSULTA

These activities correspond to the additional grammar point on the preceding page.

9.4 *Qué* vs. *cuál*

1 **¿Qué o cuál?** Completa las preguntas con **¿qué?** o **¿cuál(es)?**, según el contexto.

1. ¿_____ de las dos revistas es tu favorita?

2. ¿_____ piensas de la prensa sensacionalista?

3. ¿_____ son tus canales de televisión preferidos?

4. ¿_____ haces para estar a la moda?

5. ¿_____ sección del periódico es más importante para ti?

6. ¿_____ son tus pantalones, los negros o los azules?

7. ¿_____ es tu opinión sobre la censura?

8. ¿_____ tiras cómicas lees?

2 **Completar** Completa estos anuncios de radio con **qué** o **cuál(es)**.

¿No sabe (1) _____ hacer este fin de semana? ¿Tiene que elegir entre una cena elegante y un concierto? ¿(2) _____ de los dos prefiere? La buena noticia es que no tiene que elegir. Lo invitamos a participar en una cena y un concierto inolvidables este viernes en la Sinfónica de San José.

Si tuviera que elegir entre el mar o la montaña, ¿con (3) _____ se quedaría? Visite el nuevo complejo Costa Brava, que le ofrece playas tranquilas y verdes montañas. ¡(4) _____ más se puede pedir para disfrutar de unas vacaciones inolvidables!

¿(5) _____ son sus películas favoritas? ¿Las de acción? ¿Las de misterio? ¿Las románticas? ¡Hágase socio de *La casa de las pelis* y por sólo veinte pesos al mes podrá alquilar todas las películas que quiera! ¿Y (6) _____ le parece la idea de recibir las películas a domicilio? Sólo tiene que llamarnos. ¡Garantizamos la entrega en sólo treinta minutos!

3 **Preguntas** Usa **¿qué?** o **¿cuál(es)?** para escribir la pregunta correspondiente a cada respuesta.

1. ¿_____?
   El programa que más me gusta es *American Idol*.

2. ¿_____?
   Este fin de semana quiero ir al cine.

3. ¿_____?
   Mis pasatiempos favoritos son nadar, leer revistas y salir con amigos.

4. ¿_____?
   Opino que la prensa sensacionalista no informa a los lectores.

5. ¿_____?
   Mi clase de historia es la más difícil.

Más práctica

(10.1) The future perfect

TALLER DE CONSULTA

MÁS PRÁCTICA
To see the explanation corresponding to this additional practice, see p. 374.

1 **Oraciones** Combina los elementos y haz los cambios necesarios para formar oraciones con el futuro perfecto. Sigue el modelo.

> **MODELO** 2030 / autora / publicar / novela
>
> Para el año 2030, la autora habrá publicado su novela.

1. el año que viene / los dramaturgos / despedir / actor principal
2. el próximo semestre / yo / experimentar con / estilo realista
3. el año 2025 / el poeta y yo / terminar / estrofa final
4. dentro de cinco años / tú / pintar / autorretrato famoso
5. el fin del siglo / la escultora / esculpir / obra maestra

2 **Probabilidad** Hoy han ocurrido una serie de cosas y tú no sabes muy bien por qué, pero imaginas lo que pudo haber pasado. Escribe oraciones para indicar lo que pudo haber pasado usando el futuro perfecto y la información indicada.

> **MODELO** Hoy cancelaron la obra de teatro. (actriz principal / sentirse enferma)
>
> La actriz principal se habrá sentido enferma.

1. El novelista no pudo llegar a la conferencia. (su avión / retrasarse)
2. El escultor decidió no vender la escultura. (ellos / no ofrecerle suficiente dinero)
3. La pintora estaba muy contenta. (ella / vender un cuadro)
4. Juan no quiso seguir leyendo la novela. (no interesarle el argumento)
5. Ellas se marcharon antes de que terminara la obra de teatro. (tener un problema)
6. La gente aplaudió cuando inauguraron la exposición. (gustarles la exposición)

3 **¿Qué habrás hecho?** Imagina todo lo que harás entre este año y el año 2050. ¿Qué habrá sido de tu vida? ¿Qué habrás hecho? Escribe un párrafo describiendo lo que habrás hecho para entonces. Usa el futuro perfecto de seis verbos de la lista.

> **MODELO** Para el año 2050, habré vivido en el extranjero y habré aprendido cinco idiomas.

aprender	estar	publicar	trabajar
celebrar	ganar	ser	ver
conocer	poder	tener	vivir

4 **Predicciones** En parejas, túrnense para hacer predicciones sobre lo que su compañero/a habrá logrado en cada década (*decade*) de su vida. Luego respondan a las predicciones.

> **MODELO** —Para cuando cumplas treinta años, habrás recibido un doctorado en español.
> —No creo. Habré recibido un doctorado, pero en bioquímica.

Más práctica

TALLER DE CONSULTA

MÁS PRÁCTICA
To see the explanation corresponding to this additional practice, see p. 376.

10.2 The conditional perfect

1. **Oraciones relacionadas** Escribe los verbos de la segunda columna en el condicional perfecto para completar cada oración. Luego empareja las oraciones de manera lógica.

_____ 1. Carmen no logró vender ni un solo cuadro.

_____ 2. Miguel ya se había ido cuando los críticos dijeron que él era el mejor músico del concierto.

_____ 3. En la fiesta, Julia puso una música muy aburrida.

_____ 4. El videojuego era muy violento.

_____ 5. Por fin se estrenó la película.

a. El director se preguntaba si le _____ (gustar) al público.

b. De saberlo, Bárbara no se lo _____ (comprar) a su nieto.

c. Yo, en su lugar, no _____ (pedir) tanto por los cuadros.

d. Yo _____ (poner) música bailable.

e. ¡Miguel no lo _____ (creer)!

2. **Pues yo…** Tú eres una persona muy crítica y casi nunca te gustan las pinturas o esculturas que ves ni los libros que lees. Siempre dices por qué algo no te gusta y después explicas cómo lo habrías hecho tú. Escribe oraciones con el condicional perfecto siguiendo el modelo.

> **MODELO** El final de la novela es demasiado cómico.
> Yo habría escrito un final trágico.

1. El pintor usó colores muy oscuros. Yo …

2. La escultura es demasiado grande. Yo…

3. El cuadro no tiene mucha luz. Yo …

4. El argumento de la novela es demasiado complicado. Yo…

5. No entiendo por qué la artista pintó con acuarela. Yo …

6. Estas esculturas son surrealistas. Yo…

3. **Cuidando a los niños** Tu vecina te pide que cuides a sus hijos este fin de semana, pero primero quiere hacerte unas preguntas. Ella quiere saber qué habrías hecho tú en cada una de las situaciones que tuvieron lugar con el/la niñero/a anterior. En parejas, túrnense para representar la conversación. Utilicen el condicional perfecto.

> **MODELO** dejar / los platos sucios
> — La chica que cuidó a los niños el domingo pasado dejó todos los platos sucios en la cocina.
> — Pues, yo los habría lavado antes de irme.

1. no darle de comer / el perro

2. perder / las llaves de la casa

3. mirar / la televisión toda la noche

4. escuchar / música muy fuerte

5. no leer / cuentos infantiles

6. no jugar / los niños

7. cobrar / demasiado

8. no acostar / los niños

Más práctica

10.3 The past perfect subjunctive

TALLER DE CONSULTA

MÁS PRÁCTICA
To see the explanation corresponding to this additional practice, see p. 378.

1 **Completar** Ignacio y Teresa acaban de volver del museo. Completa su conversación con el pluscuamperfecto del subjuntivo.

IGNACIO Nunca me habría imaginado que Picasso (1) _____ (pintar) algo tan impresionista.

TERESA Esa obra no la hizo Picasso, Juan. Si (2) _____ (fijarse) con más cuidado, te habrías dado cuenta de que la pintó Monet.

IGNACIO Pues, también me sorprendió que Velázquez (3) _____ (hacer) algo tan contemporáneo.

TERESA Te equivocas de nuevo, Juan. Si (4) _____ (escuchar) con atención al guía del museo, habrías aprendido un poco más sobre el arte.

IGNACIO Y si tú (5) _____ (prestar) atención (*pay attention*) cuando ayer te dije que odio los museos, no estaríamos teniendo esta discusión.

TERESA ¡Si no te escuché, me lo (6) _____ (decir) otra vez! Ya sabes que soy muy distraída.

2 **Preocupados** Termina las oraciones de forma lógica. Utiliza el pluscuamperfecto del subjuntivo.

1. El escultor tenía miedo de que sus esculturas _____.
2. A la novelista le molestó que los críticos _____.
3. El escritor no estaba seguro de que su obra _____.
4. El ensayista dudaba que el manuscrito _____.
5. La poeta temía que el público _____.

3 **En otro ambiente** ¿Qué habría pasado si en vez de asistir a esta universidad hubieras escogido otra? ¿Qué cosas habrían sido diferentes? En parejas, háganse preguntas sobre este tema. Después compartan sus ideas con la clase. Utilicen el pluscuamperfecto del subjuntivo y el condicional perfecto.

MODELO —¿Qué habría sido distinto si no hubieras estudiado aquí?
—Si hubiera escogido otra universidad, no habría conocido a mi mejor amigo y no me habría divertido tanto...

MÁS GRAMÁTICA

This is an additional grammar point for **Lección 10 Estructura.** You may use it for review or as required by your instructor.

¡ATENCIÓN!

Simple tenses include present, preterite, imperfect, imperative (commands), future, conditional, and present and past subjunctive. Compound ("perfect") tenses make use of a helping verb (**haber**). For detailed information about **si** clauses with simple tenses, see **Estructura 8.3,** p. 302.

¡ATENCIÓN!

The **si** clause may be the first or second clause in a sentence. A comma is used only when the **si** clause comes first.

No habríamos comprado la pintura si ella no la hubiera restaurado.

(10.4) *Si* clauses with compound tenses

- **Si** clauses are used with compound tenses to describe what *would have happened* if another event or condition *had occurred*. In hypothetical statements about contrary-to-fact situations in the past, the **si** clause uses the past perfect subjunctive and the main clause uses the conditional perfect.

Si hubiera pensado que son primitivas o radicales, lo habría dicho.

Si le hubieras pedido al pintor que cambiara la obra, habría sido una falta de respeto.

Si Clause (Past Perfect Subjunctive)	Main Clause (Conditional Perfect)
Si ella no hubiera restaurado la pintura, *If she had not restored the painting,*	**no la habríamos comprado.** *we wouldn't have bought it.*
Si ellos hubieran conocido al autor, *If they had known the author,*	**la historia les habría parecido más interesante.** *they would have found the story more interesting.*

- The chart below is a summary of the **si** clauses you learned in **Lección 8** and in this grammar point.

Review of *si* clauses		
Condition	**Main clause**	*Si* **clause**
Possible or likely Ella compra el cuadro si no es caro.	Present	Si + present
Possible or likely Voy a comprar el cuadro si no es caro.	Near future (*ir* + *a*)	Si + present
Possible or likely Comprará el cuadro si no es caro.	Future	Si + present
Possible or likely Por favor, compra el cuadro si no es caro.	Command	Si + present
Habitual in the past Compraba cuadros si no eran caros.	Imperfect	Si + imperfect
Hypothetical Compraría el cuadro si no fuera caro.	Conditional	Si + past subjunctive
Hypothetical / Contrary-to-fact Habría comprado el cuadro si hubiera tenido dinero.	Conditional perfect	Si + past perfect subjunctive

Práctica

(10.4) *Si* clauses with compound tenses

TALLER DE CONSULTA

These activities correspond to the additional grammar point on the preceding page.

1 **La actriz** Dos amigas conversan sobre la vida de una actriz famosa. Completa la conversación con el pluscuamperfecto del subjuntivo o el condicional perfecto de los verbos entre paréntesis.

MATILDE Si Ana Colmenar no (1) _____ (casarse) tan joven, (2) _____ (comenzar) a actuar mucho antes.

ANDREA Ella (3) _____ (comenzar) a actuar antes si sus padres (4) _____ (descubrir) su talento para el teatro.

MATILDE Si sus padres lo (5) _____ (querer), ella (6) _____ (ser) una estrella a los quince años.

ANDREA Ana nunca (7) _____ (tener) éxito si le (8) _____ (permitir) empezar tan joven. Actuar en el teatro requiere mucha experiencia y madurez.

MATILDE Si tú (9) _____ (estar) en su lugar, tú nunca (10) _____ (tener) tanto éxito.

2 **Si el poeta...** Unos amigos se reunieron en un café después de una recepción en honor de un poeta famoso. Utiliza el pluscuamperfecto del subjuntivo o el condicional perfecto para completar sus oraciones.

1. Si Juan Carlos hubiera sabido que iban a servir comida en la recepción,...

2. El poeta habría recitado más poemas si...

3. Si el poeta hubiera hablado más fuerte,...

4. Yo me habría ido de la recepión antes si...

5. Si esos dos señores no hubieran hablado tanto mientras el poeta recitaba el poema,...

6. Habría invitado a mi compañera de cuarto si...

3 **¿Qué habrías hecho tú?** En parejas, túrnense para hacerse preguntas sobre lo que habrían hecho si hubieran sido las personas en estos dibujos. Utilicen frases con **si**.

MODELO Si hubiera arruinado el cuadro del pintor, habría tenido que ahorrar durante muchos años para pagarle.

Más práctica

TALLER DE CONSULTA

MÁS PRÁCTICA
To see the explanation
corresponding to this
additional practice,
see p. 408.

11.1 The passive voice

1 **La edición de mañana** Imagina que trabajas para un periódico. Uno de tus colegas tenía que escribir los titulares de la edición de mañana, pero no los terminó. Completa los titulares con la voz pasiva de cada verbo entre paréntesis.

El próximo presupuesto _____ (anunciar) mañana por el ministro de economía

Una nueva ley de inmigración _____ (debatir) muy pronto

Un nuevo récord de los 800 metros _____ (establecer) el domingo pasado

La iglesia Santa María _____ (renovar) el año pasado y ahora se está derrumbando

Dos vacunas nuevas _____ (descubrir) en el Japón ayer

2 **Ayer, hoy y mañana** Escribe nueve oraciones en voz pasiva. Debes añadir artículos y preposiciones en algunos casos. Debes usar distintos tiempos verbales para las oraciones en pasado, presente y futuro.

> **MODELO** la nueva ley / aprobar / el senado
> La nueva ley fue aprobada por el senado.

Ayer

1. el proyecto de ley / rechazar / senado
2. los informes / enviar / secretario
3. el gobernador / elegir / ciudadanos

Hoy

4. los programas / presentar / candidatos
5. el asunto / debatir / parlamento
6. el acusado / interrogar / juez

Mañana

7. la nueva iglesia / inaugurar / cura
8. las fiestas religiosas / celebrar / creyentes
9. el discurso / pronunciar / candidato a senador

3 **Periodistas** En parejas, imaginen que trabajan para un periódico local y tienen que redactar los titulares para la edición de mañana. Utilicen la voz pasiva para escribir un titular para cada sección del periódico.

1. sección internacional
2. sección nacional
3. sección local
4. sección de espectáculos
5. sección deportiva
6. sección política

Más práctica

11.2 Uses of *se*

TALLER DE CONSULTA

MÁS PRÁCTICA
To see the explanation corresponding to this additional practice, see p. 410.

1 *Se* **pasivo y** *se* **impersonal** Elige la forma apropiada del verbo.

1. Se (estudia / estudian) varias propuestas para la reforma de la ley de empleo.
2. Se (enviará / enviarán) a un nuevo embajador a Guatemala.
3. Se (cree / creen) que la crisis económica se solucionará pronto.
4. Se (debatirá / debatirán) varias enmiendas (*amendments*) en el Senado.
5. Se (estipuló / estipularon) que no se podía fumar en edificios públicos.
6. Se (eligió / eligieron) al nuevo gobernador la semana pasada.
7. Se (vive / viven) bien en España.
8. Se (vio / vieron) que era necesario tomar medidas urgentes.

2 **Oraciones** Termina cada frase de la columna A con la frase más lógica de la columna B.

A	B
_____ 1. Se me cayó	a. las llaves de la casa.
_____ 2. Se me rompieron	b. el bolígrafo que tenía en la bolsa.
_____ 3. A Juan se le perdieron	c. los anteojos.
_____ 4. Se me dañó	d. el dinero para ir a cenar.
_____ 5. Se te borraron	e. los archivos para tu reunión.
_____ 6. Se te olvidó	f. el carro nuevo.

3 **Lo que me ocurrió** Primero, escribe seis oraciones —tres verdaderas y tres ficticias— sobre sucesos inesperados que te han ocurrido. Después, comparte tus oraciones con tres compañeros/as. El grupo debe adivinar cuáles son las oraciones verdaderas. Utiliza la palabra **se** y sigue el modelo.

> **MODELO** Ayer se me perdieron las llaves y tuve que romper una ventana para entrar en mi casa.

4 **Anuncios de trabajo** Estas personas e instituciones necesitan contratar personal (*personnel*). En parejas, escriban los anuncios de trabajo. Recuerden que en estos casos es muy frecuente usar tanto el **se** impersonal como el **se** pasivo.

> **MODELO** Se buscan ingenieros industriales. Se espera que los candidatos tengan experiencia previa. Se debe enviar currículum y solicitud a…

1. El partido político *Progreso ahora* busca empleados de relaciones públicas para trabajar con la campaña de su candidato a gobernador del estado.
2. La escuela *Cervantes* busca dos profesores de ciencias políticas.
3. La señora Solís busca una persona que pueda cuidar a sus hijos por las tardes.

Más práctica

TALLER DE CONSULTA

MÁS PRÁCTICA
To see the explanation corresponding to this additional practice, see p. 414.

11.3 Prepositions: *de, desde, en, entre, hasta, sin*

1 **La política** Termina cada frase de la columna A con la frase más lógica de la columna B.

A	B
_____ 1. La guerra civil continuaba	a. de los obreros para protestar la reducción de los salarios.
_____ 2. El terrorismo seguirá	b. en voz alta durante la manifestación.
_____ 3. Los ciudadanos hablaron	c. sin parar entre el norte y el sur.
_____ 4. Hubo una manifestación	d. hasta que todos los países decidan colaborar.
_____ 5. El país ha tenido autonomía y libertad	e. desde que logró la independencia en 1955.

2 **Campaña** Eres un(a) estudiante nuevo/a pero quieres ser presidente/a de tu clase. Escribe ocho oraciones completas con tus ideas para la campaña. Usa las preposiciones **de, desde, en, entre, hasta** y **sin**.

1. Creo que es buena idea no empezar las clases _____.
2. Necesitamos más variedad en la comida _____.
3. Deben contratar a profesores _____.
4. No hay que tomar clases _____.
5. Los carros se deben estacionar _____.
6. Si llegas tarde, puedes entrar a clase _____.
7. Debe haber un recreo de media hora _____.
8. Se debe permitir comida _____.

3 **Adivinanzas** En grupos de tres, cada estudiante debe escribir una descripción de tres miembros de la clase sin mencionar sus nombres. Una vez que hayan terminado, compartan las descripciones y los demás deben intentar adivinar de quiénes se tratan. Usen las preposiciones **de, desde, en, entre, hasta** y **sin**.

> **MODELO** Esta persona siempre se sienta entre dos chicas. Le gusta sentarse cerca de la profesora y a veces hasta se sienta en primera fila. Entre los demás estudiantes tiene fama de ser una persona muy inteligente y simpática. ¿Quién es?

4 **Acontecimientos importantes** Conversa con un(a) compañero/a sobre algunos acontecimientos importantes de tu vida. Haz una lista de cinco acontecimientos que quieres compartir, y trata de usar por lo menos diez preposiciones en tu conversación.

> **MODELO** —El semestre pasado fui a Granada y me quedé en la residencia estudiantil.
> —¿Y hasta cuándo te quedaste ahí?
> —Me quedé desde enero hasta abril.

11.4 Past participles used as adjectives

MÁS GRAMÁTICA

This is an additional grammar point for **Lección 11 Estructura.** You may use it for review or as required by your instructor.

- Past participles are used with **haber** to form compound tenses, such as the present perfect and the past perfect, and with **ser** to express the passive voice. They are also frequently used as adjectives.

aburrido/a	confundido/a	enojado/a	muerto/a
(des)cansado/a	enamorado/a	estresado/a	vivo/a

- When a past participle is used as an adjective, it agrees in number and gender with the noun it modifies.

un proceso **complicado**
a complicated process

una campaña bien **organizada**
a well-organized campaign

los políticos **destacados**
the prominent politicians

las reuniones **aburridas**
the boring meetings

- Past participles are often used with the verb **estar** to express a state or condition that results from the action of another verb. They frequently express physical or emotional states.

No puedo creer que se haya equivocado de nombre.

¿Felicia, **estás despierta?**
Felicia, are you awake?

No, **estoy dormida.**
No, I'm asleep.

Marco, **estoy enojado.** ¿Por qué no depositaste los cheques?
Marco, I'm furious. Why didn't you deposit the checks?

Perdón, don Humberto. Es que el banco ya **estaba cerrado.**
I'm sorry, Don Humberto. It's that the bank was already closed.

- Past participles may be used as adjectives with other verbs, as well.

Empezó a llover y **llegué empapada** a la reunión.
It started to rain and I arrived at the meeting soaking wet.

Ese libro **es** tan **aburrido.**
That book is so boring.

Después de las vacaciones, **nos sentimos descansados.**
After the vacation, we felt rested.

¿Los documentos? Ya los **tengo corregidos.**
The documents? I already have them corrected.

Práctica

TALLER DE CONSULTA

These activities correspond to the additional grammar point on the preceding page.

(11.4) Past participles used as adjectives

1 **Entrevista de trabajo** Julieta está preparando preguntas para los candidatos que va a entrevistar para un puesto en la empresa. Completa cada pregunta de Julieta con el participio pasado del verbo entre paréntesis.

1. ¿Por qué crees que estás _____ (preparar) para este puesto?
2. ¿Estás _____ (informar) sobre nuestros productos?
3. ¿Estás _____ (sorprender) de todos los beneficios que ofrecemos?
4. ¿Por qué estás _____ (interesar) en este puesto en particular?
5. ¿Trajiste tu currículum _____ (escribir) en español e inglés?
6. ¿Cómo manejarás el estrés cuando ya estés _____ (contratar)?

2 **¿Cómo están ellos?** Mira las imágenes y relaciónalas con los verbos de la lista. Después completa cada oración usando **estar** + [*participio pasado*].

cansar	enojar	sorprender
enamorar	esconder	

1. Ellos _____ .   2. Juanito _____ .   3. Eva _____ .

4. Ellos _____ .   5. Marta _____ .

3 **De otra forma** Transforma las oraciones usando **estar** y el participio pasado del verbo correspondiente. Sigue el modelo.

MODELO   **Los estudiantes abrieron los libros.**
Los libros están abiertos.

1. El paciente murió ayer.
2. No abren la tienda los domingos.
3. Este pasaporte venció el mes pasado.
4. Los estudiantes escribieron las composiciones.
5. Ya resolvieron los problemas.
6. Hicieron los planes.
7. Prepararon las ensaladas.
8. El niño se curó de su enfermedad.

Más práctica

TALLER DE CONSULTA

MÁS PRÁCTICA
To see the explanation corresponding to this additional practice, see p. 450.

12.1 Uses of the infinitive

① **La investigación** Completa la conversación con el infinitivo o con el presente del indicativo de los verbos entre paréntesis.

ANTONIO ¿Cómo estás, Leopoldo? Tengo muchas ganas de (1) _____ (saber) cómo va todo.

LEOPOLDO No muy bien. No sé si podremos terminar de (2) _____ (preparar) todo.

ANTONIO ¿No (3) _____ (haber) suficiente tiempo para terminar la investigación?

LEOPOLDO El problema lo (4) _____ (tener) con Amelia.

ANTONIO Dicen que ella (5) _____ (ser) muy profesional y tiene buen conocimiento de las civilizaciones antiguas.

LEOPOLDO Es muy buena en su especialidad y creo que puede llegar a (6) _____ (ser) muy importante para este proyecto. Pero no (7) _____ (tener) una buena comunicación con ella.

ANTONIO ¿Cómo puede (8) _____ (ser)? ¿Le has ofrecido tu ayuda con el proyecto?

LEOPOLDO Sí, la (9) _____ (ayudar) en todo. Le (10) _____ (dar) consejos y trato de (11) _____ (tener) una buena relación con ella, pero a ella le (12) _____ (molestar) todo lo que digo.

ANTONIO ¿Por qué no la invitas a (13) _____ (almorzar)? Quizás hablando en un ambiente informal puedan (14) _____ (encontrar) una solución.

LEOPOLDO Podría ser. Esta tarde la (15) _____ (llamar).

② **Tu opinión** Completa las oraciones. Utiliza verbos en el infinitivo y añade tus propios detalles.

> **MODELO** Cuando tengo tiempo libre, prefiero...
>
> Cuando tengo tiempo libre, prefiero leer el periódico.

1. Mi hermano/a siempre tarda en…
2. Ahora mismo, quiero…
3. En mi opinión, nunca es bueno…
4. No sé…
5. Para mí es fácil…
6. No me gusta…

③ **Historiadores** En parejas, escriban oraciones sobre los acontecimientos del año pasado en su universidad. Usen el infinitivo.

> **MODELO** el club de ajedrez / querer
>
> El club de ajedrez quería participar en el torneo de Florida, pero no pudo reunir el dinero suficiente para viajar.

1. los profesores / mandar
2. los estudiantes / querer
3. el equipo de fútbol / lograr
4. el departamento de ciencia / pedir
5. las nuevas reglas / obligar

Más práctica

TALLER DE CONSULTA

MÁS PRÁCTICA
To see the explanation corresponding to this additional practice, see p. 454.

12.2 Summary of the indicative

(1) La narración histórica

A. Para narrar acontecimientos históricos es frecuente emplear el presente de indicativo. Completa el párrafo usando el presente de indicativo de los verbos entre paréntesis.

Cuando los primeros conquistadores españoles (1) _____ (llegar) al Nuevo Mundo, (2) _____ (encontrarse) con numerosos problemas. La realidad del Nuevo Mundo (3) _____ (ser) muy distinta a la realidad que ellos (4) _____ (conocer) y pronto (5) _____ (descubrir) que no (6) _____ (tener) las palabras necesarias para designar (*to name*) esa nueva realidad. Para solucionar el problema, los españoles (7) _____ (decidir) tomar prestadas palabras que (8) _____ (escuchar) de las lenguas nativas. Es por eso que muchas de las palabras del español actual vienen del taíno, del náhuatl o del quechua.

B. Ahora vuelve a completar el párrafo de arriba, pero esta vez con el tiempo adecuado del pasado, ya sea el pretérito o el imperfecto.

(2) Los verbos perfectos
Elige la forma apropiada (pretérito perfecto, pluscuamperfecto, futuro perfecto o condicional perfecto) para conjugar los verbos entre paréntesis.

1. Los conquistadores _____ (aprender) mucho de los nativos, pero todavía tenían problemas de comunicación.

2. El rey le _____ (construir) un palacio a la reina, pero ella no lo quiso.

3. Para el año 2050, la mayoría de los gobiernos de Asia y África _____ (convertir) en gobiernos democráticos.

4. El pueblo _____ (derrocar) al emperador y ahora hay otro gobernante que tiene el apoyo de la gente.

5. El joven _____ (ser) un gran guerrero si no hubiera sido por su falta de disciplina.

6. Para el mes entrante, ya _____ (expulsar) al soldado de las fuerzas armadas.

7. ¡_____ (Liberar) al pueblo! ¡Salgamos a celebrar!

8. _____ (Establecerse) en la costa si no fuera porque odian el calor.

(3) Pasado, presente y futuro
Cuéntale a un(a) compañero/a cuáles han sido los tres acontecimientos que han marcado tu pasado, los tres que están marcando tu presente y los tres acontecimientos que tú crees serán más importantes en tu futuro.

> **MODELO**
> **(pasado)** Fui al Perú para las vacaciones de primavera hace dos años.
> **(presente)** Salgo con un chico de Salamanca, España.
> **(futuro)** Trabajaré en la Ciudad de México por un año para mejorar mi español.

(4) Las noticias más importantes
En grupos de cuatro, decidan cuáles han sido las tres noticias más importantes de los últimos 50 años. Piensen en otras tres noticias que creen que ocurrirán en los próximos 50 años. Escriban estas noticias en forma de titulares. Utilicen todos los tiempos verbales que sean apropiados.

Más práctica

12.3 Summary of the subjunctive

TALLER DE CONSULTA

MÁS PRÁCTICA
To see the explanation corresponding to this additional practice, see p. 458.

1. **La clase de historia** Escoge la forma adecuada del subjuntivo (presente, pretérito perfecto, imperfecto o pluscuamperfecto) o del infinitivo para completar las oraciones.

   1. Los estudiantes querían que el profesor les _____ más sobre los incas.
      a. explicara   b. explique   c. hubiera explicado

   2. A los chicos les gustaba _____ las historias de los conquistadores.
      a. escuchen   b. escuchar   c. hayan escuchado

   3. Dudaba que los españoles _____ interesados únicamente en el oro de los aztecas.
      a. estén   b. estar   c. hubieran estado

   4. A los españoles les sorprendió que los aztecas _____ ciudades tan sofisticadas.
      a. hubieran construido   b. construyan   c. construyen

   5. A algunas personas les parece sorprendente que el ser humano _____ a la Luna.
      a. llegara   b. llegar   c. haya llegado

   6. Algunas personas dudan que el ser humano _____ vivir en otros planetas.
      a. pudiera   b. pueda   c. haya podido

   7. Era improbable que esas piedras _____ restos de una antigua civilización.
      a. sean   b. fueran   c. ser

   8. En el futuro, será posible que algunos turistas _____ al espacio.
      a. hubieran viajado   b. viajaran   c. viajen

   9. Carlos espera _____ a ser historiador algún día.
      a. llegar   b. llegue   c. llegara

   10. Si el rey _____ eso, lo habría dicho.
      a. hubiera pensado   b. haya pensado   c. piense

2. **El mono en el espacio** Es el año 3000. Completa esta carta que un mono escribió durante su primer viaje por el espacio. Utiliza las formas apropiadas del subjuntivo.

   No puedo creer que el espacio (1) _____ (tener) tantos planetas. Ahora voy a buscarme uno para establecer el planeta de los monos. Nadie pensaba que (2) _____ (ser) posible, pero ahora, libres de los seres humanos, podemos desarrollar nuestra cultura. Antes, los seres humanos siempre exigían que (3) _____ (quedarse) en jaulas (*cages*). Si (4) _____ (saber) que somos criaturas pacíficas, no lo habrían hecho. Prefiero poblar un planeta nuevo con monos que ya (5) _____ (ser) vacunados porque no se sabe lo que vamos a encontrar, y quiero que nosotros (6) _____ (estar) listos para todo.

3. **Inventos y descubrimientos** Algunos inventos y descubrimientos han sido esenciales para el desarrollo de la humanidad. En parejas, hagan una lista de los cinco inventos y descubrimientos más importantes para la humanidad. Después, escriban oraciones para decir qué habría ocurrido si tales inventos no se hubieran producido.

   MODELO   Alexander Graham Bell inventó el teléfono.
   Si no hubiera inventado el teléfono, las comunicaciones serían mucho más complicadas.

MÁS GRAMÁTICA

This is an additional grammar point for **Lección 12 Estructura.** You may use it for review or as required by your instructor.

(12.4) *Pedir/preguntar* and *conocer/saber*

- **Pedir** and **preguntar** both mean *to ask*, while **conocer** and **saber** mean *to know*. Since these verbs are frequently used in Spanish, it is important to know the circumstances in which to use them.

¿Tú sabes andar con eso?

Quería preguntarte si...

Pedir vs. *preguntar*

- **Pedir** means *to ask for/to request (something)* or *to ask (someone to do something).*

El profesor **pidió** los resultados.
The professor asked for the results.

El director le **pide** que lo investigue.
The director asks him/her to investigate it.

- **Preguntar** means *to ask (a question).*

Los estudiantes **preguntaron** acerca de la esclavitud.
The students asked about slavery.

Le **preguntaré** a Miguel si quiere venir.
I'll ask Miguel if he wants to come.

- **Preguntar por** means *to ask about (someone)* or *to inquire (about something).*

¿**Preguntaste por** el historiador famoso?
Did you ask about the famous historian?

Pregunté por el anuncio.
I inquired about the ad.

Saber vs. *conocer*

- **Saber** means *to know (a fact or piece of information).*

¿**Sabías** que el primer ministro fue derrocado ayer?
Did you know that the prime minister was overthrown yesterday?

No **sé** quién es el rey de España. ¿Lo **sabes** tú?
I don't know who the king of Spain is. Do you know?

- **Saber** + [*infinitive*] means *to know how (to do something).*

Para el examen, lo importante es que **sepan analizar** las causas y efectos de la guerra.
For the exam, the important thing is that you know how to analyze the causes and effects of the war.

María Luisa **sabe hacer** investigaciones, pero aún no **sabe organizar** toda la información.
María Luisa knows how to do research, but she still doesn't know how to organize all the information.

- **Conocer** means *to know, to meet,* or *to be familiar/acquainted with (a person, place, or thing).*

Conocen los riesgos.
They know the risks.

Conocí al científico famoso.
I met the famous scientist.

Práctica

(12.4) *Pedir/preguntar* and *conocer/saber*

TALLER DE CONSULTA

These activities correspond to the additional grammar point on the preceding page.

1 **Juan y la universidad** Completa el párrafo con la forma adecuada de **saber** y **conocer**. Presta atención a los tiempos verbales.

Juan es un estudiante de primer año de la universidad y por eso todavía no (1) _____ muy bien el campus. Sólo (2) _____ dónde están su residencia y la cafetería. Ayer (3) _____ a su compañero de cuarto y le cayó bien, pero aún (*still*) no (4) _____ mucho de él. Como no lleva mucho tiempo en la universidad, aún no (5) _____ a mucha gente. Juan ya (6) _____ qué clases va a tomar este semestre, pero no (7) _____ si serán muy difíciles. Ayer (8) _____ al profesor de historia y piensa que no tendrá problemas con esa clase.

2 **Alejandra en su nuevo trabajo** Completa el párrafo con la forma adecuada de **pedir, preguntar** y **preguntar por**. Presta atención a los tiempos verbales.

Alejandra es una licenciada en bioquímica y hoy fue su primer día de trabajo en un laboratorio farmacéutico. No conocía muy bien el camino al laboratorio, y por eso tuvo que parar para (1) _____ indicaciones sobre cómo llegar. Cuando finalmente llegó, (2) _____ el doctor Santos, el director. Alejandra le (3) _____ muchísimas cosas sobre el laboratorio y él le respondió amablemente. Finalmente, el doctor Santos le (4) _____ que comenzara a trabajar en un experimento. Después de varias horas, ella (5) _____ si podía tener un rato de descanso. Cuando salió del trabajo y su novio le (6) _____ su día, ella le respondió que le fue muy bien.

3 **Entrevista** Lee la lista y escribe tres oraciones más utilizando los verbos **saber, conocer, pedir** y **preguntar**. Luego entrevista a tus compañeros/as de clase hasta que encuentres a ocho personas diferentes que respondan afirmativamente a tus preguntas. Comparte la información con la clase.

	Nombres
1. Sabe tocar el piano.	_____
2. Conoció a su novio/a recientemente.	_____
3. Nunca les pide dinero a sus padres.	_____
4. Le ha preguntado al/a la profesor(a) sobre el examen final.	_____
5. Sabe cocinar tacos.	_____
6. _____	_____
7. _____	_____
8. _____	_____

Glossary of Grammatical Terms

ADJECTIVE A word that modifies, or describes, a noun or pronoun.

muchos libros	un hombre **rico**
many books	*a rich man*

Demonstrative adjective An adjective that specifies which noun a speaker is referring to.

esta fiesta	**ese** chico
this party	*that boy*

aquellas flores
those flowers

Possessive adjective An adjective that indicates ownership or possession.

su mejor vestido	Éste es **mi** hermano.
her best dress	*This is my brother.*

Stressed possessive adjective A possessive adjective that emphasizes the owner or possessor.

un libro **mío**	una amiga **tuya**
a book of mine	*a friend of yours*

ADVERB A word that modifies, or describes, a verb, adjective, or other adverb.

Pancho escribe **rápidamente**.
Pancho writes quickly.

Este cuadro es **muy** bonito.
This picture is very pretty.

ANTECEDENT The noun to which a pronoun or dependent clause refers.

El **libro** que compré es interesante.
The book that I bought is interesting.

Le presté cinco dólares a **Diego**.
I loaned Diego five dollars.

ARTICLE A word that points out a noun in either a specific or a non-specific way.

Definite article An article that points out a noun in a specific way.

el libro	**la** maleta
the book	*the suitcase*

los diccionarios	**las** palabras
the dictionaries	*the words*

Indefinite article An article that points out a noun in a general, non-specific way.

un lápiz	**una** computadora
a pencil	*a computer*

unos pájaros	**unas** escuelas
some birds	*some schools*

CLAUSE A group of words that contains both a conjugated verb and a subject, either expressed or implied.

Main (or Independent) clause A clause that can stand alone as a complete sentence.

Pienso ir a cenar pronto.
I plan to go to dinner soon.

Subordinate (or Dependent) clause A clause that does not express a complete thought and therefore cannot stand alone as a sentence.

Trabajo en la cafetería **porque necesito dinero para la escuela.**
I work in the cafeteria because I need money for school.

Adjective clause A dependent clause that functions to modify or describe the noun or direct object in the main clause. When the antecedent is uncertain or indefinite, the verb in the adjective clause is in the subjunctive.

Queremos contratar al candidato **que mandó su currículum ayer.**
We want to hire the candidate who sent his résumé yesterday.

¿Conoce un buen restaurante **que esté cerca del teatro?**
Do you know of a good restaurant that's near the theater?

Adverbial clause A dependent clause that functions to modify or describe a verb, an adjective, or another adverb. When the adverbial clause describes an action that has not yet happened or is uncertain, the verb in the adverbial clause is usually in the subjunctive.

Llamé a mi mamá **cuando me dieron la noticia.**
I called my mom when they gave me the news.

El ejército está preparado **en caso de que haya un ataque.**
The army is prepared in case there is an attack.

Noun clause A dependent clause that functions as a noun, often as the object of the main clause. When the main clause expresses will, emotion, doubt, or uncertainty, the verb in the noun clause is in the subjunctive (unless there is no change of subject).

José sabe **que mañana habrá un examen.**
José knows that tomorrow there will be an exam.

Luisa dudaba **que la acompañáramos.**
Luisa doubted that we would go with her.

COMPARATIVE A grammatical construction used with nouns, adjectives, verbs, or adverbs to compare people, objects, actions, or characteristics.

Tus clases son **menos interesantes** que las mías.
*Your classes are **less interesting** than mine.*

Como **más frutas** que verduras.
*I eat **more fruits** than vegetables.*

CONJUGATION A set of the forms of a verb for a specific tense or mood or the process by which these verb forms are presented.

PRETERITE CONJUGATION OF CANTAR:

cant**é**	cant**amos**
cant**aste**	cant**asteis**
cant**ó**	cant**aron**

CONJUNCTION A word used to connect words, clauses, or phrases.

Susana es de Cuba **y** Pedro es de España.
*Susana is from Cuba **and** Pedro is from Spain.*

No quiero estudiar **pero** tengo que hacerlo.
*I don't want to study, **but** I have to.*

CONTRACTION The joining of two words into one. The only contractions in Spanish are **al** and **del**.

Mi hermano fue **al** concierto ayer.
*My brother went **to the** concert yesterday.*

Saqué dinero **del** banco.
*I took money **from the** bank.*

DIRECT OBJECT A noun or pronoun that directly receives the action of the verb.

Tomás lee **el libro**.	**La** pagó ayer.
*Tomás reads **the book**.*	*She paid **it** yesterday.*

GENDER The grammatical categorizing of certain kinds of words, such as nouns and pronouns, as masculine, feminine, or neuter.

MASCULINE
articles **el, un**
pronouns **él, lo, mío, éste, ése, aquél**
adjective **simpático**

FEMININE
articles **la, una**
pronouns **ella, la, mía, ésta, ésa, aquélla**
adjective **simpática**

IMPERSONAL EXPRESSION A third-person expression with no expressed or specific subject.

Es muy importante.	**Llueve** mucho.
*It's **very important**.*	*It's **raining** hard.*

Aquí **se habla** español.
*Spanish **is spoken** here.*

INDIRECT OBJECT A noun or pronoun that receives the action of the verb indirectly; the object, often a living being, to or for whom an action is performed.

Eduardo **le** dio un libro **a Linda**.
*Eduardo gave a book **to Linda**.*

La profesora **me** dio una C en el examen.
*The professor gave **me** a C on the test.*

INFINITIVE The basic form of a verb. Infinitives in Spanish end in **-ar**, **-er**, or **-ir**.

hablar	correr	abrir
to speak	*to run*	*to open*

INTERROGATIVE An adjective or pronoun used to ask a question.

¿Quién habla?	**¿Cuántos** compraste?
Who is speaking?	*How many did you buy?*

¿Qué piensas hacer hoy?
What do you plan to do today?

MOOD A grammatical distinction of verbs that indicates whether the verb is intended to make a statement or command or to express a doubt, emotion, or condition contrary to fact.

Imperative mood Verb forms used to make commands.

Di la verdad.	**Caminen** ustedes conmigo.
Tell the truth.	*Walk with me.*
¡Comamos ahora!	¡No lo **hagas**!
Let's eat now!	*Don't do it!*

Indicative mood Verb forms used to state facts, actions, and states considered to be real.

Sé que **tienes** el dinero.
I know that you have the money.

Subjunctive mood Verb forms used principally in subordinate (dependent) clauses to express wishes, desires, emotions, doubts, and certain conditions, such as contrary-to-fact situations.

Prefieren que **hables** en español.
*They prefer that **you speak** in Spanish.*

NOUN A word that identifies people, animals, places, things, and ideas.

hombre	gato
man	*cat*
México	casa
Mexico	*house*
libertad	libro
freedom	*book*

NUMBER A grammatical term that refers to singular or plural. Nouns in Spanish and English have number. Other parts of a sentence, such as adjectives, articles, and verbs, can also have number.

SINGULAR
una cosa
a thing
el profesor
the professor

PLURAL
unas cosas
some things
los profesores
the professors

PASSIVE VOICE A sentence construction in which the recipient of the action becomes the subject of the sentence. Passive statements emphasize the thing that was done or the person that was acted upon. They follow the pattern [*recipient*] + **ser** + [*past participle*] + **por** + [agent].

ACTIVE VOICE:
Juan **entregó** la tarea.
*Juan **turned in** the assignment.*

PASSIVE VOICE:
La tarea **fue entregada por** Juan.
*The assignment **was turned in by** Juan.*

PAST PARTICIPLE A past form of the verb used in compound tenses. The past participle may also be used as an adjective, but it must then agree in number and gender with the word it modifies.

Han **buscado** por todas partes.
*They have **searched** everywhere.*

Yo no había **estudiado** para el examen.
*I hadn't **studied** for the exam.*

Hay una ventana **abierta** en la sala.
*There is an **open** window in the living room.*

PERSON The form of the verb or pronoun that indicates the speaker, the one spoken to, or the one spoken about. In Spanish, as in English, there are three persons: first, second, and third.

PERSON	SINGULAR	PLURAL
1st	**yo** *I*	**nosotros/as** *we*
2nd	**tú, Ud.** *you*	**vosotros/as, Uds.** *you*
3rd	**él, ella** *he, she*	**ellos, ellas** *they*

PREPOSITION A word or words that describe(s) the relationship, most often in time or space, between two other words.

Anita es **de** California.
*Anita is **from** California.*

La chaqueta está **en** el carro.
*The jacket is **in** the car.*

PRESENT PARTICIPLE In English, a verb form that ends in *-ing*. In Spanish, the present participle ends in **-ndo**, and is often used with **estar** to form a progressive tense.

Está **hablando** por teléfono ahora mismo.
*He is **talking** on the phone right now.*

PRONOUN A word that takes the place of a noun or nouns.

Demonstrative pronoun A pronoun that takes the place of a specific noun.

Quiero **ésta**.
*I want **this one**.*

¿Vas a comprar **ése**?
*Are you going to buy **that one**?*

Juan prefirió **aquéllos**.
*Juan preferred **those** (over there).*

Object pronoun A pronoun that functions as a direct or indirect object of the verb.

Te digo la verdad.
*I'm telling **you** the truth.*

Me lo trajo Juan.
*Juan brought **it** to **me**.*

Possessive pronoun A pronoun that functions to show ownership or possession. Possessive pronouns are preceded by a definite article and agree in gender and number with the nouns they replace.

Perdí mi libro. ¿Me prestas el **tuyo**?
*I lost my book. Will you loan me **yours**?*

Las clases suyas son aburridas, pero **las nuestras** son buenísimas.
*Their classes are boring, but **ours** are great.*

Prepositional pronoun A pronoun that functions as the object of a preposition. Except for **mí, ti,** and **sí**, these pronouns are the same as subject pronouns. The adjective **mismo/a** may be added to express *myself, himself*, etc. After the preposition **con**, the forms **conmigo, contigo,** and **consigo** are used.

¿Es **para mí**?
*Is this **for me**?*

Iré **contigo**.
*I will go **with you**.*

Juan habló **de ella**.
*Juan spoke **about her**.*

Se lo regaló **a sí mismo**.
*He gave it **to himself**.*

Reflexive pronoun A pronoun that indicates that the action of a verb is performed by the subject on itself. These pronouns are often expressed in English with *-self: myself, yourself*, etc.

Yo **me bañé**.
*I **took a bath**.*

Elena **se acostó**.
*Elena **went to bed**.*

Relative pronoun A pronoun that connects a subordinate clause to a main clause.

El edificio **en el cual** vivimos es antiguo.
*The building **that** we live in is ancient.*

La mujer **de quien** te hablé acaba de renunciar.
*The woman **(whom)** I told you about just quit.*

Subject pronoun A pronoun that replaces the name or title of a person or thing, and acts as the subject of a verb.

Tú debes estudiar más.
***You** should study more.*

Él llegó primero.
***He** arrived first.*

SUBJECT A noun or pronoun that performs the action of a verb and is often implied by the verb.

María va al supermercado.
***María** goes to the supermarket.*

(Ellos) Trabajan mucho.
***They** work hard.*

Esos libros son muy caros.
***Those books** are very expensive.*

SUPERLATIVE A grammatical construction used to describe the most or the least of a quality when comparing a group of people, places, or objects.

Tina es **la menos simpática** de las chicas.
*Tina is **the least pleasant** of the girls.*

Tu coche es **el más rápido** de todos.
*Your car is **the fastest** one of all.*

Los restaurantes en Calle Ocho son **los mejores** de todo Miami.
*The restaurants on Calle Ocho are **the best** in all of Miami.*

Absolute superlatives Adjectives or adverbs combined with forms of the suffix **ísimo/a** in order to express the idea of extremely or very.

¡Lo hice **facilísimo**!
*I did it **so easily!***

Ella es **jovencísima**.
*She is **very, very young.***

TENSE A set of verb forms that indicates the time of an action or state: past, present, or future.

Compound tense A two-word tense made up of an auxiliary verb and a present or past participle. In Spanish, there are two auxiliary verbs: **estar** and **haber**.

En este momento, **estoy estudiando**.
*At this time, **I am studying**.*

El paquete no **ha llegado** todavía.
*The package **has** not **arrived** yet.*

Simple tense A tense expressed by a single verb form.

María **estaba** mal anoche.
*María **was** ill last night.*

Juana **hablará** con su mamá mañana.
*Juana **will speak** with her mom tomorrow.*

VERB A word that expresses actions or states-of-being.

Auxiliary verb A verb used with a present or past participle to form a compound tense. **Haber** is the most commonly used auxiliary verb in Spanish.

Los chicos **han** visto los elefantes.
*The children **have** seen the elephants.*

Espero que **hayas** comido.
*I hope you **have** eaten.*

Reflexive verb A verb that describes an action performed by the subject on itself and is always used with a reflexive pronoun.

Me compré un carro nuevo.
***I bought myself** a new car.*

Pedro y Adela **se levantan** muy temprano.
*Pedro and Adela **get (themselves) up** very early.*

Spelling-change verb A verb that undergoes a predictable change in spelling, in order to reflect its actual pronunciation in the various conjugations.

practicar	c→qu	practico	practiqué
dirigir	g→j	dirigí	dirijo
almorzar	z→c	almorzó	almorcé

Stem-changing verb A verb whose stem vowel undergoes one or more predictable changes in the various conjugations.

entender	(e:ie)	entiendo
pedir	(e:i)	piden
dormir	(o:ue, u)	duermo, durmieron

Verb conjugation tables

Guide to the Verb List and Tables

Below you will find the infinitive of the verbs introduced as active vocabulary in **ENFOQUES**. Each verb is followed by a model verb conjugated on the same pattern. The number in parentheses indicates where in the verb tables, pages 556–563, you can find the conjugated forms of the model verb.

abrazar (z:c) like cruzar (37)

aburrir(se) like vivir (3)

acabar(se) like hablar (1)

acariciar like hablar (1)

acentuar (acentúo) **like** graduar (40)

acercarse (c:qu) like tocar (43)

aclarar like hablar (1)

acompañar like hablar (1)

aconsejar like hablar (1)

acordar(se) (o:ue) like contar (24)

acostar(se) (o:ue) like contar (24)

acostumbrar(se) like hablar (1)

actualizar (z:c) like cruzar (37)

adelgazar (z:c) like cruzar (37)

adjuntar like hablar (1)

adorar like hablar (1)

afeitar(se) like hablar (1)

afligir(se) (g:j) like proteger (42) for endings only

agotar like hablar (1)

ahorrar like hablar (1)

aislar (aíslo) like enviar (39)

alojar(se) like hablar (1)

amar like hablar (1)

amenazar (z:c) like cruzar (37)

anotar like hablar (1)

apagar (g:gu) like llegar (41)

aparecer (c:zc) like conocer (35)

aplaudir like vivir (3)

apreciar like hablar (1)

arreglar(se) like hablar (1)

arrepentirse (e:ie) like sentir (33)

ascender (e:ie) like entender (27)

atraer like traer (21)

atrapar like hablar (1)

atreverse like comer (2)

averiguar like hablar (1)

bailar like hablar (1)

bañar(se) like hablar (1)

barrer like comer (2)

beber like comer (2)

bendecir (e:i) like decir (8)

besar like hablar (1)

borrar like hablar (1)

botar like hablar (1)

brindar like hablar (1)

caber (4)

caer (y) (5)

calentar (e:ie) like pensar (30)

cancelar like hablar (1)

cazar (z:c) like cruzar (37)

celebrar like hablar (1)

cepillar(se) like hablar (1)

clonar like hablar (1)

cobrar like hablar (1)

cocinar like hablar (1)

colocar (c:qu) like tocar (43)

colonizar (z:c) like cruzar (37)

comer(se) (2)

componer like poner (15)

comprobar (o:ue) like contar (24)

conducir (c:zc) (6)

congelar(se) like hablar (1)

conocer (c:zc) (35)

conquistar like hablar (1)

conseguir (e:i) like seguir (32)

conservar like hablar (1)

contagiar(se) like hablar (1)

contaminar like hablar (1)

contar (o:ue) (24)

contentarse like hablar (1)

contraer like traer (21)

contratar like hablar (1)

contribuir (y) like destruir (38)

convertirse (e:ie) like sentir (33)

coquetear like hablar (1)

crear like hablar (1)

crecer (c:zc) like conocer (35)

creer (y) (36)

criar(se) (crío) like enviar (39)

criticar (c:qu) like tocar (43)

cruzar (z:c) (37)

cuidar like hablar (1)

cumplir like vivir (3)

curarse like hablar (1)

dar(se) (7)

deber like comer (2)

decir (e:i) (8)

delatar like hablar (1)

denunciar like hablar (1)

depositar like hablar (1)

derretir(se) (e:i) like pedir (29)

derribar like hablar (1)

derrocar (c:qu) like tocar (43)

derrotar like hablar (1)

desafiar (desafío) like enviar (39)

desaparecer (c:zc) like conocer (35)

desarrollar(se) like hablar (1)

descansar like hablar (1)

descargar (g:gu) like llegar (41)

descongelar(se) like hablar (1)

descubrir like vivir (3) except past participle is descubierto

descuidar(se) like hablar (1)

desear like hablar (1)

deshacer like hacer (11)

despedir(se) (e:i) like pedir (29)

despertar(se) (e:ie) like pensar (30)

destruir (y) (38)

devolver (o:ue) like volver (34)

dibujar like hablar (1)

dirigir (g:j) like proteger (42) for endings only

disculpar(se) like hablar (1)

discutir like vivir (3)

diseñar like hablar (1)

disfrutar like hablar (1)

disgustar like hablar (1)

disponer(se) like poner (15)

distinguir (gu:g) like seguir (32) for endings only

distraer like traer (21)

divertirse (e:ie) like sentir (33)

doler (o:ue) like volver (34) *except* past participle is regular

dormir(se) (o:ue) (25)

ducharse like hablar (1)

echar like hablar (1)

editar like hablar (1)

educar (c:qu) like tocar (43)

elegir (e:i) (g:j) like proteger (42) for endings only

embalar(se) like hablar (1)

emigrar like hablar (1)

empatar like hablar (1)

empeorar like hablar (1)

empezar (e:ie) (z:c) (26)

enamorarse like hablar (1)

encabezar (z:c) like cruzar (37)

encantar like hablar (1)

encargar(se) (g:gu) like llegar (41)

encender (e:ie) like entender (27)

enfermarse like hablar (1)

enganchar like hablar (1)

engañar like hablar (1)

engordar like hablar (1)

ensayar like hablar (1)

entender (e:ie) (27)

enterarse like hablar (1)

enterrar (e:ie) like pensar (30)

entretener(se) (e:ie) like tener (20)

enviar (envío) (39)

esclavizar (z:c) like cruzar (37)

escoger (g:j) like proteger (42)

esculpir like vivir (3)

establecer(se) (c:zc) like conocer (35)

estar (9)

exigir (g:j) like proteger (42) for endings only

explotar like hablar (1)

exportar like hablar (1)

expulsar like hablar (1)

extinguir(se) like destruir (38)
fabricar (c:qu) like tocar (43)
faltar like hablar (1)
fascinar like hablar (1)
festejar like hablar (1)
fijar(se) like hablar (1)
financiar like hablar (1)
florecer (c:zc) like conocer (35)
flotar like hablar (1)
formular like hablar (1)
freír (e:i) (frío) like reír (31)
funcionar like hablar (1)
gastar like hablar (1)
gobernar (e:ie) like pensar (30)
grabar like hablar (1)
graduar(se) (gradúo) (40)
guardar(se) like hablar (1)
gustar like hablar (1)
haber (10)
habitar like hablar (1)
hablar (1)
hacer(se) (11)
herir (e: ie) like sentir (33)
hervir (e:ie) like sentir (33)
hojear like hablar (1)
huir (y) like destruir (38)
humillar like hablar (1)
importar like hablar (1)
impresionar like hablar (1)
imprimir like vivir (3)
inscribirse like vivir (3)
insistir like vivir (3)
instalar like hablar (1)
integrar(se) like hablar (1)
interesar like hablar (1)
invadir like vivir (3)
inventar like hablar (1)
invertir (e:ie) like sentir (33)
investigar (g:gu) like llegar (41)
ir (12)
jubilarse like hablar (1)
jugar (u:ue) (g:gu) (28)
jurar like hablar (1)
lastimarse like hablar (1)
latir like vivir (3)
lavar(se) like hablar (1)
levantar(se) like hablar (1)
liberar like hablar (1)
lidiar like hablar (1)
limpiar like hablar (1)

llegar (g:gu) (41)
llevar(se) like hablar (1)
lograr like hablar (1)
luchar like hablar (1)
madrugar (g:gu) like llegar (41)
malgastar like hablar (1)
manipular like hablar (1)
maquillarse like hablar (1)
meditar like hablar (1)
mejorar like hablar (1)
merecer (c:zc) like conocer (35)
meter(se) like comer (2)
molestar like hablar (1)
morder (o:ue) like volver (34)
morirse (o:ue) like dormir (25)
  except past participle is muerto
mudar(se) like hablar (1)
narrar like hablar (1)
navegar (g:gu) like llegar (41)
necesitar like hablar (1)
obedecer (c:zc) like conocer (35)
ocultar(se) like hablar (1)
odiar like hablar (1)
oír (y) (13)
olvidar(se) like hablar (1)
opinar like hablar (1)
oponerse like poner (15)
oprimir like vivir (3)
oscurecer (c:zc) like conocer (35)
parar like hablar (1)
parecer(se) (c:zc) like conocer (35)
patear like hablar (1)
pedir (e:i) (29)
peinar(se) like hablar (1)
pensar (e:ie) (30)
permanecer (c:zc) like conocer (35)
pertenecer (c:zc) like conocer (35)
pillar like hablar (1)
pintar like hablar (1)
poblar (o:ue) like contar (24)
poder (o:ue) (14)
poner(se) (15)
preferir (e:ie) like sentir (33)
preocupar(se) like hablar (1)
prestar like hablar (1)
prevenir (e:ie) like venir (22)
prever like ver (23)

probar(se) (o:ue) like contar (24)
producir (c:sz) like conducir (6)
prohibir (prohíbo) like enviar (39)
  for endings only
proponer like poner (15)
proteger (g:j) (42)
protestar like hablar (1)
publicar (c:qu) like tocar (43)
quedar(se) like hablar (1)
quejarse like hablar (1)
querer (e:ie) (16)
quitar(se) like hablar (1)
recetar like hablar (1)
rechazar (z:c) like cruzar (37)
reciclar like hablar (1)
reclamar like hablar (1)
recomendar (e:ie) like pensar (30)
reconocer (c:zc) like conocer (35)
recorrer like comer (2)
recuperar(se) like hablar (1)
reducir (c:zc) like conducir (6)
reflejar like hablar (1)
regresar like hablar (1)
rehacer like hacer (11)
reír(se) (e:i) (31)
relajarse like hablar (1)
rendirse (e:i) like pedir (29)
renunciar like hablar (1)
reservar like hablar (1)
resolver (o:ue) like volver (34)
retratar like hablar (1)
reunir(se) like vivir (3)
rezar (z:c) like cruzar (37)
rociar like hablar (1)
rodar (o:ue) like contar (24)
rogar (o:ue) like contar (24) for
  stem changes; (g:gu) like llegar
  (41) for endings
romper like comer (2) except
  past participle is roto
saber (17)
sacrificar (c:qu) like tocar (43)
salir (18)
salvar like hablar (1)
sanar like hablar (1)
secar(se) (c:qu) like tocar (43)
seguir (e:i) (gu:g) (32)
seleccionar like hablar (1)
sentir(se) (e:ie) (33)

señalar like hablar (1)
sepultar like hablar (1)
ser (19)
soler (o:ue) like volver (34)
solicitar like hablar (1)
sonar (o:ue) like contar (24)
soñar (o:ue) like contar (24)
sorprender(se) like comer (2)
subsistir like vivir (3)
suceder like comer (2)
sufrir like vivir (3)
sugerir (e:ie) like sentir (33)
suponer like poner (15)
suprimir like vivir (3)
suscribirse like vivir (3)
tener (e:ie) (20)
tirar like hablar (1)
titularse like hablar (1)
tocar (c:qu) (43)
torear like hablar (1)
toser like comer (2)
traducir (c:zc) like conducir (6)
traer (21)
transcurrir like vivir (3)
transmitir like vivir (3)
trasnochar like hablar (1)
tratar(se) like hablar (1)
valer like salir (18) only for
  endings
vencer (c:z) (44)
venerar like hablar (1)
venir (e:ie) (22)
ver(se) (23)
vestir(se) (e:i) like pedir (29)
vivir (3)
volar (o:ue) like contar (24)
volver (o:ue) (34)
votar like hablar (1)

Verb conjugation tables

Regular verbs: simple tenses

1

Infinitive	INDICATIVE Present	Imperfect	Preterite	Future	Conditional	SUBJUNCTIVE Present	Past	IMPERATIVE
hablar	hablo	hablaba	hablé	hablaré	hablaría	hable	hablara	
	hablas	hablabas	hablaste	hablarás	hablarías	hables	hablaras	habla tú (no hables)
Participles:	habla	hablaba	habló	hablará	hablaría	hable	hablara	hable Ud.
hablando	hablamos	hablábamos	hablamos	hablaremos	hablaríamos	hablemos	habláramos	hablemos
hablado	habláis	hablabais	hablasteis	hablaréis	hablaríais	habléis	hablarais	hablad (no habléis)
	hablan	hablaban	hablaron	hablarán	hablarían	hablen	hablaran	hablen Uds.

2

Infinitive	INDICATIVE Present	Imperfect	Preterite	Future	Conditional	SUBJUNCTIVE Present	Past	IMPERATIVE
comer	como	comía	comí	comeré	comería	coma	comiera	
	comes	comías	comiste	comerás	comerías	comas	comieras	come tú (no comas)
Participles:	come	comía	comió	comerá	comería	coma	comiera	coma Ud.
comiendo	comemos	comíamos	comimos	comeremos	comeríamos	comamos	comiéramos	comamos
comido	coméis	comíais	comisteis	comeréis	comeríais	comáis	comierais	comed (no comáis)
	comen	comían	comieron	comerán	comerían	coman	comieran	coman Uds.

3

Infinitive	INDICATIVE Present	Imperfect	Preterite	Future	Conditional	SUBJUNCTIVE Present	Past	IMPERATIVE
vivir	vivo	vivía	viví	viviré	viviría	viva	viviera	
	vives	vivías	viviste	vivirás	vivirías	vivas	vivieras	vive tú (no vivas)
Participles:	vive	vivía	vivió	vivirá	viviría	viva	viviera	viva Ud.
viviendo	vivimos	vivíamos	vivimos	viviremos	viviríamos	vivamos	viviéramos	vivamos
vivido	vivís	vivíais	vivisteis	viviréis	viviríais	viváis	vivierais	vivid (no viváis)
	viven	vivían	vivieron	vivirán	vivirían	vivan	vivieran	vivan Uds.

All verbs: compound tenses

PERFECT TENSES

INDICATIVE

Present Perfect		Past Perfect		Future Perfect		Conditional Perfect	
he		había		habré		habría	
has	hablado	habías	hablado	habrás	hablado	habrías	hablado
ha	comido	había	comido	habrá	comido	habría	comido
hemos	vivido	habíamos	vivido	habremos	vivido	habríamos	vivido
habéis		habíais		habréis		habríais	
han		habían		habrán		habrían	

SUBJUNCTIVE

Present Perfect		Past Perfect	
haya		hubiera	
hayas	hablado	hubieras	hablado
haya	comido	hubiera	comido
hayamos	vivido	hubiéramos	vivido
hayáis		hubierais	
hayan		hubieran	

PROGRESSIVE TENSES

	INDICATIVE				SUBJUNCTIVE	
	Present Progressive	Past Progressive	Future Progressive	Conditional Progressive	Present Progressive	Past Progressive
	estoy	estaba	estaré	estaría	esté	estuviera
	estás	estabas	estarás	estarías	estés	estuvieras
	está · hablando	estaba · hablando	estará · hablando	estaría · hablando	esté · hablando	estuviera · hablando
	estamos · comiendo	estábamos · comiendo	estaremos · comiendo	estaríamos · comiendo	estemos · comiendo	estuviéramos · comiendo
	estáis · viviendo	estabais · viviendo	estaréis · viviendo	estaríais · viviendo	estéis · viviendo	estuvierais · viviendo
	están	estaban	estarán	estarían	estén	estuvieran

Irregular verbs

	INDICATIVE					SUBJUNCTIVE		IMPERATIVE
Infinitive	Present	Imperfect	Preterite	Future	Conditional	Present	Past	
4 caber	**quepo**	cabía	**cupe**	**cabré**	**cabría**	**quepa**	**cupiera**	
	cabes	cabías	**cupiste**	**cabrás**	**cabrías**	**quepas**	**cupieras**	cabe tú (no **quepas**)
	cabe	cabía	**cupo**	**cabrá**	**cabría**	**quepa**	**cupiera**	**quepa** Ud.
Participles:	cabemos	cabíamos	**cupimos**	**cabremos**	**cabríamos**	**quepamos**	**cupiéramos**	**quepamos**
cabiendo	cabéis	cabíais	**cupisteis**	**cabréis**	**cabríais**	**quepáis**	**cupierais**	cabed (no **quepáis**)
cabido	caben	cabían	**cupieron**	**cabrán**	**cabrían**	**quepan**	**cupieran**	**quepan** Uds.
5 caer(se)	**caigo**	caía	caí	caeré	caería	**caiga**	**cayera**	
	caes	caías	**caíste**	caerás	caerías	**caigas**	**cayeras**	cae tú (no **caigas**)
	cae	caía	**cayó**	caerá	caería	**caiga**	**cayera**	**caiga** Ud. (no **caiga**)
Participles:	caemos	caíamos	**caímos**	caeremos	caeríamos	**caigamos**	**cayéramos**	**caigamos**
cayendo	caéis	caíais	**caísteis**	caeréis	caeríais	**caigáis**	**cayerais**	caed (no **caigáis**)
caído	caen	caían	**cayeron**	caerán	caerían	**caigan**	**cayeran**	**caigan** Uds.
6 conducir	**conduzco**	conducía	**conduje**	conduciré	conduciría	**conduzca**	**condujera**	
(c:zc)	conduces	conducías	**condujiste**	conducirás	conducirías	**conduzcas**	**condujeras**	conduce tú (no **conduzcas**)
Participles:	conduce	conducía	**condujo**	conducirá	conduciría	**conduzca**	**condujera**	**conduzca** Ud. (no **conduzca**)
conduciendo	conducimos	conducíamos	**condujimos**	conduciremos	conduciríamos	**conduzcamos**	**condujéramos**	**conduzcamos**
conducido	conducís	conducíais	**condujisteis**	conduciréis	conduciríais	**conduzcáis**	**condujerais**	conducid (no **conduzcáis**)
	conducen	conducían	**condujeron**	conducirán	conducirían	**conduzcan**	**condujeran**	**conduzcan** Uds.

	Infinitive / Participles	INDICATIVE Present	Imperfect	Preterite	Future	Conditional	SUBJUNCTIVE Present	Past	IMPERATIVE
7	dar Participles: dando dado	doy das da damos dais dan	daba dabas daba dábamos dabais daban	di diste dio dimos disteis dieron	daré darás dará daremos daréis darán	daría darías daría daríamos daríais darían	dé des dé demos deis den	diera dieras diera diéramos dierais dieran	 da tú (no des) dé Ud. demos dad (no deis) den Uds.
8	decir (e:i) Participles: diciendo dicho	digo dices dice decimos decís dicen	decía decías decía decíamos decíais decían	dije dijiste dijo dijimos dijisteis dijeron	diré dirás dirá diremos diréis dirán	diría dirías diría diríamos diríais dirían	diga digas diga digamos digáis digan	dijera dijeras dijera dijéramos dijerais dijeran	 di tú (no digas) diga Ud. digamos decid (no digáis) digan Uds.
9	estar Participles: estando estado	estoy estás está estamos estáis están	estaba estabas estaba estábamos estabais estaban	estuve estuviste estuvo estuvimos estuvisteis estuvieron	estaré estarás estará estaremos estaréis estarán	estaría estarías estaría estaríamos estaríais estarían	esté estés esté estemos estéis estén	estuviera estuvieras estuviera estuviéramos estuvierais estuvieran	 está tú (no estés) esté Ud. estemos estad (no estéis) estén Uds.
10	haber Participles: habiendo habido	he has ha hemos habéis han	había habías había habíamos habíais habían	hube hubiste hubo hubimos hubisteis hubieron	habré habrás habrá habremos habréis habrán	habría habrías habría habríamos habríais habrían	haya hayas haya hayamos hayáis hayan	hubiera hubieras hubiera hubiéramos hubierais hubieran	
11	hacer Participles: haciendo hecho	hago haces hace hacemos hacéis hacen	hacía hacías hacía hacíamos hacíais hacían	hice hiciste hizo hicimos hicisteis hicieron	haré harás hará haremos haréis harán	haría harías haría haríamos haríais harían	haga hagas haga hagamos hagáis hagan	hiciera hicieras hiciera hiciéramos hicierais hicieran	 haz tú (no hagas) haga Ud. hagamos haced (no hagáis) hagan Uds.
12	ir Participles: yendo ido	voy vas va vamos vais van	iba ibas iba íbamos ibais iban	fui fuiste fue fuimos fuisteis fueron	iré irás irá iremos iréis irán	iría irías iría iríamos iríais irían	vaya vayas vaya vayamos vayáis vayan	fuera fueras fuera fuéramos fuerais fueran	 ve tú (no vayas) vaya Ud. vamos (no vayamos) id (no vayáis) vayan Uds.
13	oír (y) Participles: oyendo oído	oigo oyes oye oímos oís oyen	oía oías oía oíamos oíais oían	oí oíste oyó oímos oísteis oyeron	oiré oirás oirá oiremos oiréis oirán	oiría oirías oiría oiríamos oiríais oirían	oiga oigas oiga oigamos oigáis oigan	oyera oyeras oyera oyéramos oyerais oyeran	 oye tú (no oigas) oiga Ud. oigamos oíd (no oigáis) oigan Uds.

Infinitive	INDICATIVE					SUBJUNCTIVE		IMPERATIVE
	Present	Imperfect	Preterite	Future	Conditional	Present	Past	
14 poder (o:ue)	**puedo**	podía	**pude**	**podré**	**podría**	**pueda**	**pudiera**	
	puedes	podías	**pudiste**	**podrás**	**podrías**	**puedas**	**pudieras**	**puede** tú (no **puedas**)
	puede	podía	**pudo**	**podrá**	**podría**	**pueda**	**pudiera**	**pueda** Ud.
Participles:	podemos	podíamos	**pudimos**	**podremos**	**podríamos**	podamos	**pudiéramos**	podamos
pudiendo	podéis	podíais	**pudisteis**	**podréis**	**podríais**	podáis	**pudierais**	poded (no **podáis**)
podido	**pueden**	podían	**pudieron**	**podrán**	**podrían**	**puedan**	**pudieran**	**puedan** Uds.
15 poner	**pongo**	ponía	**puse**	**pondré**	**pondría**	**ponga**	**pusiera**	
	pones	ponías	**pusiste**	**pondrás**	**pondrías**	**pongas**	**pusieras**	**pon** tú (no **pongas**)
	pone	ponía	**puso**	**pondrá**	**pondría**	**ponga**	**pusiera**	**ponga** Ud.
Participles:	ponemos	poníamos	**pusimos**	**pondremos**	**pondríamos**	**pongamos**	**pusiéramos**	**pongamos**
poniendo	ponéis	poníais	**pusisteis**	**pondréis**	**pondríais**	**pongáis**	**pusierais**	poned (no **pongáis**)
puesto	ponen	ponían	**pusieron**	**pondrán**	**pondrían**	**pongan**	**pusieran**	**pongan** Uds.
16 querer (e:ie)	**quiero**	quería	**quise**	**querré**	**querría**	**quiera**	**quisiera**	
	quieres	querías	**quisiste**	**querrás**	**querrías**	**quieras**	**quisieras**	**quiere** tú (no **quieras**)
	quiere	quería	**quiso**	**querrá**	**querría**	**quiera**	**quisiera**	**quiera** Ud.
Participles:	queremos	queríamos	**quisimos**	**querremos**	**querríamos**	queramos	**quisiéramos**	queramos
queriendo	queréis	queríais	**quisisteis**	**querréis**	**querríais**	queráis	**quisierais**	quered (no **queráis**)
querido	**quieren**	querían	**quisieron**	**querrán**	**querrían**	**quieran**	**quisieran**	**quieran** Uds.
17 saber	**sé**	sabía	**supe**	**sabré**	**sabría**	**sepa**	**supiera**	
	sabes	sabías	**supiste**	**sabrás**	**sabrías**	**sepas**	**supieras**	sabe tú (no **sepas**)
	sabe	sabía	**supo**	**sabrá**	**sabría**	**sepa**	**supiera**	**sepa** Ud.
Participles:	sabemos	sabíamos	**supimos**	**sabremos**	**sabríamos**	**sepamos**	**supiéramos**	**sepamos**
sabiendo	sabéis	sabíais	**supisteis**	**sabréis**	**sabríais**	**sepáis**	**supierais**	sabed (no **sepáis**)
sabido	saben	sabían	**supieron**	**sabrán**	**sabrían**	**sepan**	**supieran**	**sepan** Uds.
18 salir	**salgo**	salía	salí	**saldré**	**saldría**	**salga**	saliera	
	sales	salías	saliste	**saldrás**	**saldrías**	**salgas**	salieras	**sal** tú (no **salgas**)
	sale	salía	salió	**saldrá**	**saldría**	**salga**	saliera	**salga** Ud.
Participles:	salimos	salíamos	salimos	**saldremos**	**saldríamos**	**salgamos**	saliéramos	**salgamos**
saliendo	salís	salíais	salisteis	**saldréis**	**saldríais**	**salgáis**	salierais	salid (no **salgáis**)
salido	salen	salían	salieron	**saldrán**	**saldrían**	**salgan**	salieran	**salgan** Uds.
19 ser	**soy**	**era**	**fui**	seré	sería	**sea**	**fuera**	
	eres	**eras**	**fuiste**	serás	serías	**seas**	**fueras**	**sé** tú (no **seas**)
	es	**era**	**fue**	será	sería	**sea**	**fuera**	**sea** Ud.
Participles:	**somos**	**éramos**	**fuimos**	seremos	seríamos	**seamos**	**fuéramos**	**seamos**
siendo	**sois**	**erais**	**fuisteis**	seréis	seríais	**seáis**	**fuerais**	sed (no **seáis**)
sido	**son**	**eran**	**fueron**	serán	serían	**sean**	**fueran**	**sean** Uds.
20 tener (e:ie)	**tengo**	tenía	**tuve**	**tendré**	**tendría**	**tenga**	**tuviera**	
	tienes	tenías	**tuviste**	**tendrás**	**tendrías**	**tengas**	**tuvieras**	**ten** tú (no **tengas**)
	tiene	tenía	**tuvo**	**tendrá**	**tendría**	**tenga**	**tuviera**	**tenga** Ud.
Participles:	tenemos	teníamos	**tuvimos**	**tendremos**	**tendríamos**	**tengamos**	**tuviéramos**	**tengamos**
teniendo	tenéis	teníais	**tuvisteis**	**tendréis**	**tendríais**	**tengáis**	**tuvierais**	tened (no **tengáis**)
tenido	**tienen**	tenían	**tuvieron**	**tendrán**	**tendrían**	**tengan**	**tuvieran**	**tengan** Uds.

21 traer — Participles: trayendo, traído

Infinitive	Present	Imperfect	Preterite	Future	Conditional	Present (Subj)	Past (Subj)	Imperative
traer	traigo	traía	traje	traeré	traería	traiga	trajera	
	traes	traías	trajiste	traerás	traerías	traigas	trajeras	trae tú (no traigas)
	trae	traía	trajo	traerá	traería	traiga	trajera	traiga Ud.
	traemos	traíamos	trajimos	traeremos	traeríamos	traigamos	trajéramos	traigamos
	traéis	traíais	trajisteis	traeréis	traeríais	traigáis	trajerais	traed (no traigáis)
	traen	traían	trajeron	traerán	traerían	traigan	trajeran	traigan Uds.

22 venir (e:ie) — Participles: viniendo, venido

Infinitive	Present	Imperfect	Preterite	Future	Conditional	Present (Subj)	Past (Subj)	Imperative
venir	vengo	venía	vine	vendré	vendría	venga	viniera	
	vienes	venías	viniste	vendrás	vendrías	vengas	vinieras	ven tú (no vengas)
	viene	venía	vino	vendrá	vendría	venga	viniera	venga Ud.
	venimos	veníamos	vinimos	vendremos	vendríamos	vengamos	viniéramos	vengamos
	venís	veníais	vinisteis	vendréis	vendríais	vengáis	vinierais	venid (no vengáis)
	vienen	venían	vinieron	vendrán	vendrían	vengan	vinieran	vengan Uds.

23 ver — Participles: viendo, visto

Infinitive	Present	Imperfect	Preterite	Future	Conditional	Present (Subj)	Past (Subj)	Imperative
ver	veo	veía	vi	veré	vería	vea	viera	
	ves	veías	viste	verás	verías	veas	vieras	ve tú (no veas)
	ve	veía	vio	verá	vería	vea	viera	vea Ud.
	vemos	veíamos	vimos	veremos	veríamos	veamos	viéramos	veamos
	veis	veíais	visteis	veréis	veríais	veáis	vierais	ved (no veáis)
	ven	veían	vieron	verán	verían	vean	vieran	vean Uds.

Stem-changing verbs

24 contar (o:ue) — Participles: contando, contado

Infinitive	Present	Imperfect	Preterite	Future	Conditional	Present (Subj)	Past (Subj)	Imperative
contar	cuento	contaba	conté	contaré	contaría	cuente	contara	
	cuentas	contabas	contaste	contarás	contarías	cuentes	contaras	cuenta tú (no cuentes)
	cuenta	contaba	contó	contará	contaría	cuente	contara	cuente Ud.
	contamos	contábamos	contamos	contaremos	contaríamos	contemos	contáramos	contemos
	contáis	contabais	contasteis	contaréis	contaríais	contéis	contarais	contad (no contéis)
	cuentan	contaban	contaron	contarán	contarían	cuenten	contaran	cuenten Uds.

25 dormir (o:ue) — Participles: durmiendo, dormido

Infinitive	Present	Imperfect	Preterite	Future	Conditional	Present (Subj)	Past (Subj)	Imperative
dormir	duermo	dormía	dormí	dormiré	dormiría	duerma	durmiera	
	duermes	dormías	dormiste	dormirás	dormirías	duermas	durmieras	duerme tú (no duermas)
	duerme	dormía	durmió	dormirá	dormiría	duerma	durmiera	duerma Ud.
	dormimos	dormíamos	dormimos	dormiremos	dormiríamos	durmamos	durmiéramos	durmamos
	dormís	dormíais	dormisteis	dormiréis	dormiríais	durmáis	durmierais	dormid (no durmáis)
	duermen	dormían	durmieron	dormirán	dormirían	duerman	durmieran	duerman Uds.

26 empezar (e:ie) (z:c) — Participles: empezando, empezado

Infinitive	Present	Imperfect	Preterite	Future	Conditional	Present (Subj)	Past (Subj)	Imperative
empezar	empiezo	empezaba	empecé	empezaré	empezaría	empiece	empezara	
	empiezas	empezabas	empezaste	empezarás	empezarías	empieces	empezaras	empieza tú (no empieces)
	empieza	empezaba	empezó	empezará	empezaría	empiece	empezara	empiece Ud.
	empezamos	empezábamos	empezamos	empezaremos	empezaríamos	empecemos	empezáramos	empecemos
	empezáis	empezabais	empezasteis	empezaréis	empezaríais	empecéis	empezarais	empezad (no empecéis)
	empiezan	empezaban	empezaron	empezarán	empezarían	empiecen	empezaran	empiecen Uds.

	Infinitive	INDICATIVE					SUBJUNCTIVE		IMPERATIVE
		Present	Imperfect	Preterite	Future	Conditional	Present	Past	
27	entender (e:ie)	**entiendo**	entendía	entendí	entenderé	entendería	**entienda**	entendiera	
		entiendes	entendías	entendiste	entenderás	entenderías	**entiendas**	entendieras	**entiende** tú (no **entiendas**)
		entiende	entendía	entendió	entenderá	entendería	**entienda**	entendiera	**entienda** Ud.
		entendemos	entendíamos	entendimos	entenderemos	entenderíamos	entendamos	entendiéramos	entendamos
	Participles:	entendéis	entendíais	entendisteis	entenderéis	entenderíais	entendáis	entendierais	entended (no entendáis)
	entendiendo	**entienden**	entendían	entendieron	entenderán	entenderían	**entiendan**	entendieran	**entiendan** Uds.
	entendido								
28	jugar (u:ue)	**juego**	jugaba	**jugué**	jugaré	jugaría	**juegue**	jugara	
	(g:gu)	**juegas**	jugabas	jugaste	jugarás	jugarías	**juegues**	jugaras	**juega** tú (no **juegues**)
		juega	jugaba	jugó	jugará	jugaría	**juegue**	jugara	**juegue** Ud.
		jugamos	jugábamos	jugamos	jugaremos	jugaríamos	**juguemos**	jugáramos	**juguemos**
	Participles:	jugáis	jugabais	jugasteis	jugaréis	jugaríais	**juguéis**	jugarais	jugad (no **juguéis**)
	jugando	**juegan**	jugaban	jugaron	jugarán	jugarían	**jueguen**	jugaran	**jueguen** Uds.
	jugado								
29	pedir (e:i)	**pido**	pedía	pedí	pediré	pediría	**pida**	**pidiera**	
		pides	pedías	pediste	pedirás	pedirías	**pidas**	**pidieras**	**pide** tú (no **pidas**)
		pide	pedía	**pidió**	pedirá	pediría	**pida**	**pidiera**	**pida** Ud.
	Participles:	pedimos	pedíamos	pedimos	pediremos	pediríamos	**pidamos**	**pidiéramos**	**pidamos**
	pidiendo	pedís	pedíais	pedisteis	pediréis	pediríais	**pidáis**	**pidierais**	pedid (no **pidáis**)
	pedido	**piden**	pedían	**pidieron**	pedirán	pedirían	**pidan**	**pidieran**	**pidan** Uds.
30	pensar (e:ie)	**pienso**	pensaba	pensé	pensaré	pensaría	**piense**	pensara	
		piensas	pensabas	pensaste	pensarás	pensarías	**pienses**	pensaras	**piensa** tú (no **pienses**)
		piensa	pensaba	pensó	pensará	pensaría	**piense**	pensara	**piense** Ud.
	Participles:	pensamos	pensábamos	pensamos	pensaremos	pensaríamos	pensemos	pensáramos	pensemos
	pensando	pensáis	pensabais	pensasteis	pensaréis	pensaríais	penséis	pensarais	pensad (no penséis)
	pensado	**piensan**	pensaban	pensaron	pensarán	pensarían	**piensen**	pensaran	**piensen** Uds.
31	reír(se) (e:i)	**río**	reía	reí	reiré	reiría	**ría**	**riera**	
		ríes	reías	**reíste**	reirás	reirías	**rías**	**rieras**	**ríe** tú (no **rías**)
		ríe	reía	**rió**	reirá	reiría	**ría**	**riera**	**ría** Ud.
	Participles:	**reímos**	reíamos	**reímos**	reiremos	reiríamos	**riamos**	**riéramos**	**riamos**
	riendo	reís	reíais	**reísteis**	reiréis	reiríais	**riáis**	**rierais**	**reíd** (no **riáis**)
	reído	**ríen**	reían	rieron	reirán	reirían	**rían**	**rieran**	**rían** Uds.
32	seguir (e:i)	**sigo**	seguía	seguí	seguiré	seguiría	**siga**	**siguiera**	
	(gu:g)	**sigues**	seguías	seguiste	seguirás	seguirías	**sigas**	**siguieras**	**sigue** tú (no **sigas**)
		sigue	seguía	**siguió**	seguirá	seguiría	**siga**	**siguiera**	**siga** Ud.
	Participles:	seguimos	seguíamos	seguimos	seguiremos	seguiríamos	**sigamos**	**siguiéramos**	**sigamos**
	siguiendo	seguís	seguíais	seguisteis	seguiréis	seguiríais	**sigáis**	**siguierais**	seguid (no **sigáis**)
	seguido	**siguen**	seguían	**siguieron**	seguirán	seguirían	**sigan**	**siguieran**	**sigan** Uds.
33	sentir (e:ie)	**siento**	sentía	sentí	sentiré	sentiría	**sienta**	**sintiera**	
		sientes	sentías	sentiste	sentirás	sentirías	**sientas**	**sintieras**	**siente** tú (no **sientas**)
		siente	sentía	**sintió**	sentirá	sentiría	**sienta**	**sintiera**	**sienta** Ud.
	Participles:	sentimos	sentíamos	sentimos	sentiremos	sentiríamos	**sintamos**	**sintiéramos**	**sintamos**
	sintiendo	sentís	sentíais	sentisteis	sentiréis	sentiríais	**sintáis**	**sintierais**	sentid (no **sintáis**)
	sentido	**sienten**	sentían	**sintieron**	sentirán	sentirían	**sientan**	**sintieran**	**sientan** Uds.

34

Infinitive	INDICATIVE					SUBJUNCTIVE		IMPERATIVE
	Present	Imperfect	Preterite	Future	Conditional	Present	Past	
volver (o:ue)	vuelvo	volvía	volví	volveré	volvería	vuelva	volviera	
	vuelves	volvías	volviste	volverás	volverías	vuelvas	volvieras	vuelve tú (no vuelvas)
	vuelve	volvía	volvió	volverá	volvería	vuelva	volviera	vuelva Ud.
Participles:	volvemos	volvíamos	volvimos	volveremos	volveríamos	volvamos	volviéramos	volvamos
volviendo	volvéis	volvíais	volvisteis	volveréis	volveríais	volváis	volvierais	volved (no volváis)
vuelto	vuelven	volvían	volvieron	volverán	volverían	vuelvan	volvieran	vuelvan Uds.

Verbs with spelling changes only

35

Infinitive	INDICATIVE					SUBJUNCTIVE		IMPERATIVE
	Present	Imperfect	Preterite	Future	Conditional	Present	Past	
conocer (c:zc)	conozco	conocía	conocí	conoceré	conocería	conozca	conociera	
	conoces	conocías	conociste	conocerás	conocerías	conozcas	conocieras	conoce tú (no conozcas)
	conoce	conocía	conoció	conocerá	conocería	conozca	conociera	conozca Ud.
Participles:	conocemos	conocíamos	conocimos	conoceremos	conoceríamos	conozcamos	conociéramos	conozcamos
conociendo	conocéis	conocíais	conocisteis	conoceréis	conoceríais	conozcáis	conocierais	conoced (no conozcáis)
conocido	conocen	conocían	conocieron	conocerán	conocerían	conozcan	conocieran	conozcan Uds.

36

Infinitive	INDICATIVE					SUBJUNCTIVE		IMPERATIVE
	Present	Imperfect	Preterite	Future	Conditional	Present	Past	
creer (y)	creo	creía	creí	creeré	creería	crea	creyera	
	crees	creías	creíste	creerás	creerías	creas	creyeras	cree tú (no creas)
	cree	creía	creyó	creerá	creería	crea	creyera	crea Ud.
Participles:	creemos	creíamos	creímos	creeremos	creeríamos	creamos	creyéramos	creamos
creyendo	creéis	creíais	creísteis	creeréis	creeríais	creáis	creyerais	creed (no creáis)
creído	creen	creían	creyeron	creerán	creerían	crean	creyeran	crean Uds.

37

Infinitive	INDICATIVE					SUBJUNCTIVE		IMPERATIVE
	Present	Imperfect	Preterite	Future	Conditional	Present	Past	
cruzar (z:c)	cruzo	cruzaba	crucé	cruzaré	cruzaría	cruce	cruzara	
	cruzas	cruzabas	cruzaste	cruzarás	cruzarías	cruces	cruzaras	cruza tú (no cruces)
	cruza	cruzaba	cruzó	cruzará	cruzaría	cruce	cruzara	cruce Ud.
Participles:	cruzamos	cruzábamos	cruzamos	cruzaremos	cruzaríamos	crucemos	cruzáramos	crucemos
cruzando	cruzáis	cruzabais	cruzasteis	cruzaréis	cruzaríais	crucéis	cruzarais	cruzad (no crucéis)
cruzado	cruzan	cruzaban	cruzaron	cruzarán	cruzarían	crucen	cruzaran	crucen Uds.

38

Infinitive	INDICATIVE					SUBJUNCTIVE		IMPERATIVE
	Present	Imperfect	Preterite	Future	Conditional	Present	Past	
destruir (y)	destruyo	destruía	destruí	destruiré	destruiría	destruya	destruyera	
	destruyes	destruías	destruiste	destruirás	destruirías	destruyas	destruyeras	destruye tú (no destruyas)
	destruye	destruía	destruyó	destruirá	destruiría	destruya	destruyera	destruya Ud.
Participles:	destruimos	destruíamos	destruimos	destruiremos	destruiríamos	destruyamos	destruyéramos	destruyamos
destruyendo	destruís	destruíais	destruisteis	destruiréis	destruiríais	destruyáis	destruyerais	destruid (no destruyáis)
destruido	destruyen	destruían	destruyeron	destruirán	destruirían	destruyan	destruyeran	destruyan Uds.

39

Infinitive	INDICATIVE					SUBJUNCTIVE		IMPERATIVE
	Present	Imperfect	Preterite	Future	Conditional	Present	Past	
enviar	envío	enviaba	envié	enviaré	enviaría	envíe	enviara	
	envías	enviabas	enviaste	enviarás	enviarías	envíes	enviaras	envía tú (no envíes)
	envía	enviaba	envió	enviará	enviaría	envíe	enviara	envíe Ud.
Participles:	enviamos	enviábamos	enviamos	enviaremos	enviaríamos	enviemos	enviáramos	enviemos
enviando	enviáis	enviabais	enviasteis	enviaréis	enviaríais	enviéis	enviarais	enviad (no enviéis)
enviado	envían	enviaban	enviaron	enviarán	enviarían	envíen	enviaran	envíen Uds.

40 graduar(se)

Participles: graduando, graduado

	INDICATIVE					SUBJUNCTIVE		IMPERATIVE
	Present	Imperfect	Preterite	Future	Conditional	Present	Past	
	gradúo	graduaba	gradué	graduaré	graduaría	gradúe	graduara	
	gradúas	graduabas	graduaste	graduarás	graduarías	gradúes	graduaras	gradúa tú (no gradúes)
	gradúa	graduaba	graduó	graduará	graduaría	gradúe	graduara	gradúe Ud.
	graduamos	graduábamos	graduamos	graduaremos	graduaríamos	graduemos	graduáramos	graduemos
	graduáis	graduabais	graduasteis	graduaréis	graduaríais	graduéis	graduarais	graduad (no graduéis)
	gradúan	graduaban	graduaron	graduarán	graduarían	gradúen	graduaran	gradúen Uds.

41 llegar (g:gu)

Participles: llegando, llegado

	INDICATIVE					SUBJUNCTIVE		IMPERATIVE
	Present	Imperfect	Preterite	Future	Conditional	Present	Past	
	llego	llegaba	llegué	llegaré	llegaría	llegue	llegara	
	llegas	llegabas	llegaste	llegarás	llegarías	llegues	llegaras	llega tú (no llegues)
	llega	llegaba	llegó	llegará	llegaría	llegue	llegara	llegue Ud.
	llegamos	llegábamos	llegamos	llegaremos	llegaríamos	lleguemos	llegáramos	lleguemos
	llegáis	llegabais	llegasteis	llegaréis	llegaríais	lleguéis	llegarais	llegad (no lleguéis)
	llegan	llegaban	llegaron	llegarán	llegarían	lleguen	llegaran	lleguen Uds.

42 proteger (g:j)

Participles: protegiendo, protegido

	INDICATIVE					SUBJUNCTIVE		IMPERATIVE
	Present	Imperfect	Preterite	Future	Conditional	Present	Past	
	protejo	protegía	protegí	protegeré	protegería	proteja	protegiera	
	proteges	protegías	protegiste	protegerás	protegerías	protejas	protegieras	protege tú (no protejas)
	protege	protegía	protegió	protegerá	protegería	proteja	protegiera	proteja Ud.
	protegemos	protegíamos	protegimos	protegeremos	protegeríamos	protejamos	protegiéramos	protejamos
	protegéis	protegíais	protegisteis	protegeréis	protegeríais	protejáis	protegierais	proteged (no protejáis)
	protegen	protegían	protegieron	protegerán	protegerían	protejan	protegieran	protejan Uds.

43 tocar (c:qu)

Participles: tocando, tocado

	INDICATIVE					SUBJUNCTIVE		IMPERATIVE
	Present	Imperfect	Preterite	Future	Conditional	Present	Past	
	toco	tocaba	toqué	tocaré	tocaría	toque	tocara	
	tocas	tocabas	tocaste	tocarás	tocarías	toques	tocaras	toca tú (no toques)
	toca	tocaba	tocó	tocará	tocaría	toque	tocara	toque Ud.
	tocamos	tocábamos	tocamos	tocaremos	tocaríamos	toquemos	tocáramos	toquemos
	tocáis	tocabais	tocasteis	tocaréis	tocaríais	toquéis	tocarais	tocad (no toquéis)
	tocan	tocaban	tocaron	tocarán	tocarían	toquen	tocaran	toquen Uds.

44 vencer (c:z)

Participles: venciendo, vencido

	INDICATIVE					SUBJUNCTIVE		IMPERATIVE
	Present	Imperfect	Preterite	Future	Conditional	Present	Past	
	venzo	vencía	vencí	venceré	vencería	venza	venciera	
	vences	vencías	venciste	vencerás	vencerías	venzas	vencieras	vence tú (no venzas)
	vence	vencía	venció	vencerá	vencería	venza	venciera	venza Ud.
	vencemos	vencíamos	vencimos	venceremos	venceríamos	venzamos	venciéramos	venzamos
	vencéis	vencíais	vencisteis	venceréis	venceríais	venzáis	vencierais	venced (no venzáis)
	vencen	vencían	vencieron	vencerán	vencerían	venzan	vencieran	venzan Uds.

Guide to Vocabulary

Contents of the glossary

This glossary contains the words and expressions listed on the **Vocabulario** page found at the end of each lesson in **ENFOQUES** as well as other useful vocabulary. A numeral following an entry indicates the lesson where the word or expression was introduced. Check the **Estructura** sections of each lesson for words and expressions related to those grammar topics.

Abbreviations used in this glossary

adj.	adjective	*fam.*	familiar	*pl.*	plural	*pron.*	pronoun
adv.	adverb	*form.*	formal	*pl.*	plural	*sing.*	singular
conj.	conjunction	*interj.*	interjection	*p.p.*	past participle	*v.*	verb
f.	feminine	*m.*	masculine	*prep.*	preposition		

Note on alphabetization

In the Spanish alphabet **ñ** is a separate letter following **n.** Therefore in this glossary you will find that **añadir** follows **anuncio.**

Español–Inglés

A

abogado/a *m., f.* lawyer
abrazar *v.* to hug; to hold **1**
abrir(se) *v.* to open; **abrirse paso** to make one's way
abrocharse *v.* to fasten; **abrocharse el cinturón de seguridad** to fasten one's seatbelt
abstracto/a *adj.* abstract **10**
aburrir *v.* to bore **2**
aburrirse *v.* to get bored **2**
acabarse *v.* to run out; to come to an end **6**
acantilado *m.* cliff
acariciar *v.* to caress **10**
accidente *m.* accident; **accidente automovilístico** *m.* car accident **5**
acentuar *v.* to accentuate **10**
acercarse (a) *v.* to approach **2**
aclarar *v.* to clarify **9**
acoger *v.* to welcome; to take in; to receive
acogido/a *adj.* received; **bien acogido/a** well received **8**
acompañar *v.* to come with **10**
aconsejar *v.* to advise; to suggest **4**
acontecimiento *m.* event **9**
acordar (o:ue) *v.* to agree
acordarse (o:ue) **(de)** *v.* to remember **2**
acostarse (o:ue) *v.* to go to bed **2**
acostumbrado/a *adj.* accustomed to; **estar acostumbrado/a a** *v.* to be used to
acostumbrarse (a) *v.* to get used to; to grow accustomed (to) **3**
activista *m., f.* activist **11**
acto: en el acto immediately; on the spot **3**
actor *m.* actor **9**
actriz *f.* actress **9**
actual *adj.* current **9**
actualidad *f.* current events **9**
actualizado/a *adj.* up-to-date **9**
actualizar *v.* to update **7**

actualmente *adv.* currently
acuarela *f.* watercolor **10**
adelantado/a *adj.* advanced **12**
adelanto *m.* improvement **4**
adelgazar *v.* to lose weight **4**
adinerado/a *adj.* wealthy **8**
adivinar *v.* to guess
adjuntar *v.* to attach **7**; **adjuntar un archivo** to attach a file **7**
administrar *v.* to manage; to run **8**
ADN (ácido desoxirribonucleico) *m.* DNA **7**
adorar *v.* to adore **1**
aduana *f.* customs; **agente de aduanas** customs agent **5**
advertencia *f.* warning **8**
afeitarse *v.* to shave **2**
aficionado/a (a) *adj.* fond of; a fan (of) **2**; **ser aficionado/a de** to be a fan of
afligir *v.* to afflict **4**
afligirse *v.* to get upset **3**
afortunado/a *adj.* lucky
agenda *f.* datebook **3**
agente *m., f.* agent; officer; **agente de aduanas** *m., f.* customs agent **5**
agnóstico/a *adj.* agnostic **11**
agobiado/a *adj.* overwhelmed **1**
agotado/a *adj.* exhausted **4**
agotar *v.* to use up **6**
agradecimiento *m.* gratitude
aguja *f.* needle **4**
agujero *m.* hole; **agujero en la capa de ozono** hole in the ozone layer; **agujero negro** *m.* black hole **7**; **agujerito** *m.* small hole **7**
ahogado/a *adj.* drowned **5**
ahogarse *v.* to smother; to drown
ahorrar *v.* to save **8**
ahorrarse *v.* to save oneself **7**
ahorro *m.* savings **8**
aislado/a *adj.* isolated **6**
aislar *v.* to isolate **9**
ajedrez *m.* chess **2**
ala *m.* wing
alba *f.* dawn; daybreak **11**
albergue *m.* hostel **5**

álbum *m.* album **2**
alcalde/alcaldesa *m., f.* mayor **11**
alcance *m.* reach **7**; **al alcance** within reach **10**; **al alcance de la mano** within reach **7**
alcanzar *v.* to reach; to achieve; to succeed in
aldea *f.* village **12**
alimentación *f.* diet (nutrition) **4**
allá *adv.* there
alma (el) *f.* soul **1**
alojamiento *m.* lodging **5**
alojarse *v.* to stay **5**
alquilar *v.* to rent; **alquilar una película** to rent a movie **2**
alta definición: de alta definición *adj.* high definition **7**
alterar *v.* to modify; to alter **1**
altiplano *m.* high plateau **11**
altoparlante *m.* loudspeaker
alusión *f.* allusion **1**
amable *adj.* nice; kind
amado/a *m., f.* loved one; sweetheart **1**
amanecer *m.* sunrise; morning
amar *v.* to love **1**
ambiental *adj.* environmental **6**
ambos/as *pron., adj.* both
amenaza *f.* threat **8**
amenazar *v.* to threaten **3**
amor *m.* love; **amor (no) correspondido** (un)requited love
amueblado/a *adj.* furnished
anciano/a *adj.* elderly
anciano/a *m., f.* elderly gentleman/lady
andar *v.* to walk; **andar + *pres. participle*** to be (doing something)
anfitrión/anfitriona *m.* host(ess) **8**
anillo *m.* ring **5**
animado/a *adj.* lively **2**
animar *v.* to cheer up; to encourage; **¡Anímate!** Cheer up! (*sing.*) **2**; **¡Anímense!** Cheer up! (*pl.*) **2**
ánimo *m.* spirit **1**
anotar (un gol/un punto) *v.* to score (a goal/a point) **2**

ansia *f.* anxiety **1**

ansioso/a *adj.* anxious **1**

antemano: de antemano *beforehand*

antena *f.* antenna; **antena parabólica** satellite dish

anterior *adj.* previous **8**

antes que nada first and foremost

antigüedad *f.* antiquity

antiguo/a *adj.* ancient **12**

antipático/a *adj.* mean; unpleasant

anuncio *m.* advertisement; commercial **9**

añadir *v.* to add

apagado/a *adj.* turned off **7**

apagar *v.* to turn off **3**; **apagar las velas** to blow out the candles **8**

aparecer *v.* to appear **1**

apenas *adv.* hardly; scarcely **3**

aplaudir *v.* to applaud **2**

apogeo *m.* height; highest level **5**

aportación *f.* contribution **11**

apostar (o:ue) *v.* to bet

apoyarse (en) *v.* to lean (on)

apreciado/a *adj.* appreciated

apreciar *v.* to appreciate **1**

aprendizaje *m.* learning **12**

aprobación *f.* approval **9**

aprobar (o:ue) *v.* to approve; to pass (*a class*); **aprobar una ley** to pass a law **11**

aprovechar *v.* to make good use of; to take advantage of

apuesta *f.* bet

apuro: tener apuro to be in a hurry; to be in a rush

araña *f.* spider **6**

árbitro/a *m., f.* referee **2**

árbol *m.* tree **6**

archivo *m.* file; **bajar un archivo** to download a file

arepa *f.* cornmeal cake **11**

argumento *m.* plot **10**

árido/a *adj.* arid **11**

aristocrático/a *adj.* aristocratic **12**

arma *f.* weapon

armado/a *adj.* armed

arqueología *f.* archaeology

arqueólogo/a *m., f.* archaeologist

arrancar *v.* to start (*a car*)

arrastrar *v.* to drag

arrecife *m.* reef **6**

arreglarse *v.* to get ready **3**

arrepentirse (de) (e:ie) *v.* to repent **2**

arriesgado/a *adj.* risky **5**

arriesgar *v.* to risk

arriesgarse *v.* to risk; to take a risk **3**

arroba *f.* @ symbol **7**

arroyo *m.* stream **10**

arruga *f.* wrinkle

artefacto *m.* artifact **5**

artesano/a *m., f.* artisan **10**

asaltar *v.* to rob **10**

ascender (e:ie) *v.* to rise; to be promoted **8**

asco *m.* revulsion; **dar asco** to be disgusting

asegurar *v.* to assure; to guarantee

asegurarse *v.* to make sure

aseo *m.* cleanliness; hygiene; **aseo personal** *m.* personal care

asesor(a) *m., f.* consultant; advisor **8**

así *adv.* like this; so **3**

asiento *m.* seat **2**

asombrar *v.* to amaze

asombrarse *v.* to be astonished

asombro *m.* amazement; astonishment

asombroso/a *adj.* astonishing

aspecto *m.* appearance; look; **tener buen/mal aspecto** to look healthy/sick **4**

aspirina *f.* aspirin **4**

astronauta *m., f.* astronaut **7**

astrónomo/a *m., f.* astronomer **7**

asunto *m.* matter; topic

asustado/a *adj.* frightened; scared

atar *v.* to tie (up)

ataúd *m.* casket **2**

ateísmo *m.* atheism

ateo/a *adj.* atheist **11**

aterrizar *v.* to land (an airplane)

atletismo *m.* track-and-field events

atracción *f.* attraction

atraer *v.* to attract **1**

atrapar *v.* to trap; to catch **6**

atrasado/a *adj.* late **3**

atrasar *v.* to delay

atreverse (a) *v.* to dare (to) **2**

atropellar *v.* to run over

audiencia *f.* audience

aumento *m.* increase; raise; **aumento de sueldo** *m.* raise in salary **8**

auricular *m.* telephone receiver **7**

ausente *adj.* absent

auténtico/a *adj.* real; genuine **3**

autobiografía *f.* autobiography **10**

autoestima *f.* self-esteem **4**

autoritario/a *adj.* strict; authoritarian **1**

autorretrato *m.* self-portrait **10**

auxiliar de vuelo *m., f.* flight attendant

auxilio *m.* help; aid; **primeros auxilios** *m. pl.* first aid **4**

avance *m.* advance; breakthrough **7**

avanzado/a *adj.* advanced **7**

avaro/a *m., f.* miser

ave *f.* bird **6**

aventura *f.* adventure **5**

aventurero/a *m., f.* adventurer **5**

avergonzado/a *adj.* ashamed; embarrassed,

averiguar *v.* to find out **1**

avisar *v.* to inform; to warn

aviso *m.* notice; warning **5**

azar *m.* chance **5**

B

bahía *f.* bay **5**

bailar *v.* to dance **1**

bailarín/bailarina *m., f.* dancer

bajar *v.* to lower

balcón *m.* balcony **3**

balón *m.* ball **2**

bancario/a *adj.* banking

bancarrota *f.* bankruptcy **8**

banda sonora *f.* soundtrack **9**

bandera *f.* flag

bañarse *v.* to take a bath **2**

barato/a *adj.* cheap; inexpensive **3**

barbaridad *f.* outrageous thing **10**

barrer *v.* to sweep **3**

barrio *m.* neighborhood

bastante *adv.* quite; enough **3**

batalla *f.* battle **12**

bautismo *m.* baptism

beber *v.* to drink **1**

bellas artes *f., pl* fine arts **10**

bendecir (e:i) *v.* to bless **11**

beneficios *m. pl.* benefits

besar *v.* to kiss **1**

bien acogido/a *adj.* well-received **8**

bienestar *m.* well-being **4**

bienvenida *f.* welcome **5**

bilingüe *adj.* bilingual **9**

billar *m.* billiards **2**

biografía *f.* biography **10**

biólogo/a *m., f.* biologist **7**

bioquímico/a *adj.* biochemical **7**

bitácora *f.* travel log; weblog **7**

blog *m.* blog **7**

blogonovela *f.* blognovel **7**

blogosfera *f.* blogosphere **7**

bobo/a *m., f.* silly, stupid person **7**

boleto *m.* ticket

boliche *m.* bowling **2**

bolsa *f.* bag; sack; stock market; **bolsa de valores** *f.* stock market **8**

bombardeo *m.* bombing **6**

bondad *f.* goodness; **¿Tendría usted la bondad de** + *inf....* ? Could you please ...? (*form.*)

bordo: a bordo *adv.* on board **5**

borrar *v.* to erase **7**

bosque *m.* forest; **bosque lluvioso** *m.* rain forest **6**

bostezar *v.* to yawn

botar *v.* to throw... out **5**

botarse *v.* to outdo oneself (*P. Rico; Cuba*) **5**

bote *m.* boat **5**

brindar *v.* to make a toast **2**

broma *f.* joke **1**

bromear *v* to joke

brújula *f.* compass **5**

buceo *m.* scuba diving **5**

budista *adj.* Buddhist **11**

bueno/a *adj.* good; **estar bueno/a** *v.* to (still) be good (i.e., *fresh*); **ser bueno/a** *v.* to be good (*by nature*); **¡Buen fin de semana!** Have a nice weekend!; **Buen provecho.** Enjoy your meal.

búfalo *m.* buffalo

burla *f.* mockery

burlarse (de) *v.* to make fun (of)

burocracia *f.* bureaucracy

buscador *m.* search engine **7**

búsqueda *f.* search

buzón *m.* mailbox

C

caber *v.* to fit **1**; **no caber duda** to be no doubt

cabo *m.* cape; end (*rope, string*); **al fin y al cabo** sooner or later, after all; **llevar a cabo** to carry out (*an activity*)

cabra *f.* goat

cacique *m.* tribal chief **12**

cadena *f.* network **9**; **cadena de televisión** *f.* television network

caducar *v.* to expire

caer(se) *v.* to fall **1; caer bien/mal** to get along well/badly with **2**

caja *f.* box; **caja de herramientas** toolbox

cajero/a *m., f.* cashier; **cajero automático** *m.* ATM

calentamiento global *m.* global warming **6**

calentar (e:ie) *v.* to warm up **3**

calidad *f.* quality

callado/a *adj.* quiet/silent

callarse *v.* to be quiet, silent

calmante *m.* painkiller; tranquilizer **4**

calmarse *v.* to calm down; to relax

calzoncillos *m. pl.* underwear (men's)

camarero/a *m., f.* waiter; waitress

cambiar *v.* to change

cambio *m.* change; **a cambio de** in exchange for

camerino *m.* star's dressing room **9**

campamento *m.* campground **5**

campaña *f.* campaign **11**

campeón/campeona *m., f.* champion **2**

campeonato *m.* championship **2**

campo *m.* ball field **5**

campo *m.* countryside; field **6**

canal *m.* channel **9; canal de televisión** *m.* television channel

cancelar *v.* to cancel **5**

cáncer *m.* cancer

cancha *f.* field **2**

candidato/a *m., f.* candidate **11**

canon literario *m.* literary canon **10**

cansancio *m.* exhaustion **3**

cansarse *v.* to become tired

cantante *m., f.* singer **2**

capa *f.* layer; **capa de ozono** *f.* ozone layer **6**

capaz *adj.* competent; capable **8**

capilla *f.* chapel **11**

capitán *m.* captain

capítulo *m.* chapter

caracterización *f.* characterization **10**

cargo *m.* position; **estar a cargo de** to be in charge of **1**

cariño *m.* affection **1**

cariñoso/a *adj.* affectionate **1**

carne *f.* meat; flesh

caro/a *adj.* expensive **3**

cartas *f. pl.* (playing) cards **2**

casado/a *adj.* married **1**

cascada *f.* cascade; waterfall **5**

casi *adv.* almost **3**

casi nunca *adv.* rarely **3**

castigo *m.* punishment

casualidad *f.* chance; coincidence **5; por casualidad** by chance **3**

catástrofe *f.* catastrophe; disaster; **catástrofe natural** *f.* natural disaster

categoría *f.* category **5; de buena categoría** *adj.* high quality **5**

católico/a *adj.* Catholic **11**

cazar *v.* to hunt **6**

ceder *v.* give up **11**

celda *f.* cell

celebrar *v.* to celebrate **2**

celebridad *f.* celebrity **9**

celos *m. pl.* jealousy; **tener celos de** to be jealous of **1**

célula *f.* cell **7**

cementerio *m.* cemetery **12**

censura *f.* censorship **9**

centavo *m.* cent

centro comercial *m.* mall **3**

cepillarse *v.* to brush **2**

cerdo *m.* pig **6**

cerro *m.* hill

certeza *f.* certainty

certidumbre *f.* certainty **12**

chisme *m.* gossip **9**

chiste *m.* joke **1**

choque *m.* crash **3**

choza *f.* hut **12**

cicatriz *f.* scar

ciencia ficción *f.* science fiction **10**

científico/a *adj.* scientific

científico/a *m., f.* scientist **7**

cierto/a *adj.* certain, sure; **¡Cierto!** Sure!; **No es cierto.** That's not so.

cine *m.* movie theater; cinema **2**

cinturón *m.* belt; **cinturón de seguridad** *m.* seatbelt **5; abrocharse el cinturón de seguridad** *v.* to fasten one's seatbelt; **ponerse (el cinturón)** *v.* to fasten (the seatbelt) **5; quitarse (el cinturón)** *v.* to unfasten (the seatbelt) **5**

circo *m.* circus **2**

cirugía *f.* surgery **4**

cirujano/a *m., f.* surgeon **4**

cisterna *f.* cistern; underground tank **6**

cita *f.* date; quotation; **cita a ciegas** *f.* blind date **1**

ciudadano/a *m., f.* citizen **11**

civilización *f.* civilization **12**

civilizado/a *adj.* civilized

claro *interj.* of course **3**

clásico/a *adj.* classic **10**

claustro *m.* cloister **11**

clima *m.* climate

clonar *v.* to clone **7**

club *m.* club; **club deportivo** *m.* sports club **2**

coartada *f.* alibi **10**

cobrador(a) *m., f.* debt collector **8**

cobrar *v.* to charge; to receive **8**

cochinillo *m.* suckling pig **10**

cocinar *v.* to cook **3**

cocinero/a *m., f.* chef; cook

codo *m.* elbow

cohete *m.* rocket **7**

cola *f.* line; tail; **hacer cola** to wait in line **2**

coleccionar *v.* to collect

coleccionista *m., f.* collector

colgar (o:ue) *v.* to hang (up)

colina *f.* hill

colmena *f.* beehive **8**

colocar *v.* to place (*an object*) **2**

colonia *f.* colony **12**

colonizar *v.* to colonize **12**

columnista *m., f.* columnist **9**

combatiente *m., f.* combatant

combustible *m.* fuel **6**

comediante *m., f.* comedian **1**

comensal *m., f.* dinner guest **10**

comer *v.* to eat **1, 2**

comerciante *m., f.* storekeeper; trader

comercio *m.* commerce; trade **8**

comerse *v.* to eat up **2**

comestible *adj.* edible; **planta comestible** *f.* edible plant

cometa *m.* comet **7**

comida *f.* food **6; comida enlatada** *f.* canned food **6; comida rápida** *f.* fast food **4**

cómo *adv.* how; **¡Cómo no!** Of course!; **¿Cómo que son...?** What do you mean they are...?

compañía *f.* company **8**

completo/a *adj.* complete; filled up; **El hotel está completo.** The hotel is filled.

componer *v.* to compose **1**

compositor(a) *m., f.* composer

comprobar (o:ue) *v.* to prove **7**

compromiso *m.* awkward situation **10**

compromiso *m.* commitment; responsibility **1**

computación *f.* computer science

computadora portátil *f.* laptop **7**

comunidad *f.* community **4**

conciencia *f.* conscience

concierto *m.* concert **2**

conducir *v.* to drive **1**

conductor(a) *m., f.* announcer

conejo *m.* rabbit **6**

conexión de satélite *f.* satellite connection **7**

conferencia *f.* conference **8**

confesar (e:ie) *v.* to confess **1**

confianza *f.* trust; confidence **1**

confundido/a *adj.* confused

confundir (con) *v.* to confuse (with)

congelado/a *adj.* frozen

congelar(se) *v.* to freeze **7**

congeniar *v.* to get along

congestionado/a *adj.* congested

congestionamiento *m.* traffic jam **5**

conjunto *m.* collection; **conjunto (musical)** *m.* (musical) group, band

conmovedor(a) *adj.* moving

conocer *v.* to know **1**

conocimiento *m.* knowledge **12**

conquista *f.* conquest **12**

conquistador(a) *m., f.* conquistador; conqueror **12**

conquistar *v.* to conquer **12**

conseguir (e:i) **boletos/entradas** *v.* to get tickets **2**

conservador(a) *adj.* conservative **11**

conservador(a) *m., f.* curator

conservar *v.* to conserve; to preserve **6**

considerar *v.* to consider; **Considero que...** In my opinion, ...

consiguiente *adj.* resulting; consequent; **por consiguiente** consequently; as a result

consulado *m.* consulate **11**

consulta *f.* doctor's appointment **4**

consultorio *m.* doctor's office **4**

consumo *m.* consumption; **consumo de energía** *m.* energy consumption

contador(a) *m., f.* accountant **8**

contagiarse *v.* to become infected **4**

contaminación *f.* pollution; contamination **6**

contaminar *v.* to pollute; to contaminate **6**

contar (o:ue) *v.* to tell; to count **2; contar con** to count on

contemporáneo/a *adj.* contemporary **10**

contentarse con *v.* to be contented/satisfied with **1**

continuación *f.* sequel

contraer *v.* to contract **1**

contraseña *f.* password **7**

contratar *v.* to hire **8**

contrato *m.* contract **8**

contribuir (a) *v.* to contribute **6**

control remoto *m.* remote control; **control remoto universal** *m.* universal remote control **7**

controvertido/a *adj.* controversial **9**

contundente *adj.* filling; heavy **10**

convertirse (en) (e:ie) *v.* to become **2**

copa *f.* (drinking) glass; **Copa del mundo** World Cup

coquetear *v.* to flirt **1**

coraje *m.* courage

corazón *m.* heart **1**

cordillera *f.* mountain range **6**

cordura *f.* sanity **4**

coro *m.* choir; chorus

corrector ortográfico *m.* spell-checker **7**

corresponsal *m., f.* correspondent **9**

corrida *f.* bullfight **2**

corriente *f.* movement **10**

corrupción *f.* corruption

corte *m.* cut; **de corte ejecutivo** of an executive nature

corto *m.* short film **1**

cortometraje *m.* short film **1**

cosecha *f.* harvest

costa *f.* coast **6**

costoso/a *adj.* costly; expensive

costumbre *f.* custom; habit **3**

cotidiano/a *adj.* everyday **3; vida cotidiana** *f.* everyday life

crear *v.* to create **7**

creatividad *f.* creativity

crecer *v.* to grow **1**

crecimiento *m.* growth

creencia *f.* belief **11**

creer (en) *v.* to believe (in) **11; No creas.** Don't you believe it.

creyente *m., f.* believer **11**

criar *v.* to raise; **haber criado** to have raised **1**

criarse *v.* to grow up **1**

crisis *f.* crisis; **crisis económica** economic crisis **8**

cristiano/a *adj.* Christian **11**

criticar *v.* to critique **10**

crítico/a *m., f.* critic; *adj.* critical **crítico/a de cine** movie critic **9**

crucero *m.* cruise (ship) **5**

cruzar *v.* to cross

cuadro *m.* painting **3, 10**

cuarentón/cuarentona *adj.* forty-year-old; in her/his forties **11**

cubismo *m.* cubism **10**

cucaracha *f.* cockroach **6**

cuenta *f.* calculation, sum; bill; account; **al final de cuentas** after all; **cuenta corriente** *f.* checking account **8; cuenta de ahorros** *f.* savings account **8; tener en cuenta** to keep in mind

cuento *m.* short story

cuerpo *m.* body; **cuerpo y alma** heart and soul

cueva *f.* cave

cuidado *m.* care **1; bien cuidado/a** well-kept

cuidadoso/a *adj.* careful **1**

cuidar *v.* to take care of **1**

cuidarse *v.* to take care of oneself **1**

culpa *f.* guilt

culpable *adj.* guilty **11**

cultivar *v.* to grow

culto *m.* worship

culto/a *adj.* cultured; educated; refined **12**

cultura *f.* culture; **cultura popular** *f.* pop culture

cumbre *f.* summit; peak

cumplir *v.* to carry out **8**

cura *m.* priest **12**

curarse *v.* to heal; to be cured **4**

curativo/a *adj.* healing **4**

currículum vitae *m.* résumé **8**

D

dañino/a *adj.* harmful **6**

dar *v.* to give; **dar a** to look out upon; **dar asco** to be disgusting; **dar de comer** to feed **6; dar el primer paso** to take the first step; **dar la gana** to feel like **9; dar la vuelta (al mundo)** to go around (the world); **dar paso a** to give way to; **dar un paseo** to take a stroll/walk **2; dar una vuelta** to take a walk/stroll; **darse cuenta** to realize **2, 9; darse por aludido/a** to realize/assume that one is being referred to **9; darse por vencido** to give up

dardos *m. pl.* darts **2**

dato *m.* piece of data

de repente *adv.* suddenly **3**

de terror *adj.* horror (*story/novel*) **10**

deber *m.* duty **8**

deber *v.* to owe **8; deber dinero** to owe money **2**

deber + inf. *v.* ought + *inf.*

década *f.* decade **12**

decir (e:i) *v.* to say **1**

dedicatoria *f.* dedication

deforestación *f.* deforestation **6**

dejar *v.* to leave; to allow; **dejar a alguien** to leave someone **1; dejar de fumar** quit smoking **4; dejar en paz** to leave alone **8**

delatar *v.* to denounce **3**

demás: los/las demás *pron.* others; other people

demasiado/a *adj., adv.* too; too much

democracia *f.* democracy **11**

demorar *v.* to delay

denunciar *v.* to denounce **9**

deportista *m., f.* athlete **2**

depositar *v.* to deposit **8**

depresión *f.* depression **4**

deprimido/a *adj.* depressed **1**

derecho *m.* law; right; **derechos civiles** *m.* civil rights **11; derechos humanos** *m.* human rights **11**

derramar *v.* to spill

derretir(se) (e:i) *v.* to melt **7**

derribar *v.* to bring down; to overthrow **12**

derrocar *v.* to overthrow **12**

derrota *f.* defeat

derrotado/a *adj.* defeated **12**

derrotar *v.* to defeat **12**

desafiante *adj.* challenging **4**

desafiar *v.* to challenge **2**

desafío *m.* challenge **7**

desanimado/a *adj.* discouraged

desanimarse *v.* to get discouraged

desánimo *m.* the state of being discouraged **1**

desaparecer *v.* to disappear **1, 6**

desarrollado/a *adj.* developed **12**

desarrollarse *v.* to take place **10**

desarrollo *m.* development **6; país en vías de desarrollo** *m.* developing country

desatar *v.* to untie

descansar *v.* to rest **4**

descanso *m.* rest **8**

descargar *v.* to download **7**

descendiente *m., f.* descendent **12**

descongelar(se) *v.* to defrost **7**

desconocido/a *m., f.* stranger; *adj.* unknown

descubridor(a) *m., f.* discoverer

descubrimiento *m.* discovery **7**

descubrir *v.* discover **4**

descuidar(se) *v.* to get distracted; to neglect **6**

desear *v.* to desire; to wish **4**

desechable *adj.* disposable **6**

desempleado/a *adj.* unemployed **8**

desempleo *m.* unemployment **8**

desenlace *m.* ending

deseo *m.* desire; wish; **pedir un deseo** to make a wish

deshacer *v.* to undo **1**

desierto *m.* desert **6**

desigual *adj.* unequal **11**

desilusión *f.* disappointment

desmayarse *v.* to faint **4**

desorden *m.* disorder; mess **7**

despacho *m.* office

despedida *f.* farewell **5**

despedido/a *adj.* fired

despedir (e:i) *v.* to fire **8**

despedirse (e:i) *v.* to say goodbye **3**

despertarse (e:ie) *v.* to wake up **2**

destacado/a *adj.* prominent **9**

destacar *v.* to emphasize; to point out

destino *m.* destination **5**

destrozar *v.* to destroy

destruir *v.* to destroy **6**

detestar *v.* to detest

deuda *f.* debt **8**

devolver (o:ue) *v.* to return (*items*) **3**

devoto/a *adj.* pious **11**

día *m.* day; **estar al día con las noticias** to keep up with the news

diamante *m.* diamond **5**

diario *m.* newspaper **9**

diario/a *adj.* daily **3**
dibujar *v.* to draw **10**
dictador(a) *m., f.* dictator **12**
dictadura *f.* dictatorship
didáctico/a *adj.* educational **10**
dieta *f.* diet; **estar a dieta** to be on a diet **4**
digestión *f.* digestion
digital *adj.* digital **7**
digno/a *adj.* worthy **6**
diluvio *m.* heavy rain
dinero *m.* money; **dinero en efectivo** cash **3**
Dios *m.* God **11**
dios(a) *m., f.* god/goddess **5**
diputado/a *m., f.* representative **11**
dirección de correo electrónico *f.* e-mail address **7**
directo/a *adj.* direct; **en directo** *adj.* live **9**
director(a) *m., f.* director
dirigir *v.* to direct; to manage **1**
discoteca *f.* discotheque; dance club **2**
discriminación *f.* discrimination
discriminado/a *adj.* discriminated
disculpar *v.* to excuse
disculparse *v.* to apologize **6**
discurso *m.* speech; **pronunciar un discurso** to give a speech **11**
discutir *v.* to argue **1**
diseñar *v.* to design **8, 10**
disfraz *m.* costume
disfrazado/a *adj.* disguised; in costume
disfrutar (de) *v.* to enjoy **2**
disgustado/a *adj.* upset **1**
disgustar *v.* to upset **2**
disminuir *v.* to decrease
disponerse a *v.* to be about to **6**
disponible *adj.* available
distinguido/a *adj.* honored
distinguir *v.* to distinguish **1**
distraer *v.* to distract **1**
distraído/a *adj.* distracted
disturbio *m.* riot **8**
diversidad *f.* diversity **4**
divertido/a *adj.* fun **2**
divertirse (e:ie) *v.* to have fun **2**
divorciado/a *adj.* divorced **1**
divorcio *m.* divorce **1**
doblado/a *adj.* dubbed **9**
doblaje *m.* dubbing (film)
doblar *v.* to dub (film); to fold; to turn (a corner)
doble *m., f.* double (in movies) **9**
documental *m.* documentary **9**
dolencia *f.* illness; condition **4**
doler (o:ue) *v.* to hurt; to ache **2**
dominio *m.* rule **12**
dominó *m.* dominoes
dondequiera *adv.* wherever **4**
dormir (o:ue) *v.* to sleep **2**
dormirse (o:ue) *v.* to go to sleep, to fall asleep **2**
dramaturgo/a *m., f.* playwright **10**
ducharse *v.* to take a shower **2**
dueño/a *m., f.* owner **8**
duro/a *adj.* hard; difficult **7**

E

echar *v.* to throw away **5**; **echar un vistazo** to take a look; **echar a correr** to take off running
ecosistema *m.* ecosystem **6**
ecoturismo *m.* ecotourism **5**
Edad Media *f.* Middle Ages
editar *v.* to publish **10**
educar *v.* to raise; to bring up **1**
efectivo *m.* cash
efectos especiales *m., pl.* special effects **9**
eficiente *adj.* efficient
ejecutivo/a *m., f.* executive **8**; **de corte ejecutivo** of an executive nature **8**
ejército *m.* army **12**
electoral *adj.* electoral
electrónico/a *adj.* electronic
elegido/a *adj.* chosen; elected
elegir (e:i) *v.* to elect; to choose **11**
embajada *f.* embassy **11**
embajador(a) *m., f.* ambassador **11**
embalarse *v.* to go too fast **9**
embarcar *v.* to board
emigrar *v.* to emigrate **11**
emisión *f.* broadcast; **emisión en vivo/directo** *f.* live broadcast
emisora *f.* (radio) station
emocionado/a *adj.* excited **1**
empatar *v.* to tie (games) **2**
empate *m.* tie (game) **2**
empeorar *v.* to deteriorate; to get worse **4**
emperador *m.* emperor **12**
emperatriz *f.* empress **12**
empezar (e:ie) *v.* to begin
empleado/a *adj.* employed **8**
empleado/a *m., f.* employee **8**
empleo *m.* employment; job **8**
empresa *f.* company; **empresa multinacional** *f.* multinational company **8**
empresario/a *m., f.* entrepreneur **8**
empujar *v.* to push
en línea *adj.* online **7**
enamorado/a (de) *adj.* in love (with) **1**
enamorarse (de) *v.* to fall in love (with) **1**
encabezar *v.* to lead **12**
encantar *v.* to like very much **2**
encargado/a *m., f.* person in charge; **estar encargado/a de** to be in charge of **1**
encargarse de *v.* to be in charge of **1**
encender (e:ie) *v.* to turn on **3**
encogerse *v.* shrink; **encogerse de hombros** to shrug
energía *f.* energy; **energía eólica** *f.* wind energy; wind power; **energía nuclear** *f.* nuclear energy
enérgico/a *adj.* energetic **8**
enfermarse *v.* to get sick **4**
enfermedad *f.* disease; illness **4**
enfermero/a *m., f.* nurse **4**
enfrentar *v.* to confront
enganchar *v.* to get caught **5**
engañar *v.* to betray **9, 12**
engordar *v.* to gain weight **4**
enlace *m.* link **7**
enojo *m.* anger
enrojecer *v.* to turn red; to blush

ensayar *v.* to rehearse **9**
ensayista *m., f.* essayist **10**
ensayo *m.* essay; rehearsal
enseguida right away **3**
enseñanza *f.* teaching; lesson **12**
entender (e:ie) *v.* to understand
enterarse (de) *v.* to become informed (about) **9**
enterrado/a *adj.* buried **2**
enterrar (e:ie) *v.* to bury **12**
entonces *adv.* then; **en aquel entonces** at that time **3**
entrada *f.* admission ticket
entrega *f.* delivery
entrenador(a) *m., f.* coach; trainer **2**
entretener(se) (e:ie) *v.* to entertain, to amuse (oneself) **2**
entretenido/a *adj.* entertaining **2**
entrevista *f.* interview; **entrevista de trabajo** *f.* job interview **8**
envenenado/a *adj.* poisoned **6**
enviar *v.* to send
eólico/a *adj.* related to the wind; **energía eólica** *f.* wind energy; wind power
epidemia *f.* epidemic **4**
episodio *m.* episode **9**; **episodio final** *m.* final episode **9**
época *f.* era; epoch; historical period **12**
equipaje *m.* luggage
equipo *m.* team **2**
equivocarse *v.* to be mistaken; to make a mistake
erosión *f.* erosion **6**
erudito/a *adj.* learned **12**
esbozar *v.* to sketch
esbozo *m.* outline; sketch
escalada *f.* climb (mountain)
escalador(a) *m., f.* climber
escalera *f.* staircase **3**
escena *f.* scene **1**
escenario *m.* scenery; stage **2**
esclavitud *f.* slavery **12**
esclavizar *v.* enslave **12**
esclavo/a *m., f.* slave **12**
escoba *f.* broom
escoger *v.* to choose **1**
esculpir *v.* to sculpt **10**
escultor(a) *m., f.* sculptor **10**
escultura *f.* sculpture **10**
esfuerzo *m.* effort
espacial *adj.* related to space; **transbordador espacial** *m.* space shuttle **7**
espacio *m.* space **7**
espacioso/a *adj.* spacious
espalda *f.* back; **a mis espaldas** behind my back **9**; **estar de espaldas a** to have one's back to
espantar *v.* to scare
especialista *m., f.* specialist
especializado/a *adj.* specialized **7**
especie *f.* species **6**; **especie en peligro de extinción** *f.* endangered species
espectáculo *m.* show **2**
espectador(a) *m., f.* spectator **2**
espejo retrovisor *m.* rearview mirror
espera *f.* wait
esperanza *f.* hope **6**

espiritual *adj.* spiritual 11
estabilidad *f.* stability 12
establecer(se) *v.* to establish (oneself) 12
estado de ánimo *m.* mood 4
estar *v.* to be; **estar al día** to be up-to-date 9; **estar bajo presión** to be under stress/pressure; **estar bueno/a** to be good (i.e., *fresh*); **estar a cargo de** to be in charge of; **estar harto/a (de)** to be fed up (with); to be sick (of) 1; **estar lleno** to be full 5; **estar al tanto** to be informed 9; **estar a la venta** to be for sale 10; **estar resfriado/a** to have a cold 4
estatal *adj.* public; pertaining to the state
estereotipo *m.* stereotype 10
estético/a *m./f.* aesthetic 10
estilo *m.* style; **al estilo de...** in the style of ... 10
estrecho/a *adj.* narrow
estrella *f.* star; **estrella fugaz** *f.* shooting star; **estrella** *f.* (movie) star [m/f]; **estrella pop** *f.* pop star [m/f] 9
estreno *m.* premiere; debut 2
estrofa *f.* stanza 10
estudio *m.* studio; **estudio de grabación** *m.* recording studio
etapa *f.* stage; phase
eterno/a *adj.* eternal
ético/a *adj.* ethical 7; **poco ético/a** unethical
etiqueta *f.* label; tag
excitante *adj.* exciting
excursión *f.* excursion; tour 5
exigir *v.* to demand 1, 4, 8
exilio político *m.* political exile 11
éxito *m.* success
exitoso/a *adj.* successful 8
exótico/a *adj.* exotic
experiencia *f.* experience 8
experimentar *v.* to experience; to feel
experimento *m.* experiment 7
exploración *f.* exploration
explorar *v.* to explore
explotación *f.* exploitation
explotar *v.* to exploit 12
exportaciones *f., pl.* exports
exportar *v.* to export 8
exposición *f.* exhibition
expresionismo *m.* expressionism 10
expulsar *v.* to expel 12
extinguir *v.* to extinguish
extinguirse *v.* to become extinct 6
extrañar *v.* to miss; **extrañar a (alguien)** to miss (someone); **extrañarse de algo** to be surprised about something
extraterrestre *m., f.* alien 7

F

fábrica *f.* factory
fabricar *v.* to manufacture; to make 7
facciones *f.* facial features 3
factor *m.* factor; **factores de riesgo** *m. pl.* risk factors
falda *f.* skirt
fallecer *v* to die
falso/a *adj.* insincere 1
faltar *v.* to lack; to need 2

fama *f.* fame 9; **tener buena/mala fama** to have a good/bad reputation 9
famoso/a *adj.* famous 9; **hacerse famoso** *v.* to become famous 9
farándula *f.* entertainment 1
faro *m.* lighthouse; beacon 5
fascinar *v.* to fascinate; to like very much 2
fatiga *f.* fatigue; weariness 8
fatigado/a *adj.* exhausted 3
favor *m.* favor; **hacer el favor** to do someone the favor
favoritismo *m.* favoritism 11
fe *f.* faith 11
felicidad *f.* happiness; **¡Felicidades a todos!** Congratulations to all!
feria *f.* fair 2
festejar *v.* to celebrate 2
festival *m.* festival 2
fiabilidad *f.* reliability
fiebre *f.* fever 4
fijarse *v.* to notice 9; **fijarse en** to take notice of 2
fijo/a *adj.* permanent; fixed 8
fin *m.* end; **al fin y al cabo** sooner or later; after all
final: al final de cuentas after all 7
financiar *v.* to finance 8
financiero/a *adj.* financial 8
finanza(s) *f.* finance(s)
firma *f.* signature 11
firmar *v.* to sign
físico/a *m., f.* physicist 7
flexible *adj.* flexible
florecer *v.* to flower 6
flotar *v.* to float 5
fondo *m.* bottom; **a fondo** *adv.* thoroughly
forma *f.* form; shape; **mala forma física** *f.* bad physical shape; **de todas formas** in any case 12; **ponerse en forma** *v.* to get in shape 4
formular *v.* to formulate 7
fortaleza *f.* strength
forzado/a *adj.* forced 12
fraile *m.* friar 11
frasco *m.* flask
freír (e:i) *v.* to fry 3
frontera *f.* border 5
fuente *f.* fountain; source; **fuente de energía** energy source 6
fuerza *f.* force; power; **fuerza de voluntad** will power 4; **fuerza laboral** labor force; **fuerzas armadas** *f., pl.* armed forces 12
función *f.* performance (*theater/movie*) 2
funcionar *v.* to work 7
futurístico/a *adj.* futuristic

G

galería *f.* gallery 10
gana *f.* desire; **sentir/tener ganas de** to want to; to feel like
ganar *v.* to win; **ganarse la vida** to earn a living 8; **ganar bien/mal** to be well/poorly paid 8; **ganar las elecciones** to win an election 11; **ganar un partido** to win a game 2
ganga *f.* bargain 3
gastar *v.* to spend 8

gen *m.* gene 7
generar *v.* to produce; to generate
generoso/a *adj.* generous
genética *f.* genetics 4
gerente *m., f.* manager 8
gesto *m.* gesture
gimnasio *m.* gymnasium
globalización *f.* globalization 8
gobernador(a) *m., f.* governor 11
gobernante *m., f.* ruler 12
gobernar (e:ie) *v.* to govern 11
grabar *v.* to record 9
gracioso/a *adj.* funny; pleasant 1
graduarse *v.* to graduate
gravedad *f.* gravity 7
gripe *f.* flu 4
gritar *v.* to shout
grupo *m.* group; **grupo musical** *m.* musical group, band
guaraní *m.* Guarani 9
guardar *v.* to save 7
guardarse (algo) *v.* to keep (something) to yourself 1
guerra *f.* war; **guerra civil** civil war 11
guerrero/a *m., f.* warrior 12
guía turístico/a *m., f.* tour guide 5
guión *m.* screenplay; script 9
guita *f.* cash; dough (*Arg.*) 7
gusano *m.* worm
gustar *v.* to like 2, 4; **¡No me gusta nada...!** I don't like ... at all!
gusto *m.* taste 10 **con mucho gusto** gladly; **de buen/mal gusto** in good/bad taste 10

H

habilidad *f.* skill
hábilmente *adv.* skillfully
habitación *f.* room 5; **habitación individual/doble** *f.* single/double room 5
habitante *m., f.* inhabitant 12
habitar *v.* to inhabit 12
hablante *m., f.* speaker 9
hablar *v.* to speak 1; **Hablando de esto,...** Speaking of that,...
hacer *v.* to do; to make 1, 4; **hacer algo a propósito** to do something on purpose; **hacer clic** to click 7; **hacer cola** to wait in line 2; **hacerle caso a alguien** to pay attention to someone 1; **hacerle daño a alguien** to hurt someone; **hacer el favor** do someone the favor; **hacer gracia a alguien** to be funny to someone; **hacerse daño** to hurt oneself; **hacer las maletas** to pack 5; **hacer mandados** to run errands 3; **hacer un viaje** to take a trip 5
hallazgo *m.* finding; discovery 4
hambriento/a *adj.* hungry
haragán/haragana *adj.* lazy; idle 8
harto/a *adj.* tired; fed up (with); **estar harto/a (de)** to be fed up (with); to be sick (of) 1
hasta *adv.* until; **hasta la fecha** up until now
hecho *m.* fact 3
helar (e:ie) *v.* to freeze
heredar *v.* to inherit

herencia *f.* heritage; **herencia cultural** cultural heritage **12**
herida *f.* injury **4**
herido/a *adj.* injured
herir (e:ie) *v.* to hurt **1**
heroico/a *adj.* heroic **12**
herradura *f.* horseshoe **12**
herramienta *f.* tool; **caja de herramientas** *f.* toolbox
hervir (e:ie) *v.* to boil **3**
hierba *f.* grass
higiénico/a *adj.* hygienic
hindú *adj.* Hindu **11**
historia *f.* history **12**
historiador(a) *m., f.* historian **12**
histórico/a *adj.* historic **12**
histórico/a *adj.* historical **10**
hogar *m.* home; fireplace **3**
hojear *v.* to skim **10**
hombre de negocios *m.* businessman **8**
hombro *m.* shoulder; **encogerse de hombros** to shrug
hondo/a *adj.* deep **2**
hora *f.* hour; **horas de visita** *f., pl.* visiting hours
horario *m.* schedule **3**
hormiga *f.* ant **6**
hospedarse *v.* to stay; to lodge
huelga *f.* strike (*labor*) **8**
huella *f.* trace; mark **8**
huerto *m.* orchard
huir *v.* to flee; to run away **3**
humanidad *f.* humankind **12**
húmedo/a *adj.* humid; damp **6**
humillar *v.* to humiliate **8**
humorístico/a *adj.* humorous **10**
hundir *v.* to sink
huracán *m.* hurricane **6**

I

ideología *f.* ideology **11**
idioma *m.* language **9**
iglesia *f.* church **11**
igual *adj.* equal **11**
igualdad *f.* equality
ilusión *f.* illusion; hope
imagen *f.* image; picture **2, 7**
imaginación *f.* imagination
imparcial *adj.* unbiased **9**
imperio *m.* empire **12**
importaciones *f., pl.* imports
importado/a *adj.* imported **8**
importante *adj.* important **4**
importar *v.* to be important (to); to matter **2, 4**; to import **8**
impresionar *v.* to impress **1**
impresionismo *m.* impressionism **10**
imprevisto/a *adj.* unexpected **3**
imprimir *v.* to print **9**
improviso: de improviso *adv.* unexpectedly
impuesto *m.* tax; **impuesto de ventas** *m.* sales tax **8**
inalámbrico/a *adj.* wireless **7**
incapaz *adj.* incompetent; incapable **8**
incendio *m.* fire **6**
incertidumbre *f.* uncertainty **12**

incluido/a *adj.* included **5**
independencia *f.* independence **12**
índice *m.* index; **índice de audiencia** *m.* ratings
indígena *adj.* indigenous **9**; *m., f.* indigenous person **4**
industria *f.* industry
inesperado/a *adj.* unexpected **3**
inestabilidad *f.* instability **12**
infancia *f.* childhood
inflamado/a *adv.* inflamed **4**
inflamarse *v.* to become inflamed
inflexible *adj.* inflexible
influyente *adj.* influential **9**
informarse *v.* to get information
informática *f.* computer science **7**
informativo *m.* news bulletin **9**
ingeniero/a *m., f.* engineer **7**
ingresar *v.* to enter; to enroll in; to become a member of; **ingresar datos** to enter data
injusto/a *adj.* unjust **11**
inmaduro/a *adj.* immature **1**
inmigración *f.* immigration **11**
inmoral *adj.* immoral **11**
innovador(a) *adj.* innovative **7**
inquietante *adj.* disturbing; unsettling **10**
inscribirse *v.* to register **11**
inseguro/a *adj.* insecure **1**
insensatez *f.* folly **4**
insistir en *v.* to insist on **4**
inspirado/a *adj.* inspired
instalar *v.* to install **7**
integrarse (a) *v.* to become part (of) **12**
inteligente *adj.* intelligent
interesar *v.* to be interesting to; to interest **2**
Internet *m., f.* Internet **7**
interrogante *m.* question; doubt **7**
intrigante *adj.* intriguing **10**
inundación *f.* flood **6**
inundar *v.* to flood
inútil *adj.* useless **2**
invadir *v.* to invade **12**
inventar *v.* to invent **7**
invento *m.* invention **7**
inversión *f.* investment; **inversión extranjera** *f.* foreign investment **8**
inversor(a) *m., f.* investor
invertir (e:ie) *v.* to invest **8**
investigador(a) *m., f.* researcher **4**
investigar *v.* to investigate; to research **7**
ir *v.* to go **1, 2**; **¡Qué va!** Of course not!; **ir de compras** to go shopping **3**; **irse (de)** to go away (from) **2**; **ir(se) de vacaciones** to take a vacation **5**
irresponsable *adj.* irresponsible
isla *f.* island **5**
itinerario *m.* itinerary **5**

J

jabalí *m.* wild boar **10**
jarabe *m.* syrup **4**
jaula *f.* cage
jornada *f.* (work) day
jubilación *f.* retirement
jubilarse *v.* to retire **8**
judío/a *adj.* Jewish **11**

juego *m.* game **2**; **juego de mesa** board game **2**; **juego de pelota** *m.* ball game **5**
juez(a) *m., f.* judge **11**
jugar (u:ue) *v.* to play
juicio *m.* trial; judgment
jurar *v.* to promise **12**
justicia *f.* justice **11**
justo/a *adj.* just **11**

L

laboratorio *m.* laboratory; **laboratorio espacial** *m.* space lab
ladrillo *m.* brick
ladrón/ladrona *m., f.* thief
lágrimas *f. pl.* tears
lanzar *v.* to throw; to launch
largo/a *adj.* long; **a lo largo de** along; beside; **a largo plazo** long-term
largometraje *m.* full length film
lastimar *v.* to injure
lastimarse *v.* to get hurt **4**
latir *v.* to beat **4**
lavar *v.* to wash **3**
lavarse *v.* to wash (oneself) **2**
lealtad *f.* loyalty **12**
lector(a) *m., f.* reader **9**
lejano/a *adj.* distant **5**
lengua *f.* language; tongue **9**
león *m.* lion **6**
lesión *f.* wound **4**
levantar *v.* to pick up
levantarse *v.* to get up **2**
ley *f.* law; **aprobar una ley** to approve a law; to pass a law; **cumplir la ley** to abide by the law **11**; **proyecto de ley** *m.* bill **11**
leyenda *f.* legend **5**
liberal *adj.* liberal **11**
liberar *v.* to liberate **12**
libertad *f.* freedom **11**; **libertad de prensa** freedom of the press **9**
libre *adj.* free; **al aire libre** outdoors **6**
líder *m., f.* leader **11**
liderazgo *m.* leadership **11**
lidiar *v.* to fight bulls **2**
límite *m.* border **11**
limpiar *v.* to clean **3**
limpieza *f.* cleaning **3**
literatura *f.* literature **10**; **literatura infantil/ juvenil** *f.* children's literature **10**
llamativo/a *adj.* striking **10**
llegada *f.* arrival **5**
llegar *v.* to arrive
llevar *v.* to carry **2**; **llevar a cabo** to carry out (*an activity*); **llevar... años de (casados)** to be (married) for... years **1**; **llevarse** to carry away **2**; **llevarse bien/ mal** to get along well/poorly **1**
loco/a: ¡Ni loco/a! *adj.* No way! **9**
locura *f.* madness; insanity
locutor(a) *m., f.* announcer
locutor(a) de radio *m., f.* radio announcer **9**
lograr *v.* to manage; to achieve **3**
loro *m.* parrot
lotería *f.* lottery
lucha *f.* struggle; fight

luchar *v.* to fight; to struggle **11; luchar por** to fight (for)
lugar *m.* place
lujo *m.* luxury **8; de lujo** luxurious
lujoso/a *adj.* luxurious **5**
luminoso/a *adj.* bright **10**
luna *f.* moon; **luna llena** *f.* full moon
luz *f.* power; electricity **7**

M

macho *m.* male
madera *f.* wood
madre soltera *f.* single mother
madriguera *f.* burrow; den **3**
madrugar *v.* to wake up early **4**
maduro/a *adj.* mature **1**
magia *f.* magic
maldición *f.* curse
malestar *m.* discomfort **4**
maleta *f.* suitcase **5; hacer las maletas** to pack **5**
maletero *m.* trunk **9**
malgastar *v.* to waste **6**
malhumorado/a *adj.* ill tempered; in a bad mood
manantial *m.* spring
mancha *f.* stain
manchar *v.* to stain
manejar *v.* to drive
manga *f.* sleeve **5**
manifestación *f.* protest; demonstration **11**
manifestante *m., f.* protester **6**
manipular *v.* to manipulate **9**
mano de obra *f.* labor
manta *f.* blanket
mantener *v.* to maintain; to keep; **mantenerse en contacto** *v.* to keep in touch **1; mantenerse en forma** to stay in shape **4**
manuscrito *m.* manuscript
maquillarse *v* to put on makeup **2**
mar *m.* sea **6**
maratón *m.* marathon
marca *f.* brand
marcar *v.* to mark; **marcar (un gol/ punto)** to score (a goal/point) **2**
marcharse *v* to leave
marco *m.* frame
mareado/a *adj.* dizzy **4**
marido *m.* husband
marinero *m.* sailor
mariposa *f.* butterfly
marítimo/a *adj.* maritime **11**
más *adj., adv.* more; **más allá de** beyond; **más bien** rather
masticar *v.* to chew
matador/a *m., f.* bullfighter who kills the bull **2**
matemático/a *m., f.* mathematician **7**
matiz *m.* subtlety
matrimonio *m.* marriage
mayor *m.* elder **12**
mayor de edad *adj.* of age
mayoría *f.* majority **11**
mecánico/a *adj.* mechanical
mecanismo *m.* mechanism
medicina alternativa *f.* alternative medicine

medida *f.* means; measure; **medidas de seguridad** *f. pl.* security measures **5**
medio *m.* half; middle; means; **medio ambiente** *m.* environment **6; medios de comunicación** *m. pl.* media **9**
medir (e:i) *v.* to measure
meditar *v.* to meditate **11**
mejilla *f.* cheek **10**
mejorar *v.* to improve **4**
mendigo/a *m., f.* beggar
mensaje *m.* message; **mensaje de texto** *m.* text message **7**
mentira *f.* lie **1; de mentiras** pretend **5**
mentiroso/a *adj.* lying **1**
menudo: a menudo *adv.* frequently; often **3**
mercadeo *m.* marketing **1**
mercado *m.* market **8**
mercado al aire libre *m.* open-air market
mercancía *f.* merchandise
merecer *v.* to deserve **8**
mesero/a *m., f.* waiter; waitress
mestizo/a *m., f.* person of mixed ethnicity (part indigenous) **12**
meta *f.* finish line
meterse *v.* to break in (*to a conversation*) **1**
mezcla *f.* mixture
mezquita *f.* mosque **11**
miel *f.* honey **8**
milagro *m.* miracle **11**
militar *m., f.* military **11**
ministro/a *m., f.* minister; **ministro/a protestante** *m., f.* Protestant minister
minoría *f.* minority **11**
mirada *f.* gaze **1**
misa *f.* mass **2**
mismo/a *adj.* same; **Lo mismo digo yo.** The same here.; **él/ella mismo/a** himself; herself
mitad *f.* half
mito *m.* myth **5**
moda *f.* fashion; trend; **de moda** *adj.* popular; in fashion **9; moda pasajera** *f.* fad **9**
modelo *m., f.* model (*fashion*)
moderno/a *adj.* modern
modificar *v.* to modify; to reform
modo *m.* means; manner
mojar *v.* to moisten
mojarse *v.* to get wet
molestar *v.* to bother; to annoy **2**
momento *m.* moment; **de último momento** *adj.* up-to-the-minute **9; noticia de último momento** *f.* last-minute news
monarca *m., f.* monarch **12**
monja *f.* nun
mono *m.* monkey **6**
monolingüe *adj.* monolingual **9**
montaña *f.* mountain **6**
monte *m.* mountain **6**
moral *adj.* moral **11**
morder (o:ue) *v.* to bite **6**
morirse (o:ue) **de** *v.* to die of **2**
moroso/a *m., f.* debtor **8**
mosca *f.* fly **6**
motosierra *f.* power saw **7**
móvil *m.* cell phone **7**
movimiento *m.* movement **10**
mudar *v.* to change **2**

mudarse *v.* to move (*change residence*) **2**
mueble *m.* furniture **3**
muelle *m.* pier **5**
muerte *f.* death
muestra *f.* sample; example
mujer *f.* woman; wife; **mujer de negocios** *f.* businesswoman **8**
mujeriego *m.* womanizer **2**
multa *f.* fine
multinacional *f.* multinational company
multitud *f.* crowd
Mundial *m.* World Cup **2**
muralista *m., f.* muralist **10**
museo *m.* museum
músico/a *m., f.* musician **2**
musulmán/musulmana *adj.* Muslim **11**

N

naipes *m. pl.* playing cards **2**
narrador(a) *m., f.* narrator **10**
narrar *v.* to narrate **10**
narrativa *f.* narrative work **10**
nativo/a *adj.* native
naturaleza muerta *f.* still life **10**
nave espacial *f.* spaceship
navegante *m., f.* navigator **7**
navegar *v.* to sail **5; navegar en Internet** to surf the web; **navegar en la red** to surf the web **7**
necesario *adj.* necessary **4**
necesidad *f.* need **5; de primerísima necesidad** of utmost necessity **5**
necesitar *v.* to need **4**
necio/a *adj.* stupid
negocio *m.* business
nervioso/a *adj.* nervous
ni... ni... *conj.* neither... nor...
nido *m.* nest
niebla *f.* fog
nítido/a *adj.* sharp
nivel *m.* level; **nivel del mar** *m.* sea level
nombrar *v.* to name
nombre artístico *m.* stage name **1**
nominación *f.* nomination
nominado/a *m., f.* nominee
noticia *f.* news; **noticias locales/nacionales/ internacionales** *f. pl.* local/domestic/ international news **9**
novela rosa *f.* romance novel **10**
novelista *m., f.* novelist **7, 10**
nuca *f.* nape **9**
nutritivo/a *adj.* nutritious **4**

O

o... o... *conj.* either... or...
obedecer *v.* to obey **1**
obesidad *f.* obesity **4**
obra *f.* work; **obra de arte** *f.* work of art **10; obra de teatro** *f.* play (*theater*) **2; obra maestra** *f.* masterpiece **3**
obsequio *m.* gift **11**
ocio *m.* leisure
ocultarse *v.* to hide **3**
ocurrírsele a alguien *v.* to occur to someone
odiar *v.* to hate **1**
ofensa *f.* insult **10**

oferta *f.* offer; proposal 9
ofrecerse (a) *v.* to offer (to)
oír *v.* to hear 1
ola *f.* wave 5
óleo *m.* oil painting 10
Olimpiadas *f. pl.* Olympics
olvidarse (de) *v.* to forget (about) 2
olvido *m.* forgetfulness; oblivion 1
ombligo *m.* navel 4
onda *f.* wave
operación *f.* operation 4
operar *v.* to operate
opinar *v.* to think; to be of the opinion; **Opino que es fea/o.** In my opinion, it's ugly.
oponerse a *v.* to oppose 4
oprimir *v.* to oppress 12
organismo público *m.* government agency 9
orgulloso/a *adj.* proud 1; **estar orgulloso/a de** to be proud of
orilla *f.* shore; **a orillas de** on the shore of 6
ornamentado/a *adj.* ornate
oscurecer *v.* to darken 6
oso *m.* bear
oveja *f.* sheep 6
ovni *m.* UFO 7
oyente *m., f.* listener 9

P

pacífico/a *adj.* peaceful 12
padre soltero *m.* single father
página *f.* page; **página web** *f.* web page 7
país en vías de desarrollo *m.* developing country
paisaje *m.* landscape; scenery 6
pájaro *m.* bird 6
palmera *f.* palm tree
panfleto *m.* pamphlet 11
pantalla *f.* screen 2; **pantalla de computadora** *f.* computer screen; **pantalla de televisión** *f.* television screen 2; **pantalla líquida** *f.* LCD screen 7
papel *m.* role 9; **desempeñar un papel** to play a role (*in a play*); to carry out
para *prep.* for **Para mí,...** In my opinion, ...; **para nada** not at all
paradoja *f.* paradox
parar el carro *v.* to hold one's horses 9
parcial *adj.* biased 9
parcialidad *f.* bias 9
parecer *v.* to seem 2; **A mi parecer,...** In my opinion, ...; **Al parecer, no le gustó.** It looks like he/she didn't like it. 6; **Me parece hermosa/o.** I think it's pretty.; **Me pareció...** I thought.. 1; **¿Qué te pareció Mariela?** What did you think of Mariela? 1; **Parece que está triste/contento/a.** It looks like he/she is sad/happy. 6
parecerse *v.* to look like 2, 3
pared *f.* wall 5
pareja *f.* couple; partner 1
parque *m.* park; **parque de atracciones** *m.* amusement park 2
parroquia *f.* parish 12

parte *f.* part; **de parte de** on behalf of; **Por mi parte,...** As for me,...
particular *adj.* private; personal; particular
partido *m.* party (*politics*); game (*sports*); **partido político** *m.* political party 11; **ganar/perder un partido** to win/lose a game 2
pasado/a de moda *adj.* out-of-date; no longer popular 9
pasaje (de ida y vuelta) *m.* (round-trip) ticket 5
pasajero/a *adj.* fleeting; passing
pasaporte *m.* passport 5
pasar *v.* to pass; to make pass (*across, through, etc.*); **pasar la aspiradora** to vacuum 3; **pasarlo bien/mal** to have a good/bad/horrible time 1; **Son cosas que pasan.** These things happen. 11
pasarse *v.* to go too far
pasatiempo *m.* pastime 2
paseo *m.* stroll
paso *m.* passage; pass; step; **abrirse paso** to make one's way
pastilla *f.* pill 4
pasto *m.* grass
pata *f.* foot/leg of an animal
patada *f.* kick 3
patear *v.* to kick 2
patente *f.* patent 7
payaso/a *m., f.* clown 8
paz *f.* peace
pecado *m.* sin
pececillo de colores *m.* goldfish
pecho *m.* chest 10
pedir (e:i) *v* to ask 1, 4; **pedir prestado/a** to borrow 8; **pedir un deseo** to make a wish 8
pegar *v.* to stick
peinarse *v.* to comb (one's hair) 2
pelear *v.* to fight
película *f.* film
peligro *m.* danger; **en peligro de extinción** endangered 6
peligroso/a *adj.* dangerous 5
pena *f.* sorrow 4; **¡Qué pena!** What a pity!
pensar (e:ie) *v.* to think 1
pensión *f.* bed and breakfast inn
perder (e:ie) *v.* to miss; to lose; **perder un vuelo** to miss a flight 5; **perder las elecciones** to lose an election 11; **perder un partido** to lose a game 2
pérdida *f.* loss 11
perdonar *v.* to forgive; **Perdona.** (*fam.*)/**Perdone.** (*form.*) Pardon me.; Excuse me.
perfeccionar *v.* to improve; to perfect
periódico *m.* newspaper 9
periodista *m., f.* journalist 9
permanecer *v.* to remain; to last 4
permisivo/a *adj.* permissive; easy-going 1
permiso. *m.* permission; **Con permiso** Pardon me.; Excuse me.
perseguir (e:i) *v.* to pursue; to persecute
personaje *m.* character 10; **personaje principal/secundario** *m.* main/secondary character
pertenecer (a) *v.* to belong (to) 12
pesadilla *f.* nightmare
pesca *f.* fishing 5
pesimista *m., f.* pessimist

peso *m.* weight
pez *m.* fish (*live*) 6
picadura *f.* insect bite
picar *v.* to sting, to peck
picnic *m.* picnic
pico *m.* peak, summit
piedad *f.* mercy 8
piedra *f.* stone 5
pieza *f.* piece (*art*) 10
pillar *v.* to get (*catch*) 9
piloto *m., f.* pilot
pincel *m.* paintbrush 10
pincelada *f.* brush stroke 10
pintar *v.* to paint 3
pintor(a) *m., f.* painter 3, 10
pintura *f.* paint; painting 10
pirámide *f.* pyramid 5
plancha *f.* iron
planear *v.* to plan
plata *f.* money (*L. Am.*) 7
plaza de toros *f.* bullfighting stadium 2
plazo: a corto/largo plazo short/long-term 8
población *f.* population 4
poblador(a) *m., f.* settler; inhabitant
poblar (o:ue) *v.* to settle; to populate 12
pobreza *f.* poverty 8
poder (o:ue) *v.* to be able to 1
poderoso/a *adj.* powerful 12
poesía *f.* poetry 10
poeta *m., f.* poet 10
polémica *f.* controversy 11
polen *m.* pollen 8
policíaco/a *adj.* detective (*story/novel*) 10
política *f.* politics
político/a *m., f.* politician 11
polvo *m.* dust 3; **quitar el polvo** to dust 3
poner *v.* to put; to place 1, 2; **poner a prueba** to test; to challenge; **poner cara (de hambriento/a)** to make a (hungry) face; **poner un disco compacto** to play a CD 2; **poner una inyección** to give a shot 4
ponerse *v.* to put on (*clothing*) 2; **ponerse a dieta** to go on a diet 4; **ponerse bien/mal** to get well/ill 4; **ponerse de pie** to stand up 12; **ponerse el cinturón** to fasten the seatbelt 5; **ponerse en forma** to get in shape 4; **ponerse pesado/a** to become annoying
popa *f.* stern 5
porquería *f.* garbage; poor quality 10
portada *f.* front page; cover 9
portarse bien *v.* to behave well
portátil *adj.* portable
posible *adj.* possible; **en todo lo posible** as much as possible
pozo *m.* well; **pozo petrolero** *m.* oil well
precolombino/a *adj.* pre-Columbian
preferir (e:ie) *v.* to prefer 4
preguntarse *v.* to wonder
prehistórico/a *adj.* prehistoric 12
premiar *v.* to give a prize
premio *m.* prize 12
prensa *f.* press 9; **prensa sensacionalista** *f.* tabloid(s) 9; **rueda de prensa** *f.* press conference 11
preocupado/a (por) *adj.* worried (about) 1
preocupar *v.* to worry 2

preocuparse (por) *v.* to worry (about) **2**

presentador(a) de noticias *m., f.* news reporter

presentir (e:ie) *v.* to foresee

presionar *v.* to pressure; to stress

prestar *v.* to lend **8**

presupuesto *m.* budget **8**

prevenido/a *adj.* cautious

prevenir *v.* to prevent **4**

prever *v.* to foresee **6**

previsto/a *adj., p.p.* planned **3**

primer(a) ministro/a *m., f.* prime minister **11**

primeros auxilios *m. pl.* first aid **4**

prisa *f.* hurry; rush **6**

privilegio *m.* privilege **8**

proa *f.* bow **5**

probador *m.* dressing room **3**

probar (o:ue) **(a)** *v.* to try **3**

probarse (o:ue) *v.* to try on **3**

procesión *f.* procession **12**

producir *v.* to produce **1**

productivo/a *adj.* productive **8**

profundo/a *adj.* deep

programa (de computación) *m.* software **7**

programador(a) *m., f.* programmer

prohibido/a *adj.* prohibited **5**

prohibir *v.* to prohibit **4**

prominente *adj.* prominent **11**

promover (o:ue) *v.* to promote

pronunciar *v.* to pronounce; **pronunciar un discurso** to give a speech **11**

propaganda *f.* advertisement **9**

propensión *f.* tendency

propietario/a *m., f.* (property) owner

proponer *v.* to propose **1, 4; proponer matrimonio** to propose (marriage) **1**

proporcionar *v.* to provide; to supply

propósito: a propósito *adv.* on purpose **3**

prosa *f.* prose **10**

protagonista *m., f.* protagonist; main character **1, 10**

proteger *v.* to protect **1, 6**

protegido/a *adj.* protected **5**

protestar *v.* to protest **11**

provecho *m.* benefit; **Buen provecho.** Enjoy your meal. **6**

proveniente (de) *adj.* originating (in); coming from

provenir (de) *v.* to come from; to originate from

proyecto *m.* project; **proyecto de ley** *m.* bill **11**

prueba *f.* proof **2**

publicar *v.* to publish **9**

publicidad *f.* advertising **9**

público *m.* public; audience **9**

pueblo *m.* people **4**

puente *m.* bridge **12**

puerta de embarque *f.* (airline) gate **5**

puerto *m.* port **5**

puesto *m.* position; job **8**

punto *m.* period **2**

punto de vista *m.* point of view **10**

pureza *f.* purity **6**

puro/a *adj.* pure; clean

Q

quedar *v.* to be left over; to fit (clothing) **2**

quedarse *v.* to stay **5; quedarse callado/a** to remain silent **1; quedarse sin** to run out of **6; quedarse sordo/a** to go deaf **4; quedarse viudo/a** to become widowed

quehacer *m.* chore **3**

queja *f.* complaint

quejarse (de) *v.* to complain (about) **2**

querer (e:ie) *v.* to love; to want **1, 4**

químico/a *adj.* chemical **7**

químico/a *m., f.* chemist **7**

quirúrgico/a *adj.* surgical

quitar *v.* to take away; to remove **2; quitar el polvo** to dust **3**

quitarse *v.* to take off (*clothing*) **2; quitarse (el cinturón)** to unfasten (the seatbelt) **5**

R

rabino/a *m., f.* rabbi

radiación *f.* radiation

radio *f.* radio

radioemisora *f.* radio station **9**

raíz *f.* root

rana *f.* frog **6**

rancho *m.* ranch **12**

rasgo *m.* trait; characteristic

rata *f.* rat

ratos libres *m. pl.* free time **2**

raya *f.* war paint; stripe **5**

rayo *m.* ray; lightning; **¿Qué rayos...?** What on earth...? **5**

raza *f.* race **12**

reactor *m.* reactor

realismo *m.* realism **10**

realista *adj.* realistic; realist **10**

rebeldía *f.* rebelliousness

rebuscado/a *adj.* complicated

recepción *f.* front desk **5**

receta *f.* prescription **4**

recetar *v.* prescribe **4**

rechazar *v.* to reject **11**

rechazo *m.* refusal; rejection

reciclable *adj.* recyclable

reciclar *v.* to recycle **6**

recital *m.* recital

reclamar *v.* to claim; to demand **11**

recomendable *adj.* recommendable; advisable **5; poco recomendable** not advisable; inadvisable

recomendar (e:ie) *v.* to recommend **4**

reconocer *v.* to recognize **1, 12**

reconocimiento *m.* recognition

recordar (o:ue) *v.* to remember

recorrer *v.* to visit; to go around **5**

recuerdo *m.* memory

recuperarse *v.* to recover **4**

recurso natural *m.* natural resource **6**

redactor(a) *m., f.* editor **9; redactor(a) jefe** *m., f.* editor-in-chief

redondo/a *adj.* round **2**

reducir (la velocidad) *v.* to reduce (speed) **5**

reembolso *m.* refund **3**

reflejar *v.* to reflect; to depict **10**

reforma *f.* reform; **reforma económica** *f.* economic reform

refugiarse *v* to take refuge

refugio *m.* refuge **6**

regla *f.* rule

regocijo *m.* joy **4**

regresar *v.* to return **5**

regreso *m.* return (trip)

rehacer *v.* to re-make; to re-do **1**

reina *f.* queen

reino *m.* reign; kingdom **12**

reírse (e:i) *v.* to laugh

relacionado/a *adj.* related; **estar relacionado/a** to have good connections

relajarse *v.* to relax **4**

relámpago *m.* lightning **6**

relato *m.* story; account **10**

religión *f.* religion

religioso/a *adj.* religious **11**

remitente *m.* sender

remo *m.* oar **5**

remordimiento *m.* remorse **11**

rendimiento *m.* performance

rendirse (e:i) *v.* to surrender **12**

renovable *adj.* renewable **6**

renunciar *v.* to quit **8; renunciar a un cargo** to resign a post

repaso *m.* revision; review **10**

repentino/a *adj.* sudden **3**

repertorio *m.* repertoire

reportaje *m.* news report **9**

reportero/a *m., f.* reporter **9**

reposo *m.* rest; **estar en reposo** to be at rest

repostería *f.* pastry

represa *f.* dam

reproducirse *v.* to reproduce

reproductor de CD/DVD/MP3 *m.* CD/DVD/MP3 player **7**

resbaladizo/a *adj.* slippery **11**

resbalar *v.* to slip

rescatar *v.* to rescue

resentido/a *adj.* resentful **6**

reservación *f.* reservation

reservar *v.* to reserve **5**

resfriado *m.* cold **4**

residir *v* to reside

resolver (o:ue) *v.* to solve **6**

respeto *m.* respect

respiración *f.* breathing **4**

responsable *adj.* responsible

retrasado/a *adj.* delayed **5**

retrasar *v* to delay

retraso *m.* delay

retratar *v.* to portray **3**

retrato *m.* portrait **3**

reunión *f.* meeting **8**

reunirse (con) *v.* to get together (with) **2**

revista *f.* magazine **9; revista electrónica** *f.* online magazine **9**

revolucionario/a *adj.* revolutionary **7**

revolver (o:ue) *v.* to stir; to mix up

rey *m.* king **12**

rezar *v.* to pray **11**

riesgo *m.* risk

rima *f.* rhyme **10**

rincón *m.* corner; nook **11**

río *m.* river
riqueza *f.* wealth 8
rociar *v.* to spray 6
rodar (o:ue) *v.* to film 9
rodeado/a *adj.* surrounded 7
rodear *v.* to surround
rogar (o:ue) *v.* to beg; to plead 4
romanticismo *m.* romanticism 10
romper (con) *v.* to break up (with) 1
rozar *v.* to brush against; to touch lightly
ruedo *m.* bull ring 2
ruido *m.* noise
ruina *f.* ruin 5
ruta maya *f.* Mayan Trail 5
rutina *f.* routine 3

S

saber *v.* to know; to taste like/of 1; **¿Cómo sabe?** How does it taste? 4; **¿Y sabe bien?** And does it taste good? 4; **Sabe a ajo/menta/limón.** It tastes like garlic/mint/lemon. 4
sabiduría *f.* wisdom 12
sabio/a *adj.* wise
sabor *m.* taste; flavor; **¿Qué sabor tiene? ¿Chocolate?** What flavor is it? Chocolate? 4; **Tiene un sabor dulce/agrio/amargo/agradable.** It has a sweet/sour/bitter/pleasant taste. 4
sacerdote *m.* priest
saciar *v.* to satisfy; to quench
sacrificar *v.* to sacrifice 6
sacrificio *m.* sacrifice
sacristán *m.* sexton 11
sagrado/a *adj.* sacred; holy 11
sala *f.* room; hall; **sala de conciertos** *f.* concert hall; **sala de emergencias** *f.* emergency room 4
salida *f.* exit 6
salir *v.* to leave; to go out 1; **salir (a comer)** to go out (to eat) 2; **salir con** to go out with 1
salto *m.* jump
salud *f.* health 4; **¡A tu salud!** To your health!; **¡Salud!** Cheers! 8
saludable *adj.* healthy; nutritious 4
salvaje *adj.* wild 6
salvar *v.* to save 6
sanar *v.* to heal 6
sano/a *adj.* healthy 4
satélite *m.* satellite
sátira *f.* satire
satírico/a *adj.* satirical 10; **tono satírico/a** *m.* satirical tone
secarse *v.* to dry off 2
sección *f.* section 9; **sección de sociedad** *f.* lifestyle section 9; **sección deportiva** *f.* sports page/section 9
seco/a *adj.* dry 6
secuestro *m.* kidnapping 11
seguir (i:e) *v.* to follow
seguridad *f.* safety; security 5; **cinturón de seguridad** *m.* seatbelt 5; **medidas de seguridad** *f. pl.* security measures 5

seguro *m.* insurance 5
seguro/a *adj.* sure; confident 1
seleccionar *v.* to select; to pick out 3
sello *m.* seal; stamp
selva *f.* jungle 5
semana *f.* week
semanal *adj.* weekly
semilla *f.* seed
senador(a) *m., f.* senator 11
sensato/a *adj.* sensible 1
sensible *adj.* sensitive 1
sentido *m.* sense; **en sentido figurado** figuratively; **sentido común** *m.* common sense
sentimiento *m.* feeling; emotion 1
sentirse (e:ie) *v.* to feel 1
señal *f.* sign 2
señalar *v.* to point to; to signal 2
separado/a *adj.* separated 1
sepultar *v.* to bury 12
sequía *f.* drought 6
ser *v.* to be 1
serpiente *f.* snake 6
servicio de habitación *m.* room service 5
servicios *m., pl* facilities
servidumbre *f.* servants; servitude 3
sesión *f.* showing
siglo *m.* century 12
silbar *v.* to whistle
sillón *m.* armchair
simpático/a *adj.* nice
sin *prep.* without; **sin ti** without you (*fam.*)
sinagoga *f.* synagogue 11
sincero/a *adj.* sincere
sindicato *m.* labor union 8
síntoma *m.* symptom
sintonía *f.* tuning; synchronization 9
sintonizar *v.* to tune into (radio or television)
siquiera *conj.* even; **ni siquiera** *conj.* not even
sitio web *m.* website 7
situado/a *adj.* situated; located; **estar situado/a en** to be set in
soberanía *f.* sovereignty 12
soberano/a *m., f.* sovereign; ruler 12
sobre *m.* envelope
sobre todo above all 6
sobredosis *f.* overdose
sobrevivencia *f.* survival
sobrevivir *v.* to survive
sociable *adj.* sociable
sociedad *f.* society
socio/a *m., f.* partner; member 8
solar *adj.* solar
soldado *m.* soldier 12
soledad *f.* solitude; loneliness 3
soler (o:ue) *v.* to be in the habit of; to be used to 3
solicitar *v.* to apply for 8
solo/a *adj.* alone; lonely 1
soltero/a *adj.* single 1; **madre soltera** *f.* single mother; **padre soltero** *m.* single father
sonar (o:ue) *v.* to ring 7
soñar (o:ue) **(con)** *v.* to dream (about) 1
soplar *v.* to blow

soportar *v.* to support; **soportar a alguien** to put up with someone 1
sordo/a *adj.* deaf; **quedarse sordo/a** to go deaf *v.* 4
sorprender *v.* to surprise 2
sorprenderse (de) *v.* to be surprised (about) 2
sortija *f.* ring 5
sospecha *f.* suspicion
sospechar *v.* to suspect
sótano *m.* basement 3
suavidad *f.* smoothness
subasta *f.* auction 10
subdesarrollo *m.* underdevelopment
subida *f.* ascent
subsistir *v.* to survive 11
subtítulos *m., pl.* subtitles 9
suburbio *m.* suburb
suceder *v.* to happen 1
sucursal *f.* branch
sueldo *m.* salary; **aumento de sueldo** raise in salary *m.* 8; **sueldo fijo** *m.* base salary 8; **sueldo mínimo** *m.* minimum wage 8
suelo *m.* floor
suelto/a *adj.* loose
sufrimiento *m.* pain; suffering
sufrir (de) *v.* to suffer (from) 4
sugerir (e:ie) *v.* to suggest 4
superar *v.* to overcome
superficie *f.* surface
supermercado *m.* supermarket 3
supervivencia *f.* survival
suponer *v.* to suppose 1
suprimir *v.* to abolish; to suppress 12
supuesto/a *adj.* false; so-called; supposed; **Por supuesto.** Of course.
surrealismo *m.* surrealism 10
suscribirse (a) *v.* to subscribe (to) 9

T

tacaño/a *adj.* cheap; stingy 1
tacón *m.* heel 12; **tacón alto** high heel
tal como *conj.* just as
talento *m.* talent 1
talentoso/a *adj.* talented 1
taller *m.* workshop
tanque *m.* tank 6
tapa *f.* lid, cover
tapón *m.* traffic jam 5
taquilla *f.* box office 2
tarjeta *f.* card; **tarjeta de crédito/débito** *f.* credit/debit card 3
tatarabuelo/a *m., f.* great-great-grandfather/mother 12
teatro *m.* theater
teclado *m.* keyboard
tela *f.* canvas 10
teléfono celular *m.* cell phone 7
telenovela *f.* soap opera 9
telescopio *m.* telescope 7
televidente *m., f.* television viewer 9
televisión *f.* television 2
televisor *m.* television set 2
templo *m.* temple 11
temporada *f.* season; period; **temporada alta/baja** *f.* high/low season 5

tendencia *f.* trend **9; tendencia izquierdista/derechista** *f.* left-wing/right-wing bias

tener (e:ie) *v.* to have **1; tener buen/mal aspecto** to look healthy/sick **4; tener buena/mala fama** to have a good/bad reputation **9; tener celos (de)** to be jealous (of) **1; tener fiebre** to have a fever **4; tener vergüenza (de)** to be ashamed (of) **1**

tensión (alta/baja) *f.* (high/low) blood pressure **4**

teoría *f.* theory **7**

terapia intensiva *f.* intensive care **4**

térmico/a *adj.* thermal

terremoto *m.* earthquake **6**

terreno *m.* land **6**

territorio *m.* territory **11**

terrorismo *m.* terrorism **11**

testigo *m., f.* witness **10**

tiburón *m.* shark **5**

tiempo *m.* time; **a tiempo** on time **3; tiempo libre** *m.* free time **2**

tierra *f.* land; earth **6**

tigre *m.* tiger **6**

timbre *m.* doorbell; tone; tone of voice **3; tocar el timbre** to ring the doorbell **3**

timidez *f.* shyness

tímido/a *adj.* shy **1**

típico/a *adj.* typical; traditional

tipo *m.* guy **2**

tira cómica *f.* comic strip **9**

tirar *v.* to throw **5**

titular *m.* headline **9**

titularse *v.* to graduate **3**

tocar + me/te/le, etc. *v.* to be my/your/his turn; **¿A quién le toca pagar la cuenta?** Whose turn is it to pay the tab? **2; ¿Todavía no me toca?** Is it my turn yet? **2; A Johnny le toca hacer el café.** It's Johnny's turn to make coffee. **2; Siempre te toca lavar los platos.** It's always your turn to wash the dishes. **2; tocar el timbre** to ring the doorbell **3**

tomar *v.* to take; **tomar en serio** to take seriously **8**

torear *v.* to fight bulls in the bullring **2**

toreo *m.* bullfighting **2**

torero/a *m., f.* bullfighter **2**

tormenta *f.* storm; **tormenta tropical** *f.* tropical storm **6**

torneo *m.* tournament **2**

tos *f.* cough **4**

toser *v.* to cough **4**

tóxico/a *adj.* toxic **6**

tozudo/a *adj.* stubborn **8**

trabajador(a) *adj.* industrious; hard-working **8**

trabajar duro to work hard **8**

tradicional *adj.* traditional **1**

traducir *v.* to translate **1**

traer *v.* to bring **1**

tragar *v.* to swallow

trágico/a *adj.* tragic **10**

traición *f.* betrayal **12**

traidor(a) *m., f.* traitor **12**

traje de luces *m.* bullfighter's outfit (*lit.* costume of lights) **2**

trama *f.* plot **10**

tranquilo/a *adj.* calm **1; Tranquilo/a.** Be calm.; Relax.

transbordador espacial *m.* space shuttle **7**

transcurrir *v.* to take place **10**

tránsito *m.* traffic

transmisión *f.* transmission

transmitir *v.* to broadcast **9**

transplantar *v.* to transplant

transporte público *m.* public transportation

trasnochar *v.* to stay up all night **4**

trastorno *m.* disorder

tratado *m.* treaty

tratamiento *m.* treatment **4**

tratar *v.* to treat **4; tratar (sobre/acerca de)** to be about; to deal with **4**

tratarse de *v.* to be about; to deal with **10**

trayectoria *f.* path; history **1**

trazar *v.* to trace

tribu *f.* tribe **12**

tribunal *m.* court

tropical *adj.* tropical; **tormenta tropical** *f.* tropical storm **6**

truco *m.* trick **2**

trueno *m.* thunder **6**

trueque *m.* barter; exchange

tubería *f.* piping; plumbing **6**

turismo *m.* tourism **5**

turista *m., f.* tourist **5**

turístico/a *adj.* tourist **5**

U

ubicar *v.* to put in a place; to locate

ubicarse *v* to be located

único/a *adj.* unique

uña *f.* fingernail

urbano/a *adj.* urban

urgente *adj.* urgent **4**

usuario/a *m., f.* user **7**

útil *adj.* useful **11**

V

vaca *f.* cow **6**

vacuna *f.* vaccine **4**

vago/a *m., f.* slacker **7**

vagón *m.* carriage; coach **7**

valer *v.* to be worth **1**

valiente brave **5**

valioso/a *adj.* valuable **6**

valor *m.* bravery; value

vándalo/a *m., f.* vandal **6**

vanguardia *f.* vanguard; **a la vanguardia** at the forefront **7**

vedado/a *adj.* forbidden **3**

vela *f.* candle

venado *m.* deer

vencer *v.* to conquer; to defeat **2, 9**

vencido/a *adj.* expired **5**

venda *f.* bandage **4**

vendedor(a) *m., f.* salesperson **8**

veneno *m.* poison **6**

venenoso/a *adj.* poisonous **6**

venerar *v.* to worship **11**

venir (e:ie) *v.* to come **1**

venta *f.* sale; **estar a la venta** to be for sale

ventaja *f.* advantage

ver *v.* to see **1; Yo lo/la veo muy triste.** He/She looks very sad to me. **6**

vergüenza *f.* shame; embarrassment; **tener vergüenza (de)** to be ashamed (of) **1**

verse *v.* to look; to appear; **Se ve tan feliz.** He/She looks so happy. **6; ¡Qué guapo/a te ves!** How attractive you look! (*fam.*) **6; ¡Qué elegante se ve usted!** How elegant you look! (*form.*) **6**

verso *m.* line (*of poetry*) **10**

vestidor *m.* fitting room

vestirse (e:i) *v.* to get dressed **2**

vez *f.* time; **a veces** *adv.* sometimes **3; de vez en cuando** now and then; once in a while **3; por primera/última vez** for the first/last time **2; érase una vez** once upon a time

viaje *m.* trip **5; hacer un viaje** to take a trip **5**

viajero/a *m., f.* traveler **5**

victoria *f.* victory

victorioso/a *adj.* victorious **12**

vida *f.* life; **vida cotidiana** *f.* everyday life

video musical *m.* music video **9**

videojuego *m.* video game **2**

vigente *adj.* valid **5**

vigilar *v.* to watch

virus *m.* virus **4**

vistazo *m.* glance; **echar un vistazo** to take a look

viudo/a *adj.* widowed **1**

viudo/a *m., f.* widower/widow **1**

vivir *v.* to live **1**

vivo: en vivo *adj.* live **9**

volar (o:ue) *v.* to fly **8**

volver (o:ue) *v.* to come back

votar *v.* to vote **11**

vuelo *m.* flight

vuelta *f.* return (trip)

W

web *f.* (the) web **7**

Y

yeso *m.* cast **4**

Z

zaguán *m.* entrance hall; vestibule **3**

zoológico *m.* zoo **2**

English–Spanish

A

@ symbol arroba *f.* 7
abolish suprimir *v.* 12
above all sobre todo 6
absent ausente *adj.*
abstract abstracto/a *adj.* 10
accentuate acentuar *v.* 10
accident accidente *m.;* **car accident** accidente automovilístico *m.* 5
account cuenta *f.;* **(story)** relato *m.* 10; **checking account** cuenta corriente *f.* 8; **savings account** cuenta de ahorros *f.*
accountant contador(a) *m., f.* 8
accustomed to acostumbrado/a *adj.;* **to grow accustomed (to)** acostumbrarse (a) *v.* 3
ache doler (o:ue) *v.* 2
achieve lograr *v.* 3; alcanzar *v.*
activist activista *m., f.* 11
actor actor *m.* 9
actress actriz *f.* 9
add añadir *v.*
admission ticket entrada *f.*
adore adorar *v.* 1
advance avance *m.* 7
advanced adelantado/a; avanzado/a *adj.* 7, 12
advantage ventaja *f.;* **to take advantage of** aprovechar *v*
adventure aventura *f.* 5
adventurer aventurero/a *m., f.* 5
advertising publicidad *f.* 9
advertisement anuncio *m.,* propaganda *f.* 9
advisable recomendable *adj.* 5; **not advisable, inadvisable** poco recomendable *adj.*
advise aconsejar *v.* 4
advisor asesor(a) *m., f.* 8
aesthetic estético/a *m., f.* 10
affection cariño *m.* 1
affectionate cariñoso/a *adj.* 1
afflict afligir *v.* 4
after all al final de cuentas 7; al fin y al cabo
age: of age mayor de edad
agent agente *m., f.;* **customs agent** agente de aduanas *m., f.* 5
agnostic agnóstico/a *adj.* 11
agree acordar (o:ue) *v.* 2
aid auxilio *m.;* **first aid** primeros auxilios *m. pl.* 4
album álbum *m.* 2
alibi coartada *f.* 10
alien extraterrestre *m., f.* 7
allusion alusión *f.* 10
almost casi *adv.* 3
alone solo/a *adj.* 1
alternative medicine medicina alternativa *f.*
amaze asombrar *v.*
amazement asombro *m.*
ambassador embajador(a) *m., f.* 11

amuse (oneself) entretener(se) (e:ie) *v.* 2
ancient antiguo/a *adj.* 12
anger enojo *m.*
announcer conductor(a) *m., f.;* locutor(a) *m., f.*
annoy molestar *v.* 2
ant hormiga *f.* 6
antenna antena *f.*
antiquity antigüedad *f.*
anxiety ansia *f.* 1
anxious ansioso/a *adj.* 1
apologize disculparse *v.* 6
appear aparecer *v.* 1
appearance aspecto *m.*
applaud aplaudir *v.* 2
apply for solicitar *v.* 8
appreciate apreciar *v.* 1
appreciated apreciado/a *adj.*
approach acercarse (a) *v.* 2
approval aprobación *f.* 9
approve aprobar (o:ue) *v.*
archaeologist arqueólogo/a *m., f.*
archaeology arqueología *f.*
argue discutir *v.* 1
arid árido/a *adj.* 11
aristocratic aristocrático/a *adj.* 12
armchair sillón *m.*
armed armado/a *adj.*
army ejército *m.* 12
arrival llegada *f.* 5
arrive llegar *v.*
artifact artefacto *m.* 5
artisan artesano/a *m., f.* 10
ascent subida *f.*
ashamed avergonzado/a *adj.;* **to be ashamed (of)** tener vergüenza (de) *v.* 1
ask pedir (e:i) *v* 1, 4
aspirin aspirina *f.* 4
assure asegurar *v.*
astonished: be astonished asombrarse *v.*
astonishing asombroso/a *adj.*
astonishment asombro *m.*
astronaut astronauta *m., f.* 7
astronomer astrónomo/a *m., f.* 7
atheism ateísmo *m.*
atheist ateo/a *adj.* 11
athlete deportista *m., f.* 2
ATM cajero automático *m.*
attach adjuntar *v.* 7; **to attach a file** adjuntar un archivo *v.* 7
attract atraer *v.* 1
attraction atracción *f.*
auction subasta *f.* 10
audience audiencia *f.*
audience público *m.* 9
authoritarian autoritario/a *adj.* 1
autobiography autobiografía *f.* 10
available disponible *adj.*
awkward situation compromiso *m.* 10

B

back espalda *f.;* **behind my back** a mis espaldas 9; **to have one's back to** estar de espaldas a
bag bolsa *f.*

balcony balcón *m.* 3
ball balón *m.* 2
ball field campo *m.* 5
ball game juego de pelota *m.* 5
band conjunto (musical) *m.*
bandage venda *f.* 4
banking bancario/a *adj.*
bankruptcy bancarrota *f.* 8
baptism bautismo *m.*
bargain ganga *f.* 3
barter trueque *m.*
basement sótano *m.* 3
battle batalla *f.* 12
bay bahía *f.* 5
be able to poder (o:ue) *v.* 1
be about (deal with) tratarse de *v.* 10 tratar (sobre/acerca de) *v.* 4
be about to disponerse a *v.* 6
be promoted ascender (e:ie) *v.* 8
bear oso *m.*
beat latir *v.* 4
become convertirse (en) (e:ie) *v.* 2; **to become annoying** ponerse pesado/a *v.;* **to become extinct** extinguirse *v.* 6; **to become infected** contagiarse *v.* 4; **to become inflamed** inflamarse *v.;* **to become informed (about)** enterarse (de) *v.* 9; **to become part (of)** integrarse (a) *v.* 12; **to become tired** cansarse *v.*
bed and breakfast inn pensión *f.*
beehive colmena *f.* 8
beforehand de antemano
beg rogar *v.* 4
beggar mendigo/a *m., f.*
begin empezar (e:ie) *v.*
behalf: on behalf of de parte de
behave well portarse bien *v.*
belief creencia *f.* 11
believe (in) creer (en) *v.* 11; **Don't you believe it.** No creas.
believer creyente *m., f.* 11
belong (to) pertenecer (a) *v.* 12
belt cinturón *m.;* **seatbelt** cinturón de seguridad *m.* 5
benefits beneficios *m. pl.*
bet apuesta *f.*
bet apostar (o:ue) *v.*
betray engañar *v.* 9, 12
betrayal traición *f.* 12
beyond más allá de
bias parcialidad *f.* 9; **left-wing/right-wing bias** tendencia izquierdista/derechista *f.*
biased parcial *adj.* 9
bilingual bilingüe *adj.* 9
bill cuenta *f.;* proyecto de ley *m.* 11
billiards billar *m.* 2
biochemical bioquímico/a *adj.* 7
biography biografía *f.* 10
biologist biólogo/a *m., f.* 7
bird ave *f.* 6; pájaro *m.* 6
bite morder (o:ue) *v.* 6
blanket manta *f.*
bless bendecir *v.* 11
blog blog *m.* 7
blognovel blogonovela *f.* 7
blogosphere blogosfera *f.* 7
blood sangre *f.* 4; **(high/low) blood pressure** tensión (alta/baja) *f.* 4

blow soplar *v.*; **to blow out the candles** apagar las velas *v.* **8**
blush enrojecer *v.*
board embarcar *v.*; **on board** a bordo *adj.* **5**
board game juego de mesa *m.* **2**
boat bote *m.* **5**
body cuerpo *m.*
boil hervir (e:ie) *v.* **3**
bombing bombardeo *m.* **6**
border frontera *f.* **5**
border límite *m.* **11**
bore aburrir *v.* **2**
borrow pedir prestado/a *v.* **8**
both ambos/as *pron., adj.*
bother molestar *v.* **2**
bottom fondo *m.*
bow proa *f.* **5**
bowling boliche *m.* **2**
box caja *f.*; **toolbox** caja de herramientas *f.*
box office taquilla *f.* **2**
branch sucursal *f.*
brand marca *f.*
brave valiente **5**
bravery valor *m.*
break in (to a conversation) meterse *v.* **1**
break up (with) romper (con) *v.* **1**
breakthrough avance *m.* **7**
breathing respiración *f.* **4**
brick ladrillo *m.*
bridge puente *m.* **12**
bright luminoso/a *adj.* **10**
bring traer *v.* **1**; **to bring down** derribar *v.*; **to bring up (raise)** educar *v.* **1**
broadcast emisión *f.*; **live broadcast** emisión en vivo/directo *f.*
broadcast transmitir *v.* **9**
broom escoba *f.*
brush cepillarse *v.* **2**; **to brush against** rozar *v.*
brush stroke pincelada *f.* **10**
Buddhist budista *adj.* **11**
budget presupuesto *m.* **8**
buffalo búfalo *m.*
bull ring ruedo *m.* **2**
bullfight corrida *f.* **2**
bullfighter torero/a *m., f.* **2**; **bullfighter who kills the bull** matador/a *m., f.* **2**; **bullfighter's outfit** traje de luces *m.* **2**
bullfighting toreo *m.* **2**; **bullfighting stadium** plaza de toros *f.* **2**
bureaucracy burocracia *f.*
buried enterrado/a *adj.* **2**
burrow madriguera *f.* **3**
bury enterrar (e:ie), sepultar *v.* **12**
business negocio *m.*
businessman hombre de negocios *m.* **8**
businesswoman mujer de negocios *f.* **8**
butterfly mariposa *f.*

C

cage jaula *f.*
calculation, sum cuenta *f.*
calm tranquilo/a *adj.* **1**
calm down calmarse *v.*; **Calm down.** Tranquilo/a.

campaign campaña *f.* **11**
campground campamento *m.* **5**
cancel cancelar *v.* **5**
cancer cáncer *m.*
candidate candidato/a *m., f.* **11**
candle vela *f.*
canon canon *m.* **10**
canvas tela *f.* **10**
capable capaz *adj.* **8**
cape cabo *m.*
captain capitán *m.*
card tarjeta *f.*; **credit/debit card** tarjeta de crédito/débito *f.* **3**; **(playing) cards** cartas, *f. pl.* **2**, naipes *m. pl.* **2**
care cuidado *m.* **1**; **personal care** aseo personal *m.*
careful cuidadoso/a *adj.* **1**
caress acariciar *v.* **10**
carriage vagón *m.* **7**
carry llevar *v.* **2**; **to carry away** llevarse *v.* **2**; **to carry out** cumplir *v.* **8**; **to carry out (an activity)** llevar a cabo *v.*
cascade cascada *f.* **5**
case: in any case de todas formas **12**
cash dinero en efectivo *m.*; *(Arg.)* guita *f.*
cashier cajero/a *m., f.*
casket ataúd *m.* **2**
cast yeso *m.* **4**
catastrophe catástrofe *f.*
catch atrapar *v.* **6**
catch pillar *v.* **9**
category categoría *f.* **5**
Catholic católico/a *adj.* **11**
cautious prevenido/a *adj.*
cave cueva *f.*
celebrate celebrar, festejar *v.* **2**
celebrity celebridad *f.* **9**
cell célula *f.* **7**; celda *f.*
cell phone móvil *m.* **7**, *teléfono celular* **m.** **7**
cemetery cementerio *m.* **12**
censorship censura *f.* **9**
cent centavo *m.*
century siglo *m.* **12**
certain cierto/a *adj.*
certainty certeza *f.* certidumbre *f.* **12**
challenge desafío *m.* **7**; desafiar *v.* **2**; poner a prueba *v.*
challenging desafiante *adj.* **4**
champion campeón/campeona *m., f.* **2**
championship campeonato *m.* **2**
chance azar, *m.* **5** casualidad *f.* **5**; **by chance** por casualidad **3**
change cambio *m.*; cambiar; mudar *v.* **2**
channel canal *m.* **9**; **television channel** canal de televisión *m.*
chapel capilla *f.* **11**
chapter capítulo *m.*
character personaje *m.* **10**; **main/ secondary character** personaje principal/secundario *m.*
characteristic (trait) rasgo *m.*
characterization caracterización *f.* **10**
charge cobrar *v.* **8**
charge: be in charge of encargarse de *v.* **1**; estar a cargo de; estar encargado/a de; **person in charge** encargado/a *m., f.*

cheap (stingy) tacaño/a *adj.* **1**; **(inexpensive)** barato/a *adj.* **3**
cheek mejilla *f.* **10**
cheer up animar *v.*; **Cheer up!** ¡Anímate!*(sing.)*; ¡Anímense! *(pl.)* **2**
Cheers! ¡Salud! **8**
chef cocinero/a *m., f.*
chemical químico/a *adj.* **7**
chemist químico/a *m., f.* **7**
chess ajedrez *m.* **2**
chest pecho *m.* **10**
chew masticar *v.*
childhood infancia *f.*
choir coro *m.*
choose elegir (e:i) *v.*; escoger *v.* **1**
chore quehacer *m.* **3**
chorus coro *m.*
chosen elegido/a *adj.*
Christian cristiano/a *adj.* **11**
church iglesia *f.* **11**
cinema cine *m.* **2**
circus circo *m.* **2**
cistern cisterna *f.* **6**
citizen ciudadano/a *m., f.* **11**
civilization civilización *f.* **12**
civilized civilizado/a *adj.*
claim reclamar *v.* **11**
clarify aclarar *v.* **9**
classic clásico/a *adj.* **10**
clean limpiar *v.* **3**
clean (pure) puro/a *adj.*
cleanliness aseo *m.*
clearing limpieza *f.* **3**
click hacer clic **7**
cliff acantilado *m.*
climate clima *m.*
climb (mountain) escalada *f.*
climber escalador(a) *m., f.*
cloister claustro *m.* **11**
clone clonar *v.* **7**
clown payaso/a *m., f.* **8**
club club *m.*; **sports club** club deportivo *m.* **2**
coach (train) vagón *m.* **7**; **coach (trainer)** entrenador(a) *m., f.* **2**
coast costa *f.* **6**
cockroach cucaracha *f.* **6**
coincidence casualidad *f.* **5**
cold resfriado *m.* **4**; **to have a cold** estar resfriado/a *v.* **4**
collect coleccionar *v.*
colonize colonizar *v.* **12**
colony colonia *f.* **12**
columnist columnista *m., f.* **9**
comb one's hair peinarse *v.* **2**
combatant combatiente *m., f.*
come venir *v.* **1**; **to come back** volver (o:ue) *v.*; **to come from** provenir (de) *v.*; **to come to an end** acabarse *v.* **6**; **to come with** acompañar *v.* **10**
comedian comediante *m., f.* **1**
comet cometa *m.* **7**
comic strip tira cómica *f.* **9**
commerce comercio *m.* **8**
commercial anuncio *m.* **9**
commitment compromiso *m.* **1**
community comunidad *f.* **4**

company compañía *f.*, empresa *f.* **8;**
multinational company empresa
multinacional *f.*, multinacional *f.* **8**
compass brújula *f.* **5**
competent capaz *adj.* **8**
complain (about) quejarse (de) *v.* **2**
complaint queja *f.*
complicated rebuscado/a *adj.*
compose componer *v.* **1**
composer compositor(a) *m., f.*
computer science informática *f.* **7;**
computación *f.*
concert concierto *m.* **2**
condition (illness) dolencia *f.* **4**
conference conferencia *f.* **8**
confess confesar (e:ie) *v.*
confidence confianza *f.* **1**
confident seguro/a *adj.* **1**
confront enfrentar *v.*
confuse (with) confundir (con) *v.*
confused confundido/a *adj.*
congested congestionado/a *adj.*
Congratulations! ¡Felicidades!;
Congratulations to all! ¡Felicidades
a todos!
connection conexión *f.;* **to have good**
connections estar relacionado *v.*
conquer conquistar, *v.* vencer *v.* **2, 9, 12**
conqueror conquistador(a) *m., f.* **12**
conquest conquista *f.* **12**
conscience conciencia *f.*
consequently por consiguiente *adj.*
conservative conservador(a) *adj.* **11**
conserve conservar *v.* **6**
consider considerar *v.*
consulate consulado *m.* **11**
consultant asesor(a) *m., f.* **8**
consumption consumo *m.;* **energy**
consumption consumo de energía *m.*
contaminate contaminar *v.* **6**
contamination contaminación *f.* **6**
contemporary contemporáneo/a *adj.* **10**
contented: be contented with
contentarse con *v.* **1**
contract contrato *m.* **8;** contraer *v.* **1**
contribute contribuir (a) *v.* **6**
contribution aportación *f.* **11**
controversial controvertido/a *adj.* **9**
controversy polémica *f.* **11**
cook cocinero/a *m., f.*
cook cocinar *v.* **3**
corner rincón *m.* **11**
cornmeal cake arepa *f.* **11**
correspondent corresponsal *m., f.* **9**
corruption corrupción *f.*
costly costoso/a *adj.*
costume disfraz *m.;* **in costume**
disfrazado/a *adj.*
cough tos *f.* **4**
cough toser *v.* **4**
count contar (o:ue) *v.* **2; to count on**
contar con *v.*
countryside campo *m.* **6**
couple pareja *f.* **1**
courage coraje *m.*
course: of course claro *interj.* **3;** por
supuesto; ¡cómo no!
court tribunal *m.*

cover portada *f.* **9** tapa *f.*
cow vaca *f.* **6**
crash choque *m.* **3**
create crear *v.* **7**
creativity creatividad *f.*
crisis crisis *f.;* **economic crisis** crisis
económica *f.* **8**
critic crítico/a *m., f.;* **movie critic**
crítico/a de cine *m., f.* **9**
critical crítico/a *adj.*
critique criticar *v.* **10**
cross cruzar *v.*
crowd multitud *f.*
cruise (ship) crucero *m.* **5**
cubism cubismo *m.* **10**
culture cultura *f.;* **pop culture** cultura
popular *f.*
cultured culto/a *adj.* **12**
currently actualmente *adv.*
curse maldición *f.*
custom costumbre *f.* **3**
customs aduana *f.;* **customs agent** agente
de aduanas *m., f.* **5**
cut corte *m.*

D

daily diario/a *adj.* **3**
dam represa *f.*
damp húmedo/a *adj.* **6**
dance bailar *v.* **1**
dance club discoteca *f.* **2**
dancer bailarín/bailarina *m., f.*
danger peligro *m.*
dangerous peligroso/a *adj.* **5**
dare (to) atreverse (a) *v.* **2**
darken oscurecer *v.* **6**
darts dardos *m. pl.* **2**
data datos *m.;* **piece of data** dato *m.*
date cita *f.;* **blind date** cita a ciegas *f.* **1**
datebook agenda *f.* **3**
dawn alba *f.* **11**
day día *m.*
daybreak alba *f.* **11**
deaf sordo/a *adj.;* **to go deaf** quedarse
sordo/a *v.* **4**
deal with (be about) tratarse de *v.* **10**
death muerte *f.*
debt deuda *f.* **8**
debt collector cobrador(a) *m., f.* **8**
debtor moroso/a *m., f.* **8**
debut (premiere) estreno *m.* **2**
decade década *f.* **12**
decrease disminuir *v.*
dedication dedicatoria *f.* **11**
deep hondo/a *adj.* **2;** profundo/a *adj.*
deer venado *m.*
defeat vencer *v.* **2, 9**
defeat derrota *f.;* derrotar *v.* **12**
defeated derrotado/a *adj.* **12**
deforestation deforestación *f.* **6**
defrost descongelar(se) *v.* **7**
delay retraso *m.;* atrasar *v.;* demorar *v.;*
retrasar *v.*
delayed retrasado/a *adj.* **5**
delivery entrega *f.*
demand reclamar *v.* **11;** exigir *v.* **1, 4, 8**
democracy democracia *f.* **11**

demonstration manifestación *f.* **11**
den madriguera *f.* **3**
denounce delatar *v.* **3;** denunciar *v.* **9**
depict reflejar *v.* **10**
deposit depositar *v.* **8**
depressed deprimido/a *adj.* **1**
depression depresión *f.* **4**
descendent descendiente *m., f.* **12**
desert desierto *m.* **6**
deserve merecer *v.* **8**
design diseñar *v.* **8, 10**
desire deseo *m.;* gana *f.*
desire desear *v.* **4**
destination destino *m.* **5**
destroy destruir *v.* **6**
detective (story/novel) policíaco/a *adj.* **10**
deteriorate empeorar *v.* **4**
detest detestar *v.*
developed desarrollado/a *adj.* **12**
developing en vías de desarrollo *adj.;*
developing country país en vías de
desarrollo *m.*
development desarrollo *m.* **6**
diamond diamante *m.* **5**
dictator dictador(a) *m., f.* **12**
dictatorship dictadura *f.*
die fallecer *v.;* **to die of** morirse (o:ue)
de *v.* **2**
diet (nutrition) alimentación *f.* **4;** dieta *f.;*
to be on a diet estar a dieta *v.* **4; to go on**
a diet ponerse a dieta *v.* **4**
difficult duro/a *adj.* **7**
digestion digestión *f.*
digital digital *adj.* **7**
dinner guest comensal *m., f.* **10**
direct dirigir *v.* **1**
director director(a) *m., f.*
disappear desaparecer *v.* **1, 6**
disappointment desilusión *f.*
disaster catástrofe *f.;* **natural disaster**
catástrofe natural *f.*
discomfort malestar *m.* **4**
discotheque discoteca *f.* **2**
discouraged desanimado/a *adj.* **to get**
discouraged desanimarse *v.;* **the state of**
being discouraged desánimo *m.* **1**
discover descubrir *v.* **4**
discoverer descubridor(a) *m., f.*
discovery descubrimiento *m.* **7;**
hallazgo *m.* **4**
discriminated discriminado/a *adj.*
discrimination discriminación *f.*
disease enfermedad *f.* **4**
disguised disfrazado/a *adj.*
disgusting: to be disgusting dar asco *v.*
disorder desorden *m.* **7; (condition)**
trastorno *m.*
disposable desechable *adj.* **6**
distant lejano/a *adj.* **5**
distinguish distinguir *v.* **1**
distract distraer *v.* **1**
distracted distraído/a *adj.;* **to get**
distracted descuidar(se) *v.* **6**
disturbing inquietante *adj.* **10**
diversity diversidad *f.* **4**
divorce divorcio *m.* **1**
divorced divorciado/a *adj.* **1**
dizzy mareado/a *adj.* **4**

DNA ADN (ácido desoxirribonucleico) *m.* 7

do hacer *v.* 1, 4; **to be (doing something)** andar + *pres. participle v.;* **to do someone the favor** hacer el favor *v.;* **to do something on purpose** hacer algo a propósito *v.*

doctor's appointment consulta *f.* 4

doctor's office consultorio *m.* 4

documentary documental *m.* 9

dominoes dominó *m.*

doorbell timbre *m.;* **to ring the doorbell** tocar el timbre *v.*

double (*in movies*) doble *m., f.* 9

doubt interrogante *m.* 7; **to be no doubt** no caber duda *v.*

download descargar *v.* 7

drag arrastrar *v.*

draw dibujar *v.* 10

dream (about) soñar (o:ue) (con) *v.* 1

dressing room probador *m.* 3; **(*star's*)** camerino *m.* 9

drink beber *v.* 1

drinking glass copa *f.*

drive conducir *v.* 1; manejar *v.*

drought sequía *f.* 6

drown ahogarse *v.*

drowned ahogado/a *adj.* 5

dry seco/a *adj.* 6; secar *v.;* **to dry off** secarse *v.* 2

dub (*film*) doblar *v.*

dubbed doblado/a *adj.* 9

dubbing doblaje *m.*

dust polvo *m.* 3; **to dust** quitar el polvo *v.* 3

duty deber *m.* 8

E

earn ganar *m.;* **to earn a living** ganarse la vida *v.* 8

earth tierra *f.* 6; **What on earth...?** ¿Qué rayos...? 5

earthquake terremoto *m.* 6

easy-going (*permissive*) permisivo/a *adj.* 1

eat comer *v.* 1, 2; **to eat up** comerse *v.* 2

ecosystem ecosistema *m.* 6

ecotourism ecoturismo *m.* 5

edible comestible *adj.;* **edible plant** planta comestible *f.*

editor redactor(a) *m., f.* 9

editor-in-chief redactor(a) jefe *m., f.*

educate educar *v.*

educated (*cultured*) culto/a *adj.* 12

educational didáctico/a *adj.* 10

efficient eficiente *adj.*

effort esfuerzo *m.*

either... or... o... o... *conj.*

elbow codo *m.*

elder mayor *m.* 12

elderly anciano/a *adj.;* **elderly gentleman/lady** anciano/a *m., f.*

elect elegir (e:i) *v.* 11

elected elegido/a *adj.*

electoral electoral *adj.*

electricity luz *f.* 7

electronic electrónico/a *adj.*

e-mail address dirección de correo electrónico *f.* 7

embarrassed avergonzado/a *adj.*

embarrassment vergüenza *f.*

embassy embajada *f.* 11

emigrate emigrar *v.* 11

emotion sentimiento *m.* 1

emperor emperador *m* 12

emphasize destacar *v.*

empire imperio *m.* 12

employed empleado/a *adj.* 8

employee empleado/a *m., f.* 8

employment empleo *m.* 8

empress emperatriz *f.* 12

encourage animar *v.*

end fin *m.;* **(*rope, string*)** cabo *m.*

endangered en peligro de extinción *adj.;* **endangered species** especie en peligro de extinción *f.*

ending desenlace *m.*

energetic enérgico/a *adj.* 8

energy energía *f.;* **nuclear energy** energía nuclear *f.;* **wind energy** energía eólica *f.*

engineer ingeniero/a *m., f.*

enjoy disfrutar (de) *v.* 2; **Enjoy your meal.** Buen provecho.

enough bastante *adv.* 3

enslave esclavizar *v.* 12

enter ingresar *v.;* **to enter data** ingresar datos *v.*

entertain (oneself) entretener(se) (e:ie) *v.* 2

entertaining entretenido/a *adj.* 2

entertainment farándula *f.* 1

entrance hall zaguán *m.* 3

entrepreneur empresario/a *m., f.* 8

envelope sobre *m.*

environment medio ambiente *m.* 6

environmental ambiental *adj.* 6

epidemic epidemia *f.* 4

episode episodio *m.* 9; **final episode** episodio final *m.* 9

equal igual *adj.* 11

equality igualdad *f.*

era época *f.* 12

erase borrar *v.* 7

erosion erosión *f.* 6

errands mandados *m. pl.* 3; **to run errands** hacer mandados *v.* 3

essay ensayo *m.*

essayist ensayista *m., f.* 10

establish (oneself) establecer(se) *v.* 12

eternal eterno/a *adj.*

ethical ético/a *adj.* 7; **unethical** poco ético/a *m., f.*

even siquiera *conj.;* **not even** ni siquiera *conj.*

event acontecimiento *m.* 9

everyday cotidiano/a *adj.* 3; **everyday life** vida cotidiana *f.*

example (*sample*) muestra *f.*

exchange: in exchange for a cambio de

excited emocionado/a *adj.* 1

exciting excitante *adj.*

excursion excursión *f.* 5

excuse disculpar *v.;* **Excuse me; Pardon me** Perdona (*fam.*)/Perdone (*form.*); Con permiso.

executive ejecutivo/a *m., f.* 8; **of an executive nature** de corte ejecutivo 8

exhausted agotado/a *adj.* 4; fatigado/a *adj.* 4

exhaustion cansancio *m.* 3

exhibition exposición *f.*

exile exilio *m.;* **political exile** exilio político *m.* 11

exit salida *f.* 6

exotic exótico/a *adj.*

expel expulsar *v.* 12

expensive caro/a *adj.* 3; costoso/a *adj.*

experience experiencia *f.* 8; experimentar *v.*

experiment experimento *m.* 7

expire caducar *v.*

expired vencido/a *adj.* 5

exploit explotar *v.* 12

exploitation explotación *f.*

exploration exploración *f.*

explore explorar *v.*

export exportar *v.* 8

exports exportaciones *f., pl.*

expressionism expresionismo *m.* 10

extinct: become extinct extinguirse *v.* 6

extinguish extinguir *v.*

F

facial features facciones *f., pl.* 3

facilities servicios *m., pl*

fact hecho *m.* 3

factor factor *m.;* **risk factors** factores de riesgo *m. pl.*

factory fábrica *f.*

fad moda pasajera *f.* 9

faint desmayarse *v.* 4

fair feria *f.* 2

faith fe *f.* 11

fall caer *v.* 1; **to fall in love (with)** enamorarse (de) *v.* 1

fame fama *f.* 9

famous famoso/a *adj.* 9; **to become famous** hacerse famoso *v.* 9

fan (of) aficionado/a (a) *adj.* 2; **to be a fan of** ser aficionado/a de *v.*

farewell despedida *f.* 5

fascinate fascinar *v.* 2

fashion moda *f.;* **in fashion, popular** de moda *adj.* 9

fasten abrocharse *v.;* **to fasten one's seatbelt** abrocharse el cinturón de seguridad *v.;* **to fasten (the seatbelt)** ponerse (el cinturón de seguridad) *v.* 5

fatigue fatiga *f.* 8

favor favor *m.;* **to do someone the favor** hacer el favor *v.*

favoritism favoritismo *m.* 11

fed up (with) harto/a *adj.;* **to be fed up (with); to be sick (of)** estar harto/a (de) *v.* 1

feed dar de comer *v.* 6

feel sentirse (e:ie) *v.* 1; **(*experience*)** experimentar *v.;* **to feel like** dar la gana *v.* 9; sentir/tener ganas de *v.*

feeling sentimiento *m.* 1

festival festival *m.* 2

fever fiebre *f.* 4; **to have a fever** tener fiebre *v.* 4

field campo *m.* 6; cancha *f.* 2

fight lucha *f.* pelear *v.;* **to fight (for)** luchar por *v.;* **to fight bulls** lidiar *v.* 2; **to fight bulls in the bullring** torear *v.* 2

figuratively en sentido figurado *m.*

file archivo *m.;* **to download a file** bajar un archivo *v.*

filled up completo/a *adj.;* **The hotel is filled.** El hotel está completo.

filling contundente *adj.* **10**

film película *f.;* rodar (o:ue) *v.* **9**

finance(s) finanzas *f. pl.;* financiar *v.* **8**

financial financiero/a *adj.* **8**

find out averiguar *v.* **1**

finding hallazgo *m.* **4**

fine multa *f.*

fine arts bellas artes *f., pl.* **10**

fingernail uña *f.*

finish line meta *f.*

fire incendio *m.* **6;** despedir (e:i) *v.* **8**

fired despedido/a *adj.*

fireplace hogar *m.* **3**

first aid primeros auxilios *m., pl.* **4**

first and foremost antes que nada

fish pez *m.* **6**

fishing pesca *f.* **5**

fit caber *v.* **1; (clothing)** quedar *v.* **2**

fitting room vestidor *m.*

flag bandera *f.*

flask frasco *m.*

flavor sabor *m.;* **What flavor is it? Chocolate?** ¿Qué sabor tiene? ¿Chocolate? **4**

flee huir *v.* **3**

fleeting pasajero/a *adj.*

flexible flexible *adj.*

flight vuelo *m.*

flight attendant auxiliar de vuelo *m., f.*

flirt coquetear *v.* **1**

float flotar *v.* **5**

flood inundación *f.* **6;** inundar *v.*

floor suelo *m.*

flower florecer *v.* **6**

flu gripe *f.* **4**

fly mosca *f.* **6;** volar (o:ue) *v.* **8**

fog niebla *f.*

fold doblar *v.*

follow seguir (e:i) *v.*

folly insensatez *f.* **4**

fond of aficionado/a (a) *adj.* **2**

food comida *f.* **6;** alimento *m.* **canned food** comida enlatada *f.* **6; fast food** comida rápida *f.* **4**

foot (of an animal) pata *f.*

forbidden vedado/a *adj.* **3**

force fuerza *f.;* **armed forces** fuerzas armadas *f., pl.* **12; labor force** fuerza laboral *f.*

forced forzado/a *adj.* **12**

forefront: at the forefront a la vanguardia

foresee presentir (e:ie); prever *v.*

forest bosque *m.*

forget (about) olvidarse (de) *v.* **2**

forgetfulness; olvido *m.* **1**

forgive perdonar *v.*

form forma *f.*

formulate formular *v.* **7**

forty-year-old; in her/his forties cuarentón/cuarentona *adj.* **11**

fountain fuente *f.*

frame marco *m.*

free time tiempo libre *m.* **2;** ratos libres *m. pl.* **2**

freedom libertad *f.* **11; freedom of the press** libertad de prensa *f.* **9**

freeze congelar(se) *v.* **7**

freeze helar (e:ie) *v.*

frequently a menudo *adv.* **3**

friar fraile *m.* **11**

frightened asustado/a *adj.*

frog rana *f.* **6**

front desk recepción *f.* **5**

front page portada *f.* **9**

frozen congelado/a *adj.*

fry freír (e:i) *v.* **3**

fuel combustible *m.* **6**

full lleno/a *adj.;* **full-length film** largometraje *m.*

fun divertido/a *adj.* **2**

funny gracioso/a *adj.* **1; to be funny (to someone)** hacerle gracia (a alguien)

furnished amueblado/a *adj.*

furniture mueble *m.* **3**

futuristic futurístico/a *adj.*

G

gain weight engordar *v.* **4**

gallery galería *f.* **10**

game juego *m.* **2; ball game** juego de pelota *m.* **5; board game** juego de mesa *m.* **2; (sports)** partido; *m.;* **to win/lose a game** ganar/perder un partido *v.* **2**

garbage (poor quality) porquería *f.* **10**

gate: airline gate puerta de embarque *f.* **5**

gaze mirada *f.* **1**

gene gen *m.* **7**

generate generar *v.*

generous generoso/a *adj.*

genetics genética *f.* **4**

genuine auténtico/a *adj.* **3**

gesture gesto *m.*

get obtener *v.;* **to get along** congeniar *v.;* **to get along well/poorly** llevarse bien/mal *v.* **1; to get bored** aburrirse *v.* **2; to get caught** enganchar *v.* **5; to get discouraged** desanimarse *v.;* **to get distracted; neglect** descuidar(se) *v.* **6; to get dressed** vestirse (e:i) *v.* **2; to get hurt** lastimarse *v.* **4; to get in shape** ponerse en forma *v.* **4; to get information** informarse *v.;* **to get ready** arreglarse *v.* **3; to get sick** enfermarse *v.* **4; to get tickets** conseguir (e:i) boletos/entradas *v.* **2; to get together (with)** reunirse (con) *v.* **2; to get up** levantarse *v.* **2; to get upset** afligirse *v.* **3; to get used to** acostumbrarse (a) *v.* **3; to get well/ill** *v.* ponerse bien/mal **4; to get wet** mojarse *v.;* **to get worse** empeorar *v.* **4**

gift obsequio *m.* **11**

give dar *v.;* **to give a prize** premiar *v.;* **to give a shot** poner una inyección *v.* **4; to give up** darse por vencido *v.* **6;** ceder **11; to give way to** dar paso a *v.*

gladly con mucho gusto **10**

glance vistazo *m.*

global warming calentamiento global *m.* **6**

globalization globalización *f.* **8**

go ir *v.* **1, 2; to go across** recorrer *v.* **5; to go around (the world)** dar la vuelta (al mundo) *v.;* **to go away (from)** irse (de) *v.* **2; to go out** salir *v.* **1; to go out (to eat)** salir (a comer) *v.* **2; to go out with** salir con *v.* **1; to go shopping** ir de compras *v.* **3; go to bed** acostarse (o:ue) *v.* **2; go to sleep** dormirse (o:ue) *v.* **2; go too far** pasarse *v.;* **go too fast** embalarse *v.* **9**

goat cabra *f.*

God Dios *m.* **11**

god/goddess dios(a) *m., f.* **5**

goldfish pececillo de colores *m.*

good bueno/a *adj.* **to be good (i.e. fresh)** estar bueno *v.;* **to be good (by nature)** ser bueno *v.*

goodness bondad *f.*

gossip chisme *m.* **9**

govern gobernar (e:ie) *v.* **11**

government gobierno *m.;* **government agency** organismo público *m.* **9;**

governor gobernador(a) *m., f.* **11**

graduate titularse *v.* **3**

grass hierba *f.;* **pasto** *m.*

gratitude agradecimiento *m.*

gravity gravedad *f.* **7**

great-great-grandfather/mother tatarabuelo/a *m., f.* **12**

group grupo *m.;* **musical group** grupo musical *m.*

grow crecer *v.* **1;** cultivar *v.* **to grow accustomed to;** acostumbrarse (a) *v.* **3; grow up** criarse v. **1**

growth crecimiento *m.*

Guarani guaraní *m.* **9**

guarantee asegurar *v.*

guess adivinar *v.*

guilt culpa *f.*

guilty culpable *adj.* **11**

guy tipo *m.* **2**

gymnasium gimnasio *m.*

H

habit costumbre *f.* **3**

habit: be in the habit of soler (o:ue) *v.* **3**

half mitad *f.*

hall sala *f.* **concert hall** sala de conciertos *f.*

hang (up) colgar (o:ue) *v.*

happen suceder *v.* **1; These things happen.** Son cosas que pasan. **11**

happiness felicidad *f.*

hard duro/a *adj.* **7**

hardly apenas *adv.* **3**

hard-working trabajador(a) *adj.* **8**

harmful dañino/a *adj.* **6**

harvest cosecha *f.*

hate odiar *v.* **1**

have tener *v.* **1; to have fun** divertirse (e:ie) *v.* **2**

headline titular *m.* **9**

heal curarse; sanar *v.* **4**

healing curativo/a *adj.* **4**

health salud *f.* **4; To your health!** ¡A tu salud!

healthy saludable, sano/a *adj.* **4**

hear oír *v.* **1**

heart corazón *m.* **1; heart and soul** cuerpo y alma

heavy (*filling*) contundente *adj.* **10; heavy rain** diluvio *m.*

heel tacón *m.* **12; high heel** tacón alto *m.*

height (*highest level*) apogeo *m.* **5**

help (aid) auxilio *m.*

heritage herencia *f.;* **cultural heritage** herencia cultural *f.* **12**

heroic heroico/a *adj.* **12**

hide ocultarse *v.* **3**

high definition de alta definición *adj.* **7**

highest level apogeo *m.* **5**

hill cerro *m.;* colina *f.*

Hindu hindú *adj.* **11**

hire contratar *v.* **8**

historian historiador(a) *m., f.* **12**

historic histórico/a *adj.* **12**

historical histórico/a *adj.* **10; historical period** era *f.* **12**

history historia *f.* **12**

hold (*hug*) abrazar *v.* **1; hold your horses** parar el carro *v.* **9**

hole agujero *m.;* **black hole** agujero negro *m.* **7; hole in the ozone layer** agujero en la capa de ozono *m.;* **small hole** agujerito *m.* **7**

holy sagrado/a *adj.* **11**

home hogar *m.* **3**

honey miel *f.* **8**

honored distinguido/a *adj.*

hope esperanza *f.* **6;** ilusión *f.*

horror (*story/novel*) de terror *adj.* **10**

horseshoe herradura *f.* **12**

host(ess) anfitrión/anfitriona *m., f.* **8**

hostel albergue *m.* **5**

hour hora *f.*

hug abrazar *v.* **1**

humankind humanidad *f.* **12**

humid húmedo/a *adj.* **6**

humiliate humillar *v.* **8**

humorous humorístico/a *adj.* **10**

hungry hambriento/a *adj.*

hunt cazar *v.* **6**

hurricane huracán *m.* **6**

hurry prisa *f.* **6; to be in a hurry** tener apuro *v.*

hurt herir (e: ie) *v.* **1;** doler (o:ue) *v.* **2; to get hurt** lastimarse *v.* **4; to hurt oneself** hacerse daño; **to hurt someone** hacerle daño a alguien

husband marido *m.*

hut choza *f.* **12**

hygiene aseo *m.*

hygienic higiénico/a *adj.*

I

ideology ideología *f.* **11**

illness dolencia *f.* **4;** enfermedad *f.*

ill-tempered malhumorado/a *adj.*

illusion ilusión *f.*

image imagen *f.* **2, 7**

imagination imaginación *f.*

immature inmaduro/a *adj.* **1**

immediately en el acto **3**

immigration inmigración *f.* **11**

immoral inmoral *adj.* **11**

import importar *v.* **8**

important importante *adj.* **4; be important (to); to matter** importar *v.* **2, 4**

imported importado/a **8**

imports importaciones *f., pl.*

impress impresionar *v.* **1**

impressionism impresionismo *m.* **10**

improve mejorar *v.* **4;** perfeccionar *v.*

improvement adelanto *m.* **4**

in love (with) enamorado/a (de) *adj.* **1**

inadvisable poco recomendable *adj.* **5**

incapable incapaz *adj.* **8**

included incluido/a *adj.* **5**

incompetent incapaz *adj.* **8**

increase aumento *m.*

independence independencia *f.* **12**

index índice *m.*

indigenous indígena *adj.* **9**

indigenous person indígena *m., f.* **4**

industrious trabajador(a) *adj.* **8**

industry industria *f.*

inexpensive barato/a *adj.* **3**

infected: become infected contagiarse *v.* **4**

inflamed inflamado/a *adv.* **4; become inflamed** inflamarse *v.*

inflexible inflexible *adj.*

influential influyente *adj.* **9**

inform avisar *v.;* **to be informed** estar al tanto *v.* **9; to become informed (about)** enterarse (de) *v.* **9**

inhabit habitar *v.* **12**

inhabitant habitante *m., f.* **12;** poblador(a) *m., f.*

inherit heredar *v.*

injure lastimar *v.*

injured herido/a *adj.*

injury herida *f.* **4**

innovative innovador(a) *adj.* **7**

insanity locura *f.*

insect bite picadura *f.*

insecure inseguro/a *adj.* **1**

insincere falso/a *adj.* **1**

insist on insistir en *v.* **4**

inspired inspirado/a *adj.*

instability inestabilidad *f.* **12**

install instalar *v.* **7**

insult ofensa *f.* **10**

insurance seguro *m.* **5**

intelligent inteligente *adj.*

intensive care terapia intensiva *f.* **4**

interest interesar *v.* **2**

interesting interesante *adj.;* **to be interesting** interesar *v.* **2**

Internet Internet *m., f.* **7**

interview entrevista *f.;* entrevistar *v.;* **job interview** entrevista de trabajo *f.* **8**

intriguing intrigante *adj.* **10**

invade invadir *v.* **12**

invent inventar *v.* **7**

invention invento *m.* **7**

invest invertir (e:ie) *v.* **8**

investigate investigar *v.* **7**

investment inversión *f.;* **foreign investment** inversión extranjera *f.* **8**

investor inversor(a) *m., f.*

iron plancha *f.*

irresponsible irresponsable *adj.*

island isla *f.* **5**

isolate aislar *v.* **9**

isolated aislado/a *adj.* **6**

itinerary itinerario *m.* **5**

J

jealous celoso/a *adj.;* **to be jealous of** tener celos de *v.* **1**

jealousy celos *m. pl.*

Jewish judío/a *adj.* **11**

job empleo *m.* **8; (*position*)** puesto *m.* **8; job interview** entrevista de trabajo *f.* **8**

joke broma *f.* **1;** chiste *m.* **1**

joke bromear *v*

journalist periodista *m., f.* **9**

joy regocijo *m.* **4**

judge juez(a) *m., f.* **11**

judgment juicio *m.*

jump salto *m.*

jungle selva *f.* **5**

just justo/a *adj.* **11**

just as tal como *conj.*

justice justicia *f.* **11**

K

keep mantener *v.;* guardar *v.;* **to keep in mind** tener en cuenta *v.;* **to keep in touch** mantenerse en contacto *v.* **1; to keep (something) to yourself** guardarse (algo) *v.* **1; to keep up with the news** estar al día con las noticias *v.*

keyboard teclado *m.*

kick patada *f.* **3;** patear *v.* **2**

kidnapping secuestro *m.* **11**

kind amable *adj.*

king rey *m.* **12**

kingdom reino *m.* **12**

kiss besar *v.* **1**

know conocer *v.;* saber *v.* **1**

knowledge conocimiento *m.* **12**

L

label etiqueta *f.*

labor mano de obra *f.*

labor union sindicato *m.* **8**

laboratory laboratorio *m.;* **space lab** laboratorio espacial *m.*

lack faltar *v.* **2**

land tierra *f.* **6;** terreno *m.* **6**

land (*an airplane*) aterrizar *v.*

landscape paisaje *m.* **6**

language idioma *m.* **9;** lengua *f.* **9**

laptop computadora portátil *f.* **7**

late atrasado/a *adj.* **3**

laugh reír(se) (e:i) *v.*

launch lanzar *v.*

law derecho *m.;* ley *f.;* **to abide by the law** cumplir la ley *v.* **11 ; to approve a law; to pass a law** aprobar (o:ue) una ley *v.*

lawyer abogado/a *m., f.*

layer capa *f.;* **ozone layer** capa de ozono *f.* **6**

lazy haragán/haragana **8**

lead encabezar *v.* 12
leader líder *m., f.* 11
leadership liderazgo *m.* 11
lean (on) apoyarse (en) *v.*
learned erudito/a *adj.* 12
learning aprendizaje *m.* 12
leave marcharse *v.* ; dejar *v.*; **to leave alone** dejar en paz *v.* 8; **to leave someone** dejar a alguien *v.*
left over: to be left over quedar *v.* 2
leg (*of an animal*) pata *f.*
legend leyenda *f.* 5
leisure ocio *m.*
lend prestar *v.* 8
lesson (*teaching*) enseñanza *f.* 12
level nivel *m.;* **sea level** nivel del mar *m.*
liberal liberal *adj.* 11
liberate liberar *v.* 12
lid tapa *f.*
lie mentira *f.* 1
life vida *f.;* **everyday life** vida cotidiana *f.*
lighthouse faro *m.* 5
lightning relámpago *m.* 6
lightning rayo *m.*
like gustar *v.* 2, 4; **I don't like ...at all!** ¡No me gusta nada… !; **to like very much** encantar, fascinar *v.* 2
like this; so así *adv.* 3
line cola *f.;* **to wait in line** hacer cola *v.* 2
line (*of poetry*) verso *m.* 10
link enlace *m.* 7
lion león *m.* 6
listener oyente *m., f.* 9
literature literatura *f.* 10; **children's literature** literatura infantil/juvenil *f.* 10
live en vivo, en directo *adj.* 9; **live broadcast** emisión en vivo/directo *f.*
live vivir *v.* 1
lively animado/a *adj.* 2
locate ubicar *v.*
located situado/a *adj.;* **to be located** ubicarse *v.*
lodge hospedarse *v.*
lodging alojamiento *m.* 5
loneliness soledad *f.* 3
lonely solo/a *adj.* 1
long largo/a *adj.;* **long-term** a largo plazo
look aspecto *m.;* **to take a look** echar un vistazo *v.*
look verse *v.;* **to look healthy/sick** tener buen/mal aspecto *v.* 4; **to look like** parecerse *v.* 2, 3; **to look out upon** dar a *v.;* **He/She looks so happy.** Se ve tan feliz. 6; **How attractive you look!** (*fam.*) ¡Qué guapo/a te ves! 6; **How elegant you look!** (*form.*) ¡Qué elegante se ve usted! 6; **It looks like he/she didn't like it.** Al parecer, no le gustó. 6; **It looks like he/she is sad/happy.** Parece que está triste/contento/a. 6; **He/She looks very sad to me.** Yo lo/la veo muy triste. 6
loose suelto/a *adj.*
lose perder (e:ie) *v.;* **to lose an election** perder las elecciones *v.* 11; **to lose a game** perder un partido *v.* 2; **to lose weight** adelgazar *v.* 4
loss pérdida *f.* 11
lottery lotería *f.*
loudspeaker altoparlante *m.*

love amor *m.;* amar; querer (e:ie) *v.* 1; **(un)requited love** amor (no) correspondido *m.*
lower bajar *v.*
loyalty lealtad *f.* 12
lucky afortunado/a *adj.*
luggage equipaje *m.*
luxurious lujoso/a 5*;* de lujo
luxury lujo *m.* 8
lying mentiroso/a *adj.* 1

M

madness locura *f.*
magazine revista *f.* 9; **online magazine** revista electrónica *f.* 9
magic magia *f.*
mailbox buzón *m.*
majority mayoría *f.* 11
make hacer *v.* 1, 4; **to make a (hungry) face** poner cara (de hambriento/a) *v.;* **to make a toast** brindar *v.* 2; **to make a wish** pedir un deseo *v.* 8; **to make fun of** burlarse (de) *v.;* **to make good use of** aprovechar *v.;* **to make one's way** abrirse paso *v.;* **to make sure** asegurarse *v.*
male macho *m.*
mall centro comercial *m.* 3
manage administrar *v.* 8; dirigir *v.* 1; lograr; *v.* 3
manager gerente *m, f.* 8
manipulate manipular *v.* 9
manufacture fabricar *v.* 7
manuscript manuscrito *m.*
marathon maratón *m.*
maritime marítimo/a *adj.* 11
market mercado *m.* 8
marketing mercadeo *m.* 1
marriage matrimonio *m.*
married casado/a *adj.* 1
mass misa *f.* 2
masterpiece obra maestra *f.* 3
mathematician matemático/a *m., f.* 7
matter asunto *m.;* importar *v.* 2, 4
mature maduro/a *adj.* 1
Mayan Trail ruta maya *f.* 5
mayor alcalde/alcaldesa *m., f.* 11
mean antipático/a *adj.*
means medio *m.;* **media** medios de comunicación *m. pl.* 9
measure medida *f.;* medir (e:i) *v.;* **security measures** medidas de seguridad *f. pl.* 5
mechanical mecánico/a *adj.*
mechanism mecanismo *m.*
meditate meditar *v.* 11
meeting reunión *f.* 8
melt derretir(se) (e:i) *v.* 7
member socio/a *m., f.* 8
memory recuerdo *m.*
merchandise mercancía *f.*
mercy piedad *f.* 8
mess desorden *m.* 7
message mensaje *m.;* **text message** mensaje de texto *m.* 7
middle medio *m.*
Middle Ages Edad Media *f.*
military militar *m., f.* 11
minister ministro/a *m., f.;* **Protestant minister** ministro/a protestante *m., f.*

minority minoría *f.* 11
minute minuto *m.;* **last-minute news** noticia de último momento *f.;* **up-to-the-minute** de último momento *adj.* 9
miracle milagro *m.* 11
miser avaro/a *m., f.*
miss extrañar *v.;* perder (e:ie) *v.;* **to miss (someone)** extrañar a (alguien) *v.;* **to miss a flight** perder un vuelo *v.* 5
mistake: to be mistaken; to make a mistake equivocarse *v.*
mixed: person of mixed ethnicity (*part indigenous*) mestizo/a *m., f.* 12
mixture mezcla *f.*
mockery burla *f.*
model (*fashion*) modelo *m., f.*
modern moderno/a *adj.*
modify modificar, alterar *v.*
moisten mojar *v.*
moment momento *m.*
monarch monarca *m., f.* 12
money dinero *m.;* (*L. Am.*) plata *f.* 7; **cash** dinero en efectivo *m.* 3
monkey mono *m.* 6
monolingual monolingüe *adj.* 9
mood estado de ánimo *m.* 4; **in a bad mood** malhumorado/a *adj.*
moon luna *f.;* **full moon** luna llena *f.*
moral moral *adj.* 11
mosque mezquita *f.* 11
mountain montaña *f.* 6; monte *m.;* **mountain range** cordillera *f.* 6
move (*change residence*) mudarse *v.* 2
movement corriente *f.;* movimiento *m.* 10
movie theater cine *m.* 2
moving conmovedor(a) *adj.*
muralist muralista *m., f.* 10
museum museo *m.*
music video video musical *m.* 9
musician músico/a *m., f.* 2
Muslim musulmán/musulmana *adj.* 11
myth mito *m.* 5

N

name nombrar *v.*
nape nuca *f.* 9
narrate narrar *v.* 10
narrative work narrativa *f.* 10
narrator narrador(a) *m., f.* 10
narrow estrecho/a *adj.*
native nativo/a *adj.*
natural resource recurso natural *m.* 6
navel ombligo *m.* 4
navigator navegante *m., f.* 7
necessary necesario *adj.* 4
necessity necesidad *f.* 5; **of utmost necessity** de primerísima necesidad 5
need necesidad *f.* 5; necesitar *v.* 4
needle aguja *f.* 4
neglect descuidar *v.* 6
neighborhood barrio *m.*
neither... nor... ni... ni... *conj.*
nervous nervioso/a *adj.*
nest nido *m.*
network cadena *f.* 9; **cadena de televisión** television network *f.*

news noticia *f.;* **local/domestic/ international news** noticias locales/ nacionales/internacionales *f. pl.* 9; **news bulletin** informativo *m.* 9; **news report** reportaje *m.* 9; **news reporter** presentador(a) de noticias *m., f.*

newspaper periódico *m.;* diario m. 9

nice simpático/a, amable *adj.*

nightmare pesadilla *f.*

No way! ¡Ni loco/a! 9

noise ruido *m.*

nomination nominación *f.*

nominee nominado/a *m., f.*

nook rincón *m.* 11

notice aviso *m.* 5; fijarse *v.* 9 **to take notice of** fijarse en *v.* 2

novelist novelista *m., f.* 7, 10

now and then de vez en cuando 3

nun monja *f.*

nurse enfermero/a *m., f.* 4

nutritious nutritivo/a *adj.* 4; (*healthy*) saludable *adj.* 4

O

oar remo *m.* 5

obesity obesidad *f.* 4

obey obedecer *v.* 1

oblivion olvido *m.* 1

occur (to someone) ocurrírsele (a alguien) *v.*

offer oferta *f.* 9; ofrecerse (a) *v.*

office despacho *m.*

officer agente *m., f.*

often a menudo *adv.* 3

oil painting óleo *m.* 10

Olympics Olimpiadas *f. pl.*

on purpose a propósito *adv.* 3

once in a while de vez en cuando 3

online en línea *adj.* 7

open abrir(se) *v.*

open-air market mercado al aire libre *m.*

operate operar *v.*

operation operación *f.* 4

opinion opinión *f.;* **In my opinion, ...** A mi parecer,...; Considero que..., Opino que...; **to be of the opinion** opinar *v.*

oppose oponerse a *v.* 4

oppress oprimir *v.* 12

orchard huerto *m.*

originating (in) proveniente (de) *adj.*

ornate ornamentado/a *adj.*

others; other people los/las demás *pron.*

ought to deber + *inf. v.*

outdo oneself (*P. Rico; Cuba*) botarse *v.* 5

outline esbozo *m.*

out-of-date pasado/a de moda *adj.* 9

outrageous thing barbaridad *f.* 10

overcome superar *v.*

overdose sobredosis *f.*

overthrow derribar *v.;* derrocar *v.* 12

overwhelmed agobiado/a *adj.* 1

owe deber *v.* 8; **to owe money** deber dinero *v.* 2

owner dueño/a *m., f.* 8; propietario/a *m., f.*

P

pack hacer las maletas *v.* 5

page página *f.;* **web page** página web 7

pain (*suffering*) sufrimiento *m.*

painkiller calmante *m.* 4

paint pintura *f.* 10; pintar *v.* 3

paintbrush pincel *m.* 10

painter pintor(a) *m., f.* 3, 10

painting cuadro *m.* 3, 10; pintura *f.* 10

palm tree palmera *f.*

pamphlet panfleto *m.* 11

paradox paradoja *f.*

parish parroquia *f.* 12

park parque *m.;* estacionar *v.;* **amusement park** parque de atracciones *m.* 2

parrot loro *m.*

part parte *f.;* **to become part (of)** integrarse (a) *v.* 12

partner (*couple*) pareja *f.* 1; (*member*) socio/ a *m., f.* 8

party (*politics*) partido *m.;* **political party** partido político *m.* 11

pass (*a class, a law*) aprobar (o:ue) *v.;* **to pass a law** aprobar una ley *v.* 11

passing pasajero/a *adj.*

passport pasaporte *m.* 5

password contraseña *f.* 7

pastime pasatiempo *m.* 2

pastry repostería *f.*

patent patente *f.* 7

path (*history*) trayectoria *f.* 1; prestarle atención a alguien *v.*

pay pagar *v.;* **to be well/poorly paid** ganar bien/mal *v.* 8; **to pay attention to someone** hacerle caso a alguien *v.* 1; prestarle atención a alguien *v.*

peace paz *f.*

peaceful pacífico/a *adj.* 12

peak cumbre *f.;* pico *m.*

peck picar *v.*

people pueblo *m.* 4

performance rendimiento *m.;* (*theater; movie*) función *f.* 2

period punto *m.* 2

permanent fijo/a *adj.* 8

permission permiso *m.*

permissive permisivo/a *adj.* 1

persecute perseguir (e:i) *v.*

personal (*private*) particular *adj.*

pessimist pesimista *m., f.*

phase etapa *f.*

physicist físico/a *m. f.* 7

pick out seleccionar *v.* 3

pick up levantar *v.*

picnic picnic *m.*

picture imagen *f.* 2, 7

piece (*art*) pieza *f.* 10

pier muelle *m.* 5

pig cerdo *m.* 6

pill pastilla *f.* 4

pilot piloto *m., f.*

pious devoto/a *adj.* 11

piping tubería *f.* 6

pity pena *f.;* **What a pity!** ¡Qué pena!

place lugar *m.*

place poner *v.* 1, 2

place (*an object*) colocar *v.* 2

plan planear *v.*

planned previsto/a *adj., p.p.* 3

plateau: high plateau altiplano *m.* 11

play jugar *v.;* (*theater*) obra de teatro *f.* 10; **to play a CD** poner un disco compacto *v.* 2

player (CD/DVD/MP3) reproductor (de CD/ DVD/MP3) *m.* 7

playing cards cartas *f. pl.* 2; naipes *m. pl.* 2

playwright dramaturgo/a *m., f.* 10

plead rogar *v.* 4

pleasant (*funny*) gracioso/a *adj.* 1

please: Could you please...? ¿Tendría usted la bondad de + *inf....* ? (*form.*)

plot trama *f.* 10; argumento *m.* 10

plumbing (*piping*) tubería *f.* 6

poet poeta *m., f.* 10

poetry poesía *f.* 10

point (to) señalar *v.* 2; **to point out** destacar *v.*

point of view punto de vista *m.* 10

poison veneno *m.* 6

poisoned envenenado/a *adj.* 6

poisonous venenoso/a *adj.* 6

politician político/a *m., f.* 11

politics política *f.*

pollen polen *m.* 8

pollute contaminar *v.* 6

pollution contaminación *f.* 6

poor quality (garbage) porquería *f.* 10

populate poblar *v.* 12

population población *f.* 4

port puerto *m.* 5

portable portátil *adj.*

portrait retrato *m.* 3

portray retratar *v.* 3

position puesto *m.* 8; cargo *m.*

possible posible *adj.;* **as much as possible** en todo lo posible

poverty pobreza *f.* 8

power fuerza *f.;* **will power** fuerza de voluntad 4

power (electricity) luz *f.* 7

power saw motosierra *f.* 7

powerful poderoso/a *adj.* 12

pray rezar *v.* 11

pre-Columbian precolombino/a *adj.*

prefer preferir *v.* 4

prehistoric prehistórico/a *adj.* 12

premiere estreno *m.* 2

prescribe recetar *v.* 4

prescription receta *f.* 4

preserve conservar *v.* 6

press prensa *f.* 9; **press conference** rueda de prensa 11

pressure (stress) presión *f.;* presionar *v.;* **to be under stress/pressure** estar bajo presión

prevent prevenir *v.* 4

previous anterior *adj.* 8

priest cura *m.* 12; sacerdote

prime minister primer(a) ministro/a *m., f.* 11

print imprimir *v.* 9

private particular *adj.*

privilege privilegio *m.* 8

prize premio *m.* 12; **to give a prize** premiar *v.*

procession procesión *f.* 12
produce producir *v.* 1; (*generate*) generar *v.*
productive productivo/a *adj.* 8
programmer programador(a) *m., f.*
prohibit prohibir *v.* 4
prohibited prohibido/a *adj.* 5
prominent destacado/a *adj.* 9; prominente *adj.* 11
promise jurar *v.* 12
promote promover (o:ue) *v.*
pronounce pronunciar *v.*
proof prueba *f.* 2
proposal oferta *f.* 9
propose proponer *v.* 1, 4; **to propose marriage** proponer matrimonio *v.* 1
prose prosa *f.* 10
protagonist protagonista *m., f.* 1, 10
protect proteger *v.* 1, 6
protected protegido/a *adj.* 5
protest manifestación *f.* 11; protestar *v.* 11
protester manifestante *m., f.* 6
proud orgulloso/a *adj.* 1; **to be proud of** estar orgulloso/a de
prove comprobar (o:ue) *v.* 7
provide proporcionar *v.*
public público *m.* 9; (*pertaining to the state*) estatal *adj.*
public transportation transporte público *m.*
publish editar *v.* 10; publicar *v.* 9
punishment castigo *m.*
pure puro/a *adj.*
purity pureza *f.* 6
pursue perseguir (e:i) *v.*
push empujar *v.*
put poner *v.* 1, 2; **to put in a place** ubicar *v.;* **to put on** (*clothing*) ponerse *v.;* **to put on makeup** maquillarse *v.* 2
pyramid pirámide *f.* 5

Q

quality calidad *f.;* **high quality** de buena categoría *adj.* 5
queen reina *f.*
quench saciar *v.*
question interrogante *m.* 7
quiet callado/a *adj.;* **be quiet** callarse *v.*
quit renunciar *v.* 8; **quit smoking** dejar de fumar *v.* 4
quite bastante *adv.* 3
quotation cita *f.*

R

rabbi rabino/a *m., f.*
rabbit conejo *m.* 6
race raza *f.* 12
radiation radiación *f.*
radio radio *f.*
radio announcer locutor(a) de radio *m., f.* 9
radio station (radio)emisora *f.* 9
raise aumento *m.;* **raise in salary** aumento de sueldo *m.* 8; criar *v.;* educar *v.* 1; **to have raised** haber criado 1
ranch rancho *m.* 12

rarely casi nunca *adv.* 3
rat rata *f.*
rather bastante *adv.;* más bien *adv.*
ratings índice de audiencia *m.*
ray rayo *m.*
reach alcance *m.* 7; **within reach** al alcance 10; al alcance de la mano; alcanzar *v.*
reactor reactor *m.*
reader lector(a) *m., f.* 9
real auténtico/a *adj.* 3
realism realismo *m.*
realist realista *adj.* 10
realistic realista *adj.* 10
realize darse cuenta *v.* 2, 9; **to realize/ assume that one is being referred to** darse por aludido/a *v.* 9
rearview mirror espejo retrovisor *m.*
rebelliousness rebeldía *f.*
received acogido/a *adj.;* **well received** bien acogido/a *adj.* 8
recital recital *m.*
recognition reconocimiento *m.*
recognize reconocer *v.* 1, 12
recommend recomendar *v.* 4
recommendable recomendable *adj.* 5
record grabar *v.* 9
recover recuperarse *v.* 4
recyclable reciclable *adj.*
recycle reciclar *v.* 6
redo rehacer *v.* 1
reduce (speed) reducir (velocidad) *v.* 5
reef arrecife *m.* 6
referee árbitro/a *m., f.* 2
refined (*cultured*) culto/a *adj.* 12
reflect reflejar *v.* 10
reform reforma *f.;* **economic reform** reforma económica *f.*
refuge refugio *m.* 6
refund reembolso *m.* 3
refusal rechazo *m.*
register inscribirse *v.* 11
rehearsal ensayo *m.*
rehearse ensayar *v.* 9
reign reino *m.* 12
reject rechazar *v.* 11
rejection rechazo *m.*
relax relajarse *v.* 4; **Relax.** Tranquilo/a.
reliability fiabilidad *f.*
religion religión *f.*
religious religioso/a *adj.* 11
remain permanecer *v.* 4
remake rehacer *v.* 1
remember recordar (o:ue); acordarse (o:ue) (de) *v.* 2
remorse remordimiento *m.* 11
remote control control remoto *m.;* **universal remote control** control remoto universal *v.* 7
renewable renovable *adj.* 6
rent alquilar *v.;* **to rent a movie** alquilar una película *v.* 2
repent arrepentirse (de) (e:ie) *v.* 2
repertoire repertorio *m.*
reporter reportero/a *m., f.* 9
representative diputado/a *m., f.* 11
reproduce reproducirse *v.*

reputation reputación *f.;* **to have a good/bad reputation** tener buena/mala fama *v.* 9
rescue rescatar *v.*
research investigar *v.* 7
researcher investigador(a) *m., f.* 4
resentful resentido/a *adj.* 6
reservation reservación *f.*
reserve reservar *v.* 5
reside residir *v.*
respect respeto *m.*
responsible responsable *adj.*
rest descanso *m.* 8; reposo *m.;* **to be at rest** estar en reposo *v.*
rest descansar *v.* 4
resulting consiguiente *adj.*
résumé currículum vitae *m.* 8
retire jubilarse *v.* 8
retirement jubilación *f.*
return regresar *v.* 5; **to return (items)** devolver (o:ue) *v.* 3; **return (trip)** vuelta *f.;* regreso *m.*
review (revision) repaso *m.* 10
revision (review) repaso *m.* 10
revolutionary revolucionario/a *adj.* 7
revulsion asco *m.*
rhyme rima *f.* 10
right derecho *m.;* **civil rights** derechos civiles *m. pl.* 11; **human rights** derechos humanos *m. pl.* 11
right away enseguida 3
ring anillo *m.;* sortija *f.* 5; sonar (o:ue) *v.* 7; **to ring the doorbell** tocar el timbre *v.* 3
riot disturbio *m.* 8
rise ascender (e:ie) *v.* 8
risk riesgo *m.;* arriesgar *v.;* arriesgarse; **to take a risk** arriesgarse *v.*
risky arriesgado/a *adj.* 5
river río *m.*
rocket cohete *m.* 7
rob asaltar *v.* 10
role papel *m.* 9; **to play a role (*in a play*)** desempeñar un papel *v.*
romance novel novela rosa *f.* 10
romanticism romanticismo *m.* 10
room habitación *f.* 5; **emergency room** sala de emergencias *f.* 4; **single/ double room** habitación individual/ doble *f.* 5; **room service** servicio de habitación *m.* 5
root raíz *f.*
round redondo/a *adj.* 2
round-trip ticket pasaje de ida y vuelta *m.* 5
routine rutina *f.* 3
ruin ruina *f.* 5
rule regla *f.;* dominio *m.* 12
ruler gobernante *m., f.* 12; (*sovereign*) soberano/a *m., f.* 12
run correr *v.;* **to run away** huir *v.* 3; **to run out** acabarse *v.* 6; **to run out of** quedarse sin *v.* 6; **to run over** atropellar *v.*
rush prisa *f.* 6; **to be in a rush** tener apuro

S

sacred sagrado/a *adj.* 11
sacrifice sacrificio *m.;* sacrificar *v.* 6
safety seguridad *f.* 5
sail navegar *v.* 5

sailor marinero *m.*

salary sueldo *m.;* **raise in salary** aumento de sueldo *m.* **8; base salary** sueldo fijo *m.* **8; minimum wage** sueldo mínimo *m.* **8**

sale venta *f.;* **to be for sale** estar a la venta *v.* **10**

salesperson vendedor(a) *m., f.* **8**

same mismo/a *adj.;* **The same here.** Lo mismo digo yo.

sample muestra *f.*

sanity cordura *f.* **4**

satellite satélite *m.;* **satellite connection** conexión de satélite *f.* **7; satellite dish** antena parabólica *f.*

satire sátira *f.*

satirical satírico/a *adj.* **10; satirical tone** tono satírico/a *m.*

satisfied: be satisfied with contentarse con *v.* **1**

satisfy (quench) saciar *v.*

save ahorrar *v.* **8;** guardar *v.* **7;** salvar *v.* **6; save oneself** ahorrarse *v.* **7**

savings ahorros *m.* **8**

say decir *v.* **1; say goodbye** despedirse (e:i) *v.* **3**

scar cicatriz *f.*

scarcely apenas *adv.* **3**

scare espantar *v.*

scared asustado/a *adj.*

scene escena *f.* **1**

scenery paisaje *m.* **6;** escenario *m.* **2**

schedule horario *m.* **3**

science fiction ciencia ficción *f.* **10**

scientific científico/a *adj.*

scientist científico/a *m., f.* **7**

score (a goal/a point) anotar (un gol/un punto) *v.* **2;** marcar (un gol/punto) *v.*

screen pantalla *f.* **2; computer screen** pantalla de computadora *f.;* **LCD screen** pantalla líquida *f.* **7; television screen** pantalla de televisión *f.* **2**

screenplay guión *m.* **9**

script guión *m.* **9**

scuba diving buceo *m.* **5**

sculpt esculpir *v.* **10**

sculptor escultor(a) *m., f.* **10**

sculpture escultura *f.* **10**

sea mar *m.* **6**

seal sello *m.*

search búsqueda *f.;* **search engine** buscador *m.* **7**

season (period) temporada *f.;* **high/low season** temporada alta/baja *f.* **5**

seat asiento *m.* **2**

seatbelt cinturón de seguridad *m.* **5; to fasten (the seatbelt)** abrocharse/ ponerse (el cinturón de seguridad) *v.* **5; to unfasten (the seatbelt)** quitarse (el cinturón de seguridad) *v.* **5**

section sección *f.* **9; lifestyle section** sección de sociedad *f.* **9; sports page/ section** sección deportiva *f.* **9**

security seguridad *f.* **5; security measures** medidas de seguridad *f. pl.* **5**

see ver *v.* **1**

seed semilla *f.*

seem parecer *v.* **2**

select seleccionar *v.* **3**

self-esteem autoestima *f.* **4**

self-portrait autorretrato *m.* **10**

senator senador(a) *m., f.* **11**

send enviar *v.;* mandar *v.*

sender remitente *m.*

sense sentido *m.;* **common sense** sentido común *m.*

sensible sensato/a *adj.* **1**

sensitive sensible *adj.* **1**

separated separado/a *adj.* **1**

sequel continuación *f.*

servants servidumbre *f.* **3**

servitude servidumbre *f.* **3**

settle poblar *v.* **12**

settler poblador(a) *m., f.*

sexton sacristán *m.* **11**

shame vergüenza *f.*

shape forma *f.;* **bad physical shape** mala forma física *f.;* **to get in shape** *v.* ponerse en forma **4; to stay in shape** mantenerse en forma *v.* **4**

shark tiburón *m.* **5**

sharp nítido/a *adj.*

shave afeitarse *v.* **2**

sheep oveja *f.* **6**

shore orilla *f.;* **on the shore of** a orillas de **6**

short film corto, cortometraje *m.* **1**

short story cuento *m.*

short/long-term a corto/largo plazo **8**

shot (injection) inyección *f.;* **to give a shot** poner una inyección *v.* **4**

shoulder hombro *m.*

shout gritar *v.*

show espectáculo *m.* **2**

showing sesión *f.*

shrink encogerse *v.*

shrug encogerse de hombros *v.*

shy tímido/a *adj.* **1**

shyness timidez *f.*

sick enfermo *adj.;* **to be sick (of); to be fed up (with)** estar harto/a (de) **1; to get sick** enfermarse *v.* **4**

sign señal *f.* **2;** firmar *v.*

signal señalar *v.* **2**

signature firma *f.* **11**

silent callado/a *adj.* **7; to be silent** callarse *v.;* **to remain silent** quedarse callado **1**

silly person bobo/a *m., f.* **7**

sin pecado *m.*

sincere sincero/a *adj.*

singer cantante *m., f.* **2**

single soltero/a *adj.* **1; single mother** madre soltera *f.;* **single father** padre soltero *m.*

sink hundir *v.*

situated situado/a *adj.*

sketch esbozo *m.;* esbozar *v*

skill habilidad *f.*

skillfully hábilmente *adv.*

skim hojear *v.* **10**

skirt falda *f.*

slacker vago/a *m., f.* **7**

slave esclavo/a *m., f.* **12**

slavery esclavitud *f.* **12**

sleep dormir *v.* **2**

sleeve manga *f.* **5**

slip resbalar *v.*

slippery resbaladizo/a *adj.* **11**

smoothness suavidad *f.*

snake serpiente *f.* **6;** culebra *f.*

soap opera telenovela *f.* **9**

sociable sociable *adj.*

society sociedad *f.*

software programa (de computación) *m.* **7**

solar solar *adj.*

soldier soldado *m.* **12**

solitude soledad *f.* **3**

solve resolver (o:ue) *v.* **6**

sometimes a veces *adv.* **3**

sorrow pena *f.* **4**

soul alma *f.* **1**

soundtrack banda sonora *f.* **9**

source fuente *f.;* **energy source** fuente de energía *f.* **6**

sovereign soberano/a *m., f.* **12**

sovereignty soberanía *f.* **12**

space espacial *adj.;* **space shuttle** transbordador espacial *m.* **7**

space espacio *m.* **7**

spaceship nave espacial *f.*

spacious espacioso/a *adj.*

speak hablar *v.* **1; Speaking of that,...** Hablando de eso,…

speaker hablante *m., f.* **9**

special effects efectos especiales *m., pl.* **9**

specialist especialista *m., f.*

specialized especializado/a *adj.* **7**

species especie *f.* **6; endangered species** especie en peligro de extinción *f.*

spectator espectador(a) *m., f.* **2**

speech discurso *m.;* **to give a speech** pronunciar un discurso *v.* **11**

spell-checker corrector ortográfico *m.* **7**

spend gastar *v.* **8**

spider araña *f.* **6**

spill derramar *v.*

spirit ánimo *m.* **1**

spiritual espiritual *adj.* **11**

spot: on the spot en el acto **3**

spray rociar *v.* **6**

spring manatial *m.*

stability estabilidad *f.* **12**

stage (theater) escenario *m.* **2; (phase)** etapa *f.;* **stage name** nombre artístico *m.* **1**

stain mancha *f.;* manchar *v.*

staircase escalera *f.* **3**

stamp sello *m.*

stand up ponerse de pie *v.* **12**

stanza estrofa *f.* **10**

star estrella *f.;* **shooting star** estrella fugaz *f.* **(movie) star** [m/f] estrella *f.;* **pop star** [m/f] estrella pop *f.* **9**

start (a car) arrancar *v.*

stay alojarse *v.* **5;** hospedarse; quedarse *v.* **5; stay up all night** trasnochar *v.* **4**

step paso *m.;* **to take the first step** dar el primer paso *v.*

stereotype estereotipo *m.* **10**

stern popa *f.* **5**

stick pegar *v.*

still life naturaleza muerta *f.* **10**

sting picar *v.*

stingy tacaño/a *adj.* **1**

stir revolver (o:ue) *v.*

stock market bolsa de valores *f.* **8**

stone piedra *f.* **5**

storekeeper comerciante *m., f.*

storm tormenta *f.;* **tropical storm** tormenta tropical *f.* **6**

story (account) relato *m.* **10**

stranger desconocido/a *adj.*

stream arroyo *m.* **10**

strength fortaleza *f.*

strict autoritario/a *adj.* **1**

strike (labor) huelga *f.* **8**

Striking llamativo/a *adj.* **10**

stripe raya *f.* **5**

stroll paseo *m.*

struggle lucha *f.;* luchar *v.* **11**

stubborn tozudo/a *adj.* **8**

studio estudio *m.;* **recording studio** estudio de grabación *f.*

stupid necio/a *adj.*

stupid person bobo/a *m., f.* **7**

style estilo *m.;* **in the style of ...** al estilo de... **10**

subscribe (to) suscribirse (a) *v.* **9**

subtitles subtítulos *m., pl.* **9**

subtlety matiz *m.*

suburb suburbio *m.*

succeed in (reach) alcanzar *v.*

success éxito *m.*

successful exitoso/a *adj.* **8**

suckling pig cochinillo *m.* **10**

sudden repentino/a *adj.* **3**

suddenly de repente *adv.* **3**

suffer (from) sufrir (de) *v.* **4**

suffering sufrimiento *m.*

suggest aconsejar; sugerir (e:ie) *v.* **4**

suitcase maleta *f.* **5**

summit cumbre *f.*

sunrise amanecer *m.*

supermarket supermercado *m.* **3**

supply proporcionar *v.*

support soportar *v.;* **to put up with someone** soportar a alguien *v.* **1**

suppose suponer *v.* **1**

suppress suprimir *v.* **12**

sure (confident) seguro/a *adj.* **1;** **(certain)** cierto/a *adj.;* **Sure!** ¡Cierto!

surf the web navegar en la red *v.* **7;** navegar en Internet

surface superficie *f.*

surgeon cirujano/a *m., f.* **4**

surgery cirugía *f.* **4**

surgical quirúrgico/a *adj.*

surprise sorprender *v.* **2**

surprised sorprendido *adj.* **2;** **be surprised (about)** sorprenderse (de) *v.* **2**

surrealism surrealismo *m.* **10**

surrender rendirse (e:i) *v.* **12**

surround rodear *v.*

surrounded rodeado/a *adj.* **7**

survival supervivencia *f.;* sobrevivencia *f.*

survive subsistir *v.* **11;** sobrevivir *v.*

suspect sospechar *v.*

suspicion sospecha *f.*

swallow tragar *v.*

sweep barrer *v.* **3**

sweetheart amado/a *m., f.* **1**

symptom síntoma *m.*

synagogue sinagoga *f.* **11**

syrup jarabe *m.* **4**

T

tabloid(s) prensa sensacionalista *f.* **9**

tag etiqueta *f.*

take tomar *v.;* **to take a bath** bañarse *v.* **2;** **to take a look** echar un vistazo *v.;* **to take a trip** hacer un viaje *v.* **5;** **to take a vacation** ir(se) de vacaciones *v.* **5;** **to take away (remove)** quitar *v.* **2;** **to take care of** cuidar *v.* **1;** **to take care of oneself** cuidarse *v.;* **to take off (clothing)** quitarse *v.* **2;** **to take off running** echar a correr *v.;* **to take place** desarrollarse, transcurrir *v.* **10;** **to take refuge** refugiarse *v.;* **to take seriously** tomar en serio *v.* **8**

talent talento *m.* **1**

talented talentoso/a *adj.* **1**

tank tanque *m.* **6**

taste gusto *m.* **10;** **in good/bad taste** de buen/mal gusto **10;** sabor *m.;* **It has a sweet/sour/bitter/pleasant taste.** Tiene un sabor dulce/agrio/amargo/agradable. **4**

taste like/of saber *v.* **1;** **How does it taste?** ¿Cómo sabe? **4;** **And does it taste good?** ¿Y sabe bien? **4;** **It tastes like garlic/mint/lemon.** Sabe a ajo/menta/limón. **4**

tax impuesto *m.;* **sales tax** impuesto de ventas *m.* **8**

teaching enseñanza *f.* **12**

team equipo *m.* **2**

tears lágrimas *f. pl.*

telephone receiver auricular *m.* **7**

telescope telescopio *m.* **7**

television televisión *f.* **2;** **television set** televisor *m.* **2;** **television viewer** televidente *m., f.* **2**

tell contar (o:ue) *v.* **2**

temple templo *m.* **11**

tendency propensión *f.*

territory territorio *m.* **11**

terrorism terrorismo *m.* **11**

test (challenge) poner a prueba *v.*

theater teatro *m.*

then entonces *adv.* **3**

theory teoría *f.* **7**

there allá *adv.*

thermal térmico/a *adj.*

thief ladrón/ladrona *m., f.*

think pensar (e:ie) *v.* **1;** **(to be of the opinion)** opinar; *v.* **I think it's pretty.** Me parece hermosa/o.; **I thought...** Me pareció... **1;** **What did you think of Mariela?** ¿Qué te pareció Mariela? **1**

thoroughly a fondo *adv.*

threat amenaza *f.* **8**

threaten amenazar *v.* **3**

throw tirar *v.* **5;** **throw away** echar *v.* **5;** **throw out** botar *v.* **5**

thunder trueno *m.* **6**

ticket boleto *m.*

tie (game) empate *m.* **2;** **tie (up)** atar *v.;* **(games)** empatar *v.* **2**

tiger tigre *m.* **6**

time tiempo *m.;* vez *f.;* **at that time** en aquel entonces; **for the first/last time** por primera/última vez **2;** **on time** a tiempo; **once upon a time** érase una vez; **to have a good/bad/horrible time** pasarlo bien/mal **1**

---

tired cansado/a *adj.;* **to become tired** cansarse *v.*

tone of voice timbre *m.* **3**

tongue lengua *f.* **9**

too; too much demasiado/a *adj., adv.*

tool herramienta *f.;* **toolbox** caja de herramientas *f.* **2**

toolbox caja de herramientas *f.* **2**

topic asunto *m.*

touch lightly rozar *v.*

tour excursión *f.* **5;** **tour guide** guía turístico/a *m., f.* **5**

tourism turismo *m.* **5**

tourist turista *m., f.* **5;** turístico/a *adj.* **5**

tournament torneo *m.* **2**

toxic tóxico/a *adj.* **6**

trace huella *f.* **8;** trazar *v.*

track-and-field events atletismo *m.*

trade comercio *m.* **8**

trader comerciante *m., f.*

traditional tradicional *adj.* **1;** **(typical)** típico/a *adj.*

traffic tránsito *m.;* **traffic jam** congestionamiento, tapón *m.* **5**

tragic trágico/a *adj.* **10**

trainer entrenador(a) *m., f.* **2**

trait rasgo *m.*

traitor traidor(a) *m., f.* **12**

tranquilizer calmante *m.* **4**

translate traducir *v.* **1**

transmission transmisión *f.*

transplant transplantar *v.*

trap atrapar *v.* **6**

travel log bitácora *f.* **7**

traveler viajero/a *m., f.* **5**

treat tratar *v.* **4**

treatment tratamiento *m.* **4**

treaty tratado *m.*

tree árbol *m.* **6**

trend moda *f.;* tendencia *f.* **9**

trial juicio *m.*

tribal chief cacique *m.* **12**

tribe tribu *f.* **12**

trick truco *m.* **2**

trip viaje *v.* **5;** **to take a trip** hacer un viaje *v.* **5**

tropical tropical *adj.;* **tropical storm** tormenta tropical *f.* **6**

trunk maletero *m.* **9**

trust confianza *f.* **1**

try probar (o:ue) (a) *v.* **3;** **try on** probarse (o:ue) *v.* **3**

tune into (radio or television) sintonizar *v.*

tuning sintonía *f.* **9**

turn: to be my/your/his turn me/te/le, etc. + tocar *v.;* **Whose turn is it to pay the tab?** ¿A quién le toca pagar la cuenta? **2;** **Is it my turn yet?** ¿Todavía no me toca? **2;** **It's Johnny's turn to make coffee.** A Johnny le toca hacer el café. **2;** **It's always your turn to wash the dishes.** Siempre te toca lavar los platos. **2**

turn (a corner) doblar *v.;* **to turn off** apagar *v.* **3;** **to turn on** encender (e:ie) *v.* **3;** **to turn red** enrojecer *v.*

turned off apagado/a *adj.* **7**

U

UFO ovni *m.* 7
unbiased imparcial *adj.* 9
uncertainty incertidumbre *f.* 12
underdevelopment subdesarrollo *m.*
underground tank cisterna *f.* 6
understand entender (e:ie) *v.*
underwear (men's) calzoncillos *m. pl.*
undo deshacer *v.* 1
unemployed desempleado/a *adj.* 8
unemployment desempleo *m.* 8
unequal desigual *adj.* 11
unexpected imprevisto/a *adj.;* inesperado/a *adj.* 3
unexpectedly de improviso *adv.*
unique único/a *adj.*
unjust injusto/a *adj.* 11
unpleasant antipático/a *adj.*
unsettling inquietante *adj.* 10
untie desatar *v.*
until hasta *adv.;* **up until now** hasta la fecha
update actualizar *v.* 7
upset disgustado/a *adj.* 1; disgustar *v.* 2; **to get upset** afligirse *v.* 3
up-to-date actualizado/a *adj.* 9; **to be up-to-date** estar al día *v.* 9
urban urbano/a *adj.*
urgent urgente *adj.* 4
use up agotar *v.* 6
used: to be used to estar acostumbrado/a a; **I used to... (was in the habit of)** solía; **to get used to** acostumbrarse (a) *v.* 3
useful útil *adj.* 11
useless inútil *adj.* 2
user usuario/a *m., f.* 7

V

vacation vacaciones *f. pl.;* **to take a vacation** ir(se) de vacaciones *v.* 5
vaccine vacuna *f.* 4
vacuum pasar la aspiradora *v.* 3
valid vigente *adj.* 5
valuable valioso/a *adj.* 6
value valor *m.*
vandal vándalo/a *m., f.* 6
vestibule zaguán *m.* 3
victorious victorioso/a *adj.* 12
victory victoria *f.*
video game videojuego *m.* 2
village aldea *f.* 12
virus virus *m.* 4
visit recorrer *v.* 5
visiting hours horas de visita *f., pl.*
vote votar *v.* 11

W

wage: minimum wage sueldo mínimo *m.* 8
wait espera *f.;* esperar *v.* **to wait in line** hacer cola *v.* 2
waiter/waitress camarero/a *m., f.;* mesero/a *m., f.*
wake up despertarse (e:ie) *v.* 2; **wake up early** madrugar *v.* 4

walk andar *v.;* **to take a stroll/walk** dar un paseo *v.* 2; **to take a stroll/walk** *v.* dar una vuelta
wall pared *f.* 5
want querer (e:ie) *v.* 1, 4
war guerra *f.;* **civil war** guerra civil *f.* 11
warm up calentar (e:ie) *v.* 3
warn avisar *v.*
warning advertencia *f.* 8; aviso *m.* 5
warrior guerrero/a *m., f.* 12
wash lavar *v.* 3; **wash oneself** lavarse *v.* 2
waste malgastar *v.* 6
watch vigilar *v.*
watercolor acuarela *f.* 10
waterfall cascada *f.* 5
wave ola *f.* 5; onda *f.*
wealth riqueza *f.* 8
wealthy adinerado/a *adj.* 8
weapon arma *m.*
weariness fatiga *f.* 8
web (the) web *f.* 7; red *f.*
weblog bitácora *f.* 7
website sitio web *m.* 7
week semana *f.*
weekend fin de semana; **Have a nice weekend!** ¡Buen fin de semana!
weekly semanal *adj.*
weight peso *m.*
welcome bienvenida *f.* 5
welcome (take in; receive) acoger *v.*
well pozo *m.;* **oil well** pozo petrolero *m.*
well-being bienestar *m.* 4
well-received bien acogido/a *adj.* 8
wherever dondequiera *adv.* 4
whistle silbar *v.*
widowed viudo/a *adj.* 1; **to become widowed** quedarse viudo/a *v.*
widower/widow viudo/a *m., f.*
wild salvaje *adj.* 6; silvestre *adj.*
wild boar jabalí *m.* 10
win ganar *v.;* **to win an election** ganar las elecciones *v.* 11; **to win a game** ganar un partido *v.* 2
wind power energía eólica *f.*
wine vino *m.*
wing ala *m.*
wireless inalámbrico/a *adj.* 7
wisdom sabiduría *f.* 12
wise sabio/a *adj.*
wish deseo *m.;* desear *v.* 4; **to make a wish** pedir un deseo *v.* 8
without sin *prep.;* **without you** sin ti (*fam.*)
witness testigo *m., f.* 10
woman mujer *f.;* **businesswoman** mujer de negocios *f.* 8
womanizer mujeriego *m.* 2
wonder preguntarse *v.*
wood madera *f.*
work obra *f.;* **work of art** obra de arte *f.* 10; funcionar *v.* 7; trabajar; **to work hard** trabajar duro *v.* 8
work day jornada *f.*
workshop taller *m.*
World Cup Copa del Mundo *f.,* Mundial *m.* 2
worm gusano *m.*
worried (about) preocupado/a (por) *adj.* 1

worry preocupar *v.* 2; **to worry (about)** preocuparse (por) *v.* 2
worship culto *m.; venerar v.* 11
worth: be worth valer *v.* 1
worthy digno/a *adj.* 6
wound lesión *f.* 4
wrinkle arruga *f.*

Y

yawn bostezar *v.*

Z

zoo zoológico *m.* 2

A

adjectives 491
demonstrative adjectives and
  pronouns 496
past participles used as adjectives 543
possessive adjectives and pronouns 498
adverbs 518
Análisis literario
  costumbrismo 469
  cultura urbana 349
  fábula 311
  formas verbales 71
  ironía 271
  metáfora 111
  microcuento 233
  personificación 31
  realismo fantástico 385
  realismo mágico 193
  símil o comparación 153
  voz narrativa 423
Arte
  Barrios, Armando 384
  Berni, Antonio 110
  Dalí, Salvador 348
  Giuffre, Héctor 152
  Kahlo, Frida 232
  Morel, Carlos 112
  Picasso, Pablo 30, 115
  Rivera, Diego 310
  Rodo Boulanger, Graciela 193
  Sabogal, José 422
  Severi, Aldo 70
  Torres García, Joaquín 270
  Velásquez, José Antonio 422
  Velázquez, Diego 116-117
articles
  nouns and articles 489
  neuter **lo** 342
augmentatives 263
regional use of diminutives and
  augmentatives 263

C

Cinemateca
  Adiós mamá 106
  Clown 306
  El anillo 188
  El día menos pensado 228
  El rincón de Venezuela 418
  Éramos pocos 148
  Espíritu deportivo 66
  Happy Cool 266
  Las viandas 380
  Momentos de estación 26
  Sintonía 344
  Un pedazo de tierra 464
commands 140
  formal (*Ud.* and *Uds.*) commands 140
  familiar (*tú*) commands 140
  indirect (*él, ella, ellos, ellas*)
    commands 141
  nosotros/as commands 141
  using pronouns with commands 141
comparatives and superlatives 176
  comparatives, irregular 177
  comparisons of equality 176
  comparisons of inequality 176

conditional 294
  conditional perfect 376
  uses 295
conjunctions
  conjunctions that require the
    subjunctive 221
  conjunctions followed by the
    subjunctive or the indicative 222
  pero 513
  sino 513
conocer/saber 548
Contextos
  accidentes 164
  alojamiento 164
  animales 204
  arte 363
  artistas 362
  astronomía 244
  bienestar 122
  características 438
  cargos políticos 396
  ciencia 245
  ciencia (profesiones) 244
  cine 324
  civilización 438
  compras 82
  conceptos 438
  conquista 439
  corrientes artísticas 363
  creencias religiosas 396
  cultura popular 324
  deportes 42
  diversiones 43
  economía 282
  en casa 82
  enfermedades 122
  estados emocionales 2
  excursiones 165
  fenómenos naturales 204
  finanzas 282
  géneros literarios 362
  gobernantes 438
  historia 438
  hospital 122
  independencia 439
  inventos 245
  literatura 362
  lugares de recreo 42
  medicinas 123
  médicos 122
  medio ambiente 205
  medios de comunicación 324
  música 42
  naturaleza 204
  personalidad 2
  política 397
  prensa 325
  radio 324
  relaciones personales 3
  religión 396
  salud 122
  seguridad 164
  sentimientos 2
  síntomas 122
  teatro 42
  tecnología 244
  televisión 324
  trabajo 282
  trabajo (gente) 283

  tratamientos 123
  universo 244
  viajes 164
  vida diaria 82
Cultura
  Carlos Mencía: Políticamente
    incorrecto 35
  Carolina Herrera: una señora en su
    punto 317
  Cómo Bolivia perdió su mar 432
  De Macondo a McOndo 389
  El arte de la vida diaria 115
  El Inca Garcilaso: un puente entre dos
    imperios 480
  El toreo: ¿cultura o tortura? 75
  Guaraní: la lengua vencedora 355
  Hernán Casciari: arte en la
    blogosfera 275
  La ciencia: la nueva arma en una guerra
    antigua 157
  La ruta maya 197
  Vieques: medioambiente y política 237

D

diminutives 262
  regional use of diminutives and
    augmentatives 263

E

Enfoques (países)
  Argentina 252
  Bolivia 404
  Centroamérica 172
  Chile 370
  Colombia 130
  Ecuador 446
  El Caribe 212
  España 90
  Estados Unidos 10
  México 50
  Paraguay 332
  Perú 446
  Uruguay 332
  Venezuela 290
estar and **ser** 18
  estar and **ser** with adjectives 19
expressions of time with **hacer** 523

F

Fotonovela (episodios)
  ¿Alguien desea ayudar? 86
  ¡Bienvenida, Mariela! 6
  ¡Buen viaje! 168
  Cuidando a Bambi 208
  ¿Dulces? No, gracias 126
  El poder de la tecnología 248
  Esta noche o nunca 442
  La rueda de prensa 400
  Necesito un aumento 286
  ¡O estás con ella o estás conmigo! 328
  ¡Tengo los boletos! 50
  Unas pinturas radicales 366
future tense 216
  forms 216
  future perfect 374
  uses 217

G

gustar 58–59

I

imperfect 98
    preterite vs. the imperfect 102
    uses of the imperfect 102
impersonal expressions 508
indicative, summary 454
    indicative verb forms 454
    indicative verb tenses, uses 455
    subjunctive vs. indicative 460
infinitive, uses 450

L

Lecciones
    La cultura popular y los medios de
        comunicación Lesson 9 323
    Las diversiones Lesson 2 41
    La economía y el trabajo Lesson 8 281
    La historia y la civilización
        Lesson 12 437
    La literatura y el arte Lesson 10 361
    La naturaleza Lesson 6 203
    Las relaciones personales Lesson 1 1
    La religión y la política Lesson 11 395
    La salud y el bienestar Lesson 4 121
    La tecnología y la ciencia
        Lesson 7 243
    Los viajes Lesson 5 163
    La vida diaria Lesson 3 81
Literatura (autores)
    Acevedo de Gómez, Josefa 469
    Benedetti, Mario 71
    Borges, Jorge Luis 111
    Cortázar, Julio 385
    García Márquez, Gabriel 193
    Mastretta, Ángeles 153
    Monterroso, Augusto 233
    Neruda, Pablo 31
    Pardo Bazán, Emilia 423
    Paz Soldán, Edmundo 349
    Pérez-Reverte, Arturo 271
    Quiroga, Horacio 311

M

Manual de gramática
    adjectives 491
    adverbs 518
    conocer/saber 548
    demonstrative adjectives and
        pronouns 496
    expressions of time with **hacer** 523
    subjunctive with impersonal
        expressions 508
    nouns and articles 489
    past participles used as adjectives 543
    pedir/preguntar 548
    pero and **sino** 513
    possessive adjectives and pronouns 498
    qué vs. **cuál** 533
    si clauses with compound tenses 538
    telling time 503
    transitional expressions 528

N

negative and positive expressions 184

O

object pronouns 54
    double object pronouns 55
    position 54
    prepositional pronouns 55

P

para and **por** 144
passive voice 408
passive **se** 410
past perfect 260
past perfect subjunctive 378
past subjunctive 298
    forms of the past subjunctive 298
    uses of the past subjunctive 299
pedir/preguntar 513
pero and **sino** 513
por and **para** 144
prepositional pronouns 55
prepositions
    a 224
    hacia 224
    con 225
    de 414
    desde 414
    en 414
    entre 414
    hasta 414
    sin 414
    para 144
    por 144
present perfect 256
present perfect subjunctive 336
present tense 14
    irregular verbs 14
    irregular **yo** forms 14
    regular **–ar, –er,** and **–ir** verbs 14
    stem-changing verbs 14
preterite 94
    preterite vs. the imperfect 102
    uses of the preterite 102
progressive forms 22
    present progressive 22
    other verbs with the present
        participle 23
pronouns
    demonstrative adjectives and
        pronouns 496
    possessive adjectives and pronouns 498
    object pronouns 54
    object pronouns, double 55
    object pronouns, position 54
    prepositional pronouns 55
    relative pronouns 338

R

reflexive verbs 62
relative pronouns 338
    cuyo 339
    el/la que 338
    el/la cual 339

    que 338
    qué vs. **cuál** 533
    quien/quienes 339
Ritmos (artistas)
    Bacilos 13
    Desorden público 293
    Gilberto Santa Rosa 215
    La Bersuit Vergarabat 255
    Lila Downs 53
    Los Kjarkas 407
    Marta Gómez 133
    Natalia Oreiro 335
    Amparanoia 93
    Perú Negro 449
    Rubén Blades 175
    Violeta Parra 373

S

saber/conocer 548
se, uses of 410
    impersonal **se** 410
    passive **se** 410
    to express unexpected events 411
ser and estar 18
    ser and **estar** with adjectives 19
si clauses 302
    hypothetical statements about the
        future 302
    hypothetical statements about the
        present 303
    habitual conditions and actions in the
        past 30
    si clauses with compound tenses 538
    si clauses with simple tenses 302
stem-changing verbs, present tense 14
subjunctive
    conjunctions followed by the
        subjunctive or the indicative 222
    conjunctions that require the
        subjunctive 221
    forms of the past subjunctive 298
    forms of the present subjunctive 134
    in adjective clauses 180
    in adverbial clauses 220
    in noun clauses 134
    past perfect subjunctive 378
    past subjunctive 298
    present perfect subjunctive 336
    subjunctive verb forms 458
    subjunctive verb tenses, uses 459
    subjunctive vs. indicative 460
    summary 458
    uses of the past subjunctive 299
    verbs of doubt or denial 137
    verbs of emotion 136
    verbs of will and influence 135
superlatives 177
    superlatives, irregular 177

T

telling time 503
transitional expressions 528

Text Credits

32–33 Pablo Neruda, *Poema 20*, from *Veinte poemas de amor y una canción desesperada*, 1924. Esta autorización se concede por cortesía de: Fundación Pablo Neruda.

72–73 Mario Benedetti, *Idilio*. © Mario Benedetti, c/o Guillermo Schavelzon, Agente Literario, info@schavelzon.com.

112–113 Jorge Luis Borges, *Pedro Salvadores*. © 1995 by Maria Kodama, reprinted with permission of the Wylie Agency.

154–155 Ángeles Mastretta, Último cuento (sin título) from *Mujeres de ojos grandes*, © Ángeles Mastretta, 1991.

194–195 Gabriel García Márquez, *La luz es como el agua*, from *Doce cuentos peregrinos*. Permission requested. Best efforts made.

234–235 Augusto Monterroso, *El Eclipse*, from *Obras Completas y Otros Cuentos*, 1959, © Herederos de Augusto Monterroso.

272–273 © Arturo Pérez–Reverte, "Ese bobo del móvil", El Semanal, Madrid, 5 de marzo de 2000.

318–319 Isabel Piquer, "Carolina Herrera, una señora en su punto," Madrid, *El País*, 2001, reprinted by permission of *El País*.

350–353 *Sueños digitales.* © Edmundo Paz Soldán, c/o Guillermo Schavelzon & Asociados, Agencia Literaria info@schavelzon.com

386–387 Julio Cortázar, *Continuidad de los parques*. Esta autorización se concede por cortesía de: Herederos de Julio Cortázar.

Fine Art Credits

30 Pablo Picasso. Los Enamorados. 1923. © Sucesión Picasso/Artists Rights Society (ARS) New York. **70** Aldo Severi. Calesita en la Plaza. 1999 © Aldo Severi. Courtesy of Giuliana F. Severi. **75** Achille Beltrame. Juanita Cruz. 1934 © The Art Archive/Domenica del Corriere/Dagli Orti (A) **110** Antonio Berni. La siesta. 1943. Óleo sobre tela 155 x 220 cm. Colección Privada. **112** Carlos Morel. Rio de la Plata Calgary, Argentina. 1845 © The Art Archive / Nacional Library Buenos Aires / Dagli Orti **113** Pierre Raymond Jacques Monvoisin. Juan Manuel de Rosas. 1842 © The Art Archive/Museo Nacional de Bellas Artes Buenos Aires/Dagli Orti **115** (b) Bartolome Esteban Murillo. Children eating grapes and melon. 17th century © Scala / Art Resource, NY **116** Diego Rodríguez Velázquez. Old Woman Cooking Eggs. 1618 © Scala / Art Resource, NY (t) Diego Velázquez. Los Borracios. Before 1629. © The Art Archive/Museo del Prado, Madrid/Degli Orti (b) Diego Velásquez. Las Meninas, the Family of Philip IV. 1656 © The Art Archive/Museo del Prado Madrid **119** Diego Rivera. Emiliano Zapata. 1928 © Banco de Mexico Trust, Schalkwijk / Art Resource, NY **152** Hector Giuffré. Vegetal Life. 1984 © Hector Giuffré **156** Lino Eneas Spilimbergo. La Planchadora. 1936. Permission requested. Best efforts made. **193** Graciela Rodo Boulanger. Altamar. 2000. © Courtesy Edmund Newman Inc. **232** Frida Kahlo. Autorretrato con mono. 1938. Oil on masonite, overall 16 x 12" (40.64 x 30.48 cms). Albright-Knox Art Gallery, Buffalo, New York. Bequest of A. Conger Goodyear, 1966. **252** (t) Quirino Cristiani. Frame from animated film "El Apostol". 1917. Courtesy Giannalberto Vendáis, Milano, Italia **270** Joaquín Torres Garcia. Composición Constructiva. 1938 © Art Museum of the Ameritas **276, 277** (t) selections from "Weblog de una Mujer Gorda". © Bernardo Erlich **310** Diego Rivera. Mercado de flores. 1949. Óleo/tela 180 X 150 cms. Colección Museo Español de Arte Contemporáneo. Madrid, España. Foto © Fondo Documental Diego Rivera. CENIDIAP.INBA. Conaculta, México. **312, 315** Alfredo Bedoya Selections from "La Abeja Haragana" © 2002 Alfredo Bedoya. Courtesy of the Artist **318** Andy Warhol (1928-1987). Carolina Herrera. 1979. 40" x 40". Synthetic polymer paint and silkscreen ink on canvas. © The Andy Warhol Foundation, Inc./ Art Resource NY. **348** Salvador Dalí. Automovil vestido. 1941. ©2002 Salvador Dalí, Gala-Salvador Dalí Foundation. Artists Rights Society (ARS), New York. **365** (ml) Salvador Dali. Sofá Watch. © Salvador Dali, Gala-Salvador Dali Foundation/Artists Rights Society (ARS), New York. Image © Christie's Images/Corbis (mr) Pablo Picasso. The Red Armchair. ca. 1930-1940 © Sucesión Picasso. Image © Archivo Iconografico, S.A./Corbis (r) Claude Monet. The Haystacks, End of Summer. Giverny, 1891 © Erich Lessing/Art Resource, NY (l) Andy Warhol. Marilyn, 1967. Silkscreen on paper, 91x91 cm.© the AndyWarhol Foundation for the Visual Arts/ARS, NY. Photo © Tate Gallery, London/ Art Resource, NY **369** (m) Gonzalo Cienfuegos. El Trofeo. 2005. Courtesy of the artist. **371** (t) Guillermo Núñez. Excerpt from "Todo en ti fue naufragio". Permission requested. Best efforts made. **384** Armando Barrios. Cantata. 1985. Óleo sobre tela. 150 x 150 cms. N° catálogo general: 868. Fundación Armando Barrios. Caracas, Venezuela **422** José Antonio Velásquez. San Antonio de Oriente. 1957. Colección: Art Museum of the Americas, Organization of American States. Washington D.C. **439** (t) Santiago Hernandez. Lithograph print from El Libro Rojo, Publisher by Francisco Dias de Leon y White. 1870 © Instituto Nacional de Antropología e Historia (INAH), Mexico. Permission requested. Best efforts made e **39** (m) Diego Duran. Montezuma, 1466-1520 last king of the Aztecs, leaving for a retretat upon being told of the Spanish disembarking. From folio 192R of the Historia de los Indios. 1579 © The Art Archive/Biblioteca Nacional Madrid/ Dagli Orti **468** José Sabogal. EL alcade de Chinceros; Varayoc. 1925. Óleo sobre lienzo. Municipalidad Metropolitana de Lima. Pinacoteca "Ignacio Merino." Lima, Perú. **470** William Penhallow Henderson. Ca. 1921© Smithsonian American Art Museum, Washington, DC/Art Resource, NY **477** Anonymous. 16th Century. Portrait of Atahualpa, 13th and last King of the Incas © Bildarchiv Preussischer Kulturbesitz/Art Resource, NY. Photo by Dietrich Graf. **481** Still Life with Setter to Mr. Lask by William Michael Harnett.

Illustration Credits

Debra Dixon: 3, 42, 82, 129, 164, 165, 172, 212, 254, 282, 325, 362, 363, 396, 438, 439

Sophie Casson: 84, 122, 179, 223, 244, 297, 341, 397

Pere Virgili: 4, 17, 24, 25, 44, 57, 61, 64, 79, 101, 105, 138, 142, 143, 166, 187, 201, 241, 245, 247, 265, 283, 301, 305, 377, 379, 399, 453

Hermann Mejia: 130, 311, 417

Franklin Hammond: 183, 261, 464

Photography Credits

Corbis Images: 2 (br) Corbis 10 LWA-Dann Tardif 11 (b) Rick Gomez 12 Steve Prezant 13 (t) Marc Serota/Reuters 21 (tr) Reuters (br) Toru Hanai/Reuters 32 Josh Westrich/Zefa 34 Bettmann 42 (r) Jim Cummings 50 (l) Robert Galbraith/Reuters 51 (ml) Reuters 59 Corbis 60 (t) Lester Lefkowitz, (mr) Stephen Welstead,, (bm) 71 Eduardo Longoni 72 Jason Horowitz/zefa 76 Mark L Stephenson 79 (1) Abilio Lope, (m) Torleif Svensson, (r) Lawrence Manning. 80 Reuters NewMedia Inc. Peter Morgan. 82 (1) Mitchell Gerber, (ml) Reuters NewMedia Inc. Fred Prouser-Files, (mr) Manuel Zambrana, (mr) Ariel Ramerez. 90 (b) Reuters (t) Reuters (m) Pool 91 (mr) TVE (ml) Hubert Stadler 108 Arthur W.V. Mace. 111 Bettmann 112 (background) Corbis 126 (r) Steve Raymer. 131 (t) Jeremy Horner (m) Janet Jarman 133 (b) Reuters 143 (tl) Nik Wheeler. 157 Jeremy Horner 167 Dave G. Houser/Post-Houserstock 172 Atlantide Phototravel 173 (t) Dave G. Houser/Post-Houserstock (m) Richard Cummins 174 Juan Carlos Ulate/Reuters 179 (b2) photocuisine 194 H. Takano/zefa 195 Tony Frank. 197 Macduff Everton 199 (b) Richard A. Cooke 200 (l) Kevin Fleming (m) Philip James Corwin 204 (ml) Martin Harvey 205 (m) Firefly Production 211 (b) Michael & Patricia Fogden 213 (t) Stephen Frink 237 MAPS.com 233 Tony Albir/epa 244 (tl) Ruediger Knobloch/A.B./zefa 253 (br) Jim Craigmyle 272 (1) Patrik Giardino (2) Mark Garten (3) Pinto/zefa 284 Francoise de Mulder. 289 (m) Claudio Edinger 290 Steve Starr 291 (mr) Reuters 292 Sergio Dorantes 324 (bm) Fabio Cardoso/zefa 325 (m) Douglas Kirkland 328 <TK Isabel Allende> 331 (t) Tonatiuh Figueroa/epa (r) Roger Ressmeyer 332 (t) Dave G. Houser/Post-Houserstock 333 (t) Andres Stapff/Reuters (b) Lindsay Hebberd 339 Danny Lehman. 340 Emilio Guzman. 369 (t) Bettman 370 (tl) Macduff Everton 372 Marcus Moellenberg/zefa 379 Manuel Zambrana. 380 Eric Robert. 386 Images.com 390 (f) Fridmar Damm/zefa (b) Frans Lanting 414 Bettmann. 428 James Leynse. 438 (mr) Reuters 441 Paul A. Souders 442 Toni Albir 447 (m) Philippe Eranian 448 Mark A Jonson 472 Jeremy Horner 478 (l) James Sparshatt 486 Isabel Steva Hernandez. 495 Pablo Corral Vega. 497 Bettmann.

Getty: 9 (t) Janie Airey 21 (bl) Ezra Shaw 35 Frank Micelotta 49 (b) AFP/AFP 50 (r) Carlos Alvarez 53 Lipnitzki/Roger Viollet 83 (b) Michelangelo Gratton 92 Alberto Bocos Gil/AFP 100 David C. Tomlinson 115 (t) Dominique Faget/AFP 119 (1) Roger Viollet Collection 129 (m) Stu Forster/Allsport 175 (t) Juan Barreto/AFP XXX (1) Derke/O'Hara 193 Piero Pomponi/Liaison 206 Georgette Douwma 211 (m) Joel Sartore 212 Jeff Hunter 215 Dominique Faget/AFP 231 Susana Gonzalez 234 Derke/O'Hara 238 (2) Georgette Douwma 251 (t) Wesley Bocxe/Newsmakers 253 (bl) NASA/Liaison 271 Pierre-Philippe Marcou/AFP 282 (tl) Chabruken 317 Robyn Beck/AFP 319 Carlos Alvarez 331 (m) Getty Images 371 (l) Jose Jordan/AFP 385 -/AFP 389 Piero Pomponi 445 (m) Luis Acosta (t) Alfredo Estrella/AFP

Alamy: 9 (b) Robert Fried (m) Jack Hobhouse 10 EuroStyle Graphics 21 (tl) Allstar Picture Library 27 Stock Connection Distribution 31 Mary Evans Picture Library 39 Nicolas Osorio/eStock Photo 82 (t) James Quine 92 Mark Shenley 131 (b) bildagentur-online.com/th-foto 158 archivberlin Fotoagentur GmbH 165 (b) Mark Lewis 171 (b) AM Corporation 179 (bl) Hemis (b4) Mecky Fogeling 204 (tr) Bruce Coleman (tl) Peter Adams Photography (r2) Florida Images 211 (t) Hemis 213 (bl) David Tipling 214 Stephen Frink Collection 221 (l) mediacolor's 245 (b) Stock Connection Distribution 295 Chad Ehlers 356 (1) Terry Whittaker 370 (br) Craig Novell - All Rights Reserved 438 (r) David Myers Photography 446 ImageBroker 478 (r) Robert Harding Picture Library Ltd.

WireImage: 36 Michael Schwartz 37 (l, m, r) Michael Schwartz 51 (t) Gram. Jepson 200 (r) Barry King

Masterfile: 2 (rm) Matthew Wiley 3 (m) T. Ozonas 10 (ml) Darrell Lacorre 165 (t) Hill Brooks 179 (b3) Gloria H. Cómica 205 (br) Rick Fischer 275 Carl Vailquet

Danita Delimont: 89 (b) David R. Frazier 173 (b) Cindy Millar Hopkins

Lonely Planet Images: 20 Richard Cummings 89 (m) Oliver Strewe 213 (br) Steve Simonsen 238 Steve Simonsen 251 (b) Holger Leue 334 Krzysztof Dydynski 447 (t) Mark Daffey

AP Wide World Photos: 53 (1) AP Photo/Jaime Puebla 91 (b) AP Photo/EFE, Cherna Moya (t) AP Photo/Tim Gram. Picture Library 129 (b) AP Photo/Esteban Felix 153 AP Photo/Jose Caruci 160 Oronoz 215 AP Photo/Ariel Leon 282 (br) AP Photo/Ana Maria Otero 291 (t) AP Photo/Esteban Felix (b) AP Photo/Jorge Saenz

Misc: 11 (t) Caterina Bernardi (ml) Diseño de cubierto por Matteo Bologna por Mucca Design. Foto por Thurston Hopkins/Getty Images 13 (b) Dorothy Shi Photo, courtesy Mario German, Puntographics.com 49 (2) Rachel Weill/foodpix/Júpiter Images 51 (mr) Film Tour/South Fork/Senador Film/The Kobal Collection (b) Arau/Cinevista/Aviacsa/The Kobal Collection /The Picture-desk 129 (t) StockFood.com 130 Martin Bernetti 132 (t) Marta Gomez 198 (t) Warren Marr/Panoramic Images/NGSImages.com 199 (t) Robert Frerck and Odyssey Productions, Inc. 239 2000 Doug Myerscough 255 (t) Photo courtesy of Universal Music Argentina 273 Desorden Publico. Courtesy Jeremy Patton, Megalith Records and the band. 277 (b) Courtesy of Hernán Casciari 279 Messe Bremen/www.robocup2006.org 289 Caretas Magazine. Permission requested. Best efforts made 311 public domain 333 (m) Rachel Distler. 2006 335 www.nataliaoreiro.com 349 2006 Dave Feiling 350 Lomo/Júpiter Images 352 Gram. Monro/Júpiter Images 356 Editorial Servilibro, Paraguay 369 (b) Museo de Arte, Latinoamericano de Buenos Aires/Colección Costantini 370 (tr , mr) 2005 Fundación Pablo Neruda. Fernando Márquez de la Plata 0192, Santiago de Chile 371 (b) Roser Bru, from EBEN Interiors at www.eben.lesrevistes.com. Permission requested. Best efforts made. (mr) 2006 Universidad de Concepción, Concepción, Chile 373 www.viletaparra. scd.cl. Permission requested. Best efforts made. 391 Harper Collins 445 (b) 2005 National Public Radio, Jay Paul 449 (t) Peru Negro private collection (b) Filmar Lopez 469 Image is in the Public Domain 474 Diego Vizcaino, www.geocities.com/tibacuy.geo/ee.html 478 (m) This image is in the Public Domain. Taken from www.wikipedia.com 479 Biblioteca Virtual Miguel de Cervantes, www.cervantesvirtual.com

About the authors

José A. Blanco founded Vista Higher Learning in 1998. A native of Barranquilla, Colombia, Mr. Blanco holds degrees in Literature and Hispanic Studies from Brown University and the University of California, Santa Cruz. He has worked as a writer, editor, and translator for Houghton Mifflin and D.C. Heath and Company and has taught Spanish at the secondary and university levels. Mr. Blanco is also co-author of several other Vista Higher Learning programs: **VISTAS, VIVA, AVENTURAS,** and **PANORAMA** at the introductory level, **VENTANAS, FACETAS, IMAGINA,** and **SUEÑA** at the intermediate level, and **REVISTA** at the advanced conversation level.

María Colbert received her PhD in Hispanic Literature from Harvard University in 2005. A native of both Spain and the U.S., Dr. Colbert has taught language, film, and literature courses at both the high school and college levels. Her interests include: Basque culture, Spain's regional identities, and Spanish literature and film. Dr. Colbert's numerous publications range from travel guides to literary criticism. She is currently an Assistant Professor of Spanish at Colby College in Maine.